피터 볼의 중국 지성사 강의

Localizing Learning: The Literati Enterprise in Wuzhou, 1100-1600 by Peter K. Bol
Copyrights © 2022 by the President and Fellows of Harvard College
All rights reserved.

Korean translation edition © 2025 by NermerBooks
Published by arrangement with Harvard University Asia Center, Cambridge, Massachusetts, USA
Through Bestun Korea Agency, Seoul, Korea.
All rights reserved.

이 책의 한국어 판권은 베스툰 코리아 에이전시를 통하여
저작권자인 Harvard University Asia Center와 독점 계약한 너머북스에 있습니다.
저작권법에 의해 한국 내에서 보호를 받는 저작물이므로
어떠한 형태로든 무단 전재와 무단 복제를 금합니다.

피터 볼의 중국 지성사 강의
무주에서 본 리터라티의 학 1100-1600

2025년 11월 24일 제1판 1쇄 인쇄
2025년 12월 5일 제1판 1쇄 발행

지은이	피터 K. 볼
옮긴이	민병희
펴낸이	이재민, 김상미

편집	정진라
디자인	김다다, 정희정

펴낸곳	(주)너머_너머북스
주소	서울시 서대문구 증가로20길 3-12
전화	02) 335-3366, 336-5131 팩스 02) 335-5848
홈페이지	www.nermerbooks.com
등록번호	제313-2007-232호

ISBN 978-11-24105-01-6 93910

너머북스 | 현재를 보는 역사, 너머학교 | 책으로 만드는 학교
blog.naver.com/nermerschool

너머의
글로벌
히스토리
11

피터 볼의 —— 중국 지성사 강의
무주에서 본 리터라티의 학
1100-1600

피터 K. 볼 지음
민병희 옮김

Localizing Learning
1100
1600

너머북스

여러 해 동안 지성사와 사회사를 결합하는 도전에
관심을 공유해 준 나의 학생들에게 감사하며,
아낌없이 시간과 지식을 나누어 주신 금화의 모든 분들께,
그리고 지역사를 기록하는 작업에 동참해 준
학생들과 자원봉사자 여러분께
진심 어린 감사를 전합니다.

| 한국어판 서문 |

시작과 끝

  이 책은 송대 무주婺州와 명대 금화부金華府의 사를 통해 본 중국 지성사에 관한 연구로, 약 500년의 시기를 다루고 있습니다. 이 책은 사의 사회에서 신유학을 정립하는 데 중요한 역할을 한 남송의 여조겸呂祖謙으로부터 시작합니다. 그러나 여조겸은 신유학뿐 아니라 다양한 관심사를 가진 학자였습니다. 그는 유가 경전에 대한 주석을 쓰고, 과거 시험 준비법을 학생들에게 가르쳤으며, 문학과 정부의 제도에 대해서도 저술했습니다. 신유학은 여러 시기에 걸쳐 무주에서 큰 영향을 미쳤으나, 문학, 경세학, 백과전서적 학문의 전통 또한 강했습니다. 이 책은 무주의 또 다른 위대한 학자인 명 말의 호응린胡應麟으로 마무리됩니다. 이렇게 책을 구성한 것은 이유가 있습니다. 호응린은 금화의 문학 전통에서 나왔지만, 그의 선배들과 달리 신유학을 수용하려 하지 않았습니다. 오히려 그는 신유학을 전면적으로 거부하고, 다른 학의 길을 찾고자 했습니다. 호응린이 그것을 미리 알지는 못했겠지만, 그의 저작은 훗날 '고증학'이라 불리게 될 학을 예시합니다. 이렇게 이 책은 중국 지성사의 가장 중요한 전개 중 하나인 신유학의 확산에서 고증학의 시작까지를 추적합니다.

지성사의 주제로서의 '학學'과 그 연구 방법

어떤 독자들은 이렇게 물을 수도 있을 것입니다.

"이 책은 지성사를 다룬다면서, 왜 당에서 청 사이에 일어난 중국 지성사에서 가장 중요한 발전인 신유학에 단 한 장만 할애한 것인가?"

"왜 책의 그토록 많은 부분을 문학, 과거 시험 공부, 백과전서적 학문에 쏟고 있는가?"

이는 지성사의 방법론은 어떠해야 하는가에 관한 질문입니다. 저는 이 질문에 대한 꽤 다른 두 가지의 답변이 있습니다. 독자들이 이 대답들이 중국사 연구에만 유용한가, 아니면 한국사를 생각하는 데도 유용한가를 함께 생각해 보길 바랍니다.

저의 첫 번째 답변은 철학 연구와 역사 연구의 중요한 차이점을 강조하는 것입니다. 한 학파나 한 인물의 철학은 그 자체의 관점에서 분석될 수 있으며, 우리 당대의 기준으로 평가될 수도 있습니다. 반면 역사학자는 당대 철학과 역사적 맥락 사이의 관계를 묻는 경향이 있습니다. 예컨대 "그 철학자의 사회적 역할은 무엇이었는가?", "그 철학이 당대에 어떤 영향을 미쳤는가?"라는 질문입니다. 철학자들은 사상 자체에 관심이 있지만, 지성사 연구자들은 그들의 사상 자체뿐 아니라 철학자를 사회적 행위자, 즉 청중에게 말을 건넨 인물로서 관심을 가집니다. 이 책에서 저는 주희의 철학을 깊이 이해하고자 했던 사람들, 그리고 주희의 다음 인물이 되길 바랐던 몇몇 사람들을 다루지만, 그들을 사회적 행위자로서도 바라보려고 하였습니다.

저의 두 번째 답변은 지성사의 주제를 다시 정의하기를 제안하는 것입니다. 이 책에서의 주제는 '학學'인데, 학은 두 가지 의미를 가집니다. 하나는 '누구누구의 학' 즉 '주자학朱子學'과 같은 것입니다. 주희의 경우 우리는 그것을 그의 철학이라 부를 수 있겠지만, 만약 우리가 '소식蘇軾의 학'이라고 한다면, 이는 철학보다는 그의 문학文學을 뜻한다고 생각할 것입니다. 그러나 주희든 소식이든, 학은 실천되는 것이었습니다. 그들은 사람들이 학을 '행하기'를, 즉 위학爲學을 기대했습니다. 다시 말해, 그들의 사상이나 이론은 좋은 사고, 좋은 행동, 좋은 글쓰기를 위한 것이며, 실천을 전제로 했습니다.

만약 '학'을 지성사의 주제로 삼는다면, 우리는 "이곳에서는 어떤 학이 실천되고 있었는가?"라는 질문을 던질 수 있게 됩니다. 예컨대 송·원의 무주와, 명·청의 금화에서는 주희의 학에 헌신한 이들, 즉 '금화 사선생金華四先生'과 같은 사람들이 있었습니다. 그러나 동시에, 14세기의 송렴宋濂처럼 언어와 문학에 집중한 이들도 있었고, 12세기의 진량처럼 경세학에 집중한 이들도 있었습니다. 제가 깊게 다루지 않은 다른 학문들도 있었는데, 예컨대 주진형朱震亨은 주희의 리理 개념을 활용하여 새로운 의학 이론을 발전시켰습니다. 다양한 학문이 공존했습니다. 때때로 그들의 학은 서로 대립하기도 했습니다. 적어도 무주에서는 주희의 도학道學 추종자들은 문학을 중시하는 교사, 역사학자, 과거 시험 준비자들과 항상 경쟁 관계에 있었습니다.

지성사와 지역 연구

이 책은 지역 연구이기도 합니다. 저는 지성사와 사회사를 함께 아우르며 송·원·명을 잇는 연구를 할 수 있는 방법으로 지역사에 관심을 갖게 되었습니다.

이 책에서 제가 다루는 사士들은 비록 그들 중 많은 이들이 다른 지역에서 경력을 쌓았지만, 모두 무주/금화 출신이었습니다. 그러나 그들은 고립되어 있지 않았습니다. "그들이 행한 학이 국가적 의미를 가진 것이었다면, 왜 지역적 관점이 필요한가?" 저는 이에 대해 몇 가지 답변을 가지고 있습니다만, 첫 번째이자 가장 중요한 이유는 다음과 같습니다. 중국에는 자각적인 국가 엘리트, 즉 사(또는 사인士人)가 있었습니다. 관직이나 가문의 명망은 여전히 매우 바라는 것이었지만, 송대 이래로 사의 공동의 정체성은 이런 것보다는 학을 통해 규정되었습니다. 어떤 지역은 크고 자립적인 공동체를 가졌지만, 그렇지 않은 지역도 있었습니다. 어떤 지역은 학을 지원하는 서원, 도서관, 출판의 인프라에 투자했지만, 모든 지역이 그렇지는 않았습니다. 어떤 지역은 도학에 끌렸지만, 도학이 번성하지 않은 지역도 있습니다. 어떤 지역은 저명한 문인을 배출했지만, 배출하지 못한 지역도 있습니다. 어떤 지역은 정복 후에도 학문 전통을 지키려 애썼지만, 어떤 지역은 지키지 못했습니다. 송은 화북을 잃었음에도 여전히 큰 나라였고, 여러 지방은 각기 서로 다른 역사를 지녔습니다. 과거제도가 국가적 통일성을 크게 강화했지만, 그 아래에는 엄청난 다양성이 있었습니다.

지역사 연구는 새로운 것이 아닙니다. 지역의 역사를 쓰는 전통은 송 이전에도 이미 시작되었습니다. 그러나 지방지地方志라는 새로운 유형의 지역사는 송대에 시작되었고, 이는 사 공동체의 성장과 관련이 있습니다. 이미 여러 세대에 걸쳐 명·청 사회사에서 '지역주의'와 '지역 엘리트' 연구는 중요한 주제였습니다. 로버트 하트웰Robert Hartwell과 그의 제자 로버트 하임스Robert Hymes가 북송-남송 전환기에 '지역 엘리트'의 부상과 국가의 사회로부터의 '후퇴'가 병행되었다는 논지를 제시한 이래로 송대의 지역주의 연구는 특히 논쟁을 불러일으켜 왔습니다. 중국 학자들이 유독 이 견해에 비판적이었음에도 불구하고, 이 시기에 무언가 달라졌음은 분명합니다. 무주에서도 이러한 변화는 명백했습니다. 관료제 내에서 전국적 네트워크는 점차 지역적, 지방적 네트워크로 바뀌었습니다. 남송 국가는 지역의 세수를 필요로 했으나, 국가 자원을 더 나은 사회를 만드는 데 쓰기보다는 국방에 집중했습니다. 지역을 개선하기 위해 이전에는 없었던 자발적 제도들이 나타났습니다. 사의 가문들은 후손의 단합을 위해 조상의 사당 그리고 새로운 형태의 족보에 특히 더 많은 주의를 기울이기 시작했습니다. 동시에, 시간적 전환(북송에서 남송으로의 전환)은 공간적 전환과도 함께했습니다. 남송은 '남부'의 국가였으며, 오늘날의 강소성 남부, 즉 절강, 강서, 복건 출신 사들이 주도했습니다. 그들은 관직에 올라도 대체로 고향과 강한 유대를 유지했고, 은퇴하면 고향으로 돌아갔습니다.

 '지역주의적 전환'은 강력한 논제라고 생각하며, 이는 다른 왕조 후반기에도 반복되어 나타났습니다. 그러나 여전히 다음과 같은 질문을 던질 필요가 있습니다. "이 지역주의는 어떤 종류의 지역주의인가? 이 지역 엘리트는 어떤 종류의 지역 엘리트인가?" 무주와 여러 다른 지역의 증거는 매우 분명합니다. 이들 엘리트들은 학과 자신들을 동일시한 가문들, 즉 사

가문으로 인정받기를 원했던 가문들이었습니다. 물론 우리가 지금 과거에 대해 알 수 있는 기록 자체가 그들에 의해 만들어졌다는 점도 사실입니다만, 이는 여전히 중요합니다. 많은 지역은 침묵했기 때문에, 자신들의 목소리를 남기지 않았고, 따라서 우리가 그러한 곳들에 대해서 알 수 있는 것은 거의 없습니다. 토지 소유, 폭력에 대한 통제, 또는 지방 정부와의 연결로 인한 엘리트는 모든 지역에 존재하였습니다. 그러나 이들이 곧 사 엘리트라는 것을 의미하지는 않았습니다. 지역 엘리트가 사 엘리트로 전환되는 것은 송 이후 중국사에서 핵심적 부분이었습니다.

이 점에서 이 책의 시작점인 여조겸은 무주에서 매우 중요한 역할을 했습니다. 그는 북송에서 가장 저명한 조정 명문가 후손이었습니다. 그의 조부는 북방에서 피란 내려와 무주에 정착했습니다. 여조겸은 무주에서 당대 가장 영향력 있는 스승이 되었고, 지역 엘리트들에게 학에 헌신하여 사가 되도록 설득했습니다. 여조겸은 그들에게 국가 엘리트에 합류하는 방법을 가르친 것이지, 특별한 지역 정체성을 가져야 한다고 가르친 것은 아니었습니다. 그러나 지역 정체성의 창출은 원대에 일어났고, 명대로 이어졌습니다.

지성사와 사회사를 함께 아우르며 송·원·명을 잇는 지역 연구의 대상으로서 무주에 주목한 것은, 이곳이 그러한 연구를 가능하게 하는 역사적 자료를 제공한 몇 지역 중 하나였기 때문입니다. 이는 부분적으로는 주원장이 1368년 명을 선포하기 10년 전 무주를 점령했을 때, 무주의 사들이 그의 자문 집단에 들어갔기에 가능하였습니다. 이곳의 사들이 새 왕조와 연결된 덕분에, 원대의 문집이 다른 어느 원의 주에서보다 무주에서 더 많이 보존되어 전해지게 되었습니다. 그 세대의 결말은 좋게 끝나지는 않았지만, 이 책에서 보이듯이 15세기 말이 되면 이 지역의 사들은 과거를 회상하며 지역 전통을 복원하고, 공동의 지역 정체성을 재확립했습니다.

저의 책들이 한국어로 번역된 것을 큰 영광으로 생각합니다. 하버드에서 민병희 교수를 제자로 만나게 된 것은 제게 큰 행운이었습니다. 중국 지성사에 대하여 깊은 이해를 지닌 민병희 교수가 이 책의 번역을 맡아 준 것에 대해 깊은 감사를 표합니다.

피터 K. 볼

차례

한국어판 서문   7

서론 사의 학을 지역화하기   21
학學   24
시기: 12~16세기   26
출발점: 북송 시기를 돌아보다   31
리터라티로서의 사   39
사의 지역화   48
무주   54
책의 범위   60

1장 송대의 여조겸   67
과거시험, 서원, 스승   75
선생으로서의 여조겸   79
동지의 공동체 만들기   81
전기 작가로서의 여조겸   86
학자로서의 여조겸   94
사람들이 본 여조겸   109
사회적 영향   115

2장 학의 정치화   121
정치화된 학   126
과거시험을 위한 독서와 작문 그리고 출판   131
무주에서의 출판   134
학으로서의 논증적 글쓰기 형식   138
소식: 형식과 아이디어   144
책 쓰기   151

3장 세 편의 유서(類書)   159
『기찬연해』   169
    책 | 생각과 의견
『여지기승』   183
    선례 | 인문지리로서의 『여지기승』
『군서고색』   197
    지역 전통 | 토지제도에 대한 장여우의 생각

4장 도학   217
금화 사선생   221
하기, 1188~1268   224
왕백, 1197~1274   230
    왕백이 도학에서 발견한 것 | 두더지가 되고 싶었던 여우

김이상, 1232~1303	240
경전 ǀ 역사 ǀ 문학	
허겸, 1270~1337	260
계보의 끝	271

5장 원 정복에의 대처   275

덕행(윤리적 행위)	281
통치	289
문학: 학과 글쓰기	298
정복 이후 무주의 문장	301
유학과 문학을 아우르기	310
천지, 도, 마음, 문의 통합 ǀ 송렴 ǀ 왕위	

6장 연대와 혈연   325

사회적 맥락을 양적으로 살펴보기	330
"우리 무주"—지역 정체성과 사의 학	332
오사도 ǀ 무주의 역사를 학에 더하기	
족보와 가문	352
사에서 공으로 ǀ 도덕적 주장 ǀ 문화적 주장 ǀ 정치적 주장	
사 가문의 지형	384

7장 명: 부흥과 분열　　　　　　　　　　　391
　희망과 실망　　　　　　　　　　　394
　부흥　　　　　　　　　　　410
　장무 세대　　　　　　　　　　　413
　장무　　　　　　　　　　　417
　장무와 무주의 사 전통　　　　　　　　　　　423
　명 시기 금화 사선생　　　　　　　　　　　426
　왕양명으로의 전환　　　　　　　　　　　433
　넓어지는 균열　　　　　　　　　　　441

8장 끝과 시작　　　　　　　　　　　453
　"우리 무주"를 다시 정의하기　　　　　　　　　　　455
　사들의 문제　　　　　　　　　　　460
　지성사　　　　　　　　　　　466
　호응린, 새로운 방향을 모색하다　　　　　　　　　　　472
　　"몇 번이나 허물을 벗는다 하더라도" | 우리 무주의 사명 | 왕세정
　　호응린의 저서 | 새로운 모델과 전통과의 단절 | 나를 위하여 | 리

부록 505

2.1 _ 도학 저자들의 저서 목록　　　　　　　　　　506
2.2 _ 비(非)도학 계열 저자들의 저서 목록　　　　　508
4.1_왕백의 저서　　　　　　　　　　　　　　　　516
6.1_중국역사인물데이터베이스(CBDB) 데이터　　519
6.2_무주의 인물 및 문학 선집　　　　　　　　　　544
8.1_호응린의 현존 저작 목록　　　　　　　　　　549

감사의 말　　　　　　　　　　　　　　　　　　　552
미주　　　　　　　　　　　　　　　　　　　　　556
참고문헌　　　　　　　　　　　　　　　　　　　632
옮긴이의 말　　　　　　　　　　　　　　　　　　662
찾아보기　　　　　　　　　　　　　　　　　　　672

표, 지도, 그림

표

[표 1.1] 무주 진사: 1169~1208   85
[표 3.1] 반자목이 인용한 송의 작가들   173
[표 A6.1] CBDB 무주 사람들   526
[표 A6.2] 무주 소재의 주소지를 가진 친척 비율   530
[표 A6.3] 남송과 원 시대의 사회 관계 비교   537
[표 A6.4] 남송 시기의 네트워크 중심성   541
[표 A6.5] 원 시기의 네트워크 중심성   543

지도

[지도 0.1] 금화 지리   57
[지도 0.2] 인구밀도 모델   58
[지도 0.3] 송대 진사 배출 분포도   59
[지도 1.1] 여조겸을 위한 제문 작성자들   111
[지도 7.1] 송렴, 왕위, 소백형, 대량, 호한의 교유 인물들   402
[지도 7.2] 장무의 편지를 받은 인물들의 출신지   419
[지도 A6.1] 남송 시기 무주의 친족 관계   531
[지도 A6.2] 원대 무주의 친족 관계   532

그림

[그림 4.1] 허겸의 『대학』 강의 중 제시된 「본말도」   268
[그림 6.1] 1596년 판 『의오현지』에 실린 의오 숭덕향 지도   385
[그림 8.1] 18세기 노택盧宅의 모습   464
[그림 A6.1] 무주/금화 지역 인물의 현별 분포도   527
[그림 A6.2] 친족이 분포한 고유한 현의 총수   531
[그림 A6.3] 남송대 친족 관계 그래프에서의 거대 연결망   533
[그림 A6.4] 원대 친족 관계 그래프에서의 거대 연결망   534
[그림 A6.5] 남송대 사 집단의 거대 연결망   539
[그림 A6.6] 원대 사 집단의 거대 연결망   540

일러두기

1. 원서의 'literati'는 기본적으로 사(士)로 번역하고자 한다. 문맥에 따라 사인, 사대부, 사족, 문인, 신사층 등의 뜻으로도 볼 수 있는데, 특별히 이러한 용어가 더 적합한 경우에는 그 용어로 번역하겠다. 사로 번역하는 이유는 우선 기본적으로 조금씩 그 의미가 다른 사인, 사대부, 사족, 문인 등을 모두 포괄하는 가장 폭넓은 용어가 사이기 때문이다. 또한 저자 역시 책에서 지속적으로 사용하는 'literati'라는 영어 용어는 '사'의 번역어임을 밝혔기에 '사'로 통일하여 번역한다.

2. 원서의 'learning'은 기본적으로는 '학(學)'이라고 번역한다. 학문, 학술, 배움, 교육과 같이 현재 한국어에서 일반적으로 사용하는 용어로 번역하지 않는 이유는 다음과 같다. 우선 저자가 직접 '러닝(learning)'은 '학'이라는 단어를 가장 근접하게 번역한 것이라고 직접 설명하고 있다. 저자는 '학'이란 용어를 "좁게는 모델을 모방하는 것을 배운다는 의미에서 공부하는 것을 의미하고, 넓게는 진정한 가치에 대해 통찰력을 얻고 이를 일생에 걸쳐 실천으로 구현하는 것을 의미하는 것이다"라고 정의하였다. 이 책에서 '학'이라는 용어가 의미하는 바는 당시의 맥락에서 파악하자면 현대의 학문, 학술, 배움 등 보다 훨씬 광범위한 함의를 지녔다. 또한 어떠한 경우에는 현대의 학문과 배움 등의 개념과는 상당히 다른 종류의 의미를 담고 있는 개념이다. 따라서 저자의 정의와 용어의 개념적 깊이를 최대한 보존하기 위하여, 본 번역에서는 'learning'을 일관되게 '학'으로 옮긴다.

3. 성리학, 도학, 신유학으로 통칭되는, 주희의 학을 바탕으로 전개된 유학의 학파에 대하여, 원서에서 'Neo-Confucianism'이라 한 것은 '신유학', 'Daoxue'라 한 것은 '도학'으로 번역하였다. '신유학'과 '도학'은 일반적으로 '성리학'이라 불리는 학파를 가리킨다고 볼 수 있다. 다만 '성리학'은 저자가 '성리의 학' 등 특정한 맥락에서 명시적으로 사용한 경우에만 그렇게 옮겼다. 원서에서 언급되는 '신유학'과 '도학'은 실질적으로 동일한 학파를 의미하지만, 저자가 두 용어를 구분하여 사용한 점을 고려해 번역에서도 그 구별을 유지하였다. 또한 원서의 'Learning of Master Zhu'는 '주자학'으로, 그 외에 주희가 구성한 학 일반을 가리킬 때는 대체로 '주희의 학'으로 번역하였다. '주희의 학'과 '주자학'은 본질적으로 동일한 학파를 지칭하나, 주자의 권위가 확립된 이후의 용어라고 할 수 있는 '주자학'과 주희가 구성한 학 일반을 지칭할 때의 용어를 구분하는 것은 의미가 있으며, 원서 또한 이러한 구별을 전제하고 있는 것으로 보아 이에 따라 번역하였다.

4. 옮긴이의 주는 본문의 각주로, 원서의 주는 미주로 처리하였다.

서론

사의 학을 지역화하기

이 책은 5세기에 걸쳐 한 지역에서 전개된 사士의 학學에 대한 연구이다. 서론에서는 이에 따른 다음 네 가지의 질문을 자세히 다룰 것이다. 왜 학이 연구의 주제인가? 왜 이 기간을 다루는가? 사란 누구인가? 마지막으로 왜 이 지역에 대하여 글을 쓰는가?

보다 특정해서 말하자면, 나는 생각과 실천을 결합한 과업으로서의 학과 이에 참여하는 사람들로서의 사에 흥미가 있다. 이 책이 다루는 기간은 송대부터 시작한다. 송대는 조정이 학에 대해 가졌던 권위가 잠식되어 갔지만, 역설적이게도 학교와 관료 선발을 위한 필답 시험에 대한 국가의 지원으로 인해 사를 갈망하는 사람들의 숫자는 극적으로 늘어난 시기이다. 이 연구는 일단 이제 막 출현하기 시작한 전국적 문화에 지역의 가문들이 전국적 엘리트로 참여할 수 있다고 생각한 시기부터 살필 것이다. 이어 몽골 원 왕조와 주원장의 명 왕조에 의한 정복을 거쳐, 송대 이래 내려온 사의 학에 대한 근본적 전제가 도전을 받게 되는 16세기 말까지의 시기이다. 나는 이 시기 사의 학의 전개를 남동부의 무주婺州(지금의 금화)라는 특정 지역을 렌즈로 삼아 살펴보려 한다. 나는 그동안 이런 의문을 품어 왔다. 어떻게 학이 이곳에서 수립될 수 있었는가? 사들이 그들의 사회, 정치, 문화적 목표를 추구하면서 학은 어떻게 유지되고 변화되어 왔는가? 이것은 중국의 지성사와 문화사에 대해 무엇을 이야기해 줄 수 있는가?

학

이 책은 학學에 대한 연구이다. 첫째, '학'은 사가 그들의 공통된 과업을 말할 때 쓰는 용어이다. 오늘날 지성사, 철학, 종교, 문학 같은 학문 분과를 가리키는 중국어 용어는 12세기 중반에서 16세기 말의 사에게는 이해할 수 없는 것이었거나, 상당히 다르게 이해되었을 것이다. '러닝Learning'은 '학'이라는 단어를 가장 근접하게 영어로 번역한 것인데, 학이란 용어는 좁게는 모델을 모방하는 것을 배운다는 의미에서 공부하는 것을 의미하고, 넓게는 진정한 가치에 대해 통찰력을 얻고 이를 일생에 걸쳐 실천으로 구현하는 것을 의미한다. 당시에 주희朱熹의 학 또는 왕양명의 학이라고 불렸던 것을 지금 우리는 철학이라고 부를 수도 있을 것이나, 학은 실천하는 것을 의미하기도 한다. 전체를 포괄하는 개념을 번역하기는 쉽지 않은데, 이런 개념들은 너무 많은 의미를 포함하고 있기 때문이다.

둘째, 나는 나의 연구 분야를 '지성사'라고 규정하고 있지만, '지성사'는 아이디어에 대한 연구 그리고 가치를 아이디어로 명시하는 데 가장 적합한 학문 형식에 특권을 부여한다는 점에서 문제가 있다고 생각한다. 중국을 연구하는 데 있어서, 이는 사들의 관심을 크게 지배했던 문학과 관련된 인문학으로부터는 관심이 멀어지게 되는 불행한 결과를 가져왔다. 이는 '문文'의 영역 — 즉 세련된 문장, 역사적 문헌, 문화적 형식, 그리고 문치文治 — 을 학문의 대상으로 삼는 영역이다. 따라서 '문학文學'이라 부른다. 우리가 지금 사의 세계에 대해서 이렇게나 많은 것을 알 수 있는 까닭은, 사가 문장文章을 생산해 내는 것에 가치를 두었던 덕분이다. 이 책이 다루는 사건들보다 9세기 이전에 조비曹丕는, "문장이라는 것은 국가를 다스리는 대업이며, 불후의 일이다"라고 썼다.[1] 이러한 주장 또는 문학에서의 명성을 정치나 윤리적 행위(문학적 명성, 정치, 윤리적 행위라는 구분은 공자의 『논어』에까지 거슬러 올라간다) 이상의 것으로 여기는 것을 모든 사람이 당연하다고 생각하지는 않았다. 한대부터도 문장에 자신의 소명이 있다고 생각한 사람들과 경전과 역사 연구에 전념하는 사람들 사이의 긴장이 존재해 왔다. 그러나 송대에는 문학을 하는 학자들과, 보편적이고 윤리적이며 자아와 만물에 내재하고 있는 도를 실현하는 것을 학의 목적으로 삼고 있는 사람들 사이에 새로운 긴장이 나타났다. 하지만 도학道學의 성공이 문학을 주변화했지만 완전히 지워 버리지는 못하였다. 영어권의 연구는 중국에서의 연구보다 문학에서의 지적인 측면을 경시하는 경향이 더 강하다. 나는 '문학'과 '도학' 사의의 갈등 그리고 상호 배제의 문제를 다루는 것이 더 좋다고 생각한다.

셋째, '철학', '문학'과 달리 '학'은 우리가 '주희의 학'이라고 말할 수 있듯이 명사이지만, 동사이기도 하다. 이는 학과 학을 하는 사람들의 활동에 주의를 기울이게 한다. 학의 역사는 지성사이다. 그러나 이는 문화사이자 사회사이기도 하다. 이는 사회문화사이지만 아이디어는 때로 아이디어 자체로 다루어져야만 함을 이해해야만 하는 '사회문화'사라고 할 수 있다.[2] '학'은 역사상 늘 동일한 중요도를 가졌던 과업은 아니었다. 학이 지적, 문학적, 정치적, 사회적인 것을 하나로 모두 연결해 주었기에 11세기에 와서 대단히 중요해지게 되었다. 필기시험이 행정에 필요한 사람들을 뽑는 주요 수단이 됨으로써 출생보다는 학이 전국적 엘리트의 구성원이 되는 자격을 제공해 준다고 생각하게 되었다. 이는 '학'의 본질, 목적, 방법에 대한 논쟁을 불러일으켰다.

시기: 12~16세기

이 연구는 12세기에서 16세기 말까지의 시기를 대상으로 한다. 이 시기에 '신유학 Neo-Confucianism'으로 알려진 도덕 철학인 도학이 (11세기와 12세기에) 형성되어 (13세기에) 공식적으로 인정을 받고 (14세기에) 과거시험 교과과정의 일부가 된다. 학자들이 도학의 주장을 받아들였든 아니든, 도학의 용어와 구조가 학과 학의 목표에 대해 생각하기 위한 공통의 수단을 제공하게 되었다는 사실을 피할 수는 없었을 것이다. 도학은 일종의 정설定說을 구성하는 시험 텍스트들을 제공하였지만, 이는 해석의 여지가 있는 것이었으며, 도학의 옹호자들이 조정의 권력자에게 반대하는 것을 막을 수는 없었다.

어떻게 사는 학에 종사하게 되는가, 어떻게 사는 그들의 사회적·정치적 야망을 추구하는가, 신유학이 등장하면서 어떤 일이 생겼는가, 이러한 질문들에 나는 관심이 있다. 어떤 이들은 도학을 최신의 것으로 받아들였지만, 어떤 이들은 거부했다. 어떤 이들은 도학을 무시했고, 어떤 이들은 수용하였다. 그들 중 일부는 문학적 성취와 관직 진출을 열망하는 지역 엘리트로서의 실질적인 관심사를 고려했으며, 때로는 그러한 관심사를 경시하기도 했다. 이 연구가 다루는 시기를 신유학이 지배적이었던 시기로 간주하는 것은 사들의 삶에서 과거시험이 중요했다는 점을 고려할 때 틀린 말은 아니지만, 지역적인 관점에서 보면 그것이 전부는 아니었다.

11세기에 들어 신유학이 자리 잡기 이전 시기의 정치 및 학문적 엘리트들의 학과 16세기 후반과 17세기에 주요 학자들이 신유학에서 등을 돌린 이후의 학을 살펴보면, 장기적으로 문학적/문헌적 방식과 도덕적/철학적 방식 사이를 왔다 갔다 하는 진동이 있었음을 알 수 있다. 이 시기 이전에 학의 주류는 문헌적이고 문학적인 것이었다. 즉 문학이었다. 그 맥락에서 8세기에 고문古文으로 글을 쓰는 방식이 기존 질서에 도전했지만, 11세기까지는 지배적인 지위를 차지하지 못했다. 이후 신유학은 문헌 연구를 통해 지식을 얻는 방식인 고증학의 새로운 학문관에 밀리고, 이는 신유학을 후원하는 조정에 도전하는 역할을 했다. 도덕적 보편성을 실현하는 학문과 문화적 전통을 계승하는 학문 사이의 긴장은 어느 관점이 지배적이었든 간에 모든 시기에 걸쳐 지속되었다.

나는 고문을 학의 한 방식으로 보는 것과 신유학 사이에는 명확하고 중요한 차이가 있다고 생각한다. 고문을 장려한 작가들에게 학의 목적은 성인의 도의 개인적인 전유, 즉 경전과 다른 고대의 텍스트로부터 흡수된 옛사람들의 (처음부터 명백한 구별이 없었던) 형식과 가치를 자신의 글에 구현해

내는 것이었다. 그렇다면 그 궁극적인 목표는 무엇인가? 초기 고문 작가 중 가장 영향력 있던 한유韓愈(768~825)에게 그 목표는 고대 정부의 역할인 통합된 사회 질서를 창조하고 이를 통해 공공선에 이바지하는 것이었다. 어떻게 글을 쓰는가는 그 사람이 무엇을 흡수했는가를 증명해 보여 정부에서 그에게 역할이 주어진다면 어떤 가치를 실천할지를 드러내 준다는 것이다. 설령 정부에서 역할을 얻지 못한다 해도, 그의 문장은 여전히 다른 사람에게 영향을 미칠 수 있을 것이다. 한유는 앞선 세기의 문학적, 정치적 전통과 명쾌한 결별을 원했다. 동시에 불교와 도교에 대한 후원도 하지 않기를 원했다. 그들의 윤리관이 정치적 엘리트와 정부가 공공선에 이바지하는 것을 막았기 때문이다. 고문은 사상적 주장(개인은 경전과 다른 고대의 텍스트를 통해 성인의 도에 대해 스스로 이해할 수 있다)이 있고 정치적 열망(정부는 통합된 사회질서를 창출해야만 한다)을 가진 문학적 운동(사람들은 반드시 자신의 문장 형식을 바꾸어야만 한다)이었다. 현재의 문장가는 고대 성현과 왕들의 후계자가 되어야 했다. 관직에 있을 때는 정부를 개혁하고, 글쓰기에서는 고대인의 이상을 현재의 사건에 적용해야 했다. 여기에는 작가로서 개성 있는 목소리를 발전시키는 것과 정치가로서 제도적 프로그램을 만드는 것 사이의 내재적 모순이 존재한다. 산문으로 논거를 제시하기 위한 글쓰기 형식으로서 고문은 그 행동주의적 정치 의제가 거부된 이후에도 살아남았다. 특히 무주의 사들은 고문으로 글 쓰는 법을 배우는 데 관심이 많았다.

   이후 도학의 기초를 만든 11세기 후반의 일부 자연 철학가들은 정치적 성취와 문학적 명성을 추구하는 사람들을 경시하였다. 그들은 자신들이 다시 발견할 때까지 공자와 맹자의 참된 학이 1300년 동안 상실되었다고 주장하였다. 그럼 이 학은 무엇이었는가? 고문 문장가들과 대조적으로 그들은 도덕과 공공선의 기반은 만물에 내재되어 있으며, 이는 항상 천지와 자연적 질서의 한결같은 과정과 역동성을 통해서 구현된다고 주장했다. 올바른 방식의 학은 자신과 만물 모두에 내재되어 있는 통일된 원칙들에 대한 의식을 발전시키는 과정이다. 그들이 고대의 텍스트를 해석했을 때, 성인들은 이 도를 깨달았다. 이는 고문 문장가들과의 결정적인 차이점이었다. 도는 인간의 창조물이나 해석의 산물이 아니라 사물에 내재된 포괄적이고 통합된 체계였다. 개인은 독창적인 목소리를 발전시키는 것에 신경 쓰기보다는 모두에게 동일한 목표를 향해 나아가는 데 집중해야 했다.

도학의 이론이 11세기에 정이程頤, 12세기에 주희에 의해 정립됨에 따라, 만물은 (보통 영어로 'principle'로 번역되지만 나는 종종 'coherence'라고 일컬을) 리理의 총체성을 지니게 된다. 그러나 인간만이 모든 사물에 내재된 조화에 대한 인식을 점진적으로 확장할 수 있는 능력이 있다. 학은 성인의 텍스트를 공부하는 것에서 시작할 수도 있지만, 이기심을 억제할 수 있다면 인간의 마음이 선善을 분별할 수 있는 고유한 능력을 지녔다는 확신에서 비롯된 내적 자각에서 시작될 수도 있다. 이는 모든 개인은 각각 "천지와 만물과 한 몸을 이룬다與天地萬物爲一體"라는 신념에서 비롯된다. 15세기 후반과 16세기에, 도덕적 자각을 함양하는 데 있어서 텍스트 학습이 반드시 필요하지 않다고 강조한 사람들이 등장했는데, 이 중 가장 유명한 예가 왕양명王陽明이다. 이러한 입장은 신유학 내에서 영향력을 얻었고, 수십 년간 치열한 논쟁을 초래했다.[3] 신유학은 고대 이후의 역사는 전범의 원천이 될 수 없고 불교와 도교가 사회윤리를 지도해서는 안 되며 정치와 사회를 지도할 책임은 사에 있다는 고문의 관점을 공유하였다. 그러나 그들 각자의 기반은 서로 달랐다. 나는 이후에 이러한 서로 다른 관점들이 한 지역의 사의 학에서 어떤 역할을 하는지를 보여 줄 것이다.

도덕적 자각으로서의 학에 대한 대안은 16세기 말에 나타나기 시작했다. 17세기 말이 되면 고증학이 주류로 들어오게 된다. 고증학의 옹호자들은 유가 경전으로 도학의 유아론唯我論을 반박하고 대신 증거를 기반으로 한 지식을 추구하였다. 비록 연구의 중점은 점점 더 고대의 텍스트가 되어 갔지만 학은 새로운 지식을 창출해 내고 축적 가능한 지식을 수련하는 과정이 되었다. 이 책은 일부의 지역 사들이 고대부터 현재까지 이어지는 모든 문헌 전통이 고문 작가들이나 신유학의 학이 관심을 두지 않았던 지식으로 이끌 수 있다는 점을 깨닫기 시작한 시점에서 끝난다.

새로운 학문의 방식들은 이전의 방식을 밀어냈지만 완전히 지우지는 않았다. 18세기 대진戴震은 고문 작문, 도덕 철학, 고증학은 서로 다른 학문의 방식이지만 공존할 수 있는 것으로 간주했다.⁴ 대진의 시대에는 이러한 학문들이 지역적 성격을 띠었는데, 고문 작문은 안휘의 동성桐城과 연관되었고, 고증학은 동남 지역과 연관되었으며, 신유학은 조정에서뿐 아니라 과거제도를 통해 여전히 전국적으로 전파되고 있었다. 이 세 개의 연속된 시기를 구분하는 것만으로는 변화를 설명할 수 없다. 그러나 중국 학문의 역사가 철학의 역사만이 아니라는 점은 분명하게 보여 준다. 이 책의 한 가지 주제는 보편적·도덕적 도道에 대한 신념과 사의 생활에 깊이 뿌리박힌 문학적 글쓰기와 관직 생활이 진정으로 결합되는 것은 어렵거나 불가능하다는 점이다. 송대에서 명대에 이르는 시기에 도학과 문학 활동 간

의 불안한 관계는 여러 학자들에 의해 다뤄져 왔다.[5]

　고문, 신유학, 고증학 중 어느 것도 조정에서 시작된 것은 없다는 점을 유념하는 것은 중요하다. 이들은 모두 당시의 권력자와 주류의 학에 대한 저항으로 시작되었다고 하는 것이 더 정확하다. 학에 대한 주장은 정치와 황제에 대해 자신들의 권위를 주장하는 것이기도 하다. 또 어떤 사람들에게는 학을 추구하는 삶이 정치적 사환仕宦을 추구하는 삶보다 더 큰 가치를 지닌다는 것을 의미할 수도 있다. 정치에 대해 입장을 표명하지만 사환 자리는 피한 많은 사람들의 예가 있다.

출발점: 북송 시기를 돌아보다

　이 연구는 몇 가지 이유에서 남송부터 시작한다. 1126년 여진족이 화중 지역을 정복한 후 남쪽인 항주로 수도를 옮긴 것은 중국사에 있어서 몇 안 되는 성공적 부활이었고 송을 남쪽 지역의 국가로 변화시켰다. 이 시기는 사들이 지역 사회에서 보다 큰 역할을 하는 데 관심을 갖게 된 때이기도 했다. 제도적으로는 북송의 마지막 50년간 정부의 역할을 확장하려 했던 왕안석王安石의 거대한 실험이 끝난 시기이기도 했다. 그러나 바뀌지 않았던 것은 바로 이전 세대 사의 학과의 연결이었다. 남송 학자들은 북송을 되돌아보고 북송의 마지막 세기를 장식했던 이데올로기 투쟁을 재기하였다. 뒤에서 나는 어떻게 이것이 지역적으로 작용하였는가를 보여 줄 것이다. 여기서는 단순히 북송의 이슈들과 행위자들의 일부를 소개하고 이들에 대한 후대의 관점을 언급하고자 한다.

1030년대에 처음으로 정치적 붕당은 이데올로기적 주장을 동반하게 된다. 전국적 정책에 대한 논쟁은 학에 대한 논쟁이기도 하였다. 이는 범중엄范仲淹, 구양수歐陽脩 등이 주도해서 고문 학자들이 조정의 권력자들과 그들의 학을 공격하면서 시작되었다. 비록 이들 집단이 거둔 조정에서의 성공은 짧았지만, 학교 건립 후원, 현재를 이끌기 위한 아이디어를 위해 경전을 읽어야 한다는 믿음은 지속적인 영향력을 가졌다. 1057년의 유명한 상소문에서[1] 그 자신이 고문 문장가이기도 한 왕안석은 지역사회의 재능 있는 자들을 길러 내고 모든 사람들을 이롭게 할 수 있는 정책을 발전시킬 곳인 정부로 이들을 불러들이는 교육제도를 기획함으로써 그의 방대한 개혁의 비전을 제시하였다. 1068년 권력을 쥐게 되자 왕안석은 이전의 개혁가들이 구상한 것을 훨씬 넘어서서 사회, 경제, 지방 정부, 사의 학을 변화시키려는 제도적 개혁을 시작하였다. 왕안석의 '신법'은 신종, 철종, 휘종 3대의 집권기를 장악했다. 그러나 1085년 신종이 사망한 후 신종 시기 초부터 왕안석과 입장을 달리했던 관료 체제의 위대한 역사가인 사마광司馬光은 왕안석의 정책들을 원상태로 되돌리려는 목적으로 반대자들의 연합을 만들었다. 이는 원우 연간(1086~1094)을 뒤흔들었다. 이들 연합에는 세 개의 주된 집단이 있었다. 사마광의 입장은 분명했다. 그는 정부의 크기를 줄이고 부자들에 대한 공격을 끝내며 경제와 사회에 대한 정부의 개입을 중단하고 변경에서의 전쟁을 종식시키며, 부와 유동성 증가의

---

1) 왕안석이 인종황제에게 바친 만언서 「상인종황제언사서(上仁宗皇帝言事書)」를 말한다.

결과로 여긴 사회적 불안정성을 종결시키기를 원했다. 이 연합 내의 다른 붕당은 정이와 연관되어 있었다. 그는 형인 정호程顥와와 사촌인 장재張載의 사망 이후 도덕 철학의 지도적 스승이었다. 사마광은 정이를 소년 황제인 철종의 가정교사로 불러들였다. 연합의 다른 한 붕당은 사회적 변화와 사상적 다양성에 보다 열린 관점을 지닌 명성 높은 문장가인 소식과 연관되어 있었다. 그러나 1093년 철종이 친정을 하게 되면서 신법이 재개되었다. 이른바 '원우당'은 밀려났고 그 지도 세력은 귀양을 가고 그들의 문장과 가르침은 금지당했다. 방랍方臘의 난[2]이 남동부 지역을 황폐화한 1120년대 초가 돼서야 황제는 이를 철회하였다. 이 시점에서 송은 이미 떠오르는 여진과 충돌하게 되었는데 송은 황실의 오랜 목표였던 화북 지역 북쪽 끝자락 16주[3]를 회복하려는 희망으로 여진과 함께 거란의 요를 멸망시키려 계획하고 있었다. 1126년 여진이 개봉을 함락시키고 휘종과 그의 후계자를 포로로 잡음에 따라 송은 화북 평원을 상실하게 된다.

북송의 붕당은 아리 레빈Ari Levine이 지적하고 있듯 다원주의를 용납하지 않았다. 이들의 전형적인 수사적 입장은 도덕적 우월성을 주장하고 군주의 통일된 통치에 대한 충성심을 주장하며 자신에게 동의하지 않는 상대편을 분열적이고 사욕에 찬 자들로, 그들은 붕당에 지나지 않는다고 주장하는 것이었다.[6] 이들 논쟁은 상대방도 동일하게 적용할 수 있는 입장을

---

2) 북송 말기인 1120년 지배 세력의 수탈에 저항하여 목주의 농민인 방랍이 농민 세력을 규합하여 일으킨 대규모의 반란.

3) 연운 16주, 즉 장성長城 남쪽에 있는 탁涿·계薊·단檀·순順·영瀛·막莫·울蔚·삭朔·응應·신新·규嬀·유儒·무武·환寰·유幽·운雲을 일컫는다.

만들어 내었고, 남송 시기 사들이 정치와 사상적 풍경을 이해하는 도구가 되었다. 왕안석과 사마광은 명확한 선택지를 대표하였다. 정부의 임무는 사회에 더 큰 평등을 가져오는 것인가, 아니면 권위와 안정을 유지하는 것인가? 비슷하게, 정이와 소식도 서로 완전히 다른 관점, 즉 윤리에 기반을 두거나 문화에 기반을 둔 두 개의 학과 가치에 대한 관점을 대표하였다.

남송 시기 가장 영향력 있는 학자였던 주희朱熹(1130~1200)는 북송의 학파를 참조하여 자신의 입장을 자리매김하였다. 다른 관료들과 군주를 상대로 주장을 펼친 북송의 인물들과 대조적으로, 주희는 사들 일반을 향해서도 발언을 하려 했다. 학은 사가 되는 데에 필수적이다. 그러나 학은 이를 넘어서 무엇으로 이끄는가? 주희는 과거시험 문제에서 이렇게 쓰고 있다.

> 고대에 배우는 자들은 사가 되는 것으로 시작하여 성인이 되는 것으로 끝을 맺었다. 어떻게 사가 되는지를 안다면, 어떻게 성인이 되는지도 알았다는 것이다. 오늘날 사인 사람들은 많으나, 성인에 이른 자가 있다고 들어 보지는 못하였다. 사람들이 사로서 어떻게 행동해야 하는지도 모르는 것이란 말이 아니겠는가? 아니면 성인은 이런 부류에서 나오지 않는 것이고, 옛말은 믿을 수 없단 것인가?[7]

사실상 주희는 사가 학을 하는 궁극적 목표를 재정의할 것을 요구한 것이다. 분명히 대부분의 사들이 목표로 하는 과거시험에서의 성공이 학의 궁극적 목표여서는 안 되고 정치적 개혁이나 문장가로서의 명성이 궁극적 목표가 될 수도 없다는 것이다. 그보다 학의 목표는 개인의 발전, 즉 더 높은 경지에 이르는 것, 다시 말해 성인이 되는 것이어야 한다. 학은 '위인지학爲人之學'이라기보다 '위기지학爲己之學'이어야 한다는 것이다. 이는 '자득自得'을 요구한다.

주희는 학생들에게 유가 전통을 역사적으로 두 가지의 도전이라는 관점에서 볼 것을 요구했다. 첫째로 비유가적인 입장들, 고대에는 묵자의 공리주의와 양주의 자유방임주의, 이후에는 불교와 도교에 대한 전투였다. 둘째로 진정한 유가 전통을 유지하려는 맹자의 노력이었다. 그는 학생들에게 북송의 입장들을 다음과 같은 것을 기반하여 평가하라고 요구하였다.

공자가 세상을 떠났을 때, 70명의 제자들은 애도하였고 양주와 묵적 같은 자들이 출현하였다. 맹자가 공자의 도를 밝혀 이들을 바로잡아서 이들의 이론은 마구 퍼지지 못하였다. 천년 이상 학생들은 공자의 말씀을 암송하였으나, 순경, 양웅, 왕통, 한유만이 도를 외쳤다. 그러나 맹자에 대해서는 어떤 이들은 거부했고, 어떤 이들은 자신을 그에 비견했고, 어떤 이들은 그를 무시했고 어떤 이들은 그의 업적을 우임금[홍수로부터 세상을 구한 성왕]에 못지않다고 숭상하였다. 이처럼 그들의 목적은 서로 달랐다. 또한 이들 몇몇 인물들에 대하여, 후대의 사람들이 선대의 사람들에 대한 의견을 밝힐 때, 어떤 이들은 자신들이 같은 문을 쓰는 다른 집안 사람들이라고 생각하고, 어떤 이들은 그들을 무시하고, 어떤 이들은 그들이 대체로는 옳더라도 작으나마 흠이 있어서 도를 전수하는 데는 참여할 수가 없었다고 하였다. 양주와 묵적에 대해서 어떤 이들은 그들의 잘못을 암시했고, 어떤 이들은 그들을 무시했고, 어떤 이들은 그들을 공자와 나란히 다루었다. 그들 선택의 차이가 이러하였다. 이에 대해서는 반드시 설명이 필요하다. 공자의 가르침은 우리 왕조에 이르러 가장 성하였는데, 이를 시작한 구양수, 왕안석, 소식 선생은 모두 그들의 학을 조정에서 실천하였지만, 호원 선생, 정이와 정호 선생은 그들의 학을 학자들에게 전수하였다. 왕안석과 소식은 원래 구양수에서 나왔지만, 결국 그들은 매우 달라졌다. 호원과 손복은 당시에는 받아들여지지 않았고 정씨 형제는 특히 왕안석과 소식과 반목하였다. 이들 중 누가 공자의 도를 이해했는가? 누가 이를 잃어버렸는가? 논하지 말아야 할 것이 있겠는가? 양주와 묵적의 이론은 불타 버렸지만, 그들의 이론 중 어떤 부분들은 여전히 사라지지 않은 것이 있지 않은가? 후세에는 부처와 노자의 이론이 있었다. 이들의 이론을 어떻게 양주와 묵적에 비교하고 대조하겠는가? 양웅 이래로 이들 두 가家[부처와 노자]의 시비에 대한 논의에는 많은 차이들이 있어 왔다. 누가 옳은가? 자세히 논해 보시오.[8]

정답은 정씨 형제가 옳다는 것이었다. 그렇다면 소식과 왕안석은 틀린 것이어야 한다. 그리고 맹자가 양주와 묵적의 잘못을 보여 주었듯이 이들의 현재 버전인 자유방임적인 개인주의자 소식(양주, 노자)과 교조주의적 공리주의자 왕안석(묵적과 부처)에 대한 싸움도 지속되어야만 한다는 것이다.

12세기 중반, 정씨 형제, 소식과 왕안석은 세 가지의 커다란 대안을 대표하였다. 주희는 그의 추종자들이 이들 세 갈래 길을 모두 수용하는 것이 아니라 옳은 길을 선택하기를 원했다. 원흥종員興宗[4]은 다른 시험 문제에서 이들을 수용할 것을 주장하였다. "지금 소식, 정씨 형제, 왕안석은 반드시 완벽하게 훌륭한 것도 완전히 틀린 것도 아니다. 하나를 취해서 다른 것들을 버리는 것은 나쁜 것을 나쁜 것으로 바꾸는 것이다. 우리는 통일된 도를 낳기 위해 이들 세 학파의 장점을 결합해서 대공大公과 지극한 올바름에 이르러야 한다."[9] 그러나 원흥종도 인정했듯이, 이는 그의 동시대인들이 원했던 것이 아니었고, 분명한 것은 주희가 원한 것도 아니었다.

복귀한 송 조정은 북방으로부터의 실질적 위협 속에서 때로는 다른 관점들을 수용하고 때로는 반대를 억누르면서 방법을 찾아내야만 했다. 비록 처음에는 신법에 의해 교육을 받은 세대가 이를 주도하였지만, 왕안석의 반대파인 원우당으로 여겨진 사람들도 포함시키려 노력하였다. 또한 조정은 금과 화친을 해야만 한다는 현실을 마주했다. 소식의 추종자였던 진관의 손자인 재상 진회秦檜는 원우당에 동의했던 관료들의 엄청난 반대를 무릅쓰고 이를 성사시켰다. 진회는 1155년에 사망했고 황제는 1162년에 양위를 하였으며[5] 1164년에 금의 침공이 있었다.[6] 효종(재위 1162~1189)은 수습을 위해 노력하였다. 효종은 정씨 형제 학의 추종자들을 환영하였으나 불교와 도교의 가치도 인정하였다. 도학의 옹호자들이 놀랄 일은 이

---

4) 원흥종은 자는 현도(顯道), 호는 구화(九華)로, 송의 대신이자 학자이다. 대략 1174년, 송 효종 순희 연간 초기에 생존했던 것으로 추정된다. 저작랑(著作郎), 국사관 편수(國史館編修), 실록원 검토관 등을 역임하였다. 송나라 건도 연간 중년 무렵, 원흥종은 상소를 올려 권세 있는 총신(寵臣)을 탄핵했으며, 결국 중상모략으로 관직을 잃고 물러나, 윤주(潤州)에 잠시 거주하다가 생을 마감하였다. 저술로『구화집(九華集)』50권, 『국사경적지(國史經籍志)』, 『변언(辯言)』, 『채석전승록(采石戰勝錄)』이 있다.
5) 남송의 고종은 1162년에 퇴위하여 태상황이 되고, 양자인 효종에게 양위를 하였다.
6) 효종은 1163년에서 1164년까지 북벌을 명했으나 금에 밀려 실패하였고 결국 1164년 융흥(隆興)화의를 맺는 것으로 이를 마무리 지었다.

뿐이 아니었다. 1173년 소식에게 문충文忠이라는 시호를 내리면서, 효종은 소식의 문집에 찬사를 적었다. 가장 높은 수준의 정치적 청렴함을 보여준 이로 소식을 뛰어넘을 자는 없다고 썼다. 소식은 자신의 학을 실천하는 데 전념하였다. "그는 리를 추구하고 본성을 체현했고 천인을 관통하였다[窮理盡性, 貫通天人]." "그의 문장은 하루 종일 지루할 새 없이 읽을 수 있다. 나는 이 문장들을 내 곁에 두고 모범으로 삼는다. 진실로 소식은 일대 문장의 창시자라고 할 수 있다."[10] 주희가 자신의 학파에 대해 주장한 언어[窮理盡性, 貫通天人]를 사용하여 황제는 소식이 문장가이자 사상가로서 중요하게 다뤄져야 한다고 주장하였다. 그러나 이러한 수용의 입장은 오래가지 못했다. 12세기 말, 주희의 학문이 정치에 대한 권위를 주장하는 일관된 이데올로기로 자리 잡았을 때, 조정은 그와 다른 비평가들을 '위학偽學'의 전파자로 규정하며 금지했다. 그러나 한 세대 이후 몽골이 금의 영토를 차지하게 되면서 북방으로부터의 위협이 더해졌고, 조정은 주희의 도학을 공자 학의 권위 있는 해석으로 인정하기 시작하였다. 조정의 승인은 기대보다 효과적이지는 못했지만, 1315년 도학은 공식적으로 과거시험 커리큘럼에 포함된다.

12세기 남송 사의 학에서 무언가를 주장할 때 왕안석, 소식, 정씨 형제는 북송 시기의 가장 일반적인 참고점이었다.[11] 그들의 생존 시, 소식과 정씨 형제는 왕안석에 대한 대안을 대표하였다. 이들 셋 모두는 어떻게 정부, 윤리, 문화가 서로 연결되어져야 하는가를 설명하는 학에 대한 종합적 이론을 가지고 있었다. 이들은 모두 '학'은 일생에 걸친 과정이라는 생각을 공유하였고, 각각은 자신의 학을 도그마가 아닌, 어떻게 개인이 자신이 경험한 세계에 의미를 부여하고 책임 있는 방식으로 행위를 할 수 있는 가에 대한 설명이라고 이해하였다. 그들은 각기 사의 성취에서 세 가지의 영역 — 정치, 문장, 도덕 — 중 하나에서 가장 큰 명성을 얻었고 나머지 두 영역을 그 하나의 관점에서 이해했다는 것도 주목할 만하다. 13세기에 주희는 일부의 사들에게는 뚜렷한 준거점이 되기 시작했지만 여전히 소식과 왕안석은 상이한 관점과 실천의 분열을 대표하였다.

리터라티로서의 사

사는 누구였을까? 왜 이들을 '리터라티 literati'[7]라고 이르는가? 그들은 사士가 무엇을 의미한다고 생각했을까? 명 중기에 신유학자인 여남呂柟은 자신과 같은 사람의 우월성을 아래와 같이 정의했다.

사가 되는 것은 다섯 가지 점에서 귀하다. 천지의 기는 만물을 낳는 데 균등하게 작용하나, 사에게 더 후하게 부여되었다.

첫째, 초목이나 동물이 아니고 인간이다.
둘째, 오랑캐가 아닌 중국의 사람이다.

---

[7] literati는 literatus의 복수형으로 교육 받은 사람들이나 문학이나 예술적 교양이 있는 사람들을 가리키는 말이나, 영어권에서도 주로 전근대 중국 지식인 계층, 사를 가리킬 때 특정되어 쓰이는 경우가 많다. 이 단어 자체에는 문학(literature)에 정통한 사람이라는 의미가 포함되어 있다.

셋째, 여자가 아니라 남자다.

넷째, 농공상이 아닌 사다.

다섯째, 요, 순, 주공, 공자 같은 경지에 이를 수 있거나, 그렇지 않더라도 안회, 증자, 자사, 맹자와 같이 될 수 있다.[12]

특권 또한 우연이다. 그는 달리 태어날 수도 있었다. 성인을 목표하거나 성인이 아니라도 공자의 가르침의 전수자가 되고자 하는 것은 사로서의 — 또한 인간, 남성, 중국인이라는 — 지위 덕분이다. 여남의 특권의식을 맥락 속에 넣고 볼 때, 첫째로는 제도의 측면에서, 둘째로는 사들이 공유하는 가치의 측면에서 사가 어떻게 리터라티가 되었는지를 설명할 수 있을 것이다.

국가적 정치 엘리트를 정의하고 그 유지를 도와주는 제도적 기제들은 늘 있어 왔다. 황제 지배체제 기간 동안 사는 군주에 대한 중요도에 따라 규정된 네 인구 집단[정사를 돕는 사士, 자원을 제공하는 농農, 원자재를 유용한 물건으로 만드는 공工, 물품을 교환하는 상商] 중 가장 상위로 여겨졌다. 그러나 이 체계는 사라는 용어를 정부 관료로 이해하고 있음을 시사한다. 그렇다면 사를 '리터라티'라고 번역하는 것은 정당하지 못할 것이다. 사라는 용어는 법적으로 정의된 적은 없으나 시간이 지나면서 사실상 제도적인 장치들이 사를 1만 5,000에서 3만 명 정도의 관료 집단보다 더 광범위한 집단으로 식별하게 되었다. 당唐에서 '사족'이란 여러 왕조에 걸쳐 대대로 정부에서 관직을 업으로 이어 온 가문을 지칭했다. 조정에서는 가문의 위계와 당 왕조에 대한 관직 봉직 경력을 따져 세족들을 서열화했고,

심지어는 관료를 임명할 때 후보자가 주장하는 가계도의 사실 여부를 확인하는 관직까지 있었다. 이들 가문은 전형적으로 수도를 잇는 중심축 지역을 따라 밀집되어 있었는데 한 집단은 서쪽의 장안을 따라, 나머지는 동쪽의 낙양을 따라 형성되어 있었다. 이들은 서로 통혼하였고, 관리 선발 과정을 장악하였다. 가문의 전통과 사환에 더하여 이들은 자신들이 문학적 전통, 경전, 역사, 경세의 지식과 같은 문화를 지니고 있다고 주장하였다. 그 자신이 세족 출신인 한유는 출생보다 이러한 배움이 관직자의 자질이 되어야 한다고 주장하였다. 그러나 당이 쇠약해지면서 세족의 관직 독점은 더 강화되었다. 니콜라스 태킷Nicolas Tackett은 이러한 중세 과두제가 어떻게 유지되었는지 밝혔으며, 황소의 난(877~884)으로 이들이 몰락하게 된 과정을 기록했다.[13]

 10세기 말에 이르러, 송은 관료를 선발하는 방법으로 필답고사를 더 확대했다. 한 시험은 다양한 경전과 다른 텍스트들의 암기 능력을 테스트하였고, 다른 하나는 보다 권위 있는 진사시로 시와 산문 짓는 능력을 테스트했다. 비록 고위 관리가 그의 친족에게 음서의 특권을 사용하는 것은 계속 허용되었지만, 송대에는 과거제에 몇 가지 제도적 변화가 있었는데―학위에 대한 최종 권한을 재상(과 그의 붕당)이 아닌 황제가 가지게 된 것, 학위를 얻으면 직위를 보장받게 된 것, 수험자의 익명성을 확실하게 보장하는 정교한 절차가 제도화된 것―, 이는 적합한 교육을 받고자 하는 사람들의 수를 크게 늘렸다. 결과적으로 과거제도는 송 조정에 대대로 봉직했던 가문들의 지배적 지위를 약화시켰다. 이들은 당나라 때와 같이 수도 주변에 모여 있었다. 1070년대에 정부는 선택의 기로에 섰다. 과거시험에 대한 접근을 제한하여 수요와 공급에 균형을 찾을 것인가, 아니면 부유층에게 자제들의 과거시험 교육을 장려하여 수험생이 계속 늘도록 권장할 것인가? 1069년 조정에서 과거시험을 둘러싼 논쟁이 벌어졌을 때 과거 응시 자격 제한을 옹호하는 이는 거의 없었다. 시를 짓는 테스트 대신 경전의 의미를 풀이하는 에세이로 시험을 보자는 (암기를 위한 학위의 폐지와 함께 실행될) 주장, 수험생의 도덕성을 증명하도록 하자는 주장, 더 강력한 관학 시스템을 발전시키자는 주장이 있었다.[14] 이후 50년 동안 조정은 학교 시스템의 확장을 지원하여 한때는 주현의 학교에 20만 명 이상의 학생이 다니기도 하였다. 그러나 여전히 모든 교육 시스템은 관료를 준비시키기 위한 것이고, 통치와 사회질서는 중앙집권화된 관료 시스템에 의존한다는 것을 전제하였다. 조정은 한때 관료의 수를 대략 4만 명 정도까지 두 배로 늘렸으나 수요를 맞추기에는 부족했고 (당시의 채용 문제를 해결할 수도 있는) 사가 서리의 직을 맡아야 한다는 제안은[8] 지지를 얻지 못하였다. 사를 '리터라티'로 번역하는 것은 텍스트를 읽고 문장을 쓰도록 훈련시키는 교육이 이제는 잠재적 관료 집단인 전국적 엘리트에 누가 소속되는가를 정의하게 되었음을 인정한 것뿐이었다.

　북송 시기 동안 사의 숫자가 가장 많이 증가한 곳은 절동(현재 절강성)과 절서(현재 강소성 남부), 복건, 강서로였다. 1127년 화북 평야가 여진 금에게 함락되었을 때 이들 지역들은 새로운 수도인 항주와 가까워지면서 세금과 관료의 주된 보급지가 되었다. 화북 지역을 상실한 것으로부터 수십 년이

---

8)　왕안석의 개혁안으로 이는 사들이 왕안석에 대한 강하게 반발하는 주요한 요인이 된다.

지난 후, 사들이 처한 상황은 다음과 같았다. 사의 숫자는 늘어났으나 정부에서 관직을 할 기회는 늘지 않았다. 과거시험에의 참여는 지속적으로 증가하여 13세기 중반에는 응시자가 40만 명에 이르렀으나 역설적으로 집안의 연줄이 아니라 시험에 의해 선발된 관료의 비율은 11세기 중반에서 13세기 초 사이에 거의 절반으로 줄었다.[15] 교육에 대한 국가의 예산은 줄어들었으나 민간의 지원은 '서원'과 교육을 직업으로 삼는 사가 증가한 덕분에 늘어났다. 과거시험에의 참여(성공이 아니라) 자체가 사라는 신분과 이에 따르는 것들(지방 관직에의 접근성, 등록된 학생들에 대한 노역 면제, 비슷한 지위의 다른 가문들과의 연결)을 얻기에 충분하다는 것을 안다면, 이러한 수요의 증가와 기회의 축소라는 역설적 상황은 사라진다.[16] 참여자의 입장에서 보면, 과거시험은 관료 선발로서의 역할을 넘어서 사의 신분과 국가 엘리트로서의 자격을 입증하는 리스크가 낮은 투자였다. 텍스트와 문학 작문 교육이 사의 정체성에 중요했음을 고려할 때, 송대 이후 사를 '리터라티'로 번역하는 것은 적절하다. 이는 강남 지역에서만 그런 것은 아니었다. 1160년대 여진 금은 과거제를 확대하고 진사 학위를 주는 데 심지어 더욱 관대하였다.[17]

사는 어떤 제도적인 범주와도 완벽하게 일치된 적이 없었다. 북송 시기 사회적 신분을 통제하려는 제안들이 있었다. 사마광은 과거 응시자를 조정 관료의 추천을 받은 사람들로만 제한하자고 주장하였고, 또 다른 이는 공식적으로 '사호士戶'를 만들자고 제안하였다.[18] 그러나 이러한 제약들은 자신의 신분을 영구화하려는 엘리트들의 욕망에 반하였고 정부 정책은 엘리트들의 이해에 의해 좌절되었다. 원·명대에는 '유호儒戶'라는 세목稅目

이 있었으며, 원대에는 아들을 관립학교에 등록시켜야 했지만, 이것이 사로 간주되는 모든 사람을 정의하지는 않았다. 학교는 '군호軍戶'와 일반 백성 가정에도 개방되었다.[19] 오금성은 명대의 과거제는 송·원대에는 하지 못한 방식으로 사를 관료제의 일부로 만들었다고 주장했다. 과거제를 (주, 현, 수도의) 학교 제도와 연계시키고, 모든 단계에 평생의 특권을 (예를 들어 사치금지법에 의해 규정된 특정한 복장, 면역, 일반적 기소의 면제) 부여하고 더 낮은 단계(향시 합격자와 수도의 국자감에 입학한 자)에까지 관직 임명의 자격을 확대하였다. 이제 사가 되는 기준에 대한 권한은 정부가 가지게 되었고, 학교와 과거를 통해 집단은 위계화되었다. 이 시스템은 명확하게 규정된 위계와 접근성의 제한을 전제로 하였지만 15세기 중반에 이르러 자신을 사라고 생각하고 그렇게 인정해 주기를 원하는 이들의 숫자가 이 시스템이 제공하는 제한된 숫자를 훨씬 넘어서게 되었다. 해결책은 녹봉은 주지 않는 '부학생附學生'의 신분을 무제한으로 인정해 주는 것이었고 이렇게 해서 특권을 얻는 이들의 숫자는 3만에서 6만으로 두 배가 되었다. 이후 계속 늘어나서 명 말에는 50만에 이르렀다.[20] 처음에는 조정이 사를 정의하는 기준을 규정한 것처럼 보였을지라도 결국 사는 정부의 시스템을 자신들의 이익에 맞도록 활용하는 데 성공했다고 볼 수 있다.

과거에의 참여는 남송 시기에 사를 규정하는 제도적 정의로 기능할 수 있었고, 이는 분명히 바람직한 일이었다. 또한 비공식적 방식으로도 사로서 인정받을 수 있었다. 과거시험은 학을 테스트하는 것이기에 학문(또는 교육)에 종사하는 사람으로 알려지면 과거에 응시하지 않아도 사로 간주되었다. 사회사 연구자들은 사의 딸과 혼인해도 사로 간주된다고 주장하기도 한다. 1234년에 화북, 1270년대 말 강남을 몽골이 정복하면서 제도적 상황은 급변하였다. 금의 문학 위주의 과거에 대한 북방의 지지자와 강남 지역의 도학 옹호자들 사이의 논쟁[9] 이후 1315년이 되어서야 과거제는 다시 제도화되었다.[21] 그러나 원대에 한인과 남인으로 나누어진 학위를 받을 수 있는 사의 숫자는[10] 과거에 합격한 소수의 몽골인과 중앙아시아인의 숫자를 결코 초과하지 못하도록 되어 있었다. 사는 단순히 한족 피지배층의 한 요소에 불과했고 비록 특권이 있었지만, 몽골인들은 그들이 지배권을 천부적으로 가지고 있다고 인정하지 않았다. 개인적 관계, 서리직, 또는 선생이 되는 것을 통해 관직에 들어가는 길이 있었으나, 남인들이 이러한 방법으로 중요한 직위에 이르는 일은 거의 없었다.[22]

몽골이 통치한 대부분의 기간 동안, 사의 신분은 국가의 커리큘럼이 아니라 사들 스스로의 힘에 의해 유지되어야만 했다. 물론 한족 사들은 국가의 지원을 요구하고, 그들의 전통을 가치 있게 여긴 몽골인과 중앙아시아인 중에서 협력자를 찾았다.[23] 그러나 화북의 한인과 강남의 남인은 학, 사, 정부와의 관계를 보는 관점이 서로 달랐다. 남인은 지역에서의 역할과 정부와 관직 밖에서의 관계를 추구한 반면, 한인은 관직에 중점을 두었

---

9) 금에서는 소식의 소학(蘇學)이 가장 중요한 지적 흐름을 이루었고, 과거에서도 이러한 경향이 주를 이루었다. 많은 사가 도학을 수용한 강남에서는 이러한 문학 위주의 과거제도를 반대하였다.
10) 원나라는 인종, 지역, 그리고 정복 시기를 기준으로 인구를 몽골인, 색목인(色目人), 한인(漢人), 남인(南人)의 네 계층으로 구분하고, 이에 따라 정치·사회적 차등을 제도화하였다. 이 중 한인은 금나라 치하의 북중국 출신 한족을, 남인은 남송 치하의 강남 출신 한족을 가리키며, 남인은 같은 한족 계층 중에서도 한인보다 더 심한 차별을 받았다. 1315년 과거제 부활 이후 네 계층에 각각 동일한 합격자 쿼터(각 1/4)가 배정되었는데, 인구가 가장 많고 응시자 수도 압도적이었던 강남 출신 남인은 과거를 통한 관직 진출이 사실상 거의 불가능에 가까웠다.

다.²⁴ 그러나 양쪽 모두 사가 되는 것과 유학자가 되는 것을 동일시하는 경향이 있었다. 화북에서는 학교 등록이 필수적인 유호를 만들어서 사의 특권을 지키려고 노력했고²⁵ 이후 강남에서는 신유학의 사서四書를 과거시험에 채택하려는 노력에서 그러한 시도가 있었다. 그러나 출생이 아니라 학이 사가 되는 핵심이라는 전제는 모두 공유하고 있었다.

사에 대한 대안적 접근은 자신을 사라고 여기는 사람들이 공유한 가치와 실천이 사의 여부를 규정한다고 생각하는 것이다. 이 접근 방식에서는 제도적 메커니즘이 세월이 흘러가며 변하는 것처럼 가치와 실천도 변한다는 것을 인정한다. 시문이든 경전에 대한 에세이든 송대의 사는 과거시험을 준비해야만 했다. 그들은 광범하게 독서하고 다양한 문장의 형식으로 글을 쓰는 것을 배워야만 했다. 이러한 종류의 시험은 많은 비판자들이 지적하듯이 재판관, 조세 징수관, 의례 주관자, 또는 행정가로서의 지방관의 역할과 명확히 연결되지 않는 것이었다. 그럼에도 과거시험은 옹호되었다. 안목이 있는 자에게는 시문과 문학적 글쓰기가 한 사람의 품성과 지능을 어느 정도 드러내 주었으며, 경전에서 더 큰 원리를 이끌어 내는 글쓰기는 국가 운영이 추구해야 할 목표를 나타내는 것으로 여겨졌다. 또 다른 비판자에 의해 제기된 문제점은 진심이 아니라 단지 옳은 것을 쓰는 것만을 배울 수 있다는 것이다. 즉 훌륭한 글을 쓸 수 있는 사람이 반드시 도덕적인 사람임을 행동으로 증명한 것은 아니며, 반대로 부모에게 효도하고 형제와 우애하며 친구로서 신뢰할 만한 사람—어떤 이들은 이런 사람이야말로 관직에 있어야 한다고 주장했지만—이 반드시 글을 잘 쓰거나 경전을 이해하는 것은 아니었다. 문화와 도덕은 긴장 관계에 있을 수 있다. 12세기 초, 학생들이 단지 윤리적 행동을 입증했다는 이유로 국자감에 입학할 수 있도록 허용했던 프로그램은 학문적 자질이 부족했던 학생들 때문에 곧 폐지되었다.

  안에서는 효자이고 밖에서는 인격자로 행동하는 것, 좋은 독서가이자 문장가가 되는 것, 정부에서 벼슬하여 공을 세우는 것, 모든 시기에 사에게 이러한 것들은 공통된 기대치이자 명성을 얻는 방법이었다. 이것의 근거가 된 것은 10명의 공자 제자들의 우수성으로 꼽힌 다음 덕목이었다. 즉 덕행, (송대부터는 일반적으로 무시되기 시작한) 언어, 정사, 문학이 그것이다.[26] 이와 상당히 비슷한 세 개의 조합이 『춘추좌전』에도 나온다. 거기서는 사람은 덕, 공, 그리고 말에 의해 기억될 수 있다고 하는데 이때 말이란 것은 문장으로도 이해할 수 있다.[27] 개인의 도덕은 부모의 상을 치르는 것과 항의의 표시로 조정에서 사직하는 것을 통해 증명될 수 있다. 문의 습득은 시문을 짓고 책을 쓰고 박식을 드러냄으로써 보일 수 있다. 정사에 공식적으로 참여하는 것은 몇몇의 관직에 오른 자들에게만 제한되지만, 12세기에 이르면 자발적 노력으로 지역사회에서 사회적 책임을 수행하는 것도 정사에서의 업적의 한 형태라고 주장하는 사람도 생겼다. 사라는 주장이 당에서처럼 가계에 기반을 둔 것이든, 송대의 전형적인 기준인 재능에 기반을 둔 것이든, 이런 것들은 모두 공통된 기대에서 중요한 부분이었다. 그러나 좋은 문장이란 무엇이고 정사에 책임을 지는 것은 어떤 것이며 도덕의 기반은 무엇인지에 대한 논쟁은 상당히 열려 있었다. 어느 정도 도학이 이들 세 개의 경계를 새로 그려서 학이 텍스트를 공부하는 것이 아니라 도덕적 수양을 의미할 수 있게 했다. 그러나 왕안석과 사마광은 정사의 렌즈를 통해 행위와 학을 보았고 구양수와 소식은 문화적 성취라는 관점에서 행위와 정사를 보았다.

사의 학의 사회문화사는 사의 정체성이 서로 다른 정치적 체제하에서 어떻게 제도, 가치 그리고 실천의 조합을 통해서 구성되고 유지되었는가를 연구하는 것이다. 그러나 이는 사가 학을 사용하여 다른 사람들이 일정한 방식으로 행동하고 어떤 것을 다른 것보다 더 가치 있게 여기도록 설득하는 방식에 대한 연구이기도 하다. 문장의 가치에 대한 논쟁에서 그렇듯, 어떤 때는 설득이 지적 영역에서 이루어지기도 하였고, 어떤 때는 사 자신의 행위를 제약하는 것을 목표하기도 하였다. 원대 말에 무주 의오義烏의 왕위王褘는 사를 훈계하며 이렇게 쓰고 있다. "교묘한 꾀로 자신을 죽이지 말라. 정술로 남을 죽이지 말라. 재산으로 자손을 죽이지 말라. 학으로 천하를 죽이지 말라."[28]

사의 지역화

중앙 정부가 국가적 제도를 만들고, 지적 운동이 지역적·국가적으로 확산되었으며, 사상가들이 보편성을 주장했음을 감안할 때, 왜 한 지역의 관점에서만 사의 학을 탐구해야 하는가? 이에 대한 답변의 하나로 다음을 생각해 볼 수 있다. 아무리 사들이 자신을 지적으로는 보편적이라 생각할지라도 매우 소수만이 국가의 관료 또는 여행을 하는 상인으로 이동하며 살 수 있는 계층이었다는 것이다. 그들은 어딘가에서 살고 있었다. 사회적 행위의 무대로서 장소는 행위자를 형성하고 주조한다. 개인의 행위가 의미를 가지는 맥락의 하나이고 사의 관점에서는 장소의 명성이 그들의 업적과 많은 연관을 가지고 있다. 그들이 사는 무엇이라고 생각하는지, 학이 무엇이라고 생각하는지, 어떻게 학에 종사해야 하는지, 무엇을 원하는지를 이해하려면, 지역적 또는 지역을 넘어선 맥락에서 그들이 어떻게 상호작용했는가 살펴볼 필요가 있다.[29]

또 다른 답변은 사료적인 것이다. 남송 시기의 지역 엘리트를 상세히 연구한 최초의 사례인 로버트 하임스Robert Hymes는 강서성 무주撫州에 관한 고전적인 연구에서 지역 엘리트의 부상이 국가의 상대적 후퇴와 함께 진행되었다는 주장을 제기했다.[30] '국가'가 후퇴하고 국가에 대치하여 지역 엘리트들이 나타났다는 주장은 강한 반향을 불러일으켰다.[31] 하임스는 북송에서 남송으로의 전환 과정에서 엘리트 가문의 전략이 변화했다고 주장했다. 이전에는 관직에서의 지위를 방어하기 위해 다른 지역의 비슷한 지위를 가진 가문과 혼인 동맹을 맺었다면, 이후에는 지역에서 지배력을 확보하기 위해 지역 내 혼인 동맹을 추구했다는 것이다. 경쟁적인 과거제도로 인해 국가 관료 엘리트로 자리 잡지 못한 가문들은 '지역 엘리트'가 되었다. '지역 엘리트'로 산다는 것은 무엇을 의미할까? 하임스는 이를 연구하는 접근법으로 일곱 개의 기준을 들었다. 관직 보유, 현시 합격, 불교나 도교 사원에의 기부, 교육과 기간 시설에의 개인적 투자의 주도, 지역 방위 주도, 앞의 기준에 맞는 사람과 인척 되기, 학교 또는 문사文社의 일원 되기.[32] 이러한 기준에 따르면 지역 엘리트는 대체로 사로 간주되는 이들과 겹치지만, 하임스는 자신의 연구가 사의 정체성을 밝히는 연구가 아니었음을 분명히 했다. 이후 송대 사회사를 종합적으로 개관한 그의 뛰어난 연구에서 하임스는 사가 누구였는지에 관한 질문을 다루었다.

그들은 북송 초기 국가와의 관계를 통해, 특히 과거시험과 관직 추구를 통해 자신들을 하나의 집단으로 정의하기 시작했다. 그러나 남송 중기에는 중국 남부의 주현에 뿌리를 둔 지역적으로 자리 잡은, 대체로 자율적으로 승인되는 엘리트로 자리 잡았다. 이들은 한편으로는 학문과 과거시험 참여를 통해 학위나 관직이 아닌 방식으로 자신들을 정의했으며, 다른 한편으로는 지역 내 및 지역 간에 형성된 새로운 수평적 사회 네트워크를 통해 자신들을 정의했다. 이러한 네트워크는 궁극적으로 전국적 범위를 가지며, 신사층의 지위를 국가로부터의 인정이 아닌 상호 인정을 통해 더 많이 규정했다. 가장 자각적인 형태로, 이들은 국가의 피라미드형 네트워크를 통해 배분되는 권위와는 독립적인 문화적이고 준정치적인 권위를 주장하게 되었다.[33]

남송 시기 무주 지역 사의 사회사는 이러한 견해에 잘 들어맞는다. 그러나 이것이 국가의 후퇴를 의미하는가? 이석희의 남송, 원 시기의 절강 명주明州(현재 영파, 항구도시)에 대한 연구는 어떻게 지방정부가 지역의 복리와 국가의 이익을 증진하기 위해 선도적인 지역의 가문들과 함께 일을 했는가를 보여 준다.[34] 명주의 지방정부는 다른 곳에서는 지도적인 위치의 사 가문에 의해 지배되었던 학교, 향음례, 지역의 역役 의무에서 생기는 재정적 위험을 완화시키는 일, 빈한한 사들을 지원하는 자선기금 조성 활동 등에서 주도적 역할을 하게 되었다.[35] 사회사에 대한 소중한 리뷰에서, 송천Song Chen은 더 나아가 하임스가 본 경로와 반대로 남송에서는 국가가 지역사회에 더 깊이 뿌리내리기 시작했다고 주장하였다. 그것은 국가가 인정한 엘리트로서의 사들이 지역사회에서 전례 없이 큰 역할을 하기 시작했기 때문이라는 것이다.[36] 사들이 심지어 자신을 조정의 권력자에 반대하는 사람으로 추켜올릴 때조차 국가와 중앙 정부와 자신을 동일시했다는 것은 사실이다. 이치키 쓰유히코市來津由彦는 신유학이 지역사회와 국가 사이의 격차를 이용하기보다는 이 둘 사이를 상당한 정도로 통합시켰다고 주장하였다.[37]

엘리트, 사회의 계층화, 지배의 유형이라는 관점에서 사의 학을 살펴볼 수도 있다.[38] 결국 학을 시험 보는 과거제는 정치권력에 이르는 경로이자 사회적 신분을 위한 도구였다. 나는 공통된 가치와 정치적 의견의 수립에서 학이 하는 역할에 더 흥미가 있다. 남송대 어떤 지역의 사들은 관료로서가 아니라 지역 거주민으로서 공공선을 위한 일들을 할 수 있는 영역으로 지역을 생각했다. 전통적으로는 지역에서 관료기구가 담당하고 있다고 여겨졌던 역할들을 사가 할 수 있다는 생각은 북송에서는 예외적인 것이었다. 그러나 북송은 토지의 재분배와 시장을 통제하는 당의 정책을 부활시키지 않았다. 대체로 남송의 사 가문은 정부의 녹봉이 아닌 사적인 재력에 의존하였다. 신유학 사상가인 장재는 지도적인 지역 가문들이 그 지역에 책임을 지는 고대의 봉건제로 돌아갈 것을 주장하였다. 봉건제로 돌아가는 일은 일어나지 않았으나 남송 시기에는 고전적 봉건의 지역주의와 사의 지역적 활동은 더 광범하게 인정받았다.[39] 권력과 명성이 철저히 지역적이었던 사대부들은 지역에서 행동하는 것이 국가적 중요성을 지니는 일이라고 여길 수 있었는데, 이는 남송 시기 무주의 사들에 대해 저술한 비벌리 보슬러Beverly Bossler에게서 얻은 통찰이다.⁴⁰

그러나 남송의 '국가'는 북송 말과 같지 않았다. 조세 납부 인구의 40퍼센트를 잃었고, 교육 확장에 투자하는 것을 포기했으며, 군사·외교 정책은 공격에서 방어로 바뀌었다. 군주는 휘종같이 우주에 대해 신과 같은 의지를 행사하는 존재가 아니라 정치적 분열을 수용해야 했고, 농촌에 대한 대출을 멈추는 등등의 변화가 있었다. 동시에 남동부 지역에서는 사 신분과 어떤 식으로든 관계가 있는 호의 숫자는 지속적으로 증가하였다. 그 원인이 국가가 미치는 영향과 역할이 제한되어서든, 지배하는 공간이 지방 정부에 더 열려 있어서든, 지역 사들은 지역의 일들에 더 적극적이었고 교육에 더 많이 투자하였으며 훨씬 많이 지역 내에서 통혼하였다.⁴¹ 여기서 사들은 결코 '반국가적'이지 않았지만 법과 제도로 사회를 다시 만들고자 하는 데에 적극성을 지니며 국가를 옹호하는 사들은 거의 없었다. 그들은 학의 역할을 사회적 지도력과 정치적 봉사를 제공할 능력이 있는 사람을 길러 내는 것으로 여김으로써 그들 자신을 지역의 복리에 필수적인 사회적 요소로 바라볼 수 있었다. 개인적 지평은 더 좁을 수도 더 넓을 수도 있었다. 모든 이들이 '천하지사天下之士'를 자처할 수 있는 것은 아니었고 어떤 이들은 단순히 '일향지사一鄕之士'일 뿐이었다.

학이 주제라면 지역적 요소는 초지역적, 전국적인 요소와 분리될 수 없다. 우선 사의 과업으로서의 학은 전국적인 과거시험을 대비한 커리큘럼을 포함하고 있었고(이에 국한되는 것은 아니지만) 이는 과거가 폐지되거나 적절성이 떨어졌던 시기에조차도 계속 그러했다. 그러나 과거에 참여하는 것에서, 모든 주와 현이 동등하다는 것을 의미하지는 않았다. 송, 원, 명 시대에는 정부나 학문 세계는 인구에 비례하여 대표되지 않았으며, 오히려 무주와 같이 교육에 더 많은 투자를 하고 사대부 공동체를 더 잘 유지한 지역들이 있었다. 이와 마찬가지로, 지역 네트워크와 지역 활동에 대한 관심이 심화된 현상은 남동부 지역에서 두드러졌는데, 이는 기후, 교통, 상업, 전쟁 지역과의 거리, 그리고 통치의 질 등이 북부 지방보다 더 많은 사대부 가문을 지원할 수 있었기 때문이다. 이는 지역성에 대한 역사적 의식에서 분명히 드러난다. 지방지地方志와 지역 기록은 남동부 지역에서는 흔했지만, 북부에서는 15세기까지 드물었다. 족보에 기반한 계보의 확산과 우세에서도 이러한 차이가 나타난다. 한 지역에서 학이 어떻게 공통된 과업으로 자리 잡았는지, 그리고 12세기부터 16세기까지 어떻게 유지되고 변화했는지를 묻는 것은 개인과 가문, 교사와 학교, 정치권력 및 국가 제도와의 관계, 그리고 지식의 생산과 전파에 대한 연구를 포함한다. 루민 전陸敏珍은 지역 사회사 연구 접근법에 대한 리뷰에서 특정 지역의 특수성이 흥미로운 것이 아니라, 제기되는 질문들의 일반화 가능성이 흥미롭다고 주장한다.[42] 지역 역사의 서사에서 지역 역사 연구에 동기를 갖게 하는 질문으로의 전환은 바람직하지만, 여전히 공간에 따라 답변의 차이를 식별하고 설명할 필요가 있다. 사의 학이 지역에 따라 구체화하면서, 정치적 중심지인 조정과 수도의 문화보다 이러한 사의 학이 중국 문화의 국가적 특성을 구성하게 되었다. 그러나 이는 고르게 퍼지지 않았다. 어떤 곳은 거의 참여하지 않았던 반면, 다른 곳은 적극적으로 참여했다. 무주는 후자의 경우로, "사가 많은 곳[多士]"이었다.[43]

무주에 사가 얼마나 있었는지를 말하기는 어렵다. 12세기 중엽에 이곳의 현시縣試는 1대 200의 합격률로 전국에서 가장 경쟁률이 높은 곳 중 하나였다.⁴⁴ 12세기 말에 이르면 무주 사람은 모든 과거시험에서 대략 10명의 진사를 배출했다. 당시 매 현시에 적어도 2,800명이 응시했다.⁴⁵ 과거시험이 거의 중요하지 않았던 원대에는 무주의 사는 자신들 지역의 학의 역사를 바탕으로 정체성을 만들어 냈고 이러한 정체성은 명대에 부활했다. 무주의 역사는 어떻게 학의 문화가 지역사회에 뿌리내릴 수 있었는가에 대한 통찰을 제공한다. 독특한 지역 정체성의 추구는 지역적인 것을 통해 '전국적'인 것을 보는 것이 가능하다는 것을 보여 준다.

무주

무주만이 남동부에서 연구가 잘 되어 있는 유일한 지역은 아니다. 안휘의 휘주徽州,⁴⁶ 강서의 길주吉州(길안부吉安)⁴⁷와 무주,⁴⁸ 절강의 명주,⁴⁹ 온주溫州⁵⁰에 대해서도 중요한 연구가 있다. 내가 무주를 선택한 이유는 12세기 중엽에 이곳이 도학의 초기 중심지의 하나이면서도 한편으로 도학 운동 비판자들의 고향이었기 때문이다. 원 시기 다른 어떤 곳보다 무주에 문집이 더 많이 남아 있다. 무주의 일부 사들은 남송 시기 높은 관직에 올랐고 어떤 이들은 명 태조의 참모가 되었다. 모든 시기에 학으로 전국적(심지어 국제적) 명성을 얻은 지역민들이 있었다. 학을 하며 일생을 산 사람들이 남긴 상당한 양의 자료가 남아 있고, 이에 더하여 명대의 지방지가 송대의

지방지를 이어 갔다.[51]

1980년대에 금화/무주 및 다른 지역에서 지방사에 대한 관심이 꽃피기 시작하였다. 1980년대 중반에 이뤄진 새로운 지방지 편찬은 광범위한 정보 수집과 함께 이뤄졌다. 그리고 그것은 문학 및 역사 자료의 지속적인 출판과 지역 문화와 역사에 관한 현지 학자들의 논문집으로 더욱 보강되었다.[52] 14세기에 시작된 문학적, 전기적 총서와 13세기에 시작된 인문지리학의 전통도 다시 일어났다.[53] 문화재보호법은 역사적 가치에 따라 여러 층위를 구분했다. 국가, 성省, 시市, 군郡 차원의 문화 보호 단위가 이에 해당된다.[54] 그러나 공식적인 인정은 때때로 역사적 보존에 대한 원치 않는 요구를 불러일으킨다. 관광업과 가문에 대한 자부심은 조상의 사당 복원(때로는 '기념관'으로 재구성됨)을 이끌었다.[55] 지역의 가족 연구에 집중한 책들이 출현하기 시작했다.[56] 족보는 지역적으로 다시 편찬되어 출간되었다.[57] 공식적 반대에도 불구하고 일부 후손 집단은 그들의 족보를 자신의 후손 집단이 지배적인 마을의 지방지로 발간하였다.[58] 일부는 여전히 세대를 계속 추적할 수 있도록 작명 체계를 유지하고 (또는 복원하고) 있다. 비슷한 현상은 중국의 다른 지역에서도 나타났다.[59] 현대의 한 족보는 그 서문에서 이렇게 설명한다. "문화대혁명과 전통과 가문에 대한 공격은 끝났고 번영을 회복한 지금 우리는 다시 지방지와 족보를 작성하게 되었다."[60] 이러한 현상은 결코 금화에만 국한된 것이 아니다.

지방사의 부활 이전에도 이미 중요 학술적 연구에서는 금화의 지성사를 살펴보기 시작하였다. 순커콴孫克寬과 존 랭글로이스John D. Langlois는 원 시기에 집중하였다.[61] 존 다더스John Dardess와 단조 히로시檀上寬는 무주가 엘리트 행동을 연구하기 위한 원천임을 발견했다.⁶² 원신예Wen-hsin Yeh는 공산주의 혁명가가 된 20세기 초 금화의 사들에 대하여 썼고,⁶³ 비벌리 보슬러는 남송의 두 무주 후손 집단을 통해 지역 엘리트 가문의 전략을 재고하였다.⁶⁴ 다른 많은 연구는 이후에 인용될 것이다.

주해빈朱海濱이 보여 주었듯이, 역사적으로 절강은 문화적이고 경제적으로 상업이 발달한 북부와 농업이 발달한 남부로 나뉜다.⁶⁵ 무주는 남부의 북쪽 끝에 있다. [지도 0.1]은 절강성에서 무주의 위치를 보여 준다. 범람원이 의오로부터 금화, 난계蘭溪 그리고 구주를 18킬로미터 정도 가로지르고 있다. 이 지역의 강들은 난계의 절강으로 흘러 들어가서 항주의 강으로 간다. 산맥은 서쪽의 구주를 제외하고는 현의 경계를 짓고 현을 내부적으로도 나누고 있다. 지리적으로 현도인 금화와 북산에 의해 분리되는 포강浦江은 소흥현과 이어진다. 작은 산맥은 남쪽의 무의武義와 영강永康을 나눈다. 경제는 약간의 상업이 있지만 농업이 지배적이었다. 그러나 금화는 동서뿐 아니라 남북을 잇는 교통 통신로의 중심에 있었다. 송에서 명대에 걸쳐 주요 역참 경로는 항주로부터 위로 절강을 따라 난계 그리고 금화로, 남쪽으로는 온주까지 뻗어 있었다. 육로는 항주에서 소흥을 따라 의오와 금화로 나 있었다. 원대에는 의오에 역참이 있었는데 이는 여기가 관의 교통 경로였다는 것을 시사한다.⁶⁶ 이곳은 첫 번째 철도가 놓인 곳이기도 하다.

무주의 인구는 꾸준히 늘어 왔다. 1012년경에는 13만 5,000호, 1145년에는 15만 4,000호, 1290년에는 21만 6,000호, 1373년에는 25만 6,000호이었다.⁶⁷ 인구는 산들 사이의 평야에 집중되어 있었다. [지도 0.2]는 1102년

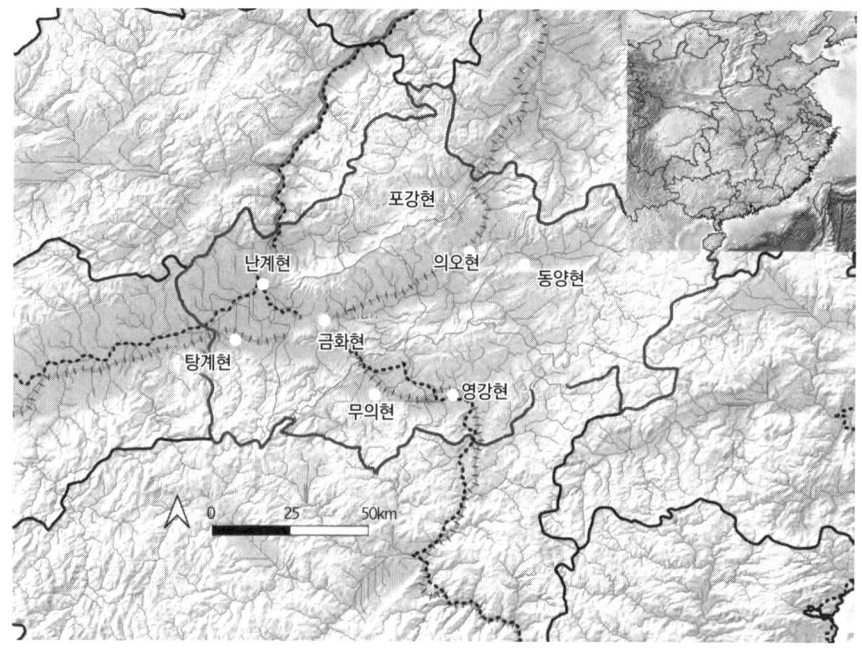

[지도 0.1] 금화 지리.
1471년 탕계현의 설립 이후 금화부 관할 범위. 현도와 현과 부의 경계는 CHGIS v. 6을 기반으로 했다. 로란 정Ruoran Cheng이 CHGIS를 위해 제작한 점선은 명대의 우편 경로를 보여 준다. 구어핑 황Guoping Huang은 배경 디지털 등고선 모델과 하천 시뮬레이션 지형도를 제작했다. (고속철도 건설 이전의) 철도 노선은 대개 항주에서 금화와 그 너머 지역으로 이어지는 전통적 육로를 따랐다. 메릭 렉스 버먼Merrik Lex Berman이 편집한 Chinamap(WorldMap.harvard.edu)에서 가져옴. 지도는 피터 볼 제작.

의 인구수에 따라서 인구를 모델링하였다. 이 모델은 인구는 비탈보다는 농경지에 모여 있고 행정 중심지에 가까운 농경지는 인구의 비중이 더 클 것이라는 가정에 기반하였다. 총 면적별 인구밀도를 표시한 등치 지도와 달리, 이는 인구가 전 지역에 고르게 분포되어 있지 않다는 것을 인식하는 모델이다. 이 점에서 무주는 부유한 북쪽의 현만큼이나 인구밀도가 높은 지역을 보유하고 있다는 것을 보여 준다는 점에서 이 모델은 중요하다. 인

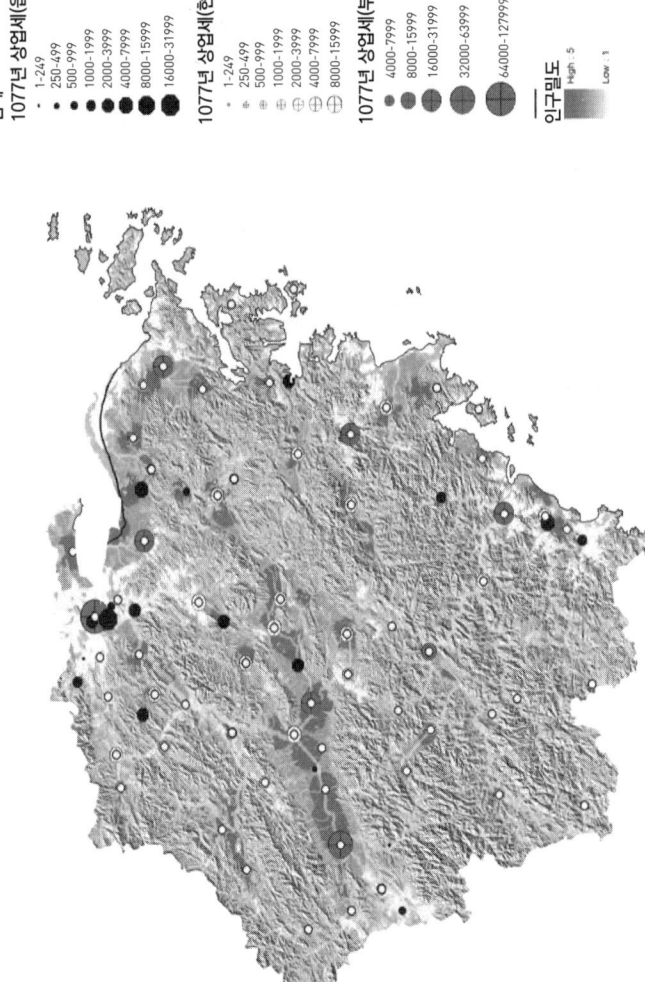

[지도 0.2] 인구밀도 모델.

현재 장강성에 해당하는 지역에 등록된 1102년의 호의 수. 1077년 상업세 쿼터. 지형과 인구밀도 간의 관계에 대한 표준적 가정에 기반하여 인구 분포를 모델링한 결과이다. 무주는 오늘날 절강성 북부의 경제적으로 더 발전된 지역과 맞먹는 인구 밀집 중심지를 가지고 있었다. 이 모델은 1102년의 부 단위 호적 자료, 행정 중심지의 위치, 지형 정보를 기반으로 한다. 흑점은 각 현도를 나타낸다. 인구 밀도는 낮은 밀도(흐린색)에서 높은 밀도(짙은색)까지 등급별로 구분된다. 이 밀도 모델은 구어평 훌이 제작하였다.

58

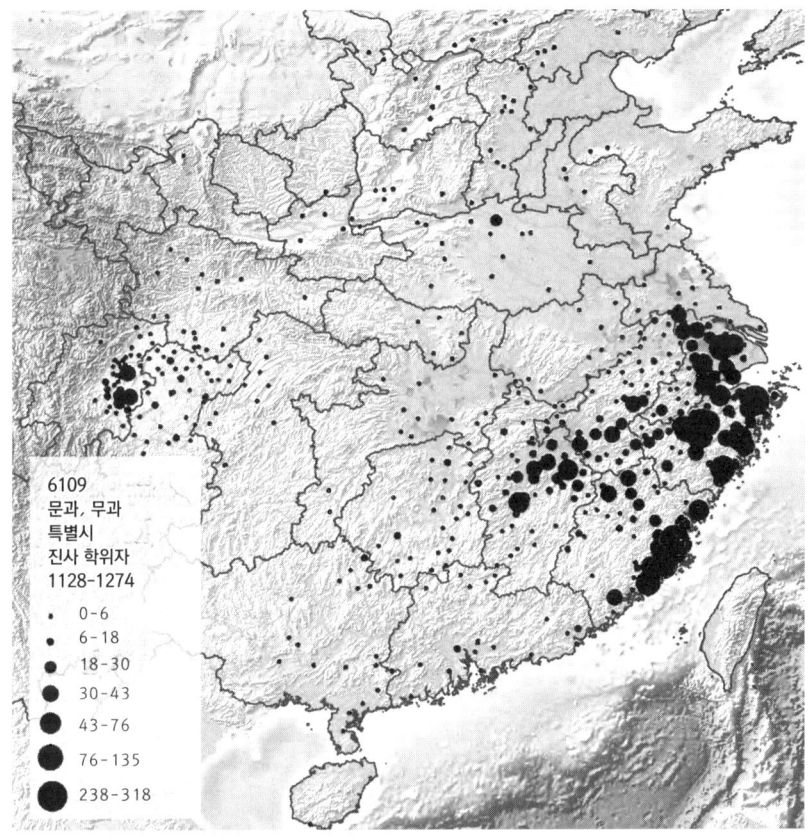

[지도 0.3] 송대 진사 배출 분포도.
남송 시기 진사 학위의 분포를 나타낸 지도이다. 북송의 수도였던 개봉, 낙양, 그리고 사천의 성도 평원을 제외하면, 진사 배출은 송의 양절 동로와 양절 서로(오늘날 절강성과 강소성 남부), 강남 동로와 강남 서로(오늘날 안휘성 남부와 강서), 그리고 복건 지역에 집중되어 있었다. 이 지도는 단지 지방지에 기록된 명단이 아닌, 실제 역사 기록 속에서 업적으로 주목받은 진사 출신 인물들의 거주지를 표시한 것이다. 진사 관련 데이터와 주소 정보는 중국역사인물데이터베이스(China Biographical Database)를 기반으로 하였으며, 1200년 당시의 부府 및 로路의 경계는 CHGIS v.6을 기준으로 삼았다.

구밀도는 무역과 통신의 속도와 상호 연관되어 있다. 이는 남송 시기 무주의 경쟁력을 설명하는 데 도움이 된다.

송대의 진사 합격자 분포를 보여 주는 마지막 지도(지도 0.3)는 무주가 남동부의 패턴에 맞아떨어진다는 것을 보여 준다.

책의 범위

이 연구는 여조겸이 무주에 도학을 도입하고 그의 학에 대한 비전을 공유할 사 공동체를 만들었던 12세기에서 시작한다. 여조겸은 도학의 옹호자였다(그는 주희와 20년간 협력하였다). 그러나 한편으로 그는 과거시험에 합격해 관직에 진출하는 방법을 배우고 싶어 하는 사회적 엘리트로서 사의 이해관계와 도학을 병립시킬 수 있다고 믿었다. 여조겸은 지역에서 가르쳤지만 어떤 의미에서도 지역주의자는 아니었다. 그는 어떻게 도덕의식을 함양하고 윤리적으로 행동하는가 뿐 아니라 어떻게 고대에 그 기원을 둔 국가적인 문화에 참여하는지를 사에게 가르쳤다. 그는 사들이 지방적 후진성을 떨쳐 낼 수 있도록 노력했다. 동시에 지역의 복리를 위하고 지역 사들의 상황을 개선하려 자신들의 자원을 쓰는 사람들을(일부는 그의 친한 친구들이었다) 성원했다. 그가 모범을 보인 학의 지형에서 도학은 장소의 자부심이 될 수 있었고, 전통적 문의 학이 이를 위한 도구가 될 수 있었으며, 사들은 윤리적 행위에 엄격한 기준을 유지할 수 있었고, 관료로서 실용적인 경세학에 가치를 둘 수도 있었다.

2장에서 언급하듯이 대부분의 도학 운동의 옹호자들은 도학을 단순히 앞서나가기 위해 문헌적 훈련을 하는 과거 공부에 대한 반테제로 보았다. 오늘날의 인문주의자들은 쉽게 학의 목표는 단지 자신을 위해 남들이 세워 놓은 기준을 충족시키기 위한 것이 아니라 자신을 발전시키는 것이어야 한다는 관점은 공유할 것이나 일부는 보편적 도덕을 체현하는 자아를 발전시켜야 한다는 신유학의 관점을 쉽게 받아들이지 않을 수도 있다. 이 장에서는 특별히 지역의 출판사에서 출간된 인기 있던 산문 문집에 주목하면서 12, 13세기의 '과거시험 교육'을 살펴본다. 여조겸은 소식의 글에 깔려 있는 사상에 영향을 받지 않고도 소식의 글을 감상할 수 있다고 주장했다. 물론 그럴 수도 있으나 소식과 그의 주변 집단은 지역에서 출간된 문집의 주된 원천이었고, 이는 소식이 여전히 지적 영향력으로 남아 있었다는 것을 시사한다. 과거시험 교육은 경전, 역사, 문학의 지식을 요한다. 무주에서 이는 도학과는 상당히 다른 학문적 전통으로부터 뒷받침되었다. 다양한 지적 스펙트럼을 가진 사들은 그들이 때때로 써 온 글들을 모으고, 책을 저술하고 출간하는 것에 가치를 두었다.

'박학博學'은 이미 『논어』에서 문제시되었다. 도대체 많이 아는 것이 왜 중요한가? 박학은 식자 사회의 명성을 얻는 한 방법으로 남아 있을지라도 이는 다시 한번 공격의 대상이 되었다. 본질적으로 문학을 배우는 것은 많은 것을 아는 것이 필요하고, 결과적으로 박학은 과거시험 준비에 필수적이었다. 그러나 고문 문장가들은 박학을 성인의 도에 대한 통합적 이해와 통일된 사회적 질서를 창출하는 정치적 목표를 이루기 위한 개인적 목표에 쓰이는 도구로 보았다. 도학 사상가들은 '덕성지지德性之知'의 원천으로서의 사물의 리에 대한 탐구에 비해 현상 세계의 지식, 즉 '견문지지見聞之知'를 쌓는 것을 경시하였다. 3장에서는 13세기 초 학자들이 다른 책에서 자료를 발췌하고 편집하여 방대한 유서類書라는 형태의 책을 제작하는 과정을 다룬다. 이들은 언어와 사상, 문화와 장소, 역사와 경세 간의 관계를 이해하고 이를 종합적으로 체계화하려는 의도로 이러한 책을 기획했다.

비록 그들의 저작은 계속해서 출간되고 재출간되었어도 13세기 중엽 이래 지역에서 주목을 끈 것은 새로운 형태의 도학이었다. 4장의 주제인 '금화 사선생四先生'은 송에서 원 대에 이르기까지 한 세기에 걸쳐 있다. 북송대에 시작한 논쟁을 이어 간 앞 세대와는 달리 금화의 선생들은 주자의 학을 단 하나의 참된 앎의 방법으로 여기며 주자의 학과 학 자체를 동일시하였다. 그리고 그들의 추종자들은 이 세상에서 도통을 이어 가는 사람은 그들이 유일하다고 주장하였다. 그러나 도통을 이어 간다는 것은 무엇을 의미하는가? 이는 명대에 다시 떠오른 이슈이다. 네 명의 선생 중 두 명에게는 주자는 말해야만 할 모든 것을 말했고 해야 할 일은 단지 그의 가르침을 올바르게 이해하고 그가 전한 것을 실천하는 것이었다. 그러나 다른 두 명은 자신들을 학의 방법을 공유하고 그들 자신의 방대한 저작으로 주희의 저작을 교정하고 보완하여 주희가 남긴 것을 잇는 사람으로 생각하였다.

1270년대 몽골의 정복은 즉각적으로 전국적 문화, 정치 엘리트로서의 사를 잠식하였다. 효종은 즐거움을 위해 소식을 읽을 수 있었지만, 새로운 통치자들은 중국어를 읽을 줄 몰랐다. 불교와 도교는 더 큰 후원을 얻을 수 있었고, 서리들이 지방정부에서 더 많은 권위를 가지게 되었다. 군사적 이해관계가 최우선이 되었으며, 과거제는 중단되었다. 5장은 무주의 사들이 송대에 자신들을 전국적인 정치, 사회, 문화 엘리트로 정의해 준 과거제에 의존할 수 없게 된 상황에서 영향력과 권위를 얻기 위해 어떻게 고군분투하였는지를 고찰할 것이다.

6장에서 다룰 해결책은 지역의 사로서의 공통된 정체성을 제시하는 것이었다. 이는 정치, 도덕, 문화에서의 지역 사들의 업적에 기반한 무주의 정체성이었다. 이는 무주의 사들이 지역적으로 단단하게 연결된 집단으로 행동하게 해 줄 뿐 아니라 개인적 노력을 통해 지역을 넘어서 같은 생각을 가진 사들과도 연결될 수 있다는 점에서 인기 있는 해결책으로 판명되었다. 이전에는 전국적 담론이었던 것이 이제는 지역의 독창성과 지역적 관계에 대한 관심으로 바뀌었다. 문학적인 학과 도학 사이의 본질적인 긴장 관계는 남아 있었지만, 원 중기와 말기에 무주에서 가장 영향력 있던 송렴宋濂 같은 지역 학자들은 모두 저작을 통해 명성을 얻었다. 이들은 공통적인 무주의 정체성을 위해 도학을 수용하는 방식을 찾아내었다.

사회학자 피터 비어만Peter Bearman은 16세기에서 17세기로 넘어가는 시기에 영국 지방 엘리트들의 행태의 전환을 논하면서, 이는 지역적 관계에서 국가적 수사로의 변화가 수반되는 것이었다고 하였다.[68] 송에서 원으로의 전환을 북송의 국가적 수사에서 남송의 지역적 관계로의 변화로 보고 싶은 유혹이 들지만, 그러나 실제로는 사선생에 이르기까지 모든 무주 학자들이 자신들의 학문을 지방적 차원이 아니라 국가적 차원에서 인식하고 있었다. 독특한 지역 전통이라는 개념이 확립된 것은 원대에 이르러서였다. 6장은 중국인물데이터베이스CBDB: China Biographical Database에 기반한 무주의 친족 및 사회적 연계에 대한 비교 정량 분석을 활용하여 사들의 행동에서 나타난 실질적인 변화를 보여 준다. 남송과 달리 원대 무주의 혼인 네트워크는 거의 전적으로 지역 내에서 이루어졌으며, 학문적 네트워크의 중심인물들 또한 압도적으로 지역 출신이 많았다. 동시에 주요 사 가문들을 연결했던 현 단위를 초월한 혼인 네트워크는 사라졌으며, 그 대신 학문을 기반으로 한 연계가 강화되었다. 지역 사들이 자신들의 지적 차이를 초월하는 공통의 정체성을 발견했을 때, 그들은 자신들에게 독특한 명성을 부여하는 지역적, 전국적 삶에서 이러한 지역적 정체성을 활용하였다.

여러 세대로 이루어진 종족 집단의 지속성을 위한 필수적인 기반으로 여겨졌던 족보를 작성하고 유지하는 것은 공통된 사의 정체성을 형성하는 데 병행되는 수단이었다. 족보의 서문에서는 종족의 통합이 윤리적 규범, 문화적 기준, 그리고 정치적 책임을 유지하는 수단임을 주장하였다. 이는 사의 학이 도덕성, 문화, 그리고 정치를 결합한다고 주장했던 것과 유사하다. 잘 조직된 종족 집단은 지방 정부가 공익을 제대로 수행하지 않는다고 여겨졌던 시기에 사회적 이상을 실현할 수 있는 최선의 수단으로 여겨졌다.

원 말에 무주의 사로서 명성을 이룬 학자들은 명의 건국 당시 조정에서 특권적 지위를 얻었다. 7장은 명 초의 사회 정책이 이들이 좋은 사회라고 생각했던 관점과 일치했음을 주장한다. 비록 사들은 명 치하에서 정치적 지도자로서의 길이 열렸지만, 무주(지금의 금화부)의 사들은 곧 명 태조와 맺었던 관계가 약화되었고 1402년 영락제의 찬위와 함께 15세기 말까지는 두드러진 지위를 잃어버렸다. 이 시기에 금화에서는 경제적 부흥으로 서원의 복원, 이전 세대 학자의 저작 재출간, 지역의 역사를 기념하는 것을 지원하였다. 다시 한번 한 인물이 굉장히 큰 역할을 했는데, 장무章懋라는 인물이었다. 장무는 금화 사들에게 도학, 문장, 사환에서 이루어 낸 무주의 성취에 걸맞게 살라고 장려하였다. 장무 자신이 당대에 가장 영향력 있는 도학자들과 친분이 있었고 그들 간의 토론을 잘 알고 있었으나 주희의 학의 적절성과 이에 거의 상반되는 진헌장陳獻章의 수신修身을 둘 다 옹호하며, 자신만의 철학을 만들어 내는 것은 거부하였다. 금화 사의 일부는 북쪽 인근 여요餘姚 출신인 왕양명王陽明에서 더 나은 모델을 보았으며, 이는 주희 학문 옹호자와 왕양명 추종자들 간의 새로운 분열을 초래했다. 이 분열은 때로 금화 사선생을 서로 다른 방식으로 해석하는 과정을 통해 드러나기도 했다. 이러한 분열은 해결되지 않았다

마지막 장은 두 가지 의미에서 결론을 제시한다. 하나는 요약적 결론이며, 다른 하나는 12세기에 시작되어 원과 명의 정복을 성공적으로 견뎌 낸 시대가 16세기 후반에 종결되었다는 주장을 담고 있다. 시대의 종말에 대한 주장은 16세기 후반 금화 지역의 가장 저명한 학자인 호응린胡應麟을 중심으로 살펴본다. 그는 무주의 전통에 대한 재해석과 새로운 종류의 텍스트 연구를 통해 학의 사명이 도학적 수양과 문학적 성취를 결합하는 것이라는 관념을 단호히 거부했다. 그는 한 시대의 끝이 시작되는 지점을 상징하는 인물이다.

이제 12세기 중반의 무주로 돌아가 보겠다. 이 시기는 동남 지역이 비교적 번영하던 때로, 사의 학을 추구하는 사람들이 늘어나고 있었지만, 관직 진출 전망은 줄어들고 있었으며, 국가 방위가 조정의 주요 관심사로 떠오르고 있었다. 관직을 생업으로 삼기를 희망했을 법한 많은 사 가문은 지역 엘리트로 살아가는 법을 배웠고, 이제는 지역 엘리트들이 스스로를 사

로 변모시키도록 권장받고 있었다. 나는 이 이야기를 여조겸과 함께 무주에서 시작한다. 지역적 연고는 약했으나 유서 깊은 역사를 자랑하던 이주 가문 출신의 여조겸을 통해, 그가 무주 엘리트들에게 사로서의 삶을 어떻게 살아야 하는지 보여 준 과정을 살펴볼 것이다.

1장

송대의 여조겸

1998년 봄, 나는 팡루진Fang Rujin, 공지엔펑Gong Jianfeng, 龔劍峰 교수를 따라서 동양강¹⁾을 끼고 동쪽 방향으로 올라갔다. 동양강은 산을 지나면 남쪽으로 방향이 바뀐다. 우리는 곽흠지郭欽止가 850년 전에 세운 석동서원石洞書院을 보러 가고 있었다. 좁은 평야를 건너면 '곽씨 가문 거주지郭宅'라는 마을이 나오는데, 그곳에는 여전히 곽흠지의 후손들이 살고 있다.¹ 서원 자체는 3년 전에 복원된 것으로, 이는 역사적으로 기록된 다섯 번째 복원이다. 이제는 박물관 같은 곳이 되어서, 장소를 유지하고 때때로 관광객을 맞이하고 지역의 학생들에게 강의를 제공하는 노력을 보이고 있다. 나는 이 서원에서 교육을 통해 사의 공동체를 만들려 한 노력에 관한 이야기로 이 장을 시작하려 한다. 그 이유는 복건 출신의 주희朱熹, 그리고 금화의 여조겸呂祖謙과 영강의 진량陳亮이라는 무주 출신의 사士, 이들 12세기 세 사의 조각상이 이 서원 건물 앞에 세워져 있기 때문이다. 주희가 새겼다고 이야기되는 건너편 절벽의 큼직한 네 글자에 의거하여 이 지역에서

---

1) 절강성 동양현(東陽縣) 동북쪽의 동백산(東白山)에서 발원하여 서쪽으로 흘러 의오현에 이르러 화계(畫溪)와 합류하는 강이다.

는 그가 석동서원에서 가르쳤다고 믿고 있고 그렇게 주장한다.[2] 확실한 것은 다른 사람들도 그렇지만 주희, 여조겸, 진량도 석동서원에 대하여 알고 있었고, 부유하고 권력 있고 야심 있는 곽씨 집안의 구성원들과 그들이 교유를 했다는 것이다. 그들 중 누구도 동양 출신은 아니었지만 동양 출신의 학생들을 두고 있었다(알려진 바로는 여조겸은 11인, 주희는 4인, 진량은 2인의 동양 출신 학생이 있었다). 전체 무주부로 범위를 확장하면 이 세 사람이 무주의 중요한 스승이었음을 알게 된다(무주 출신 학생 수를 보면 여조겸 68인, 주희 16인, 진량 12인이었다).[3] 무주의 사들을 서로 가장 잘 연결시켰던 것도 여조겸, 주희, 진량이었다. 동상을 만든 사람들은 굳이 학생의 숫자를 세지 않아도 그것을 알고 있었다.

여조겸, 주희, 진량은 오랜 기간 서로 교류하면서 당시의 지적인 문제에 대해 논의했고 광범위한 저작 활동을 하였다. 세 사람 모두 왕안석 신법이 추구하는 국가 주도의 행동주의, 사회·문화에 대한 국가의 개입을 거부했고, 화북 지역의 상실을 인정하는 여진 금과의 평화 조약에 반대하였다. 이들 모두는 여러 해 동안 국가의 학교 시스템 외부에서 교육에 전념했다. 그러나 이들은 교육과 학에 대하여 서로 다른 시각을 가지고 있었다. 주희는 도학과 '강학講學'의 맹렬한 지지자였는데, 강학은 "성인聖人이 되기 위한 학"에 필수적인 텍스트의 개념과 의미를 학생과 스승이 서로 토론하는 것이다. 주희 학의 이론은 자신이 직면한 어떠한 일에서도 윤리적 반응을 자신 안에서 찾을 수 있도록 개인의 사고방식을 변화시키는 방법을 설명한 것이었다. 여러 다른 남동부 지역의 경세가들처럼 진량도 처음에는 도학에 동조하였다. 결국 그는 한 제국과 당 제국의 성취가 가치 있는 모델을 제공하는지, 정치에서 목적은 수단을 정당화하는지에 대하여 유명한 논쟁을 벌인 끝에 주희와 갈라섰다. 공리주의자인 진량은 성인에 의해 세워진 삼대三代의 왕조와 이후 관료적 제국 사이에 절대적 차이가 있으며 도덕은 언제나 어떻게 행동하는가의 문제인 '수단의 도덕'이어야 하고 정치적 목적에 종속될 수 없다는 주희의 견해를 받아들일 수 없었다. 호이트 틸만Hoyt C. Tillman의 연구는 여기서 다룰 수 있는 것보다 더 깊이 이런 문제들을 다루고 있다.[4] 이 장의 중심인물인 여조겸은 주희와 함께 도학을 선창하기 위해 20년간 일했고 진량의 멘토이기도 하였다. 더욱이 그는 역사와 문장의 가치도 인정하였다. 시간이 지남에 따라 주희는 점점 더 여조겸의 학과 무주의 사들에 대한 그의 영향력을 비판적으로 보게 되었다.[5]

여조겸, 주희와 진량이 선생으로서 명성을 얻을 시기에 무주와 동남 지역의 교육은 현격하게 새로운 시대로 접어들고 있었다. 송 초 무주에는 관학이 없었고, 광범한 문학적 교육을 받는 것도 힘든 일이었다. 범중엄은 무주에서 최초로 진사시에 합격한 영강의 호칙胡則에 대해서 다음과 같이 썼다.

> 젊어서부터 그는 뛰어난 인격을 가졌었다. 전씨가 100년간 [오월의 왕국을] 다스렸다.[2] 그들은 사들을 쓸 때, 음서에 의존하였다. 과거를 시행하지 않으니 오월에서 유풍은 사실상 사라졌다. [호칙은] 경전과 역사책을 구입하여 문

---

[2] 오월(吳越)은 오대십국 중 하나로, 당나라 절도사 출신 전류(錢鏐)가 현재의 항주(杭州)를 중심으로 절강 지역을 지배하였다.

장을 지을 수 있었다. 이 왕국이 우리 왕조로 돌아오자, 그는 989년에 진사 학위를 황제로부터 받았다.[6]

관료가 된 후에 호칙은 영강을 영원히 떠났다. 그는 항주에 묻혔고 그의 직계 자손은 돌아오지 않았지만, 호칙의 묘는 돌아왔다. 문화대혁명기에 홍위병이 그의 묘를 훼손한 후 그의 방계 후손은 유해를 지금 묻혀 있는 호고胡庫촌으로 모셔 왔다. 그러나 어떤 의미에서 호칙은 한 번도 고향을 떠난 적이 없었다. 그의 친족들은 계속 그를 숭배했고, 그가 실제 조세를 감면하는 데 공헌하지 않았음에도 조세 감면을 그의 덕으로 돌렸으며, 송 말부터 그는 오늘날처럼 지역의 신이 되는 길로 접어들었다.[7]

11세기 중엽, 주에는 현학을 세우도록 권장되었고, 무주에서는 1040, 1050년대에 현학이 설립되었다. 신법 체제는 현학만을 요구한 것이 아니라 국자감 입학으로 이어지는 학생에게 봉급을 지급하는 현과 주의 등급별 학교를 제도화해서 다시 한번 수요가 증가되었다. 이렇게 해서 3년에 한 번 보는 과거를 치를 자격이 있는 모든 지원자들은 관학을 거쳐서 국자감에서 학위를 부여받도록 한 새로운 제도로 과거제도를 변환시키는 것을 궁극적 목표로 삼았다. 1121년 폐지되기까지 이 제도로 20만 명 이상의 학생들이 지원받았다. 비록 이들 중 실제 관직을 얻은 이는 매우 드물었지만, 이 새로운 제도는 사들이 신법 커리큘럼을 공부하게 했다.[8]

화북 지역의 상실 후 수십 년 사이 상황은 변화하였다. 학생들이 과거를 치르기 전에 관학에서 공부를 해야 한다는 필수 요건이 철회되고, 이는 독립적인 선생들에게 길을 열어 주었다. 이 중 일부는 왕안석과 신법의 반대편에 있었던 사람들이다. 이후 서원이 등장하기 시작하였다. 여조겸, 주희, 진량이 학생들을 모았을 때 그들은 그들 자신의 명성에 기반한 학자였지, 가정교사나 시골 훈장이 아니었다. 나아가 이들 모두는 관학 제도를 지적인 면에서 비판하였다. 그들은 교육의 기회가 늘어나는 것을 비판한 것이 아니고, 관학 교육의 본질을 비판했다.

주희가 강조한 차이는 도덕적 수양, '위기지학'에 중점을 둔 교육과 사회에서 앞서나가려는 욕망에 의한 관학의 시험 준비 교육, 즉 단순한 '위인지학' 간의 차이였다.[9] 진량은 그 이유는 달랐지만, 관학 제도를 반대한다는 데에는 의견을 공유하였다.

이 왕조의 학교 규정은 특히 상세하다. 그러나 나는 몇 가지 심각한 의문을 가지고 있다. 천하의 모든 사들 중 가장 뛰어난 자를 골라서 그들을 국자감에서 양성하고 주와 현에도 학교가 있다. 그러나 그들은 오직 하루의 시험을 위한 문장에만 급급하다. 일 년의 학이 오로지 하루만을 위해 집중된다면 어떻게 그들의 마음이 두터워지고 재능이 이루어질 수 있겠는가? 삼대의 학교에는 미칠 수 없겠지만, 한대와 당대의 융성한 시기에서도 비록 그들이 특정한 학파의 설명을 읊었다고는 해도 여전히 경전의 원리를 강론하고 역사와 문학을 깊이 다루고 정치 치란의 [원인을] 고구해야만 했다. 시험관을 속이기 위해 화려한 어구 또는 교묘한 말을 찾아내어 글을 짓는 오늘날 같지는 않았다. 언어를 시험하는 것은 삼대 이래 폐할 수 없는 일이었고, 진정 시험관에게 보이려 글을 짓는 것은 불가피한 일이라 주장한다. 어떻게 모두를 위한 학교를 세우고 이렇게 가르치는 것이 하늘의 뜻에 부합하며 민의 성정을 북돋을 수 있을까? 학교는 원래 시험을 위한 것이 아니었으니, 어느 날 갑자기 바꾸어야 한다면, 우리는 어디서 규범을 찾을 수 있겠는가?[10]

진량은 관학이 궁극적으로 글 짓는 것을 시험하는 곳이고 그래서 한과 당이 제시한 교육의 목적(경전, 역사, 문학을 토론하였고 정치사를 이해하는 것)을 왜곡한다고 반대하였다. 도덕적 수양의 문제 때문에 반대한 것은 아니었다.

여조겸은 처음부터 관학 시스템에 대해서는 고대의 전례가 없었다고 주장하며 다른 길을 취했다. 고대 이래의 제도적 발달에 대한 긴 리뷰에 의거한 그의 반대 전략은 삼대에는 가르침[敎]은 있었지만 학교 교육은 정부의 일로 볼 수 없다는 관점의 주장이었다. 그는 정부의 역할은 관료적 관리에게만 국한되어야 한다고 보았다. 음악과 춤은 깊게 사람의 "마음에 파고들 수 있기[深入人心處]"에 음악을 담당하는 관리는 교육과 관련이 있었다. 중앙집권화된 관료제 시대인 진한 시대 이래로 교육은 관료화되고 정부에 종속되어서 교육의 진작은 단순 겉치레가 되었다. 진량과 대조적으로 여기에 규범은 없었다. 그러나 여조겸은 중앙집권이 약화되고 외세의 침략을 받았던 남북조 시기에서 교육이 사람을 교화한다는(예를 들어 오랑캐에서 문명인으로) 가능성을 보았다. 비록 훌륭한 유학자들이 충분하지 않아 가능성이 완전히 실현되지는 않았을지라도 말이다.[11]

이들 세 사람 모두는 교육이 올바른 통치와 사의 지위에 근본적으로 중요하다는 데 동의하였다. 문제는 어떤 종류의 교육이어야 하는가에 있었다. 여조겸은 무주에서의 가르침을 통하여 자신의 답을 제시했다.

과거시험, 서원, 스승

1167년 여조겸이 31세의 나이에 독자적인 스승이 되었고, 곧 수많은 학생들이 모여들었다.[12] 시기가 적절했다. 무주의 사들은 이미 교육이 관직에의 길을 열어 준다고 보았다. 무주가 송의 일부가 된 첫 120년 동안, 대략 26명의 지역 사들이 진사 시험에 합격하였다. 1103년부터 여조겸이 지역에서 가르침을 시작하기 한 해 전인 1166년까지 치러진 시험 사이의 60여 년간 약 73인이 합격하였고, 이어진 30년간 76인이 더 합격했다.[13] 12세기 말이 되면 무주는 주 단위에서 합격, 불합격 비율이 1대 200으로 송에서 가장 경쟁이 치열한 곳이 되었다. 학교와 선생을 필요로 하는 상당한 규모의 고객층이 존재했다.[14] 그러나 여조겸 이전에는 영향력 있는 선생을 찾을 수 없었다.

한 한직 관리와 관리 집안 출신으로 과거에 실패한 또 다른 인물은 지역의 다른 선생들과 여조겸이 어떠한 차별점을 지녔는지 잘 보여 준다. 반양귀潘良貴는 총명한 젊은이였다. 그는 14세에 시험을 보아 부학府學에 들어갔고 5년 후인 1112년 국자감에 들어갔고, 1115년 상사上舍에 합격하여 진사에 해당하는 지위를 얻었다. 그는 재능이 뛰어났으나 북송 말 간언과 남송 시기 진회의 화평정책에 반대해 계속 요직을 얻지 못하고 한직에 머물렀다. 그가 실질적으로 관직 생활을 한 것은 3년 미만이었다.[15] 그에게는 지역 학생들이 좀 있었다. 그중 한 명이었던 정치가 왕사유王師愈는 반양귀에게서 글 짓는 법을 배우고, 양시楊時에게서 정이의 철학을 배웠다.[16] 또 다른 학생으로 부유한 반호고潘好古가 있었는데 그는 과거에 실패하고 금화로 이주하였다. 그는 수도에 있을 때 반양귀를 이미 알고 있었다. 반호고는 결국 구휼에 기여한 대가로 관위를 얻었다. 여조겸은 그를 사회적 책임의 모범으로 묘사하였다.[17]

범준范浚은 선생으로서 입지를 세웠지만 관직은 없었다. 그의 조부는 난계 출신의 첫 진사였고, 그의 부친은 관직이 있었다(그리고 아마도 시험에 합격했을 수도 있다). 그의 형제인 범용范洛은 음서로 관위를 얻었고 지방정부에 사환하였다. 그의 조카인 범단신范端臣은 1154년에 진사시에 합격했고 조정에 사환하였다. 범준의 글에 의하면 범씨 가문은 난계에서 대단한 가문의 하나였다. 난계에서 선생이자 작가로 가난하게 살았던 범준 자신은 관직 경력이 없었지만[18] 그는 관직을 원했다. 조정의 고위 관리에게 부탁하는 편지와 1137년의 특별시를 위해 준비한 22개의 논論이 보이는 것으로 미루어, 범준은 전국적 명성을 얻고자 했음이 확실하다.[19] 1161년에 범단신은 범준의 글들을 22권으로 인쇄하고 범준을 방문한 적이 있는 이웃 금화 출신의 고위 관리 진암초陳巖肖로부터 서문을 받았다. 이 서문은 그의 삼촌이 도를 구현하기 위해 펼쳤던 헌신을 기념하였다. 이는 범단신의 문학적 재능을 더 인정받게도 하였다.[20] 후손들이 재출간을 하지 않는다면 한번 출간한 문집이 이후에도 계속해서 남는다는 보장은 없다. 대부분의 송대 텍스트는 소실되었으나, 실제로 범준의 문집은 재인쇄가 이루어졌다. 후대 사람들은 두 가지 이유를 제시했다. 범준이 그 지역의 문장가였다는 것과 주희가 범준의 「심잠心箴」을 자신의 『맹자』 주석에 포함시켰다는 것이 그 이유였다.[21] 주희가 주석에 포함시킨 일은 주목할 만하다. 주희의 제자 하나가 물었다. "범준은 누구에게 배웠습니까?" 주희는 답하였다. "그는 누구도 따른 적이 없다. 그는 자기 스스로 깨달았고 이를 매우 잘 말하였다. 과거에 여조겸은 그를 무시해서 내게 묻기를, '왜 이 글을 넣으려 하십니까?' 하기에 나는 '그가 얼마나 잘 이야기하는지를 보았기에 넣으려는 것입니다'라고 말했다. 그는 '이런 종류의 이야기는 많은 사람들이 이미 말한 것입니다'라고 했다. [내가 말하길] '사람들이 이런 종류의 생각을 할지라도 이처럼 말할 수 있는 사람은 거의 볼 수 없었다는 것이 이를 포함시킨 이유입니다'"고 하였다.[22]

범준의 문집에는 주희의 저작에는 나오지 않는 주희가 쓴 짧은 행장이 포함되어 있다. 여조겸은 이를 언급하지 않았다. 주희가 이 편을 『맹자』의 주석에 포함시킴으로써, 1332년 오사도吳師道가 범준의 저작 문집을 같이 보완했을 때도 그렇게 썼고, 1479년 장무가 이 문집의 재출간 발문에서도 똑같이 썼듯이 "천하 사람 모두가 그의 이름을 듣도록" 만들었다. 장무의 주장은 이러하였다. "나의 관점으로는 범준 이전에 성현의 학은 우리 지역에 없었다. 여조겸과 여조겸이 이를 이었다. [사선생] 하기何基, 왕백王柏, 김이상金履祥, 허겸許謙이 이를 이었고 그래서 주희와 연결될 수 있었다. 이렇게 하여 도학의 전수가 성하게 되었다."[23] 그러나 난계의 가장 재능 있는 문인의 하나였던 호응린은 도학이라는 꼬리표를 거부하였다. 1585년 그의 서문은 범준이 사실상 난계의 첫 번째 '작가'이고 난계 문학 전통의 시작점이라고 하였다.[24] 난계 출신인 오사도, 장무, 호응린 모두가 범준을 걸출한 선조로 보았다.

범준은 여조겸이 등장하기 전에 사망했으나 그는 한 번 반양귀에게 그의 솔직한 항의를 칭송하며 서간을 보냈다.[25] 그리고 그는 학생들이 자신을 찾는다고 말했다. "시철柴喆이 [난계의] 향계香溪로 나를 따라 왔다. 나는 그와 물物의 리와 성명性命의 학을 이야기하였다. 그는 매우 기뻐하였다. 그는 자신의 기氣를 다스리고 마음을 수양하는 데 뜻을 두었다."[26] 그러나 범준의 남아 있는 글은 정씨 학파나 위의 문제에 관한 어떤 선구자도 지지하지는 않았고 학생들은 그를 문장을 배울 수 있는 자원으로 인식했을 뿐인 듯하다. 그의 학생 중 8명은 알려져 있는데 그중 반은 무주(두 명의 친척을 포함하여) 출신이고 나머지 반은 동남 지역의 다른 부 출신이었다. 그가 자신의 가르침을 공식화하여 정립하려 한 증거도 없다.[27]

여조겸이 가르치기 전에 비록 두 곳 정도 후보지가 될 만한 곳이 있었지만, 학생들이 특정한 선생과 머물고 공부할 수 있는 공식 서원이 무주에 있었는지는 확실하지 않다. 이웃 동려桐廬 출신인 방원약方元若은 1133년 은퇴 후 난계의 풍광이 빼어난 곳에 화석서원華石書院을 세웠다.[28] 학생들에 대한 기록은 없는데, 방원약이 단순히 '서원'이란 용어를 그가 은퇴 생활을 한 곳을 묘사하고자 사용한 듯하다. 이 장을 시작한 동양의 석동서원은 더 확실한 예가 될 수 있다. 이에 대한 가장 이른 언급은 협곡 가의 인상적인 건물과 정자의 훌륭한 풍경, 거기에서 벌어진 연회를 자세히 묘사한 방문객이 1172년에 쓴 명문이다. 그는 이곳을 가족의 휴양지인 것처럼 기록했다.[29] 이러한 인상은 1198년에 쓰인 섭적葉適의 명문에 의해 더 확실해진다. 명문이 쓰인 때는 이곳이 건립되고 50년 후로 곽씨의 아들들이 여조겸, 주희, 섭적의 학생이던 때이다. 섭적은 곽씨가 배움이 관광을 대체시키도록 한 것을 칭찬했다.[30]

선생으로서의 여조겸

학자들은 여조겸의 삶, 저작, 사상에 대해 써 왔다. 그중 일부는 여조겸이 독특한 '무주'의 학과 무주 버전의 도학을 만드는 데 앞장섰다고 주장했다.[31] 이 장의 목표는 소박하다. 여조겸이 무주의 사들에게 선생으로서 무엇을 성취하려 했는가를 살펴보려 한다.

여조겸이 무주에서 가르치기 시작했을 때, 지역과의 연결성은 그리 강하지 않았다. 하지만 그것이 그를 더 매력적으로 만들었을 수도 있다. 그의 조부인 여붕중呂朋中은 화북 지역에서의 피난처로 금화에 집을 가지고 있었지만 일생의 대부분을 사환으로 지냈다.[32] 그의 가족은 여붕중의 부친인 여호문의 후손들을 위해 무의의 명초산明招山에 묘를 쓰기 시작했다.[33] 여조겸의 자식 세대 이전에는 그들은 무주 밖의 관료 집안에서 혼인 상대를 구하였다. 여씨 가문은 걸출했다. 여호문의 조부인 여공저呂公著 (1018~1089)[3]는 재상의 후예이자 그 자신도 1085~1089년 사이 사마광과 함께 신법 폐지를 이끌면서 재상을 지냈다.[34] 과거에 합격하고, 음서로 후손들을 관직에 앉혔다. 여조겸은 조부가 사망한 1148년에 고작 12세의 나이로 관품을 받았다.[35]

여조겸은 어린 시절을 그의 부친과 돌아다니며 보냈다. 그의 부친이 장인인 광서 운판運判[4] 증기曾幾와 함께 있을 시기인 1145년에도 아마 무주

---

[3] 북송의 대신으로, 상서성 복야와 중서성 시랑을 겸직하였으며, 황제의 스승을 지낸 적이 있다.
[4] 재정, 물자 수송, 세금 징수, 물류 관리 등의 실무를 담당하는 관리.

에 있었을 듯하고, 다시 1147년에 조부의 상으로 무주에 있었다. 그는 복건에서 관료의 아들들을 위한 특별시에 합격했지만, 1157년 수도에서 시행된 회시에는 떨어졌다. 그는 이미 관품은 있었고 실직을 얻기 위해 시험을 치고 한직을 얻었다. 그는 부친과 수도로 간 1160년까지 무주에 머물렀다. 1161년에 한직을 끝내고 이웃인 동려의 현위가 되었으나 이듬해 그의 처가 사망하자 무주로 돌아갔다. 다음 해 진사시에 합격하였고 빼어난 수재들을 위한 박학굉사과[5] 특별시에도 합격하여 고향으로 돌아갔다. 모친상으로 무주로 돌아가면서 1166년까지 부친과 여행하고 친지를 방문했다. 다음 해 집안의 묘지 인근 명초산에서 가르치기 시작했다.[36]

여조겸은 장점이 많은 인물이었다. 그는 여러 세대에 걸친 조정에서의 지도력과 신법에 반대한 이력이 있었고, 네트워크를 잘 갖춘 화북 관료 가문의 자제였다. 음서로 이미 관품이 있었으나 과거시험을 굳이 보았다. 그는 일찍이 뛰어난 학문적, 문학적 재능으로 인정을 받았다. 그의 집안이 원래 화북 출신이라는 것을 제외하면 그것은 독특한 것은 아니었다. 금화 출신인 당중우唐仲友도 비슷한 자격을 지니고 있었다. 당중우는 1151년에 진사에 합격했고 여조겸 이전에 1160년 박학굉사과에 합격했다. 그러나 당중우는 주희로부터 지속적인 공격을 받은 후에[6] 1182년 사임할 때까지 정부에 사환하여 고향을 떠나 있었다.[37] 당중우는 여조겸이 사망한 다

---

5) 과거 시험에서 임시로 설치된 시험 과목으로, 제과(制科)의 일종이다. 이미 명망이 있거나 학문적 업적이 알려진 사들이 응시하였고, 이를 통해 학문이 깊고 문장이 뛰어난 인재를 선발하였다.
6) 주희의 당중우에 대한 공격은 학술적, 정치적인 것뿐 아니라 공금 유용과 사생활 문제 등 개인 비리에 관한 것이기도 하였다.

음 해 금화로 돌아오자마자, 자신의 학교를 시작하였다. 진량은 뛰어난 정치 작가로 입지를 세운 훨씬 이후인 1172년까지 무주에서는 가르치지 않았다.[38] 따라서 1167년 여조겸은 예외적인 경우였다.

동지의 공동체 만들기

여조겸은 1167년부터 1174년(장인이 지무주가 되어 그가 학생들을 내보낸 시기)까지, 그리고 1175년과 1179년부터 그가 사망한 1181년까지 무의와 금화 시의 명초를 왔다 갔다 하면서 학생들을 만났다. 이 기간 동안 여조겸은 잠시 근처 부에서 가르치는 자리에 있었고 3년 정도 조정의 관직에 있었다. 여조겸이 공식적으로 '서원'이라는 이름을 붙여서 만들지는 않았으나 이택서원麗澤書院은 그가 사망한 지 20여 년이 지나 그를 추모하여 건립되었다.[39] 학생들이 소속될 수 있는 공식적 모임을 만들었다.

여조겸은 1168년에 첫 규약을 만들고 1173년까지 '동지' 또는 '집단에 참여하는 사람[預此集者]'이 이를 지킬 것을 약속하는 서명을 하는 조건을 포함한 보완 규정들을 더해 갔다.[40] 나는 이 「이택서원 규약」을 완역해 출간했다.[41] 이 첫 번째 규약에는 구성원 상호 간, 그리고 외부 사람과의 교류를 지도하고 집단의 규범을 어긴 사람은 제명하는 자율적 규제를 갖춘 도덕 공동체가 그려져 있다. 비록 여조겸이 전례를 인용하지는 않았지만, 이러한 가족관계를 넘어서는 단체 규약의 아이디어는 도학 서클에서 이미 논의되었다. 1168년 여조겸이 첫 규약을 구상할 때 필요한 것들을 모두 다루었다고 생각했다. 그는 가족과 친구에 대한 윤리적 행위의 요구로 규약을 시작했다. 집단에서의 제명이라는 위협하에서 1) "이 모임에 참여하는 모든 이는 효, 제, 충, 신을 바탕으로 한다." 2) 구성원은 스스로 선행과 악행을 통하여 선행을 권장하고 악행을 경고할 것이다. 구성원은 서로 돕는다. 이들은 가족 내 세대나 지위, 관품이 아니라 나이순에 따라 서로를 공식적으로 호칭한다. 3) 수업 중에는 방정한 태도를 유지한다. 4) 이전 스승을 공손하게 대한다. 5) 선배를 평가하는 말을 하지 않고 외부 사람의 글을 폄하하지 않는다. 6) 고향의 지방정부와 사람들에 대하여 좋은 말만 한다. 7) 부탁을 하거나 후원을 구하지 않는다. 8) 다른 사람의 명성을 쌓거나 공격하는 일에 가담하지 않는다. 9) 말하는 데 있어서 정직하고 신중해야 한다. 10) 친척이나 오래된 친구라 할지라도 사가 아닌 사람들과는 일정한 거리를 유지한다. 11) 도박, 음주, 시험에서의 부정행위와 같은 저속한 일을 하지 않는다.

그러나 표면적으로 여조겸의 윤리적 기준에 따라 공동체 구성원들이 사는 것만으로는 충분하지 않았다. 1169년 두 번째 규약은 학으로 관심을 돌렸다. "토론, 격물, 실천을 통해 경전의 목적을 찾는다." 이제 학생들은 그들이 공부하지 않는 동안(일 년에 100일 넘게 이런 날이 있으면 제명) 매일을 기록하는 원장과 이후 모임의 토론을 위한 의문점을 기록하는 공부 일지를 적도록 했다. 그해 이후 학생들이 여러 곳에서 오고 그들의 네트워크를 만들려는 것을 알고 여조겸은 서로 방문할 때 필담에서 신분을 사용하는 것을 금하는 의전에 대한 규칙을 더하고 조문하는 올바른 방식을 만들었다. 이제 구성원들은 규약을 지키겠다는 서면에 반드시 서명해야 했다. 1170년 여조겸은 제명에 대한 새로운 근거를 발표했는데 모두 사회에서의 행동과 관련된 것이었다(부모와 떨어져 사는 것, 재산을 두고 친척과 소송하는 것, 시험에서의 부정행위 등등). 1173년의 마지막 규칙들은 그 사람이 그해 수업에 참가한 날수에 따라 절차를 달리하는 구성원들이 상을 당했을 때나 사망했을 시에 조의를 표하는 공식적 의식을 규정하는 것이었다. 이 규약에서 재사齋舍(기숙사)에 학생들이 같이 살았다는 것과 각각의 거처에는 반장과 명부가 있었다는 것을 알 수 있다.

여조겸은 모범적인 사람들의 공동체를 만들고자 했고, 이는 그에게 그들이 사가 되는 것과 불가분의 것이었다. 사와 사회의 다른 부류의 사람들 사이의 차이는 실질 가치를 지닌 것이었다. "친척과 오랜 친구가 사류가 아닐 수도 있다. 정情과 예禮는 스스로 폐할 수 없는 것이다. 그러나 지나치게 익숙하게 대해서는 안 된다[親戚故舊, 或非士類. 情禮自不可廢, 但不當狎昵.]"(1168, no.10). 그렇게 하지 않으면 집단의 비판을 받게 된다. "만약 등록이 되어 있는 자가 사로서의 기준을 지키지 않아서 재사의 평판을 욕보인다면 같은 재적자들이 그를 꾸짖는다. 그리고 제명이 가능하다[在籍人如有不遵士檢, 玷辱齋舍, 同籍人規責不悛者, 仰連名具書報知堂上, 當行除籍.]"(1169/10. no.7). 그리고 "동지들은 모두 사의 기준을 지키지 않은 자와 지역에서 평판이 좋지 않은 자를 제명시킬 수 있다[不修士檢, 鄕論不齒者, 同志共擯之.]"(1169, no. 5). 여조겸에게 사는 가족이나 관품으로 규정되는 것이 아니라 어떻게 행동하고 무엇을 배우는가에 의해 규정되는 것이었다.

주희는 1180년 백록동서원[7]의 규범을 다른 학교의 규범들과 대비하였

---

7) 강서성 노산(盧山) 기슭에 있던 서원으로 9세기 초에 창건하여 북송 초에는 4대 서원의 하나로 꼽혔다. 주희가 가르친 곳으로 유명하며 주희가 직접 이곳의 규약을 만들었다.

다. "최근 학교에 규범들이 있다. 참으로 그들의 학자에 대한 기대는 얕고 그들의 방법도 고인들의 뜻이라고 할 수만은 없다. 그래서 우리는 이 당에 적용하는 데 이러한 규칙을 반복하지 않고 단지 성현들이 어떻게 공부를 하는지 사람들에게 가르친 그 근본 핵심만을 취하였다."[42] 아마도 그는 여조겸의 규약을 염두에 두었을 것이다. 주희의 초점은 개인의 윤리적 행위의 수양이었다. 오륜(부자, 군신, 부부, 장유, 붕우)은 배움의 핵심이라고 학생들에게 말했다. 학은 과정이었다. "공부하고[학] 묻고[문] 생각하고[사] 감별하는[변] 이 4가지가 궁리를 하는 방법이다[學問思辨, 四者, 所以窮理也]." 그러한 일들은 실천에 선행한다. "자신을 수양하는 데서 일들을 처리하고 외부 사물을 대하는 데에 이른다[若夫篤行之事, 則自修身以至于處事接物]."

이와 대조적으로 여조겸의 규약은 사회적 차이를 유지하는 일로서 사가 되는 것을 다루었다. 이는 단지 학과 행위만은 아니었다. 여조겸은 그의 청중들이 과거에 합격하고자 하는 이해관계를 수용하였다. 비록 여조겸의 학생 중 단지 138명만을 찾아냈지만(주희의 학생 중에는 500명이 알려져 있다) 그들의 절반만이 무주 출신이었다.[43] [표 1.1]이 보여 주듯 이 기간의 무주 출신 진사의 5분의 1은 한때 여조겸과 공부하였다. 학생의 대부분은 합격하지 못하여 비록 국가 시스템의 일부는 아니지만 그의 공동체의 일부가 된 것으로 그들이 사라는 것을 보여 주었다. 이러한 학교의 기능은 당시에도 알려졌다. 의오 학교를 1168년에 개축하려던 지현은 학교에서 매월 의례 모임을 사들과 가졌고 "그의 우선순위가 무엇인지를 알았다."[44] 당중우는 1180년에 태주台州 학교를 개축하는 것을 이곳에 "많은 사들"이 있게 하는 확실한 방법이라고 정당화하였다.[45] 1188년에 포강 학교의 개축과 조경을

[표 1. 1] 무주 진사: 1169~1208

무주부	진사 수	여조겸의 제자로 알려진 제자 수	진사가 된 여조겸의 제자 수
금화	29	35	7
동양	19	12	5
의오	7	8	2
무의	6	7	3
난계	18	4	1
포강	2	3	1
영강	19	1	1
총계	100	70	20

출처: CBDB로부터의 데이터. 2017년 07월 14일.

기념하는 글에서 그는 상당히 직접적으로 학교가 무엇을 의미하는지를 말한다. "지역의 사람들이 이를 볼 때 그들은 사가 존중되어야 한다는 것을 알게 될 것이다."[46] 관학에도 등록되어 있을 경우 실질적인 이점이 여조겸의 학생들에게는 있었다. 등록된 학생은 조세를 일정 부분 면제받고 법률상 특별한 고려를 받을 수 있으며, 지방관에 접근할 수 있고 사회적인 관계를 만들 수 있었다. 여조겸의 학교는 그의 존재와 학생들의 기부에 의존했다. 관학은 더 좋은 제도적 기반을 가지고 있었지만, 그래도 자선은 필요했다. 포강에서의 재건 비용의 반은 개인들의 기부에 의해 만들어졌다. 기부한 토지에서 학생들을 지원할 수입이 나왔으나 그러한 기부는 생각보다 그리 안정적이지 않았다. 1167년 영강의 기記에서는 비록 학교를 후원하는 것은 유학자들이 해야만 하는 일일지라도 실제로는 공식적으로 이러한 기증을 기록한 비석이 없다면 기부가 계속될 수 없을 것이라고 설명한다.[47] 동료애를 만드는 데 여조겸은 엘리트로서 사의 사회적 정체성과 학, 윤리를 결합하였다.

전기 작가로서의 여조겸

여조겸은 도덕적 공동체가 될 수 있는 사회적 집단으로서의 사에 관심이 있었다. 그의 학문과 가족의 배경을 통해서 여조겸은 전국적인 관계를 가지고 있었다. 이치키 쓰유히코는 주희의 지역에 대한 관심과 대조적으로 여조겸의 관심은 국가를 향해 있었다고 보았다.[48] 여조겸은 실제로 전국적으로 사고하라고 지역의 사를 가르쳤지만 그의 규약이 보여 주듯 어떻게 그들이 지역적으로 행동하는가에도 신경을 썼고 어떻게 지역의 가문들이 지역적, 전국적 둘 다의 생활에 참여하는지에도 관심이 있었다. 그가 쓴 40개의 묘지명은 각각 이야기와 모범을 가지고 있다. 이는 그가 가치 있게 여기는 것에 이르는 또 다른 방식이었다. 여조겸과 같이 좋은 가계와 재능을 지닌 사람에게서 예상할 수 있는 조정의 고위 관료를 위한 묘지명은 놀랍게도 없다. 묘지명의 3분의 2는 지역 사람들을 위한 것이고 절반 정도는 그의 학생이나 친족을 위한 것이다.[49] 문장 스타일은 박식하고 어려운 것에서부터 개방적이고 접근이 쉬운 것까지 상당히 다양하고 텍스트의 구조는 대상에 따라 다르다. 이것들은 형식을 갖춘 저작이 아니다. 묘지명은 묘소를 위한 것이지만 이는 또한 공적인 서류이다. 원고는 여러 사람의 논평을 듣고자 회람되었고, 저자의 문집에 포함되었다.[50]

몇몇 묘지명은 관료들을 위한 것이었다. 친구의 부친인 장숙견張淑堅은 40대에 음서로 지역의 하위급 조세관의 직을 얻었다. 힘든 일을 해야 하는 직위에서 정직했으며, 중요한 것은 그가 학을 지속했다는 것이다. 그는 상당히 박학하였다. 그는 자신의 의학 지식을 사람들을 치료하는 데 사용했다.[51] 무의현 사람으로 음서로 관직을 얻은 유용劉墉은 존경할 만한 태도로 50년간 지방관으로 재직하였다. 그는 독서를 좋아하였다. 은퇴하고 그는 지위고하를 막론하고 똑같이 잘 대해 주었다.[52] 진량의 친척인 진지陳持는 개봉을 방어할 때[8] 부친을 잃었다. 그는 20년간 과거에 실패했지만 말년에 여러 번 시험에 낙방한 것을 인정받아 관품과 지역 파견을 받았다. 여조겸은 노인이 계속 학위를 얻으려는 데 대한 비판을 언급했지만 진지는 정말 관리로 일하고자 한 것이었다고 주장하였다. 이는 단지 직위를 얻는 문제가 아니었다는 것이다. 더 나아가 그는 세 권의 책을 지었다.[53] 방랍의 난은 여조겸의 지인인 송유宋有의 공부가 끝나게 만들었지만 그는 송조가 강남에서 살아남으려 분투하던 1120년 말에 다른 무인 세력에 합류하여 관직을 보장받을 수 있었다.[54]

여조겸의 묘지명 중 가장 길고 형식적으로 격식을 갖춘 것은 1162년에 지역의 관리로 만나고 1172년에는 조정에서 만나게 된 영가 출신 설계선薛季宣의 것이었다. 여조겸이 그린 바로는 설계선은 학에 헌신한 것은 물론이고 고하를 막론한 문무의 관직에서 공식적인 업무를 담당했지만, 그는 통치 능력을 인정받으려던 순간에 사망하였다. 그는 장인의 관에서 하급 관리(그는 학위가 없었다)로 시작하였는데 그곳에서 정이의 제자인 원개袁漑를 통해 정이의 가르침을 접하게 되었다. 그러나 여조겸이 결론에서 썼듯이 정씨 형제와 장재의 가르침이 비록 올바르지만 그들의 추종자

---

8) 1126~1127년 금나라 군이 북송의 수도 개봉을 공격한 정강의 변(靖康之變)을 가리킨다. 이때 송 휘종과 흠종 두 황제가 포로로 잡히고 수도가 함락되었으며, 수많은 관료와 백성이 죽거나 끌려갔다. 이는 북송 멸망의 직접적 계기가 된 역사적 사건이다.

들은 진짜 문제들을 다룰 능력이 없었다. 설계선은 경전뿐 아니라 다른 많은 철학자들을 공부하였고(그는 『시』, 『역』, 『춘추』, 『중용』, 『대학』, 『논어』의 주석을 썼다) 역사와 지리도 알았지만 그는 본격적인 전국 지리의 연구인 『구주도지九州圖志』를 마치기 전에 사망하였다. 그는 군사를 매우 잘 알아서 그의 부하들은 그가 유학자라는 사실조차 알지 못하였다. 무창武昌(현재 무한)의 젊은 지현으로 있을 때 그는 군율을 완화하고 효율적으로 다스릴 수 있도록 만들었다. 공격적인 금과의 전선에서 그는 망루, 진지, 강에서 싸우는 해군 부대로 철저한 방어를 준비하고 전쟁을 대비해 훈련을 시키는 군사 제도를 마련할 수 있었다. 그는 수로를 준설하고 마을에 소방대를 만들기 위해 의병을 활용하고 행정적 단위보다는 지리적 단위에 따라 조직하였다. 무창에서 1,800명이 전쟁에 징집되었을 때, 그는 지휘관들이 이들을 잘 살펴주도록 하여서 오직 2명의 사상자만이 발생했다. 홍수와 이재민, 부패한 지방관과 파괴적인 광신적 종교 집단에 효율적으로 대처했다. 그는 지방을 다스리는 데 구휼기금이 필요하다는 것을 알았으며 조정의 과도한 조세 착취의 시도를 성공적으로 막아 냈다.[55]

여조겸이 기념한 관료 중 누구도 정식으로 진사 학위를 취득한 사람은 없었으나 그들 모두는 학에 관심을 기울였다. 학교를 그만두거나 과거에서 실패한 사람들도 마찬가지였다. 모공량毛公亮의 부친은 계속 진사시에서 실패하였으나 모공량은 그의 아들들을 공부시켰다. 아들 하나와 조카가 여조겸을 따랐다.[56] 여조겸은 삼사제三舍制하의 국자감에 입학 후보가 되는 것을 받아들이기에도 너무 가난했던 노대경盧大經에 대해 많은 것을 말하고 있다. 계속 향시에서 실패하고 그는 가산을 일으키는 데로 주의를 돌렸다. 그는 두 명의 아들은 고향에 남겨 두었지만 다른 두 명은 수도에 보내 공부시켰다.[57] 이러한 경우들은 더 있는데 이들 후손들의 대다수는 여조겸을 따랐다.[58] 여조겸은 사의 신분에서 떨어졌으나 다시 사로 돌아갈 수 있었던 몇몇 가족들의 경우를 보았다. 방랍의 난 중에 섭순인葉洵仁은 그의 부친과 함께 피난 갔으나 반란군들을 만났을 때마다 그가 너무 열심히 부친을 보호하자 반란군조차 그의 효심에 공격을 그만두었다. 그는 학교로 돌아갔으나 진급에 실패하고 부친의 사망 이후 농사를 지었다. 그러나 그는 아들의 교육을 감독해서 "다시 한번 그 집안은 유학자가 되었다."[59] 장협張𧦬은 화북이 함락될 때 모든 것을 잃은 관료 집안 출신이었다. 그는 동남아와의 해상무역으로 재산을 불려서 이후에 무주에 토지를 사서 집안을 일으켰다. 그는 아들들을(그중 한 명은 여조겸을 따랐다) 교육시키고 친척들을 돕고 딸의 지참금을 내고, 오랜 친구들에게 베풀었다. 노년에 그는 먼 곳의 이야기로 사람들을 즐겁게 해 주었다. 비슷한 가정들이 포기할 때 그는 자신의 수완에 의지했기에 "그는 현자라 불릴 만하다"고 여조겸은 썼다. 여조겸은 다른 이야기도 실었다. 장협은 강서에서 젊은 시절 밀매업자의 집에서 멀리 팔려갈 처지에 놓인 수십 명의 소녀들을 탈출시켰다.[60] 학과 덕행은 사의 신분을 다시 얻을 수 있는 관건이었다.

묘지명 중 가장 큰 군을 이루는 이야기는 관이나 사의 집안이 아니었으나 아들들을 교육시킨 남녀에 대한 것이다. 하나를 제외한 모든 경우에서 그 아들은 여조겸의 학생이었다. 왕안王安이 어머니의 묘지명을 부탁하러 왔을 때, 여조겸은 사실 어머니를 위한 묘지명이 필요 없다고 했다. 이는 단지 한나라 말기의 관습일 뿐이고 (이 가족은 지위가 없었다는 것을 암시했다) 부모는 아들의 성취를 통해 기억되어야 한다는 것이었다. 그는 어떻게 왕안이 그를 설득했는지를 적었다. 공부에 헌신적이었고 아들들을 위해 선생님을 고용하고 딸들에게 지참금을 제공한 것도 그의 어머니였다. 왕안은 어머니의 소원을 이루고자 30년을 훈장으로 지냈다.[61] 누온樓蘊의 기술에서 자주 나오듯 집안을 변화시킨 사람들은 교육만으로 만족하지 않았다. 누온은 지극한 효심으로 명성을 얻었다. 이는 국가와 사의 집안들로부터 인정을 받을 수 있는 것이었지만, 그는 단지 아들로서 해야 할 일을 한 것으로 명예를 얻는 것을 거부하였다. 그의 아들은 여조겸과 공부하였다.[62] 서시예徐時乂는 아들들은 공부를 시키고 딸들은 관료와 결혼시켰다. 전형적으로는 여조겸이 언급했듯이 "이웃의 풍속을 교화시키지" 않았다면 관품이 없는 사람은 시호나 행장을 받지 못하였다. 여조겸은 그의 후손이 상에 임하는 성실한 태도에서 서시예의 영향을 보았다.[63] 마을을 교화한 또 다른 예로는 재산을 아들과 이웃들을 위해 동양 서원정사西園精舍를 세우는 데 쓴 여조겸의 제자 곽징郭澄의 아버지가 있다. 흉년이 들었을 때 지역민들은 곡물 가격을 인상하지 않았는데, 이는 서원정사 학생이 합의한 사항이라고 말했다.[64] 조엽曹曄은 감옥에 있는 죄수를 원조해 주는 것으로 명성이 있었다.[65] 효심으로 잡은 사냥감들을 포기한 왕일취王日就는 50가구 넘는 가난한 집들의 묘지를 위해 땅을 기부하였다.[66] 서문헌徐文獻은 부유했지만 그의 집안을 엄격히 다스렸다. 그는 계모를 극진하게 돌보아 아무도 그가 친아들이 아니란 사실을 몰랐다. 그는 지역의 분쟁을 조정했고 아픈 이들에게 약을 제공했으며 부채를 탕감해 주고 겨울에는 궁한 사람들에게 음식을 나누어 주었다.[67] 교육과 가족 외의 사람들에게 베푸는 선행이 그들을 기억할 만한 사람으로 만들어 주는 것이었다.

반호고는 아들들을 성공적으로 교육시키고(아들 중 하나인 반경헌潘景憲은 여조겸과 진사 동년이었다) 선행을 베푼 부유층 중에 여조겸이 가장 정성스레 설명을 하고 있는 예이다. 반호고는 이미 연고가 탄탄한 사람이었다. 그의 부친은 1112년 진사시에 합격하였고 자손들은 지역의 유력한 집안(여조겸과 주희 집안 포함)과 혼인했다. 반호고는 수도에서 공부하기도 했다. 그는 개봉이 금에 함락될 때 집단 자살을 하자는 의견에 반대하였다. 과거에 두 번 떨어진 후 그는 더 이상 과거를 보지 않았으나 음서로 관품을 얻는 것은 거부하였다(말년에 아들이 명예 직함을 줄 수 있었을 때 거부하고 관복을 입은 적이 없었다). 1136년 기근에 쌀값이 치솟을 때에 30퍼센트 깎은 가격으로 쌀을 팔고 대출금을 더 줄여 주었다. 1144년 홍수 때에 이재민에게 집을 개방하고 쌀값 인상을 완화시키려 정부에 곡식을 팔았다. 가뭄에 사람들은 물을 두고 서로 다투었는데, 사람들이 자신의 못으로 물을 빼돌릴 때조차 그는 다른 이들이 자신의 큰 저수지의 물을 끌어가도록 해 주었다. 자신의 돈을 써서 다른 사람들을 위해 두 개의 커다란 저수지를 개축하였다. 도적떼를 잡는 데 공헌하고 고아와 과부를 도와주었으며 빚을 탕감해 주고 환자들을 돕고 약과 관을 사 주고 다리를 놓고 담을 쌓는 것을 도왔다.[68]

이들은 대체로 부유한 지주 집안이었다. 그들은 다른 사람에게 돈을 빌려줄 자원이 있었지만 빚을 탕감해 주고 도와주었다. 아직 그런 일들을 하지 않았더라도 때때로 그들의 후손을 교육시키는 것만으로 그들은 사의 가문으로 변하는 과정에 있었다. 마지막 예는 이들과는 다르다. 금화의 왕관汪灌은 자신의 이익과 여조겸이 강조하듯이 정부의 이익 모두를 위하는 방식으로 넉넉한 집안들을 조직해서 함께 일하도록 했다. 그는 다른 이들을 도왔으나 조세의 공정을 위한 경계법經界法 같은 정책을 정부가 실행하는 것을 돕기도 하였다. 그는 자신이 만든 민병으로 도적떼를 잡아서 정부가 기근 시 도적떼의 반란을 진압하려고 군대를 보내고 처형하는 것을 방지했다. 그러나 여조겸의 관점에서 그의 가장 중요한 공헌은 지방정부에 필요한 봉사에 따른 경제적 부담을 나누기 위해 향에 의역義役으로 알려진 시스템을 고안해 낸 것이었다.[69] 부유한 집안들이 돌아가면서 지방세 분담이 올바른지, 물품이 잘 수송되었는지를 살피고 매년 30만에 달하는 부족분을 메꾸는 의무를 져야 했는데, 이는 유력한 집안들 사이에서 심각한 분쟁을 일으켰다. 집안들 사이의 좋은 관계를 지속적으로 위협하는 상황에 대해 왕관이 제시한 해결책은 다음 두 가지였다. 첫째, 서비스 의무의 순번을 기록하여 등록하게 한다. 둘째, 호를 3등급으로 나누어 이에 따라 봉사할 차례의 사람들의 비용에 충당할 돈을 납부시킨다. 모두 동의하여 합의가 이루어지면 사본은 현청과 각 호의 구성원들에게 보내졌다. 현금을 징수하는 어려움은 공동경작지를 통해서 극복하게 하였다. 왕관이 사망할 때까지 이러한 방책은 거의 30년 동안 실행되었고 이로써 소송을 방지할 수 있었다. 그가 사망하기 전, 무주의 지방관은 벌써 현의 이름을 '순리循理'로, 촌의 이름은 '신의信義'로 개명함으로써 그의 명성을 확고하게 했다.[70]

여조겸의 비문은 모범적인 자질을 찾아 모델을 창출하였다. 하지만 이러한 지역 활동의 가치에 모두가 동의한 것은 아니었다. 1184년 진량이 주희에게 보낸 서신에는, "저는 지역 사회 생활에서 외부 일에 관여하지 않았을 뿐만 아니라, 현재 관습적으로 칭송받고 유학자들이 흔히 실천하는 사창, 의역, 진휼 같은 일들에도 전혀 관여하지 않았습니다"라고 쓰고 있다. 진량은 북부 수복에 대한 원대한 목표를 가지고 있었고 지역 자선 활동이 이에 방해가 된다고 여겼다. 그러나 나쁜 일을 하는 골칫거리 인물들도 있었다. 미야자키 이치사다宮崎市定는 한때 남송 시대에 사의 기풍이 쇠하였다고 주장했는데, 이는 전제정치의 강화로 인한 사들의 정책 참여에 대한 야망이 좌절된 결과 나타난 이기적인 행태 때문이라고 설명한다. 여조겸은 일부 강력한 지역 가문들이 다른 사람을 돕는 일에 관심이 없다는 것을 잘 알고 있었다. 그의 사후에 반潘씨 가문은 문제를 일으키는 인물들을 배출했다. 후원자를 통해 진회 당파와 연줄이 있던 반경규潘景珪는 1201년에 은퇴를 강요당했는데, 사악하고 교활하고 부패하다고 반복적으로 공격을 받았기 때문이었다. 반경규는 1190년에 독단적 행동과 종교 기관으로부터 재물을 갈취한 혐의로 부지사직에서 해임되고 1208년에는 부패 혐의로 지사직에서 해임되었다.

여조겸은 지역 사회에서 사의 도덕성을 어떻게 구현할 수 있는지를 보여 준다. 그는 주민들의 복지에 신경을 쓰는, 대개 음서로 입관한 관리들을 찾아낸다. 그는 공식적인 지위가 없는 가족이 비문을 가질 만한 지위가 있는지 묻고, 그들의 학문과 선행에 대한 헌신을 인정하여 그들에게 묘비명을 부여함으로써 지위 추구를 기록했다. 그는 혼인을 통한 더 높은 지위 추구의 역사를 논하며, 이렇게 하는 가문들이 남편과 아내 사이에 불평등을 만들어 낸다고 주장하고, 대신 동등한 수준의 지역 혼인 동맹을 권장한다. 그는 정부와 자신들의 일만 신경 쓰는 자율적인 가문들 사이의 공간이 경제 활동, 혼인, 자발적 기관, 준공식적 직위를 통해 다른 이들과 상호 작용하는 사람들로 채워져 있음을 보았다. 이들 중 일부는 높은 지위에 있고 일부는 낮은 지위에 있으며, 이들은 평등하지 않다. 그러나 그의 학교 규약이 가족, 부, 정치적 지위와 같은 불평등을 초래하는 요소들이 사라지고 사들이 근본적인 공통성을 가질 수 있는 학의 영역을 만들고자 한 것과 마찬가지로, 그의 비문도 사들이 다른 사람들을 위해 선행을 할 수 있는 방법을 기념한다. 그리고 스스로 선행을 하도록, 그는 학 자체를 가치 있는 것으로 제시한다. 비록 많은 이들이 과거시험을 통한 출세를 추구하다가 포기했지만, 여조겸은 그들이 다음 세대의 교육에 투자하는 것을 찬양했다. 그리고 대부분의 경우 여조겸이 그들의 스승이었다.

학자로서의 여조겸

여조겸이 가르치고 있던 것은 무엇이었을까? 1169년, 여조겸이 가르치기 시작한 지 얼마 지나지 않아 주희는 반대 의견을 편지로 썼다. "당신이 현재 명성 있는 많은 문인들을 끌어모았다는 소식을 들었습니다. 그들의 주장은 잘못되었지만 도처에 퍼지고 있습니다. 그들은 학자들의 사고에 큰 해를 끼칩니다. 이에 대해 더할 나위 없는 슬픔을 느낍니다. 당신이 그들의 거짓을 폭로하려 노력했는지 모르겠습니다." 여조겸은 이 편지(그리고 아마도 그 사이에 누락된 편지도 있었겠지만)를 과거시험 준비 교육을 하는 것에 대한 비판으로 해석했다(사실 그가 때때로 강학했던 가족 묘지가 있는 곳은 과거시험 응시자들에게 방을 빌려주던 시골 사찰 옆에 있었다). 주희와 철학적 문제에 대해 서신을 주고받던 장식張栻은 여조겸이 애초에 왜 학생들을 모아야 했는지 이해하지 못했다. 여조겸은 주희에게 이렇게 답장했다.

> 과거시험 공부에 관해서 말하자면, 이는 자신과 사물을 깨닫는 데에 전혀 도움이 되지 않습니다. 그러나 과거 금화에서는 사들이 주로 혼자 공부했으며, 함께 토론하고 학문을 연마할 사람이 없었습니다. 만약 제가 과거시험 공부를 없애 버린다면, 그들은 고립되고 소외될 것입니다. 그들은 서로 만날 이유가 없어질 것입니다. 따라서 저는 그들이 나아오도록 하기 위해 과거시험 공부의 길을 열어 둡니다. 그들 중에서 자질이 좋은 사람들을 선별하여 [더 나은 학에 대해] 알려 줍니다. 최근에는 많은 이들이 그쪽으로 관심을 돌리고 있습니다. 지난가을부터는 열흘에 한 번 수업을 합니다. 당분간은 이렇게 유지할 것입니다. 그러나 학에 관해 논의해야 할 것들을 소홀히 하지 않을 것입니다.[83]

이는 주희를 만족시키지 못했다. 과거시험 공부를 이용하여 학생들을 올바른 학문으로 끌어들이는 것은, 처음에는 욕망에 호소한 뒤 욕망이 고통의 원인임을 보여 주는 불교도의 방편과 다를 바 없다고 여겼다.[84] 여조겸은 할 말이 더 있었다. 그는 왜 주희가 포용적이기보다는 배타적이어야 하는지 이해하지 못했고, 주희는 잘못된 생각과 싸워야 한다고 반박했다.

여조겸의 규약은 사들이 도덕적 행위를 중시하도록 하는 것이 목적이었고 그의 비문은 가문을 사로 유지하거나 학문을 통해 사가 되기 위해 투자한 사람들을 칭찬했다. 그러나 여조겸의 실제 가르침은 이와 어떤 관련이 있었을까? 여조겸, 주희, 장식은 나중에 동남 지역 도학의 세 지도자로 여겨지게 된다.[85] 여조겸이 1175년에 주희와 함께 도학 이론의 학습과 실천에 대한 권위 있는 입문서인 『근사록近思錄』을 편찬한 것을 보면, 그는 정이의 철학을 이해하고 있었음이 분명하다. 그러나 도학은 그의 더 큰 교육 프로그램의 일부에 불과했다. 주희와 장식은 그의 완고함에 좌절했지만, 여조겸은 자신의 가문에서 모델을 찾았다.

과거에 제 대백부 여본중呂本中[86]은 중원 문화 전통을 전수 받아 남쪽으로 가져왔습니다. 그는 사방을 둘러보았지만 이를 전할 곳을 찾지 못했습니다. 그가 산을 넘어 복건에 도착했을 때, 그곳의 사람들이 그의 제자가 되었고, 숭嵩, 낙洛, 관關, 보輔(즉 사마광, 정이와 정호, 장재, 그리고 이름이 밝혀지지 않은 학파)의 진정한 학문이 모두 논의되었으며, 경력과 원우 시기[9]의 원로 정치인들의 모든 측면을 참조했습니다. 그는 넓은 마음을 소중히 여기고 편협한 사람만을 경시했습니다. 그는 실천을 본질로 여기고 문학적 꾸밈을 멀리했습니다. 그는 [관직을] 거절하고 수락하는 데, 그리고 출사하고 은거하는 데 엄격했고, 그 선택은 분명히 했습니다. 그는 옳고 그름, 정통과 이단을 살필 때는 그 차이를 정확히 하고자 했습니다. 제자들은 밤낮으로 스승을 우러러보았습니다. 그들은 들은 모든 것을 믿었고, 믿은 모든 것을 실천했습니다. 그들은 성현의 위대

---

9) 북송 인종 경력(慶曆, 1041~1048) 연간과 북송 철종 원우(元祐, 1086~1094) 연간. 경력 연간에는 범중엄 등을 중심으로 한 '경력 신정(慶曆新政)'이라 불리는 정치 개혁이 추진되었다. 원우 연간은 사마광을 중심으로 한 신법 반대파인 구법당이 정권을 잡아 왕안석의 개혁 정책을 되돌리려 한 시기였다.

한 도를 열망하며, 그것을 반드시 이루겠다고 다짐했습니다.[87]

문화 전통, 북송의 국가 정책 및 (신법 정책에 반대했던) 도덕 사상가, 지적 폭넓음, 정치적 청렴성, 행동 및 판단의 기준, 그리고 학생들의 충성심, 이 모든 것이 여조겸이 교사로서 관심을 가진 사항들이었다. 그의 관심사는 그가 가르친 책과 저술한 책에서 분명히 드러난다. 1169년에 쓴 그의 초기 저작은 무의에서 그의 주변에 모여든 학생들을 위해 썼다. 그들이 "과거시험 작문"에 대해 이야기할 때, "나는 그들의 문체를 돕고자 하여, 『좌씨전左氏傳』에서 질서와 무질서, 이익과 손실에 대한 구절들을 발췌하고 이에 대한 나의 해설을 덧붙였다"[88]고 했다. 이는 두 가지 판본으로 재출판되었다. 긴 판본은 지속적인 정치적 문제(정부 내 관계, 문명인과 부족의 구별 등)에 관한 에세이 모음집이고, 짧은 판본은 산문 작문을 가르치기 위한 주석을 담고 있다.[89] 여조겸이 직접 쓴 다른 저작은 단 세 가지뿐이다. 『시경詩經』 읽기에 관한 주해인 『독시기讀詩記』는 1176년에 완성되었고, 1182년 주희가 서문을 썼다.[90] 이 시점에서 주희는 이미 『시경』에 대한 혁신적인 작업을 마쳤다. 나는 곧 여조겸의 작업을 다루게 될 것이다. 미완성 저작인 『대사기大事記』는 1180년 여조겸이 쓴 서문이 있으며, 이 저작은 사마광의 편년체 역사 서술에 대한 대안으로 볼 수 있다. 주희도 이 같은 것을 만들 계획이었다. 그는 생애 마지막 해에 두 번째 역사적 작업인 『구공본말歐公本末』을 편찬하는 일을 하고 있었다. 이것은 구양수의 경력과 저술에 대한 기록이자 그의 동시대인의 전기를 모은 것이다.[91] 주희는 자신의 입장에서 정씨 학파의 연보인 『이락연원록伊洛淵源錄』을 편찬했다. 여조겸 또한 편찬자로서 주희가 사용한 『주역周易』의 고대 판본인 『고주역古周易』을 편찬하였다. 이는 '경' 자체와 일부에서는 전형적으로 64괘에 걸쳐 있는 주석인 '십익十翼'[10])과 분리하였다.[92] 더 논란이 된 것은 황제의 명으로 북송 문학 선집의 최근 판본인 『황조문감皇朝文鑑』을 재편집한 것이다. 이에 대해서는 다음 장에서 다루겠다.

여조겸은 처음부터 자신의 작업을 독립적 학파를 만든다기보다는 교육의 맥락에서 보았으며, 그의 대부분의 저작은 공동 작업이었다. 예를 들어, 그의 학생들은 그가 사망한 후 『서경』과 『춘추』에 관한 여조겸의 강의 내용을 바탕으로 두 가지 버전의 강의록을 작성했다. 이 강의록들은 그의 강의 노트와 학생들의 강의 노트, 그리고 아마도 학생들의 자체적인 아이디어를 기반으로 했을 것이다.[93] 또한 학생들은 여조겸의 '강학'에서 나온 노트를 수집했으며, 그중 가장 중요한 수집물은 『이택논설집록麗澤論說集錄』이다. 여조겸은 그의 규약에서 학생들의 노트가 유통되는 것을 금지했지만, 노트들은 여전히 유통되었다. 1326년 판본으로 알려진 『역대제도상설歷代制度詳說』은 학생이나 출처에 대한 언급이 없지만, 그의 강의를 학생들이 모아 만든 것일 확률이 매우 높다.[94] 그의 형 여조검呂祖儉(1196년 사망)은 『이택논설집록』을 편집하였고, 그의 아들 여교년呂喬年은 1204년에 이를 인쇄하기 전에 더 많은 내용을 추가했다. 여기에는 『주역』의 64괘 각각에 대한 논평, 『시경』, 『주례』, 『예기』, 『논어』, 『맹자』, 역사 기록과 역사적

---

10) '십익'은 『주역』의 본문(64괘의 괘사와 효사)을 해석하고 철학적으로 확장한 10편의 주석서로, 『주역』이 단순한 점서에서 유가의 경전으로 격상되는 데 핵심적인 역할을 하였다. 전통적으로 공자의 저작으로 전해지나, 후대 유가 학자들의 집합적 산물로 보는 견해가 많다.

사건들, 그리고 기타 논평을 포함하고 있다.⁹⁵

여조겸 학파의 많은 저작들은 1200년대 초반까지 인쇄되지 못했다. 1207년에는 지방과 개인 자금으로 여조겸의 집 절반을 그의 저작을 위한 특별 공간이 있는 사당으로 개조했고, 그의 추종자들이 그의 저작을 논의할 이택서원을 건립할 계획이 있었다.⁹⁶ 그렇다면 여조겸은 어떻게 가르쳤을까? 이에 답하기 위해, 나는 그가 직접 쓴 두 저작을 사용하겠다. 하나는 경전에 관한 『독시기』이고, 다른 하나는 역사 저작인 『대사기』다. 두 저작은 모두 과거시험 준비에 어느 정도 유용했을 것이다. 과거시험의 가장 중요한 첫 번째 단계에서는 경전에 관한 논술이나 시의 작문 중 하나를 선택해야 했고, 두 번째 단계는 산문 에세이, 세 번째 단계는 역사, 정책, 사상에 관한 다섯 가지 질문으로 구성되었다.⁹⁷

『독시기』는 『시경』의 각 시를 구절별로 해석한 주석서이지만, 대부분은 여조겸의 독창적인 해석이 아니다. 『모시毛詩』 전통의 해석을 권위 있는 것으로 수용하고⁹⁸ 한의 주석가인 정현鄭玄과 공안국孔安國의 주석을 의문 없이 인용한다. 여기에 그는 다른 경전과 북송 시대 인물들의 인용문을 추가하며, 신유학자 정이, 장재張載, 사량좌謝良佐, 여대림呂大臨, 양시楊時를 우선적으로 언급하지만, 구양수, 소철蘇轍 등의 인물들도 언급한다(그는 북송의 일부 견해에 대해서는 반론을 제기하기도 한다). 그는 주희도 인용하는데, 주희는 여조겸의 저서 서문에서 인용된 구절들이 더 이상 자신의 견해를 반영하지 않는다고 언급했다.⁹⁹ 여조겸의 접근 방식은 서문 부분에서 이미 드러난다. 예를 들어, '강령綱領'은 『시경』에 관한 인용문으로 구성되어 있으며, 『논어』로부터 시작한다. 한 예로, 그는 『시경』을 "생각에 비틀어짐이 없다[思無邪]"고 설명하며, 이에 대해 정이와 사량좌를 들어 설명하고, 맹자, 왕통王通, 정이, 장재, 사량좌의 인용문을 추가하여 더 많은 지침을 제시한다. 그는『시경』과 음악의 관계, 선택과 배열, 대서와 소서, 시의 여섯 가지 원칙 등에 대해서도 같은 방식을 취한다. 그는 각 시를 구절별로 다룰 때도 계속 이 접근 방식을 유지한다.

그러나 여조겸은 이것이 단순한 인용 모음집이 되지 않도록 서문과 결론 부분에 자신의 견해를 담았다. 그는 무언가를 말하고 있다. 예로써,『시경』의 첫 번째 시인「관저關雎」에 대한 그의 논의를 살펴보자.

관관 울어 대는 물수리가
모래톱에 있네
아름답고 정숙한 아가씨는
군자의 좋은 짝이로다

들쑥날쑥 물냉이를
여기저기 물길 따라 캐도다
아름답고 정숙한 아가씨를
자나 깨나 그리워하네[100]

이 첫 두 연을 사용하여, 여조겸은 그의 일반적인 해석 규칙을 제시한다. 그는 이 연들이 풍風(간접적 표현 기법), 비比(비유적 표현 기법), 흥興(연상적 표현 기법)의 세 가지 방식을 결합하고 있다고 한다. 풍은 왕비의 덕을 통해 천하를 감동시키는 것이다. 첫 번째 연은 '물수리'를, 두 번째 연은 '물냉이'를 사용하여 흥을 나타낸다. 물수리의 평온함과 물냉이의 유연함을 비유한 것이다. 이 시가 간접적 표현 기법으로 전달하는 의미를 파악하기는 쉽지만, 흥과 비를 구별하기는 어려울 수 있다. 흔히 흥은 비를 포함하지만, 비가 반드시 흥을 포함할 필요는 없다. 의미가 직접적일 때는 비이지만, 표면적인 것보다 더 많은 의미가 있을 때는 흥이다. 비유가 단순히 비유에 그치면 의미를 잃지만, 흥이 비유를 포함하지 않거나 잘못 비유로 취급되면 억지스러워진다. 공안국은 『모시』가 특히 흥에 대해 말하는 것은 의미가 숨겨져 있기 때문이라고 한다. 이는 모두 여조겸의 설명에 따른 것이다.[101]

결론에서 여조겸은 이 시가 담고 있는 뜻을 다음과 같이 요약한다.

> 왕비의 덕은 여성의 덕을 의미한다. "관관 울어 대는 물수리"는 그녀의 품행을 모방한 것이다. "아름답고 정숙한 아가씨는/군자의 좋은 짝이로다"는 그녀가 진정으로 왕의 좋은 짝임을 노래한다. 천하에서 가장 온화한 사람만이 천하에서 가장 강한 사람의 반려가 될 수 있다. 모든 변화의 근원은 이[남녀의 결합]에 기반하여 하나로 된다. 그가 그녀를 얻기 전에는 어찌 동요하지 않을 수 있겠는가? 그녀를 얻고 나면, 어찌 기쁘지 않을 수 있을까?[102]

그는 이어지는 시들에서 여성의 덕성의 여러 측면을 찾아낸다. 남편과 같은 포부를 가져야 할 필요성, 남편의 첩들과 함께 일할 수 있는 질투의 부재, 많은 자손으로 이어지는 시기심의 부재, 그리고 올바른 남녀 관계와 적절한 혼인을 가져오는 질투의 부재 등이다. 이 모든 점에서 그는 『시경』의 의미에 대한 『모시』의 정의를 따르고 있다.

여조겸은 『시경』이 텍스트로서 어떻게 존재하게 되었는지에 대한 역사적 추측과 의미 해석을 결합시키려는 구양수의 시도를 따르지 않았고, 전통적인 도덕적 해석과 기꺼이 단절하려는 주희의 자세도 따르지 않았다. 오히려 양신쉰楊新勛이 요약한 바와 같이, 여조겸은 마음과 정신의 중심성을 강조하는 신유학적 관점을 전통적인 도덕적 해석에 반영하고 있다. 『시경』은 궁극적으로 성인의 마음을 전달하는데, 이는 올바르고 선하며 자연 세계의 정합성과 일치한다. 주희가 생각하는 것처럼 음란한 시가 있을 수 없다. 모든 시는 도덕적 의미를 가져야 하며, 그 도덕적 의미는 여조겸이 보았던 가족, 정치, 사회를 연결하는 윤리적 체계라고 양신쉰은 주장한다.[103]

이 주석의 중요성은 두 가지 측면에서 볼 수 있다. 첫째, 여조겸은 정치체제가 아닌 가족을 사회의 기초로 삼고 있다. 이는 일반적인 신유학 관점에 부합한다. 그러나 두 번째 측면은 한·당漢唐을 건너뛰고 성인의 잃어버린 학문을 회복하려는 도학의 신조와 단절된다. 여조겸의 주석은 주어진 연의 해석을 송과 한·당 주석들 사이의 관계를 탐구하는 것으로 만들어, 신유학적 입장이 한·당 전통과 급진적으로 단절되기보다는 그 위에 층층이 쌓여 있는 것으로 만들고, 동시에 초점을 정부에서 가족과 개인의 행동으로 옮긴다.[104]

여조겸의 『시경』 주석은 학생들에게 사회생활을 논의할 수 있는 자료를 제공한다. 그의 역사 연구는 정치에 대해서도 마찬가지이다. 그는 『대사기』를 기원전 481년 공자가 기린을 본 사건부터 오대五代 시대 말인 960년까지 확장할 계획이었으나, 그는 겨우 기원전 90년까지밖에 다루지 못했다. 이는 사실상 공자의 『춘추春秋』를 이어서 쓰고, 사마광의 『자치통감資治通鑑』에 대한 대안을 제시하려는 계획이었다. 그는 『좌전』, 왕조의 역사, 소옹邵雍의 『황극경세서皇極經世書』, 사마광의 『계고록稽古錄』, 『자치통감목록資治通鑑目錄』, 『자치통감강목資治通鑑綱目』 등 다양한 자료에서 사건을 수집하고, 필요하다고 생각되는 수정 사항을 자유롭게 추가했다. 그는 이 작업을 세 부분으로 구성했다. 대사기大事記, 통석通釋, 해제解題이다.[105] 이러한 구조는 송대에 쓰여진 편년체 역사서와는 매우 달랐으며, 학생들이 복잡한 역사적 사건들에 대해 생각해 볼 수 있도록 하는 교육적 목적을 가지고 있었다.

첫 번째 부분인 대사기는 다양한 출처에서 가져온 사건들의 요약 목록이다. 여조겸은 사마천을 선례로 인용하지만, 그 스타일은 분명히 『춘추』의 것이다. 예를 들어, 첫해(기원전 481)의 일곱 번째 항목은 다음과 같이 읽힌다.

> 제나라의 진항陳恒이 서주에서 간공簡公을 살해하고, 간공의 아우 오鶩를 후계자로 세우고 재상이 된다. 이로써 그는 국가 권력을 독점하게 된다. 공자는 몸을 정갈히 하고 노나라 애공哀公을 알현해, 진항을 처벌할 것을 요청한다. 그러나 [애공은] 결국 이 요청을 받아들이지 않았다. 이 내용은 노나라 역사서(즉, 『춘추』), 『사기』의 연표, 그리고 『논어』에 근거하였다.[106]

연대기 부분은 포폄이 없다고 여조겸은 주장하지만, 이는 그가 중요하다고 판단한 것을 반영한다(그는 이를 '해제'에서 설명한다). 세 장으로 구성된 두 번째 부분인 '통석'은 그의 연대기에 나오는 사건들 이전의 역사에 대한 개관으로 시작한다. 그는 『주역』「계사전繫辭傳」에서 고대 문화 영웅들, 『서경』에서 요堯와 순舜 같은 성왕들과 삼대(하, 상, 주)의 정치 질서의 시작, 그리고 『모시』의 소서小序에서 상商과 주周에 대한 내용을 다룬다. 이어서 기원전 481년부터 960년까지의 연대기를 5년 간격으로 왕들의 재위 연도를 제시하여 학생들이 시간을 추적할 수 있게 한다. 두 번째 장은 공자의 생애부터 진秦나라 말기까지의 역사적 사건을 다루는 구절들을 『논어』, 『맹자』, 『전국책』, 『사기』에서 발췌하여 편집하였다. 세 번째 장은 한漢나라를 다룬다. 여조겸은 먼저 『사기』에서 인용하지만, 그 후에는 신유학자인 호굉胡宏의 에세이 전문을 인용한다. 이 에세이에서 호굉은 만약 한 고조가 육가陸賈[11]와의 약속된 만남 전에 죽지 않았다면 한에서 일어난 모든 잘못된 일이 발생하지 않았을 것이라고 가정한다. 마지막으로, 『사기』에 실린 동중서董仲舒의 글을 실었다. 그 글들은 동중서가 한나라 황제에게 초기 왕들의 모델, 경전, 공자의 모델로 돌아갈 것을 촉구하는 내용들이다. 여조겸이 더 오래 살았다면 이러한 개관을 후대까지 확장했을 것으로 추정된다.

마지막 부분인 해제는 이 책의 대부분을 차지한다. 이는 초심자를 위한 것이며 그들이 알아야 할 내용으로 구성되어 있다고 여조겸은 썼다. 세부

---

11) 육가(기원전 220~170)는 한 고조, 혜제, 여후 시기에 활동한 정치가이자 사상가로 한의 사상적, 제도적 기반을 마련하는 데 기여하였다. 『신어(新語)』를 저술하였다.

사항에 대해서는 독자들에게 『좌전』과 『자치통감』을 참조하도록 안내한다. 이 부분은 광범위하거나 독창적이거나 사람들이 이미 알고 있는 것을 넘어서기 위한 것이 아니다. 학습과 실천의 가치는 개인에 따라 달라질 것이다. 그는 감흥이 있을 때마다 자신의 의견을 추가했지만, "이는 단지 내가 그 당시 생각했던 것일 뿐이니, 독자들은 이것을 최종적인 결론으로 받아들여서는 안 된다"라고 경고한다.[107] 해제의 대부분은 다른 사람들의 인용문으로 구성되어 있으며, 첫 번째는 정이가 자신의 『춘추』 주석에 쓴 서문을 인용한다. 여조겸은 유용한 주석을 제공하는 것 이상으로 자신의 견해를 삽입하며 같은 사건의 중요성에 대해 다른 견해를 제시하기도 한다. 예를 들어, 뒤에서 인용된 주요 사건인 진항의 군주 살해 사건을 설명하면서, 그는 정이 학파의 견해에 대한 언급과 장재의 진술을 결합한다.

신하가 군주를 살해하면 천하가 모두 그를 처형할 수 있는데, 하물며 범죄자가 이웃 [나라]에 있으면 원칙적으로 그를 처벌해야 하는 것은 더욱 마땅한 일이다. 당시는 천하의 혼란이 극에 달했을 때이다. [진항을 처벌하는 것만으로도] 충분히 세상을 바로잡을 수 있었을 것이다. 공자는 이미 노령으로 은퇴한 상태였지만, 스스로 몸을 정화하고 조정에 나섰다. 이는 공자가 하늘의 뜻에 응답하여 큰 원칙을 지키고자 했기 때문임이 틀림없다. 만약 애공哀公이 그의 요청을 따를 수 있었다면, 공자는 분명 이를 처리할 방안을 가지고 있었을 것이다. 천하를 위한 위대한 계획이 세워졌을 것이고, 공자는 노년에 이 일을 할 수 있었을 것이다. 그런데 노나라의 군주와 신하들은 모두 이를 받아들이지 않았다. 어찌 그것이 하늘의 뜻이 아니었겠는가! 이것이 정이와 그의 추종자들의 관점이었다. 장재는 말했다. "'천자는 토討(처벌)하고, 벌伐(공격)하지 않는다. 제후는 벌하고, 토하지 않는다.' 따라서 [상商·주周의 현명한 건국자인] 탕과 무가 일어났을 때에도 우리는 그들이 '처벌을 내렸다[토]'라고 말할 수 없고 [아직 왕권이 없었기 때문에] '공격했다[벌]'라고 말해야 한다. 진항은 자신의 군주를 죽였다. 그런데도 공자는 [제후로서의 애공은 '공격'만 할 수 있음에도 불구하고] 그를 '처벌[토]'해 달라고 요청했다. 이 경우 그는 주나라의 제도를 따랐을 것이다. 즉, 만약 이웃 국가에 군주 시해범이나 반역자가 있다면, 제후들이 천자에게 허락을 구하지 않고도 처벌해야 한다는 것이다." 『사기정의史記正義』[12])에는 다음과 같이 기록되어 있다. "'지리지地理志에 따르면, 발해군渤海郡에는 동평서東平舒라는 현이 있으며, 이는 제齊의 북서쪽 경계에 있다.' 오늘날로 치면 창주滄州의 북서쪽에 해당한다."[108]

정이는 공자가 상황을 바로잡을 수 있었을 것이라고 상상했지만, 여조겸은 이를 가볍게 다루었다. 장재는 공자가 애초에 어떻게 (올바르지 않은) '처벌'을 제안할 수 있었는지 물었지만, 공자의 판단은 실제로는 주나라의 규칙에 부합했다고 주장한다.

여기서는 신유학자들이 말하고 있지만, 일반적으로는 그렇지 않다. 하지만 학생들에게 토론할 거리를 제공하는 텍스트의 인용문을 결합하는 설명 방식은 일관적이다. 예를 들어 진시황 19년(기원전 228)에 조나라를 멸망

---

12) 당나라 장수절(張守節)이 『사기』에 대해 저술한 주석서로, 『색은(索隱)』, 『집해(集解)』와 함께 '사기 삼가주(三家注)'로 불린다. 736년(개원 24)에 완성되었으며, 후대에 실전되었으나 일부 내용은 필사본과 일본 학자들에 의해 부분적으로 복원되었다.

시킨 것에 대해 그는 이 전쟁을 정당화하는 명령, 『회남자』의 설명, 그리고 조나라의 역사적 영토와 인구의 성격을 설명한 『한서』「지리지」의 긴 구절을 인용한다.[109]

과거 텍스트를 잘라 내고 붙여 사건을 서술하고 간혹 논평을 추가하는 사마광의 『자치통감』의 방식과는 달리, 여조겸은 사건의 전개를 따라가는 것에서 벗어나 사건의 의미를 논의하는 데 초점을 맞추었다. 그는 독자들에게 상세한 기록은 다른 곳에서 찾으라고 하면서, 자신의 저서는 용어를 설명하고, 대안적인 설명을 검토하며, 빠진 부분을 보충하는 역할을 한다고 말한다.[110] 이를 통해 그는 도학의 '강학' 활동에 기여했다. 그러나 이 책에 대한 리쫑환Lee Tsong-han의 연구가 보여 주듯이, 여조겸은 궁극적으로 심心을 사용하여 정치적 선택의 맥락과 의미를 깊이 생각하는 것을 정치적 성공을 이루는 방법으로 삼았다. 나는 여조겸은 자신의 접근법에 내재된 공리주의를 피하고자 했고, 인仁과 의義가 지속적인 역사적 힘임을 보여 주려 했다고 생각한다. 그러나 이러한 공리주의적 경향 때문에, 주희는 이후에 여조겸을 도덕적 사상가가 아니라 역사적 사상가로 결론짓게 된 것이다.[111]

경전에 대한 주석과 역사에 대한 주석, 이 두 가지의 예시는 텍스트 전통에 대한 사고방식과 교육 및 학습 접근법을 보여 준다. 여조겸에게는 이 두 가지 모두가 텍스트와 사건의 누적된 역사와 그 해석에 관여함으로써 이루어진다. 이는 여조겸의 학파에서 나온 저작들의 편집적 스타일과 부합한다.[112] 『시경』의 경우, 교사와 학생 들은 언어가 의미를 창조하고 감정적 몰입과 사회적 관습을 형성하는 방식을 고대에서 현재까지 탐구한다.

송나라 학자들과 주석가들은 가장 최근의 해석의 층이 되며, 한과 당의 초기 제국의 전통과 단절되지 않는다. 마찬가지로, 여조겸은 다층적인 역사를 구성하는데, 이는 사건이 발생하는 더 큰 구조를 제시하고, 그 맥락 안에서 개인의 행동을 해석과 토론의 대상으로 열어 둔다. 여기에서 북송 도학 사상가들은 의미를 창조하는 역사의 일부를 이룬다. 여조겸은 주희와 마찬가지로 개인의 행동과 선택에 중점을 둔다. 즉 중요한 것은 개인의 마음이라고 본다. 그러나 두 가지 측면에서 주희와는 명백히 차이가 있다. 첫째, 그는 성인의 도를 잃어버린 후 정씨 형제가 이를 재발견했다는 사실을 부정하지는 않으면서도, 주희가 주장한 것처럼 고대와 제국 역사 사이에 실질적이고 질적인 단절이 있었다고 보는 대신, 정씨 형제를 문헌 전통의 연속성과 누적성이라는 관점에서 송대의 위대한 공헌자로 자리매김하였다. 둘째, 내가 아는 한, 그는 주희의 뛰어난 저작의 중심 관심사인 성인으로 인도하는 하나의 이론, 즉 세상에서 마주치는 모든 것을 올바르게 판단할 수 있는 이론을 정립하려고 하지는 않았다.

    나는 여조겸이 독자적인 사상 체계나 고유한 철학을 가지고 있었다고 주장하려는 것이 아니다. 다른 연구자들이 밝혔듯이, 그는 정씨 형제와 장재의 철학적 사상을 받아들였으며, 마음의 중요성에 대한 호씨 일가의 관점에 공감했다. 그는 사회, 정치 질서의 근본으로서 개인과 개인의 도덕적 수양에 중점을 두는 그들의 관점을 공유했다.[113] 하지만 여조겸은 잘못된 사상을 공격하기보다는 차이를 수용할 방법을 모색했다. 그가 직관적이고 즉자적인 성향의 육구연陸九淵과 지적이고 점진적인 성향의 주희라는, 자신이 보기에 가장 중요한 도학 사상가 두 사람을 1175년에 아호鵝湖

에서 만나게 하려 노력한 것이 그 한 예이다.[13] 그러나 그는 또한 여러 날에 걸쳐 온주의 주요 경세가인 진부량陳傅良, 섭적, 그리고 진량과도 학문에 대해 논의했다. 여조겸이 가진 것은 교리보다는 성향이었다 할 수 있지만, 그는 주희, 장식 등 다른 인물들이 일관된 학문 이론을 발전시키던 시기에 살았다. 여조겸이 과거시험을 위한 교육의 자리를 마련했다는 것은 사실이지만, 더 적절한 결론은 그가 무주 출신의 남성들이 사로서의 역할을 다할 수 있도록 이끄는 종류의 교육을 발전시켰다는 것이다.

사람들이 본 여조겸

1181년 여조겸의 제자들과 추종자들이 그의 죽음에 대해 쓴 제문祭文과 애시哀詩 형태의 추도문 77편을 통해 그의 제자들과 친구들이 그를 어떻게 평가했는지 알 수 있다. 이에 비해, 주희에 대한 제문은 62편만이 알려져 있다. 이 추도문 작성자들에는 주희를 비롯해 주요 경세 사상가들(섭적, 진부량), 미래의 재상들(조여우趙汝愚, 주필대周必大), 저명한 문인들(신기질辛棄疾, 양만리楊萬里[14]), 지방 관리들, 그리고 많은 학생과 추종자들이 포함되

---

13) 1175년 여조겸은 남송 도학의 두 학맥을 대표하는 주희와 육구연의 만남을 아호에서 주선하였다. 이 '아호지회(鵝湖之會)'는 이성적 탐구와 이론 체계를 중시한 주희와 직관적 인식과 마음의 본체를 강조한 육구연이 처음으로 직접 대면한 사건이었다. 비록 논쟁은 합의에 이르지 못했으나, 양자의 사상적 차이를 드러내고 상호 이해의 단초를 마련함으로써 이후 유학 전개의 방향에 큰 영향을 미친 도학사의 중요한 전환점으로 평가된다.

14) 양만리(1127~1206)는 남송의 시인이자 정치가로, 길주 길수현(현 중국 강서성) 출신이며, 자는 정수(廷秀), 호는 성재(誠齋)이다. 자연과 일상을 묘사한 독자적 시풍 '성재체(誠齋體)'를 확립하였다. 금나라에

어 있다. 물론, 특정 문헌이 존재하지 않는다고 해서 그것이 작성되지 않았다는 것을 증명하지는 못하지만, 금화의 두 저명한 동시대 인물인 재상 왕회王淮[15]와 학자 관료 당중우의 이름은 등장하지 않는다. 왕회와 당중우는 주희에 반대했지만, 양만리는 왕회를 기리고 주필대는 당중우와 인연이 있었다. 어쨌든, 이 목록은 여조겸이 정치 지도자, 문학 인사, 도덕 철학자, 그리고 경세 사상가 들과 긍정적인 관계를 맺고 있었음을 보여 준다. 그러나 그의 인맥은 지역적 관계에 머물러 있다. [지도 1.1]에서 볼 수 있듯이, 한 명을 제외하고는 모두 남동부 출신이며 주로 여조겸의 고향인 양절로兩浙路 출신이다. 주필대[16]와 여조겸 자신처럼 북부에서 피난 온 가문 출신은 극소수에 불과하다. 8명의 지역은 확인할 수 없었다. 추도문은 다양한 사람들이 여조겸을 저마다의 관점으로 보았음을 보여 준다. 어떤 이들에게 그는 도학의 가장 저명한 교사 중 한 사람으로, 최근에 별세한 장식과 함께 언급되었다. 일부는 그가 '도통道統'에 참여하여 공자와 스스로를 송대 도학의 계승자로 자처한 이들이 이어 온 '일관된 도[一貫之道]'를 전승했다고 말했다.[114] 그러나 모든 이들이 여조겸을 도학의 관점에서만 언급한 것은 아니었다. 주, 현의 관리들은 그를 과거로부터 전승된 '사

맞서 항전을 주장했고, 권신 한탁주의 전횡에 반발해 관직을 사임하고 15년간 은거하였다.

15) 왕회(1126~1189)는 무주 금화 출신으로 당중우와 고향이 같으며 친척 관계도 있었다. 당중우의 동생의 아내는 왕회의 친누이였다. 신법과 구법의 대립이 심한 시기에 재상을 지냈다. 왕회는 주희를 추천하여 양절동로(兩浙東路)의 상평차염공사(常平茶鹽公事)를 맡도록 했다. 1188년(순희 15) 5월, 좌승상에서 물러났다. 시호는 문정(文定)이다.

16) 주필대의 집안은 현재 하남성 정주 출신이나 강남으로 이주하였고, 이주 후 주필대는 강서성 길주에서 태어났다.

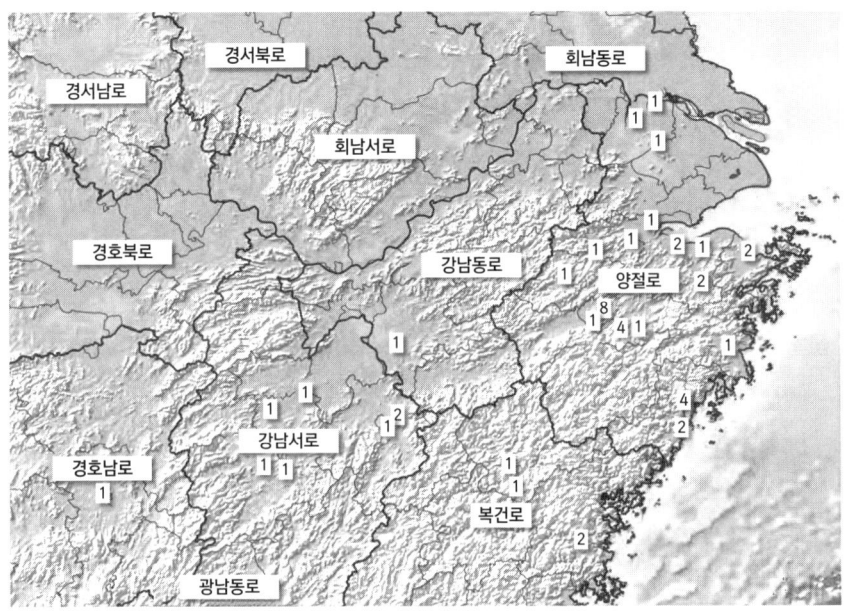

[지도 1.1] 여조겸을 위한 제문 작성자들.
양절 중부에 위치한 무주에서는 14명, 동남부의 온주에서는 6명이 제문을 지었으며, 이 두 지역이 가장 큰 집단을 형성하고 있다. 데이터는 중국역사인물데이터베이스(CBDB)에서, 지도는 CHGIS v. 6에서 가져옴.

문斯文', 즉 문헌적 유산을 전달하는 중요한 스승으로 인정했다.[115] 거의 모든 이들이 그를 유학儒學의 교사로 언급했지만, 일부는 도학과의 연관성을 언급하지 않고 그의 교사로서의 자질에만 집중해 글을 썼다.[116] 육구연은 놀랍게도 철학적 문제를 다루기보다는, 여조겸이 육구연과 주희 간의 아호 논쟁을 주선했음에도 불구하고, 과거시험에서 시작된 여조겸과의 다양한 인연을 회상하는 데 초점을 맞췄다.[117] 마찬가지로, 유청지劉淸之도 학문적 문제보다는 그들과의 우정에 초점을 맞추었다.[118]

여조겸과 관련하여 글을 쓴 이들 중 약 4분의 1이 '사문斯文'이라는 용어를 사용했다. 지방 관리들은 이 용어를 규범적인 문화 전통을 나타내는 개념으로 사용했지만, 많은 학생들은 이 표현을 여조겸을 공자에 비교하기 위해 사용했다. 『논어』에 따르면, "공자께서 광匡에서 포위되었을 때 말씀하시기를, '문왕이 돌아가셨으나 문文은 내가 가지고 있지 않은가? 하늘이 만약 사문을 멸하고자 하셨다면, 후세 사람들은 사문에 참여할 수 없었을 것이다. 하늘이 아직 사문을 멸망시키려 하지 않으시니, 광 지방의 사람들이 나를 어떻게 할 수 있겠는가?'[119]라고 하셨다." 이제 여조겸이 사망하면서 학생들은 그가 생전에 사문을 전승했음을 이야기함과 동시에 하늘이 사문과 그의 학생들을 저버렸다고 슬퍼할 수 있었다.[120]

사문은 때때로 애매하게 사용된다. 이는 분명히 강한 규범적 의미를 지니지만, 도덕적 가르침에만 국한되지 않고, 문학적 노력 또한 고급 문화 활동의 일부임을 강조하는 데 사용되기도 한다. 주필대가 여조겸을 "사문을 이끄는 동맹의 주도자[主盟斯文]"라고 표현하면서 도학을 언급하지 않았을 때, 이 표현을 구양수와 소식 같은 걸출한 문학 인사들과 관련해 이전에 사용했던 문구로 사용하며 여조겸을 문학적 인물로도 볼 수 있음을 암시한다.[121] 많은 학생들은 이러한 역할에서 여조겸을 높이 평가하며, 다른 이들이 주장하는 그의 도학에서의 역할을 무시하기도 했다. 그를 당나라의 문호, 고문 작가 한유와 시인 두보와 연관 지은 예도 있었다.[122] 그러나 시인이자 장식의 친구였던 양만리는 그를 단순히 문학적 관점에서만 바라보는 것을 경고하며 이렇게 말했다. "그는 경전을 깊이 이해하고 도에 대해 논했다. 그는 단순히 글쓰기에만 몰두한 사람이 아니었다."[123] 섭적도 마찬가지로 비슷하게 여조겸이 자신의 문학적 능력에 자부심을 가지고 있지 않았다고 주장했는데, 이는 사실 이것이 그의 명성의 일부였음을 인정하는 것이었다.[124] 다른 이들도 양만리와 함께 여조겸을 문학과 도학을 결합한 인물로 보았다.[125]

일부 추도문 작성자들은 문학과 철학 모두를 무시하고, 여조겸의 정치사에 대한 지식과 정치적 통찰력에 대해 썼다. 일군의 학생들과 친구들은 그를 "논지가 균형 있고 정확하며 역사적 원인의 본질을 이해한"[126] 인물로 평가하며, 그가 조정에서 등용되었어야 했다고 썼다. 경세가인 진부량은 그를 두고 "고대의 규범적 형태를 이해하고 현재의 변화를 꿰뚫어 볼 수 있었다"고 평했다.[127]

여조겸을 도학 운동의 인물로 인정한 일부 사람들 역시 그의 폭넓음을 강조했다. 그는 사서라는 신흥 교과과정보다는 경전과 그 주석에 더 몰두했으며, 많은 이들은 그가 유학자뿐만 아니라 전국 시대의 제자백가들에게도 주의를 기울였음을 강조했다. 또한 그는 경학자로서뿐만 아니라 역사가로서도 활동한 인물로 평가되었다.[128] 도학의 인사들은 박학을 크게 가치 있게 여기지 않았는데, 심지어 경전에 대한 학식조차도 그러했다. 이로 인해 정백영鄭伯英은 그를 단순히 "장구의 대가[章句之雄]"나 폭넓게 읽은 학자로만 규정하는 것은 잘못이라고 주장했다. 그는 여조겸이 "가장 광범위한 독서를 했음"은 사실이라고 쓰면서도, 그가 "리理의 요점을 고수했다"고 덧붙였다.[129] 정백영의 언급은 공자의 "문文으로 학문을 넓히고, 그것을 예로써 단속하였다[博學於文, 約之以禮]"[17]는 말과도 연결된다. 박학에

---

17) 『논어』 「옹야」편.

대한 불안감, 혹은 폭넓음을 추구하는 과정에서 그것을 실천적으로 통합하는 데 실패할 수 있다는 두려움은 후대에도 중요한 논점으로 남았다.

추도문들을 종합해 보면, 그를 도학에 헌신하면서도 탁월한 문학적 재능을 지닌 사람, 경전에 깊이 통달했으면서도 제자백가에 대한 이해를 지닌 사람, 과거에 대한 폭넓은 사실적 지식을 갖추었으면서도 사물 간의 일관된 연결성을 볼 줄 아는 사람, 정치사를 연구하고 국정 운영에 정통하면서도 올곧은 성품과 도덕적 본보기를 보여 준 사람, 위대한 정직함을 지녔으나, 군주가 그의 재능을 제대로 활용하기 전에 세상을 떠난 인격자로 이야기하고 있다. 그의 모든 면모를 통찰한 사람은 드물었다. 어떤 이들은 도학을, 다른 이들은 경전과 역사에 대한 지식, 국정 운영에 대한 학문, 인품, 혹은 교사로서의 면모를 보았다. 여조겸은 철학자는 아니었지만 도덕철학을 가르쳤으며, 위대한 문학가는 아니었지만 문학적 전통에 대한 조예를 지니고 있었다. 사들은 여조겸에게서 자신들이 찾고자 하는 것을 발견했다.

그의 제자 중 한 명인 정희량丁希亮은 바로 이 점을 정확히 파악했다. 여조겸은 다양한 종류의 학생들을 가르쳤고, 그들의 관심사에 따라 각기 다른 방식으로 가르쳤다. 정희량은 이렇게 썼다.

뛰어나고 비범한 사들과는 정통성 있는 계승과 기준을 바로잡는 것에 대해 논했고, 깊은 도덕성과 신실함을 지닌 사들과는 마음을 바로잡고 뜻을 성실하게 하는 것에 대해 논했으며, 고대를 좋아하고 옛것을 흠모하는 사들과는 제도와 사회규범에 대해 논했고, 문장을 중시하고 수사를 사랑하는 문인들과는 언어와 문자에 대해 논했다. 공직에서 물러난 사람들부터 정치적 출세를 추구하는 사람들에 이르기까지, 그는 각자의 성품에 따라 지도하고 그들이 발전하도록 독려하여 포부를 실현할 수 있게 했다.[130]

사회적 영향

여조겸은 무주에서 사의 학의 모든 분야를 가르치는 교사로서 당대 최고의 존재였다. 나는 그의 경전과 역사에 관한 작업만을 살펴보았지만, 그는 제도와 문장 작법에 대해서도 강의했다. 아마도 그를 독보적인 인물로 만든 것은 도덕 철학자, 국정 이론가, 문학가, 정치가 등 당대 주요 인물들과 직접적인 교분이 있었다는 점일 것이다. 여조겸은 도학에 정통했지만, 학의 모든 분야를 위한 새로운 커리큘럼을 창안하려 했던 주희와는 달리, 그는 도학과 기존 학의 전통을 결합하려 했다. 그 결과 철학적으로는 일관성이 부족했을 수 있지만, 모두를 위한 공간을 열어 주었다.

이로 인해 나는 여조겸의 무주에서의 영향력이 철학적 학파를 세운 데서 비롯된 것이 아니라, 국가의 학교 체계 밖에서 조직적인 사에 대한 교육의 가치를 다른 사람들에게 설득한 데서 나왔다고 생각하게 되었다. 훨씬 후에, 1254년에 작성된 동양 지방지 서문에서 유우游虞는 여조겸, 진부량, 그리고 섭적이 동양을 지배하던 유력 가문들을 설득하여 서원을 설립하고 그들의 에너지를 교육과 과거시험에 집중하도록 유도했다고 주장했다.[131] 동양에서의 교육에 대한 투자가 늘어났음을 반영하는 것은 진사 학위의 증가이다. 북송 시기에는 총 4명이었고, 남송 초반(1131~1162)에는 9명이었으며, 1163년부터 1274년 사이에는 126명에 달했다.

사실, 이 세 사람은 동양의 석계서원石谿書院과 그것을 세운 곽씨郭氏 가문과 연결되어 있었다.[132] 동양은 무주 내 다른 어떤 현보다 더 많은 서원을 보유하고 있었다.[133] 서원 설립자의 아들인 곽진과 곽호는 처음에는 여조겸의 제자였고, 여조겸의 사후에는 주희의 제자가 되었으며, 후에는 섭적과도 연결되었는데, 섭적은 1198년에 서원을 위한 비문을 작성하기도 했다. 석계서원에는 도서관, 학생 숙소, 그리고 수익을 창출하는 기부 받은 토지 재산이 포함되어 있었다. 곽씨 가문의 다른 두 구성원에 대한 전기에서, 섭적은 외부에서 교사를 초빙하고 먼 곳에서 온 사들을 기꺼이 환영하는 그들의 열의를 칭송했다.[134] 그는 또 다른 곽씨 가문 사람인 곽양신이 자신의 매우 재능 있는 아들 곽정郭程을 위해 건설한 서원정사西園精舍에 대한 설명에서, 서원정사가 자체 교사를 두면서도 동시에 자제들을 더 유명한 인물들에게 배우러 보낼 수 있었던 방식을 설명했다.[135]

1169년에서 1170년 사이에 [주돈이, 장재, 그리고 정씨 형제의 가르침]이 크게 부흥하기 시작했다. 그들의 사상을 논하는 사람들은 복건과 절강 지역에 걸쳐 확산되었고, 강서와 호남까지 퍼졌다. [곽양신은] 숙식을 제공하며, [곽]정과 비슷한 나이의 동네와 다른 지역의 청년들을 초대하여 함께 생활하게 했고 이러한 이론들을 알고 있는 교사를 초빙하여 그들의 스승으로 삼았다. 때로는 [곽]정을 밖으로 보내어 훌륭한 교사들에게 배우게 하고, 돌아와 [현지] 교사와 함께 학문을 이어 가도록 했다.[136]

실제로 곽정은 서원이 설립되었을 무렵 여조겸에게 보내졌는데, 여조겸은 서원 학생들이 기근이 든 해에 곡물 가격을 올리지 않는 문제를 다루는 등 공동체로서 지역 사회에 어떤 영향을 미칠 수 있는지에 대해서도 고민했다고 말한다.[137] 이 서원은 1200년대 초반까지도 운영되고 있었다.[138] 후대의 곽씨 가문 구성원들은 동양에 세 개의 서원을 더 설립한다.[139] 일부 학교들은 특정 혈연 집단만을 위한 것이었던 듯하지만,[140] 다른 학교들은 분명히 많은 비용이 드는 사업이었으며 많은 이들에게 개방되었고 설립자에게 큰 명성을 안겨 주었다.[141] 여조겸의 제자들 중 상당수는 자신의 제자들을 두었다고 알려지며, 일부는 서원을 설립하기도 했다.[142]

여조겸의 지역적 영향력을 보여 주는 마지막 사례는 그의 친구이자 인척이며 1163년 진사 동기였던 반경헌潘景憲이다. 여조겸이 비문을 작성해 주었던 자선가 반호고의 아들인 반경헌은 가족의 막대한 재산 중 일부를 활용하여 여조겸과 주희로부터 배운 학문의 이상을 실질적으로 구현했다. 그가 건립한 '가암可庵'(『논어』의 "아침에 도를 들으면 저녁에 죽어도 좋다[朝聞道, 夕死可矣]"라는 구절에서 유래)은 금화현 읍성에서 몇 마일 떨어진 곳에 위치한 묘소, 은퇴 별장, 수양장, 도서관, 그리고 강학장을 결합한 시설이었다. 그는 방문객들을 지원하기 위해 100무의 토지와 곡물 저장고를 기부했다.[143] 뿐만 아니라, 반경헌은 1181년 주희의 지원을 받아(당시 주희는 구휼 담당 지역 관료였다) 자신의 자금을 사용하여 지역 곡물 창고를 설립했다. 이는 여조겸과 주희가 1175년에 논의했던 내용으로, 여조겸은 이를 "지역 사 동료들과 논의하겠다"고[144] 약속한 바 있었다. 반경헌의 곡물 창고는(일련의 창고 중 하나로 계획됨) 사의 자발성을 국가 기관에 대한 대안으로 제도화한 것이었다. 주희는 이 곡물 창고에 대해 글을 쓰며 그 취지를 명확히 밝혔다. 그는 이를 왕안석의 국가 관리 농민 대출 제도인 '청묘법青苗法'[18]을 모방한 것이라는 비판을 부인하며, 이는 어디서나 시행할 수 있는 지역 사의 자발적 노력으로 여겨져야 한다고 명시했다.

> 청묘법에 관해서라면, 그 정책을 제정한 기본 의도가 반드시 나쁘다고는 할 수 없다. 그러나 그것을 곡물이 아닌 화폐로 대출했으며, 지역[鄕] 단위가 아닌 현 단위로 설정했고, 지역의 인사와 군자 들이 아닌 관료들에 의해 관리되었으며, 보살피고 지도하는 태도가 아닌 급하게 세수를 거두려는 의도로 실행된 것이 왕안석이 이를 한 지역에서는 실현할 수 있었지만, 전국적으로는 시행하지 못한 이유였다.[145]

이러한 관점은 학교가 중앙의 통제를 벗어나야 한다고 보고, 지역 사회의 복지를 책임지는 사를 칭송하고, 자신의 학생들과 그들의 가족에게 교사로서의 모범을 제시하였던 말년의 여조겸의 관점과 궤를 같이한다.

사립 서원의 등장은 종종 도학과 연관되지만, 도학 교과과정보다는 전념한 서원들은 대부분 이후에 이종理宗(1225~1264) 통치 시기에 등장했으며, 이때는 조정이 유학에 대한 도학의 권위 주장을 공식적으로 인정하기

---

18) 송 신종 시 시행한 왕안석 신법 개혁 정책 중 하나로, 빈농에게 봄철 파종 자금을 정부가 저리로 대출해 주는 제도이다. 고리대의 폐해를 줄이고 농민을 보호하려는 목적이었으나, 시행 과정에서 관료의 부패와 강제성으로 인해 농민의 반발을 사기도 했고 국가가 백성을 상대로 고리대금업을 한다는 비판을 받았다. 청묘법은 경제적 개혁의 일환으로 국가가 시장에 직접 개입한 대표 사례로 평가된다.

시작한 시기였다.[146] 여조겸의 첫 번째 과제는 가문들이 자신이 제안하는 사의 가치관을 받아들이도록 설득하는 것이었다. 그는 사들에게 적합하다고 여겨지는 관심사의 지평을 공유하고, 사들을 지역 사회에서 적극적인 도덕적·사회적 세력으로 묶어 내는 것을 목표로 삼았다. 이는 많은 노력을 필요로 했다. 그의 규약에서 금지된 내용이 드러내듯, 12세기 무주의 사들은 다른 사람들을 희생시키면서까지 인맥, 지위, 부를 추구했다. 여조겸은 그가 추구한 변화를 이루기 위한 수단으로 교육의 중요성을 주장했다. 그가 정씨 형제의 학을 자기 수양으로 보는 관점에 대해 개인적으로 얼마나 확신했든, 그의 교육자로서의 작업은 사의 학과 포부에 대한 더 넓은 시각을 가지고 있었음을 보여 준다.

여조겸의 교육관 중 한 가지 측면, 즉 문학적 학습의 위치에 대해서는 가볍게 언급했을 뿐이다. 다음 장에서는 이에 대해 다룰 것이다.

2장

학의 정치화

이 장에서는 지적 생활의 정치화라는 배경 속에서 무주 사의 학이라는 큰 그림에 대해 탐구할 것이다.

이전에는 과거시험을 위한 학습을 어떻게 개혁하는 것이 최선인지에 대한 논쟁이 있었다. 그러나 이제는 과거시험 공부 자체의 가치를 의문시하는 사람들도 나타났다. 여조겸은 사회적 이유로 과거시험을 위한 교육의 제공을 옹호하며, 훌륭한 글을 지적 영향을 받지 않고도 감상할 수 있다고 주장했지만, 다른 신유학자들은 그런 관점이 순수하지 않다고 여겼다.

도덕주의자의 관점에서 보면, 과거시험을 위한 학은 뚜렷하게 이념을 띤 것이 아닐 수 있지만, 성인이 되는 학문을 배우는 데는 장애가 될 수 있다.[1] 무주에서 넓어진 시험 시장을 위해 만들어진 책들은 종종 그다지 중요하지 않은 것으로 치부되었지만, 실제로 학생들이 무엇을 배우고 있었는지, 그리고 문학 작문이 지적 생활에서 어떤 역할을 했는지에 대해서는 통찰을 제공한다.[2] 따라서 이런 것들은 남송 무주에서 나타난 사의 학의 다양성에서 본질적 부분을 이룬다.

당唐대 과거시험의 진사 과목에서는 시와 산문의 문학적 작문 능력을 평가했다. 8세기 중반 반란[1] 이후, 암기를 평가하던 다른 과목에 비해 진사과가 상대적으로 더 중요한 위치를 차지하게 되었다. 그 이유는 문文 중심의 정부를 회복하려면 문헌 전통[文]을 능동적으로 다룰 수 있는 인재가 필요하다는 논리였다. 이는 사들의 문장 능력[文]을 통해 입증되었다. 당대 후기에는 과거시험(특히 진사 시험)이 조정에서 정책 입안을 하는 직책을 원하는 이들에게 중요한 수단으로 자리 잡았지만, 학위 소지자들은 전체 관료 체계에서 단지 낮은 퍼센트에 불과했다. 그러나 10세기 후반부터 과거시험이 대폭 확대되면서 사를 선발하는 가장 중요한 방법으로 자리 잡았다.

진사 학위를 취득한 자들이 여전히 전권을 가진 이부吏部에서 추가 시험을 치러야 했던 당과 달리, 송의 학위 소지자들은 시험 합격과 동시에 관직에 임명되었다. 또 당에서는 학위 소지자들이 보통 조정에서 평생 근무했던 반면, 송의 학위 소지자들은 지역 관직에서 경력을 시작하여 지역 사회에 대한 직접적인 경험을 쌓았다. 당에서는 학문과 경력 사이의 연결이 분명했다. 조정의 관직은 문화적 지식과 뛰어난 작문 능력을 요구했다. 그러나 과거시험이 지역 행정을 담당할 인재를 선발하는 방법이 되면서, 이러한 연결은 명확하지 않게 되었다. 시를 짓는 것이 지역 사회의 문제를 해결하는 데 어떤 준비를 시켜 준다는 것인가? 송 초 1030년대에 시작된 주요 지적 논쟁 중 하나는 당시 조정에서 권력을 가진 이들이 중시하

---

1) 안녹산·사사명의 난(755~763)을 말한다. 중국 당나라 현종 말엽인 755년에 안녹산과 사사명이 일으킨 반란으로, 현종은 촉 지역에 망명하여 퇴위하고 반란군도 내부 분열로 763년에 평정되었으나 당의 중앙 집권제가 흔들리는 전환점이 되었다. 흔히 '안사의 난'이라 일컫는다.

던 작문과 학문에 대한 비판이었다. 범중엄, 구양수 등 고문 운동의 이상주의자들은 과거시험이 시 작문에 초점을 맞추는 대신, 경전에서 발견되는 고대의 이상을 현대의 문제에 적용하는 방법에 대해 평가해야 한다고 주장했다.

과거시험을 둘러싼 이념적 갈등은 북송 시기에 계속되었다. 1057년, 구양수가 과거시험의 주관 관리로 고문 기준에 따라 응시자를 평가하자 응시자들이 폭동을 일으켰다. 왕안석은 진사 시험의 시 작문 부분을 경전 논술로 대체하고 암기 과목을 폐지했는데, 이로 인해 많은 사람들이 시험에 대비하지 못하게 되었다. 또 휘종 치세 동안 새롭게 등급화된 학교 체계의 정점에 있던 국자감 학생들이 구양수의 문집을 불태우는 일이 발생했다. 남송 시기에는 이를 조정하려는 시도가 이루어졌으며, 과거시험을 구성하는 세 단계 중 첫 번째 단계에서 경전 논술이나 시 중 하나를 선택할 수 있도록 두 개의 진사 과목을 허용했다. 그러나 신유학자들은 과거시험 개혁이 학을 바로잡는 최선책이라는 가정에 도전했다. 이들은 폭넓은 독서와 숙련된 글쓰기의 가치에 의문을 제기하며 새로운 방식으로 학을 정치화했다. 결과적으로 독서와 작문을 실행하는 학을 옹호하는 것 역시 정치적인 행위가 되었다.

남송 시기 무주에서의 학은 12세기를 거치면서 점점 더 정치화되었다. 그러나 도학의 비판에도 불구하고 무주의 과거시험 공부는 여전히 강력하고 다양했으며, 이는 도학과는 상당히 다른 글쓰기와 사고방식의 접근법을 장려했다.

정치화된 학

남송의 부흥은 여진족 금과의 평화 조약과 함께 이루어졌으며, 이제 금이 화북 평원을 점령하고 있었다. 진회秦檜[2]의 평화 정책을 가장 강하게 비판한 이들 중 일부는 이전에 휘종 치하 신법 체제에서 금지되었던 정이의 학문을 지지하는 사람들이었다. 진회는 신법에 동조하는 인물로 여겨졌다. 정치적 파벌주의는 1162년 효종孝宗(재위 1162~1189)의 즉위와 함께 잠잠해졌는데, 효종은 모든 세력이 화합하기를 희망했으나, 파벌주의는 1170년대에 다시 부상하였다. 병약하고 정신적으로 불안정했던 광종光宗(재위 1189~1194)에 대한 관료들의 적대감과 그의 폐위(1194년)는 한탁주韓侂胄[3]의 쿠데타로 이어졌으나, 이로 인해 영종寧宗(재위 1194~1224) 치세 동안 궁정 내의 분열은 더욱 심화되었다. 이 시기 1197년부터 1202년까지는 도학이 '위학僞學(거짓 학문)'으로 금지되기도 했다. 금지당한 이들은 자신들을 사리사욕을 추구하는 정치인들에 맞서는 존재로 여겼다. 여조겸이 한때

---

2) 진회(1091~1155)는 정강의 화(靖康之禍) 이후, 휘종과 흠종 두 황제와 함께 금에 포로로 끌려갔다가, 1130년 고종 시기에 남송으로 돌아왔다. 이후 예부상서로 임명되었으며, 두 차례 재상직을 맡아 19년간 독점적으로 재상 권력을 행사했다. 그는 금과의 타협과 강화를 강력히 주장하며, 고종에게 금에 저항하자는 악비((岳飛)를 죽이도록 주도한 것으로 알려져 많은 이들의 미움을 받았고, 중국사에서 한간(漢奸, 매국노)의 상징으로 여겨졌다.

3) 한탁주(1152~1207)는 명문가 출신으로 남송 중기에 활약한 재상이자 왕실의 외척이었다. 종실인 조여우(趙汝愚)와 협력하여 광종에게 퇴위를 강요하고, 그의 아들 가왕(嘉王) 조확(趙擴)을 즉위시킨 소희선위(紹熙禪位)의 주역으로 알려졌다. 이후 영종의 재상이 되어 재임 중 악비를 추봉하여 악왕(鄂王)으로 삼고, 진회의 관직과 작위를 박탈했으며, 북벌과 금에의 항전을 강력히 주장했으나 성과를 거두지는 못했다. 이후 금의 암묵적인 지시에 따라, 양황후(楊皇后)와 사미원(史彌遠)의 음모로 살해되었고, 그의 머리는 금으로 보내졌다. 그는 주희의 학을 금지하고, 조여우를 유배시켰다. 이러한 이유로 도학파들로부터 간신으로 여겨졌으며, 원나라에서 편찬된 『송사(宋史)』「간신전(奸臣傳)」에 수록되었다.

주장했듯이, 정씨 형제가 "올바른 학문"을 대표한다는 것을 이해하는 사들만이 올바른 가치를 지녔다고 보았다.[3] 반면, 금지 조치를 내린 측은 자신들을 독선적이고 교조적인 학자 관료들에 맞서 합리적이고 실용적인 정책을 수호하는 존재로 간주할 수 있었다.

여조겸이 사망했을 무렵, 무주에서는 이러한 분열이 두드러지게 나타났다. 1182년 주희가 금화의 당중우를 몰아내는 데 성공하자, 역시 금화 출신으로 당중우의 동생과 사돈 관계이자 진회의 동조자인 재상 왕회王淮와 갈등을 빚었다. 왕회는 1188년 5월 퇴임할 때까지 궁정을 장악하며, 주희와 그의 동맹들이 주장하는 지적·도덕적 가치를 비판했다.[4] 여씨 가문과 그들의 인척인 반씨는 주희와 연관되어 있었다. 여조겸과 많은 연결고리를 가진 진량은 1194년 사망할 때는 주희의 적대자였을 가능성이 있지만, 그 또한 당중우의 적으로 알려져 있었다.[5] 사실, 왕회의 여조겸에 대한 적대감은 1179년에 처음 나타났다. 이는 주희가 당중우를 탄핵하기 전으로, 당시 왕회는 여조겸이 편집한 북송 문학 작품 선집이 신종, 철종, 휘종 치하의 신법 체제를 공격하고, 정씨 형제의 위상을 높이기 위한 것이라고 비난했다.[6] 1년 후, 조정의 인사가 처음으로 정자의 학을 억눌러야 한다고 요구했다.[7] 1188년 무렵에는 주희와 도학에 대한 공격이 일어나기 시작했다. 여조겸의 동생인 여조검은 한탁주와 소사단蘇師旦[4)]의 처형, 그들 당파

---

4) 소사단은 한탁주의 막부 서리 출신으로, 한탁주의 총애를 받았다. 1180~1190년대 남송 조정 내부에서 주희와 도학에 대한 비판이 일어날 때 그 한 축을 담당하였다. 1202년, 지각문사(知閤門事) 겸 추밀도승지(樞密都承旨)로 임명되었고, 1203년 정강군승선사(定江軍承宣使)로 임명되었다. 1205년 안원군절도사(安遠軍節度使) 겸 각문사(閤門事)를 맡아 한탁주와 북벌을 계획했으나 실패하였다. 1207년, 한탁주가 사미원에게 암살될 때, 사미원은 소사단의 집을 수색한 후 그를 유배 보냈으며, 이후 소사단을 처

의 축출, 그리고 주필대의 재상직 복귀를 요구했다. 여조검은 1196년 곤장형과 유배형을 선고받았다.[8] 1180년대와 1190년대 무주에 배정된 지부들 중에는 도학의 반대자와 옹호자가 모두 포함되어 있었다.[9] 1197년에서 1202년까지 '위학'을 장려했다는 이유로 정권 반대자들을 탄압하는 과정에 여조검과 섭적이 휩쓸렸는데, 이들은 모두 여조검과 가까운 관계를 맺고 주희를 옹호했었다. 그러나 공격자 중에는 여조검이 가르쳤던 무의 출신의 두 인물인 유삼걸劉三杰과 양대발楊大發도 있었다.[10] 여조겸을 기리는 사당은 1207년에 세워졌는데, 이는 한탁주 암살과 같은 시기에 이루어진 일이었다.

1217년에 섭적은 1190년대 곽씨가 세운 서원을 위해 썼던 글을 회상하며, '위학'이 탄압받던 시기 동안 너무 많은 동조자들이 침묵했고, 일부는 사립 서원을 지원하다가 그만뒀지만, 곽씨는 그러지 않았다고 적었다.[11] 도학의 비판자들은 지역 내에서도 지지자를 두었는데, 당중우가 동양의 한 사립 서원에 초청된 경우가 그 예다. 그러나 '위학'에 대한 탄압이 해제된 이후, 무주의 도학 지지자들은 다시 등장했다. 1202년 동양 서원의 이름을 도학 학파를 따라 개명한 것,[12] 1207년 금화에서 여조겸의 사당을 설립하기 위해 주州 자금을 사용한 것,[13] 1214년 난계에서 주희와 여조겸을 기리는 사당을 세운 것은[14] 모두 지역 사들과 관료들 사이에서 도학에 대한 지지가 새롭게 강화되었음을 반영한다.

그러나 분열은 단순히 '위학'으로 몰린 사람들과 그들을 박해한 사람들

형하고 두 사람의 머리를 금에 보냈다.

사이의 갈등만은 아니었다. '위학'으로 몰린 사람들 중에도 전혀 다른 두 그룹이 있었다. 주희가 이끄는 도학 진영과 인근 온주의 섭적과 연관된 경세학자들이다. 이들 모두는 무주의 사립 서원들과 밀접한 연관을 가지고 있었다. 1170년대와 1180년대에 지역적으로, 이후에는 전국적으로 명성을 얻은 진량은 1193년 진사 시험에서 장원으로 합격한 지 1년 후 사망했다. 그는 이상적인 학교란 경전과 역사를 결합하여 고대의 도덕적 이상주의와 후대의 실용적 경세학을 함께 수용할 수 있는 곳이어야 한다고 보았다.[15] 진량은 주희와 그의 제자들이 배타적으로 자신들을 정의하려는 경향과는 달리 절충주의로 나아갔다. 그는 1178년경 이미 주희의 인간 본성에 대한 관심을 비판했으며, 1190년대에는 도학의 비판자들에 합류했다.[16] 섭적은 현실 참여적 학문의 접근법을 대표했으며, 조정의 현 상태와 권력에 대해 주희만큼이나 비판적이었다. 그러나 그는 '도학'이라는 명칭과 도덕적 자기 수양을 우선시하는 태도를 거부했다. 주희 역시 섭적을 강하게 비판했다. 그는 "비록 육陸(주자학의 반대 진영인 육구연)의 학문이 편향적일지라도, 적어도 그는 [도덕적] 사람처럼 행동하려 한다. 그러나 영가永嘉(섭적을 지칭)와 영강永康(진량을 지칭)의 생각은 학이라고조차 부를 수 없다. 나는 그들이 왜 이렇게 되었는지 알 수 없다"고 말했다.[17] 여조겸 역시 영가 학자들이 글을 쓰는 방식이 마음을 수양하는 데 해를 끼친다고 반대했다.[18]

여조겸의 사망 후 주희는 무주의 옛 동료들의 지적 방향에 점점 더 실망하게 된다. 그들이 자신의 반대를 받아들이지 않자, 그는 공개적으로 강력하게 이의를 제기했다.[19] 그는 진량이 한과 당을 긍정적으로 본 견해에 반박한 자신의 서간을 다른 이들에게도 읽도록 권장했다. 이 서간들은 진량만을 향한 것이 아니었다.[20] 주희는 여조겸이 세상을 떠난 후, 그의 동지들은 "우리 진영 내에서 [도학]을 내부에서 파괴하는" 사람들이 되었다고 썼다. 그는 여조겸의 동생인 여조검마저 그들에 합류했다고 언급했다. 그들은 공자와 맹자의 틀을 떠나 공리주의적인 관자管子와 법가 상앙商鞅을 따르고 있다고 했다.[21] 주희는 1180년대와 1190년대에 무주에서 들려오는 의견들이 반경헌의 서원에서 조장되고 있다고 의심하기 시작했다. 그는 진량이 그 배후에 있다고 확신했지만, 여조겸 역시 그 책임에서 자유로울 수 없다고 결론지었다.[22] 일부 무주의 사들은 이러한 분열이 치유되기를 원했다. 주희와 여조겸의 명성이 사들이 저마다 자신의 학파를 세우고자 하는 욕구를 자극했다고 생각한 여호呂浩는 섭적이 사의 학을 통합하기를 바랐으나, 그가 성공할지에 대해서는 회의적이었다.[23]

학의 정치화는 무주에서 특히 강하게 느껴졌을 수 있지만, 완전히 새로운 현상은 아니었다. 새로운 점은 과거시험 공부 자체에 대한 공격이었다. 과거시험 공부가 잘못된 사상을 조장하기 때문이 아니라, 학을 도덕적 실천으로 여기는 생각과 상충하기 때문이었다. 과거시험 공부는 도덕적 목적이 결여된 시간 소모적 노력으로, 도덕적 성품을 훼손시키는 것으로 여겨졌다. 주희는 이를 "남을 위한 학문[爲人之學]"에 불과하다고 주장하며, 자기 자신을 변화시키는 학습 과정인 "자기 자신을 위한 학문[爲己之學]"과는 다르다고 보았다.[24] 학생들에게 과거시험 준비를 시키면서 "올바른 학문[正學]"에 대한 기초를 먼저 가르치지 않는 것은 잘못되었다고 보았다. 여조겸은 과거시험 준비를 돕는 것을 정당화했는데, 이를 지역 사들 간의 공동체를 형성하는 방법으로 여겼다. 그러나 그는 진정한 학을 추구하는 학생들을 찾으려고도 노력했다고 주장했다.[25]

도학 사이에서 과거시험 공부가 살아남았다고 말하기보다는, 도학이 과거시험 공부의 강력한 영향력에도 불구하고 무주에서 살아남았다고 말하는 것이 더 정확하다. 도학은 학문이 잘 정착된 곳(진사 학위 수로 입증할 수 있음)에서 추종자를 얻었지만, 모든 지역에서 성공적이지는 않았다. 12세기 동안에 도학은 무주에서 입지를 다졌지만, 상업이 강했던 지역, 예컨대 양자강 하류의 부유한 중심지인 소주蘇州나 명주에서는 성공하지 못했다. '이익[利]'과 '의義' 사이의 절대적인 도덕적 구분이 있다는 신유학의 주장이 이 지역의 가치관과 너무 상반되었기 때문일 것이다.[26]

과거시험을 위한 독서와 작문 그리고 출판

그렇다면 과거시험 공부란 무엇인가? 여조겸이 가르쳤던 책들은 그가 사의 학과 과거시험 공부를 바라본 관점을 보여 준다. 이는 경전, 역사, 문학 작품, 그리고 북송의 도덕 철학을 공부하는 것이었으며, 실제로 과거시험에서 요구되는 문학 장르를 학습하는 것과는 달랐다. 여조겸은 작문 교육도 했음을 그의 저작들에서 확인할 수 있다. 그는 『동래집주류편관란문집東萊集註類編觀瀾文集』을 편찬했는데, 이는 임지기林之奇[5]가 굴원屈原에

---

[5] 임지기(1112~1176)는 호가 졸재(拙齋)이며, 삼산선생(三山先生)으로 불렸다. 복주(福州) 후관(侯官) 출신으로, 송대의 신유학자이자 문학가이다. 여본중에게서 학문을 배웠고 관직에서 물러난 후에는 제자

서 북송까지의 산문과 시를 선집한 문집을 주석한 것이다. 또한 『동래표주삼소문집東萊標注三蘇文集』, 시 선집인 『이택집시麗澤集詩』, 『시율무고詩律武庫』, 그리고 『고문관건古文關鍵』을 남겼다.[27] 그의 제자인 누방樓昉은 『우재선생표주숭고문결迂齋先生標註崇古文訣』을 편찬하였다.[28]

『고문관건』은 이 선집들 중 가장 널리 알려지고 영향력 있는 저작이다. 이 책은 단순히 모범적 작품을 선별한 것에 그치지 않았다는 점에서 독특하다. 다른 선집들은 학생과 교사의 토론에 맡겼던 반면, 『고문관건』은 분석을 제공했다. 이 책은 일종의 매뉴얼로 사용되었으며, 사들은 교사 없이도 이 책을 통해 작문을 배울 수 있었다.[29] 이 책의 기본 가정은 문학적 형식이 내용과 분리될 수 있다는 것이다. 한유, 유종원柳宗元, 왕안석, 소식 같은 저자들은 이 작품들을 진지한 의도로 썼지만, 출판인과 독자 들은 작품의 내용보다는 그들이 그것을 어떻게 표현했는지에 더 관심이 있었을 수 있다. 『고문관건』은 독자들에게 논설문의 구조를 이해하는 방법에 대해 조언한다. 일부 판본은 심지어 행간 기호와 주석 체계를 사용하여 문학 작문의 기술적 측면을 분석하기도 했다. 여조겸은 유종원의 유명한 논문 「봉건론封建論」의 구조를 높이 평가하면서도 중앙집권화가 필요하고 돌이킬 수 없는 것이라는 유종원의 결론을 거부할 수 있었다.[30] 도학 지지자들과 경세학자들은 송이 과도한 중앙집권화로 인해 피해를 입었으며, 지방의 권한을 회복하고 지방 정부의 자율성을 어느 정도 부활시킬 필요가 있다고 주장했다. 당시의 용어로, 그들은 기원전 221년에 진秦이 군현 중심

를 가르치며 저술에 전념하였다. 저술로 『졸재집(拙齋集)』 22권, 『관란문집(觀瀾文集)』 63권 등이 있다.

의 중앙집권적 행정 체계를 도입하기 전 존재했던 지역의 자율성을 강조하는 일종의 '봉건' 체제를 지지했다.[31] 여조겸도 이러한 관점을 공유했지만, 이상적인 고대 사회의 질서는 국가의 토지 소유에 대한 통제권의 재확립을 필요로 하며, 따라서 정부 통제가 강화될 필요가 있다는 모순된 입장 또한 가지고 있었다.[32]

여조겸이 『고문관건』의 직접적인 책임자였는지는 확실하지 않지만, 그는 문학적 작문에 폭넓은 조예가 있는 것으로 알려져 있었다. 1177년, 그는 송대 산문과 시를 수록한 상업용 선집인 『송문해宋文海』를 개정하라는 황제의 명을 받았다. 그의 개정 작업은 황제의 마음에 들어 『황조문감皇朝文鑑』이라는 제목으로 인쇄를 명받았다. 그러나 그의 적들과 동지들 모두 이 작업을 좋아하지 않았다. 재상 왕회는 황제에게 여조겸이 이 선집을 도학 진영의 편향된 목적으로 편집했다고 말했다. 장식은 주희에게 여조겸이 정치나 학문에 아무런 가치가 없는 문학 작업에 시간을 낭비하고 있다고 편지를 썼다.[33] 여조겸은 늘 조화를 중시하며 도덕적, 정치적, 문학적 차이를 조화시킬 수 있기를 희망했다. 더 구체적으로는, 소식과 그의 지인들의 작품을 많이 포함시킨 점에서 볼 수 있듯이, 그는 문학적 작문과 도덕 철학을 통합할 수 있다고 생각했다. 장식이 불편하게 여긴 것도 바로 이 점이었다. 장식은 문장에 시간을 들이는 것은 거의 가치가 없다고 보았다. 하지만 무주와 다른 많은 지역에서는 사들이 문장에 매우 큰 관심을 가졌고, 이를 위해 기꺼이 돈을 지불하려 했다.

무주에서의 출판

글쓰기에는 독서가 필수적이었다.[34] 무주의 일부 사들은 사립 도서관에 접근할 수 있었으며, 그곳에서 책을 읽거나 필사할 수 있었다.[35] 유서類書로 분류되는 책들은 다음 장에서 다룰 예정인데, 이 책들은 선집과 방대한 도서 컬렉션에의 접근성에 의존했다. 경제적 여유가 있는 사람이라면 누구나 지역 출판사나 복건[6]과 다른 지역에서 나온 책들을 구매할 수 있었다.[36]

출판과 인쇄에는 대략적인 구분이 있다. 자신의 작품을 자비로 출판하고자 하는 사람은 기술자를 고용해 텍스트를 준비하고, 목판을 새기고, 인쇄와 제본을 맡길 수 있었다. 독자가 너무 적어 출판 비용을 충당할 수 없는 경우도 있었는데, 이는 마치 미국에서의 학술 출판과 비슷한 상황이었다. 인쇄는 수요가 아니라 공급에 의해 이루어지는 경우가 많았다. 예를 들어, 여조겸은 주희의 요청에 따라 정이의 『주역』에 대한 주석의 고급판을 지역에서 인쇄하도록 주선했다.[37] 오늘날 하나의 판본이 여러 나라에서 출판될 수 있는 것처럼, 송에서도 한 지역에서 이미 출판된 작품이 이후 다른 지역에서 다시 인쇄되는 일이 있었다. 정이의 작품도 그러한 경우였으며, 저작권료를 낼 필요는 없었지만, 누군가는 인쇄 비용을 부담해야 했다. 여조겸을 기리기 위해 설립된 사당과 이에 부속된 이택서원은 교육 센터이자 출판사 역할을 했다. 1204년, 이곳에서 여조겸의 문집과 일부 주

---

6) 복건은 송대의 출판 중심지였다.

석서의 고급판을 준비하기 위해 항주의 각수들에게 비용을 지불하여 목판을 제작했다.³⁸

학술 서적은 보조금이 필요했고, 지역 정부만큼 좋은 보조금을 제공할 곳도 없었다. 여조겸의 추종자들은 1210년에 무주 통판을 설득하여 그의 저작 네 권을 출판하도록 했다. 자신의 인기 있는 기이한 이야기 모음집인 『이견지夷堅志』가 허락 없이 해적판으로 유통된 적이 있었던³⁹ 홍매洪邁⁷⁾는 1181년에 무주 지부의 직위로 정부 자금을 이용해 세련된 문학적 비평 노트인 『용재수필容齋隨筆』이 현지에서 출판되도록 했다. 당중우는 태주 지주로 있으면서 확실히 이와 비슷한 일을 했다. 당중우의 가족은 금화에서 책과 날염 원단을 판매하는 상점을 운영하고 있었다. 지주로서 그는 관청 비용으로 『주례』의 판각 목판(그리고 직물용 판목)을 제작하고, 이를 태주에서 가족의 상점으로 보냈다.⁴⁰ 그는 각수들을 고용하여 소자小字로 된 부賦 선집의 목판을 새겼는데, 각각 2,000쪽에 달하는 이 목판들을 상점으로 다시 보냈다. 그는 양웅揚雄과 순자荀子의 저작 판본을 제작하기 위해 20명의 각수를 고용하기도 했다.⁴¹ 이 모든 경우에서 그는 이미 다른 지역에서 인쇄된 작품들을 다시 복제한 것으로 보인다. 비슷한 일이 동일한 지역 내에서도 일어났는데, 예를 들어 의오의 한 출판업자가 동양의 출판업자로부터 『삼소선생문췌三蘇先生文萃』의 목판을 가져와 재출판한 사례가 있다.⁴²

반면, 아래에서 논의할 이름이 알려진 출판업자들은 의뢰를 받아 출판

---

7) 홍매(1123~1202)는 한림학사, 용도각학사(龍圖閣學士), 단명전학사(端明殿學士)에 이르렀으며, 주로 저서인 『용재수필』과 『이견지』로 널리 알려졌다.

을 한 경우도 있겠지만, 수요를 충족시키기 위해 책을 제작했다. 무주에서는 이들이 초판을 제작하거나, 다른 지역에서 출판된 인기 있는 작품의 자체 판본을 제작하기도 했다. 현존하는 판본을 기반으로 볼 때, 무주는 절동 지역의 주요 인쇄 중심지 네 곳 중 하나였으며, 절동 지역은 전국적으로 인쇄를 선도하는 지역이었다.[43] 무주에는 숙련된 장인들이 있었으며, 이들은 때때로 다른 지역에 고용되기도 했다. 알려진 판본 대부분은 상업 출판업자들에 의해 제작되었다. 이것이 반드시 무주가 부유했다는 것을 뜻하지는 않는다. 항주의 인쇄는 명성을 위한 사업으로, 정부가 양질의 판본 제작 비용을 지불했다. 절동의 다른 지역에서 제작된 판본 역시 대체로 정부의 후원을 받았다. 인쇄는 투자 수익률이 낮은 사업이었으며, 더 부유한 지역에서는 인쇄보다 수익성 높은 사업이 가능했다. 무주의 상업 출판업자들은 소형 판본 제작에 능숙했으며, 한 페이지에 최대한 많은 내용을 담아 종이를 절약하는 방식으로 작업했다.[44] 그러나 때로는 정부 판본을 대형 활자로 재인쇄한 판본을 광고하기도 했다.[45] 현존하는 판본을 통해 확인한 바로는, 남송 시기의 무주에는 최소 아홉 곳 이상의 상업 출판업자가 있었다.[46]

금화쌍계당서방 金華雙桂堂書坊
무주시문항당봉의택 婺州市門巷唐奉議宅
금화조씨중은서원 金華曹氏中隱書院
청구오택계당 青口吳宅桂堂 (의오)
소계장택숭지재 酥溪蔣宅崇知齋 (의오)

호창왕택계당胡倉王宅桂堂 (동양)

　　숭천여사십삼랑택崇川余四十三郎宅 (동양)

　　무주영강청위진택婺州永康淸渭陳宅

　　영강호씨퇴보재永康胡氏退補齋

당봉의唐奉議는 당중우의 아버지인 당요봉唐堯封을 가리킨다. 진량에 따르면, 청위淸渭 진씨 가문은 영강 일곱 개의 진씨 계파 중 가장 최근에 형성된 가문으로, 진량과 먼 친척 관계에 있었다고 한다.[48] 위의 이름에 들어 있는 세 개의 '계당桂堂'[8])과 두 개의 '재齋(서재)', 그리고 한 개의 '서원'이란 명칭은 이들 인쇄업자들이 과거시험 시장을 대상으로 활동했음을 보여 준다. 현존하는 지방 관청과 학교에서 제작된 판본에는 경전과 주석서의 다양한 판본, 소순蘇洵과 진량의 문집, 구양수의 산문 선집, 그리고 여조겸의 『관사유편觀史類編』이 포함되어 있다. 상업 출판업자들은 음운 서적(『절운切韻』과 『광운廣韻』 같은 운서 등), 유서類書(728년에 작성된 서견徐堅의 『초학기初學記』와 다음 장에서 논의될 장여우의 『군서고색』 등), 그리고 『예기』와 『주례』에 대한 각각의 주석서를 출판했다. 또한 소계蘇溪의 장蔣씨 가문이 제작한 일련의 서예 관련 저작들도 포함되었다.

문학 선집이 가장 중요했다. 삼소三蘇, 즉 소순, 소식, 소철의 산문에 대한 여러 판본이 있었으며, 예를 들어 청구의 오택吳宅에서 출판한 『삼소선

---

8) 과거 급제를 의미하는 '절계등과(折桂登科)'에서 유래한 '계수나무 가지를 꺾는다'는 표현과 연관되어, 과거에 급제자를 배출한 집안을 '계당'이라고 부르기도 하였다.

생문췌』,⁴⁹ 고문 산문 선집인 『정기精騎』⁹⁾, 알려지지 않은 출판사에서 출판한 『성송문선전집聖宋文選全集』,⁵⁰ 『소문육군자문췌蘇門六君子文萃』, 진덕수眞德秀의 『문장정종文章正宗』, 그리고 『고문원古文苑』 등이 포함되었다. 또한 현재는 사라진 것으로 보이는 선집들에 대한 언급도 있다. 예를 들어, 금화의 소호邵浩가 편찬한 소씨 형제의 운문 모음집과 소식의 여섯 제자가 소씨 형제와 화운和韻하여 쓴 시들이 포함된 선집 등이 있다.⁵¹

무주의 문학 선집 출판이 독특한 것은 아니지만, 지역에서 편찬된 선집들, 여조겸과 진량 같은 인물들과의 연계성, 그리고 여러 지역 판본들의 존재는 이러한 선집들을 과거시험 공부의 중요한 측면으로 논의할 수 있고 문학 선집이 중요한 학습 방식으로 자리 잡는 데 어떻게 기여했는지에 대해 생각해 볼 수 있게 한다.

학으로서의 논증적 글쓰기 형식

12세기에는 성인이 되기 위한 학을 추구하는 사람들에게 도학이 빠르게 준거점이 되고 있었다. 그러나 여조겸은 이해했고 주희가 반대했듯이 지역적으로는 사가 되기 위한 과거시험 공부에 대한 수요가 훨씬 더 컸다. 힐더 드 위어트Hilde De Weerdt의 연구에 따르면, 도학 지지자들은 사의 학에서 문학 작문, 특히 고문 쓰기가 학의 중심으로 여겨지는 상황에 자주 맞

---

9) 정기는 뛰어나게 말을 타는 기수를 의미한다.

닥뜨렸다. 도학 지지자들이 그들의 경전을 고문 쓰기와 통합하는 방법을 찾은 것은 13세기에 이르러서였으며, 이때부터 과거시험 공부에서 지배적인 지위를 차지하게 되었다.[52]

여기서는 논설문 스타일의 산문 선집과 관련하여 두 가지 가능성을 탐구하고자 한다. 이 두 가능성은 서로 배타적이지도 않고 한쪽만 사실인 것도 아니다. 첫째, 이러한 종류의 글쓰기에 내재된 특정한 학습 방식이 있었다는 것, 둘째, 선집은 실제로 특정 작가의 사상과 세계관을 제공했으며, 그중 가장 중요한 인물은 소식이었다는 것이다.

문제가 된 글쓰기의 종류는 의론議論으로 알려져 있으며, 논증적 형식의 글쓰기를 말한다.

의론이라는 한자[議: 제안, 論: 판단]에서도 알 수 있듯이, 대개 정치나 학문에 대해 주장을 펼치는 글쓰기였다. 많은 선집에서 이 형식은 고문과 동등하게 여겨졌으며, 이는 당의 한유와 유종원, 그리고 북송의 산문 작가들(구양수, 왕안석, 증공曾鞏,[10] 소씨 형제들 등)에 의해 쓰였다.

산문, 논설문, 편지, 서문 등 이런 다양한 장르들은 작가가 자신의 사상을 표현하거나 주장을 펼치는 데 쉽게 활용될 수 있었다. 13세기에 신유학자 진덕수는 『문장정종』이라는 책에서 문학적 작문 규범에 대해 논하며, 의론 장르의 보다 고대적인 기원을 주장했다. 그는 다음과 같이 썼다. "본래 의론에는 정해진 형식이 없었다. 이는 군주와 신하 간의 회의에서 표현된 내용, 연설, 문답, 스승과 친구들이 충고로 제시한 내용, 그리고 사유

---

10) 증공(1019~1083)은 당송팔대가의 한 사람이다. 왕안석과는 먼 친척관계로 가까운 사이였으나 신법에는 비판적이었다. 중앙과 지방의 관직을 두루 걸치며 좋은 평가를 받았다.

의 결과를 글로 기록한 모든 것을 가리켰다. 그 근원은 육경六經(『시경』, 『서경』, 『역경』, 『춘추』, 『예기』, 『악경』), 『논어』, 그리고 『맹자』에 있다."[53] 힐더 드 위어트는 12세기 후반에 작성된 인기 있는 의론의 작문 지침서인 『영가선생팔면봉永嘉先生八面鋒』[11]을 역사적·행정적 추론의 한 예로 분석했다.[54] 드 위어트가 지적한 특징들 중 네 가지가 특히 중요하다고 생각된다. 첫째, 논거는 이익과 손실의 관점에서 제시되며, 완전히 옳은 해결책은 없다는 이해를 바탕으로 한다. 둘째, 논거는 역사적 사건을 바탕으로 제시된다. 셋째, 논의 대상은 주로 통치 문제와 백성의 복지에 관한 것이다. 넷째, 편집자들은 정책을 결정하기 위해서는 의견의 다양성을 평가하는 것이 필요하기에 관료든 아니든 사는 의견을 가질 수 있고 이를 글로 설득력 있게 표현할 수 있어야 한다고 주장한다.

주희에 따르면, "의견을 가지는 것" 자체는 가치 있는 일이 아니었으며, 올바른 의견으로 이끄는 학의 길을 먼저 이해해야 했다. 그는 소식에 대해 다음과 같이 비판했다. "문학 작품을 생산하는 과정에서야 비로소 옳은 것에 대해 이야기하는 데 이르게 된다. 그는 옳은 것이 무엇인지를 먼저 이해한 것이 아니다."[55] 도를 알 수 있다고 믿는 사람들에게는, 사에게 그저 의견을 가지도록 격려하는 정책은 추천할 만한 것이 아니었다. 그러나 의견을 가지는 것은 학의 일부였다. 과거시험의 수사학은 이를 선호했으며, 요구되는 작문 형식도 이를 필요로 했다. 그리고 이러한 의견을 설득력 있게 표현하는 방법을 배우는 것은 필수적이었다.

---

11) '팔면봉'은 여덟 면에서 날카롭게 빛나는 칼날을 의미하며, 사방팔방으로 예리함을 발휘하는 상태를 묘사하여, 이 책의 글을 읽으면 이렇게 모든 면에서 예리한 논증을 할 수 있다는 의미의 제목이다.

여조겸은 설계선薛季宣, 진부량, 섭적 등과 같은 영가 학파와 잘 아는 사이였다.[56] 1177년, 그는 영가 학파와의 연관성에 대해 주희로부터 받은 추가적인 비판에 응답하며 다음과 같이 말했다. "영가 학파의 문체에 관하여… 몇 년간 나는 복잡성과 편협성이 사고에 깊은 해를 끼친다는 것을 충분히 이해해 왔다. 따라서 학생들과 대화할 때마다 나는 항상 균형과 단순함을 우선시한다."[57] 그러나 문제를 어조를 바꾸는 것으로 해결할 수 있다고 제안한 그의 관점은 주희가 제기한 핵심을 놓친 것이었다.

일부 문인들은 도학의 사고방식이 본질적으로 문학적 글쓰기와 상충한다고 여겼다. 양만리는 그의 시와 강서시파江西詩派[12]와의 연관성으로 알려졌지만, 그는 나중에 이 명칭을 거부했다. 강서시파의 문체는 소식의 추종자 황정견黃庭堅의 시에서 시작되었으며, 여조겸의 종조부인 여본중에 의해 장려되었다. 이 접근법은 학구적이었다. 황정견에게 시를 짓는 것은 과거의 문학 작품을 참고하고, 이전 글에 대한 암시와 과거 작가들의 사상에 대한 성찰을 담은 시적 언어를 구성하여, 과거의 누적된 문文의 역사와 통합되고 이를 구성할 수 있는 무언가를 현재 시점에서 창조하는 것을 의미했다. 양만리는 처음에 도학적 사상을 진지하게 받아들였으며 장식과 가까웠지만, 도학은 시에 필수적인 미적 경험을 위한 여지를 제공하지 않는다고 결론지었다.[58]

무주의 선집에서 수록된 의논의 글들은 철학적이거나 미학적이지 않았

---

12) 황정견(1045~1105)과 진관(1049~1100)을 중심으로 형성된 송대의 시파로 황정견과 진관은 강서 출신은 아니었으나 이들 시파로 불리는 사람들, 예를 들어 양만리(강서 길주 출신) 등의 문학적 활동이 강서를 중심으로 이루어져서 강서시파로 불린다.

다. 진량은 복건에서 나온 최소 한 편의 선집을 참고하여 1173년에 『구양문수歐陽文粹』라는 책을 편찬하고 무주에서 인쇄했다. 이 책은 신법의 과거시험 교육의 '공리功利주의'에 대한 대안으로, 구양수의 글 130편을 모은 것이다.[59] 구양수는 또한 금화에서 재출판된 북송의 논설문 선집인 『성송문선전집聖宋文選全集』의 첫 번째 저자이기도 하다.[60] 이 선집은 구양수와 사마광으로 시작하며, 사마광이 신법을 비판한 몇몇 글도 포함되어 있다. 그러나 왕안석의 개혁적인 「만언서萬言書」도 포함되어 있다. 소씨 가문의 글은 빠져 있지만, 소식의 추종자인 장뢰張耒와 황정견의 글은 포함되었다. 장뢰와 황정견은 신법에 반대하여 휘종 시기에 다시 유배되었으며, 마지막 저자인 진관陳瓘은 휘종 시기에 왕안석 학파를 공개적으로 비판하는 사람으로 변신했다. 이 선집은 후기 신법 체제에 대한 반감이 담겨 있을 수 있지만, 왕안석에 대한 일정한 존경심도 엿보인다. 그러나 정호의 정치적 저작은 여기 포함된 황정견의 글보다 더 적합했을 수 있었음에도 불구하고, 신법 체제에서 숙청되었던 도덕 철학자들은 빠져 있다.[61]

무주에서 출판된 『정기』는 6장으로 구성되어 있으며, 『성송문선전집』과 일부 내용이 중복된다. 그러나 이 책은 당대唐代의 고문 작가들로 시작하며, 구양수, 왕안석, 소씨 학파의 작가들을 포함한다. 주희는 여조겸의 편찬으로 추정되는 복건 판본을 본 적이 있었는데(오늘날 알려진 유일한 판본은 무주 영강永康에서 나온 것으로, 편찬자에 대한 언급은 없다), 그는 이 책이 독서에 좋지 않은 지적 습관을 조장한다고 보았다. 그 이유는 이 책이 완전한 텍스트를 수록하지 않았으며, 다양한 관점을 가진 여러 저자를 포함했기 때문이다. 그러나 그는 여전히 이를 문학적 기교를 위한 작품으로 여겼다.⁶² 여조겸의 『고문관건』에 포함된 61편의 작품은 『정기』와 일부 겹치며, 한유, 유종원, 구양수, 삼소三蘇(특히 소식의 작품 16편이 포함됨), 증공, 장뢰의 글을 포함한다. 이러한 작품들은 명대 '당송팔대가'의 정립으로 이어지는 흐름을 보여 준다.⁶³

이에 더하여, 장뢰, 조보지晁補之, 진관秦觀, 황정견, 진사도陳師道, 이치李廌에게 초점을 맞추었으며, 『소문육군자문췌』라는 70장으로 구성된 선집도 있었다. 이 선집은 유통되었다고 알려져 있지만, 그 정확한 연대와 유통 장소를 확인할 수 있는 송대 판본은 남아 있지 않다. 일부는 이 책의 편찬자를 진량으로 추정하기도 했다.⁶⁴ 소식의 아버지 소순의 문집도 무주에서 재판되었으며, 무주의 세 출판사는 70장으로 구성된 『삼소선생문췌』를 출판했다. 이에 대한 주석서는 여조겸이 편찬했다고 전해진다.

이 선집들은 소식과 그의 후원자였던 구양수와 밀접한 관련이 있는 여러 사들을 포함하고 있다. 당대의 한유와 유종원은 구양수의 모델이 되었으며, 이들의 글이 포함된 점과 더불어 (당시 주희, 여조겸 등 덕분에 권위 있는 판본에 실렸던) 북송 도학 철학자들의 글이 빠져 있다는 점을 감안하면, 이들 출판업자들은 구양수와 소씨 형제 선집이 특정 시장이나 특정 관심사를 가진 독자들에게 매력적일 것으로 가정했으리라 생각된다. 그러나 지적 관점에서 보면, 『성송문선전집』에 포함된 인물들 간의 차이는 상당히 컸다. 그들이 하나의 학파를 대표한다고 주장할 수는 없지만, 모두가 자신의 주장과 사상을 가지고 글을 쓴 저자들이라는 공통점이 있었다.

소식: 형식과 아이디어

성공적인 과거시험 답안은 널리 유통되었다. 그러나 무주의 선집들은 과거시험 장르를 넘어선 내용을 포함하고 있었다. 이 선집들은 시나 사詞보다는 산문집으로서 더 대중적이고 정치적인 성향을 띠고 있다는 점을 제외하면 사의 삶에 내재 되어 있던 문학적 소통 형식의 선집이다. 전체적으로 볼 때, 이들은 사유적인 글쓰기, 논점을 제시하거나 주장을 담은 글쓰기의 모델이라는 의미에서만 하나의 학파를 형성한다. 이들은 특정 교과과정이나 가르침을 따르기보다는 학과 정치에 대한 자신의 생각을 발전시킨다는 점에서 사의 학에 대한 도학의 견해와 대립한다. 전체 저자들 중에서 소식과 그의 주변 인물들이 가장 많은 주목을 받았다. 소식은 흥미로운 작가였을 뿐 아니라, 상대주의자로서 여러 견해를 수용하면서도 항상 도그마에 반대했다. 소식에게 자기 수양은 마음속에서 성인의 씨앗을 발견하려는 과정이 아니라, 폭넓은 지식의 습득과 자신의 창의성을 개발하는 것을 통해 인격을 구축하는 작업이었다.[65] 글쓰기는 자기를 발전시키는 과정으로서, 그리고 정부와는 독립적으로 다양한 사건에 스스로 대응하는 방식으로서 매우 중요한 역할을 했다.『삼소선생문췌』와『정기』는 소식을 서로 다른 방식으로 묘사했다. 두 선집을 통해 소식이 그 자체로 하나의 지적 영향력으로 인식되었음을 알 수 있다.

『삼소선생문췌』는 독자들에게 여러 방식으로 방향을 제시했다. 첫째, 소식을 그의 아버지 소순과 동생 소철과 함께 배치함으로써, 편찬자는 독자들에게 소씨 가문을 문자 그대로 '가家'이자 '학파'로 생각하도록 이끌었다. 소식은 연대순에 따라 가운데에 배치되었지만, 가장 많은 지면(12장에서 43장까지)을 차지했다. 둘째, 이 선집은 산문 선집이었는데, 소식의 문학적 명성은 그의 시에도 크게 의지한다. 셋째, 이 선집은 폭넓게 정의된 논설문에 초점을 맞추었으며, 소식의 뛰어난 부賦와 더 서정적인 글들은 제외되었다.

소식 부분은 과거시험을 위한 자료로 시작되며, 『삼소선생문췌』의 소순 부분과 마찬가지로 오경五經 각각에 대한 논설문으로 시작한다. 이어서 소식이 다양한 시험을 위해 작성한 경전에 대한 논설문과 주석들이 나온다. 그가 1061년 현량방정과賢良方正科 시험을 위해 작성한 50편의 논설문과 책문이 포함되어 있는데, 이는 지적, 정치적 주제를 다루며, 소식이 직접 작성한 책문 문제도 포함되어 있다. 이후에는 소식의 편지와 상소문들이 이어지며, 이들 중 다수는 신법에 반대하기 위해 작성된 것이다. 그러나 이후 아홉 장은 일반적으로 문학 선집에서 발견되지만 과거시험과는 관련 없는 글들로 구성되어 있다. 여기에는 명문銘文, 서문序文, 황제에게 올린 강의문, 역사와 문학 작품에 대한 평가, 발문跋文, 물건과 초상화에 대한 감상문[贊], 그리고 물건에 대한 명문[銘] 등이 포함되어 있다.[66] 『삼소선생문췌』는 소식(그리고 그의 아버지와 동생)을 진지하고 공적 의식을 지닌 학자이자 저자로 묘사한다. 이 선집은 다른 문학 선집과 마찬가지로 장르별로 배열되어 있지만, 그 배열 방식은 소식을 단순한 문장가belletrist로 보게 하기보다, 당대의 도덕적, 정치적, 문화적 중대한 문제들에 응답하는 사상가로 부각시키는 일련의 구성을 만들어 낸다. 이 선집은 소식을 신법의 주요 반대자로 보여 주며, 그가 글을 쓴 대상들을 통해 11세기 가장 유명한 사들과 연결된 인물로 그려 낸다. 소식은 문학적 스타일리스트였을 뿐만 아니라, 정치적, 도덕적 문제에 대해 깊이 생각한 인물이기도 했다.

『삼소선생문췌』는 상업적 목적의 출판물이기도 했다. 소식 부분의 전반부를 예로 들면, 이 선집은 과거시험의 경학 시험 과목 형식에 완벽하게 부합한다. 여기에는 경전의 의미와 특정 구절에 대한 논설(시험의 1a 부분), 공자와 맹자에 관한 논설(1b 부분), 역사 및 지적 주제에 관한 논설(2부분), 그리고 책문(3부분)이 포함되어 있다. 이는 당시의 짧은 노래를 떠올리게 한다. "소씨蘇氏를 확실히 익히면 고기를 먹고, 소씨 공부에 실패하면 죽을 먹네."[67] 그러나 이 같은 구성은 쉽게 이루어진 것이 아니었다. 소식의 문집 중 어떤 것도 이런 순서로 출판된 적이 없었다. 사실, 일부 글은 시험 형식에 맞추기 위해 소식의 서로 다른 여러 글들을 조합하여 새로운 글을 창작한 것으로 보인다. 특히 소식 부분의 시작을 장식하는 오경에 대한 논설들은 그의 초기 선집에서는 전혀 찾아볼 수 없는 것이었다.[68] 소식이 어떤 글을 쓰지 않았다고 증명할 수는 없지만, 이 논설들이 모방작이라는 점은 명확하다. 예를 들어, 『주역』에 관한 논설에서 성인은 점복에는 관심이 없으며 성인의 도는 상수학이 아니라 효사爻辭에 있다고 주장한다. 이 논설의 일부는 소식의 『주역』 주석의 한 구절과 유사하지만, 그의 요점을 오해하고 있다. 소식의 본래 요점은 성인들이 실제로 수數와 결과 예측에 관심이 있었으며, 효사는 텍스트의 다른 부분과 양립 가능하고 무시될 수 없다는 것이었다.[69] 또 다른 예는 『서경』의 구절에 대한 설명에서 발견된다. 여기서는 편집자가 소식의 『서경』 주석의 한 구절을 다시 쓰고 단순화한 것으로 보인다.[70] 이 선집에는 명 후기까지는 소식의 문집에서 등장하지 않았던 글들도 포함되어 있다. 그러나 여기 수록된 대부분의 나머지 산문들은 신뢰할 수 있는 기존 문집에서도 확인된다. 분명히 독자들은 시험에 필요한 것 이상의 것들을 제공받고 있었다.

『정기』 역시 상업적 목적의 출판물이었다. 그러나 『삼소선생문췌』나 작문 기술을 가르치는 다른 저작들과는 달리, 이 책은 소식의 핵심 사상을 요약한 것이다. 이 책은 소식의 산문 작품과 경전 주석에서 발췌한 짧고 긴 인용문들로 구성되어 있으며, 글 전체를 포함하지는 않는다. 독자는 소식을 문학, 도덕, 정치에 관한 견해를 가진 사상가로 접하게 된다. 책에는 그의 전 생애에 걸친 편지들, 문학 및 예술 작품에 대한 발문跋文, 소식의 가장 유명한 명문銘文에서 발췌한 부분, 그리고 신법에 반대하는 상소문 일부가 포함되어 있다.

이 책에는 소식에 대한 내용이 다른 어떤 인물보다 많지만, 그의 방대한 산문 중 일부만을 다룬다. 이 선집이 독특한 점은 소식의 아홉 장짜리 『주역』 주석에 대해 18쪽이 할애되어 있다는 것이다.[71] 편찬자는 소식의 『주역』에 대한 전체적인 견해나 해석상의 문제에 대해 개관하고 있지 않다. 대신, 이 책은 소식이 다양한 주제에 대해 제시한 사상과 태도, 그리고 그러한 태도를 뒷받침하는 철학적 근거를 드러낸다. 가장 긴 구절들은 그의 주석에서 가장 중요한 철학적 부분 세 가지로, 이들은 전문으로 제시된다. 여기서 소식은 두 가지의 서로 연관되지만 상반된 문제를 설명한다. 첫째, 다른 현상의 궁극적인 근원이 되는 것으로 여겨지는 것은 그 현상의 관점에서 정의될 수 없다는 것이다(예를 들어, 인간 본성은 선악으로 정의될 수 없으며, 도 역시 명확한 무언가로 정의될 수 없다). 둘째, 실제 실천에서는 사물의 신비로운 궁극적 근원과 특정 경험 및 행동의 구체적 사례를 어떻게 연결하여야 사회적으로 책임 있는 방식으로 대응할 수 있는지를 논한다.[72] 구체적인 괘卦에 대한 주석은 일반적으로 무시되며, 이는 소순의 글로 간주되었다. 그러나 소식의 다른 산문에서 발췌된 인용문들은 철학적 구절들과 잘 어우러진다. 여기서 우리는 신중한 학습과 성찰을 강조하고, 개성과 창의성을 요청하며, 가치의 상대성을 인식하면서도 유연성을 요구하는 소식의 모습을 볼 수 있다. 또한 그는 환원되지 않고 상대적이지 않고 지속적인 무언가에 개인은 의지할 수 있다는 신념을 가지고 있었다.[73]

『정기』라는 선집 제목은 송대에서 흔히 볼 수 있는 이미지를 떠올리게 한다. 즉, 세상과의 만남에 대한 문학적 반응을 일종의 '전투'로 간주하며, 여기서 작가는 문학적 매체를 정복하고 다른 작가들과의 경쟁에서 승리하는 것이다. 성공적인 작가는 글을 통해 '의사를 전달한다[辭達]'는 사람이며, 이는 소식이 이 선집에 인용된 한 구절에서 설명한 바이다.[74] 편찬자는 유사한 견해를 가지고 있는 것으로 보인다. 즉, 숙련된 작가는 사물에 대한 견해를 가지고 이를 전달할 수 있는 사람이며, 소식은 바로 그러한 점에서 최고의 예 중 하나였다. 주희는 소식을 지적 경쟁자로 인식했지만, 때로는 갈등을 느꼈다. 그는 소식의 글, 특히 논설문을 좋아할 만하다고 인정했지만, 소식은 학문에 필요한 내적 정신 집중이나 경敬이 부족하다고 보았다. 주희는 한때 학생들에게 이렇게 말했다. "나는 소식이 문학적 작업의 올바른 모델이고, 정이는 도덕적 원칙의 지침이라고 생각했지만, 곧 나의 실수를 깨달았다." 그는 소식의 글을 "용의 머리와 뱀의 꼬리"라고 표현했다.[75] 소식의 학은 올바르지 않았지만, 그의 문文을 통해 그의 사상이 사람들에게 영향을 미쳤다. 주희는 이렇게 썼다. "소씨의 학은 웅장하고 심오하며 영리한 문文을 사용하여 위험과 환상을 추구하는 경향을 부추긴다. 그러므로 그에게 중독된 사람들은 그 독이 뼛속까지 스며들었어도 이를 인식하지 못한다. 오늘날 우리는 그 뿌리를 뽑고 그 근원을 차단하여 배우는 사람들이 귀 기울이는 바를 통일해야 한다."76 그렇다면 소식의 학문에서 정확히 무엇이 잘못되었는가? 주희는 「잡학변雜學辨」에서 소식이 도는 알 수 없는 것이라고(만약 도가 모든 것을 포함한다면, 도의 어떤 측면도 도와 동일시될 수 없다는 이유에서였다) 주장한 점을 강하게 비판한다. 주희는 이에 반대하며 도는 알 수 있다고 주장한다. 인간의 도덕적 본성은 도이며, 마음은 그 본성을 깨달을 수 있다. 여기에는 아무런 문제가 없다.77

다시 여조겸으로 돌아와서, 여조겸은 소식에 대한 주희의 공격에 반대하며 소식을 지적 위협으로 여기지 않고 글쓰기 자체로 인정할 수 있다고 옹호하였다.78 주희는 이렇게 답했다.

> 그대는 소씨를 우리 도에 있어 양주楊朱나 묵자墨子와 같은 존재로 볼 수 없으며, 그는 [고대 초楚나라의 시인인] 당륵唐勒과 경차景差13)의 전통에 속한다고 말했다. 최근에 왕응진汪應辰14) 옹도 같은 생각이라는 것을 알게 되었다.

---

13) 당륵과 경차는 굴원(屈原)의 『초사(楚辭)』로 대표되는 고대 초나라의 문학적 전통에 큰 영향을 주었다고 일컬어지는 인물들이다.
14) 왕응진(1118~1176)은 중국 역사상 가장 젊은 장원(狀元)으로, 학자들에게 옥산선생(玉山先生)으로 불렸다. 진회의 뜻을 거슬러 지방관으로 좌출되었고, 영교(嶺嶠) 지역에서 17년간 유랑 생활을 하다가 진회가 죽은 후에야 조정으로 돌아올 수 있었다. 그는 강직하고 정직하며 간언을 두려워하지 않았다고 전해진다. 여본중, 호안국, 장식, 여조겸 등과 학문적으로 교류하였으며, 저술로 『문정집(文定集)』이 있다.

나는 이것이 이치를 제대로 살피지 않은 엄청난 실수라고 생각한다. 문文과 도道는 과연 동일한가, 아니면 다른가? 만약 도의 밖에 존재하는 것들이 있다면, 문학을 하는 사람들이 무엇이든 마음대로 말해도 도에 해가 되지 않을 것이다. 그러나 도의 밖에는 아무것도 없다면, 도에 어긋나는 것이 조금이라도 있으면 즉각적으로 도에 해가 된다. 비록 그 해가 즉각적이지 않을 수 있고 깊이의 차이가 있을지라도 말이다.

나 역시 한때 [초楚 시인들의] 문학을 즐겼다. 그러나 그들의 언어는 화려하지만 그 내용은 단 두 가지 주제, 즉 슬픔과 방종에 불과하다는 점을 성찰하게 되었다. 매일 그들의 글을 낭송하면서 나는 그들에 의해 변화되고 있었다. 이는 마음에 큰 해를 끼친 것이 아니겠는가? 그래서 나는 그들을 멀리하고 다시는 보지 않았다. … 소씨에 대해서는 더욱더 그러하다. 위로는 본성과 천명을 논하고, 아래로는 정치를 논한다. 그의 말은 단순히 초나라 시인들의 말에 그치지 않는다. 학문을 배우는 이들은 처음에는 기회를 따라 [과거시험의] 성공을 추구하며 그의 문을 즐긴다. 그러나 시간이 지나면서 그것이 점차 뼛속까지 스며들어 헤어날 수 없게 된다. 그것이 재능을 파괴하고 풍속을 무너뜨리는 영향은 상당하다.[79]

소식은 이와 같이 위험한 인물로 여겨졌다. 이후 장식은 주희에게 여조겸이 자신의 잘못을 깨달았다고 편지를 썼다.[80] 그러나 실제로 여조겸이 『황조문감』을 편집했을 때, 소식과 그의 가까운 추종자의 작품이 대부분의 산문 장르에서 4분의 1 이상을 차지했다.[81]

여조겸은 주희가 도학 전통을 만들어 가는 데 깊이 관여했고 도학의 학의 이론을 철저히 이해했다.[82] 그러나 그는 제자들의 다양한 관심사를 수용한 것처럼 주희와 육구연을 인격적으로나 철학적으로 통합할 수 있고 한당 유교의 국가주의와 도학 전통을 결합시킬 수 있다고 생각했다. 주희와 여조겸은 여조겸의 생애 마지막까지 친구로 남았지만, 위에서 보았듯이 여조겸이 사망한 후 주희는 무주에서 자신의 옛 동료들이 이끄는 지적 방향에 실망을 표하며 그들과 공개적으로 논쟁했다. 육구연은 선종禪宗의 냄새가 풍길지는 모르지만, 적어도 공리주의의 오염에서는 자유로웠다. 반면, "무주의 친구들은 오로지 사실적 지식에만 관심이 있을 뿐, 몸과 마음을 수양하는 데는 전혀 신경 쓰지 않는다."[83] 주희는 자신이 무주의 친구들을 모욕하고 있다는 것을 인식하면서도, 장식과 여조겸을 대비시켰다. 그는 장식을 "공리주의의 흔적조차 없는 사람"이며, "이익과 의義를 구분하는 데 헌신한 거인"으로 평가했다. 반면 여조겸에 대해서는 "조화를 이루기 위해 노력했던 학문적으로 박식한 사람", "훌륭하지만 예외적이지는 않은 사람"으로 묘사했다.[84] 그러나 여조겸이 결합하려고 했던 다양한 학문적 흐름들은 남송 무주의 학생들이 무엇에 관심을 가졌는지를 보여 주는 중요한 지표다.

책 쓰기

무주의 다양한 학문을 어떻게 하면 가장 잘 파악할 수 있을까? 영향력 면에서 여조겸에 필적할 만한 인물은 없다. 진량은 1193년 과거시험에서

1등을 차지했지만 이듬해에 사망했다. 1181년 여조겸이 죽은 후 도학에 관심이 있던 무주의 사들은 주희에게 의지했지만 그는 1200년에 죽었다. 육구연은 1192년에 사망했지만, 그의 알려진 제자 중 무주 출신은 한 명도 없었다.[85] 1223년에 사망한 섭적은 경세학에 관심을 가진 사람 중에 현지 추종자가 있었다. 죽음이 주희나 소식의 영향력이 끝났다는 것을 의미하지는 않는다. 1220년대부터 도학은 조정에서 점점 지지를 얻었고 과거시험에서 더 큰 영향력을 행사했지만, 여전히 여러 학문적 흐름 중 하나로 남아 있었다.

12세기 후반부터 13세기 중반까지 무주에서 나오는 학문의 방대한 양은 이전 수십 년과 뚜렷이 대조된다. 당시 주목할 만한 모든 인물이 문집을 가지고 있었지만, 현존하는 것은 극소수에 불과하다. 특이한 점은 이들의 책 제작이었다. 송대 무주 인물들의 저술로 알려진 것은 570여 권인데, 이 중 현존하는 것은 약 130여 권이다. 그중 절반은 단 여섯 명으로부터 나온 것이다. 이 내용을 더 넓게 이해하기 위해, 나는 호종무胡宗懋의 『금화경적지金華經籍志』에 의존했는데, 여기에는 현재 소실된 저작도 포함된다.[86] 많은 제목은 전기에서 인용되었으며, 이 전기들에는 해당 저작이 인쇄되었는지, 유통되었는지, 아니면 가족 소유의 필사본인지는 명시되어 있지 않을 수 있다. 남송의 570여 저작 중 나는 두 개 이상의 저작을 남긴 64명을 선정했다. 이 시기 무주 사들 사이에서 가장 강력한 사상적 성향은 그들의 스승과 경력을 기준으로 할 때 도학과 관련되어 있었다. [부록 2.1] 에는 도학과 가장 연관이 깊은 사들의 저작이 나열되어 있다. 마지순馬之純은 동양 출신으로, 장식과 여조겸과 연관이 있다. 갈홍葛洪은 1190년대 도학이 금지된 동안 과거시험 출신 관리로서 도학을 옹호했으며, 1228년 재상에 임명되었다. 교행간喬行簡은 마지순과 여조겸에게 배웠고, 후에 위료옹魏了翁과 연결되었으며, 1235~1236년 재상에 올랐다. 소연邵㳣은 의오 출신으로, 주희와 연관이 있었다. 서교徐僑는 조정에서 도학을 적극 옹호하며, 많은 학생들을 가르쳤다. 그는 왕안석을 문묘文廟에서 뺄 것을 주장하기도 했다. 공풍鞏豐은 무의 출신으로, 여조겸의 주요 제자였다. 시란時瀾은 금화 출신으로, 여조겸의 주요 제자였다. 왕개王介는 여조겸과 주희의 제자로, 그의 아들 왕야王埜는 진덕수에게 배우고 조정에서 활동했다. 섭수발葉秀發은 여조겸과 당중우에게 배웠다.[87] 이들 대부분은 산문집을 남겼으며, 세 명은 시집도 출판했다. 이들은 주로 오경에 대한 글을 썼으며, 일부는 사서에 대해서도 다루었다. 그러나 이들 중 역사에 대한 글은 거의 없다.

[부록 2.2]는 같은 시기 무주의 다른 28명의 학자들의 저작을 분류한 것이다. 이들 역시 문집이 있었으며, 때로는 여러 권의 문집을 남기기도 했다. 시문집이나 상소문집도 간간이 존재한다. 경전에 관한 저작은 18권이 있지만, 『논어』와 『중용』에 대한 저작은 단 한 권뿐이다. 이들 저작의 대다수는 역사, 전기, 정치, 제도에 관한 연구로, 총 45권이다. 더욱 중요한 점은 28명의 저자 중 16명은 경전에 대한 저술이 전혀 없다는 것이다. 전문화된 주제를 다룬 경우도 몇 가지 있다. 조언거趙彥粔는 군사 문제를, 서차탁徐次鐸은 한漢과 당唐의 역사, 왕익지王益之는 관료제에 대해 저술했다.

[부록 2.2]에 있는 저자들을 특정 학파에 속한다고 단정 지을 만한 정보가 충분하지 않다. 한이나 당에 관한 저작이 있다고 해서 그 저자가 주

희에 반대하며 제국의 과거 가치를 옹호한 진량에 동의했다고 볼 수는 없다. 『자치통감』에 관한 저작이 있다고 해서 그가 사마광과 의견을 같이한다고 결론지을 수도 없다. 오히려 [부록 2.1]과 [부록 2.2]를 종합적으로 살펴보면, 1180년대부터 1230년대까지 무주에는 다양한 지적 관심이 존재했다고 말하는 것이 더 적절할 것이다. 그럼에도 불구하고 [부록 2.1]과 [부록 2.2]의 데이터가 보여 주는 차이점은 주목할 만하다. 첫째, 저자들의 신분이 달랐다. [부록 2.1]에 있는 모든 저자는 진사과에 합격했지만, [부록 2.2]의 19명 중 9명은 합격하지 못했다. 더 흥미로운 점은 책들이 보여 주는 학의 성격 차이였다. 예를 들어, '강의'는 경전의 의미를 논하며 자기 성찰과 성인聖人이 되는 학습을 독려하는 방식이다. [부록 2.1]에서 시란의 『좌씨춘추강의左氏春秋講義』는 강의의 예로 들 수 있으며, 강의를 듣는 청중을 상정한 것으로 보인다. 그러나 교사와 학생의 맥락을 벗어나, 개인이 스스로 경전을 읽고 자신의 통찰과 해석을 기록할 수도 있었다. 소연의 『독역관견讀易管見』은 그러한 사례 중 하나이다. 반면, [부록 2.2]의 왕익지의 『직원職源』이나 여수呂殊의 『서한율령西漢律令』 같은 저작은 통치의 역사에 대한 지식에 기여했다. 실용적 지식의 축적에 대한 관심은 경전에 대해서도 적용될 수 있었다. 예를 들어, 『중용』과 『대학』에 대한 해석적 저작을 쓴 마지순은 『춘추편년도春秋編年圖』를 남겼는데, 이는 왕개의 『춘추억설春秋臆說』과 대조적이다. 비슷하게, 당 역사에 관한 제목인 유양의喩良倚의 『당론唐論』은 해석적 저작일 가능성이 높은 반면, 서차탁의 『당서석규변무唐書釋糾辨繆』는 사실적 정확성을 추구한 저작일 수 있다. 따라서 어떤 학자는 경전에 더 관심을 가졌고, 어떤 학자는 역사에 더 관심을 가졌으며, 어떤 저작은 개인적이고 해석적인 방식으로, 또 다른 저작은 지식의 축적을 목적으로 제시되었다고 할 수 있다. 이처럼 학의 의미는 점차 다변화되고 있었다.

그러나 문집을 제외하고, 경전과 관련하여 개인적인 감상과 통찰을 적은 저작이 등장했다는 것이 가장 독특한 점이다. 주희와 여조겸을 존경했던 손응시孫應時는 과거시험 문제에서 다음과 같이 썼다. "한대부터 경학과 문학이 두 갈래로 나뉘었다. 경학을 공부하는 학생들은 미숙하고 단순했으며, 문학을 하는 사람들은 과장되고 내용이 없었다. 그리고 인간의 본성과 도덕에 대해 말하는 사람은 도가나 불교도였다."[88] 손응시에 따르면, 이 모든 것은 주돈이, 정씨 형제, 장재의 등장으로 변화했다. 도학 학자들은 이제 인간 본성과 도덕의 이론가가 되었으며, 그들은 유학 경전 연구를 개인의 도덕적 자각을 함양하는 데 공헌하도록 만들었다. 이러한 학문의 구별은 일반적이었다. 한대부터 경학 학자들을 위한 '유림儒林'과 문인들은 '문원文苑'이라는 별도의 열전列傳이 있었다. 또한, 한나라 학문은 경전의 주석과 동일시되었고, 당의 학문은 문학과 동일시되는 경우가 많았다.

학의 다양성을 도학과 문학이라는 두 갈래로 축소하는 것은 여러 가지 측면에서 오해를 낳는다. 손응시는 역사 서술에 대해 언급하지 않았지만, 조정 밖에서의 역사 연구는 여조겸의 학문과 [부록 2.2]가 보여 주듯 중요성이 커지고 있었다. 경전은 영원한 진리의 근원으로, 역사는 특정 사건들의 기록으로 여겨지면서 학문을 분류하는 또 다른 이분법을 제공했다. 문학을 광범위하게 정의하면 역사 및 제도 연구, 경세학 저술, 그리고 전통적인 경전 연구를 포함할 수 있었다. 그러나 손응시의 주장은 정이의 견해를 반영하여, 경전 주석가와 문인 모두를 배제하면서 도를 이해하는 것은 이러한 한과 당의 전통과 질적으로 다르다고 강조했다. 비록 그들끼리도 이에 대한 논쟁이 있었지만, 도학을 옹호한 학자들만이 학에 하나의 진정한 철학이 있다고 주장했다. 반면 문인들은 하나의 정통 이론이 있다는 주장을 거의 하지 않았다. 소식은 남송 무주에 큰 영향을 끼쳤다. 무주에는 소철의 후손으로 구성된 소씨 가문도 있었다.[89] 소식은 문학과 예술에 대한 이론적 관점과 실천 모두에 영향을 미쳤다. 소식이 활동하던 시기에는 왕안석과 신학을 반대하는 데 가장 관심이 있었으나, 남송 시기에는 도학 도덕주의에 대한 대안으로 재조명되었다. 문장은 과거시험 공부와 밀접하게 연관되어 있었기 때문에 도학이 사들에게 받아들여지는 데 가장 큰 장애물로 여겨졌다. 비판은 다양했다. 정이는 문학 작품을 쓰는 것이 도에 해롭다고 주장했으며, 주돈이는 문학 작품의 가치는 도를 전달하는 데 있다고 보았다.

그럼에도 불구하고, 문장은 가장 열렬한 신유학자들의 삶에서도 중요한 위치를 차지했다. 두 권 이상의 책을 쓴 거의 모든 학자들은 문집을 남겼다. 문집은 다른 사들과의 교류, 관직 생활 중 작성한 글들, 그리고 시의 경우 세상을 경험하며 느낀 반응들을 축적한 기록이었다. 사들 간의 서간 교류는 우리가 그들의 세계를 알 수 있는 주요 원천이 되었으며, 이는 잘 정립되어 있는 문학 형식으로 이루어졌다. 무주에서 출판된 수많은 선집들은 과거시험 작문의 모델을 제공하고, 유명한 당과 북송의 작가들의 학문과 스타일에 접근할 수 있는 길을 열어 주었다. 또한, 이러한 선집들은 명문銘文, 서문序文, 이별사, 서문[序], 상소문[上疏], 묘지명墓誌銘 같은 형식들의 모델을 제공하며 사 생활의 중요한 사건들을 기록하는 데 도움을 주었다.

송대에 이르러 모든 사는 올바른 문학적 형식으로 글을 쓰는 법을 배웠다. 즉, 이들은 문인이었다. 그러나 책을 반드시 써야 할 필요는 없었다. 그렇다면 12세기 무주에서 시작된 책 저술의 확산은 어떻게 설명할 수 있을까? 이에 대한 답은 하나로 단정할 수 없다. 주석서는 성인의 도를 어떻게 이해했는지를 보여 주는 매개체가 될 수 있었고, 전기는 과거의 모범을 제시할 수 있었으며, 제도사는 현재를 위한 교훈을 제공할 수 있었다. 또 다른 사람들의 저서를 주석하고 그 중요성을 설명하는 작업도 가능했다. 가끔씩 쓰는 글, 문장은 일시적인 성격을 띠었기에 이는 진정한 학자, 즉 '배운 사람'으로 여겨지기에는 충분하지 않았다. 책을 집필한다는 것은, 학문이 사의 정체성을 규정하는 기본 전제였던 세상에서 보다 지속적인 의미를 지닌 행위였다. 그리고 관직을 가지지 않은 저자들이 쓴 책들의 수가 많은 데에서도 알 수 있듯이, 이는 학위나 관직 없이도 할 수 있는 일이었다. 책을 쓰는 것은 곧 자신을 스승으로 만드는 일이었다.

13세기 초반 몇몇 무주의 사들은 지식을 새로운 방식으로 조직하고 수백 장에 이르는 대규모의 책을 제작하기 위해 다년간의 대형 프로젝트를 시작했다. 이에 관해서는 다음 장에서 논의할 것이며, 이러한 프로젝트는 이 장에서 다룬 몇몇 저작들을 활용했지만, 그 범위와 야망에 있어서는 여조겸이나 다른 저술가들이 한 일을 넘어선 것이었다. 그것은 광범위하면서도 일관된 지식을 체계적으로 습득할 수 있는 길이 존재한다는 믿음에 바탕을 둔 일정한 유형의 학문이 지닌 궁극적 약속이었다. 그러나 다음 장에서 논의될 저자들은 문장을 짓는 것과 밀접하게 연관되어 있었으며, 이것이 그들이 도학의 영향을 받은 흔적이 전혀 보이지 않은 이유일 수 있다. 하지만 거의 같은 시기에 일부 무주 사들은 도학을 새로운 방식으로 탐구하고 있었다(4장에서 다룸). 그들은 주희와 여조겸이 중요하게 여겼던 북송 도학자들이 학을 연구하는 방식이 아니라, 도덕적 자기 수양과 학의 모범으로서 주희를 연구하는 방식으로 도학을 탐구하였다.

3장

세 편의 유서(類書)

1111년경, 조정의 학자들 중 일부가 과거시험의 변화를 제안하는 데 성공했다. 이전 10년 동안 시험의 교과과정은 『서경』, 『시경』, 『주례』와 공식적인 신법의 주석서,[1] 그리고 왕안석의 『자설字說』[2]로 제한되어 있었다. 이제 이 학자들은 과거시험의 세 번째 단계에서는 한, 당 및 여러 왕조의 사실에 관한 문제를 출제하는 것을 허용하자고 제안했다. 이에 황제는 동의하며 다음과 같이 말했다. "경전은 도를 싣고, 역사는 사건을 기록한다.

---

[1] 북송 신종의 희녕(熙寧) 6년(1073년)에 왕안석이 경의국(經義局)을 설치하고 여혜경(呂惠卿), 왕방(王雱) 등과 함께 편찬한 『시경』, 『서경』, 『주례』의 주석서를 말한다. 『시경신의』와 『서경신의』는 여러 사람이 초안을 작성하고 왕안석이 이를 상세히 검토한 후 최종 확정하였으며, 『주례신의』는 왕안석이 직접 집필하였다. 희녕 8년(1075년)에 책이 완성되어 그 사본이 국자감으로 보내져 책판에 새겨 전국에 반포되었고, 이들을 일반적으로 『삼경신의』라 불렀다. 현재는 『주례』에 대한 주석서인 『주례신의』의 텍스트가 일부 권수가 결실되었으나 비교적 온전히 남아 있고, 다른 두 개의 주석은 일실되어 내용을 알기 힘들다. 당시 이는 과거시험을 위한 공식 커리큘럼으로 사용되었다.

[2] 왕안석은 문자가 단순히 인간의 임의적인 규약에 의하여 생겨난 자의적이고 인위적인 기호가 아니라, 사물의 본질을 반영하고 있는 "자연에서 만들어진 것"이라고 믿었다. 그는 한자 자체가 만물의 이치를 담고 있다고 생각하였다. 왕안석의 문자학은 그의 도에 대한 이해와 연결되어 있으며, 그의 모든 학의 기반을 이루고 있다. 그는 『자설』이라는 자전(字典)의 집필을 일생일대의 작업으로 여겼고, 새로운 경전 해석서인 『삼경신의』도 그의 문자학에 기반을 두고 있었다. 현재는 얼마 안 되는 다른 저작에 인용된 부분을 모은 것 외에 『자설』은 일실되어 그 전모를 알기 힘들다.

근본과 지엽이 통합될 때 비로소 이를 통유通儒라 부를 수 있다[經以載道, 史 以紀事. 本末該貫. 乃稱通儒]." 그러나 다른 학자들이 반대했고, 해당 칙령은 철회되었다. 반대자들은 이러한 변화가 사들이 경전에만 집중하는 것을 방해할 것이라고 주장했다. 게다가, 이러한 변화는 문학 연구의 길을 열어 줄 수 있었다. "우리는 이미 시를 시험에서 제외했지만, 만약 이제 역사를 포함한다면, 사들은 선왕先王들의 학문에 전념할 수 없게 될 것이다.'"[1]

곧 남송의 과거시험 체계는 올바른 학에 대한 이러한 편협한 관점을 타협적으로 바꾸어 나갔다. 첫 번째 과목에서는 응시자가 경전 논술문을 쓰는 것과 시를 작문하는 것 중 하나를 선택할 수 있었고, 두 번째와 세 번째 과목은 기존과 같이 산문 논술문과 학문 및 정책에 대한 여러 논제를 다루는 방식이었다. 그러나 과거시험의 교과과정이 무엇이어야 하는지, 즉 사의 학의 핵심이 무엇이어야 하는지에 대한 논쟁은 계속되었다. 1세기가 지난 후, 도학 옹호자들은 역사와 문학적 실천의 지식을 자신들의 방식으로 수용할 방법을 찾았다. 힐더 드 위어트의 연구에 따르면, 이들은 새로운 경전 세트인 사서를 오경보다 앞에 두고 자신들만의 주석을 추가했다.[2] 도학은 성인과 공자, 맹자의 학을 이야기하며, 고대 성왕들의 국가 건설에 초점을 맞췄던 관점에서 공자와 맹자의 도덕적 자기 수양으로 초점을 전환했다.

신법의 학문관과 도학의 학문관 사이에는 깊은 차이가 있었다. 왕안석과 그의 후계자들이 설계한 신법의 좁은 텍스트 중심의 교과과정은 고대의 통합된 사회 질서에 학생들을 몰입시켜, 현재에도 동일하게 포괄적인 질서를 창조하려는 정부에 봉사할 준비를 시키는 것을 목표로 했다. 신학新學이라고 불리던 이러한 학문은 북송 말기 50년 동안 조정에서 처음부터 공식적으로 채택되었다. 반면, 조정 밖에서 시작된 도학은 학생들에게 포괄적인 이해에 도달할 수 있는 능력을 제공하겠다는 철학적 학문을 제시했다. 도학에서 학은 자기 자신과 만물이 부여받은 조화로운 원리[理]에 대한 자각을 스스로 함양하는 과정이었다. 이 원리는 자연 세계와 창조 과정에 통합성을 부여하고, 사회와 정치적 삶에서 통합된 질서를 가능하게 했다. 이러한 학은 완전하고, 포괄적이며, 충분한 것으로 간주되었으며, 인간의 의도나 고대 텍스트에 대한 특정 해석과 무관하게 실재에 기반을 두었다. 손응시는 한 과거시험 문제에서 주돈이, 정씨 형제, 장재를 언급하며 이렇게 주장했다.

> 공자와 맹자의 학을 유학자들에게 장려하기 시작했다. [그들은 다음과 같이 주장했다.] 문학적 글쓰기는 육경에 종속되어야 하며, 경전의 학은 조화로운 원리를 완전히 자각하고 타고난 본성을 실현하기 위한 것으로, 이를 통해 도를 세우고 덕을 완성해야 한다고 보았다. 가정을 떠나 [관직에 나아가] 천하를 다스리고 왕도王道의 올바름을 밝히며, 불교와 도교의 다른 출발점에서 비롯된 망상을 논박하는 것이 가능했다. 그리하여 1,500년 동안 분열되고 나뉘었던 학이 다시금 천지의 위대한 통합을 드러냈다. 얼마나 영광스러운가![3]

주희는 이를 다음과 같이 썼다. 일반적으로 이상적인 사는 "사실에 대한 폭넓은 지식, 문장의 아름다움, 주장의 타당성, 그리고 행실의 준거성을 통해 다른 사람들을 능가하는 것이었다." 그러나 그는 이러한 관점이

더 이상 유효하지 않다고 보았다. "내면의 필요한 수양이 없이는 이러한 사람들을 신뢰할 수 없다."⁴

아주 다른 방식과 전혀 다른 전제에 기반을 두었음에도 불구하고, 신학新學과 도학道學은 모두 포괄성과 일관성을 목표로 했다. 이 장에서는 13세기 초 무주에서 제작된 세 개의 대규모 문헌집을 연구할 것인데, 이들 역시 포괄성과 방법론적 일관성을 중요하게 여겼다. 신학과는 달리, 이 문헌집들은 고대를 축적된 문화의 시작으로 간주했으며, 이러한 문화는 그들의 시대까지 이어졌다고 보았다. 도학과는 달리, 이 문헌집들은 지식의 근원을 경전적 전통에서 찾았다. 이들의 포괄성은 만물에 조화를 부여하는 초월적이고 내재적인 원리를 이해하는 데 있지 않고, 문헌에서 발췌한 내용을 의미 있는 범주로 조합하는 데 있었다. 그리고 이 세 문헌집 모두, 그들이 수년에 걸쳐 그것을 만든 노력을 사들이 도덕적이며 식견이 넓고 교양 있는 작가가 되도록 하기 위함이었다고 정당화했다.

원과 명 시기의 과거시험 제도는 도학을 하나의 텍스트 집합으로 간주하고, 응시자들이 작성한 글을 평가했지만, 도학 학자들에게 진정한 학은 포괄적인 지식과 훌륭한 글쓰기를 요구하지 않았다. 도학 지도자들은 학이란 "책을 붙잡고 읽고, 작문 기술이라는 부차적 업무에 정통하여 다른 사람들의 눈과 귀를 즐겁게 하고 명성을 얻는 것"을 의미하지 않는다고 주장했다.⁵ 도학에서 경전은 고대와 그 군왕 및 성인 들을 영원히 대표하는 텍스트로는 유효하지만, 도덕적 통합의 진정한 근원은 인간의 심성心性으로만 직접적으로 접근 가능했다. 이는 언어 밖에 존재하는 것으로, 무주의 한 지현은 도학에 대한 과거시험 질문에서 다음과 같이 주장했다. "도는 경전으로 인해 존속하거나 멸망하지 않는다. 도는 인간의 마음속에 항상 존재하는 그 무엇에서 비롯된다." 즉, 진정한 학의 기초는 문화적 전통과 텍스트에서 독립된 것이었으며, 따라서 궁극적으로 진정한 학은 문학적 텍스트를 읽고 쓰는 것으로 실현되지 않는 것이었다. 그러나 공자는 "문文을 널리 배우라"고 하지 않았는가? 그렇다. 하지만 공자는 이를 "예禮로 단속하라"는 요청으로 이어 갔다. 더욱이 공자가 사용한 문이라는 용어는 "구성된 언어로서의 문"을 의미하지 않았다.[6] 주희의 충실한 동지인 팽귀년彭龜年은 다음과 같이 물었다. "책이 도를 전하는 데 반드시 필요한 것인가?" 원래는 그렇지 않았으며, 심지어 공자가 경전을 창조한 후에도 경전에 대한 책들이 전혀 도움이 되지 않을 수도 있었다. 구양수, 소식, 왕안석이 모두 경전에 주석을 달았지만, 인재의 질은 오히려 하락했다. "어찌 도의 명료함이 책의 수에 달려 있을 수 있단 말인가?"[7] 도학은 단순히 책과 그 내용에만 질문을 던지지 않고 학생들에게 새로운 탐구의 영역을 제시했다. 진기경陳耆卿이 작성한 과거시험 질문 중 하나가 이를 잘 보여 준다. 이 질문은 학생들에게 "도덕 원리의 학"에서 인간 본성, 마음, 그리고 내적 삶을 구성하는 다른 요소들 간의 관계를 명확히 설명하도록 요구했다.[8]

이러한 태도는 '박학다문博學多聞/박학다식博學多識/박학강기博學強記', 즉 "폭넓게 배우고, 많이 들어 알고, 기억력이 뛰어난 것"에 대한 명성을 얻는 것의 가치를 부정했다. 주희와 여조겸은 분명히 "많은 것을 아는" 학자들이었지만, 박학을 질문, 성찰, 판단, 실천을 포함한 일련의 순서의 첫 단계로만 간주했다.[9] 주희는 방대한 역사적 지식 자체가 본래 가치를 가지는 것은 아니라고 주장했다. 정호는 역사를 읽고 그 한 글자 한 글자 모두 알았지만, 자신의 지식을 과시하기 위해 이러한 능력을 습득한 것이 아니었다.[10] 박학은 "파편화된" 또는 "통합되지 않은" 상태[支離]였다. 널리 배우는 것은 가능했지만, 공자가 말하고 실천한 것처럼 "모든 것을 연결"해야 했다. 그러나 남송에서 가장 권위 있는 과거시험은 예외적인 문학적 재능과 박학을 시험했지만, 이를 "모두 연결하는 것"을 요구하지는 않았다. '박학굉사博學宏詞' 특별시는 포트폴리오를 요구했을 뿐만 아니라, 현재의 양식과 이전 시대 양식 모두로 응시자가 다양한 형식의 작문을 구성할 수 있는 능력을 시험했다. 유청지는 주희를 만나 이 시험 준비를 중단하고 도덕 원리를 궁구하는 학문에 전념하기로 한 후 약간의 명성을 얻었다. 그러나 모두가 그렇게 생각한 것은 아니었다. 1181년 무주의 지현이였던 전전錢佃은 『사과유요詞科類要』를 저술하여 다른 사람들의 시험 준비를 도울 수 있도록 했다. 금화의 당중우는 이 시험에 합격했으며, 여조겸 역시 합격했다. 그 당시 당중우의 조카인 당사치唐士恥는 이 시험 준비에 전념했다. 12세기 말, 적어도 두 명의 무주 진사가 이 시험에 응시했다. 역사 연구에 관심이 있던 서차탁과 경전에 정통했던 응용應鏞이다.[11] 여조겸의 사례에서 볼 수 있듯, 일부는 양쪽 모두를 아우르려 했다. 1172년 합격한 진강晉江의 부박수傅伯壽는 한탁주와 동맹이었고, '위학僞學' 숙청 당시 중서성에서 일했다. 그러나 그는 1199년 진사에 합격한 뒤, 1205년 박학굉사 시험에 합격한 중요한 신유학 학자 진덕수와 함께 공부했다. 진덕수는 이후 무주 진사 왕개의 아들 왕야에게 이 시험을 준비하는 방법을 가르쳤다. 왕야와 함께 무주로 갔던 사람 중에는 『옥해玉海』[3]라는 백과사전적 저작을 지은 왕응린王應麟도 있었다.[12] 『옥해』는 1338년 금

화에서 관청이 인쇄하였고, 널리 학문을 익힌 지역 작가 호조胡助가 서문을 작성했다.[13]

분명 무주와 그 외 지역의 일부 사들은 폭넓은 학문을 익히는 것의 가치를 인정했다. 여기서 내가 주목하는 것은 단순히 폭넓은 학문에 그치지 않고, 모든 부분을 고려하여 주제를 "포괄적으로 이해"하려고 시도한 저작들이다. 왕응린의 『옥해』는 '유서類書'라 불리는 유형의 고전적인 예이다. 나는 이를 '백과사전'이라고 부르지 않고 '유서'라는 다소 투박한 용어를 사용하는데, 이는 다른 작품에서 발췌한 내용을 범주[類]에 따라 배열하는 방법이 그 명칭을 정당화하기 때문이다. '유서'라는 용어는 편찬자들이 범주와 내용 간의 관계를 개념화한 방식을 반영한다. 왕응린은 하늘[天], 땅[地], 인간[人]을 큰 틀로 사용했다. 이 전통적인 삼분법 구조는 정보를 담는 그릇을 제공하지만, 『논어』의 공자가 자신의 도를 "하나로 꿰뚫기[一貫]" 원했던 방식으로 "모든 것을 연결"하는 것은 아니다. 하늘, 땅, 인간은 폭넓고 포괄적인 구조를 제공한다. 내가 이 장에서 논의할 저작들은 각기 다른 방식으로, 그러나 신중히 고려된 방식으로 포괄성을 달성하고 있다.

유서는 지적으로 중요한 것으로 여겨지지 않았다. 이들 편찬자 중 소수만이 주목할 만한 학자나 사상가로 역사에 기록되었다. 그러나 이들이 제작한 책은 독자층, 그리고 시장을 발견했고, 재판되거나 개작될 만큼 인기를 끌었다. 송대에 유서가 인기를 끈 이유에 대해 학자들은 여러 가지 설명을 제시해 왔다. 정보가 넘치는 사회에서 모든 것에 대해 조금씩 다루는

---

3) 왕응린(1223~1296)이 박학굉사 시험을 준비하면서 정리한 자료로, 수십 년에 걸친 노력 끝에 『옥해』를 편찬하여 1267년 완성하였다. 『옥해』는 21개 부문으로 나뉘고 204권의 방대한 유서이다.

책이 필요했다는 점, 유서가 유용한 지식의 보고 역할을 했다는 점, 과거시험 준비와 일반적인 작문에 그 내용이 유용했다는 점 등이다. 과거시험 응시자가 유서의 주요 독자층 중 하나였음은 잘 알려져 있다(물론 이는 거의 모든 책에 대해서도 마찬가지였다).[14] 문치주의 정부는 많은 것을 아는 학문적 인재를 선호했으며, 남송 시대의 인쇄 기술과 상업적 출판업자들의 확산은 대형 서적을 합리적인 가격에 제작하는 것을 용이하게 했다.[15] 이 모든 것은 남송 무주에서 편찬된 세 편의 영향력 있는 유서에도 해당되지만, 수요나 기술적 가능성을 설명한다고 해서 개별 편찬자의 동기와 그들이 한 선택을 설명할 수 있는 것은 아니다.

논의될 세 편의 책은 남송 유서의 전형적인 사례로, 개인이 착수하여 상업적으로 출판되었다는 점에서 북송 시대의 조정에서 후원한 책과는 대조적이다. 각각 이전의 텍스트를 폭넓게 발췌했지만, 독특한 조직 원칙을 가지고 있었다. 이들 편찬자는 성인의 제자라기보다는 오히려 '통유'라고 부르는 것이 더 적합할 것이다.[16] 그러나 이 책들은 서로 매우 다르다. 각각 저자의 명확한 관점과 독특한 구조를 지니고 있으며, 특정한 유형의 정보에 초점을 맞추고 있다. 첫 번째는 금화 출신의 반자목潘自牧이 주 편찬자인 『기찬연해記纂淵海』로, 원래 236장으로 구성되어 있다. 그는 자신의 작업을 유서라고 불렀지만, 언어와 의미 사이의 관계에 대한 그의 분석은 전례가 없으며 기존 유서 전통과는 상충된다고 보았다. 그의 서문은 1209년에 작성되었는데, 당시 그는 복주福州에서 부교관으로 재직 중이었고, 이 책은 복주에서 상업적으로 인쇄되었다.[17] 두 번째는 동양 출신의 왕상지王象之가 편찬한 『여지기승輿地紀勝』으로, 초기 버전은 1227년에 200장으로 구성되었다. 이 책은 지리서로 분류되지만, 유서의 구조를 가지며, 발췌문을 부府, 현縣, 그리고 범주에 따라 조직했다.[18] 마지막으로 장여우章如愚는 1200년경 동양에서 교육 활동을 하던 학자로, 『군서고색群書考索』을 편찬했다. 이 책은 역사를 통괄해서 공공 업무의 주요 범주를 조사한 서적으로, 1248년에 금화에서 상업적으로 출판되었으며, 10권씩 총 10집으로 구성되었다.[19]

『기찬연해』

책

반자목은 『기찬연해』 송 판본의 1209년 서문에서 밝히기를, 이 책은 22개의 큰 범주와 1,246개의 하위 범주 또는 섹션으로 구성되어 있으며, 전체 236장으로 80만 자에 달한다고 하였다.[20] 그의 생전에 상업적으로 인쇄되었다. 이 책은 반자목의 원작을 재조직하고 보완한 명나라 판본으로 더 잘 알려져 있었다.[21] 반자목은 이것이 개인의 작업물이 아니라고 강조했다. 10년 동안 그는 자신의 처남과 함께 "선택된 자료를 교정하고 구별하고 결합하는 것에 대해 논의[其相與共校取舍. 辨離合]"하였고, "우리의 의견이 일치하지 않거나 누락된 의견이 있을 때[時有意向未合. 議論或遺者]", 금화 출신의 교육관으로 일하며 과거시험을 준비하던 왕순汪淳에게 도움을 요청했다. 그들은 이 방대한 유서를 작업하는 데 10년 이상을 투자했다.[22] 그렇다면 이들이 이 책으로 의도한 바는 무엇이었을까?

22개의 유형는 길이가 다양하다. 첫 번째, '판단과 의견[論議]'류(1~36장)에는 249개의 항목이 있다. '인격과 행동[性行]'류(37-79장)에는 237개의 섹션이 있다. 각 항목에는 보통 2~4자로 구성된 주제를 정의하는 제목이 있다. 「성행性行」 범주는 개인의 가치와 윤리적 행위와 관련된 주제를 다루며, 다음 네 가지 항목으로 시작한다. '완전한 덕[全德]', '다소 재능 있는 자[小有才]', '단순히 도구에 불과한 자[小器]', '재능이 없는 자[不才]'. 그 후 '천성적으로 자유스러운 성격[天姿自然]', '뛰어난 자[出類]', '본래 악한 성격[天姿素惡]' 등과 같은 항목들이 이어진다. 「성행」 다음으로 「좋은 판단력」, 「사회적 관계」, 「인간적 책임」, 「인간의 감정」, 「인간적 문제」, 「타인과 자신」 범주가 이어진다. 불교와 도교와 관련된 범주를 포함하여 큰 범주와 하위 범주 모두 인간의 문화, 사회, 역사 영역 내에 머물러 있다. 한 가지 명백한 예외는 「만물의 이치[物理]」 범주인데, 여기서 자연 세계의 조화는 음양陰陽 간의 진동으로 설명된다. 그러나 이 범주에서도 대부분의 항목은 인간사의 내용을 다룬다.[23] 각 항목은 산문과 시에서 발췌한 짧은 인용문으로 구성되며, 때로는 한두 구절 정도로 짧고 전체 작품이 전부 인용된 경우는 없다. 이 인용문은 두 부분으로 나뉘어 있다. 첫 번째 그룹은 송 이전의 텍스트를 다루며, 경전, 제자백가, 역사서, 전기傳記적 일화, 문집文集 등으로 문헌학적 방식에 따라 조직된다. 두 번째 그룹은 '우리 왕조[의 글]'라는 명칭으로 분류된다.

서문에서 반자목은 자신의 저작을 한漢 이래의 유서 역사 속에 위치시키며, 주제 또는 사건[事]에 대한 정보를 수집한 책과 언어 사용의 용례[言]를 수집한 책으로 구분한다.[24] 주제 기반 저작의 예로는 유향劉向[4)]의 『설원說苑』이 있는데, 이는 설득력 있는 정치적 논증의 자료로 역사적 사건을 수집한 것이다. 또한 『세설신어世說新語』5)는 중세 엘리트의 삶과 정치에 대한 일화를 모은 위대한 집성이다. 그가 언급한 당唐대의 여러 언어 유서들은 모두 12세기에 인쇄되었다. 예를 들어, 당 초의 구양순歐陽詢이 편찬한 『예문유취藝文類聚』는 12세기 중반 절강에서 인쇄되었다.25 동양의 한 상업 출판사는 8세기 저작으로 언어와 주제를 결합한 서견徐堅의 『초학기初學記』를 인쇄했다.26 백거이白居易의 『백씨육첩사류집白氏六帖事類集』은 과거 응시생들을 위해 작성된 모범적인 문장집으로, 남송 초기에 재인쇄되었다. 백거이는 문학적 표현의 사례를 수집하고 자신의 주석을 추가했다.27 반자목은 유서가 완전한 형태로 발전한 것은 송 초 1,000개의 장에 이르는 방대한 어찬 유서인 『태평어람太平御覽』, 『책부원귀冊府元龜』6)와 안수晏殊7)의 『유요類要』와 같은 주제에 대한 저작이 나오고부터 이루어진 것이라고 썼다.28 그 후 공평중孔平仲8)은 『속세설續世說』을 이어 갔고, 공전孔傳은 1135년에 백거이의 작업을 확장했다. 반자목은 묻는다.29 "그렇

---

4) 유향(기원전 77~기원전 6)은 한의 종실 출신으로, 다수의 저작을 남겼다. 주요 저술로 『신서(新序)』, 『설원(說苑)』, 『열녀전(列女傳)』, 『홍범오행전론(洪範五行傳論)』, 『오기론(五紀論)』 등이 있으며, 『전국책(戰國策)』, 『초사(楚辭)』 등을 편찬했다. 한대의 대표적 경학자 유흠(劉歆)이 그의 아들이다.

5) 주로 동한(東漢)에서 동진(東晉) 사이의 고사(高士)와 명류(名流)들의 언행, 풍모, 일화와 흥미로운 이야기를 기록하고 있는 필기류로 남조 송의 유의경(劉義慶, 403-444)이 문하 식객들을 모아 편찬하였다.

6) 『태평어람』, 『태평광기(太平廣記)』, 『문원영화(文苑英華)』, 『책부원귀』를 일반적으로 송대의 4대 유서라고 한다.

7) 안수(991~1055)는 북송의 정치가이자 문인이다. 인종 때 형부상서, 추밀사 등을 지냈으며 후배 양성에 힘쓰고 학교를 부흥시켰다. 문하에 범중엄(范仲淹), 사위인 부필(富弼)이 있고, 한기(韓琦), 구양수도 그에 의하여 등용되었다. 시문에 능하였으며 현재 사집(詞集)인 『주옥사(珠玉詞)』가 남아 있다.

8) 북송 시기 활동한 관료이자 문인으로, 공자의 47대 손이며, 임강파(臨江派) 시인에 속한다.

다면 나는 왜 편찬할 필요가 있는가?" 이에 대한 답은 곧 제시될 것이다.

반자목은 송대 저작에서 자료를 선별하는 것[9] 외에도 위에서 말한 두 가지 종류의 유서들을 모두 참고했다. 그는 더 많은 저작을 인용할 수도 있었는데, 이들 중 일부는 명백히 문학적이고, 또 다른 일부는 주제와 더 관련이 있다. 1181년 무주의 지부였던 홍매는 과거 텍스트에서, 즉 구문과 구절 구성[句法]을 예로 수집했다.[30] 고승高承의 『사물기원事物紀原』은 용어의 기원을 정의하기 위해 전거를 수집했으며, 반자목은 이 저작도 인용했다. 금화의 당중우는 고대 제도를 해설하고 도해한 자신의 저작을 편찬했다. 그의 『제왕경세도보帝王經世圖譜』는 문장의 기교를 돕기 위한 의도로 작성된 것은 아니었지만 당시 유서로 분류되었다.[31] 안수의 『유요類要』(현존하지 않음)는 경전, 역사서, 제자백가, 문집에서 자료를 주제별로 수집하여 문학 작문에 활용할 수 있도록 한 것이다.[32]

『기찬연해』는 사들의 필기筆記와 불교 및 도교 경전에서 비롯된 저작들을 포함하여 문헌학적 범주 전반을 아우른다. 반자목이 인용한 "우리 왕조의 [작가들]"은 대체로 북송 출신이다. 무작위로 선택한 모든 범주에서 27개 항목의 인용 분포(표 3.1)는 이 저작 전체에 적용된다.

논변 산문집으로 구성된 무주의 유서들과 마찬가지로, 반자목은 소식과 그의 학파(소식, 소철, 소순, 황정견, 진사도, 참요자參廖子[10]), 그리고 소씨 일가를

---

9) 앞서 나온 『백씨육첩사류집』을 가리킨다. 이 저작은 당나라 문인 백거이가 편찬한 분류형 유서로, 총 30권, 1,367개 항목으로 구성되며, 고전 속 성어와 전고를 주제별로 분류하여 문장 작성의 참고 자료로 활용되었다. 전승에 따르면 백거이는 수천 개의 항아리에 주제별 라벨을 붙이고, 제자들과 함께 문구를 채록해 분류했다고 전해진다.

10) 승려 도잠(道潛), 즉 석도잠(釋道潛, 1043~1106)을 일컫는다. 속성이 하(何)이며, 본명은 담잠(曇潛)이

[표 3.1] 반자목이 인용한 송의 작가들

작가 또는 출처	인용 수
소식(蘇軾)	83
구양수(歐陽修)	37
왕안석(王安石)	24
황정견(黃庭堅)	17
소철(蘇轍)	13
진사도(陳師道)	11
안수(晏殊): 『유요(類要)』	10
사마광(司馬光)	3
소순(蘇洵)	3
참요자(參廖子)	3
유안세(劉安世)	3
공평중(孔平仲): 『속세설(續世說)』	3
진정민(陳正敏)	3
『제유명도집(諸儒鳴道集)』	3
정호(程顥), 정이(程頤)	2
소옹(邵雍)	2
『필기시화(筆記詩話)』	14
단일 인용	20

자료: 반자목의 『기찬연해』에서 무작위로 선택한 장에 근거함.

후원한 구양수)에 254건의 인용 중 66퍼센트를 할애하여 가장 중요한 자리를 차지하게 했다. 이는 1086~1093년에 왕안석의 신법에 반대했던 '원우학元 祐學'파의 소씨 계파를 의미한다. 그러나 『기찬연해』는 노골적으로 정치적인 저작은 아니다. 왕안석은 구양수와 거의 대등할 정도로 인용된다. 반자목은 정씨 형제를 알고 있었지만, 후대의 유서와는 달리 정주학파에 주목

다. 자(字)는 참요이다. 황제로부터 묘총대사(妙總大師)라는 칭호를 하사받았다. 북송 시기의 시승(詩僧)으로, 항주 출신이다.

하거나 동조하지 않았다.³³ 모든 인용문은 특정 문집, 문헌, 또는 더 큰 저작 내의 특정 텍스트에 대한 참고 문헌을 따라서 제공되었다.

『기찬연해』는 가장 영향력 있는 도학의 유서인『근사록』과 대조를 이룬다.『근사록』은 주로 정씨 형제의 저작과 그들의 '어록'에서 발췌한 내용을 주제별로 배열한 책으로, 사들의 학문과 실천을 지도하기 위한 목적으로 만들어졌다. 이에 반해, 반자목은 전체 문헌 전통을 활용하는 방식을 택했지만,『근사록』의 첫머리를 이루는 우주론과 우주생성론을 무시한다. 반자목은 인간 본성의 보편적 속성에 대해 어떤 주장도 하지 않으며, 그의 저작에서 그러한 견해를 밝힐 충분한 기회가 있었음에도 이를 다루지 않는다. 대신, 그의「성행」범주는 인간 본성을 개인의 성격으로 취급한다. 반자목은 천지인 배열이 무엇을 의미했는지를 이해했을 것이다. 그는 성인이 하늘과 땅의 도를 기준으로 제도를 창조한다는 개념과 많은 유서들이 이와 같은 이유로 하늘과 땅에서 시작한다는 사실을 분명히 알고 있었다. 명대 판본은 이와 같은『기찬연해』의 부족한 점을 바로잡기 위해 책의 앞부분에 하늘과 땅에 관한 새로운 섹션을 추가했다. 반자목의 자료 중 하나인 서견의『초학기』의 동양 판본에는 1134년 작성된 서문이 포함되어 있으며, 이는 천지인 구조와 문학적 글쓰기의 관계를 다음과 같이 설명한다.

> 성인이 권력을 쥐고 있을 때에는 제도가 명확하고, 권력을 잃었을 때에는 경전에 기록이 완전하다. 제도의 명확성과 기록의 완전함은 모두 하늘과 땅의 도에 기반을 둔다. 성인은 하늘과 땅의 도를 구현하고 하늘과 땅의 문文을 완

성한다. 성인은 도로부터 문을 얻고, 문을 통해 도를 다룬다. 고인의 문은 도를 꿰뚫는 장치였다. 그들의 시를 낭송하고 책을 읽으면 그들의 새롭고 독특함과 아름다움을 파악하고 그들의 도를 깨닫게 될 것이다.[34]

반자목은 도덕 철학에 대한 논증을 제시하거나 문학이 우주에서 차지하는 위치를 정당화하려는 데 관심이 없었다. 그가 어떤 형태의 논증에 관심이 있는지조차 분명하지 않지만, 그의 첫 번째이자 가장 큰 범주인 「논의論議」는 사상과 의견에 할애되어 있다. 사실, 이 책 전체는 독자들에게 사상과 의견을 표현할 수 있는 방식들을 보여 주기 위한 것으로 보인다.

생각과 의견

13세기 초에는 상당수의 유서가 시장에 나와 있었으며, 일부는 잘 알려진 저자들이 썼고, 일부는 익명의 상업적인 저작들이었다. 이들 중에는 새로운 저작도 있고, 오래된 저작도 있었다. 반자목의 서문에 따르면 그는 평생의 염원으로 자신의 유서를 저술하고자 했으며, 동시에 이 저작이 시장성도 있다고 보았다. 당시 그는 복건 복주의 부학府學 교관이었으며, 이 책은 복건 건양建陽의 상업 출판사가 그의 서문과 함께 출판했다.[35] 그는 폭넓은 학문을 중시하는 사들을 대상으로 작업을 진행했다. "박문강기는 모두가 배우고 싶어 하는 것이다[博聞強記人願學]." 그러나 반자목의 의견에 따르면 대부분의 사람들은 쉬운 길을 선호하며 참고서를 이용한다는 것이다. "유서가 없으면 박문강기한 자도 빠트리는 바가 있게 된다. 그러나 유서가 있으면 안이하고 간단하게 이에 의존하여 자족한다[世無類書 博

聞強記者不能無遺 世有類書 因陋就簡者恃以自足]." 사들은 이 책을 이용해 실제보다 훨씬 더 잘 알고 있는 것처럼 보일 수 있었지만, 원문이 무엇에 대해 말하는지를 배우는 것은 이 책에 의존할 수 없었다.

반자목이 자신의 저작과 비교한 대부분의 유서들은 상업적으로 유통되고 있었다. 그렇다면 반자목은 자신의 저작을 경쟁작들과 어떻게 차별화했을까? 그의 판매 포인트는 무엇이었을까? 그는 이 책이 독특한 이유를 이렇게 설명한다.

> 고정되어 변하지 않는 것은 생각이다. 천 가지 변화를 이루고 만 가지로 변형될 수 있는 것은 언어이다. 기존의 유서들은 사건을 상세히 기록하고 중요한 점을 파악하는 데는 탁월했지만, 언어를 구성하고 미묘함을 탐구하는 면에서는 만족스럽지 못하다.[36] 그 결과, 이러한 저작을 탐독하는 사람들은 마치 하나의 틀에 갇혀 있는 것처럼 되어 네 모퉁이 중 하나도 넘어서지 못한다. 그들은 제약받고, 한정된다. 종종 사실에 엄격히 갇혀 있기에 언어와 사상의 범위를 넘어 변화를 확장하지 못한다.[37]

반자목은 생각이 언어와 일대다의 관계를 가진다고 주장한다. 어떤 면에서는 그가 2천 년에 걸친 서로 다른 텍스트의 언어에서 유사한 생각을 유추할 수 있었기에, 언어가 아니라 생각이야말로 지속적이고 재현 가능한 것임을 알게 된 것이다. 과거의 문학적 표현은 사상을 구체화하는 여러 방식을 제공하며, 이로 인해 생각은 표현됨으로써 더욱 발전하고 세련되어진다. 언어는 이러한 미묘함을 담고 있다. 그에게 중요한 것은, 인용문의 분류 기준으로 사건[affairs, 事]이 아니라 생각[ideas, 思]이 대안이 된다는 것이다. 그가 제안하는 분류 방식이 약속하는 것은, 글을 쓰는 이들이 자신이 알고 있는 언어를 넘어 새로운 방식으로 사상을 표현하고, 아직 표현 방법을 알지 못했던 사상들을 찾아낼 수 있는 '창의성'을 허용해 준다는 점이다. 반자목은 다른 유서들로는 이를 할 수 없다고 주장한다. 다른 유서에서는 독자들이 "종종 사실에 엄격히 얽매인 채 머물러 있을 것"이기 때문이다.

『기찬연해』는 반자목의 서문에 충실했다. 그의 인용문들은 특정 주제에 대한 생각이 시간에 따라 다양한 방식으로 표현된 사례를 조사하며, 생각을 바탕으로 문학적 표현의 역사를 만들어 낸다. 첫 번째 섹션에서는 「부흥이 아직 끝나지 않았다[方興未艾]」라는 제목이 '생각'을 제시하며, 이 사상을 보여 주는 인용문들이 뒤따른다. 이는 두 번째 섹션 「불꽃은 오래 가지 않는다[光繼不長]」와 나란히 배치되어 있다. 여기서는 지나치게 잘되거나 지나치게 성공한 것은 오래 지속될 수 없다는 점을 표현하는 방법을 배운다. 이는 시험에 합격하려 애쓰는 사람이나, 생존을 위해 안간힘을 쓰는 왕조들에게는 위안이 되는 생각일지도 모른다. 마찬가지로 만족스러운 대조는 세 번째와 네 번째 섹션에서도 찾아볼 수 있다. 「한 몸으로 공유하는 인[一眠同仁]」과 「간과 쓸개가 서로 대립하다[肝膽楚越]」이다. 이 두 섹션은 독자들에게 "천하의 모든 사람이 하나이고, 공유하고 서로 나누어야 한다"라는 언어도 제공하지만, 한편으로는 대조적으로 "같은 배를 타고 있는 사람들조차 적이 된다. 친밀함이 경멸을 낳는다"는 표현도 제공한다.[38]

3장 세 편의 유서(類書)　　177

심지어「여성의 규범」이라는 마지막 범주에 포함된 '화장', '의복', '만가挽歌'와 같이 사물이나 사건에 관한 것처럼 보이는 항목의 경우에도, 해당 이름, 사물, 사건을 정의하거나 독자의 사실적 지식을 확장시킬 정보를 수집하려는 시도는 없다. 첫 번째이자 가장 긴 범주인「논의와 견해」는 명백히 논변식 산문 스타일을 익힐 필요가 있는 사람들을 겨냥한 것으로 보인다.『기찬연해』속 인용문들의 공통점은 각각이 1,000개가 넘는 주제별 섹션 중 하나와는 관련된 생각을 표현하고 있다는 점이다. 또한, 특정 구절이 여러 주제와 관련이 있다면, 다른 섹션에서도 해당 구절을 찾을 수 있도록 주석으로 독자에게 알린다. '생각'의 표현을 규정적 특징으로 삼음으로써, 반자목은 자신이 정의한 대로 유서의 역사에서 자신의 책을 차별화하고 있다.

그러나 반자목과 그의 동료들이 자신들만의 의제를 가지고 있었을까? 아니면 단순히 의제를 가진 사람들의 구절들을 수집한 것에 불과했을까? 그들은 주희와 여조겸이『근사록』을 편찬할 때처럼, 각 주제에 대한 올바른 이해를 인용문 선택을 통해 표현하려 했던 것일까, 아니면 단순히 '유명한 인용문'을 모으고자 했던 것일까? 그들이 사들이 어떻게 학을 배워야 하는지에 대한 생각을 지닌 이들을 의식하지 않은 것은 아니었다. 반씨 가문은 주희와 여조겸과 가까운 관계를 유지했으며, 반의 매제 가방賈昉은 경세학자 섭적, 진부량과 인연이 있었다. 또한 왕순은 한때 여조겸을 따랐다고 전해진다.

때로 이 책은 단순히 여러 예를 제공할 뿐이다. 위의 예들에서 어떤 판단을 분별하기는 어렵다. 그러나 때로는 인용문들이 상당히 일관된 관점을 제시하기도 한다. 이를 통해 논변을 구성하기보다는 인용문을 축적함으로써 특정 의견의 역사성과 연속성에 대한 압도적인 증거를 제공하게 된다. 학문과 문학에 관한 부분이 이를 보여 준다.「학문총서學問總敍」 범주에서 학문을 주로 자기 수양의 문제로 제시한다.『주역』「계사전繫辭傳」에서 가져온 첫 번째 인용문, "이치를 궁구하고 본성을 다하여 운명에 도달한다[窮理盡性以至於命]"에서부터 한유의 인용문들에 이르기까지 학문을 내재화하는 것을 강조한다.[39] 그러나 이 부분에서는 송대 인물들에 대한 인용문이 없으며, 학문이 독서를 내면화하는 문제라는 생각은 도학의 도덕적 지침이 타고난 것이라는 관점과 모순된다. 이러한 관점은 다음 섹션인「호학好學」에서도 이어지고, 학문을 누적적인 방식으로 배우고자 한다는 것은 책 읽기에 헌신하는 것을 의미하며, "성인이 되는 법을 배우는 것"(이는 정이 이후 도학 작가들이『논어』에서 '호학'이라는 표현을 해석한 방식이다)은 아니다.「책 쓰기」섹션은 글쓰기의 목적이 사회를 위한 지속적인 도덕적 지침을 확립하는 데 있다는 진술들로 시작된다. 그러나 반자목은 절충적이었다. 그의 인용문은 책 쓰기의 예로 진대의『여씨춘추呂氏春秋』, 한대의『회남자淮南子』, 다양한 문학 유서와 선집 같은 총서류뿐 아니라 공자, 맹자, 갈홍의『포박자抱朴子』, 왕통王通, 노자老子, 장자莊子에서도 가져왔다.[40] 「문체 평가[評文]」라는 긴 섹션은 경전을 건너뛰고 양웅揚雄의 운문이란 "곤충을 조각하는 것"에 불과하다는 비판에서[11] 시작된다. 이 섹션은 주로 당송의 고문 작가들과 그들의 관점이 지배적이다. 좋은 글은 진지하

---

11) 양웅(기원전 53~기원후 18)의『법언(法言)』에 나오는 말로, 곤충을 조각한다는 것은 운문은 정교하고 세밀한 작업이지만 그 결과물은 작고 본질적인 실용성이 없다는 의미이다.

며, 사회적인 책임감이 있고, 의미 있는 내용을 담고 있어야 하지만, 역사를 통해 좋은 글쓰기의 목적을 실현하는 방법은 여러 가지가 있었다.[41] 그러나 「문장文章」 섹션은 도덕적 사명보다는 언어에 더 초점을 맞추며, 문장[文]이 인간의 가장 위대한 업적 중 하나라는 사실과 그것이 작가들에게 명성을 가져다준다는 점을 찬양한다.[42]

『기찬연해』는 일관된 메시지를 담고 있다. 언어는 생각을 표현하기 위한 것이다. 그러나 일반적으로 다음과 같은 조건이 붙는다. 독점적으로 옳은 생각의 집합은 존재하지 않는다. 특히 생각을 상호 보완적인 이원성으로 정리하여 다름을 포용하는 하나의 전체로 창조하는 것은 시험 작문에서나 개인적인 문학적 창작에서나 훌륭한 문학 전통이었다. 『기찬연해』는 참조 자료집에 가깝지, 논쟁을 위한 책은 아니다. 학문이란 텍스트를 읽는 것이라는 점 외에 뚜렷한 지적 의제가 보이지 않는다.[43] 반자목은 이 책이 독자들이 이미 알고 있는 것을 넘어설 수 있도록 돕는다고 주장한다. 이러한 관점에서 좋은 작가란 창의적인 작가를 의미하며, 여기서 창의성은 암묵적으로 '새롭고 독특하다[新奇]'는 것으로 정의된다. 그러한 창의성을 얻으려면 지루하고 반복적이 되는 것을 피할 수 있도록 "박식하고 기억력이 강해야 한다." 그리고 그러한 폭넓음을 성취하려면, 반자목이 서문에서 주장한 것처럼, 10년 이상의 광범위한 독서와 범주의 신중한 구분이 필요하다. 동시에 이 작업은 과거의 유서들과는 대조적으로, 작가들이 표현할 견해를 가져야 한다고 가정하며, 생각은 표현이 변화함에도 불구하고 일정하게 유지될 수 있다는 점을 강조한다. 반자목이 서문에서 내놓은 최종적인 철학적 주장은 다음과 같다. "박식하고 기억력이 강해지는 것은 모든 사람들이 배우고 싶어하는 것이다. 하지만 손쉬운 길을 택하는 문제는 시대를 막론하고 존재해 왔다. 이 책으로 인해 세상의 거의 모든 이치[義理]와 시대를 초월한 차이점들에 매우 쉽게 접근할 수 있게 되었으니, 더 이상 오해하거나 막히는 것을 걱정할 필요가 없을 것이다. 아마 학습하는 이들에게 어느 정도 유용할 것이다."[44] 신유학자들에게 이치[義理]는 "도덕적 원칙"을 의미하며, 이는 생각을 기술하거나 진술하는 것을 넘어 무엇이 옳은지를 이해하는 것을 포함한다. 그러나 반자목에게 이치란 역사를 통해 방대한 방식으로 표현된 유한한 생각들의 집합일 뿐이다. 독자는 이 책을 사용하여 적합한 구절을 찾거나 새로운 표현 방식의 실마리를 찾을 수 있다. 생각은 항상 존재했지만, 반자목의 관점에 따르면 이전에는 아무도 그것들을 이렇게 체계적으로 정리하고 모든 것을 식별해 내지는 못했다.

반자목은 여러 면에서 그 시대와 잘 어울리는 인물이었다. 그의 책은 관료 후보가 아닌, 사회생활 속에서 작가로 활동하는 사들을 대상으로 했는데, 이는 대부분의 사들이 처한 실제 상황을 반영한 것이다. 책의 주제는 압도적으로 개인과 사회적 관계에 관한 것이며, 그 주제들만 보면 관료제나 정부, 도덕 철학에 대한 언급은 전혀 없다. 이 책은 작가들에게 생각을 표현할 수 있는 다양한 언어의 선택지를 제공한다. 이는 단어의 유의어집이 아니라 생각의 유의어집이다. 대체로 그 생각 자체는 도덕적으로 중립적이다. 상황에 맞는 생각을 선택하는 것은 작가의 몫이다. 올바른 생각과 올바른 표현은 경전이나 유가 성인들의 것에 국한되지 않는다. 이는 현재의 가치가 무엇인지에 대해 반자목 자신보다 더 큰 권위를 가진 사람이 없음을 암시하며, 모든 사는 스스로 주인이 되어야 한다는 것을 뜻한다. 이 장에서 다른 책들과의 비교라는 목적을 위해 가장 중요하게 볼 점은 『기찬연해』는 포괄적이라는 주장이다. 이 세상의 모든 생각과 그것을 표현하는 모든 방식이 이 책에 담겨 있다. 이는 수년간의 꼼꼼한 독서, 분류, 그리고 체계적인 조직화로 이룬 작업이다. 이 책에는 모든 학습을 하나로 묶어 주는 통합 장치, 즉 언어와 생각의 다대일 관계가 있다. 그러나 반자목은 포괄성을 목표로 삼았음에도, 그의 노력을 "하나로 꿰는 것"으로 정의하지는 않았다.

생각을 이 책의 기초로 삼음으로써, 반자목은 송대 사의 문화에서 생각 중심으로의 전환에 일조했다. 나는 이것이 도학의 영향을 받은 결과라고 보지 않는다. 사실, 가장 중요한 점은 1209년에 반자목이 책의 서문을 완성했을 때, 도학과 전혀 연관을 맺을 필요성을 느끼지 않았다는 것이다. 그러나 내가 다른 곳에서 논의한 바와 같이, 그가 도학에 대해 어느 정도 알고 있었을 것이라고 가정해야 한다. 그의 아버지 세대의 가족이 주희와 밀접한 관계를 맺고 있었기 때문이다. 여조겸의 친구였던 반경헌은 반호구의 아들로, 그의 딸을 주희의 아들과 혼인시켰다. 반경헌과 그의 형제 반경유潘景愈 모두 주희와 서신을 주고받았는데, 주희의 답장만 남아 있다. 이 서신에서 반경헌이 불교와 유교를 명확히 구분하지 못했으며, 주희의 관점으로 보면 지나치게 장황하게 글을 썼다는 것을 알 수 있다. 주희는 반경유가 의론적 글쓰기에 관심을 두는 것을 꾸짖으며, 사들이 『논어』, 『맹자』, 『대학』, 『중용』을 공부하기보다 다른 사람들의 의견을 읽는 것을 더 선호하는 현실을 한탄했다. 그러나 반자목은 올바른 글쓰기를 위한 지적, 도덕적 토대보다는 글쓰기 자체에 더 많은 주의를 기울였다.[45]

『여지기승』

두 번째로 논의할 책은 역사 저술의 한 갈래인「지리」범주에 속하지만, 실제로는 유서이다.[46] 이 책은 왕상지의 저술로, 원래 200권 분량의 본문과 16권의 지도 모음(현존하지 않음)으로 이루어져 있다.[47] 왕상지는 금화 지역 출신으로, 왕사고王師古의 아들이다.[48] 왕사고는 주로 지방 행정관으로 경력을 쌓았으며, 역사에 관심이 많은 학자였는데, 80권 분량의『자치통감집의資治通鑒集義』를 저술했으나 현재는 소실되었다.[49] 그의 관심은 셋째 아들 왕익지王益之에게 이어졌는데, 왕익지는 관직의 역사와 기능에 대한 50권 분량의 지침서, 한대의 연대기, 그리고 소실된 한대 관료 체제에 대한 개론적 연구에 관한 저술을 남겼다.[50] 왕상지는 왕사고의 다섯째 아들로, 1196년에 진사 학위를 받았다. 그는 1221년에『여지기승』서문을 썼고, 1227년에는 외부 인사들로부터 서문을 받았으며, 1230년대 후반까지도 이를 계속 추가하고 있었다.[51]『여지기승』은 송대에 알려졌고, 원·명대에도 인용되었지만, 송대 인쇄본은 남아 있지 않다. 이 책은 인기와 영향력 면에서 매우 유사하지만 훨씬 짧은 축목祝穆의『방여승람方輿勝覽』에 밀렸다.[52]

선례

『여지기승』은 실제 지리 저작이다. 이 시기에는 '방지方志'가 점차 더 상세한 지역사에 대한 정보를 담으며 기존의 '도경圖經'을 대체하고 있었다. '도경'은 해당 지역의 행정적 안내서로 사용되었던 문서다.[53] 왕상지는 이 두 가지 자료를 풍부하게 활용했다. 이 저작은 남송 영토를 포괄적으로 다루며, 각 부府에 한 장을 할당하였다. 그러나 이 저작은 최근의 두 가지 전국적 지리서와는 매우 달랐다. 『원풍구역지元豊(1078-1085)九域志』는 행정 지리서로, 왕조 역사에 포함된 지리서의 전통에 따라 작성되었으며, 현지의 최근 변화를 기록하기 위해 조정에서 제작되었다.[54] 왕상지는 행정 구조보다는 문화에 더 관심을 두었다. 『여지광기輿地廣記』는 북송 후기에 개인적으로 편찬되었으며, 1204년에 재판된 역사 지리서로, 참고서로 사용될 수 있었다.[55] 이 책은 송 이전의 왕조들에 대해 더 큰 영토 구분과 그에 속한 부府를 나열하였다. 송에 대해서는 로路, 부府, 현縣을 나열하고, 추가로 송의 행정 단위로 변화하기까지의 역사적 변화를 설명하였다. 따라서 독자는 처음 부분과 연결할 수 있었다. 송나라의 각 현에 대해서는 중요한 역사적 사건이나 산 이름과 같은 정보를 추가로 제공하기도 했다. 이는 왕조 역사서에 포함된 행정 지리지의 서술 방식과 유사하다.[56]

왕상지보다 한 세대 앞서 최소 두 명의 무주 학자가 지리학적 저작을 집필했는데, 그들은 예박倪樸과 당중우다. 이들의 차이가 시사하는 바는 크다. 예박은 한때 과거 응시생이었으며, 포강 출신으로 전략적 지리학, 행정의 역사, 지도를 결합한 작업을 했다.[57] 1160년에 무주 지부였던 주규周葵는 예박과 진량을 지원했으며, 이들은 북방 회복, 경세학, 실질적이고 역사적인 지식 습득에 대한 관심을 공유했다. 15년 후, 예박은 또 다른 무주 지부였던 영가 출신의 정백웅鄭伯熊에게 자신의 저작을 전달했다. 정백웅은 당시 주요 경세 사상가 중 한 명이었다. 예박이 처음 전달한 것은 그가 그린 지도로 한 변이 8척에 달하며 과거와 현재의 문명사회와 부족 민족[華夷] 간의 관계를 묘사한 것이었다. "그는 손으로 지도를 가리키며 어떤 지역은 탈환할 수 있고, 어떤 성읍은 방어할 수 있는지 전략을 설명했다."[58] 예박은 오랫동안 군사 문제에 관심을 가져왔다. 그는 한때 북방을 회복하기 위한 군사 전략을 다룬 긴 상소문을 작성하기도 했다.[59] 이러한 관심은 그의 가정사와 관련이 있다. 그의 아버지는 할아버지의 명령에 따라 1127년부터 1131년까지 포강에서 산적에 맞서 민병대를 조직하고 지휘한 경험이 있었다. 이는 송 정부 기구가 화북에서 철수하며 붕괴된 시기의 일이었다. 그의 두 번째 저작은 10년간의 연구 끝에 완성한 역작『여지회원지輿地會元志』다. 이 책의 목표는 확실히 역사 지리서를 만드는 것이었다.

그래서 나는 모든 지리지와 장소 기록을 포함한 책들을 찾아 연구했다. 무수히 많은 저자들이 있었지만, 대체로 일관성과 체계가 부족했다. 지나치게 세부적이거나 지나치게 요약적이며, 너무 추측에 의존하거나 지나치게 독단적이었다. 나는 우리 문화의 이러한 결핍에 대해 깊이 한탄했다. 그래서 기록을 철저히 검토하고, 모든 학파의 관점을 탐구했다. 오늘날의 주州와 현縣을 기준으로 하여, 한漢 이후로 지금까지 나뉘고 합쳐지며, 폐지되거나 설립되고, 이름이 변경되거나 영토가 수정된 군郡과 현을 모두 정리하여 이제 일치하도록 했다. 나는 아무것도 빠뜨리지 않았다. 황제와 왕의 수도,「우공禹貢」에 기록된 산과 강, 춘추시대의 수많은 국가의 위치, 전략적 요새와 나루터, 전투와 조약의 장소, 그리고 고대 유적지의 위치까지 모두 포함했다. 만약 오류가 있다면, 참고를 위해 증거를 제시했다. 이는 피상적이지 않고 실질적이며 독창적인 저작이다. 약 30만 자에 이르며, 40장으로 나뉘어 있다. 나는 이를 '여지회원지'라고 제목 지었는데, 이는 그 통일됨에는 근원이 있고, 모이는 데에는 기원이 있음을 뜻한다.[60]

예박의 저작은 "천하의 전략적 지리와 인구, 즉 군사를 운용하는 사람들이 알아야 할 것들"을 제공하고 있었다.[61] 첫 지리서로 여겨지는 『서경』 「우공」 장에서 시작하여 연속적인 발전을 보여 주고자 한 예박의 작업은 『여지광기』와 유사했다. 그러나 『여지광기』의 서문은 역사 속 중앙 행정하에서의 영토의 연속성을 이용해 근거로 삼아, 송나라 국경을 자신이 인식하는 역사적 한계를 넘어 확장하려는 조정의 움직임에 편찬자가 반대한 입장을 뒷받침하고 있다.[62] 하지만 예박과 진량에게는 1127년 이후의 영토 상실이 주요 문제였다.

이와 같이 전체적으로 지리를 바라보고 역사적 변화 속에서도 연속성을 추구하는 관심은 무주에서 유통되었던 상업적으로 인쇄된 『역대지리지장도歷代地理指掌圖』에서도 드러난다. 이 지도집에는 고대부터 북송에 이르기까지 44개의 지도와 함께 설명 문구가 포함되어 있다. 첫 번째 지도는 〈고금의 중화와 이민족 구역의 요약도[古今華夷區域捴要圖]〉라는 일반 지도로, 송의 행정 단위와 외국 국가들을 나타내고 있다. 두 번째 일반 지도는 〈역대 중화와 이민족의 산수명도[歷代華夷山水名圖]〉라는 제목으로, (한반도를 제외하면) 송 행정 단위의 이름을 표시하고 있다. 이 지도들은 주로 '중국 본토'로 여겨지는 지역을 다루며, 만리장성과 북송의 주州를 포함하는 표준적 틀에 기반을 두고 있다. 이로 인해 과거 어떤 시기의 지도를 보더라도, 현재 송의 행정 구조 내에서 과거의 주를 찾아볼 수 있도록 되어 있다.[63]

경전에 바탕을 둔 경세적 연구의 집성인 당중우의 『제왕경세도보』의 「행정 지리」 섹션은 고대 지명들을 송의 행정 구역에 연결해서 지도를 작성했다. 당중우는 고대의 군주 순舜의 영토를 남쪽으로는 광동廣東, 운남雲南, 안남安南(현대의 베트남 북부)까지, 서쪽으로는 섬서陝西와 사천四川, 동남쪽으로는 절강浙江과 복건福建까지 확장해 나타내기는 했지만, 일련의 지도를 통해 고대의 정치 질서를 고수하였다. 그러나 당중우는 효종 시기의 영토 회복주의자들과는 입장을 달리했다. 그는 '부강富强'을 추구하기보다는 고대 성왕聖王들의 진정한 모델이라고 믿었던 '자치自治'를 바탕으로 하는 화해적인 대외 정책을 선호했다.[64] 그는 중앙집권에 반대하며 더 큰 지방 자치 혹은 '봉건封建'을 요구하는 측을 선호했는데 이는 그가 다른 면에서는 반대 입장에 있던 상당수의 도학 사상가들과 견해가 일치하는 점이었다.

인문지리로서의 『여지기승』

왕상지의 작업은 남송의 16개 로路만 다루는데 그는 필요한 자료를 찾는 데 제약이 있었다고 설명한다.[65] 현지 행정의 역사를 다루거나 북방 회복 또는 지방 자치 강화에 대한 주장을 펼치는 것은 아니었다. 그가 하는 일은 다른 종류의 것이었다. 그의 방법은 각 주州와 현縣의 다양한 측면에 대한 정보와 인용문을 일관된 범주에 기반해 수집하는 것이었다. 무주에 대한 장은 소실되었으므로, 그의 접근 방식을 인근 휘주徽州 장의 요약을 통해 설명한다.⁶⁷ 아래 단락에서는 범주 이름을 굵게 표기하여 소개하겠다.

주현 연혁州縣沿革: 왕상지는 휘주의 행정 역사를 연대순으로 서술하며, 자신이 채택한 자료를 명시하고 그 원문을 인용하였다. 불일치가 있을 경우, 그는 자신의 선택 이유를 설명한다. 예를 들어, 춘추시대에 휘주가 오吳 소속이었는지 월越 소속이었는지에 대한 문제에서, 그는 『자치통감』을 인용하여 송宋 초의 문화지리서인 『태평환우기太平寰宇記』와 북송 말기의 지리서인 『여지광기』를 택한 이유를 설명하며, 당대唐代의 『원화군현지元和郡縣志』를 따르지 않은 이유를 밝혔다. 그는 또한 역대 사서와 나아가 1175년에 편찬된 누온樓鑰의 휘주 지방지 및 신안 지방지를 인용한다. 그의 연대기는 남송의 '복원' 시기까지 확장된다. 각 현縣의 행정 변화에 대한 그의 주석은 아주 상세하지는 않지만, 다른 지리서들에 비해서는 더 구체적으로 서술되어 있다.

풍속형승風俗形勝: 이 섹션은 다양한 문헌에서 인용된 구절과 문장으로 구성되며, 각 경우에 출처가 명시되어 있다. 왕상지는 연대순으로 기술하며, 이는 실질적으로 풍속의 검토라기보다는 포함된 지역의 일반적인 명성을 다루는 데 중점을 둔다. 그가 인용한 구절들은 다음과 같은 내용이다: '풍요로운 고장[歙爲富州]', '허선평[12]'이 도를 얻은 곳이며 이백이 불운을

---

12) 당 시기의 도사로, 장생술과 신비로운 삶으로 알려진 인물이다.

만난 곳[即許宣平得道之所, 亦爲李白所尋不遇]', '열 개의 성씨 중 아홉이 왕씨[十姓九汪]', '육조 시기에 자사는 대부분 당시 명망 있는 인물들이었다[六朝置守多一時之名勝]', '모란은 낙양洛陽에서 이식되었다[牡丹自洛陽移種]'.

경물 상景物上: 25개의 자연 경관 목록을 다룬다. 유명한 황산黃山 경관군景觀群에 대해서는 부속된 자연 경관들도 함께 언급되는데, 이는 36개의 봉우리[峰], 36개의 수원水源, 24개의 개울[溪], 12개의 동굴[洞], 그리고 8개의 암석[岩]을 포함한다. 왕상지는 해당 경관이 무엇인지 명시하고(때로는 문학적 대구를 포함), 그 존재에 대한 문헌적 근거를 인용하며, 이름이 붙여진 연유와 시간이 지나며 이름이 바뀐 경위를 추적한다.

경물 하景物下: 78개의 장소로, 여기에는 인간이 만든 구조물이 포함된다. 예를 들어 탑, 정자, 누각, 사원, 절 등이 있다. 왕상지는 각 건물이 특별한 이유를 설명하는데(유명 인물의 방문, 황제의 비문, 사건 발생지 등), 이곳들은 모두 여전히 방문 가능한 장소로 보인다. 이는 다음의 범주와 구분되어야 한다.

고적古跡: 더 이상 존재하지 않는 장소들이다. 왕상지는 8개의 장소 이름을 언급하며 각 장소의 위치를 주석으로 설명하지만, 주로 역사적 인물들(종교적 인물 포함)에 대해 논의한다. 또한, 과거의 군현 소재지인 다섯 곳의 위치, 하나의 거주지, 두 개의 무덤에 대한 항목도 있다.

관리官吏: 두 부분으로 나뉜다. 한 이래로 부 및 군현의 복지에 기여하거나 명망이 있던 관리들을 연대순으로 기록한다. 그들의 업적에 대한 이야기는 주석으로 제공된다. 대부분의 이야기는 당 시기를 다루지만, 송의 지사 4명에 대한 이야기도 포함된다. 1부는 지사에 대한 내용이고, 2부는 주의 관원들과 현의 관리들에 대한 내용이다.

지역의 유명 인물人物: 명성을 얻은 이유에 대한 주석과 함께 연대순으로 나열되어 있다. 송 이전의 인물이 다섯 명, 송 시기의 인물이 14명 포함되어 있다. 왕상지는 남송 시대 인물도 포함하며, 홍매의 『이견지』와 같은 자료를 활용한다.

선인과 불교 인물[仙釋]: 다섯 명의 선인과 네 명의 승려가 포함된다. 선인으로는 예를 들어, 자신의 아버지가 죽지 않았다고 주장하며 관 속에 보관했던 딸, 두 개의 괘를 통해 깨달음을 얻어 수의 체계를 이해하고 미래를 예언할 수 있었으며 다수가 "녹아내렸다"고 말하는 시신이 관에서 사라져 버린 81세까지 살았던 인물이 있다. 한 명의 아라한[13]을 포함한 네 명의 승려, 오통신五通神[14] 사당과 그에 관련된 공식 현판 및 이후의 봉지 수여 사례도 포함된다.

---

13) 불교에서 모든 번뇌를 끊고 열반에 도달한 성자. 나한이라고도 한다.
14) 오통신(또는 오랑신五郞神이라고도 함)은 중국 남부 지역에서 숭배되던 다섯 명의 악신(惡神)으로, 정욕과 혼란을 상징하는 존재들이다. 당 시기에 중국 남부에서 시작되었으며, 지역 민간 신앙의 일환으로 발전하였다.

비문과 기문[碑記]: 각 비석의 위치와 작성자를 기록한다. 송 초기의 세금 조정과 관련된 내용을 상세히 설명한 항목도 있다. 이는 비문으로 새겨졌을 가능성이 있다.

시[詩]: 일부는 작가가 명시된 대구로, 일부는 "선대의 인물"이라 불리는 익명의 작가들이 남긴 대구로 구성된다. 시 전체를 실은 것은 두 편만 포함된 것으로 보인다.

병렬문[四六]: 휘주라는 장소와 관련된 다양한 공식 문서에서 병렬 구문과 문장을 인용한 내용이다.

왕상지는 이 방대한 작업으로 무엇을 이루려고 했을까? 19세기 학자 유육숭劉毓崧은 왕상지의 작업이 정부가 발행한 행정 지리서와 대조적으로 자연 및 인간의 속성을 포괄적으로 다루었다는 점에서 송 초기에 편찬된 『태평환우기』와 공통점이 있다고 지적했다. 그러나 초기의 『태평환우기』는 정말로 '세계'에 관한 것으로, 저자가 정보를 얻을 수 있었던 모든 나라를 포함했다. 반면, 왕상지에게는 그러한 야망이 없었다. 왕상지 자신도 수집한 지방 자료, 특히 지방지地方志의 풍부함에 대해 언급했다. 그러나 서문에서 그는 『태평환우기』를 포함한 이전의 모든 지리서와 자신의 작업을 명확히 구별했다. 그의 주장에 따르면, 이전의 지리서는 시간의 변화, 전략적 지리의 형성, 남북의 통일과 분열 등을 추적했지만, 그의 작업은 자연 경관이 최고로 표현된 것을 수집하여 시인이나 재능 있는 사들이 그 장면을 마치 눈앞에 있는 것처럼 상상할 수 있도록 하여 작가들을 돕는 데 초점을 맞췄다. 이것이 그가 이 작업을 한 이유였다. 왕상지는 아버지를 따라 여러 발령지를 여행했고, 형제들에게서 각자의 발령지에서 전해 들은 이야기를 들었지만, 더 많은 것을 원했다. 그래서 그는 지리적 정보와 주 및 부의 지도를 수집하고, 장소와 범주에 따라 자료를 정리했으며, 지방 풍습과 분위기에 관련된 일화적 기록과 문학 작품도 포함시켰다. 모든 주의 유명한 것들을 빠짐없이 포함했다고 확신했으며, 필요한 어떤 것이라도 찾기 위해서는 적절한 장을 펼치기만 하면 된다고 말했다. 마지막으로 그는 겸손한 어조로 서문을 마무리했다. 사마천은 직접 여행하며 글을 쓰고 싶어 했지만, 왕상지는 집에 머물며 책을 수집했다. 책을 통해 그는 장소들에 흥미를 가지게 되었다고 말했다.[69]

반자목과 마찬가지로 왕상지는 과거의 문헌에서 언어를 수집했다. 그러나 왕상지는 생각에 기반한 조직 구조 대신 지역의 문화적 속성에 의거하여 범주를 나누었고 언어의 사용보다는 과거 문헌의 사실과 사건이 내용을 제공하였다.[70] 따라서 이 책의 문학적 성격과 문화사적 정보의 수집은 서로 연결되어 있었다.

그러나 글쓰기를 돕기 위해 기념비적 저작을 만든다는 생각은 일부 사람들에게 반감을 샀다. 왕상지는 이직李埴에게 서문을 써 달라고 설득했는데, 경세에 관심이 많은 강직한 주의 지역 관리이자 중앙 조정의 관리인 이직은 미심쩍어 하였다. 그는 재능 있고 이상주의적인 사라면 역사 지리를 알아야 한다고 주장했다. 한유마저도 지도 자료를 빌리는 것에 대해 쓴 적이 있지 않나? 또한 당시 사용 가능했던 지도 자료는 조악하고 학자의 교정을 거치지 않으면 신뢰할 수 없는 경우가 많았다. 게다가 1010년 이종악李宗諤[15])이 사용했던 1,566개의 지도 자료 중 3분의 1만이 남아 있었다. 이직은 박식한 사들이 각 지역에 대해 저술한 사적인 문헌이 존재한다는 사실을 칭찬했다. 이직이 인용한 개인 저작물의 예는 당과 송의 각 한 편씩으로, 각각 제국의 수도였던 장안長安과 낙양洛陽을 다룬 기록이었다. 사실, 이직이 왕상지의 작업에서 본 유일한 부분은 남송 수도인 항주에 대한 장이었다. 이직은 왕상지가 열심히 작업했기에 왕상지의 목적이 단지 사람들이 책을 읽거나 (혹은 직접 여행하지) 않고도 시를 쓰는 재미를 느낄 자료를 제공하려는 데에만 있다고 생각하는 것은 우스운 일이라고 썼다. 왕상지는 진정으로 더 큰 목적을 가지고 있어야만 하는가? 그럼 이직이 생각한 왕상지의 더 큰 목적은 무엇이었을까? 이직은 왕상지가 단지 '박학다식'을 과시하려는 것이 아니라, 당시의 피상적인 모방과 대조되는 깊고 통합적인 학문의 중요성을 보여 주려 했다고 결론지었다. 그는 사들에게 박학다식함은 목적이 아니라 '유용성'을 위한 수단임을 강조했다. 지리적 지식은 왕조를 세우고, 군주를 섬기며, 외국으로부터 나라를 방어하는 데 유용성을 증명해 왔다. 단순히 어떤 이름의 기원을 알고 학식을 자랑하려는 것은 유용성이 아니었다. 따라서 이직은 왕상지가 한 일은 군주와 왕조를 돕고자 하는 뜻을 나타내려는 것이라고 결론지었다.[71]

---

15) 이종악(964~1012)은 북송의 문신으로, 이방(李昉)의 아들이며 자는 창무(昌武)이다. 진사에 급제한 뒤 한림학사, 지제고, 우간의대부 등 핵심 관직을 거쳤고, 『송태조실록』, 『속통전』 등의 사서 편찬과 국가 의례와 행정에 폭넓게 참여했으며, 『서원집제(西垣集制)』 편찬에도 관여했으며, 『내외제(內外制)』 30권은 자신이 직접 기초한 내정·외정 관련 제문(制文)을 정리한 문집이다. 문장과 예서에 능했고, '서곤체(西崑體)' 시풍의 시인으로도 활동하였다.

행정 구역의 역사를 아무리 상세히 기술했더라도, 『여지기승』이 이직의 경세 의제에 동조하는 이들에게는 그다지 큰 위안을 주지 못했을 것이라 생각한다. 나는 왕상지는 자신이 말한 바를 그대로 의미했다고 본다. 그는 한편으로는 문학 작품과 기타 자료에서 인용하고, 다른 한편으로는 지명과 기념할 만한 장소를 기록하여 남송의 모든 주현에 대한 문화사와 자연사를 다룬 책을 편찬했다. 그의 작업은 다른 이들에게 특정 장소를 상상하고, 적어도 그곳의 이름과 그것에 대해 쓴 사람들을 알게 하고, 그 지식을 자신의 글에 포함시키도록 독려했다.

이는 유용한 일이었지만, 이직이 말한 유용성과는 다른 것이었다. 이 책은 관료가 아닌 문인으로서의 사들에게 유용했다. 여행 중 관광할 곳을 알고, 명승지를 주제로 시를 쓰거나, 새로운 관직으로 떠나는 친구를 위한 송별사를 작성하거나, 먼 곳에서 온 새 친구를 맞이할 때 등 여러 실질적인 면에서 도움이 되었다. 즉, 왕상지의 책은 참고 문헌으로서 유용했으며, 지역에서 생을 보내거나, 과거시험을 보러 여행하거나, 행정관료로 일하는 사들 간의 문학적 유대를 제공해 주었다.

왕상지는 몇 가지 중요한, 어쩌면 전례 없는 가정을 하고 있다. 그는 '지역성'이 중요하다고 여기는 독자층이 있다고 믿었다. 그는 작가들이 자신들의 글에서 특정 지역의 세부 사항을 참조하고 싶어할 것이라고 기대했다. 또한 문화적, 역사적 지식의 폭넓음이 지역성을 기준으로 유용하게 조직될 수 있다고 생각했다. 그는 모든 장소가 볼만한 명소와 유명 인물 등을 지니고 있다고 여겼다. 그는 자연과 문화를 지역적 차원에서 감상하는 것을 도덕적 교화나 애국적 경세의 관점에서 정당화하려 하지 않는다. 이 책은 사들에게 남쪽을 방어하거나 북쪽을 회복하는 방법을 보여 주기 위한 책이 아니다. 남송의 현 상태를 수용하는 태도가 드러난 것을 제외하고는 명백한 정치적 의도는 없었다.[72]

『여지기승』의 초점은 자연적, 문화적 역사를 지닌 장소로서의 지역성에 있다. 정부는 지명 변경이나 경계 재설정을 할 수 있기에 중요하다. 그러나 왕조는 흥망성쇠를 반복하지만, 지역의 속성은 지워지지 않고 남으며 모든 지역은 모든 왕조를 초월하는 경관과 역사를 지니고 있다. 이런 점에서 왕상지의 책은 지방지와 많은 공통점을 가지고 있지만, 동시에 상당히 다르다. 지방지는 사들의 사회, 경관, 국가가 교차하는 지점에 관심을 두는 반면, 왕상지는 행정의 경계와 관료들의 지역에 대한 공헌을 추적하면서도, 지역이 왕조의 변화를 뚫고 살아남아 왔음을 보여 준다. 왕조는 유한한 역사를 지니지만, 지역은 천지가 시작된 때로 거슬러 올라가며, 각 지역은 고유한 자연적, 문화적 역사를 가지고 있다. 『여지기승』은 사들이 지역 역사를 자신들에게 맞게 활용할 수 있도록 독려하며, 이를 그들의 글에 흡수할 수 있는 가능성을 제공한다. 게다가 왕상지는 모든 지역이 독특하게 가치 있는 것의 범주에 들 것들을 어느 정도 가지고 있음을 보여 줌으로써 모든 장소를 가치 있게 만든다. '천하의 사[天下之士]'는 한정된 지역적 시야를 가진 사에 비해 국가의 정치와 공익에 대해 사고하는 사람이다. 어떤 의미에서 왕상지는 천하의 사가 된다는 것은, 직접 가 보지 않았더라도 천하를 구성하는 모든 개별 지역을 아는 것이라고 암시한다. 국가는 이 모든 장소의 총합으로 이해될 수 있으며, 공통성은 문화적 범주에 있다. 다시 말해, 『여지기승』에서 도학은 중요한 관심사가 아니었다. 무주에는 왕상지의 저작에 대한 동시대의 대안이 존재했다. 그러나 동양 출신의 왕희선王希先과 그의 200권짜리 역사 지리서인 『황조방역지皇朝方域志』에 대해서는 알려진 바가 많지 않다. 1199년에 진사 학위를 받은 이주민의 아들이었던 왕희선은 이 책의 대부분을 그의 아버지가 남긴 원고를 바탕으로 작성했다고 전한다. 송 시기를 다룬 120권은 과거의 사건들을 기록했지만, 이를 당시의 지명과 관련지어 위치를 명시했다. 1238년, 왕희선은 이 저작을 조정에 제출했으며, 이에 대해 향시를 영구 면제받아서 이를 거치지 않고 바로 회시會試를 볼 수 있는 보상을 받았다.[73]

동시대의 또 다른 저작은 『여지기승』에 명백히 영향을 받은 축목의 『방여승람』 70권이었다.[74] 휘주와 복건 출신의 축목은 주희에게 잠시 배운 적이 있으며, 170권으로 이루어진 범주서 『사문유취事文類聚』(현존)와 사륙문에 대한 소실된 저작도 집필한 것으로 알려져 있다. 축목의 판본은 1239년에 간행되었으나, 현재 전해지는 것은 그의 아들 축수祝洙가 1266~1267년에 수정하여 출판한 개정판이다. 축수는 주희의 학을 지지하며 『사서장구집주』에 대한 보주補註를 작성했는데, 이는 주희가 학생들과 나눈 대화에서 나온 인용문으로 구성되었다. 축목의 저작은 「행정적 변화」와 「비문」 섹션이 추가된 부분을 제외하면 왕상지의 범주를 소폭 수정한 것 외에는 거의 모두를 채택했다. 축목은 대부분의 항목에서 왕상지보다 간결하지만, 사륙문에서만큼은 더욱 상세하다.[75] 실제로 그의 원판본은 서문에 "사륙문 작성을 위한 필수 자료"라는 광고를 실었다. 왕상지가 시의 대구와 몇 줄의 산문만을 인용했던 데 반해, 축목은 완전한 산문 작품뿐만 아니라 시 전체를 인용하며, 자신이 인용한 1,750개 작품의 작가와 제목을 장르와 주제별로 배열한 목록도 포함했다.

축목은 왕상지의 체계와 범위를 차용했지만, 그의 내용을 표절하지는 않았다. 지적 독립성과 독창성 문제는 축목에게 꽤 중요한 사안이었고, 그는 자신의 저작이 왕상지의 더 긴 저작인 『여지기승』의 요약본으로 취급되는 것을 막기 위해 주의를 기울였다. 그는 자신의 책이 독창적인 작업임을 증명하고, 상업 출판업자들이 이를 『여지기승』의 요약본으로 판매할까 우려한다는 내용을 담은 진술서를 전운사轉運使에게 제출했다. 그 후 전운사의 진술서에 대한 인정과 그 내용은 공식적으로 축목의 초판본에 공지로 인쇄되었다.

제프리 모저Jeffrey Moser는 왕상지의 『여지기승』과 축씨 가문의 『방여승람』 사이에 더 근본적인 대조점을 지적했다. 그는 후자가 지역들이 국가적으로 공유되는 문화에 참여함으로써 의미를 갖는다는 것을 보여 준다고 주장했다. 반면, 왕상지는 지역성을 문화적 정체성을 구성하는 주요한 통로로 홍보하였다. 축수의 최종 판본에서는 문학과 지리의 가치는 인간의 문화와 물리적 환경을 문명이라는 통합된 비전에 통합시킬 수 있는 능력에 있다고 평가했다.[76] 이데올로기가 역사와 장소의 특수성을 압도한 것이다.

「군서고색」

세 번째 예시는 경전에서부터 현재까지 정부의 발전에 대한 포괄적인 설명을 구성하는 문헌 전통에서 가져왔다.[77] 『산당선생장궁강고색山堂先

生章宮講考索」이라는 제목으로 처음에는 10권의 모음집으로 출판되었으며, 저자이자 편찬자인 장여우는 동양 출신이었다. 이 책은 그가 사망한 이후인 1225년 이후에야 출판되었다. 송대의 두 번째 판본은 1248년에 그의 관직명을 포함하여 발간되었으며, 이후 기록에서는 이를 더욱 자세히 설명하고 있다. 초기 판본과 1248년 판본의 일부는 현재도 남아 있다. 원대에는 복건 출신의 여중呂中이 이 책을 원본의 두 배 이상 길이로 확장했다. 1320년 판본이 현재 남아 있으며, 보다 읽기 쉬운 1521년 판본의 기초가 되었다. 이 판본은 장여우에 대해 칭찬이 가득한, 그러나 명백히 사실이 아닌 전기를 포함하고 있어, 1196년 과거에 급제했다는 초기 주장조차도 의문스럽다.[78]

장여우에 대해 더 확실히 알 수 있는 정보는 그가 1225년에 역시 동양 출신인 친구이자 동문인 하담何淡을 위해 쓴 「행장行狀」에서 볼 수 있다. 하담의 형제들과 함께, 장여우는 20세 이전에 금화 출신인 소강邵康에게 배웠다. 당시 소강은 하씨 집안의 가정교사로 활동 중이었다. 소강은 1184년 과거에 급제하여 훌륭한 관직 경력을 쌓았다. 따라서 장여우는 그 이전에 10대였을 가능성이 크다. 하담은 1190년 국자감國子監에 입학했으며, 1210년 상당上堂에서 진사와 동등한 자격[賜進士出身]을 받고 졸업하기까지 약 20년 동안 그곳을 들락달락했다. 그러나 장여우는 "20년 동안 고난과 걱정 속에서 헤매었다[子困苦憂患凡二十年]"고 기록하고 있다. 1216년 하담이 수도에서 관직을 맡게 되었을 때, 그는 아들들을 장여우에게 보내 공부시켰다. 1225년 장여우는 자신의 관직(지현)과 직위 기록에 서명을 남겼는데, 이는 그의 두 번째 또는 세 번째 임지였을 것이다.[79] 따라서 장여우는

1190년대부터 1210년대 후반까지 가르쳤을 가능성이 있다.⁸⁰

장여우의 생애 시기를 파악하고 그가 교사로 활동했다는 사실을 아는 것은 이 책이 출현한 사회적, 지적 맥락을 연결하는 데 매우 유용하다.

따라서 나의 관심은 이 책의 초판 출간 시점에서 더 과거로 거슬러 올라가, 그것이 제작된 자료들과 당시의 정황에 있으며, 이후 이 책이 확장되고 신유학적 문헌이 대거 추가되기 전의 상태에 집중된다.⁸¹ 먼저 몇 가지 정리를 하겠다. 원작의 10개 모음집 중 4개가 송대 판본으로 현존한다. 이는 다음과 같다.

첫 번째 모음집_갑집甲集: 경전六經門과 제자백가諸子百家門⁸²
네 번째 모음집_정집丁集: 예문禮門과 예기문禮器門⁸³
여섯 번째 모음집_기집己集: 행정 지리문地理門과 조세 제도財賦門⁸⁴
여덟 번째 모음집_신집辛集: 정부 관직官制門⁸⁵

이들 중 첫 번째 모음집은 "금화 조씨 중은서원中隱書院에서 인쇄 및 배포"라는 문구를 포함하고 있으며, 여덟 번째 모음집은 정확히 동일한 지면 구성과 크기를 가지고 있다.⁸⁶ 네 번째 및 여섯 번째 모음집은 후대 판본과 다른 출판사인 □산서원□山書院에서 출판되었으나, 네 번째 모음집에는 아래에서 논의할 1248년 서문이 포함되어 있다.⁸⁷ 첫 번째 모음집의 목차 페이지에 해당하는 페이지가 네 번째 모음집의 서문 자료로 포함되어 있으며, 여기에는 "흠재왕씨欽齋汪氏"와 "서정서당瑞楨書堂"이라는 두 개의 인장이 있다. 이는 1248년에 왕유개汪有開가 원래 중은서원 판본을 따

라 출판한 판본이다.[88]

1248년 왕유개의 서문은 폭넓은 학문의 중요성으로 시작한다.

수많은 책을 읽을 때, 한 부분이라도 알지 못한다면 이를 박학이라 할 수 없다. 과거와 현재의 일을 논할 때, 한 단어라도 출처가 없다면 이를 충실한 학문이라 할 수 없다. 각 사건마다 그것이 어떻게 조직되었는지 보여야 하고, 각 단어마다 그것이 어디에서 유래했는지 찾아야 한다. 증거를 바탕으로 탐구하고 빠짐없이 질문하며, 듣고 보는 모든 것을 파악할 수 있는 군자만이 이 기준에 부합할 수 있다. 당대의 사람들이 귀와 눈으로 베끼는 것은 그들 자신의 생각에서 비롯된 것이 아니다. 그들은 가지를 건드리고 잎을 따지만, 뿌리는 선택하지 않는다. 그들이 사용하는 것을 보면 반드시 틀린 것은 아니지만, 그들이 어디서 나왔는지를 찾는다고 해서 반드시 이해한 것도 아니다. 이들은 결코 자격을 갖추었다고 할 수 없다.

산당 선생은 글이 시작된 이래부터 현재까지 축적된 방대한 양의 책들, 즉 경서, 역사, 제자백가, 문집, 전기 들을 철저히 읽고 정리하여 이 책을 편찬하였다. 그는 수천 년에 걸쳐 수백 개 항목으로 과거를 인용하고 현재를 교정하였으며, 일반적인 지침에서 핵심을 골라냈다. 주요 논의(의론), 주요 제도, 시간에 따른 주요 변화 등 모든 것을 완벽히 다루었다.

만약 사들과 관리들이 이것에 숙달한다면 단순히 과거시험의 글쓰기 문제를 개선하는 데 그치지 않을 것이다. 그들은 손님과의 담소에서 지칠 줄 모르고 이어 갈 수 있을 것이다. 조정에서 말할 때에도 유창하고 공손할 것이며, 그들의 인용과 증거는 폭넓은 지식과 사실적 정확성을 갖출 것이다. 이는 단순히

해박한 지식을 위한 창고가 아니다.⁸⁹

왕유개는 이어 책의 유래를 설명한다. 그는 장여우를 직접 알지는 못했지만, 이 작품이 어떻게 인쇄되었는지에 대해 알게 되었으며, 이 새로운 판본이 필요한 이유를 해설하였다.

> 그러나 아쉽게도 옥루의 소환[16]으로 책이 완성되지 못하였구나! 학생들조차도 전체를 본 일이 드물었기에, 모두 이를 안타깝게 여겼다. 오직 중은의 조씨만이 원고를 완전하게 얻었다. 만약 이 책이 널리 전해지지 않는다면, 스승의 헌신을 제대로 기릴 수 없을 것이라 염려하여, 그는 같은 뜻을 가진 이들에게 보여 주기 위해 서판을 제작했다. 총 10개의 집으로 배열된 100장이 있었다. 그러나 인쇄가 완료되기 전에 종이 값이 올랐다. [조씨는] 학자들이 책을 쉽게 구할 수 있도록 하는 데에만 신경을 썼고, [책을 읽는 데 필요한] 노고는 고려하지 않았다. 그는 이 책이 참고 자료로 어떻게 사용될지는 전혀 신경 쓰지 않았다. 어찌 이것이 스승의 뜻이었겠는가?⁹⁰

조씨는 저렴한 문고판을 제작했는데, 가능한 한 많은 자료를 한 페이지에 압축하여 담으려 했지만, 책을 사용하기 쉽게 만들지는 못했다. 게다가 장여우의 제자들 중 누구도 이 책에 대해 확실히 증언할 수 없었는데, 오

---

16) 옥루는 문인(文人)이나 묵객(墨客)이 죽은 뒤에 간다는 천상의 누각이다. 따라서 옥루의 소환은 사망을 의미한다. 당나라 시인 이하(李賀)가 죽을 때에 천사가 와서 천제(天帝)의 백옥루가 이루어졌으니 이하를 불러 그것을 기록하게 하려 한다고 말했다는 데서 유래한다.

직 조씨만이 모든 원고를 얻은 것으로 보인다. 이후 왕유개는 장여우에 대해 알고 있는 내용을 기록한다.

> 선생의 성은 장이었고, 이름은 여우였으며, 자는 준경俊卿이었다. 그는 국자감의 박사博士와 태자궁太子宮의 강사講師 직책에 올랐다. '산당山堂'은 그가 사용한 서재 이름이며, '고색考索'은 책의 원래 제목이었다. 순우淳祐 8년(1248) 10월 15일, 학후學後 왕유개가 '조봉랑朝奉郎'으로 수도의 전매세 감찰직을 맡으면서 기재하였다.[91]

지역 전통

나는 장여우의 저서에 대한 지역적 전통을 다른 곳에서 탐구한 바 있다. 여기서는 그 결과를 요약하고 이후 연구 몇 가지를 언급하겠다.[92] 제도적 전통과 학문적 전통은 서로 연결되어 있다. 장여우는 부인傅寅이 쓴 『군서백고群書百考』를 바탕으로 작업했다고 전해지며, 이 책은 『상서』 「우공禹貢」 장에 대한 부분만 따로 출판되었고 나머지는 소실되었다.[93] 『군서백고』를 쓰면서 부인은 『주례』를 활용해 주周 시대에 이루어진 토지 분배, 군대 징집, 제후국의 봉건, 군대 조직, 토지 개간, 영토 관리, 토지 측량, 관개 및 경작, 세금 부과 등을 자세히 설명했다고 전해진다. 부인은 수험생들을 가르쳤지만, 문학적 작문보다는 경전에 더 관심이 있었다.

부인은 동양의 안전의숙安田義塾 교장으로 당중우의 뒤를 이었다. 이 학교는 경전과 역사 연구의 전통을 가지고 있었다. 당중우는 고대 제도를 다론 122개의 연구 모음집인『제왕경세도보』를 집필했다. 그는『주례』를 활용했으며, 그의 저서가 부인의『군서백고』에도 사용되었을 가능성이 있다. 당중우는 특히 천문학, 지리학, 예악, 행정 및 정책, 음양, 법도와 규범 측량, 군사 및 농업, 왕도와 패도에 해박한 학자로 알려져 있었다. 여조겸 또한「우공」에 대해 강의했다. 전형적으로 여조겸은 도학과 경세의 관점을 결합하려 했다. 그는「우공」이 하늘과 땅, 만물과 하나가 되어 천리天理를 직관하고 인간과 자연의 조화를 이해하는 군주의 도덕적 본심本心에 대한 통찰을 보여 주며, 동시에 치수 사업과 조세 부과에 있어 신중한 계획과 지역 차이를 고려하는 등 통치에 대한 유용한 지침을 담고 있다고 여겼다.[94] 여조겸의『역대제도상설歷代制度詳說』도 주요 자료로『주례』를 활용했다.

부인은「우공」과 그 주석을 해설하며, 우禹를 이끈 일반적인 원칙—예를 들어, 세금을 지역 조건과 경작 가능한 토지 면적에 따라 부과하고, 자연 재해에 대비하는 등—과 실제 조치를 식별했다.[95] 그러나 그는 도학의 수양에는 관심이 없었다. 당중우도 마찬가지였으며, 그는 진량과 마찬가지로 도덕적 수양보다 정부 제도를 더 근본적인 것으로 보았다.

당중우는 책의 절반 이상을『주례』에 나타난 제도를 사회를 조직하는 일관된 모델로 설명하는 데 할애한다. 당중우는 고대 제도의 도덕적 '의도'를 찾기보다는 통합된 사회 질서를 만들기 위해 취해진 일련의 구체적인 조치를 탐구했다. 그의 정전井田 제도에 대한 설명은『주례』와 한대 정현의 주석에서 발견되는 토지 배분, 교육, 세금 부과, 노역, 군사 지원 등을 위한 (겉보기에는 모순되는) 다양한 중첩된 위계 구조들 간의 관계를 상세히 분석한 것이다. 당중우는 이러한 서로 다른 제도들의 호환성을 이해하면 정전 제도의 재도입은 쉽다고 결론지었다.[96] 부인은 『주례』에 대한 긍정적인 평가에서 당중우와 의견을 공유했으며, 물질적 세계에 대한 지식과 이를 관리하기 위한 실질적이고 고전적인 방법에 대한 관심 역시 공유했다.[97]

송재윤의 연구에 따르면, 왕안석의 『주례신의周禮新義』가 신학 학파의 교육과정에 포함되면서, 『주례』는 정부에 대해 사고하는 데 필수적인 텍스트가 되었다. 일부 학자들은 이를 옹호하고 이를 발전시켰다.[98] 그러나 남송에서는 『주례』에 대한 주석을 사용하여 신법에 반대하는 논거를 제시했다.[99] 1242년 왕여지王與之가 『주례정의周禮訂義』를 저술할 당시, 그는 45명의 송의 저자들을 인용할 수 있었다.[100] 영가의 경세학자들은 『주례』에서 현대 문제에 대한 제도적 해결책을 찾으려 했다.[101] 12세기 무주에서는 적어도 5권의 『주례』에 관한 책이 저술되었다. 이들 중 세 명의 저자가 장여우와 동시대 인물이었고, 다섯 명 중 세 명은 동양에 거주했다.[102] 이 저작들은 현재 전하지 않지만, 『주례』의 텍스트가 정부의 역할에 대한 논쟁에서 계속 중요한 위치를 차지했음을 입증한다. 통치는 당중우와 부인에게 그랬던 것처럼 장여우의 저서에서도 주요 주제였다.

토지제도에 대한 장여우의 생각

장여우의 전제田制 연구를 통해 무주 경세학과의 연계성과 그의 방법론을 설명하고자 한다.[103] 당중우와 부인이 경전을 활용해 당대의 문제를 다룬 것과는 대조적으로, 장여우는 『주례』를 출발점으로 삼아 시간에 걸친 변화 과정을 탐구했다. 이는 그의 저서 전반에 나타나는 특징으로, 각 주제에서 고대로부터 남송까지의 역사적 발전을 추적한다. 특히 전제 연구는 그의 설명이 독자들을 정책적 결론으로 이끄는 대표적인 사례 중 하나이다.

    남송 시대의 전제 논쟁은 정부가 지주 가계의 사적 경제 이익 추구에 얼마나 개입해야 하는지, 그리고 가장 가난한 사람들이 생계를 유지할 수 있도록 무엇을 해야 하는지에 대한 것이었다.[104] 장여우는 고대에서 당대까지의 발전 과정을 추적했다. 당시 발생한 일에 대해서는 대체로 의견이 일치했다. 즉, 주나라의 정전제는 진과 한대의 사유지 소유로 대체되었고, 북위北魏와 당은 균전제均田制를 통해 국가의 통제를 재확립했으며, 당 후기와 송대에는 사유지 소유와 시장을 통한 재분배로 돌아갔다. 주희는 왕안석과 마찬가지로, 당시의 제도적 모델 그 자체보다는 그 제도의 의도가 현재를 이끄는 지침이 되어야 한다고 결론지었다. 신법은 대지주 가문의 토지 집중을 억제하고 가난한 사람들이 부유층에 의존하는 것을 줄이는 것을 목표로 했으나, 토지를 재분배하지는 않았다. 진량과 섭적은 국가의 개입이 불필요하다고 주장하며, 불평등은 불가피하지만 부유층과 빈곤층은 서로를 필요로 한다는 데 동의했다. 또한 그들은 군사비를 지원하기 위해 대규모 토지를 일부 전용하는 것에도 동의했다.[105] 주희는 반경헌의 사례와 같이 부유층 가문이 의창義倉을 통해 자발적으로 빈민을 돕는 것이 신법의 대안이 될 수 있다고 주장했다.[106] 전제 문제는 지주와 세금 징수자들에게 중요했을 뿐만 아니라, 부유층의 토지 기부에 의존하는 지역 학교와 종교 기관에도 영향을 미쳤다. 또한 사들은 과거시험에서 때때로 전제

에 대한 질문을 받을 것을 예상했다.[107]

다른 주제들과 마찬가지로, 장여우의 전제에 대한 두 장으로 된 설명은 주로 인용문으로 구성되며, 가끔 자신의 의견을 덧붙이기도 했다. 그는 경전과 주석, 역사서, 철학 텍스트, 문집, 전기 기록 등을 참조했다. 그의 전제 정책의 연대기는 황제黃帝 시대로부터 시작하여 1140년대까지 이어진다. 장여우가 인용한 내용은 정책의 세부 사항과 정책 논쟁의 예시를 결합했다. 장여우의 설명에서 『주례』는 주周 제도의 결정적 출처로 간주되며, 주 제도는 이후 발전을 비교하는 기준선으로 여겨졌다.[108] 그는 다른 어떤 경전보다 『주례』에 더 많은 주의를 기울이고 있었다.[109]

장여우가 첫 번째 장에서 관심을 둔 것은 주 정전제의 공동체적 성격과 제국 전역에서의 적용을 보여 주는 것이었다. 아홉 개의 농지를 우물 모양으로 배열한 정井 모양의 격자에서,[110] 각 100무(약 16에이커) 규모의 밭을 여덟 가구가 경작하며, 이것이 대가족, 제후, 천자로 이어지는 중첩된 위계 구조에서 토지 단위의 기본이었다. 이들 위계 구조는 모두 지역 주민들로부터 군사 자원을 끌어냈다.[111] 토지와 노동은 가구 규모에 따라 배정되며,[112] 땅의 비옥도 차이와 생산력이 없는 어린이와 노인을 지원하기 위한 배려가 이루어진다.[113] 또한, 주민을 가르치고 다스리는 행정 관료 계층이 토지 배분 계층과 함께 존재한다.[114] 이러한 체계는 주민 단위에서 책임지는 다양한 상호 부조 및 공동 활동을 정의한다.[115] 각 수준마다 다양한 책임을 지닌 관리들이 있었다.[116] 그러나 이 관리들은 농번기 동안 노동을 요구하지 않도록 신중을 기하며,[117] 노동 요구에는 엄격한 제한이 있다.[118] 관리는 모범을 보이거나 강압적 방법으로 농부들이 일을 계속하도록 독려하지만,[119] 봄철 파종에 필요한 물자를 제공하고 수확 후에는 이를 회수하는 일도 한다.[120] 일정한 한도 내에서 농민들은 자유롭게 이동할 수도 있다.[121]

왕안석처럼, 장여우의 서술에도 『주례』에 대한 정현과 관련된 한대 문헌에서 주의 제도에 대해 해석한 것이 포함되어 있다. 그는 왕안석을 지지했던 진상도陳祥道[17]의 『예서禮書』를 인용하고,[122] 영가 출신 학자인 설계선의 주석을 인용하며,[123] 당중우의 『제왕경세도보』를 요약했다.[124] 그러나 왕안석의 『주관신의周官新義』는 인용하지 않았다.[125] 장여우는 그의 인용을 통해 주의 제도가 공동체적 성격을 지니고 있었다는 주장을 펼친다. 그는 설계선을 통해 정현이 정전제에서 여덟 개의 농지를 농부들의 '사전'으로 정의하려 한 시도와, 심지어 아홉 번째 농지인 공전(공작의 농지 혹은 공동의 농지)이 여덟 가구 간에 나뉘어졌다고 가정한 점에 반대했다.[126] 장여우의 관점에서 토지는 가구 소유물이 아니라 가구 크기에 따라 그들의 필요에 맞게 할당된 것이다.[127] 특히 장여우는 (진상도, 설계선, 당중우와 마찬가지로) 왕실의 영역에서 관개 수로로 구분된 사유지 체제가 존재했고, 농민들이 자신들의 농지에서 실질적으로 세금을 현물로 납부했으며, 정전제는 더 멀고 원시적인 지역에서만 적용되었다고 본 정현의 견해에 반박했다. 장여우는 내지와 외지 간에 차이가 있을지라도 정전제가 전 지역에 걸

---

17) 진상도(1042~1093)는 북송의 저명한 경학자이며 사상가이다. 그는 경사자집 전반에 걸쳐 학식이 깊었으며, 특히 『논어』와 예학에 뛰어났다. 경학과 관련하여 10여 종의 저술을 남겼으나, 현재는 『논어전해(論語詮解)』 10권과 『예서』 150권만이 전해진다. 이 중 『예서』는 중국 전통 예학사(禮學史)와 문화사에서 중요한 학술적 위치를 차지하고 있다.

쳐 시행되었으며, 왕실 영역에서 언급된 정교한 사회적, 문화적, 정치적 위계가 외곽 지역으로도 확장되었다고 주장한다.[128] 마지막으로, 주의 제도는 지나치게 많은 관리가 필요하기에 비현실적이고 비용이 많이 든다고 주장하는 이들에 대해, 장여우는 (진상도를 통해) 이는 제도의 작동에 필수적이므로 비용이 많이 든다고 간주해서는 안 된다고 반박했다.

전제의 역사 중 후반기에 대한 장여우의 조사는 그가 정의한 주의 제도가 국가 건설과 여전히 관련이 있음을 보여 준다. 한 가지 일관된 흐름은 한에서 당에 이르기까지 국가가 반복적으로 인구에 토지를 분배하고 부유하고 권력 있는 자들의 토지 집중을 제한하려고 했다는 점이다. 송대에 대한 그의 서술도 동일한 맥락을 이어 간다. 태조는 관리들에게 토지 분배를 공평하게 하라고 명했다. 그의 후계자인 태종은 정전제가 필수적이며, 이를 복원할 수 없다면 정부가 빈부 격차를 줄이기 위한 조치를 취해야 한다고 선언했다. 세 번째 황제인 진종眞宗은 성급한 행동을 피하라고 조언하면서도 빈부 간의 토지 격차를 줄여야 한다고 촉구한다. 네 번째 황제인 인종仁宗은 고위 관리들의 대규모 토지 소유를 제한하여 토지 집중을 억제하고 정착민들에게 세금 감면을 제공한다.[129] 따라서 장여우가 여섯 번째 황제인 신종神宗에 이르렀을 때, 경제와 사회를 통제하려는 왕안석의 조치는 (반대파들이 주장한 것처럼) 새로운 전환점이라기보다는 오히려 왕조의 전통과 완전히 부합하는 것으로 보인다. 왕안석에 대한 장여우의 평가는 과도한 세금 부과에 대해 미묘한 비판을 담고 있지만, 대체로 긍정적이었다.

왕안석이 신법을 제정했을 때, 원로 대신들이 그에게 반대했지만 성공하지 못했다. 따라서 경험 많고 책임감 있는 인물들을 그가 활용할 수 없게 되자, 왕안석은 [대신에] 불가피하게 불만스러웠지만 야망에 찬 새로운 과세를 할 사들을 등용하게 되었다. 그는 농민들에게 대출(청묘)을 나누어 주고, 퇴적물이 가득한 강물이 들판으로 범람하는 문제를 논의하며(농전수리법), 노동력을 고용하는 것(모역)을 시행하고, 향촌에 보갑保甲을 조직하며, 공평한 토지 및 세금 제도(방전균세)를 공포했다. 이 시점부터 농민들에게는 더 이상 조용한 날이 없었다. 그러나 희녕熙寧 연간(1068~1077)의 조칙을 살펴보면, 관리들이 백성들에게 곡물로 내는 세금을 화폐로 대체하도록 명령한 모든 주에서는, 관리들이 잘못이 있었던 것으로 판명되었고, 재정 담당 관리들은 강등되었다. 이는 신종의 백성에 대한 본질적인 배려를 보여 준다. 그러나 당시 비판에 불쾌했던 왕안석은 자신의 계획에 대해 더욱 고집스러워졌고, 신종에게 받은 신임의 일부를 잃게 되었다. 여혜경呂惠卿[18]과 같은 인물들은 그들 사이의 분열을 이용하여 가혹한 세금 정책을 제안했으나, 이는 왕안석의 본래 의도는 아니었다.[130]

이 섹션은 세 가지 사건으로 끝을 맺는다. 1120년대 초의 토지 및 세금 평등화 규칙 공포, 1131년 고종高宗이 모든 지방에 황폐한 토지를 경작하기 위한 계획을 세우도록 명령한 사건(정부가 직접 경작하거나 백성들에게 나누어 주거나 임대하거나 소작농을 고용하는 방식 포함), 그리고 1142년 경계법經界法[19]

---

18) 여혜경(1032~1111)은 현 복건성 진강(晉江) 출신으로, 북송의 대신이었으며, 참지정사(參知政事)를 지낸 바 있다. 신구당쟁(新舊黨爭)에서 신법파에 속한 인물로 활동하였다.
19) 경계법은 남송 시기 토지 소유 상황을 조사하고 확인하기 위한 조치로, 1142년(소흥 12), 양절(梁折) 전

으로 알려진 토지 대장 조사의 시작이다.

장여우의 연구는 정전제를 복원하자는 주장이 아니라, 정부가 토지 분배에 개입하여 빈부 격차를 좁혀야 한다는 사상을 옹호한 것이다. 결국 지나치게 과세하게 되었음을 인정하면서도 사회경제 질서에 대한 신법의 접근 방식을 대체로 정당화하고 있다. 더 나아가, 신법이 황제를 동반자로 삼고 있으며, 신법에 대한 전면적인 비판은 조종祖宗에 대한 공격으로 간주될 수 있음을 암시한다.

이 연구의 마지막 부분에서는 한과 당의 토지 제도에 대한 네 가지 관점을 인용한다. 한의 순열荀悅[20]은 토지세는 낮았지만 소작료는 매우 높았고, 토지 소유를 제한하는 것이 어렵다는 점과 강력한 대지주 가문이 존재하는 상황에서 정전제를 재도입하는 것이 실현 불가능하다는 점을 회고하며 한탄한다. 당의 육지陸贄[21]는 토지 분배가 심각하게 불평등하고 소작료가 세금보다 훨씬 부담스럽다고 지적한다. 한의 최식崔寔[22]은 가난한 사람들을 미개척지로 이주시키는 것을 권장한다. 마지막으로 당나라의 우승유牛僧孺[23]는 주의 정전제를 복원하는 것도, 한의 한전제限田制를 실행하

운부사(轉運副使) 이춘년(李椿年)이 경계가 정해지지 않아 생기는 10가지 해악을 상소하며, 경계법의 시행을 건의했다. 이에 고종이 이춘년에게 이를 처리하도록 특별히 위임하여 경계소(經界所)가 설치되었으며, 평강부(平江府)에서 시작하여 점차 양절 지역으로, 이후 각 지방으로 확대되었다.

20) 순열(148~209)은 후한 시대의 역사학자, 정치 평론가, 사상가이다. 『한기漢紀』, 『신감申鑑』 등의 저작이 있다. 『신감』에서 토지겸병을 반대하고 양잠을 장려하는 등의 정책을 제안한다.

21) 육지(754~805)는 당 중기의 정치가, 문학가, 정치 평론가, 사상가로 한림학사를 역임하며 검소한 재정과 농민 보호를 주장하였다. 명문장가로도 유명하다.

22) 최식(?~약 170)은 후한 시대의 상서(尙書)를 지냈다. 저서로는 『사민월령(四民月令)』이 있으며, 이는 후대에 동한 농업 및 사회 연구에 있어 중요한 문헌으로 평가받는다.

23) 우승유(779~848)는 당의 저명한 대신으로, 우이당쟁(牛李黨爭)에서 우당(牛黨)의 지도자로 활약하며,

는 것도 기록이 불완전하고 사람들이 자유롭게 이동하기 때문에 불가능하다고 말한다. 부유한 사람들이 이익을 추구하는 데만 몰두하고 가난한 사람들이 생업에 전념하지 못하는 한, 등록된 호는 유랑민이 되고 좋은 토지는 부유한 사람들에게 집중될 것이라고 우승유는 지적한다. 그 해결책으로는 지역 관리들이 사람들의 실거주지를 파악하여 이들을 등록시키고 이주민의 출발지와 목적지 및 거주민의 상세 정보를 파악해야 한다고 주장한다. 그런 다음에야 토지 제한을 공표하고 관리와 상인이 이익을 위해 토지를 집중시키는 것을 금지하는 규제를 강화할 수 있다고 말한다. 이러한 방식으로 토지의 균등 분배라는 이상이 실현될 수 있을 것이다.[131] 결국 장여우는 우승유의 관점을 활용하여 1142년의 토지 대장 조사(경계법)는 정부가 토지 통제를 회복하기 위한 필수적인 첫 단계였다고 정의한다. 실제로 1180년대에 왕상지의 아버지 왕사고는 당시 주의 지사로 재직하면서, 이제는 강력한 가문들의 통제 아래 놓여 있는 경계법 조사 기록의 토지에 대한 정부의 통제권을 다시 확보해야 한다고 황제에게 상소한 바 있다.[132]

우리는 장여우 이후의 역사까지 추적할 수 있다. 부인은 주례학자인 동양의 마지순과 손약孫約, 두 사람과 매우 가까운 친구였다. 손약의 아들 손덕지孫德之가 장여우의 제자였는지는 알려져 있지 않으나, 그는 행동파 재상 가사도賈似道[24]의 충실한 지지자였으며, 1263년 가사도가 시행한 '공전

과거 급제한 신진 사대부들과 함께 문벌 귀족인 이당(李黨)에 대항하였다.
24) 가사도(1213~1275)는 남송 말기에 승상(丞相)을 지냈으며, 남송 멸망 직전 약 20여 년 동안 조정의 대권을 장악하였다. 『송사(宋史)』에서는 그를 「간신전」에 포함시켜 기록하고 있다.

법公田法'은 장여우의 견해와 부합했다. 이 제도는 궁극적으로 절서(현재의 강소성 남부)에서만 시행되었으나, 500무(약 83에이커 또는 33헥타르)를 초과하는 토지를 보유한 소작농들이 정부에 직접 임대료를 지불하도록 요구했으며, 관호는 직위에 따라 면세 한도를 적용받았다. 이를 통해 호주湖州와 송강松江 지역에서 수익이 극적으로 증가했다.[133]

장여우와 그의 책은 학생들의 과거시험 준비를 도왔을 뿐 아니라 중앙권력의 약화와 지역 엘리트 권력의 증대가 불가피하거나 정당하지 않다는 점을 가르쳤다. 왕유개는 서문에서 "과거로써 현재를 바로잡는다"고 썼다. 이 결론을 보다 구체적인 맥락에서 살펴보려면, 도덕 철학자 원섭袁燮[25)]이 출제한 상당히 의도적인 과거시험 문제를 고려해 볼 수 있다. 그는 정전제를 재도입하는 것이 불가능하며, 당의 균전제가 본질적으로 실패했고, 왕망王莽의 토지 사적 매매 금지가 경제에 전반적으로 해를 끼쳤다는 점을 언급했다.[134] 장여우의 제자들은 이 책을 통해 이 질문에 답하는 데 필요한 모든 것을 배웠을 것이며, 원섭이 선호했던 토지 제도에 대한 불간섭이라는 결론에 반박할 논거도 제공받았을 것이다.

---

25) 원섭(1144~1224)은 경원부 은현(현재 절강성 영파) 출신의 송의 정치가이자 교육자, 사상가이다. 그는 서린(舒璘), 심환(沈煥), 양간(楊简)과 함께 "명주 순희 4선생(明州 淳熙 四先生)"으로 칭송받았으며, 당시 절동 사명학파(四明學派)의 대표적 인물 중 한 명이었다. 그의 교육 철학은 학자들이 공리주의와 문장 중심의 학문에 빠져들어 회복하기 어려운 상태에 놓였음을 지적하며, "마음을 깨닫는 것"을 교육의 중심으로 삼아야 한다는 점을 설파했다.

✲✲✲

가장 단순하게 정리하면, '박학'은 많은 것을 아는 것을 의미하며, 이는 정보와 관련된 것이다. 전기 작가들이 누군가를 "박학하다"고 묘사할 때, 그 사람이 경전과 역사라는 표준적 교육과정을 익혔을 뿐 아니라, 의학, 천문학, 수학, 역법 등과 같은 전문 분야도 배웠음을 의미할 수 있다. 이러한 지식은 "보고 듣는 것"을 통해 얻어지며, 이는 규범과 가치가 아닌 사물에 관한 지식을 지칭하는 일반적인 표현이다. 여기서 논의된 세 가지 유서에서 박학은 과거의 저술들에서 광범위하게 자료를 가져오고, 관련된 구절을 인용하며, 그 출처를 명시하는 것을 의미한다. 그러나 그들이 단순히 이것만을 하는 것은 아니었다.

반자목, 왕상지, 장여우는 『논어』(6.27, 11.15)에서 공자가 언급한 "문文을 넓히는 학문"을 실천하고 있었다. 그러나(나는 여기서 반드시 "그러나"를 삽입해야 한다고 생각한다. 왜냐하면 단순히 넓히는 것만으로는 충분하지 않기 때문이다) 공자는 "문으로 학문을 넓히고 이를 예로써 통제하면 잘못되지 않을 것이다[博學於文, 約之以禮]"라고 말했다. 이 두 문장을 어떻게 해석할 것인가에 대해 도학자들은 자주 논의하였다. 이들은 학문이 문의 문제라는 생각 자체에 대해 불편함을 느끼는 경우가 많았다. 일반적으로 그들은 학문의 폭넓음은 올바른 행동과 결합되거나 이에 의해 통제되어야 한다고 보았다. 즉, 문학은 도덕적 실천[德行]으로 이어질 때 가치가 있다고 여겼다. 두 문장이 하나의 일관된 이론[一貫之說]으로 연결되어야 한다면, 필요로 하는 학과 문은 올바른 종류여야 한다는 것이다.

이러한 우려는 한 가지 측면에서 이들 세 명의 편찬자들에게 적절하다. 그들은 무엇을 알아야 하는지, 더 정확히 말하면 무엇을 인용해야 하는지에 대해 선택을 해야 했다. 반자목에게는 생각을 구성할 수 있는 모든 언어가 중요했다. 왕상지에게는 나라를 구성하는 모든 장소가 중요했다. 장여우에게는 정부를 구성하는 모든 제도와 정책이 중요했다. 그들이 추출한 모든 언어를 조직하기 위해, 즉 그것을 하나로 묶기 위해, 그들은 자신들만의 범주와 하위 범주를 가지고 있었다. 반자목에게는 아이디어가, 왕상지에게는 공간을 장소로 정의하는 자연적이고 인간적인 요소들이, 장여우에게는 정부의 다양한 측면에 대한 역사적 기록이 그 역할을 했다.

마지막으로, 그들의 저작은 목적을 지니고 있었다. 독자들이 성공적으로 글을 쓸 수 있도록 돕는 것이다. 그들의 책은 "박학하고 문장에 능하다[博學而能文]"고 평가받고 싶은 사들을 위한 것이었다. 각자는 글쓰기의 다른 측면―아이디어 표현, 장소에 대한 글쓰기, 정책에 대한 글쓰기―을 목표로 삼았지만, 핵심은 흥미롭고 잘 알려진 내용을 말할 수 있는 능력을 기르는 것이었다.

반자목, 왕상지, 장여우는 신유학적 의미에서 "이치를 궁구한다[窮理]"는, 즉 사물의 구조, 과정, 기능을 정의하며 그것이 외부 사물과 자신의 마음에 모두 내재되어 있다는 개념을 추구하지는 않았지만, 그들은 자신들이 포괄적일 수 있게 하는 조직 체계를 만들었다. 이들 세 사람에게 있어서 지식의 목적은 자신이 쓸 수 있는 주제를 늘리는 것이었지, 도덕적 자기 인식을 증진시키는 것이 아니었다. 그들은 사들이 무엇을 배우거나 배우지 말아야 하는지에 대한 논증을 제시하지 않았다. 그들은 그들의 책이 다른 사람들에게 가치를 지닌다고 상당히 타당한 가정을 했을 뿐이다.

이 세 편의 유서가 기반한 가정들에 대해 무주와 그 외 지역의 사람들 중 의견을 달리하는 이들이 있었음은 분명하다. 반자목은 자신이 언어 사용의 역사로부터 알려져야 할 모든 의리義理와 의意를 규명했으며, 하나의 아이디어를 표현하는 방법에는 매우 다양한 방식이 있다고 주장한 것은, 사물에 내재되어 의미를 부여하는 원리[理]라는 신유학적 관점과는 강력하게 대조를 이룬다. 그러나 보다 재능 있는 사들은 언어가 단순히 아이디어로 환원되지 않으며, 아이디어도 언어로 환원되지 않는다고 말할 수 있었다. 왕상지는 누적된 문화사의 관점에서 지리를 보았지만, 무주 및 그 외 지역의 다른 사람들은 전략적 중요성 때문에 지리 지식을 가치 있게 여겼다. 장여우는 정치 제도가 시간에 따라 발전하고 정책 논쟁이 긴 역사를 가지고 있다고 보았고, 이에 반해 고대에서 모든 시대에 맞는 올바른 모델을 보고 봉건으로의 복귀, 권력의 중앙집권화 해체, 지방정부의 자치 확대가, 그리고 사의 자발성 증대를 요구하는 사람들과는 대조적이었다.

또한 부재하는 것에 대해 이야기할 수도 있다. 이 세 저작에서는 무주에 도학의 추종자가 있었다는 사실이나, 주희와 여조겸이 이를 홍보했다는 사실을 알 수 없다. 이는 주희가 1200년에 사망한 후 그가 더 이상 중요하지 않았기 때문일까? 아니면 이 학자들이 그가 그렇게 중요하다는 사실을 몰랐기 때문일까? 혹은 조정의 위학 금지령이 그들을 침묵하게 했기 때문일까? 나는 실제 문제는 그들이 도학과 매우 다른 일을 하고 있었으며, 도학이 그들의 학문적 관점에 맞지 않았고, 그들 역시 도학의 관점에 부합하지 않았다고 생각한다. 반자목, 왕상지, 장여우는 참고서로 사용할 수 있는 책들을 만들었지만, 동시에 포괄성을 주장하고 있었다. 그들은 자신의 책을 위한 조직 체계를 가지고 있었지만, 이는 그들과 독자 모두에게 도전적인 작업이었다. 이와 동시에 그들의 책이 유통되는 동안, 무주의 다른 사들은 자아에 초점을 맞추면서도 나름의 통합성을 지향하는 학문의 철학 속에서 새로운 대안을 찾고 있었다. 그들이 이를 어떻게 정당화했으며, 박학의 매력을 어떻게 다루었는지가 다음 장의 주제이다.

4장

도학

이전 장에서 논의된 유서들은 도학을 무시했지만, 일부 무주의 사들은 도학을 자신들의 정체성으로 받아들였다. 결국 그들은 조정의 지원을 받았으며, 1227년에 주희는 "성현의 깊은 뜻을 발휘했다[發揮聖賢之蘊]"는 인정을 받았다. 진정한 승리는 1241년에 이루어졌는데, 이때 조정은 왕안석을 문묘에서 제외하고, 도학의 대가들인 주돈이, 정씨 형제, 장재, 그리고 주희를 문묘에 모셨다. 조정의 목표가 비판 세력을 흡수하려는 것이었다면, 완전히 성공했다고 보기는 어렵다. 도학의 매력 중 하나는 지적, 도덕적 권위는 진정한 학문을 추구하는 학자들에게 속해 있다고 주장한 점이었다. 남송 말기에 시작되어 원으로 이어지는 시기에, 무주에서는 도학에 평생을 바친 서로 이어진 계보의 네 인물이 명성을 얻었다. 이들은 관직에 나아가지 않았고, '금화 사선생金華四先生'으로 알려지며 무주를 도학의 진정한 중심지로 만들었다. 적어도 이들의 주장에 따르면 그렇다.

13세기에 도학 운동에 참여한 이들은 주희 이후의 도학 참여가 어떤 의미를 지니는지 질문했다. 주희는 단지 일부였을 뿐이고 그보다 더 큰 프로젝트가 계속되고 있는 것인가? 스스로 성인이 되는 법을 배우는 것인가? 아니면 주희가 '도통'이라 부른 것을 자신들만의 방식으로 계승하는 것인가?

　무주 사선생의 답변에는 두 가지 공통 요소가 있었다. 첫 번째는 그들이 대체로 도학을 '주자의 학'[1]과 거의 동일시했다는 점이다. 이 학문은 무엇보다도 주자 주석에 의해 구성되어 있다. 주자의 학문에 숙달하는 것이 개인이 도와 하나가 되는 수단이 되었다. 두 번째는 사선생 중 일부에서 더 강하게 드러난 박학에 대한 관심이다. 도덕의 근거로서 사물의 일관성을 깊이 탐구하는 것과 세상의 혼란스러운 불일치를 경험하는 것 사이의 긴장감은 그들이 "어려운 점은 다양성에 있다"라는 말에 부여한 중요성에서 드러난다. 이 문구는 1158년 주자에게 준 이통李侗[2]의 충고에서 비롯되었다. "통일된 형태로서의 일관성을 갖추지 못했다고 걱정하지 말라. 어려운 점은 다양성에 있다."1 이통은 "리理는 하나이고, 현상은 다양하다[理一分殊]"라는 문구에 응답하고 있었다. 이 문구는 정이가 장재의 「서명西銘」에서 우주적, 사회적, 정치적 질서의 통합성을 언급하며 한 말이었다.

　나는 이통의 격언을 '리 혹은 원리가 단일하다고 가정할 수 있지만, 세상의 다양성이 어떻게 단일하고 통합된 보편적 체계의 일부가 될 수 있는

---

1) '주자학'이 아니라 '주자의 학'이라고 번역한다. '주자학'이란 용어는 실제로는 중국에서는 전근대 시대에나 현재에도 일상적으로도 학술적으로도 자주 쓰이는 용어가 아니다. 이는 일본과 한국에서 주로 쓰이는 용어이다.

2) 이통(1093~1163)은 현재 복건성인 남검주 검포(劍浦) 출신으로 연평선생(延平先生)으로 알려졌다. 나종언(羅從彦)에게 하학(河學)과 낙학(洛學)을 배웠다. 주희는 세 차례 그를 찾아가 가르침을 청하였다. 이통은 인간과 금수, 초목이 모두 동일한 이치에 따라 존재한다고 주장하면서도, 기질의 '편(偏)'과 '수(秀)'의 차이에 따라 사람과 다른 존재 사이에 차별이 생긴다고 보았다. 수양 방법으로는 '정좌(靜坐)'를 권장하여 그의 사상은 주희의 사상 형성에 큰 영향을 미쳤다. 평생 저술을 남기지는 않았으나, 그의 어록은 주희가 편집한 『연평답문(延平答問)』으로 전해진다.

지를 이해하는 것이 문제다'라는 의미로 해석한다. 사선생이 실천한 도학은 무엇이기에 그들이 일생을 바칠 가치가 있었던 것일까? 그것이 과연 반자목, 왕상지, 장여우가 이해했던 "현상의 다양성"을 진정 무의미하게 만든 것일까?

금화 사선생

'금화 사선생'으로 알려진 네 명의 무주 사에 대한 이야기는, 지역의 관점에서 보자면, 주희의 사위인 황간黃榦[3]이 "[주희의] 도를 북산北山의 하기何基 선생에게 전수했다"는 데서 시작되었다. 그 도는 이후 왕백王柏과 김이상金履祥을 거쳐 최종적으로 허겸許謙에게 전수되었다.[2] 이 '사선생'은 이후 무주 도학 전통을 대표하며, 학문에 대해 매우 다른 관점을 가진 사람들이 두각을 나타낸 후에도 무주 사의 학문의 역사에서 지워지지 않는 존재가 되었다. 그들의 명성은 대체로 그들 자신의 저작과, 다섯 번째 인물인 오사도에 의해 점진적으로 쌓였다. 오사도는 그들에 대해 찬양하는 글을 작성하고, 그들을 위한 공식적 인정을 얻고자 노력했다. 만약 오사도가 과거시험에 합격하지 못해 관료 생활을 짧게나마 하지 않았다면, 그는

---

[3] 황간(1152~1221)은 호가 면재(勉齋)이고 복주 민현(閩縣) 출신으로 어린 시절 주희에게서 배웠고, 주희의 둘째 딸인 주대(朱兌)와 결혼하였다. 관직에 올랐으나 경원당금(慶元黨禁) 이후 물러나 담계정사(潭溪精舍)에서 강학하며 저술에 힘쓰다가, 주희가 사망하자 상을 치르고 다시 관직을 역임하였다. 그 후 백록동서원에서 강학하였고, 복건성 고향으로 돌아가 사망하였다.

아마 다섯 번째 계승자가 되는 데 헌신했을 것이다. 이와 관련된 중요한 전기적 텍스트를 다음의 각 제목 아래 열거하였다. 여기에서 최소한 네 가지 결론을 도출할 수 있다. 첫째, 이 텍스트의 작성자는 모두 무주 출신이었다. 둘째, 후계자들이 선행자들에 대한 글을 썼으며, 이를 통해 그들 간의 연속성을 창출했다. 셋째, 이 전기들은 관료 경력이 없었던 사람들로서는 유난히 긴 것이다. 넷째, 오사도는 각 사례에서 중심적인 인물로 등장한다.

이들 전기적 텍스트들은 지적 계보, 교육, 개인적 품행에 초점을 맞추고 있다.

1. **하기**(1188-1268): 동양 출신(1208년에 황간에게 잠시 배움)

    왕백: 「북산 하 선생 행장[何北山先生行狀]」[3]

    김이상 등: 「북산 선생 제문[祭北山先生文]」[4]

    오사도: 「하기 선생과 왕백 선생의 행적을 역사관의 군자들에게 보낸 간략한 기록[節錄何王二先生行實寄史局諸公]」[5]

    오사도: 「대신하여 작성한 북산서원 설립 요청서[代請立北山書院文]」[6]

2. **왕백**(1197-1274): 금화 출신(1235년에 하기에게 배우기 시작)

    섭유경葉由庚(의오 출신): 「광지壙志」[4] 김이상이 이것을 작성했어야 했으나, 섭유경은 김이상보다 나이가 많았으며 1230년대부터 왕백과 친구 사이였

---

4) 죽은 사람에 대한 기록으로, 무덤에 시신과 함께 묻는 글.

다고 설명함.[7]

김이상:「노재 선생 제문[祭魯齋先生文]」[8]

김이상:「시호를 올리며[告諡文]」[9]

오사도:「하기 선생과 왕백 선생의 행적을 역사관의 군자들에게 보낸 간략한 기록」

3. 김이상(1232 - 1303): 난계 출신 (1253년에 왕백에게 배우기 시작했으며 곧이어 하기에게도 배움)

유관柳貫(포강 출신):「고故 송 김인산 사관편수관 행장[故宋史館編校仁山金公行狀]」. 1337년 이후 작성됨. 유관은 이 글이 허겸에 의해 작성되었어야 했으나, 허겸은 이미 사망했다고 설명함.[10]

허겸:「김 선생 만사[金先生挽辭]」[11]

오사도,「김인산 선생을 향교에 제향할 것을 요청함[請鄕學祠金仁山先生]」[12]

4. 허겸(1270 - 1337): 금화 출신 (1300년에 김이상에게 배우기 시작함)

장추張樞(금화 출신):「행장」[13]

황진黃溍(의오 출신):「백운 선생 묘지명[白雲許先生墓誌銘]」[14]

유관:「허익지 선생 제문[祭許益之文]」[15]

오사도:「허익지 선생 방점본 문헌의 유통을 정식 요청함[請傳習許益之先生點書公文]」[16]

오사도: 사서총설 해석집 서문[讀四書叢說序]」[17]

5. 오사도吳師道(1283 – 1344): 난계 출신 (1308년에 허겸의 제자가 됨)

황진:「오정전 선생 문집 서문[吳正傳文集序]」[18]

송렴宋濂(금화 출신):「오 선생 비문[吳先生碑]」[19]

주희는 정씨 형제가 권위 있는 문헌적 가르침을 남기지 못한 채 사망했기 때문에 제자들이 길을 잃었다고 주장하였다.[20] 그는 자신의 사후에도 그러한 혼란이 생기는 것을 방지하기 위해, 사서와 일부 경전에 대한 주석과 이를 뒷받침할 다른 문헌들을 작성하여 공자와 맹자가 의미했던 바를 정확히 설명하려 하였다.[21] 모순적으로, 주희는 후대 사람들이 도를 배우는 것을 주희를 이해하는 것과 동일시할 수 있는 가능성을 열어 두었다. 무주 학자들이 주희를 이해하고 자신들이 그의 계승자임을 주장했던 방식은 현대 학계에서도 상당한 주목을 받고 있다.[22]

하기, 1188~1268

하기는 이 이야기의 시작점이다. 그가 생애 동안 저술한 작업은 주로 정주학파의 저술에 대한 '발휘發揮' 시리즈였다. 여기에는 『대학』(14장), 『중용』(8장), 주자의 『주역』「계사전」에 대한 주석(2장), 주자의 『역학계몽易學啓蒙』(2장), 주돈이의 「태극도설太極圖說」과 『통서通書』, 장재張載의 「서명西銘」(3장) 등에 대한 작업이 포함되었다. 이들 저술은 1268년 그가 사망하기 전에 이미 인쇄되었다고 전해진다. 그러나 아직 『근사록』에 대한 발휘는 편집하지 못했고, 『논어』와 『맹자』에 대한 발휘도 완성하지 못했었다.[23] 「주자 계사전 발휘」에 대한 하기의 설명에 따르면, 하기는 자신의 견해를 제시하기보다는 주자의 다른 저술에서 발췌한 구절들을 모아 주석을 설명하는 방식이었다.[24] 그러나 이러한 저술 중 어느 하나도 현재까지 전해지는 것이 없다. 남아 있는 것은 산문과 시로 이루어진 세 개의 짧은 장, 즉 간헐적으로 작성된 글의 일부에 불과하다.[25] 하기는 중요한 인물이었지만 그에 대한 자료가 거의 남지 않은 이유는 아마도 그가 자신의 견해를 발전시키기보다 다른 사람들의 저술을 이해하기 위해 해설 텍스트를 수집하는 데 주력했기 때문일 것이다.

그러나 하기에게는 여러 제자가 있었으며, 그중 가장 잘 알려진 이는 왕백이었다.[26] 하기가 직접 쓴 글을 통해 그가 중요하다고 여겼던 것이 무엇인지 알 수 있다. 그는 한 제자에게, 자신이 리의 근본적 개념을 각각의 사물(물질적 물체의 의미)이나 일(행동과 사건의 의미)의 조화라고 이해하는 것에 대해서 다음과 같이 썼다.

> 리는 각각의 사물이나 일이 완벽하게 들어맞는 지점일 뿐이다. 천지 만물에 오직 하나의 리가 있으며, 그것은 모든 행동과 사물에 퍼져 있다. 각각은 다르지만 깊이 파고들면, 각각은 완벽하게 들어맞는 지점을 가지고 있다. 이것이 바로 "만 가지 차이가 하나의 근본이고, 하나의 근본에서 만 가지 차이가 나온다"라고 한 것이다. 세 성인[요, 순, 우]이 말한 '중中' "중을 지키다允執厥中"라는 구절에서.[5]

---

5) 『서경』「대우모(大禹謨)」에 나와 있는 이른바 16자 심법, "人心惟危 道心惟微 惟精惟一 允執厥中"의 '윤집궐중'을 주희는 요가 순에게, 그리고 순이 우에게 천하를 전할 때 전수한 핵심 내용이라고 『중용』에

공자가 말한 "하나로 연결되다[一貫]" 그리고 『대학』에 말한 "지선至善"은 모두 이 같은 개념을 가리킨다.[27]

김이상의 하기 제문에서도 하기의 핵심 가르침으로 위의 리 개념에 대한 글을 정확히 인용했다.[28]

리라는 용어는 하기가 학의 핵심으로 간주한 것으로, 이 개념을 제대로 살펴보지 않을 수 없는 것이다. 리는 각각의 사물(또는 활동)이 고유하게 가지고 있는 것이지만, 동시에 모든 창조물에 하나로 존재한다. 정이는 이 명백한 모순을 해결하기 위해 두 가지 방식을 제시했다. 첫 번째 방식은 각 사물의 리는 고유하지만, 리들이 모여 통합된 체계를 이룬다는 관점이다. 예를 들어, "모든 길은 수도로 통한다"는 말처럼, 각 길은 고유하지만 결국 하나의 체계로 연결된다는 것이다. 두 번째 방식은 모든 리가 하나이며 동일한 리라는 관점이다. 각 길은 자신만의 경로를 가질 수 있지만, 모든 길은 길이라는 점에서 구조, 발전, 기능 면에서 동일하다. 윌라드 피터슨Willard Peterson이 주장한 리의 번역어 'coherence(통합성 또는 일관성)'는 이러한 두 가지 의미를 모두 담고 있다. 모든 길은 하나의 체계를 이루기 위해 통합되며, 각 사물의 고유한 조직의 통합성은 다른 사물 조직의 통합성과 동일한 통합성을 가진다.[29] 통합성은 이중적인 역할을 한다. 통합성은 개별 사물마다 고유하게 존재하면서 동시에 모든 사물에 함께 존재하고, 사물의 본질적 규범과 표준의 본성을 묘사한다. 각 사물은 고유한 통합성을

대한 설명에서 제시한다.

가지며, 이는 그 사물이 조직되고 기능해야 하는 방식이다. 그리고 이러한 통합성 덕분에 모든 사물은 다른 사물과 유사하다. 통합성은 하나이지만 다양한 형태로 나타난다. 하기가 특정 사물의 리를 "완벽한 적합성의 지점"이라고 언급할 때, 이는 통합적 조직을 의미하며, 하나의 리가 다양한 발현으로 나타나는 첫 번째 의미와 관련이 있다. 간단히 말하자면, 우주는 전체적으로 마땅히 있어야 할 방식이 있으며, 우주 안 각각의 사물도 그러하다. 이것은 모든 개별 사물을 초월하는 단일한 기초가 존재하기 때문이며, 이 기초는 모든 사물을 초월하지만 동시에 각각의 사물 안에 내재되어 표현된다. 하기에게 있어 리는 단순히 사물에 대한 어떤 주장("나는 이것이 마땅히 그러해야 한다고 생각한다")이 아니라, 사물에 내재된 필연적으로 발견 가능한 본질("반드시 이렇게 되어야만 한다")이다. 고대인들은 이를 다양한 방식으로 표현했고, 이는 신유학의 정주학파가 사용한 용어이며, "완벽한 적합성의 지점"은 하기가 선택한 설명이다.

리를 헤아리기 위해서는 올바른 정신적 자세가 필요했는데, 하기는 같은 제자에게 보낸 또 다른 편지에서 이렇게 설명한다. "고대로부터 성현들은 단지 경외하는 하나의 마음을 가졌을 뿐이다. 증자가 임종을 앞두고 다른 사람들과 대화할 때 이를 보여 주었다. 그는 평생을 신중하고 조심하며 보냈는데, 그것이 그가 살아온 방식이었다."[30] 그러나 관련 기록이 거의 남아 있지 않은 상황에서 하기를 정의한 인물은 왕백이며, 그의 주장은 김이상에 의해 반향을 얻었다. 송 말, 정주학파가 황제의 지원을 받으면서 정치적 야망을 가진 이들이 자신을 이 학파와 연관 짓고 싶어 하던 시기에, 하기는 주자의 저작을 올바르게 이해하는 데 전념하며 확고부동한 태도를 보였다. 그는 황간이 제시한 길을 꾸준히 따랐으며, 어떠한 관직 제의도 단호히 거절하였다. 왕백과 김이상은 '도의 전수'나 '도학'이라는 용어를 사용하지 않았다. 다만, 하기 외에 주자의 사상을 올바르게 이해한 사람은 없었다고 주장할 뿐이었다.

그렇다면 하기는 어떤 학문을 구현했는가? 왕백은 하기가 처음에는 과거시험 공부를 시작했으며 상당한 규모의 장서를 소유했지만, 황간이 그를 다른 길로 이끌었다고 서술한다.

황간은 하기와 그의 형제에게 마음의 참된 근원을 인식하는 힘든 작업을 가장 먼저 이루어야 한다고 가르치기 시작했다. 이 참된 근원은 그 후 상황에 따라 올바른 지침을 제공할 수 있게 된다. 하기는 이때 처음으로 정학程學을 배우게 되었다. 작별하며 황간은 그들에게 사서에 마음을 온전히 몰입하라고 일렀고, 그러면 도덕적 원리가 스스로 드러날 것이라고 말했다. 하기는 이 교훈을 결코 잊지 않았다.

> 수많은 책으로 둘러싸인 방에 앉아 주의 깊게 정신을 유지하며 하 선생은 마음을 정직하고 장엄하며 고요하고 통합된 상태로 집중시켰다. 그는 철저한 탐구와 세밀한 사고를 통해 이러한 통합성을 헤아렸다. 성현들의 미묘한 구절과 깊은 뜻에서 의문스럽거나 이해되지 않는 부분이 있을 때마다, 항상 마음을 차분히 가라앉히고 기운을 조절하며 평온하고 침착한 상태를 유지했다. 포기하거나 서두르지 않고, 스스로 연결될 때까지 기다렸다. 자신의 생각을 덧붙이지 않았으며, 남들보다 뛰어나기 위해 다른 입장을 세우지 않았다. 남들에게 맞추려 하지 않았으며, 거의 변하지 않았다.[31]

왕백은 하기의 바른 인격과 가족 및 지역사회에 대한 그의 행동, 그리고 황제까지 포함한 모든 사람들에게 얼마나 존경받았는지를 묘사하며 이야기를 이어 간다. 한가한 시간에 하기는 시를 짓고 책을 읽었다. 비록 은거 생활을 했지만, 그를 찾아온 학자들과 학문에 대해 논의하기도 했다. 그는 일부 경전과 북송 신유학 저작들에 대해 의견을 가지고 있었지만, 가장 많이 마음을 기울인 것은 주자와 사서였다. 처음에 그는 사서에 대한 주석들을 성현들의 어록語錄과 결합하려 시도하여 다양한 해석을 해 보았으나, 결국 그는 다음과 같은 결론에 이르렀다.

"최근 나는 사서를 공부하면서 도덕적 원리가 그 자체로 완전하며 그 뜻이 무궁무진하다는 것을 깨달았다. 반드시 은거하여 해당 책을 손에 들고 깊이 몰입해야만 그 요점을 이해할 수 있다. 하지만 여러 주석가들의 기록을 두루 살피려 한다면, 생각이 분산되고 더뎌질 것이다." 이는 말년에 그가 채택한 접근 방식이었으며, 여전히 황간이 그에게 일러 준 가르침과 일치하는 것이었다.[32]

이 기록의 나머지 부분은 1260년대에 도학을 존중하였던 이종理宗과 그의 후계자가 하기의 가치를 인정했지만, 하기는 번번이 관직 제안을 거절했다고 주장한다. 그는 당시 "리를 궁구하고 자신의 본성을 구현한다[窮理盡性]"는 데 전념했던 유일한 인물로 남아 있었다.

하기는 정신 수양에 대한 집중적인 몰입과 제한된 텍스트를 꾸준히 읽는 것만이 감정적, 지적 충족을 이루게 해 준다고 보았다. 이는 제3장에서 논의된 유서의 광범위하고 포괄적인 학습 방식과 대조를 이룬다. 유서는 통합적이고 일관된 관점을 추구한다는 점에서는 유사하지만, 하기는 그러한 관점이 자신이 몰두하는 어떤 것에서든 그 일관성을 드러내게 하려는 마음가짐을 발전시키는 데서 비롯된다고 생각했다. 반면, 유서는 특정 관심 분야에서 방대한 정보를 수집하고 분석할 수 있는 조직 원칙을 개발하는 데 초점을 맞췄다. 하기는 어떤 사물의 일관성을 보는 정신적 방법을 가졌지만, 유서의 방식은 진정으로 포괄하고자 한다면 계속해서 더 많은 책을 편찬해야 했다. 또한, 두 가지 중요한 차이점이 있다. 첫째, 반자목, 왕상지, 장여우는 특정 학자나 텍스트에 방법론적 권위를 부여하지 않는다. 이들은 학문을 존재의 철학이 아니라 정보의 조직으로 간주했다. 반면, 하기는 주희를 개인적인 헌신의 모범이자 방법론의 근원으로 삼았다.[33] 둘째, 유서는 누구나 자유롭게 활용할 수 있도록 접근성을 염두에 두고 작성되었다. 반면, 하기는 자신을 스승으로 삼은 사들로 구성된 배타적 공동체를 형성했으며, 이들은 주희의 가르침에 충실히 헌신할 것으로 기대되었다.

하기가 대표한 새로운 학의 길은 왕백이 그를 만난 후 방향을 바꾼 과정을 살펴볼 때 더욱 분명해진다.

왕백, 1197~1274

왕백의 제자이자 그의 문집 편집자인 김이상은 왕백의 할아버지 왕사유王師愈가 주희, 여조겸, 장식과 인연이 있었다고 언급하며, 왕사유의 아들이자 왕백의 아버지인 왕한王瀚이 주희와 여조겸에게 배웠다고 주장한다.[34] 그러나 왕백은 젊은 시절 도학에 주의를 기울이지 않았는데, 김이상은 이를 왕백의 아버지가 1211년에 요절한 탓으로 돌렸다. 왕백이 나이가 들면서 그는 과거시험 공부를 포기했지만, 이는 세련된 변려문騈儷文 문체로 명성을 얻고자 했기 때문이었다. 그는 그 후 고문 산문과 율시律詩로 방향을 바꾸고 문집을 만들어 냈다. 이후에야 그는 가족의 글에서 "스승과 벗의 전통의 시작을 깨달아[得師友淵源之緖敍]" 도학의 전통을 이해하기 시작했고, 주희의 학문에 대해 묻기 위해 다른 이들에게 도움을 요청했다.[35] 그중 한 사람인 양여립楊與立은 그에게 하기에 대해 알려 주었다. 하기를 만난 후, 왕백은 다음과 같이 말했다.

> 배우던 것을 완전히 버리고 하기에게 배웠다. 피상적인 것을 억누르고 본질적인 것으로 전환했으며, 어려운 것을 공략하며 심오한 것에 몰두했다. 탐구하던 것을 가끔 기록으로 남겼고, 『취정편就正編』이라고 이름 붙여 수정을 구하였다. 1234년까지 학문은 성과를 내었고, 덕행도 크게 발전했으며, 모든 것이 순수하게 올바른 데에서 비롯되었다.[36]

왕백의 후일 기록은 더 세밀한 뉘앙스를 담고 있다. "처음 학문에 몰두할 때는 뜻이 확고하지 않았다. 나를 올바르게 이끌어 줄 통찰력 있는 스승이나 좋은 벗도 없었다. 그저 시문과 역사에만 의지했을 뿐이었다."[37] 역사와 병서에 관심이 있던 그의 사촌은 그에게 이심전李心傳의 역사 저작 중 하나를 소개해 주었고, 왕백은 이를 베껴 쓰기도 했다. 그러나 이후 사촌은 주희의 『주자어류』를 내놓았고, "이때 처음으로 성인의 학문에 대한 올바른 길과 학문의 진전을 위한 적절한 순서를 알게 되었다. 이러한 생각들은 쉽게 잊히지 않았다. 나중에 내가 유염劉炎, 양여립, 하기에게 가서 가르침을 구했을 때는 이미 이락伊洛 학파 전통의 대강을 알고 있었다"라고 왕백은 회고했다.[38]

1234년, 서른여덟 살이 된 왕백은 학문적 전환을 선언하며 서재 이름을 노재魯齋라고 하였다. 이는 공자의 '노둔한[魯]' 제자 증자曾子처럼,[6] 재능이 부족한 사람도 필수적인 것을 이해하고 열심히 노력하면 자신을 변화시킬 수 있다는 의미였다. 젊은 시절 그는 제갈량諸葛亮의 행동 방식을 존경했으나, 서른여덟 살이 된 당시에도 학문의 참뜻이 무엇인지 몰랐고, 책은 많이 읽었으나 기억에 남는 것이 없었다.[39] 이듬해, 그는 자신을 설명하는 내용을 담은 글을 하기에게 가져가서, 자신의 서재인 노재에 걸릴 현판 명문의 형태로 하기의 승인을 받았다.[40] 1236년, 왕백은 세 명의 친구와 함께 시골로 가서 '강학'을 하기 시작했다. 그는 이곳에서 1244년까지 머물며[41] 독립적인 스승으로 자리 잡으려 했다. 같은 해, 그는 조정에 있는 아버지의 친구에게 편지를 보내 과거시험과 관직 추구를 그만두고 강학을 통해 성인의 도를 추구하겠다고 밝혔다.[42] 비슷한 시기에, 그는 여조겸의 아들 여연년呂延年에게 편지를 보내 무주의 이택서원을 부흥시키고 존경받는 학자를 원장으로 임명할 것을 제안했다.[43] 왕백은 아마도 자신이 그 자리를 노

---

[6] 『논어』 「태백(泰伯)」 편에서 공자는 증삼을 '노둔한 듯하다'고 평가하였다. 그러나 이는 그의 학문적 태도가 신중하고 성실했음을 나타내는 것이지, 그의 재능이나 지혜가 부족했음을 의미하지는 않는다고 해석되었다.

린 것 같으나, 곧바로 실현되지는 않았다. 1244년, 지부 조여등趙汝騰은 왕백을 언급하지 않고, 하기가 "주희의 학문을 잘한다"고 칭송했다.[44] 그러나 1251년, 새로운 지부이자 곧 승상이 될 채항蔡抗은 그 자리를 제안했으며, 왕백은 이를 하기를 위해 사양했지만, 하기가 수락을 권유하자 결국 받아들였다. 왕백의 목표는 처음에는 학생들의 요구와 맞지 않았던 듯하다. 그는 1245년, 하기에게 보낸 편지에서 강학에 대한 자신의 추구와 "성현들의 올바른 학문" 및 "선왕先王의 큰 도"를 좇는 것에 대해 지방의 평범한 사람들로부터 어리석다는 비난을 받았다고 밝혔다.[45] 아마도 그들은 과거시험 훈련을 원했기 때문이었을 것이다.

왕백이 도학에서 발견한 것

왕백은 1234년 서재 이름으로 '노재'를 쓴 이유를 설명하며 『논어』의 두 구절을 언급했다. 첫 번째 구절에서 공자는 자공子貢에게 묻는다. "너는 내가 많이 배우고 그것을 아는 사람이라고 생각하느냐?" 자공이 대답한다. "예, 그렇지 않습니까?" 공자가 말한다. "그렇지 않다. 나는 한 가지로 모든 것을 꿰뚫는다[子一以貫之]"(『논어』 15.3). 자공은 매우 영리한 제자였지만, 여기서 그는 틀렸다. 반면, 증자는 아무리 '노둔하다'고 해도, 공자가 "나의 도는 한 가지로 모든 것을 꿰뚫는다[吾道一以貫之]"라고 말했을 때, 단순히 "예"라고 대답했다(『논어』 4.15). 사람들이 이해하지 못한 점은, 증자의 "예"라는 대답이 오랜 시간의 노력에서 비롯되었다는 것이다. "원래 노둔한 기질만으로는 도를 깨닫기 어렵다. 그럼에도 그가 도를 깨달았던 이유는, 자신의 기질이 노둔하다는 데 안주하지 않았기 때문이다. 일반적으로 타고난 기질의 편향은 가장 변화시키기 어려운 것이다." 증자는 "예"라는 대답에 도달하기 위해 백배의 노력을 기울였다. 과제는 타고난 성품을 노력으로 변화시키는 것이다. 이는 가능한 일인데, 그 이유는 다음과 같다.

> 하늘이 사람을 낼 때 각자에게 인仁, 의義, 예禮, 지智라는 리를 부여한다. 이 네 가지는 그 안에 뿌리박고 있다. 선하지 않은 것은 없다. 이것이 바로 '하늘이 명한 본성[天命之性]'이라고 불리는 것이다. 음과 양, 그리고 오행五行이 작용할 때, 육체적 기질은 다양한 방식으로 형성되며, 그 강도와 질, 그리고 영리함과 예리함의 차이가 불가피하게 생긴다. 그러나 하늘이 명한 본성은 여전히 그가 존재하기 위해 받은 기氣 안에 자리 잡고 있다.[46]

1237년, 왕백은 고대 문헌을 통해 학문을 배우는 과정을 다음과 같이 설명했다.

> 나는 우리 유학이 본체와 작용을 가진다고 생각한다. 그 본체는 요, 순, 우, 탕湯, 문왕文王, 무왕武王, 주공周公, 공자, 맹자의 문헌으로, 이는 격물格物, 치지致知, 성의誠意, 정심正心, 수신修身을 하는 데 있어서의 정수를 담고 있다. 그 작용은 가정을 화목하게 하고[齊家], 나라를 잘 다스리며[治國], 천하를 평안하게 하는[平天下] 것이다. 가정을 화목하게 하는 것은 분명 내 힘으로 할 수 있는 일이다. 하지만 나라를 잘 다스리고 천하를 평안하게 하는 일은 그런 길을 선택할 수밖에 없었던 사람들이 분명 있었을 것이다. 이는 스스로 구할 수 없다. 기회를 보아 얻을 수 있는 것이 아니니, [내가 관직에 나아가는 것

은 모두가 하늘의 뜻에 달린 문제이다.⁴⁷

1247년, 왕백은 수도에 있는 채항에게 삼촌 왕간王僩을 통해 메시지를 보냈다. 그는 자신이 세상과 정부에 관심이 없는 것이 아니라고 밝혔다. 성현의 도를 배우는 사람들 역시 천하와 국가에 대한 책임이 있다고 보았기 때문이다. 그러나 비교할 만한 사례로 주나라 말기를 들 수 있는데, 당시 제후들은 오직 '부국강병富國强兵'에만 관심이 있었던 시절이다. 그러나 공자는 "군주는 군주답게, 신하는 신하답게, 아버지는 아버지답게, 아들은 아들답게 행동해야 한다[君君臣臣父父子子]"는 어리석고 중요하지 않아 보이는 가르침을 전했다. 오늘날 도덕적 행동은 무시되고 군신의 의무는 폐기되었으며, 가문은 혼란에 빠지고, 이민족들이 공격해 들어온다. 그는 책임감을 느끼며, 비도덕성이라는 근본적인 문제를 해결함으로써 세상을 구하려고 노력하고 있다.⁴⁸

왕백은 사립 서원이 매우 유행하던 시기에 학문을 가르쳤으며, 주현의 관학들이 서원의 모델을 따르고 있다고 주장하기도 했다. "그들 모두 공자와 맹자를 스승으로 삼고, 주돈이와 정이를 존숭한다. 모두 국가가 인재를 양성하는 곳이다."⁴⁹ 그는 지역 정부와 국가적 문제에 대해 관리들에게 편지를 쓰기도 했지만,⁵⁰ 1260년대 초에는 다른 학자들과 마찬가지로 도학과 이에 대한 국가의 인식이 송나라의 역사적 업적을 정의한다고 주장하고 있었다.

우리의 국가가 한과 당을 훨씬 능가할 수 있었던 이유가 주돈이 선생이 만세

도학의 전수를 열어 주었기 때문이라고 생각한다. 또한, 정씨 형제와 함께 도덕적 원리가 크게 밝아졌고 과거의 것을 완전히 부정했기 때문이다. 지금의 성군聖君의 덕행은 충분히 묘사하기 어려울 정도로 위대하지만, 그가 사회의 도와 관련해 이룬 가장 중요한 일들 중에는 오자五子[7]를 문묘에 부사하도록 한 것, 도학을 존숭한 것, 사서를 널리 알린 것, 그리고 왕안석과 그의 아들에 대한 제사를 중단시킨 것이 가장 크다.[51]

이러한 점에서 왕백은 왕조의 역사 편찬에서 신유학 대가들을 단순히 열전으로 묶는 것에 반대했다(결국 그렇게 되었지만). 그는 역사 서술의 지志 부분에 '도학지道學志'라는 새로운 장을 만들어 이 학파를 국가의 주요 사안 중 하나로 인식해야 한다고 주장했다.

도통, 즉 진정한 학의 전수가 개별 학자들을 통해 이루어지는 것은 그들을 고대 성현과 동등하게 만들며, 그들의 업적은 생명이 가능하게 하는 천지의 과정과도 같다.

음양은 천도天道를 세우고, 강유剛柔는 지도地道를 세운다. 사계절이 이를 통해 진행되고, 만물이 이를 통해 생성된다. 이것이 천지의 도통이 아니겠는가? 성인은 인仁과 의義로 가르침을 세운다. 그는 천지에 마음을 세우고, 백성에게 도를 세운다. 이를 통해 잃어버린 학문을 이어받아 태평의 길을 열어 준다. 이것이 성인의 도통이다.

---

7) 주돈이, 소옹, 장재, 정호, 정이를 말한다.

도통이라는 용어는 고대에 존재하지 않았으며, 최근에 등장한 개념이다. 따라서 주자가 『중용』 서문을 작성할 때 가장 우려했던 것은 도통이 전수되지 않을까 하는 것이었다. 이는 사회의 미래에 대한 그의 깊은 염려를 보여 준다.[52]

왕백에게 정주학파의 도학은 하나의 학문 방법론을 제공했다. 그는 이 방법을 태주의 상채서원上蔡書院에서 행한 강연에서 가르쳤으며, 이 강연은 유일하게 남아 있는 그의 강연 기록이다. 이 서원의 이름은 정이의 제자 사량좌謝良佐[8]한테서 유래했다. 이 강연에서 그는 학문이 내적으로는 정신적으로 집중하고 외적으로는 지식을 확장하는 방식을 결합함으로써 진행된다는 생각을 상세히 전개했다. 내적 과정은 평정을 유지하고 마음을 집중하는 심신 수련이며, 외적 과정은 책을 읽고, 역사적 인물들을 논의하고 판단하며, 이를 바탕으로 사건에 대응하는 방식을 배우는 것이다. 그러나 그는 주자가 이미 설명했듯이, 이것이 무언가를 주입하는 과정이 아니라, 이미 자신의 마음에 있는 '본체本體'를 실현하는 과정이라고 강조했다.[53]

두더지가 되고 싶었던 여우

하기는 이사야 벌린Isaiah Berlin이 사상가를 "한 가지 큰 것을 아는 고슴도

---

8) 사량좌(1050~1103)는 북송의 학자로, 자는 현도(顯道)이다. 상채(上蔡) 출신으로 '상채 선생'이라 불린다. 정호, 정이 형제에게 수학하였으며, '정문 사선생(程門四先生)'으로 꼽힌다. 그의 학문은 정호의 심성론에 가깝고 '경(敬)'을 수양의 핵심으로 삼았으며, 주희도 그를 높이 평가하였다. 『논어설(論語說)』 등의 저술이 있다.

치"와 "여러 가지를 아는 여우"로 나눈 구분에[9] 잘 들어맞는다. 그는 주희의 가르침을 올바르게 이해하는 것을 목표로 했다. 반면, 문학적 소양과 역사적 관심을 가진 인물이었으며, 제갈량처럼 영웅이 되고자 했던 왕백은 자신이 도학으로 전환했다고 주장했다. 이는 '여우가 고슴도치가 된 경우'라 할 수 있다. 그러나 그의 저작 목록에는 오경과 사서, 역사적 주제, 철학적 저작(주로 자신의 저작과 주희의 저작), 문학에 관한 최소 88개의 제목이 포함되어 있다(부록 4.1 참조). 이는 결국 왕백이 또 다른 하기가 될 수 없었음을 보여 준다.

하기가 주희의 가르침을 정확히 이해하려는 열망과 왕백이 주희에 접근하는 방식을 비교하면 두 사람의 차이를 명확히 알 수 있다. 하기는 주희의 『역학계몽』을 해석하며 『주역』을 일관된 작업으로 보았고, 『주역』의 여러 층위로 쌓인 텍스트들이 서로 조화롭다고 여겼다. 주희는 이를 명확히 하며 "다양한 유학자들의 잘못된 이론을 완전히 제거하고, [원래의 층위를 만들어 낸] 네 성인[10]의 본심을 파악했다"고 평가했다.[54] 왕백은 하기가 사망한 후 그의 저작에 서문을 쓰면서 하기의 업적을 인정하며, 하기가 "주희의 작업에 스스로 한 글자도 더하지 않았다[不敢自加一字]"고 언급했다. 그러나 왕백의 초점은 『주역』의 통합성에 있지 않았다. 대신 그는 한 사람만으로는 완전히 할 수 없는 작업인 『주역』의 점진적인 구성 과정에

---

9) 이사야 벌린(1909~1997)의 철학 에세이 『The Hedgehog and The Fox: An Essay on Tolstoy's View of History』에서 이야기한 사상가의 구분을 말한다. 인간의 사유와 창작 방식에 대한 독창적인 비유를 통해 사상가와 작가들을 분류한 글이다. 이 글은 본래 1953년에 발표되었으며, 러시아 문학가 톨스토이를 중심으로 전개된다.

10) 복희, 문왕, 주공, 공자를 말한다.

주목했으며, 그 과정에서는 누구도 전체를 단독으로 파악할 수 없었다는 점이다.

> 텅 비고 흔적이 없으나, 이미 만상의 모습이 완전히 갖추어져 있었다. 풍기風氣가 점차 열리었고, 인간의 모범[人文]이 점차 분명해졌다. 이것은 단 한 명의 성인이나 단 한 명의 현자가 완전히 드러낼 수 있는 일이 아니었다.…『주역』이라는 책은 고대의 세 시대와 네 성인을 거쳐야만 완성될 수 있었다. 내 생각에, 이는 단 한 시대에서 완성될 수 있는 것이 아니었다. 문왕이 후천의 괘를 변화시켰을 때, 선천의 역은 거의 잃어버릴 뻔했다. 「계사전」이 도덕적 원리의 심오함을 해설했을 때, 점괘의 기능은 거의 숨겨졌다. 후대 사람들은 이를 통합하고 하나로 볼 수 없었다. 그 이후로 도덕적 원리를 중시한 사람들은 문자적 표현에 몰두하고, 점괘를 중시한 사람들은 숫자 풀이에 빠지면서『주역』의 도는 분열되었다.[55]

왕백은 주희에 대해 비슷한 태도를 취한다. 한편으로 그는 주희가 명확히 정의한 학문 방법론, 즉 도학이 올바르고 보편적이라는 것을 인정한다. 그러나 다른 한편으로 그는 주희의 고대 유교 경전에 대한 연구를 자신이 이어 갈 수 있는 과정의 일부로 본다. 왕백은 주희가 최종적인 결론을 내렸으며, 이제 사들이 오로지 주희가 가르친 것을 실천하는 데만 전념해야 한다는 생각을 받아들이지 않았다. 그는 자신을『중용』,『대학』,『서경』,『시경』의 원래 텍스트를 복원하려는 오랜 전통에 참여하는 사람으로 본다. 왕백이『시경』에서 36편의 시를 제거한 작업은 이후로도 끊임없이 논란이 되어 왔다. 그의 저작에는 『시의詩疑』, 『서의書疑』, 『예의禮疑』, 『대학의大學疑』, 『역의易疑』 등이 포함되어 있다.⁵⁶

따라서 왕백은 주희의 작업에 기반을 둔 학파로서의 도학에 헌신한 인물로 스스로를 자리매김했다. 그는 또한 방대한 학문적 업적을 통해 자신이 주희의 학자로서의 후계자임을 시사하고 있다. 주희는 사서와 일부 경전에 대한 권위 있는 주석가일 뿐 아니라 역사, 철학적 학파, 문학에 대해서도 저술했다. 마찬가지로 왕백도 그러했으며, 그의 제자인 김이상도 같은 길을 걸었다.

김이상, 1232~1303

김이상의 전기에 따르면, 그는 1250년 열여덟의 나이로 부시府試에 합격하여 국자감의 학생 자격을 얻은 뒤 과거 공부를 그만두기로 결정했다.⁵⁷ 1253년, 그는 주희에 대한 권위자로 알려진 하기를 만나기 위해 방법을 찾고 있었다. 그러나 그는 대신 왕백에게 보내졌고, 그에게 '학의 방법'에 대해 물었다.

왕백은 이렇게 말했다. "뜻을 굳게 하라. 선유先儒 호안국胡安國은 '경敬을 지켜 뜻을 유지하고, 뜻을 굳게 하여 기초를 세워라'라고 했다. 뜻은 사건이나 사물과 관계없이 독립적으로 굳혀야 하며, 경은 사건과 사물에 따라 작용한다." 김이상이 독서의 단계에 대해 더 묻자, 왕백은 다음과 같이 대답했다.

"사서부터 시작하라."[58]

그러나 왕백을 통해 하기를 만날 수 있었고, 그는 두 사람 모두의 제자가 되었다. 김이상은 하기를 기리며 이렇게 적었다.

스승의 학문은 성현의 올바른 전승을 얻었다. 요와 순에서 공자, 증자, 자사, 맹자로 이어졌으며, 이후 또 1,500~1,600년이 지나 정씨 형제와 주자가 있었다. 정씨 형제는 '우리는 이것으로 전한다'라고 말했고, 주자는 '우리는 저것에서 이해했다'라고 말했다. 전승된 것은 무엇인가? 그것은 사물과 일들에 흩어져 있는 단일한 리[一理]이다. 모든 것은 실재적이며 비어 있지 않다. 모든 사물과 일은 예외 없이 완벽히 들어맞는 지점이 있다. 이것이 바로 '만 가지 차이, 하나의 뿌리, 하나의 뿌리, 만 가지 차이'라 불리는 것이다. 스승이 주자의 말씀을 편찬하고 이를 해석함으로써 이런저런 해석의 과잉이 제거되었고, 주자의 말씀이 완전해졌다. 이러한 학문은 참된 마음과 끊임없는 노력 없이는 배울 수 없다.[59]

하기는 주희를 진정으로 이해했지만, 그것은 고대 성현들과 도학 대가들의 근본적인 가르침에 비하면 부차적인 것이었다. 그 가르침이란 세상은 통합적이며, 모든 것은 마땅히 있어야 할 방식이 있다는 것이다.

하기의 뒤를 이은 사람은 왕백이었다. 김이상은 왕백이 사망했을 때 다음과 같이 주장했다.

주희가 사망하면서 도는 땅으로 흩어졌다. 그 전승은 하기로 이어졌고… [왕백]은 올바른 전승을 받았다. 그는 뜻을 세우고 공경 속에 머물렀다. 도를 들은 후 그는 [영웅이 되고자 하는] 욕망에서 물러났다. 안회顔回처럼 이기심을 극복하고, 증자처럼 결단력 있게 어려움을 돌파하며 깊이를 탐구했다. 그는 높은 곳에서 관찰하며 널리 이해했다. 모든 사물과 일에서 그가 헤아리지 못한 리는 없었다. 경전에 대한 최종 판단을 내리면서, [『서경』의] 오류를 수정하고 [『시경』의] 음탕한 부분을 제거했다. 그는 수많은 주장들을 구별하고, 성인을 올바른 기준으로 삼았다. 그는 많은 현상을 탐구했으며, 만 가지 변화를 모두 통합해 하나의 일관된 리로 결합했다.[60]

왕백 역시 이러한 통합된 통일성을 보는 데 헌신했지만, 그는 경전에 대한 학문적 연구와 현상 세계 탐구에 더 관심을 가졌다. 주희를 올바르게 이해하는 것은 더 이상 문제가 아니었으며, 그를 보완하는 것은 여전히 가능했다.

1260년대, 김이상은 인근 부府에 있는 조어서원 釣魚書院의 원장이 되어 일했다. 그는 국가 방어를 위한 제안을 들고 항주로 갔지만 거절당했다. 원나라의 침공 직전에 그는 관직과 명목상의 학술직을 받았으나, 할 수 있는 일이 없었고 결국 산으로 도피했다. 그는 이후 25년 동안 몽골 지배하에서 살며 글을 쓰고 가르치며 생계를 유지했다.[61] 그의 네 권의 산문집은 일부만 남아 있지만, 주요 저작 대부분은 현존한다. 그의 행적 기록에는 다음과 같은 내용이 포함되어 있다.[62]

『상서표주尚書表註』 2장: 현존

『대학소의大學疏義』 1장: 현존

『대학지의大學脂義』: 일실

『논맹집주고증論孟集註考證』 17장: 현존

『자치통감전편資治通鑑前篇』 18장: 현존

『근사록발휘近思錄發揮』: 하기가 왕몽汪蒙, 유탁俞卓과 함께 작업한 것

『작비존고昨非存稿』: 1251~1271년 내용을 다룸, 일실

『인산신고仁山新稿』: 1271~1275년 내용을 다룸, 일실

『인산난고仁山亂稿』: 1276년 이후, 일실

『인산억고仁山臆稿』: 1292년 이후, 일실

이 목록에 없는 중요한 저작 중 하나는 신유학 시집인 『염락풍아濂洛風雅』로, 총 6장 구성이다.[63] 김이상의 저작 대부분은 제자이자 문학적 유언 집행자인 허겸에게 남긴 필사본에 담겨 있었으며, 출판은 서건의 손에 맡겨졌다.

경전

유관은 김이상이 왕백처럼 도학에 대한 헌신과 전통적인 폭넓은 학문을 결합했다고 주장한다. "스승은 오랫동안 세상을 바로잡고자 하는 큰 포부를 품고 있었고, 특히 학문에 정진하였다. 그는 천문, 지리, 예악, 형벌과 법률, 농업과 교통, 군사 전략과 전술, 음양과 역법의 세부 사항을 탐구하며 자신의 유용함을 최대한 확장하려 했다."[64] 그러나 그의 저작들은 현

상 세계에 대한 호기심보다는 주희의 저작 틀 안에서 텍스트로 초점이 좁아지는 경향을 보여 준다.

예를 들어, 『대학소의』는 주희의 주석에서 벗어나지 않으면서도, 김이상이 자신의 말로 이를 확장하여 『대학』의 각 문장과 문장 간의 논리적 연결을 최대한 명확히 설명한다. 다음은 격물格物(사물의 이치를 탐구함)과 치지致知의 관계에 대한 한 구절로, 여기서 그는 마음속에 이미 존재하는 리의 앎에 대한 도학의 근본적인 주장을 다룬다. 따라서 외부 세계의 사물과 활동에 대한 지식 확장은 마음이 이미 소유한 것을 인식해 가는 과정이라는 것이다. 주희의 주석에서 온 구절은 밑줄로 표시하였다.

그러나 치지의 방법은 격물에 존재한다. 그것은 '먼저 격물을 해야 한다'고 말하지 않고, '격물에 존재한다'고 말한다. 이는 마음이 아는 것이 사물과 활동의 리이기 때문이다. 그러나 사물과 활동의 리는 본래 내 마음의 앎에 이미 완전히 존재한다. 단지 내가 사물과 활동의 리를 격格하지 못하면 내 마음의 앎을 완수할 수 없을 뿐이다. 그러므로 '치지는 격물에 존재한다'고 말한다. 격물은 내가 지식을 확장하는 방법이다. 이것은 두 가지 별개의 것이 아니다. <u>사물[物]은 활동과 같다. 나는 사물과 활동의 리를 탐구한다. 나는 궁극의 모든 지점에 도달하기를 원한다.</u> 사물과 활동의 리를 탐구한다는 것이 무엇을 의미하는가? 격물은 리를 탐구하는 것이다. <u>모든 궁극적인 지점에 도달한다는 것은 무엇을 의미하는가?</u> 궁극의 지점은 완전한 선이다. <u>사물과 활동의 리는 무엇을 의미하는가?</u> 사물과 활동은 마음, 몸, 가정, 국가, 천하의 사물과 활동이다. 이제 『대학』의 규모는 크지만, 『대학』의 핵심은 단 두 가지이다. (1) 지식을 확장하고 격물할 것. 그리고 ⑵ 마음을 바르게 하고 뜻을 성실히 할 것. 마음을 바르게 하고 뜻을 성실히 하는 것은 개인, 가정, 국가, 천하의 기초가 형성되는 근본이다. 만약 내가 지식을 확장하고 격물한다면, 마음, 개인, 가정, 국가, 천하의 리가 완전히 드러날 것이다.[65]

김이상은 마음, 개인, 가정, 국가, 천하의 활동 각각에서 그 리를 헤아려야 하는 이유를 하나씩 상세히 설명한다. 그런 다음, 리를 헤아리는 방법에 대해 설명하는데, 사유를 통해, 일상의 실천 속에서 그것을 살펴봄으로써 경전 및 성현의 언행에서 리를 구함으로써 과거와 현재의 질서와 혼란, 역사적 인물들의 옳고 그름을 조사함으로써 이루어진다. "모든 활동과 모든 사물에서, [학자는] 그것을 확장하고 헤아린다[卽事卽物, 推而窮之]." 그렇다면 "그것"이란 무엇인가? "각각의 경우에서 그것이 왜 그러한지를, 그리고 완전한 선이 존재하며 변할 수 없는 지점을 함께 찾으라. 이것이 바로 격물이다."[66] 격물이란 단순히 어떤 것이 그러한 이유를 이해하는 것만이 아니라, 그것이 어떠해야 하는지를 이해하는 것이다.

김이상의 제자인 허겸은 1301년, 김이상으로부터 받은 핵심적인 가르침을 다음과 같이 회상했다. "우리 유儒의 학이란 리는 단일하지만, 발현은 다양하다는 것이다. 리가 단일하지 않을까 염려하지 말라. 어려운 것은 발현의 다양성이다."[67] 김이상은 발현의 다양성에 관심을 두었다. 그러나 리의 단일성의 전제는, 무엇이 어떠해야만 하는지, 즉 완전하고 변할 수 없는 선善을 아는 것이 필수적이다. 그의 스승 왕백은 다음과 같은 설명을 통해, 주돈이의 모든 창조물이 단일한 태극太極(궁극의 원리)에서 비롯된다는 생각이 "리는 단일하지만 발현은 다양하다"는 개념과 동일함을 보여 주었다.

> 모든 것을 함께 묶는 것은 단일한 태극이다. 이것이 바로 '리는 단일하다'는 뜻이다. 모든 개별 사물과 활동은 각자의 단일한 태극을 가진다. 이것이 '발현은 다양하다'는 뜻이다. 『주역』「계사전」에서는 '역易에는 태극이 있다'고 말한다. 이것이 바로 『주역』에서의 '리는 단일하다'는 뜻이다. … [모든 괘, 효, 그리고 각 점괘는 단일한 태극을 가진다.] 이것이 『주역』에서의 '발현은 다양하다'는 뜻이다. … 사람의 몸에 비유하면, 사지와 백골, 통증과 가려움은 모두 하나의 몸으로 연결되어 있다. 곧 단일한 기氣로 이루어져 있으며 민감하게 반응한다는 뜻이다. 이들이 모두 내 몸을 구성하듯, 리는 단일하다. 그러나 눈이 보고 귀가 듣고, 손이 잡고, 발이 걷고, 입이 말하고, 마음이 사고할 때, 각각은 서로를 대신할 수 없다. 머리와 눈은 손과 발보다 더 강해야 하고, 심장과 위장은 사지보다 더 중요해야 한다. 발이 머리 위에 올려질 수 없고, 모자는 신발과 같을 수 없다. 왜 그런가? 리는 발현이 다양하기 때문이다. '리는 단일하다'는 이야기하기 쉽다. 하지만 '발현은 다양하다'는 설명하기 쉽지 않다. 이것이 바로 학자가 지식을 확장하고 사물을 탐구하는 것이 최우선이 되어야 하는 이유이다.[68]

김이상은 『대학』에 대한 저술에서, 텍스트(주희의 해석에 따른)가 의미하는 바를 상세하고 이해하기 쉽게 설명했다. 그러나 일부 경우에는 도학에 학문적 기여를 하고자 하는 의도도 있었다. 다른 두 개의 저작이 이러한 기여를 보여 준다. 『상서표주』는 김이상의 다양한 주석, 의미에 대한 해설, 텍스트 구조에 관한 논평 등을 본문 바깥 여백에 배치했다. 김이상은 『상서』의 두 가지 판본(고문과 금문)에 대한 논쟁을 언급했으나, 전통적인 고문을 의심하며 금문만 포함한 판본을 제작한 같은 시대 강서江西의 신유학자 오징吳澄[11]과는 달리, 김이상은 전통적인 판본을 유지했으나 전통적인 주석은 따르지 않았다. 김이상은 주희의 제자인 채침蔡沈이 주석을 남겼음을 알고 있었지만, 이 주석은 주희 사후에 작성되었고 주희의 공식 승인을 받지 못했기 때문에 여전히 열려 있는 것이라고 보았다. 김이상의 목표 중 하나는 도학을 텍스트에 적용할 때 그 의미가 명확해진다는 것을 보여 주는 것이었다.

천지가 우리의 문[사문 斯文]을 열어 주셨으니 이는 다행스러운 일이다. 주돈이, 정씨 형제, 장재, 주희는 서로의 작업을 기반으로 작업을 이어 갔다. 비록 주석판이 완전하지는 않았으나 도덕적 원리는 매우 분명했으며, 성현들의 마음이 전수되는 것을 관찰할 수 있었다. 제왕들의 실천은 쉽게 드러났다.[69]

그 예로, 김이상은 표주에서 순이 우에게 네 가지 충고를 전하는 구절

---

11) 오징(1249~1333)은 강서성 무주(撫州)에서 태어났다. 주희의 학을 공부했지만, 주희의 학설에만 국한되지 않고 다양한 학문적 관점을 수용하였다. 주륙절충(朱陸折衷)을 지향한 것으로도 평가된다. 평생 교육에 헌신하여, 약 60여 년간의 교직 생활 동안 수천 명의 제자를 길렀다고 전해진다. 강남 지역에서 활동 하였지만 다수의 북방 지역 출신 제자들이 있었으며, 원의 남북 간의 문화 및 학술 교류에 공헌했다. 시호는 문정(文正)이다. 오징은 허형과 나란히 "북허남오(北許南吳)"로 불리며, 평생을 원에서 유학의 전파와 발전에 헌신하였다. 일부 학자들은 그를 송대 학자 육구연과 명대 학자 왕양명을 잇는 가교로 평가하기도 한다. 저술은 『오문정공전집(吳文正公全集)』이 전한다.

을 다뤘다. 이는 요가 순에게 "중용을 지켜라[允執其中]"는 한 문장의 충고를 전한 것에서 발전된 것이다.

요가 순에게 "중용을 지켜라"고 말하며 [세상을] 물려준 것은 세상을 다스리는 기준을 준 것이다. 한 사람이 세상을 다스리는 것은 이 기준을 사용하여 부족하거나 지나치지 않도록 세상을 다스리는 데 달려 있다. 그러면 그는 모든 일에서 성공할 것이다. 순이 이를 우에게 물려줄 때, 그는 세 문구를 추가하며 중용을 지키는 본보기를 더욱 발전시켜 주었다.

이제, 이 [기준]의 사용이 중용과 일치하지 않을 때는 마음에 리와 욕망이 섞여 있고, 그것들 사이를 구별하지 못했기 때문이다. 기氣는 리가 포함하고 있는 것이고, 쉽게 욕망으로 흐를 수 있는 것이다. 그러므로 사람은 "위태로운 상태[危]"에 처한다. 리는 기에 포함되어 있지만, 만약 그것이 충만하지 않으면 희미해진다. 그래서 그것은 "미세하게 보일 뿐[微]"이다.

리와 기는 함께 마음을 이룬다. 마음은 단일하다. 그러나 발생하는 인식과 의도는 서로 다르다. '인심人心'은 기에서 비롯된 인식이고, '도심道心'은 리에서 비롯된 인식이다. 순이 먼저 도심을 언급한 것은 도심이 미세하게 보일 수밖에 없는 이유가 인심의 위태로움이 도심을 미세하게 만들 수 있기 때문이었을 것이다. "분별하라[精]." 그렇게 해서 그는 두 가지의 차이를 살피고, 그것들이 섞이지 않도록 한다. "하나로 통합하라[一]." 그렇게 해서 그는 본래 마음의 올바름을 지키고, 그것에서 벗어나지 않는다. 이 두 가지가 그로 하여금 중용을 깨닫게 한다. 중용은 도의 작용이다.[70]

그러나 이것은 김이상의 독창적인 기여가 아니다. 이는 단순히 주희가 『중용장구』의 서문에서 네 문구를 해설한 것을 상세히 풀이한 것이다.

『논맹집주고증』에서는 더 야심찬 접근을 보여 준다. 여기에서 김이상은 여러 점에서 주희와 의견이 다를 수 있음을 기꺼이 인정하고 주석을 수정하기도 한다. 그러나 대체로 그는 주희의 제자들이 질문하지 않았던 점들을 다루고, 주희가 주석을 달지 않은 사물의 명칭에 대해 주석을 제공하며, 무엇보다도 주희의 텍스트 해석을 상세히 설명하는 데 만족한다.[71] 『논어』 첫 문장에 대한 주희의 주석(인용문은 고딕 글씨로 표시)에 대해 김이상이 논평한 사례가 그 예이다.

"**학學은 본받는 것[效]을 의미한다.**" 이는 장식의 언급이다. 성조는 제4성이다.[12] 의미에서 발음을 취한 것이 정확하다. 또한, 고문에서는 학學을 '효敩'[모방하다]라고 썼다. 『주역』에서는 "그것과 비교하고 본받는 것이 형상을 취한다는 뜻이다"라고 말한다. 따라서 본받는다는 것은 형상 본뜨기를 의미한다. 인간의 본성은 모두 선하지만, 깨달음에 있어서는 누군가가 앞서고 다른 이는 뒤따른다. 이는 그들이 배워야 할 바를 암시한다. 나중에 깨닫는 사람들은 먼저 깨달은 사람들이 하는 일을 본받아야 한다. 이는 학의 방법을 지적한다. 선을 보고 본래의 본성을 회복하는 것이 학의 효과이다. 첫 문장은 [주석의] 다음 세 문장을 해설한다. 자세한 내용은 『논맹집주고증』의 편집 원칙을 참조하라.

---

12) 중국어 성조에서 '效'가 제4성이란 뜻이다.

"먼저 깨달은 사람들이 하는 일을 본받아라." 고대 사람들이 학에 몰두할 때, 그들은 먼저 뛰어난 이들의 학을 따랐다. 이것이 위에서 말한 "먼저 깨달은 사람들이 하는 일"이다. 이는 일을 행함에 있어 언어와 제도를 실천하는 것이었다. 『시경』, 『서경』, 육예의 텍스트는 모두 "먼저 깨달은 사람들이 한 일"이다. 주희는 『혹문或問』에서 학에 대해 논의하면서 '앎[知]'과 '할 수 있음[能]'을 구분했다. 『집주集註』는 이를 함께 논의한다. '깨닫는 것[覺]'은 '앎'을 의미하며, '함[爲]'은 '할 수 있음'을 의미한다. 선을 본다는 것은 앎을 의미하며, 본원을 회복한다는 것은 할 수 있음을 의미한다. 여기서 사용된 문구의 의미는 두 가지 생각을 결합한 것이다. "먼저 깨달은 사람들이 하는 일을 본받아라"라는 문장은 특히 명확하고 완전하다. 성현은 먼저 깨달은 사람들이다. 그들은 알고 이를 행할 수 있다. 앎과 행함은 하나이다. 나중에 깨달은 사람들이 성현을 본받는 방법은 반드시 그들이 [알고 있는 것이 아니라] 행한 것을 기반으로 본받는 것이어야 한다. 왜냐하면 그들의 말, 행동, 제도 속에서 그들은 그 [앎을] 형상으로 구현하고 있기 때문이다.[72]

이 점은 김이상의 위치와 직접적으로 관련이 있다. 그는 "먼저 깨달은 사람들" 중 하나로, 다른 이들에게 본보기가 된다. 그러나 그가 깨닫고 있는 것은 주희가 단 주석의 의미이다.

역사

김이상은 『자치통감전편』을 집필하는 데 30년을 보냈다.[73] 이는 그의 가장 중요한 학술적 저작이다. 다음 유관의 설명은 김이상의 서문 내용에 충실하다.

『자치통감』을 집필할 때, 사마광은 『춘추』를 본받아 연대와 왕조를 기록했다. 그러나 비서승秘書丞 유서劉恕가 쓴 『자치통감외기資治通鑑外紀』[13)는 이전의 사건들을 기록하였으나, 경전을 지침으로 삼지 않고 제자백가의 저술에 나오는 진술들을 믿었다. [그의] 옳고 그름[에 대한 판단은] 성현들의 기준에 어긋났고, 신뢰할 만한 것을 전할 수 없었다. [고대의 성왕인] 요 이전의 시기[에 대한 문헌]는 공자의 편집 과정을 거치지 않았으며, 원시적 시기로 사실을 입증하기 어렵다. 공자는 『춘추』를 『노사魯史』를 바탕으로 편찬했는데, 이는 노나라 은공隱公 원년, 즉 주나라 평왕平王 49년부터 시작되었다. 『노사』에는 [주왕실이나 다른 제후국에서] 옥과 비단을 전달한 사신이 없을 때는 왕실이나 다른 국가의 사건들이 기록되지 않았다. 따라서 성인이 어떤 부분을 의도적으로 기록하거나 생략했는지를 어떻게 알 수 있겠는가? 또한, 『춘추좌전』의 기록 중 일부는 불완전하고 일부는 허위이다. 이러한 경우, 단지 경전을 해석한다는 이유로 [받아들일 수] 없다. 그래서 [김이상은] 소옹邵雍의 『황극경세서皇極經世書』와 호굉胡宏의 『황왕대기皇王大紀』[14)를 모델로 삼아 약간의 변경을 가했다. 그는 『서경』을 주된 자료로 삼고, 그다음으로 『시경』, 『예기』, 『춘추』를 활용했으며, 옛 역사책과 제자백가의 저술을 참조했다. 그는 사건의 연

---

13) 원래 제목은 『자치통감전기(資治通鑑前紀)』로, 총 10권이다. 이 책은 서주(西周) 공화(共和) 1년(기원전 841)부터 시작하여 위열왕(威烈王) 22년(기원전 404)까지의 역사를 다룬다. 북송 시기에 완성되었다.

14) 『황왕대기』는 반고(盤古)에서 시작하여 동주(東周) 말년까지를 기술한다. 요 이전의 사건들은 간략하게 기록되었기 때문에 편년체로 작성되지 않았다. 요 이후에는 소옹의 『황극경세서』에서 편년체를 채택하여 역사를 편집하였으며, 경전과 제자백가를 폭넓게 참고하고, 위서(緯書)와 전설도 함께 다루었다.

대를 정리하고 해설을 추가했다. 이를 책으로 엮어, 요에서 시작해『자치통감』이 시작되는 시점까지를 다루며,『자치통감전편』이라 제목을 붙였는데, 18장 구성에 3장의 요약이 포함되어 있다. 그가 완성한 후, 제자인 허겸에게 이를 전하며 말했다. "요순 두 황제와 세 왕의 훌륭한 언행은 후대 왕들이 본받아야 할 모범이다. 전국 시대 신불해申不害와 한비韓非의 방법은 잔혹한 법과 혼란스러운 정책이었으니, 이는 후대 왕들이 경계해야 할 것이다. 사마 선생이 이미 주나라 위열왕威烈王 23년[기원전 403] 이후의 시기를 다루었지만,『춘추』이전 시기를 다룬 연대기는 없다. 그래서 이 책은 반드시 쓰여야 했다." 스승(김이상) 스스로 자신의 저작에 서문을 쓰며 이렇게 밝혔다. "순열荀悅의『한기漢紀』,『신감申鑒』은 그 목적은 따라야 할 정책을 제안하는 것이었지만, 그는 건안建安 말기(196~219)¹⁵⁾를 경험했다. 왕통王通은 경전의 속편을 썼는데, 강도江都에서의 혼란 소식을 듣고 이미 중병에 걸린 상태였다. 그는 눈물을 흘리며 말했다. '백성들은 오랜 혼란에 지쳐 있다. 하늘이 아마 요순과 같은 새로운 시대를 열어 줄 것이지만, 나는 그에 참여할 수 없을 것이다. 이것이 나의 운명이다!'" 바로 이러한 이유로 스승이 글을 썼으나, 아무도 이를 이해하지 못했다. 그 미묘함이 이와 같았다!⁷⁴

유관이 말하는 '미묘함'은 50만 자에 달하는 방대한 텍스트 속에서 놓치기 쉽다. 특히 사마광과 달리, 김이상의 "내 생각에"와 같은 표현으로 표시된 개입은 일반적인 원칙이나 통치 이론을 제안하는 경우가 거의 없다. 대

---

15) 건안은 후한 말 헌제의 다섯 번째 연호이다. 건안 말기는 삼국시대의 전기로 군웅이 할거하였던 시기이다.

신, 그는 인용된 텍스트의 올바른 이해와 사건의 연대를 제공하는 데 주력한다. 그는 역사지리, 수리, 역법, 천문학뿐만 아니라, 선진 시기의 문헌, 후대의 역사서, 송대의 저술에 대한 광범위한 독서를 통해 방대한 학식을 입증한다. 일반적으로 '주자'는 권위로 인용되지만, 주자의 견해를 상세히 풀이하는 것이 이 책의 목적은 아니다.

그러나 한 가지 가장 중요한 점에서 이 책은 도학의 책이라고 할 수 있다. 무주 여조겸의 『역대제도상설』과 장여우의 『군서고색』은 모두 연대기적 접근 방식을 사용하여 제도의 역사를 논할 수 있음을 보여 주었다. 그러나 김이상은 제도사에 큰 관심이 없었다. 대신 그는 궁중 정치의 연대기를 제공했으며, 이를 통해 개인의 행동과 동기에 초점을 맞출 수 있었다. 그에게 중요한 것은 마음이며, 성인의 마음은 경전에서 알 수 있다. "이제 성인의 경전은 사건의 진정한 기준이다. 그리고 성인의 마음은 리의 주인이다. 사건을 논하고 성인의 경전을 기준 삼아 성인의 마음을 구하는 것이 올바르게 이해하는 것이다."[75]

내 미천한 생각으로는 군주의 마음이 세상의 기반이며, 재상은 단지 그의 조력자일 뿐이다. 후대의 군주들은 이를 무시했다. 그들이 현명한 재상을 얻었을 때, 자신을 뛰어난 인재 활용가로 자랑하며 모든 것을 재상에게 맡기고 자신은 한가롭게 지내며 '나는 적임자를 찾았다'라고 말했다. 그들은 군주가 재상을 활용하는 올바른 형태를 이해하지 못했다. 그들은 자신의 마음과 몸을 수양하지 않았고, 사事와 리理를 식별하지 못했다. 그러다 결국 조력자를 잃게 되면 다시 혼란이 시작되었다. 이는 제나라 위공衛公이 관중管仲을 등용했

을 때와 당 현종玄宗이 요송姚宋16)을 사용했을 때 발생한 일과 같다.⁷⁶

김이상에 따르면, 걱정할 필요가 없는 사안도 있다는 결론이 도출된다. 순에 관한 한 가지 문제를 맹자가 다루지 않은 이유를 설명하며 그는 이렇게 말한다.

맹자는 일반적인 관습의 흔적이나 전해져 내려온 오류와 논쟁하는 데 관심이 없었던 것이 분명하다. 그는 [정치적] 위기를 처리하는 방법을 발견하기 위해 성인의 마음을 발견하는 데 관심이 있었다. 그의 목표는 학자들이 성인의 마음을 이해함으로써 천리와 인륜의 완전함을 유추할 수 있도록 하는 것이었다. 따라서 그는 사건의 순서를 논하거나 그것들이 실제로 발생했는지 여부를 논할 필요가 없었다.⁷⁷

그럼에도 불구하고, 김이상의 광범위한 텍스트 주석은 인용된 텍스트에 대한 기술적 문제에 몰두하는 경우가 많다.

이러한 방대한 노력을 어떻게 이해해야 할까? 결국, 그 이념적 메시지가 공공 사안에서 마음이 중심이 된다는 것을 긍정하는 것이라면, 왜 이렇게 길고 상세한 저작이 필요할까? 경전이 충분한 지침이라면, 왜 『서경』의 모든 장에서 인용한 긴 내용과 함께 연대기적 정치사를 작성해야 했을까? 게다가 이 정치사는 삼대三代가 평화와 조화의 세계였다는 것을 보여 주지

---

16) 당 개원 시기의 재상인 요숭(姚崇)과 송경(宋璟)을 함께 이르는 말이다. 명 재상으로 알려진 이들의 도움으로 '개원지치'의 성세를 이룬 것으로 일컬어진다.

도 않는다. 사마광은 『자치통감』을 기원전 403년부터 시작한다. 이는 바로 그때 주周 왕이 강력한 가문들이 진晉나라를 세 국가로 나누는 것을 묵인하면서 주 왕조가 진정으로 몰락했기 때문이다. 그러나 김이상은 사마광의 논리를 완전히 무시하며 주의 되돌릴 수 없는 쇠퇴가 400년 더 일찍 시작되었다고 본다.[78] 이것은 김이상이 주희가 주장한 고대와 후대의 역사적 시기의 절대적 구분을 인정하지 않는다는 것을 시사한다고 볼 수 있다. 그러나 그는 이를 부인한다.

> 선왕宣王(재위 기원전 827~782)이 [주를] 회복했으나, 완전히 질서를 세우지는 못했다. 유왕幽王은 매우 혼란스러웠다. 평왕平王(재위 기원전 770~720)은 동쪽으로 옮겼으나,[17] 세상은 평온한 시기가 없었다. 그렇다면, 왜 '질서'를 말하는 사람들은 항상 삼대를 말하는가? 이에 대한 나의 답변은 다음과 같다. 삼대가 번영했던 이유는 성왕들이 차례로 나타나 서로를 계승했기 때문이다. 그들이 도와 예제를 변혁한 것은 인간의 마음을 점진적으로 형성하기 위한 수단이었다. 그들은 오랜 세월 동안 관습을 유지했으며, 이는 후대와는 달랐다. 그러나 [삼대에] 폭군과 혼란스러운 군주가 없었다고 말하려는 것은 아니다. 이것을 한漢 왕조의 관점에서 고려해 보라. 광무제光武帝(재위 26~57)와 명제明帝(재위 58~75)는 [하夏 왕조를 세운] 우禹와 계啓, [주 왕조를 세운] 문왕文王과 무왕武王, 그들을 계승한 성왕成王과 강왕康王에 비해 거친 마노瑪瑙와 아름다

---

17) 주나라 평왕이 도읍을 옮긴 주 왕조 역사의 전환점이 된 사건을 말한다. 평왕은 수도를 호경(鎬京, 현재의 서안)에서 낙읍(洛邑, 현재의 낙양)으로 천도하였다. 이는 기원전 770년 견융(犬戎)의 침입과 서주 왕실의 약화를 배경으로 한 정치적 후퇴로, 이로써 서주는 멸망하고 동주 시대가 시작되었다.

운 옥玉으로 비유될 수 있다. 광무제의 한 왕조 모델과 전통적 규범은 여전히 [성왕의] 기준을 회복하기에 충분하지 않았다. 천하를 [다스리는] 도구는 이미 멀어졌다고 할 수 있다.[79]

이런 서술은 김이상이 『자치통감전편』을 요, 순, 우 이후의 역사를 사실인 것처럼 느끼게 만드는 방식으로 쓴 것처럼 보인다. 왜냐하면 그에게는 그 역사가 실제로 있었던 것이기 때문이다. 독자는 그 세계에 들어감으로써 사람들이 변화하는 상황에 직면했을 때 어떻게 행동했고 어떤 선택을 했는지 보게 된다. 비록 후대가 그 수준에 미치지 못할지라도, 여전히 그것은 실재하는 세계이며, 성왕들은 모든 어려움을 극복하며 때때로 성공하기도 했다. 김이상은 오늘날 우리가 다시 성공할 가능성을 지적한다. 이제는 도를 진정으로 알 수 있고, 성왕과 현신賢臣들이 성공했던 이유를 실제로 이해할 수 있게 되었기 때문이다. 김이상이 송이 마침내 멸망하고 1년 후(그러나 책이 완성되기 수십 년 전)에 쓴 발문의 마지막 부분에서 말했듯이, "내가 슬퍼하는 것이 [유서劉恕가 그의 책을 쓰며 겪은 고통]보다 더 크다는 것을 누가 알겠는가? 다행히도 하늘의 순환은 돌고 돌아, 떠난 것은 반드시 돌아온다. 성현이 있는 곳에는 천 년 후에라도 반드시 요순의 통치를 회복하는 자들이 있을 것이다. 이것이 나의 미천한 편찬 작업이 추구하는 바이다."[80]

문학

김이상의 『염락풍아』는 48명의 신유학자가 쓴 453편의 시를 모은 시집으로, 주돈이에서 시작하여 왕백과 그의 조카로 끝난다. 주희의 작품이 78편으로 가장 많고, 왕백이 42편으로 그 뒤를 잇는다. 실제로 김이상은 왕백이 편찬한 이전의 선집을 바탕으로 이 작업을 확장했다.[81] 주周, 정程, 주朱 학파가 문학적 저술을 폄하했던 점을 고려할 때, 이는 학파의 일원이면서도 시를 쓸 수 있음을 보여 줌으로써 문학적 참여를 옹호한 것으로 읽힐 수 있다. 그러나 이는 "도학을 위한 시"만이 좋은 시라는 주장으로 읽는 것이 더 적합하다. 도학 학파 외부의 시인들—예컨대 반자목의 책에서 가장 자주 인용된 작가인 소식과, 남송의 위대한 시인 육유陸游, 양만리—은 이 선집에 포함되지 않았다.

김이상은 왕백보다 수용 가능한 문학 저술의 범위를 훨씬 더 좁혔다. 왕백은 학생들의 요구에 응하여 한유, 구양수, 소식, 황정견 등의 작품을 포함한 선집을 편찬했고, 주희의 제자 중 한 명이 주희가 직접 선정한 한유와 구양수의 선집을 자신에게 주었다고 주장한 바 있다. 하지만 이러한 선집은 기록으로 확인되지 않았다.[82] 고문은 논리적 주장을 펼치는 데 적합했으며, 도학 사상과 맞지 않는 산문은 이념적 이유로 잘못된 것으로 간주될 수 있었다. 그러나 남송과 원대 시문학의 지속적인 생명력과 풍부한 역사는, 도학의 총체적 주장과는 독립적인 형태로 자율적인 문화적 참여가 여전히 존재했음을 증명했다.[83]

시는 도에 대한 올바른 이해 외에 참된 가치는 없다는 도학의 주장을 검증하는 시험대였다. 김이상의 접근 방식—다른 사람들이 따를 본보기를 설정하는 것—외에도, 문학적 저술을 도학의 틀 안으로 끌어들이는 두 가지 다른 방식이 있었다. 하나의 방식은 문학 작품의 내용이 이념적으로 올바를 것을 요구하며, 주돈이의 "문은 도를 싣는다[文以載道]"라는 슬로건을 채택하는 것이었다. 왕백은 이것이 "문은 도를 꿰뚫는다[文以貫道]"라고 한 한유의 사상과는 상당히 다르다고 지적했다. 후자는 글쓰기가 우선하며, 도의 이해를 스스로 알 수 있는 것이 아니라 문화적 구성물로 간주했기 때문이다.[84] 또 다른 방식은 올바르게 수양된 사람이 자연스럽게 진실하고 올바른 시를 창작할 수 있다고 주장하는 것이었다. 주희의 「재거감흥齋居感興」이라는 20편의 연작 시는 두 가지 견해를 모두 뒷받침하는 데 사용될 수 있었다.[85] 하기는 이 20편의 시가 주희의 특정 신유학 텍스트와 개념과 어떻게 일치하는지를 보여 주기 위해 주석을 작성했다. 왕백은 두 가지를 동시에 취하는 것이 가능하다고 생각했다. "문학적 글쓰기에서 기氣가 가장 중요하다. 고대에는 이런 말이 있었다. 문학적 글쓰기에서 통합성[理]이 가장 중요하다. 최근 유학자들은 종종 이렇게 말한다." 핵심은 "올바른 기[正氣]"를 가진 글을 창작하는 것이었으며, 이는 도를 이해하는 사람들에게 가능했다. 하지만 도는 형태를 초월해 있어 보이지 않았으므로, 형태를 통해 구현하는 것이 필요했다. 형태 안에 있는 것은 정의상 기이며, 기는 또한 도였다(기 없이는 리가 존재할 수 없기 때문이다). 따라서 글쓰기에 의지해야 했지만, 기를 바로잡는 것이 우선이었다.[86]

하기, 왕백, 김이상은 모두 도학 운동에서 역할을 주장하는 서로 다른 방식을 보여 준다. 하기는 광범위한 학문에 적합한 대규모 장서관을 보유한 학자로 시작했지만, 그는 '주자의 학'을 연구하는 것을 자신의 사명으로 삼으며 사실상 다른 모든 것을 배제했다. 그는 조정이 도학을 인정하기 전에 황간을 만났고, 그의 전기에 따르면 황간이 그를 이끌어 준 길을 종교적인 헌신으로 따랐다. 왕백에 대해서는 이러한 말을 할 수 없다. 그는 문학과 역사에 대한 관심으로 시작했으며, 조정이 주희를 존경하기 시작한 후에야 도학으로 전향했다. 실제로 왕백은 생애 동안 폭넓은 학문과 문학적 관심을 유지했으며, 동시에 도학에 대한 개종자로 자신을 내세우며 주희를 철저히 연구하고, 주희의 경전 해석에서 학문적 궤적을 이어 갔다. 그의 방대한 저작물이 거의 남아 있지 않다는 점은 1276년의 몽골 정복 시기의 혼란 속에서 유실된 탓일 수 있다. 내게는 왕백의 도학으로의 전향이 자신의 학문적 분야를 모두 도학의 틀 안에서 통합하려는 시도라기보다는, 그의 저작에 도학을 추가한 것으로 보인다. 어쩌면 그의 저작 중 다수에서 도학과의 연관성을 독자들이 찾지 못했기 때문에 그의 작업이 유실되었을 수도 있다. 김이상은 또 다른, 그리고 더 지속 가능한 접근 방식을 대표한다. 이는 주희의 학에 대한 헌신과 박학을 잘 정립된 도학 의제에 종속시키는 방식을 결합한 것이다. 이는 고대의 역사와 시를 다루는 그의 방식에서 명확히 드러난다. 김이상의 후계자인 허겸도 몽골의 정복을 겪었지만, 허겸은 1315년에 과거제의 복원과 주희의 주석이 포함된 사서가 필수 교재로 확립되는 것을 목격했다. 허겸은 당시 사들이 필요로 했던 전문성을 갖춘 인물이었다.

허겸, 1270~1337

    허겸은 평생 교사로서의 삶을 선택했으며, 짧은 시도 외에는 관직에 나아가지 않았다. 그는 서리직 제안, 제과制科 응시에 대한 천거, '은자隱者를 발탁하는 자리'에 대한 반복된 추천, 그리고 조정으로부터의 다양한 다른 추천을 거절했다.[87] 그가 이렇게 많은 추천을 받았다는 것은, 추천이 임명의 핵심 요건이었던 당시 상황에서 허겸이 관료들과의 인맥을 유지했음을 나타낸다. 이는 그의 편지와 지방 관리들의 승진 및 임명에 대한 축하 서신에서도 드러난다. 허겸은 그들 사후 오랜 시간이 지나, 후손들의 요청에 따라 원의 송 정복에 참여한 장군들의 행실 기록을 작성하여 조정에 제출하는 것을 허락했다.[88] 그는 관직에 나가는 것을 반대한 것이 아니라고 썼다. 다만 학문이 그보다 우선해야 한다고 생각했으며,[89] 관직 경력을 원하는 학자들에게 서리직이 적절한 선택이 될 수 있다고도 보았다.[90]

    허겸이 교사 경력을 시작했을 때, 그는 송이나 (또는 금)의 과거제를 복원하자고 주장하지 않았다. 그는 과거제 폐지가 문학적 성취를 기준으로 사들을 선발하던 나쁜 관행도 종식시켰다고 보았기 때문이다.[91] 남쪽에서 10년을 보낸 후 그 지역에서 정부의 교직 임용을 확보한 한 북방 학자에게, 허겸은 문학 교육에 대한 관심은 경전을 통한 도를 추구하는 것과 상충된다고 쓴 편지를 보냈다.[92] 또한, 새로 임명된 또 다른 교사에게는 폭넓은 지식을 추구하지 말라는 경고의 글을 썼으며, 폭넓음과 섬세함을 위해서는 육경과 사서만으로 충분하다고 주장했다.[93] 1305년 작성한 그의 「학교론」은 과거제 복원을 요구하는 이들에 대한 반론으로 읽힐 수 있다. "학교는 질서의 근원이다. 성인은 모든 시대를 위한 스승이다. 고대를 스승으로 삼지 않고 단순히 '나는 [정부를 통해] 질서를 창조하는 데 능하다'라고 말하며, 이를 학교에 기반하지 않고, 삼대를 본보기로 삼지 않는다면, 나는 이것이 어떻게 가능한지 이해할 수 없다." 그는 이어서 말했다. 진한 이래 어떤 왕조도 인재 선발을 실제로 학교에 기반하지 않았고 삼대를 모델로 삼으려 하지 않았다. 사들은 고대의 학보다 현재의 학을 선호했다. 그들은 한대의 방식대로 경전을 단순히 텍스트로서 연구하거나, 한대 이후로는 문학적 우수성을 겨루는 것을 더 가치 있게 여겼다.[94] 허겸은 자신의 가르침에서 학교가 성인의 도에 헌신한 사들을 배출하고, 이들이 정부를 통해 질서를 확립하는 데 도움을 줄 수 있음을 보여 주려 했다.

그러나 과거제를 1315년부터 전통적인 3단계 구조로 복원하기로 1313년에 결정되었다. 학교 옹호론자들과 문학 시험 지지자들 간의 타협으로 첫 번째 시험 세션은 주희의 주석을 바탕으로 사서의 구절과 선택한 경전의 한 구절에 대한 의미를 논하는 논論으로 변경되었다. 문학적 역량은 여전히 기대되었지만(두 번째 세션은 운문체와 공식 문서 형식의 작문을 요구했고, 세 번째 세션은 정부 정책, 역사, 경전에 대한 짧은 논을 요구했다), 그러나 첫 번째 세션이 통과 여부를 결정했다.[95] 따라서 응시자들은 도학을 반드시 알아야 했다. 허겸은 주희를 올바르게 이해하려 노력한 지역 교사들의 계승자로서, 이들을 지도하는 데 매우 적합한 자격을 갖추고 있었다. 수백 명의 학생이 그의 집으로 몰려들었고, 관리들도 주목했다.[96]

허겸은 문학적 작문을 가르치는 것을 거부했다고 전해지지만(그의 현존하는 작품은 훌륭한 문학적 형식을 지니고 있다), 도학 주석 없이도 경전을 이해할 수 있다고 생각하는 이들과도 맞서야 했다. 결국, 도는 텍스트에 의존하지 않는다는 주장이 있었기 때문이다. 그는 그러한 한 학생에게 이렇게 썼다.

도는 물론 어디에나 존재한다. 성인들은 그것을 정제하여 가르침으로 만들었다. 그러므로 후대에 도를 듣고자 하는 자는 반드시 경전에서 그것을 찾아야 한다. 경전은 도가 아니지만, 도는 경전을 통해 보존된다. 주석은 경전이 아니지만, 경전은 주석을 통해 명확해진다. 주석을 통해 경전을 찾고, 경전을 통해 도를 알도록 하라. 그것을 축적하고 도덕적 행위를 실천하며, 글과 작업을 통해 그것을 표현하고, 이러한 모든 것이 성인들과 일치할 때, 이를 '도를 실천한다[行道]'라고 부른다. 주석은 경전의 의미를 완전히 담아낼 수 없지만, 이를 스스로 이해하는 것은 경전을 철저히 읽고 신중히 숙고한 후에야 가능하다. 오늘날 모든 사람들이 주석과 주해를 진부한 이야기로 여긴다. 만약 우리가 송 이전의 것을 무시한다면, 정씨 형제, 장재, 그리고 주자의 책들은 모두 헛된 말이 될 것이다.[97]

이전 주석에 주의를 기울이는 것은 학생들에게 송대 철학자들이 얼마나 다른지를 보여 준다.

허겸은 경전, 역사, 그리고 자신에 대해 저술했다.

『사서총설四書叢說』: 20권, 허겸의 학생들이 그의 가르침에 근거하여 만든 8장으로 된 판본도 있음. 현존

『[시집전詩集傳] 명물초 名物鈔』: 8권, 현존

『[서집전書集傳] 총설 叢說』: 6권. 현존

『온고관규溫故管窺』: 장추張樞와 공저. 『춘추』에 관한 저서. 일실

『치홀기미治忽幾微』: 성왕들부터 사마광의 사망까지(그 이후는 송이 질서를 회복하지 못하였기에). 일실

『자성편自省編』: 일실

산문과 운문들: 4권. 현존[98]

허겸은 김이상이 죽고 25년이 지난 1327년에 그 책의 인쇄를 준비하지만,[99] 그는 김이상의 『자치통감전편』 같은 기념비적인 작품을 남기지는 않았다. 그의 『서경』에 대한 가르침은 김이상의 작업, 주희, 그리고 기타 학자들의 저술을 인용했지만, 그의 주석은 텍스트와 그 안의 제도—예컨대 역법, 지리, 음악 등—의 기술적이고 사실적인 측면에 중점을 두었다. 이러한 주제는 역사적 서사나 철학적 의미를 제시하기보다는 목록, 표, 다이어그램을 만드는 데 더 적합했다. 그의 『시경』에 대한 저술도 유사한 관심을 보여 주지만, 시의 의미와 과거 주석들에 대한 논의도 포함하고 있다. 그의 전기에 따르면, 그는 이전에 언급되지 않은 것들을 말하려고 노력했다고 한다. 그는 자신 또한 폭넓은 학문적 관심을 가지고 있음을 보여 주려고 했던 것으로도 보인다. 이후 나는 이러한 지식에 대한 관심이 도덕적 수양과 철학이라는 그의 주요 관심사와 어떻게 연결될 수 있을지 살펴볼 것이다.

사서와 도학의 철학을 가르치는 것은 허겸의 활동의 중심이었다. 그의 학생들은 그가 강의한 것들을 적은 노트를 바탕으로 『사서총설』을 편찬했

다. 이 책은 주희의 주석을 상세히 풀어내고, 보충적인 주석과 때때로 수정된 내용을 포함한다.[100] 이 점에서 나는 이것이 과거제가 복원되기 전에 쓰인 김이상의 주석들과 다르다고 보지 않는다. 원 왕조의 사들은 사서에 대해 80편이 넘는 저술을 남겼는데, 대부분이 주희의 주석을 풀이하는 데 전념한 것이었다.[101] 허겸의 도학 이해는 그의 글「팔화서원에서의 강의[八華講義]」에 요약되어 있으며, 이는 강의 노트라기보다는 논으로 읽힌다.[102] 그 강의의 대략은 다음과 같다.

사람은 태어날 때 지식도 능력도 없다. 그것은 학을 통해 얻어진다. 배우는 자의 유일한 책임은 이 목표를 따라 마음을 열고 나아가는 것이다. 학은 매우 효과적이다. 다만 사람들이 그것을 추구하지 않을 뿐이다. 만약 추구한다면, 학은 매 순간, 매 상황에서 그들에게 유익을 줄 것이다. 이를 충분히 믿고 마음을 두며 열심히 노력할 때, 축적된 도는 날마다 자라날 것이다.

그렇다면 무엇을 배우는 것인가? 단순히 성인이 되는 법을 배우는 것이다. 성인의 본성은 여러분의 본성과 다르지 않다. 다만 그는 인간의 도덕을 완전히 실현했을 뿐이다. 배우는 사람은 성인을 기준으로 삼아 끊임없이 그의 완벽함에 도달하려고 해야 한다. 그의 도를 밝히되 결과를 계산하지 말라. 성현의 능력과 그들의 업적은 자연스럽게 그들에게 주어진다. 이를 기대해서는 안 된다.

다른 사람들과의 상대적 성취를 계산하거나 필연적인 결과를 기대하는 마음이 드는 순간, 학을 제대로 하고 있는 것이 아니다. 자연의 질서는 인간을 창조하면서 다섯 가지 윤리적 관계를 부여했다: 군신君臣, 부자父子, 부부夫婦,

장유長幼, 친구朋友가 그것이다. 이 다섯 가지는 모두에게 해당하며, 세상의 모든 일은 아무리 다양해도 궁극적으로 이 다섯 가지 안에 포함된다. 자연의 질서는 인간에게 신체를 부여하고 본성을 부여했다. 그 본성은 다섯 가지 범주로 나뉜다. 인仁, 의義, 예禮, 지智, 신信이다. 이 다섯 가지는 세상의 영구적인 도리이다. 세상의 모든 리는 아무리 다양한 형태를 가지더라도, 결국 이 다섯 가지 본성 안에 포함된다. 다섯 가지 윤리적 관계는 가장 큰 것이며, 다섯 가지 본성은 모든 일의 기준이다. 이것이 가르쳐야 할 것이고, 이것이 배워야 할 것이다. 부모와 자녀는 친밀함을 가지고, 군신은 의로움을 가지며, 부부는 역할이 분명하고, 장유는 순서가 있으며, 친구는 신뢰를 가진다.

이 다섯 가지 인간관계 외에는 다른 일이 없으며, 다른 이치도 없다. 부모와 자녀가 친밀할 수 있는 이유는 인간의 마음에 본래 이러한 인이 있기 때문이다. 군신이 화합할 수 있는 이유는 인간의 마음에 본래 이러한 의가 있기 때문이다. 마음에 예가 있으므로 순서가 있으며, 지가 있으므로 구분이 있고, 신이 있으므로 교환이 가능하다. 따라서 오상五常의 원리는 내 마음속에 있으며, 인간관계의 일들은 항상 나의 일상에 있다. 이것이 당신이 결코 벗어날 수 없는 도이다.

이제, 다섯 가지 관계 각각에 주된 성격이 있지만, 실제로는 이 모든 것이 함께 작용한다. 부모와 자녀의 기본 원리는 인이다. 깊은 애정, 화합, 온화한 표현, 그리고 너그러운 태도는 인의 인이다. 아버지나 어머니에게 잘못이 있을 때 반항하지 않고 반대하는 것은 인의 의이다. 기꺼이 따르고 공손히 대답하는 것은 인의 예이다. 그들의 뜻을 기쁘게 받아들이고 어긋나지 않는 것은 인의 지이다. 그들이 살아 있을 때 공경하고 돌아가셨을 때 슬퍼하며, 끝까지 그들을 섬기는 것은 인의 신이다. 이것이 자녀가 부모를 섬기는 모범이다. 군신의 기본 원리는 의이다. 군주를 사용하여 예를 완성하고 그가 방탕에 빠지지 않게 하는 것은 의의 인이다. 동의할 때 따르고 동의하지 못할 때 떠나는 것은 의의 의이다. 이와 같은 방식으로 나머지 세 관계의 본성 범주도 도출할 수 있다. 이를 확장해 보면, 목숨을 보전하여 효를 실천하는 것과 목숨을 바쳐 충성을 실현하는 것은 오상의 기능이다. 또 다른 방향으로 확장해 보면, 아버지가 자녀에게 자애로움을 베풀고 군주가 신하에게 책임을 부여하는 것도 오상의 기능이다. 우리 모두는 인간이다. 우리는 모두 이 본성을 가지고 있다. 성인은 태어나면서 이를 알고 실천하지만, 나머지 사람들은 길을 잃고 벗어난다. 따라서 먼저 깨달은 사람들의 행동을 모방하면 선을 보고 처음 가졌던 것을 회복할 수 있다.

그러나 모든 이치를 깨닫고 모든 일을 이해하는 것은 쉽지 않다. 넓은 학문, 질문, 사색, 그리고 분별력이 필요하다. 오상을 가르치는 것은 교육자의 임무이지만, 이를 정제하는 책임은 전적으로 친구에게 있다. 그들은 인간적 욕망이 싹트기 전에 우리를 지지하며, 우리가 길을 잘못 들었을 때 우리를 비판한다. 우리의 마음이 열릴 때 그들은 우리에게 경고하고, 우리가 어떤 의도를 가지기 시작할 때 우리가 스스로만 아는 것에 대해 주의를 기울이게 만든다.

그러므로, 우리가 인의 리를 이해하면 부자간의 관계가 올바르게 될 것이며, 군신 간 의의 리, 부부 간 예의 리, 그리고 장유 간 지혜의 리 모두가 올바르게 될 것이다.

이 때문에 이름상으로는 다섯 가지 관계 중에서 친구 관계가 마지막에 오지만, 학에 있어서는 실제로 가장 중요한 위치를 차지한다. 다른 네 가지 관계의 이치를 실현하려면 친구의 도를 실현해야 하며, 이는 신을 이해해야 함을 의미한다. 천도天道가 조화롭게 작용할 때 창조가 지속되며, 인간의 본성이 신에 의해 통합될 때 인, 의, 예, 지로 드러나게 된다.

허겸은 도덕적 행위를 최우선시하고 인간관계에 관한 교리를 개인, 사회, 정치적 삶의 조직 원리로 삼는 이론을 이해하는 것으로 '성인이 되는 학'의 범위를 축소시켰다. 허겸의 다른 저술을 보면, 그가 고전에 등장하는 다양한 주제에 대해 많은 지식을 가지고 있었음을 알 수 있다. 하지만 이러한 지식이 도덕적 수양과 어떻게 연결되는지는 명확하지 않다. 이 강의는 두 가지 종류의 지식 간에 필연적 연관성보다는 병행적 관계를 제안하며, 모든 것이 상호 연결되어 있음을 보여 주고, 모든 부분이 서로 연결된 하나의 통합적 체계를 창조하려는 시도로 보인다. 허겸이 다섯 가지 관계를 다섯 가지 행동 원칙과 결합시키는 방식은 마치 소옹이 사사四四 격자를 사용해 관계 집합을 생성한 방식[18]을 연상시킨다.[103]

허겸의 체계적 통합에 대한 관심은 『시경』, 『서경』, 사서에 대한 그의 주석에서 볼 수 있는 도표와 표에서 명확히 드러난다. 그의 여러 도표 중 한 예는 『대학』의 여덟 가지 단계를 분석한 그림(도표 4.1)이다.[104] 마이클 래크너Michael Lackner는 신유학에서 도표를 하나의 논증 방식으로 사용한 점을 지적하며, 이를 통해 텍스트의 핵심 개념의 구조를 보여 줌으로써 그 의미를 정의한다고 설명했다.[105] [도표 4.1]은 허겸이 『대학』의 구조를 정의하

---

18) 소옹은 상수학으로 우주와 역사 변화의 원리를 설명하려 하였다. 그는 『황극경세서』에서 64괘를 고유한 순서로 정리하고 이를 통해 시간의 흐름과 질서를 수리적으로 표현하였다.

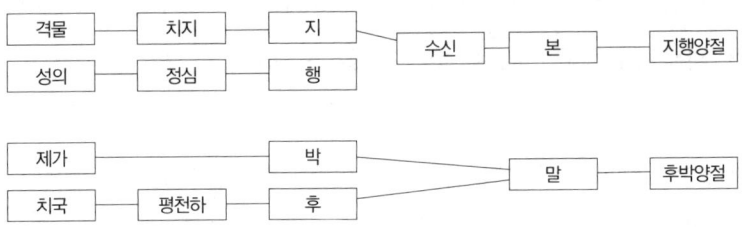

[그림 4.1] 허겸의 『대학』 강의 중 제시된 「본말도」

고 텍스트에서 명확히 드러나지 않는 의미를 설정하기 위해 도표를 사용하는 방식을 보여 준다. 이 경우 허겸은 지식과 행동을 구별하며, "가정을 화목하게 하는 것"을 '중요한 것[厚]'으로, "국가를 잘 다스리는 것"을 '사소한 것[薄]'으로 정의한다. 허겸의 텍스트 도표 사용은 70개의 도표를 모은 왕백의 작업을 기반으로 하고 있다.[106] 나는 이것이 더 나아갈 수 있다고 생각한다. 도표는 텍스트의 다양한 용어를 한데 모으고 그것들이 어떻게 서로 맞아떨어지는지를 보여 준다. 나는 이것이 다양한 발현의 통일된 리(리일분수)를 주장하는 방식이었다고 생각한다.

주희의 『대학』 주석에 대한 허겸의 가르침은 주희의 기본 논지를 더욱 상세히 풀어낸다. 주희에 따르면, 모든 인간은 동일한 도덕적 본성을 받지만, 각자에게 부여된 기의 차이로 인해 서로 다르게 된다. 그러나 인간은 교육과 학문을 통해 자신의 본성을 인식할 수 있으며, 이를 통해 상황에 올바르게 대응할 수 있다. 허겸은 이를 더욱 세분화하여 설명하며, 예를 들어 기의 성질(맑음[淸] 혹은 그렇지 않음, 순수함[淳] 혹은 그렇지 않음)에 따라 나타나는 다양한 한계를 구분한다. 그러나 허겸은 주희가 자연의 순환 [天運]과 "지나간 것은 반드시 돌아온다[無往不復]"라고 지나가면서 언급한 부분을 발전시켜 이를 논의의 기회로 삼았다. 주희에게 이 개념은 송대 사상가들이 성인의 학을 회복하고자 했음을 소개하는 방식으로 사용되었으나, 허겸은 이를 통해 소옹의 시간 순환 체계와 창조의 연대, 음양과 오행의 관계, 그리고 인간 본성의 다섯 덕목이 오행의 '신神'이라는 한대漢代의 아이디어를 논의했다. 이것은 논리적으로 맞지 않는데, 왜냐하면 오행은 기이고, 도덕적 본성은 리이기 때문이다. 그러나 허겸은 이를 다음과 같이 설명한다.

> 우리가 왕복하거나 열리고 닫히는 것을 이야기할 때, 이는 모두 기에 대해 말하는 것이다. 그러나 이를 지배하는 역할을 하는 리가 반드시 존재해야 한다. 기는 배가 짐을 나르는 것에 비유될 수 있고, 리는 배의 키가 배를 조종하는 것에 비유될 수 있다. '신神'이라 불리는 것은 리의 신비를 의미한다. 일반적으로 음양과 오행에 대해 이야기하는 것은 단지 기에 대해 이야기하는 것이지만, 리는 자연스럽게 그 안에 존재한다.[107]

나는 이것이 문제를 해결한다고 확신할 수 없다. 더 큰 문제는 자연 질서와 도덕 질서 간의 실제 연결을 만들려는 시도이다.

도에 대한 언급에는 두 가지 의미가 있다. 하늘의 리와 기의 변화의 끊임없는 작동을 도라 한다. 또한 인간이 도덕적 원칙에 따라 행동하는 것도 도라 한다. 성인이 『주역』을 주석했을 때, 그들은 주로 하늘의 도를 이야기하고 있었다. 다른 경전들이 말하는 것은 인간이 실천하는 도이다. 이것이 『대학』의 도이다. 더 나아가, 이것이 두 가지를 동시에 의미하지는 않는다. 오히려 『대학』에서 말하는 수양의 방법을 가르치는 것을 의미한다. 이는 "군자는 도로 자신을 깊이 닦는다"는 표현에서의 도와 같은 것이다.

덕德에 대한 언급 역시 두 가지 의미가 있다. 하늘의 리를 깨닫고 그것을 마음속에 보존하는 것이 덕이다. 도를 실천하며 마음속에서 무언가를 깨닫는 것 역시 덕이다. "타고난 밝은 덕을 가리지 않고 유지한다[明明德]"라는 [구절에서의] 덕은 그것을 깨닫는 장소를 의미한다. 이것이 첫 번째 의미이다. 여기에 그것을 밝히는 작업을 추가하고, 그 후 자신 안에서 무언가를 깨닫는 것은 두 번째 의미이다.[108]

허겸은 학의 과정이 마음의 본성을 구성하는 리를 자각해 나가는 과정이라는 주희의 논지에서 벗어나지 않았다.

성인과 현자들의 뜻은, 한 가지 일이 탐구되었을 때, 내 마음의 리에 대한 지식이 완전해지며, 내가 이 일에 대응할 때 적절한 일을 하게 된다는 것이다.[109]

허겸의 글에는 자연 질서(위의 첫 번째 의미에서의 도)는 일관된 체계이며, 인간의 삶은 그것과 조화를 이루어야 한다(두 번째 의미에서의 도)는 진·한 시대 가정의 잔향이 있다. 그러나 이제는 인간사가 자연 질서의 평행 범주에서 공명을 가질 수 있는 이유와 자연 질서가 인간 질서에 영향을 미칠 수 있는 이유를 설명했던 한대의 우주적 공명론인 천인상관론에 대한 호소는 더 이상 없다. 허겸과 그의 무주 선배들의 관점에서 우리가 보고 있는 것을 이해하는 가장 좋은 방법은 다음과 같은 정설이다. "리는 하나이나, 그 드러남은 다양하다(리일분수)." 이것은 허겸이 1301년에 김이상의 제자가 되었을 때 그에게서 받은 핵심적인 가르침이었다. "우리 유학은 리는 하나이나, 드러남은 다양하다는 것이다. 리가 하나이지 않음을 걱정하지 말라. 어려운 것은 드러남의 다양성이다."[110] 그의 글과 가르침은 이 어려운 부분을 다루고 있었으며, 하나의 통합적이면서도 포괄적인 체계로 간주되는 것의 많은 드러남을 처리하고 있었다. 그는 세상을—적어도 사서와 경전의 세계를—통합된 체계의 관점에서 보는 법을 배웠다. 그리고 이것이 허겸이 오사도에게 전한 내용이었다.

계보의 끝

1308년경에, 26세의 오사도는 허겸에게 편지를 썼다. 그는 문학적 작문에 관심이 있었지만 그것을 후회하게 되었다. 성인의 도가 도덕적 원리를 배우는 데 있다고 들었으나, 김이상을 따르지 못했다. 그는 가난하여 책도 없고 스승도 없었지만, 도가 경전에 있으며, 사서에 집대성되어 있고, 주周, 정程, 장張, 주朱 네 학자가 이를 풀이했다는 것을 깨달았을 때 방향을 찾을 수 있었다. 이제 하기와 왕백으로부터 도의 전승을 받은 김이상의 학생인 허겸에게 편지를 쓴다. 오사도는 자신의 학문에 대한 이해를 요약하며, 그것은 "경敬에 거하며 리를 궁구하는 두 가지 활동[居敬窮理二事]"으로 이루어져 있다고 밝히고, 이 용어들을 자신이 어떻게 이해하고 있는지

를 설명한다.[111]

오사도는 적절하게 언어를 구사할 줄 안다는 것을 보여 주었고, 허겸은 그가 주요 요점을 제대로 이해했다고 대답했다. 그러나 허겸은 계속해서 이렇게 말했다. 오늘날 많은 사람들이 주희의 책을 공부하지만, 제대로 이해하지 못하고 있다. 공자가 성왕의 도를 이해했고, 주희가 공자의 도를 이해했듯이, 주희를 이해하는 사람이 있어야 한다. 허겸은 이어 몇 가지 지침을 제시하며, 주희가 이통에게 받은 충고를 인용한다. "리가 하나이지 않음을 걱정하지 말라. 어려운 것은 다양하게 드러나는 것이다."[112] 지식을 확장(그리고 리를 궁구)하고자 할 때, 단순히 말로만 하는 것은 충분하지 않으며, 실제로 이를 실행해야 한다. 그 방법은 온 힘을 다해 주희의 저작을 철저히 공부하는 것이다. 단지 주요 요점만 다루고 세부 사항을 무시하는 것은 불교도의 공허한 이야기와 비슷하다.[113]

1321년, 오사도는 과거에 합격하여 관료로서의 경력을 시작했다. 그는 『주역』, 『시경』, 『서경』에 대한 「잡설雜說」을 저술했으나, 이 모든 작품은 일실되었다. 허겸이 우려했던 대로, 그는 주희의 저술을 전문적으로 연구하며 교사로서의 경력을 쌓는 데 전념하지 않았다. 허겸의 제자이자 협력자인 장추張樞는 오사도 사후 그의 비문을 작성했는데 그 글을 이렇게 시작했다. "원에는 문장과 정치에 능통한 사가 있었다. 예부의 관리, 존경받는 오공吳公이었다." 그는 오사도와 허겸 사이의 교류에서 핵심 용어들을 간략히 언급한 뒤, 이렇게 덧붙였다. "그의 포부는 커지고 그의 명성은 높아졌다." 전기의 나머지 부분은 오사도의 관직 경력을 서술한다. 오사도는 저술과 행정에 몰두했으며, 나는 장추의 지적이 옳다고 생각한다. 즉,

오사도는 허겸이 김이상의 후계자로서 역할을 했던 것처럼, 허겸의 전통을 계승한 인물은 아니었다. 그는 도통의 전승에 속하지 않았다.

그러나 오사도는 자신의 방식대로 충실하였다. 그는 다른 누구보다 자신의 직위와 저술을 활용해 '사선생'과 무주 사의 특별한 역사를 알리는 데 힘썼다. 나는 원 왕조 통치 아래 무주 사의 이야기를 다루는 후속 장에서 이 중요한 요소로 다시 돌아갈 것이다.

주희 이후 도학의 참여자가 된다는 것은 무엇을 의미하는가? 일반적인 대답—심지어 사선생 중 가장 배타적이지 않았던 왕백조차도—은 주희를 공부하는 것을 의미한다는 것이다. 그들에게 '주자의 학'은 도학을 정의했으며, 비록 주희의 저작을 보완하거나 도전하는 과정이 있더라도, 주희를 올바르게 이해하는 것이야말로 자신들이 도통을 이어 가는 진정한 신유학자임을 주장하는 방법이었다. 아마도 하기가 주희의 사위인 황간에게서 실제로 배운 것은, '도통'이 존재하며 주희가 그것을 계승했다고 황간이 주장한다는 점이었을 것이다. 하기, 왕백, 김이상, 허겸이 내린 결론은 자신들도 주희의 후계자가 될 수 있다는 것이었다. 나는 그들 중 누구도 자신들을 '지역적' 인물로 여기거나 '지역적' 청중에게 말하고 있다고 생각한 증거를 보지 못했다. 비록 그들의 학생과 추종자 대부분이 그 지역 출신이었지만 말이다. 그러나 몽골의 정복 이후, 사들이 새로운 질서 속에서 길을 찾으려 하면서 지역 정체성은 중요한 문제가 되기 시작했다.

5장

원 정복에의 대처

원의 정복 이후 사들은 어떤 운명을 맞이하게 되었는가? 우선, 그들은 새로운 외국인 통치자들—몽골인, 중앙아시아인, 그리고 북쪽의 한인漢人들—을 맞이해야 했다. 이제 무주는 무주로婺州路가 되었고, 두 명의 새로운 고위 관리가 배치되었다. 바로 다루가치達魯花赤와 총관總管이다. 각 현縣의 현윤縣尹 옆에는 현 단위의 다루가치도 있었다. 송과 명의 기록을 찾아보아도 이 새로운 관리들에 대한 정보가 이름을 제외하고는 거의 없다. 기록된 첫 번째 다루가치는 몽골 지운Ji'ün 부족 출신의 준시Junsi였으며, 이후에는 카를룩Qarluq 출신의 중앙아시아인 쿠툴룩Qutulug이 있었다. 그러나 북방 한인으로 추정되는 우호례牛浩禮라는 인물도 있었다. 총관 또한 다양한 민족 출신이었다. 한인인 맹순孟淳은 산서山西 출신이고, 하약수夏若水는 항주에서 왔다. 천바얀부카陳伯顔不花는 중국 성씨를 가졌지만 위구르식 이름을 가진 인물이었다. 북방 및 서방의 '이적夷狄' 출신 고위 지방 관리들은 자신들을 사로 여기지 않았을 가능성이 높았지만, 후원자가 될 수 있었다. 배경이 알려지지 않은 관저스지엔管耆思監은 김이상의 『논맹집주고증』의 인쇄를 주선했다. 1318년에는 다루가치가 금화 중심부에 있는 천령사天寧寺를 보수했다.[1] 사들로서는 이적과 자신들의 '중국'을 대비시키던 송대의 관행을 멈추었다. 몽골의 정복과 남방 점령을 인정하기 위해 그들이 선호한 용어는 '혼일混一', 즉 영토적 '통합'이었다.

이 장에서는 무주의 여러 사들이 주요 인물로서, 또한 자료로서 중요한 역할을 한다. 이들은 지역적으로 영향력을 행사했을 뿐만 아니라 지역 및 국가적인 네트워크에도 참여했다.

- 허겸(1270~1337, 금화): 원대 무주에서 주희 학의 가장 영향력 있는 스승. 제4장에서 다룬다.
- 황진(1277~1357, 의오): 1315년 과거(진사 시험)를 처음으로 통과한 인물. 지방 정부에서 근무했으며 이후 수도에서 문학 및 학술직을 맡았다. 그의 세대에 주요한 문학적 인물 중 한 명으로, 그의 문집 43권이 현존한다.
- 유관(1270~1342, 포강): 지방 교육관으로 근무했으며, 이후 수도에서 문관직을 맡았다. 그의 문집 20권이 현존한다.
- 호조(1278~?, 동양): 지방 교육관으로 근무했으며, 이후 수도에서 문관직을 맡았다. 그의 문집 20권이 현존한다.
- 송렴(1310~1381, 금화 및 포강): 오래(吳萊)와 황진의 제자. 포강 정씨(鄭氏) 가문의 학자로 거주. 원대 관직을 피했으며 주원장(朱元璋)의 자문이 되어 왕위(王禕)와 함께 『원사(元史)』를 공동 편찬했다. 원·명 교체기에서 가장 영향력 있는 문인 지식인. 원대와 명대의 여러 문집이 있으며, 총 80권 이상이 현존한다. 『명대 인물사전』에 그의 항목이 수록되어 있다.
- 왕위(1322~1373, 의오): 황진의 제자. 원대에서 관직을 얻으려 했으나 실패. 주원장의 자문이 되어 송렴과 함께 『원사』를 공동 편찬했다. 그의 문집 20권이 현존한다. 『명대 인물사전』에 그의 항목이 수록되어 있다.

외국인 통치는 사가 아닌 자들에 의한 통치였다. 송대에는 사들이 조정을 지배했으며, 대부분의 송 황제들은 자신을 사의 학에 참여하는 인물로 여겼다. 그러나 이는 더 이상 사실이 아니었다. 이를 가장 명확히 보여 주는 것은 과거제의 폐지였다. 1315년에 과거제가 복원되었을 때조차, 조정은 선발 인원을 극도로 제한하여 관료제와 사들의 경력에 거의 영향을 미치지 못했다(과거제는 1335~1340년에 다시 폐지되었다). 남송 시기 무주에서는 과거에의 참여만으로도 관직을 역임했던 오래된 가문들에게는 그들의 지위를 유지할 수 있는 수단을, 새로운 부유한 가문들에게는 사로 인정받을 수 있는 방법이 제공되었다. 과거제는 사들을 공유된 문화와 윤리적 가치를 지닌 전승자로 인정했고, 교사들에게 역할을, 출판업자들에게 시장을 보장했다. 또한 지방 임명을 통해 지방 관리들 역시 사로 구성되도록 했으며 시험 합격에서 지방 정부의 직책을 거쳐 조정에서의 봉직으로 이어지는 명확한 경로를 제도화했다. 남송 시기 무주 출신의 네 명은 재상까지 올랐다. 무엇보다도 과거제는 학문이 통치에 필수적이라는 생각을 제도화했다. 이 모든 것이 1276년 이후에 변화했다. 조정에서 권력을 가진 많은 이들은 글을 읽을 줄 모르거나 사들의 의견에 관심이 없었다. 고위 행정직으로 가는 규칙적인 제도적 경로는 존재하지 않았다. 많은 직책이 몽골인과 중앙아시아인들에게 할당되었다. 군사에 대한 투자가 민정보다 훨씬 우선시되었다. 서리직은 더 큰 권한을 부여받았고, 관직으로 승진할 새로운 경로를 얻었다. 민간 행정은 상인들에 대한 통제력이 거의 없었다. 불교와 도교 성직자들은 더 많은 공식 후원을 받았지만 지방 정부로부터 더 큰 독립을 누렸다. 부와 권력을 열망하는 사람들은 이제 사의 학과 자신을 일치시켜야 할 이유가 훨씬 줄어들었다. 대원 제국의 존재 자체가 사들의 도덕적 가치, 행정직, 그리고 학문에 대한 권위 주장을 약화시켰다고 해도 과언이 아니다.

이 장과 다음 장에서는 원대에 무주의 사들이 이러한 도전 과제에 어떻게 대처했는지를 탐구한다. 이 장에서는 사들이 명성을 추구했던 방식과 문학을 대표하는 인물들이 도학 실천자들보다 어떻게 우위를 점하게 되었는지를 살펴본다. 다음 장에서는 그들이 지역 정체성과 사회적 책임의 모델을 어떻게 구축했는지를 다룰 것이다.

송대에는 언변이라는 범주는 무시되었을지라도, 『논어』는 공자의 제자들을 윤리적 행위, 정치적 봉사, 문학, 언변이라는 네 가지 분야로 분류하면서 사의 성취의 범주를 정의하는 데 인기 있는 틀을 제공했다.[2] 『좌전』은 이에 대응하는 개념으로 "썩지 않는 세 가지[三不朽]"를 제시했다. 즉, "덕을 세우고[立德], 공을 세우고[立功], 말을 세운다[立言]"는 것으로 기억되는 것이다. 전기에서는 이러한 범주와 이의 다양한 세부 분류를 사용했다. 1350년에 송렴은 포강 지역 인물들의 전기 모음을 다섯 부분으로 나누어 구성했다. "인간의 큰 윤리적 표준[人之大節]"을 예시하는 '충의忠義'와 '효우孝友', '정사政事', '문학文學', 그리고 여성의 '정절貞節'이 그것이다. 1480년 편찬된 가장 오래된 부의 지방지에서는 윤리적 행동의 모범을 은둔자를 포함하여 여섯 범주로 나누었다. 문학이라는 범주는 제외되었지만, 20개 장 중 5개 장이 선별된 문학 작품으로 구성되었다. 학자는 도학이나 유행儒行으로 분류되었는데, 후자는 송렴이 문학 범주에 포함했던 인물들을 포함했다. 이는 도학이 다시 우위를 점하던 시기였지만, 1578년에 지방지가 개정되었을 때 편집자들은 범주를 버리고 전기를 연대순으로 배열하는 방식을 채택했다.

한 가지 분야에서 명성을 얻는 것과 모든 분야에서 모범이 되는 것 중 어떤 것이 더 나은가? 『논어』의 네 가지 분야에 대한 시험 문제는 이 문제를 제기했다. "공자의 학문에서 가르침은 각자가 한 가지 분야에 전문성을 갖추는 것이었다. 그러나 오늘날 인재를 선발할 때 우리는 한 사람이 네 가지 분야를 모두 갖추기를 바란다."[3] 여기서 흥미로운 점은 사들이 모든 분야에서 뛰어나야 한다는 기대이다. 의오의 황진은 실제로 서로 다른 분야들이 분리되어 있어서, 통합의 부재가 문제라고 지적한다. 그가 국자감에서 몽골인 및 중앙아시아인들을 대상으로 던진 질문은 다음과 같다. "당신이 배운 것을 실천한다는 것은 무엇을 의미할 것인가?"

고대에는 문학이 문화 변화를 이끌었다. 비록 후대에 일부는 유학으로 관직의 외형을 꾸미고, 경전의 원칙을 사용해 문제를 해결하려 했으나, 오늘날 도덕가들은 추상적인 사고만 하며 행정 업무를 경시하고, 행정을 맡은 사람들은 인과 의, 그리고 예와 악을 무의미하다고 여긴다.[4]

덕행(윤리적 행위)

'윤리적 행위'로 번역되는 덕행德行은 선한 행동의 사회적 기준에 맞는 행동을 의미했다.[1] 일부 사람들은 이러한 행동을 특별히 주목받을 정도로 극단적으로 실천했다. 왕혜王惠가 유명했던 것은 오로지 효심과 우애 때문이었다.[5] 부모의 무덤가에서 밤낮으로 곡을 하면 감로甘露가 내려오고, 가족의 관을 구하기 위해 불 속에 뛰어들어 불이 꺼지는 등의 사례는 그 결과 때문에 주목받았다.[6] 재혼을 거부한 과부들, 시부모를 부양하기 위해 노동한 여성들, 아들을 교육하고 상속자를 확보한 여성들, 약탈하는 병사를 피하기 위해 자살한 여성들, 그리고 어머니와 재회하기를 간절히 원해 머리카락을 자르고 혼인을 거부하며 손가락 여섯 개를 태워 향으로 바친 딸도 원대 무주의 사들로부터 관심을 받았다.[7]

윤리적 의무를 극단적으로 실천하는 것은 명성과 함께 실제적인 보상도 가져올 수 있었다. 종택鍾宅은 어머니를 위한 약을 만들기 위해 자신의 살을 잘라 냈다. 그의 친족과 이웃들도 그를 따라 했으며, 어떤 사람은 형을 위해 이러한 행동을 했다. 결국 종택은 3년간의 세금 감면이라는 보상을 받았다. 이를 기록한 송렴은 이것이 진실된 효심의 증거라고 보았으나, 그러한 행동을 추천하지는 않았다.[8] 종택의 가족에 대한 헌신은 삼대가 함께 거주하게 만들었고, 심지어 아버지의 재산을 분할하고자 한 아내와 아들이 이혼하려고 결단하도록 이끌었다. 훨씬 더 영향력 있는 윤리적 행동의 사례로, 오늘날까지도 기념되는 이야기가 있다. 포강 지역의 명문 정씨 가문 출신 정기鄭錡는 30년 동안 중풍에 걸린 어머니를 돌보았을 뿐 아니라, 사형 위기에 처한 아버지를 대신해 자신을 희생하겠다고 나섰다. 그

---

1) 이 책에서는 '도덕(moral)'은 개인의 내면적 신념이나 선악에 대한 보편적 판단을, '윤리(ethical)'는 사회적 규범이나 직업적·제도적 실천 기준으로 사용하는 구분에 따랐다. 이 구분은 현대 응용윤리 분야에서 자주 사용되며, 실천적 맥락에서 유용하다. 다만 학계 일부에서는 '윤리(ethical)'와 '도덕(moral)'을 동의어로 보고 구분하지 않기도 한다.

의 헌신으로 지방관은 그 혐의가 무고임을 발견할 수 있었다. 정기의 증손자는 이를 따라 했는데, 이번에는 형이 동생을 구하려 했으나 감옥에서 사건이 해결되기 전에 사망했다. 명 초에는 정씨 집안의 한 연소한 구성원이 집안 어른을 대신해 스스로를 희생하겠다고 나섰고, 사건이 기각되었다. 두 번째로 정씨 가문에서 같은 시도를 했을 때는, 희생이 받아들여져서, 그는 처형되었다.[9]

정씨 의문義門은 단순히 형사 사건에서 서로를 대신하는 것을 넘어섰다. 그들은 "아홉 세대가 함께 사는 것[九世同居]"으로 유명했다. 그들은 모범적인 가문이 되는 것을 가족의 주요 목표로 삼아, 자신들을 관리하기 위한 정교한 규칙을 정하고, 최고의 교사를 고용하며, 참관인을 초대했다. 그들은 열심히 원·명 조정과의 연줄을 찾고, 당대의 저명한 문인 학자들로부터 칭송 받을 수 있는 것이면 무엇이든 수집하며, 특히 풍부한 기록을 남겼다. 정씨 가문의 목표는 진정한 공동체 가족을 만드는 것이었으며, 그 안에서는 사유 재산도, 가족 분할도 없도록 하는 것이었다. 부모를 과도하게 애도하는 것이 보편적인 행동이 아닌 것처럼, 가족 공동체 또한 예외적인 것이었고 일반적인 종족 구조와는 잘 맞지 않았다. 그러나 가치의 공유를 극단적으로 실행하는 것은 명성을 얻는 데 기여할 수 있었으며, 정씨 가문은 송대 이래로 이를 이해하고 있었다. 오늘날 그들의 포강 마을은 국가적인 관광지로, 새로운 조경 속에 복원된 수많은 기념 아치문과 현대식 박물관 및 관광버스 주차장이 들어서 있다.[10]

윤리적 행동에는 가족을 넘어선 사례도 포함되었다. 예컨대, 산적에 맞서 용감하게 행동하거나, 원칙에 대한 헌신으로 자신의 재산을 사용해 굶

주리고 궁핍한 이들을 돕는 행위였다.[11] 이러한 행위들은 사의 묘비명에서 흔히 볼 수 있는 행동 양식이었다. 그러나 원대에는 사들이 윤리적 행동을 보여 줄 새로운 기회를 얻을 수 있었다. 그들은 정복당한 송에 대한 '충성'을 선택할 수 있었다.

윤리적ethical 행위, 즉 집단이 기대하는 올바른 처신과 부합하는 행위와, 도덕적moral 행위, 즉 통상적인 규범을 어기더라도 행위자가 옳다고 믿는 것에 대한 헌신을 보여 주는 행위 사이에는 구분이 있다. 신유학자들은 외부와 내부를 구분하며, 윤리적 행동과 도덕적 행동 모두 외부의 규범에 따라 행동하는 문제가 아니라 스스로에게서 비롯되어야 한다고 주장했다. 도덕적 행위의 진정한 근거는 선천적인 것이기 때문이다. 예컨대, 생명을 구하기 위해 윤리적 규범을 어기는 것이 도덕적으로 옳을 수 있다. 이 문제는 종종 경經과 권權의 관점에서 논의되었다. 권은 보통 '편의적'이라고 번역되지만, 사실은 기준을 따르기보다는 상황을 보고 행동 방식을 결정하는 것을 의미한다. 즉, 개인이 스스로 결정하는 것이다.[12] 엄밀히 말하면, 모든 사람이 모든 관계에서 도덕적 자각에 따라 행동한다면 이 문제는 사라진다. 이는 앞 장에서 허겸이 요구한 내용과 일치한다.

송렴은 과거에 반란군과 침략자들에 맞서 지역을 방어하며 목숨을 바친 충성스러운 사들의 모범이 있었다고 강조했다.[13] 무주는 1120년대 여진족 금金과의 전쟁에서 송을 지키다 전사한 것으로 유명한 종택宗澤을 배출했다. 신유학 교육자인 허겸과 가까운 친구였던 장추는 원에 맞서 송을 방어하다 전사한 (무주에 국한되지 않은 것으로 보이는) 하급 관리들의 전기를 편찬했다.[14] 아마도 장추에게는 어떤 민족인가가 문제였을 수 있지만,

1357년 주원장의 군대가 무주를 점령했을 때, 무주의 일부 사들은 원에 충성하기도 했다. 대량戴良[2]이 그중 잘 알려진 예이다.

정복 이후 충성은 개인의 판단에 달린 문제였다. 송의 관리들 중에는 원에서 관직을 제안받고도 거절한 이들이 있었고, 받아들인 이들도 있었다. 어떤 이들은 행정직이 아닌 교육직을 수락했으며, 원대에 성장했으나 관직을 거부한 사도 있었다. 또한 관직에 나아가지는 않았지만 공적인 존재감을 유지하며 관리들과 교류한 은둔자들도 있었다.[15] 이 모든 유형의 사람들이 무주에서 발견되었다. 그러나 무주 출신의 송 관료 중 원에 봉사하지 않은 사람들보다 봉사한 사람들을 찾기가 훨씬 쉬운 것이 사실이다. 진사 학위를 취득하면 송과 원 모두에서 즉각적으로 관직에 임명되었다. 1256년에서 1274년 사이에 진사 학위를 받은 것으로 알려진 무주 사들 80명 중 기록이 남아 있는 이들은 소수에 불과하다. 이들 중 송을 방어하기 위해 싸웠거나 원에서의 봉사를 거부한 인물은 확인되지 않았다.[16] 예를 들어, 주천여朱天與는 원대에 안찰사로 재직 중이었으며, 그의 딸은 신유학 교육자인 허겸과 혼인했다.[17] 1274년 마지막 송 진사 시험에서 장원을 차지한 왕룡택王龍澤은 감찰어사로 임명되었다. 그는 이웃 지역인 구주衢

---

[2] 대량(1317~1383)은 포강 출신으로 원대의 저명한 시인이었다. 회남 강북 행중서성(淮南江北等處行中書省)의 유학제거(儒學提擧)를 지냈다. 이후 오중(吳中)으로 가서 장사성(張士誠)에게 의탁하였다. 다시 바다를 건너 원 군대에 귀순하려 했으나 뜻을 이루지 못했다. 원나라가 멸망한 후에는 사명산(四明山)에 은거하였다. 홍무 15년(1382), 명 태조가 관직을 제안했으나, 병을 핑계로 완강히 거절하였다. 이로 인해 태조의 뜻을 거슬러 감옥에 갇히게 되었다. 이듬해인 1383년, 옥중에서 사망했다. 혹자는 그가 스스로 목숨을 끊었다고도 한다. 그의 시문은 대부분 원을 찬양하거나 추모하며, 비통한 감회와 숭고한 의지를 담고 있다. 그는 주진형에게서 의술을, 유관, 황진, 오래에게서 경전, 역사와 고문을, 여궐(余闕)에게서 시를 배웠다. 경사와 제자백가에 정통하며, 시문에서도 명성을 얻었는데, 특히 시가 더 뛰어났다.

州 출신의 유몽염留夢炎이 원의 예부에서 활동하며 추천한 7명의 송 진사 중 유일하게 응답한 인물이었다.[18] 호장유胡長孺는 음서를 통해 송에서 관직에 진출했으나, 대략 1288년까지 임명을 기다렸다.[19]

제니퍼 제이Jennifer Jay는 무주를 송대 '유민遺民'의 11개 주요 중심지 중 하나로 지목했다.[20] 그들의 충성심은 송 사들의 문화적—무엇보다도 문학적—전통을, 이를 중요하게 여기지 않는 통치자들 아래에서도 지속시키려는 공적 헌신으로 표현되었다. 무주의 가장 유명한 유민 세 사람은 아래에서 논의될 월천月泉에서 열린 시 경연의 창시자들로, 이들은 송과 원에서 모두 관직에 나아가지 않았다. 이 중 한 사람인 사고謝翱는 문천상文天祥[3]의 송 방어에 참여했으나, 원에서의 관직 제안을 거절했다는 언급은 없다. 아마도 김이상과 허겸이 주희의 학 전승에 헌신한 것 또한 그들 나름의 충성심을 표현한 것일 수 있다.

관직을 거부하는 행위는 매우 구체적일 수 있었다. 송대에 국자감에서 학문을 익혔고 정복 직후 무주의 교육 담당 관리직을 수락했던 장추의 아버지와 달리, 장추는 관직 제안을 거부했다. 『춘추』, 『삼국지三國志』, 『송사宋史』에 대한 연구로 인해, 그는 1342년 조정으로부터 요, 송, 금의 역사를 집필하는 데 참여하라는 부름을 받았다. 그러나 그는 이를 거절했고, 심지어 수도에서 사절이 직접 파견되었음에도 불구하고 응하지 않았다.

---

3) 문천상(1236~1283)은 남송 말기의 정치가이자 시인이며, 항원(抗元) 인사이자 민족 영웅으로 평가받는다. 마지막에는 신국공(信國公)에 봉해져 문소보(文少保)로도 불렸다. 남송이 멸망한 뒤 오파령(五坡嶺) 전투에서 패하여 포로가 되었으나, 죽음을 택할지언정 항복하지 않았다. 원군에 의해 대도(大都)로 압송되었고, 쿠빌라이 칸이 친히 회유하였으나 굴복하지 않고 처형되었다. 명나라 경태 7년(1456)에 충렬(忠烈)이라는 시호를 받았다.

5년 후, 그는 다시 부름을 받았는데, 황실 후궁과 공신들에 대한 전기 집필 작업에 참여하라는 요청이었다. 이번에는 더 큰 압력이 가해져, 그는 수도로 향했으나 항주에서 발길을 돌렸다. 황진은 이 이야기를 기록하며, "사방의 사들이 그의 지조를 높이 평가하지 않는 이가 없었다[四方之士莫不高其風]"고 전했다. 황진 자신은 관직에 나아가기를 열망하여, 조정에서 높은 문관직에 올랐다.[21] 그는 이후 장추를 지방 관직에 추천했으나, 장추가 여러 차례 관직을 거부했던 전력이 있어 조정에서는 이를 받아들이지 않았다. 이에 황진은 장추의 '대절大節'이 사들뿐 아니라 조정에서도 잘 알려져 있었다고 강조했다. 장추의 거부는 봉사 자체를 거부한 것이 아니라, 요와 금을 송과 동등한 정당한 왕조로 취급하는 것을 거부한 것이었다.[22] 강서 출신으로 가끔 무주에 거주했던 두본杜本 역시 중서승상 토크토Toghto의 소환 요청을 거부하며 항주에 도달하자마자 발길을 돌렸다. 그는 토크토에게 이렇게 편지를 썼다. "만약 당신이 모든 사안을 하나의 원리로 통합하고, 천 년을 하루같이 만들며, 사회를 하나의 마음으로 일치시키고, 사해 안의 모든 이들을 하나의 가족으로 통합할 수 있다면, 그때서야 비로소 예악을 제정하고 삼황오제三皇五帝와 어깨를 나란히 논할 수 있을 것입니다."[23]

장추와 두본은 "박학한 은둔자(은자隱者 혹은 유일遺逸)"를 모집하는 프로그램의 일환으로 소환되었다. 원대의 사들은 권력을 얻지 못하자 은자가 되었고, 이에 따라 문학과 예술에 헌신했다는 이야기는 흔히 접할 수 있다. 그러나 천원이陳雯怡는 '은자'라는 용어 사용에 문제를 제기하며, 이는 봉사를 거부한 이들과 기회가 없었던 이들 모두를 지칭하는 데 사용되었다고 지적했다.[24] 결국 관직에 나아갈 기회를 얻지 못한 것은 남송 시기 무주 사들에게도 흔한 일이었다. 하기, 왕백 등은 학을 통해서도 공적인 경력을 쌓을 수 있음을 보여 주었다. 따라서 사람들이 어떤 것에 충성을 다하고, 그들의 경력 선택을 통해 어떤 가치를 지키려 했는지를 묻는 것이 더 낫다. 두본은 원을 어떤 역할로는 섬길 의향이 있었지만, 다른 역할로는 그렇지 않았다.

'은자' 사가 되는 것은 일종의 태도였다. 진초陳樵(별칭 녹피자鹿皮子)는 송대의 관리 가문 출신으로 부유한 가족 덕에 자신이 선호하는 생활 방식을 유지할 수 있었다. 송렴은 이에 대한 이야기를 전하고 있다.

무주부 동양현에는 한 은둔 군자가 있었다. 그는 도사 모자를 쓰고 사슴 가죽을 잘라 옷을 만들었으며, 은곡銀谷의 골짜기에서 약초를 재배했다. 봄의 양기가 무성할 때면 그는 비화정飛花亭에서 떨어지는 꽃들을 감상하며 즐겼다. 정자 아래에는 샘물이 흘렀고, 거기에는 떨어진 꽃들이 모여 한동안 맴돌다 사라지곤 했다. 선생은 이 광경을 매우 좋아하여 매일 그것을 관찰하러 갔으며, 결코 싫증을 내지 않았다. 그 후 그는 태하太霞 동굴로 들어가 글을 썼다. 그의 글은 매우 폭넓고 비판적이어서, 맹자 이후 아무도 그의 비판을 피할 수 없었다. 원통元統 연간(1333~1334)에 내가 그 동굴을 방문했을 때, 선생은 나막신을 신고 나와 동백꽃 아래에서 나를 초대해 앉게 했다. 그는 하인들에게 술과 장, 절인 채소, 고기를 준비하라고 지시한 뒤, 직접 청동 삼족 잔을 들고 축배를 들었으며, 옛 노래를 부르며 즐거워했다.

술을 마신 후, 선생은 이렇게 탄식하며 말했다. "진한 이후로 경전을 잘 해석한 전통은 전해지지 않았소. 전해진 것은 본질을 파악하지 못했소. 순희淳熙

연간(1174~1189) 이후 많은 유학자들의 학설도 공자나 정자 형제의 수준에 미치지 못했소. 나는 전해진 주석들을 전부 내려놓고, 살아남은 경전들만을 남겨 40년 동안 깊이 숙고했소. 어느 날 갑자기 내 정신과 마음이 통합되고 빛나면서, 성현들의 주요 사상을 깨닫게 되었소. 마치 2천 년 동안 사람들의 혼란 속에서 가장 귀한 진주가 사라져 고귀한 자든 평범한 자든 누구나 찾으려 했으나 찾지 못했던 것이었는데, 평범한 하인이 그것을 거대한 늪의 가장자리에서 발견한 것 같소. 발견한 사람의 지위가 비천하다고 해서 그 진주가 소중하지 않다고 할 수 있겠소? 이제 나는 이러한 태도로 육경을 해석하고 있으며, 앞으로 나 이후로 나오는 해석들은 내 이후의 것이라고 구별될 것이라고 자신 있게 말할 수 있소."[25]

그러나 그의 수많은 경전 및 도덕·정치 철학 관련 저술은 전해지지 않았으며, 그의 지적 영향은 미미했던 것으로 보인다. 하지만 그는 명망 있는 이들의 방문을 환영했다. 산속 은둔자의 스타일을 취하면서도(청동 잔으로 술을 마시고 하인들에 둘러싸여 있으면서도) 지적 생활과 완전히 단절되었던 것은 아니었다.

통치

송에서 이미 관직에 있지 않았던 사들이 원에서 관직을 맡고자 했다면, 정부로 진입할 방법을 찾아야 했다. 1276년 항주 함락 이후, 많은 송 관료들이 계속해서 관직을 유지했으며, 사들에게 관직에 나서지 말라는 사회적 압력은 한 세대 만에 사라졌다. 그러나 몇 가지 장애물이 있었다. 규정상 한족은 일부 직책에서 배제되었고, 중요한 조정 직책은 대개 세습 황실 근위대[宿衛] 구성원들, 즉 주로 몽골인과 중앙아시아인에게만 허용되었다.[26] 사들은 유학을 가르치는 교사로 직책을 얻을 수 있었지만, 그것은 행정직 진입이 목표라면 매우 느린 경로였다. 황실 근위대의 구성원과 서리에게는 더 빠른 경로가 있었다. 1315년 이후 과거에 합격하면 행정직으로 이어질 수 있었지만, 남송 시기에는 거의 200명이 과거에 합격했던 반면, 원 시기에 무주 출신 사로 과거에 합격한 사람은 단 10명에 불과했고, 몇몇 확실하지 않은 수의 인원이 음서를 통해 관직을 얻었다.

쉬쇼우민許守泯은 무주 지역의 인물들이(일부는 사 계층이 아닌 인물도 포함), 원 시기에도 여전히 꽤 성공적이었다고 추산했다. 중국역사인물데이터베이스CBDB에 원대 무주로 등록된 남성 830명 중 130명만이 공식적인 관직 직함을 가지고 있는 것으로 나타난다. 그러나 기록의 불완전성과 사 전기 중심의 편향성을 고려할 때, 이 숫자는 무주 출신 인물들이 관직에 진출했음을 보여 주는 증거로는 적합하지만, 실제로 얼마나 많은 사람이 관직에 진출했는지를 정확히 보여 주는 것은 아니다. 분명한 것은 이들이 진사 시험이 아닌 다른 방법으로 정부에 진출했다는 점이다. 알려진 사례의 약 50퍼센트는 추천을 통해 이루어졌다.[27]

적어도 네 명의 무주 출신 인물이 근위대에 들어가, 이후 다른 직책으로 진출한 것으로 나타난다.[28] 특이한 사례로는 송 재상의 조카였던 진평陳萍이 있다. 난계에 살던 그의 인척들은 가문 배경을 고려하여 그를 몽골인에게 넘기는 것이 유리하다고 판단했다. 그는 북쪽으로 끌려가서 근위대에 배치되었다. 그는 투르판 지역 원정에서 공을 세웠고, 몽골 이름 '니엔전지알라쓰Nianzhenjialasi, 輦眞加剌思'를 부여받았다. 그의 시신은 난계로 돌려보내져 매장되었지만, 그의 조카 중 한 명은 몽골 정체성을 받아들였던 것으로 보인다. 그는 아이무거Aimuge라는 이름을 사용하며 결국 조정에서 관직을 얻었다.[29]

송 시기에 자신을 사로 여겼던 인물들이 서리로 일했을 가능성은 충분하다. 결국 그들은 정부의 요구에 맞는 교육과 지식을 갖추고 있었다. 그러나 만약 그들이 서리로 일했더라도 이를 공공연히 알리지는 않았으며, 일반적으로 사들은 자신과 서리 사이에 거리를 두고자 했다. 원 시기에 서리들은 더욱 강력한 권한을 가졌으며, 그들은 사와 자신들을 연계하려고 노력했다. 무주 출신 남성들도 서리직을 추구했다. 포강 출신 김덕윤金德潤은 20세에 자신이 농사에 적합하지 않음을 선언하고, 자신의 운명을 개척하기 위해 호남으로 떠났다. 그곳에서 그는 어사대에서 자리를 얻어 소송 문서 작성법을 배웠다. 그는 결국 부府 판관까지 승진했다. 그러나 송렴이 (가족 전승을 바탕으로) 묘사한 김덕윤은 단순한 서리로 머무르지 않고, 경전과 역사를 참고하며 옛사람들을 모델로 삼아 시문을 작문하고, 책을 수집하며, 가족에게 엄격한 예법을 부과한 사로 묘사되었다.[30] 이에 반해, 포강 출신의 조대눌趙大訥은 송 황실의 한 갈래에서 나왔다. 그의 직계 조상들은 지방 관직에 봉사했으나, 그는 몽골어 문자를 배우는 것으로 경력을 시작했다. 그는 서리 겸 번역관으로 임명된 후 지방 행정직으로 승진했다.[31] 금화 출신의 척상조戚象祖는 송의 진사와 관료 출신의 후손으로, 50세에

현의 교관으로 임명된 후 서원의 원장이 되었다. 그의 아들 중 한 명은 서리가 되어 관직으로 승진했고, 다른 아들은 허겸의 추종자가 되어 평생을 주희 학문에 헌신했다.³² 실제로 허겸은 서리로서의 경력을 추구하는 학생들을 지지했는데, 사 출신의 서리가 행정의 질을 향상시킬 수 있다고 보았기 때문이다.³³ 소철의 후손이자 대작가 소백형蘇伯衡의 아버지인 소우룡蘇友龍도 서리로 봉사한 사의 또 다른 사례이다.³⁴ 무주 출신의 더 많은 서리들이 있었음이 분명하나, 우리가 보유한 전기 기록은 황진과 송렴 같은 무주의 최고 사들이 작성한 것으로, 이들의 예에서 알 수 있듯이, 그들은 자신들이 중시한 가치를 존중했던 인물들을 기념하기 위해 전기를 썼다. 이는 12세기의 여조겸과도 유사한 사례이다.

우리는 교직에 임했던 이들에 대해 훨씬 더 많은 정보를 알고 있다. 무주에서 사환한 것으로 알려진 남성들의 약 절반은 적어도 한 번은 교직을 맡았다.³⁵ 교직은 원 시기의 사들에게 매력적이고 접근 가능한 사환의 길이었다. 사로서의 정체성을 유지하고, 다른 이들이 사의 관행을 유지하도록 격려하며, 이들은 문치에 기여하고 행정직으로 나아갈 수 있는 길에 있었다. 정복 이후 한 세대 만에 동남 지역의 교육 체계는 부활했다. 과거제의 부재에도 불구하고 번성했으나, 다른 측면에서는 국가 체계와 강하게 연결되었다. 현과 주 학교의 교관은 가장 낮은 계급을 가졌지만, 추가 임용의 자격이 있었다. 학교는 '유호儒戶' 지위 체계에서 중요한 역할을 했다. 몽골은 북쪽에서 유학자 가문 등록 제도를 도입한 후, 1276년 이후 이를 남쪽으로 확대하여, 지역 학교에 한 명을 등록시키는 한 약 10만 호가 이 지위를 유지할 수 있게 하고, 그 호의 부역 의무를 면제해 주었다. 1282

년, 서원들은 공식 체계에 포함되었다. 원의 서원은 남송 시기의 선례와 성격이 달랐다. 강학의 중심으로서 관학과 차별화하려 하지 않았고, 신유학 운동과 특정한 연관성을 갖지도 않았다. 이제 포강의 월천서원月泉書院 같은 서원이 공식적으로 인정받기 위해서는 지역 관료들의 추천이 필요했다.[36] 그 후에는 현판이 부여되고 급여를 받지만 직위는 없는 원장을 성省 관리가 임명했다. 이들은 '사립' 서원으로 간주되었는데, 이는 규정상 서원의 기금이 사적 출처에서 나왔기 때문이다. 서원은 중앙 기관이 아니라 지역 기관으로 여겨졌는데, 이는 서원이 지역과 관련된 학자를 기념하고 전용 사당을 유지하는 것을 정당화의 근거로 삼았기 때문이다. 하기를 기리기 위해 오사도가 북산서원을 설립하려 했던 사례가 이를 보여 준다.[37] 서원 원장으로 임명된 이들은 행정직의 직위가 있는 관리로 임용될 자격이 생겼다. 적어도 19명의 무주 사가 서원 원장직을 맡았고, 약 70명이 교직 관리를 맡았다. 사들이 관학과 서원직을 오가며 근무하는 일은 드물지 않았다. 금화 출신 섭근옹葉謹翁은 처음에 포강과 의오에서 교직 관리로 임명되었고, 이후 인근 주에서 서원 원장으로 임명되었으며, 이후 행정직으로 임용되었다가 다시 교직 관리로 복귀한 후, 마지막으로 현 판관이 되었다.[38] 가문은 서원을 공식적으로 인정받기 위해 토지를 기부할 수 있었다. 만약 등록되지 않은 사립 학교에 기부하고 이를 지역 자선의 형태로 운영하게 되면, 토지 기부에 대한 세금과 봉사 의무를 계속 부담해야 했다. 김이상과 허겸은 사들이 공식 임명을 받지 않고도 사립 교사로 경력을 쌓을 수 있음을 보여 주었다. 무주는 이 점에서 독특하지 않았다.[39] 마찬가지로 의학 지식을 가진 사들은 의료 관직이나 교사로 임명될 수 있었고, 최소한 11명의 무주 사들이 이를 수행했다. 그러나 그들은 의사로서의 개인 활동을 계속할 수도 있었다. 예를 들어, 의오 출신으로 허겸의 제자였던 주진형朱震亨은 위대한 의사이자 의학 이론가로 명성을 얻었지만 관직은 사양했다.⁴⁰

서리직과 진사 학위를 위한 시험 체계가 존재했지만, 대부분의 경우 처음 임명될 때는 추천이 필요했고, 이는 후원자를 찾는 것을 의미했다. 이는 쉬운 일이 아니었다. 관직을 추구하는 사람들의 수가 추천을 제공할 수 있는 사람들의 수와 채워야 할 직위의 수를 초과했기 때문이다. 두 명의 지역 인물은 후원자를 찾는 데 놀랄 만큼 성공적이었다. 오직방吳直方은 가문을 통해 포강의 주요 송 유민들과 인연이 있었지만, 처음에는 주州에서 서리가 되기 위해 훈련을 받으며 시작했다. 이후 항주에서 몇 년간 직업을 찾는 데 실패한 후 수도로 가서 기회를 노렸다. 그곳에서 그는 우승상右丞相 마자르타이Majartai의 관청에 합류하여 그의 아들들을 가르쳤다. 그는 이들 중 한 명인 탈탈脫脫⁴⁾을 바얀Bayan과의 투쟁에서 우승상이 되도록 조언했다. 탈탈은 사들과 문치文治를 선호한 것으로 알려져 있었다. 이후 오직방은 고위직 학사로 임명되었다. 그가 유일한 사례는 아니었다. 오직방의 아들 오래吳萊의 제자였던 포강 정씨 가문의 정심鄭深도 수도로 가서 몽골 후원자를 찾았다. 그러나 탈탈이 '사를 좋아한다'는 소식을 듣고

---

4) 탈탈(1314~1355)은 메르키트족 출신으로, 한때 어사대부와 중서성 우승상을 역임하였다. 재임 중 과거제도를 부활시키고, 전임 승상 바얀에 의해 발생한 대규모의 억울한 사건들을 바로잡았으며, 착취를 완화하고 세제를 완화하는 등 원 말기 민심을 얻은 드문 훌륭한 관리로 평가받았다. 후세에는 '탈탈갱화(脫脫更化)'로 불렸다. 또한, 탈탈은 한문화에 대한 높은 교양을 갖추었으며, 『송사』, 『요사』, 『금사』 중 일부를 편찬한 주편자로 알려져 있다.

그는 충성의 대상을 탈탈로 바꾸고, 이후 화려한 경력을 쌓았다.[41]

사들이 행정에 참여한 또 다른 형태가 있을지도 모른다. 남송 시기, 무주는 서원과 사립학교, 의창, 부역 부담을 관리하기 위한 공동 자금, 사 가문과 지역 사들을 지원하기 위한 자선 재산 등 자발적 활동의 모델로 여겨졌다. 원대에는 서원과 사립학교를 제외하면 이러한 활동에 대한 언급을 찾기 어렵다. 자선 재산 설립에 있어 제도적 장애물이 있었는데, 이는 토지 기증이 여전히 세금과 부역 의무를 수반했기 때문이다(종교 기관의 토지도 마찬가지였다). 호조는 형제들의 요청에 따라 가족의 자선 재산을 포기하고 토지를 나누어 세금 의무와 관련된 논쟁을 끝냈다.[42] 서원 기부금으로 전환하면 세금 의무를 피할 수 있었다.[43] 서원이 세금을 면제받으려면 토지를 기부해야 했지만, 집안에서 한 명을 학교에 등록시키는 것만으로도 최소한 그 호는 부역 의무를 면제받을 수 있었다. 원대 무주에는 여덟 개의 서원이 있었다는 언급이 있다.[44]

존 다더스는 1350~1351년 무주와 절동의 다른 두 주에서 시행된 부역 의무 개혁이 유교적 이념과 중앙집권화의 사례이며, 사들이 떠오르는 '전문 엘리트'로서 지역 관리들과 협력한 예라고 주장했다. 이 개혁은 탕구트족 감찰어사 여궐余闕이 제안했으며, 목표는 부역 의무를 토지 소유 규모에 따라 공정하게 조정하는 것이었다. 부역 의무는 토지를 소유한 호에 기반하여 부과되었지만, 현물세는 각 토지 단위에서 징수되었다. 따라서 보고를 위해 나눈 구역 여러 곳에 토지를 소유한 호는 원적지에서 소유한 토지의 크기에 따라 부역 의무를 제한할 수 있었다. 개혁 이후, 현 내 모든 보고 구역에서 보유한 토지의 총량을 계산하여 부역 의무를 평가하게 되었다. 이 개혁은 잘못된 보고에 대해 몰수를 경고하며 토지 소유 등록을 요구했다. 토지 소유를 제한하거나 재분배하는 것은 포함되지 않았지만, 개혁의 명분은 세금 부담을 재산에 따라 공평하게 분배하고, 가난한 사람들이 과도한 부담을 지지 않도록 하는 것이었다.[45] 재조정 결과 4,300호가 부역 의무에서 제외되었고, 3,460호가 추가되어 총 840호가 감소했다. 최종적으로 부역 의무를 진 호는 1만 2,618호였다. 그러나 이를 엘리트의 자발성의 증거로 받아들여야 할지는 확실하지 않다. 조사와 관리를 감독한 열 명의 관리 중 한 명을 제외하면 모두 다른 지역 출신이었고, 그중 절반은 몽골인이거나 중앙아시아인이었다. 의오 출신 작가 왕위王緯는 여궐의 개혁을 기념하는 비문에서 개혁의 목표가 의무를 공평하게 만드는 것이라는 여궐의 말을 언급했지만, 왕위는 이 개혁이 민중의 지지를 받지 못한 상부 주도의 운동임을 인식하고 있었다.[46] 영강의 여부呂溥는 허겸의 학생으로 공식적인 지위가 없었지만 감찰사에게 특별 감독관 임명에 대해 편지를 보내 의무 재조정에 의구심을 표현하며 부패 제거와 수리 공사 등 지역 관료가 진정한 우선순위에 주의를 기울일 것을 촉구했다.[47]

1350년에 학교나 서원에 아들이 등록되어 부역 의무에서 면제된 사의 호수는 기록으로 명시되어 있지 않다. 그러나 1290년 등록된 인구 수(약 20만 호)를 기준으로 하면, 부역 의무를 지닌 1만 2,618호는 전체의 약 6퍼센트에 불과했을 것이다.[48] 1350년에 부역 의무를 평가하는 데 사용된 총 토지 면적은 264만 무(약 4억 9,000만 평 또는 16만 1,878헥타르)로, 1472년 전체 토지 총량의 5분의 1에 해당했다.[49] 여궐의 개혁은 평균 200무(약 3,800평) 정도의 토지를 소유한 소수의 부유한 호를 대상으로 한 것이었다. 자발적 참여가 거의 보이지 않는 이유는 다음 장에서 다룰 종족 형성과 관련이 있다고 생각된다.

무주에서 지방 관료를 하는 사들은 감독관과 같이 실제적인 지역 권한이 있는 직책에서 제외되었으며, 총관으로 근무한 사례는 두 건뿐이었다. 그러나 그들은 지방 관료에게 기대할 수 있는 것이 무엇인지 알고 있었으며, 우수 사례에 대한 기록을 통해 모델을 제시했다. 그 예로 호조와 왕위 모두에게 특별한 인물로 기념되었던 의오의 다루가치 에리친 울루스Ericin Ulus가 있다.⁵⁰ 왕위는 에리친의 후임자를 위한 모범을 만들기 위해 글을 쓴 것이지만, 과장한 것은 아니라고 말했다. 이전의 다루가치들은 지역에 대해 이처럼 깊은 관심을 보이지 않았기 때문이다. 에리친은 군사 및 관료가 현을 통과할 때 요구를 제한하고, 부역 개혁에 참여했으며, 민병대를 조직하여 현을 방어하고 치안을 유지했다. 그는 (태양 아래 자신의 몸을 드러내며) 비를 기원했고, 화재가 발생했을 때 (자신의 옷을 던져) 불길을 막았다. 가뭄 이후 50퍼센트가 아닌 80퍼센트의 세금 감면을 시행했으며, 주민들에게 장례와 애도의 올바른 방식을 가르쳤다. 현의 학교를 방문하여 학생들과 만나고, 마을 학교를 점검했으며, 농사를 장려하고, 현 관청과 사당을 수리하고, 현의 성벽과 문을 건설하여 도시의 외관을 정비했다. 그는 강가의 석교를 복원하고, 현의 저수지 둑도 수리했다. 그러나 핵심은 에리친이 예외적인 사례였다는 점이다.

문학: 학과 글쓰기

1070년대에 암기에 의존한 과거시험 제도가 폐지된 이후, 좋은 문학적 형식으로 글을 쓸 수 있는 능력은 과거시험 응시에 필수 요건이었다. 이는 사들을 다른 사람들과 구별되게 하였다. 무주에서는 도학을 개인적으로 연구하고 학문에 기여하기 위해 책을 쓰는 것이 남송 시대에 점점 더 대중화되었지만, 가장 흔한 형태의 '책'은 특정한 상황에서 쓴 개인 작품의 모음이었다. 작가들은 그들이 친구나 잠재적인 후원자들에게 보낸 편지, 다른 사람들의 책에 써 준 서문, 여행을 떠나는 사람들을 위해 작별 인사를 쓴 서序, 비문, 묘지명, 그리고 다양한 형태와 스타일의 시를 모았다. 많은 작품집은 작가의 가족이 보관했고, 일부는 필사본 형태로 유통되었으며, 일부는 인쇄되었다. 송렴처럼 생전에 여러 문집이 유통된 경우, 이는 작가가 문학적 모델과 아이디어의 원천으로 인정받는 것을 의미했다. 쉬융밍徐永明은 작가 및 학자로 기록된 무주의 사 88명 중 60개의 문집 제목을 집계하였다.[51]

무주의 학문을 현대적으로 연구한 초기 저작 중 하나에서 순커콴孫克寬은 사들을 도학파와 문학파로 나누었다.[52] 이를 바탕으로 존 D. 랭글로이스 주니어는 원 말기에 이르러 문학파가 무주에서 우위를 점했다고 주장했다.[53] 그러나 이러한 결과는 당연한 것이 아니었다. 제도적으로는 1315년까지 문학의 가치를 강화시킬 과거시험이 존재하지 않았고, 신유학자들은 문학의 가치를 비판했다. 무주에서는 김이상과 허겸이 주희의 학을 가르쳤으며, 1315년에 과거시험 제도가 복원되었을 때, 진사 시험의 첫 번째 과목에서는 사서와 오경 중 적어도 하나의 도학적 해석에 대한 지식이 합격의 필수 조건이 되었다.⁵⁴ 무주의 사들 중에는 문학을 통해 두각을 나타낸 이들도 있었지만, 이제 그들은 그것을 수행하는 것의 가치를 주장해야 했다.⁵⁵

무주의 사들이 문학에서 도학으로 전향한 사례도 있다. 27세에 척숭승戚崇僧은 문학적 관심을 버리고 허겸을 따르기로 결심했으며, 이후 평생 사서와 경전에 대한 저술과 교육에 전념했다.⁵⁶ 장현蔣玄은 가족과 지역 사회에서 주희의 사상을 실천하는 데 평생을 바쳤으며, 사서, 학문, 문헌학, 그리고 경세학에 대한 책을 저술했다.⁵⁷ 당회덕唐懷德은 평생 경전을 가르치고 경전 및 기타 주제에 대한 책을 썼다.⁵⁸ 장추와 의학 학자인 주진형은 이미 언급한 바 있다. 허겸의 제자들 모두가 책을 저술한 것은 아니었다. 왕순王順은 지역 사회에 대한 선행으로 알려졌으며, 학교를 세우고 교사를 초빙했다.⁵⁹ 섭근옹은 저술은 거의 없지만, 가르치는 일과 무주의 주요 사들과의 우정을 유지하는 데 힘썼다.⁶⁰ 허겸의 영향권 외에도 도학을 가르치고 책을 쓴 교사와 학생들이 있었다. 문인몽길聞人夢吉⁵⁾은 약 2,000명의 학생(송렴 포함)을 가르친 것으로 알려져 있다. 그의 부친은 왕백의 아들과 함께 공부한 바 있으며, 문인몽길은 "도덕을 먼저 가르치고 문예를 나중에 가르쳤다[先生設敎先道德而後文藝]"고 전해진다. 왕초옹王肖翁은 왕백의 종손으로, 교육과 지방 행정 직책을 겸했으나 저술은 남기지 않

---

5) 문인몽길은 원대 절강 금화 출신의 한족 학자로, 왕백의 학풍을 계승한 가학 속에서 성장하였다. 그는 『칠경전소(七經傳疏)』를 손수 필사하며 10년간 학문에 전념하였고, 천주교수(泉州敎授) 등을 지냈으나 중앙 관직인 유학제거는 사양하였다. 학문에 대한 성실성과 절의로 높이 평가받았다.

았다. 그러나 그는 가족의 '도통' 주장에는 참여한 것으로 보인다.[61]

과거시험 공부의 핵심으로 도학이 채택되면서 무주 사들은 더욱 분화되었다. 허겸의 두 제자인 영강의 여부와 여수呂洙 형제는 경전과 사서에 대한 책을 저술했다. 여부는 자신이 속한 그룹에 대해 문학 학자들이 가한 공격과 이에 대한 자신의 반격을 묘사했다.

오늘날 문학[詞章之學] 학자로 불리는 이들은 우리를 항상 '성리性理학파'라고 부르며, 우리를 좁은 시야를 가진 유학자로 간주한다. 그들은 '성리' 학자들이 추상적이고 실제와 동떨어진 연구에 몰두하여 결코 실천에 적용될 수 없다고 여긴다. 그래서 우리를 조롱하고 비웃는다. 이는 그들이 자신을 제대로 평가하지 못하고 있다는 명백한 증거다. 그들은 아마도 우리가 말하는 것이 모두 실제적인 이치[實理]와 실제적인 사무[實事]라는 것을 이해하지 못할 것이다. 성왕들이 군주로서 사용했던 것, 성현들이 그들을 섬겼던 것, 공자와 맹자가 가르침에 사용했던 것, 그리고 그들의 제자들이 배움에 사용했던 것 모두가 여기에서 비롯되었다. 진정 이것은 하나의 마음[一心]을 다스리는 주인이며, 모든 변화를 낳는 근원으로, 영원히 지속되는 것이다. 책을 읽는 모든 이가 마땅히 추구해야 할 것은 바로 이것이며, 그 외의 것은 근본을 버리고 지엽적인 것을 추구하는 것으로, 이는 학에 임하는 올바른 자세가 아니다. 그러나 사실 '성리학'과 '문학'은 언제나 하나의 근본을 가지고 있다. 안으로 순수하게 간직된 것은 도덕적 본성[德性]을 이루고, 밖으로 화려하게 표현된 것은 문장이 된다. … 더욱이, 문은 도를 꿰는 장치이다. 글을 지을 때는 항상 리理를 중심으로 삼고, 언어를 사용해 리를 표현해야 한다. 리에 대한 통찰이 없는 사람이 문에 능했던 적은 없으며, 리 밖에 있는 것을 문이라 부를 수는 없다.

오늘날 과거시험은 사를 선발하기 위해 마련되었다. 사람을 추천할 때는 윤리적 행실[德行]이 가장 중요하며, 그들의 성취를 시험할 때는 경술經術이 첫 번째이고 문학적 작문은 두 번째이다. 이러한 학은 정程과 주朱를 가장 중요하게 여긴다. 정과 주가 성리의 권위자이며 도학의 근원이 아닌가? 만약 오늘날 문학 작문을 한다고 자처하는 이들이 성리학을 공격한다면, 그들이 작성하는 것은 리가 없는 문이다. 리가 없는 문이 어떻게 문이라고 불릴 수 있겠는가?[62]

여부는 도학이 통치와 단절되지 않았음을 옹호하며, 도학의 우위를 인정하지 않는 문장 작문을 비판함으로써 도학의 자기 수양보다는 문장 창작에 더 관심을 가진 사들에게 문제를 제기한다. 새로운 질서 속에서 문학은 어떤 가치를 지니며, 왜 그것이 더 '실용적'인가? 그리고 과거제도가 부활함에 따라 문학 작문과 문인들은 신유학의 윤리적 실천과 내적 성찰 프로그램에 어떻게 반응할 것인가?

정복 이후 무주의 문장

1286년, 정복이 이루어진 지 10년 후 포강의 방봉方鳳, 영강의 오사제吳思齊, 그리고 복건 출신으로 문천상의 저항에 참여했고, 무주에 임시 체류 중이던 사고謝翱가 월천서원에서 시문 경연 대회를 조직했다. 이 서원은 송 말에 건립되고 주희와 여조겸을 기리기 위한 사당으로 시작되었다. 이들은 지역 사들에게 "봄날의 전원"을 주제로 한 시를 제출하도록 초청했다. 총 2,735편이 응모되었고, 수도에서의 과거시험 방식을 모방하여 10퍼센트가 '합격' 처리되어, 합격자 280명이 발표되었다. 이 중 상위 50명은 상을 받았다. 대부분의 참가자에 대한 다른 정보는 알려지지 않았지만, 역사 기록에서 알려진 이들은 주로 교사와 교육 관료였다.

리처드 린Richard Lynn의 연구에 따르면, 이 대회는 여러 목적을 지녔다고 한다. 우수한 인재를 발굴하고 양성하며, 사 네트워크를 형성하고, 문학적 전통을 유지하며, 공동체 의식을 형성하는 데 목적이 있었다. 정부에서 봉사하든 아니든, 참가자들은 자신들의 문학과 그것을 창조하는 사람들의 가치를 인정하고 공유된 공공 윤리의 형성에 기여한다고 여길 수 있었다.[63] 이 대회는 또한 방봉, 오사제, 사고에게 지역적 명성과 인재를 평가하는 권위를 부여했다. 이들은 소규모로나마 과거시험 제도를 국가에서 지역 사들에게로 전환시킨 셈이었다. 하지만 이제 보상이란 단지 금전적 보상일 뿐, 그들에게 줄 정부 관직은 없었다.

포강 출신의 유관은 정복군을 피해 가족과 함께 난계로 피난했을 때 잠시 김이상과 공부한 적이 있었다. 포강으로 돌아온 그는 방봉, 오사제, 사고의 제자가 되었다. 특히 방봉이 중요했다. 유관이 쓴 방봉 묘지명은 세 가지 점을 강조한다. 그는 송의 과거시험에 실패했지만 송의 몰락에 깊은 상심을 느꼈고, 이후 시문에 전념했으며, 여러 지역을 여행하며 중요한 문학적 인맥을 형성했다는 것이다.[64] 방봉으로부터 배운 뒤 유관은 항주로 가서 방봉의 인맥, 특히 방회方回[6], 대표원戴表元, 그리고 항주에 체류 중이던 영강 출신의 호지순胡志純과 연결되었다. 이들 모두는 광범위한 사회적 네트워크를 가지고 있었다.[65] 한편, 의오 출신의 황진은 고향에서 교사들에게 배운 뒤 1296년에 방봉의 제자가 되었고, 2년 뒤 항주로 떠나 자신의 인맥을 형성했다. 황진은 유관과는 다른 네트워크에 있었으며, 유관의 네트워크 중심에 있던 방회의 강력한 비평가인 주밀周密[7]을 중심으로 활동했다.[66] 그럼에도 유관과 황진 모두 유망한 문학적 인재로 평가받았다.

유관과 황진은 관직에 나서고자 했다. 항주에서 체류하면서 인맥을 형성하고, 추천을 받기 위해 필요한 문학적 명성을 쌓을 기회를 얻었다. 유관은 30세인 1300년에 성공적으로 추천을 받아 교육 관직을 맡게 되었다. 두 번의 임기를 마친 후 그는 정식 관직을 얻기 위해 수도로 갔다. 성공하지는 못했지만, 그는 중서성의 북방 고위 관리의 가정교사 자리를 얻었다. 그는 직위가 있는 관직을 얻기 위한 추천을 모아 국자감에 임명되었고, 그곳에서 교육자로 성공적으로 활동했다. 유관은 다른 임무도 맡았고, 때로

---

6) 방회(1227~1305)는 송·원 교체기의 학자이자 관료로, 자는 만리(萬里), 호는 허곡(虛谷)이며, 휘주 출신이다. 송대에 진사로 급제하였으나 가사도의 견제로 을과 수석에 머물렀고, 이후 엄주 지사를 지냈다. 원군이 침입하자 출항하여 건덕로 총관이 되었고, 연경에서 원 세조를 알현했으나 문하생들의 비난 속에 벼슬을 버렸다. 전당에 머무르며 송 유민들과 교유하였으며, 시문집 『동강집(桐江集)』과 시론서 『영규율수(瀛奎律髓)』를 남겼다.

7) 주밀(1232~1298)은 송 말 원 초의 학자로, 자는 공근(公謹), 호는 초창(草窓)이며, 본관은 산동 제남(濟南)이다. 남송에서 관직을 지냈으나 원나라에는 벼슬하지 않고 임안(臨安)에 은거하며 남송 문물과 풍속을 기록한 『무림구사(武林舊事)』, 『계신잡식(癸辛雜識)』, 『제동야어(齊東野語)』 등을 저술하였다. 원 조정의 벼슬을 거부한 주밀은, 방회의 항복과 원 조정 협력 행위를 절의에 어긋난 처신으로 보고 강하게 비판하였다. 그는 아사(雅詞) 문풍의 대표자로, 사 외에도 시, 문, 서화, 잡학에 뛰어난 재능을 보였고, 골동과 예술에 대한 기록도 많이 남겼다.

는 정책에 대해 의견을 제시할 기회도 얻었다. 하지만 감찰관 자리에의 추천이 무시되자, 그는 지방 관직을 요청했고 강서성의 교육감으로 임명되었다. 그 자리에서 그는 학교와 서원의 이익을 옹호했다. 임기를 마친 후 그는 포강으로 돌아갔다. 그러나 1340년에 탈탈이 재상으로 임명되면서 조정의 정치가 다시 변화했다. 바얀이 1335년에 중단했던 과거시험이 재개되고, 사와 민간의 관심사가 부상했다. 유관은 조정으로 소환되어 한림원에서 봉직하게 되었지만, 1342년 반년 만에 사망했다.

황진은 학자로서 유관의 자질을 다음과 같이 묘사했다.

> 유관은 독서량이 많고 기억력이 뛰어났다. 그는 경전, 역사서, 제자백가에서부터 국가의 제도와 전례, 병법, 형법, 법규, 역법, 점술과 의학의 기술, 그리고 이단 종교의 서적에 이르기까지 모든 것을 통달했다. 이러한 까닭으로 그의 글은 자유롭고 굽이치며, 풍부하고 여유로워, 재능의 광범위한 발현과 충만한 기백을 보여 주었고, 내용은 세밀하고 언어는 심오하며, 번성하고 자신만의 문체를 형성했다. 심지어 노년에도 시 작성을 멈추지 않았으며, 그가 젊었을 때 쓴 시보다 더욱 고풍스럽고, 난해하며, 독특하고, 자유분방하며 사색을 자극하는 시를 창작했다. 젊은 사들은 그의 시를 외우고 전파하기 위해 열광했다. 그는 전서와 해서에 능숙했으며, 고대의 제기祭器, 서예, 그림을 감정하는 데 뛰어나 진품과 위작을 구별하는 능력이 탁월했다.[67]

유관의 박학에는 국가 운영의 주요 영역도 포함되어 있었다. 이는 송대의 지식 분야 목록에는 일반적으로 포함되지 않았던 내용이지만, 당시 그의 박학다식함이 그를 관직에 적합하게 만들었다는 점을 부각시킨 것이다. 그러나 황진의 목표는 광범위한 학문적 배경이 유관의 문학과 예술적 탁월성의 근원임을 강조하는 데 있었다.

한편, 황진은 다른 경로를 선택했다. 1301년 그는 교수직에 지원했으나 실패했고, 2년 후 감찰사 서리직 시험에 합격했으나 신청을 철회했다. 그는 여러 곳을 여행하며 종종 항주에 머물렀고, 1312년에는 수도로 갔다. 과거제가 복구된다는 소식을 들은 후 항주로 돌아와 향시를 치렀고, 1315년에는 중앙 시험에 합격해 진사가 되었다. 진사로서 그는 곧바로 정규 지방 행정직에 임명될 자격을 얻었고, 1330년까지 이 직책을 맡았다. 같은 해, 마조상馬祖常[8]의 추천으로 한림원에서 조칙 기안자 및 사관국 편수관으로 임명되었다. 이는 마조상이 한때 유관을 위해 시도했던 것과 유사한 과정이었다. 이후 황진은 1351년 최종 은퇴할 때까지 주로 수도에서 근무하며 때로는 과거시험을 감독하거나, 상喪 중에 있었다. 황진의 행장에서 송렴은 1357년 이후를 다음과 같이 기록하였다.

> 선생의 학은 모든 책을 두루 섭렵하며 가장 본질적인 것들로 연결시켰다. 경전이나 역사서의 불확실한 부분, 과거와 현재의 변화와 지속, 제도와 사물에 대한 질문이 있으면, 그는 다양한 증거를 인용하여 정교한 설명을 내놓았다.

---

8) 마조상(1279~1338)은 서역 옹고족 출신의 색목인으로, 네스토리우스파 기독교 가문에서 태어났으나 중국어(한어)로 시문을 창작한 문인이다. 그는 원나라에서 감찰어사로 재직하며 『풍헌홍강(風憲宏綱)』 서문을 집필했다. 주로 조서와 비문을 지었으며, 민간의 고통을 반영한 시도 남겼다. 비한족이면서도 한문학의 중심에서 활동한 대표적인 인물로, 사후에 시호 '문정(文貞)'을 추증받았다.

그의 말은 끊임없이 이어졌다. 동일함과 차이를 분별하고, 옳고 그름을 판단하는 데 있어 그의 견해는 이전 유학자들에게서 찾아볼 수 없던 것이 많았다. 그의 저술에서 드러나는 것은 모두 육경을 기초로 하여 성인의 도를 돕는 것을 최우선 과제로 삼았다는 점이다.

그의 글은 구조가 탄탄하고 인용도 항상 적절했다. 그는 침착하고 세련된 태도를 지녔으며, 결코 감각적 쾌락에 지나치게 탐닉하지 않았다. 그의 모습은 옥빛의 잔잔하고 맑은 드넓은 호수 같았으며, 그 아래 물고기, 거북, 용이 잠잠히 잠겨 있는 듯했다. 그의 진지한 표정은 누구든 모욕하려는 의도를 가진 자를 두렵게 했다. 1260년대 이후 그와 같은 인물은 두세 사람에 불과했다고들 한다. 따라서 그는 항상 국가의 공식 선포문과 고귀한 인물들의 비명을 작성하도록 명을 받았다.

사뿐만 아니라 불교와 도교 신자들까지 그의 문장을 청했고, 매일 그의 뜰은 사람들로 가득 찼다. 그는 그들을 물리치려 했지만 아무도 떠나지 않았다. 일단 작품이 완성되면, 집안의 모든 사람이 그것을 암송했고, 곧 모든 이들에게 전해졌다. 심지어 먼 외국에 있는 사람들조차 그것이 소중히 여겨질 것임을 알았다. 그는 정자체와 초서에도 매우 능숙했다. 그의 필적을 얻을 기회가 있던 사람들은 그것을 명예로 여기며 소중히 간직했다. 비평가들은 그의 고결하고 원칙적인 성품을 진사도陳師道에 비유했고, 온건하고 순수한 문체를 구양수에, 우아하고 자유로운 필체를 설직薛稷[9]에 비교했다. 그를 알던 사람뿐만 아니라 알지 못하던 사람들까지도 모두 이에 동의했다.

---

9) 설직(649~713)은 당의 서예가로 유명하다.

아! 그는 통일[혼일混一]의 순간에 태어나 산천의 비범한 기를 받았다. 그 기가 축적되면 그 적용은 광범위할 것이다. 인종 황제가 과거제를 복원하자 그는 유학에 헌신하기로 결심했다.[10] 그는 다섯 명의 황제를 차례로 섬겼다. 만년에 그는 조정으로 들어가 현 황제를 섬기며, 황제의 명을 전달하고 경연經筵에서 강의했다. 그는 영웅적으로 홀로 우리 문화[斯文]의 중책을 짊어졌다. 세상의 모든 사들이 그를 본보기로 삼았다. 이로써 원의 문학은 웅장하고 강렬해져 한·당의 위대함에 맞먹게 되었다. 그의 공헌은 분명히 작지 않았다.[68]

학문이 넓었던 황진은 정말로 뛰어난 경력을 쌓았다―그가 과거에 합격한 소수 중 한 명이라는 점도 큰 도움이 되었다. 그러나 황진이 유관을 묘사한 방식과는 달리, 송렴은 황진을 경전에 있는 성인의 도를 실현하는 데 자신의 문학적 작업을 철저히 복무시킨 인물로 그리면서도, 도학과는 관련이 없었다고 서술한다. 황진은 국제적인 독자층을 가지고 있었으며, 그의 작품의 수준은 원의 문학이 역사상 가장 위대한 왕조들과 견줄 만했다고 송렴은 주장한다.

황진과 유관은 매우 비슷한 방식으로 자신의 길을 개척했다. 그들은 동료들과의 문학적 교류를 통해 끊임없이 인맥을 넓혀 나갔다. 한족 몽골인, 중앙아시아인 들로 구성된 국가 엘리트를 위해 비문과 전기를 작성했으며, 특히 무주 사들의 요청에 민감하게 반응했다. 다른 사람들을 위해 쓴

---

10) 원 인종(元仁宗, 재위 1311~1320)은 쿠빌라이의 증손이며 원 무종의 아들이다. 유학을 존중하고 한인 관료를 등용하는 등 비교적 온건한 통치를 펼쳤으며, 재위 기간은 원대 중기 정치적 안정과 문화 진흥의 시기로 평가된다.

글로 황진은 최소 380편, 유관은 237편의 작품을 남겼다. 원대의 문학적 교류의 밀도는 남송의 그것을 훨씬 뛰어넘는다. 황진과 유관 같은 인물들에게 문학적 교류는 개인적 연결을 만들고 추천을 얻는 데 필수적이었다. 그러나 이는 출세를 추구하는 사들이 가졌던 사회적 상호작용을 크게 과소평가한 것이다. 예를 들어, 곽비郭畀의 일기에는 진강鎭江[11])과 항주에서 15개월 동안 직업을 구하며 만난 761명과 총 2,452회의 상호작용이 기록되어 있다.[69] 천원이는 원대 사들의 담론적 관행에 관한 연구에서 보여 주었듯이, 유관과 황진은 지역적 담론과 왕조적 담론 두 가지를 완벽히 익혔다.[70]

방봉은 이후 또 다른 제자인 오래를 두게 되었다. 오래는 오직방의 아들로, 과거시험에서 낙방한 후, 포강 정씨 가문의 학교에서 학문과 교육에 전념하는 삶을 선택했다.[71] 그의 제자들 중에는 원-명 전환기 무주를 대표하는 문학적 지식인들인 송렴, 왕위, 호한胡翰, 대량 등이 포함되어 있었으며, 그 외 그렇게 유명하지 않은 인물들도 있었다.[72] 하지만 오래는 책 집필에 몰두했는데, 이는 "그가 단순히 문학적 사로 알려지고 싶지 않았기 때문"이라고 송렴은 기록했다.[73] 반면에 동양 출신의 호조는 1308년에 교사직 시험에 합격하여 문학적 재능으로 알려지고자 했다. 그는 자서전에서 자신을 독학한 인물로 소개하며, 한유의 고문, 황정견의 학문적 시풍, 그리고 매우 다른 시풍을 지닌 도연명의 시를 선호했다고 밝혔다. 또한 그는 조맹부趙孟頫의 서체를 추구했다고 언급했다.[74] 호조는 1315년 과거시

---

11) 진강은 중국 강소성에 위치한 도시로, 양자강 남안에 자리한 역사적 교통 요충지이자 문화 도시이다.

험에 실패했음에도 그의 경력과 문학적 네트워크를 계속 발전시켜 결국 한림원에서 관직을 얻게 되었다.[75] 그의 자서전은 그가 교류했던 중요한 인물들에 대한 기록일 뿐만 아니라, 자신의 문학적 경력을 변호하는 내용이기도 하다.

> 내 글을 보면 내 성품을 알 수 있을 것이다. 어떤 사람들은 내가 문장을 좋아하고 책 쓰는 데 게으르다고 비판했다. 나는 이 말을 듣고 이렇게 말했다. 도는 육경에 있으나, 육경을 드러내지 않는 문도 있다. 그러나 육경을 드러내는 문이면서 그 도가 육경의 것이 아닌 경우는 없었다. 도는 본체[體]이고, 문은 그 작용[用]이다. 본체와 작용은 한 근원에서 나왔다. 그것이 우리가 도를 통찰할 수 있는 바탕이다. 우리의 도는 요, 순, 우, 탕湯, 문文, 무武, 주공, 공자, 안회, 맹자로부터 비롯되었다. 그러나 그들이 떠난 이후로는 전승되지 못했다. 송에 이르러 염濂과 낙洛[주돈이와 정씨 형제]의 대유大儒들이 일어나 도학을 선포하여 그 전승을 이어 갔다. 남쪽으로 내려온 후 주희, 장식, 여조겸 같은 세 군자가 그 뒤를 이어, 제자들을 통해 학문을 전수하고 함께 이를 체계적으로 설명했다. 우리의 도는 다시 명확해졌다. 주자는 말년에 많은 유가들의 학문을 하나로 집대성하며, 성인의 도를 해와 별처럼 밝히 드러냈다. 여러 학파와 백가의 말들은 통합되어 마치 물이 바다로 돌아가듯 하나로 수렴되었다. 학자들은 그저 실천에만 전념하면 되었다. 그러나 근래 책을 쓰는 사들은 단지 고인의 껍데기를 베끼거나, 자신의 생각을 고집하거나, 억지로 설을 만들어 내고 있을 뿐이다. 그들은 책을 파괴하는 벌레들이다. 어찌 그들이 우리의 도에 도움이 될 수 있겠는가?[76]

이는 문학적 경력을 추구하는 데 있어 꽤 교묘한 변론이다. 도덕적 학문의 길은 이미 알려져 있으니 더 이상의 논쟁이나 아이디어가 필요하지 않으며, 따라서 책을 쓸 필요도 없다는 것이다. 이는 호조와 같은 문장 작법의 대가들이 도학을 인정하면서도 이를 주제로 글을 쓰지 않는 상황을 정당화한다. 또한 도의 역사에서 자신들의 역할에 대한 신유학 학자들의 설명을 인정하는 것이기도 하다.

유학과 문학을 아우르기

무주의 문학 학자들은 허겸과 같은 교사들과 도학의 주장에 익숙했다. 유관은 허겸을 위한 제문에서 그가 하기와 왕백을 통해 주희의 학을 전승 받았음을 언급했다.

황진은 허겸의 묘지명을 썼지만, 개인적으로 그를 알지는 못했다.[77] 노년에 유관은 '이학理學'에 심취하여 『근사록광집近思錄廣輯』이라는 저작을 남겼으나 유실되었다.[78] 오래도 도학의 주장에 대해 알고 있었다.[79] 이들 모두 도학을 부정하지는 않았으나, 그것을 적극적으로 옹호하지도 않았다. 앞서 인용한 구절들에서 보이듯, 이들은 포용적인 문학의 본보기가 되고자 했다. 이들은 폭넓은 학문을 지닌 사람들이었으며, 경전과 역사서를 연구하고, 제자백가의 텍스트와 불교 및 도교 경전에 통달했으며, 지난 시기의 문학에 깊이 몰두했다. 통치에서든, 교육에서든, 타인을 평가하는 일이든, 국가 문서에서든, 권력자의 생애를 기리는 글에서든, 혹은 친구와 지인을 위한 다양한 즉흥적 글쓰기에서든, 그들의 학문과 문장은 그러한 순간들을 역사적 언어로 감싸고, 그것을 우리 문화[斯文]의 전개되는 이야기 속 일부로 만들어 냈다. 내가 보기에 이들은 14세기 중엽까지 문학에 대한 입장을 확고히 세웠다. 그들은 경전, 역사, 전통에 의해 영향을 받은 학문과 글쓰기를 통해 도덕적 행동을 하고 있으며, 정부 업무에 기여하고 있다고 주장할 수 있었다. 이 장의 시작점으로 돌아가자면, 이들은 성공한 사는 어떤 모습이어야 하는지를 보여 주었다. 즉, 폭넓은 지식을 갖추고, 고도로 세련되며, 품행이 단정한 개인으로서, 온갖 역경 속에서도 조정에서 관직에 올랐다. 주목할 점은, 이들의 직책이 정책을 결정할 수 있는 관직이 아닌 문학 관련 직책이었다는 것이다.

『원사』를 편찬하면서, 원-명 전환기의 가장 영향력 있는 무주 학자 중 두 명인 송렴과 왕위는 지적 풍토의 분열을 인식했다. 전례를 깨고 도학 인물들을 유학자 및 문학 인사들의 전통적인 집단 전기에서 분리하여 별도의 집단 전기를 만든 『송사』의 가까운 선례를 따랐다. 처음에는 송렴과 왕위가 도학을 유학자 집단 전기 안에 포함하려고 계획했다. 왕위는 두 개의 중요한 전기를 초안했다. 하나는 김이상에 대한 상세한 전기로, 남쪽 도학의 전승에서 무주의 자부심을 강조했다. 다른 하나는 몽골 통치하에서 북쪽에서 주자의 학을 장려한 허형[許衡][12]에 대한 짧은 전기였다. 왕위

---

12) 허형(1209~1281)은 호는 노재(魯齋), 백운자(白雲子)로, 원대 초기의 대표적인 신유학자이자 교육자이다. 그는 조복(趙復)으로부터 배운 요추(姚樞)를 만나 신유학을 배웠고, 특히 『소학』을 중시하였다. 원 세조 쿠빌라이 칸에게 발탁되어 국자감의 설립과 운영에 참여했으며, 유학의 보급과 학풍 정립에 공헌하였다. 「시무오사(時務五事)」를 상소하며, 국가 통치 체계의 정비와 한족 전통의 법제화에 기여했다. 또한, 천문학자 곽수경(郭守敬) 등과 함께 『수시력』을 편찬하였다. 허형은 오징과 더불어 '북허남오(北

는 자신의 평가에서 주자학의 진정한 전승이 황간에서 시작해 하기, 왕백, 김이상, 그리고 허겸으로 이어졌다고 주장했다.[80] 그러나 결국 그들은 더 폭넓은 포용 방식을 택해 도학의 교사, 전통적인 유학자, 문학인을 포함하는 단일 집단 전기를 작성했다. 『송사』에서 세 개의 집단 전기로 나뉘었던 내용이 이제는 하나의 '유학儒學'으로 통합된 것이다.

> 이전 왕조의 역사서에서 유학에 속한 사들의 전기는 항상 두 가지로 나뉘었다. 경학으로 뛰어난 자들은 '유림儒林'으로, 문학으로 유명한 자들은 '문원文苑'으로 분류하였다. 그러나 유학의 학은 본래 하나로 통일된 것이다. 육경은 도가 깃든 곳이며, 문학은 그 도를 전달하는 수단이다. 따라서 경학이 문학이 아니라면 그 의미를 표현할 수단이 없을 것이며, 문학이 육경에 기반하지 않는다면 어떻게 그것을 문학이라 부를 수 있겠는가? 이는 곧 경학과 문학이 둘로 나뉠 수 없음을 분명히 보여 준다.[81]

이는 1370년 명의 첫 과거시험을 알리는 교지 초안에서 왕위가 한 말을 반영한다. 그는 "재능을 지니고 도를 품으며, 경전의 이해와 품행의 수양에 헌신하고, 고대에 능통하며 현재를 통찰하며, 문文과 질質을 조화롭게 이루고, 명성과 실체가 일치하는 사를 선발한다"라고 하였다. 이어서 그는 과거시험이 이후로는 관직에 진출하는 유일한 길이 될 것이라고 언급했다. 이는 원 왕조가 사를 우대하였으나 높은 관직에는 배제했던 것과 대

許南吳)'로 불린다. 그의 제자들 역시 원나라 학계에서 활약하며 유학의 전통을 계승하였다. 사후에 문정(文正)이라는 시호를 받았다. 저서로는 『독역사언(讀易私言)』과 『노재유서(魯齋遺書)』 등이 있다.

조를 이룬다. 신유학이나 주희의 학에 대한 언급은 없었으나, 송과 그 이전 시기의 과거시험이 "단지 문장을 배우는 데 그쳤으며 육경의 완전함을 추구하지 못했다"라고 대조하였다.[82] 이 해결책은 주희의 학 학습을 수용하고자 하는 문학 학자들에게 적합했다. 경전은 공통의 기반을 제공하였다.[83] 좋은 문에 대한 각자의 정의는 다를지라도, 천젠화陳建華가 주장한 바와 같이, 문학을 경전에 기반하도록 한 것은 문학적 창의력에는 해로웠을지 모르지만, 이들이 말하는 문학의 사명은 순수한 문학에 국한되지 않는 훨씬 더 광범위한 것이었다.

천지, 도, 마음, 문의 통합

랭글로이스는 무주가 신유학의 중심지로 시작하여 문학의 중심지로 끝났다고 주장한다. 그는 또한 송렴이 '문文의 우주론'을 발전시켰다고 보았다. 이 우주론에서 문은 천지의 산물로서 본질적인 가치를 지니며, 경전을 통해 성인들에 의해 표현되고, 송렴 자신처럼 문학 작품을 창작한 자들에 의해 계승되었다고 한다. 랭글로이스의 관점으로 보면, 이는 문학적 작업을 중국 문화를 옹호하고 외국의 통치자들을 변화시킬 수단으로 만들었다. 반면 왕위는 문을 중요한 도구로 보았지만 본질적 가치를 지닌 것으로 여기지 않았다고 본다.[84] 내가 선호하는 관점은 무주의 문학 학자들이 사의 학을 통합하는 것을 목표로 하는 수용 조정 전략을 수용했다고 보는 것이다. 주자의 학이 과거시험 제도에서 공식적으로 인정되면서 수용이 필요해졌다. 주희의 학은 사의 활동으로서의 문학에 대한 새로운 비판의 관점을 제시했기 때문이다. 문이 피상적이라는 전통적인 비판뿐만 아니라,

사들이 도덕적 자아를 함양하는 것을 방해한다고 지적했다. 주희는 도와 무관한 문이 그 자체로서의 가치를 가질 수 있다는 것을 부정했으며, 『원사』도 이를 수용했다. 그러나 송렴과 왕위는 황진, 유관, 호조처럼 문학적 업적을 통해 경력을 쌓고 있었다. 문학적 명성을 통해 사 리더십을 주장하기 위해서는, 문학을 위한 규범을 제시해야 했고, 동시에 신유학의 학문관을 공식적으로 수용한 상황에서 문학적 활동이 실제로 어떤 가치를 지니는지를 설명해야 했다. 호조의 답변, 즉 "주희 이후에는 철학에 대해서는 더 이상 할 말이 없어졌기에, 자신을 드러낼 유일한 방법은 문학적 글쓰기였다"는 것은 충분하지 않았다.

송렴과 왕위는 자신들 세대의 지도자로서 이러한 타협의 사례를 보여준다.[85] 그들은 일종의 신조를 공유한다. 즉, 도는 천지의 창조적 과정에 해당하며, 고대 성인들이 이를 관찰하고 인간의 제도로 전환시켰다는 것이다. 이러한 작업은 육경을 통해 표현되었다. 공자는 이 경전의 편집자이자 해석자였으며, 이를 정치적, 사회적, 개인적 모델과 규범의 근원으로 삼았다. 그러나 공자의 뒤를 이은 맹자 이후로 경전의 기능은 상실되었다. 고대의 통일성은 여러 학파가 자신들만의 견해를 발전시키려 하면서 파괴되었다. 이러한 상황은 역사를 거쳐 지속되었고, 송대에 이르러서야 신유학자(주돈이, 정호·정이 형제, 장재, 주희)가 고대에 충실한 통일된 체계를 만들어 냈다.[86]

이 지성사는 다양한 용도로 활용될 수 있다. 이를 도를 이해하는 역사로, 시대를 따라 발전해 온 '학'의 역사로, 또는 '가르침'의 역사로 해석할 수 있다. 원대의 저술가들은 지성사의 단절을 인식하고, 자신들을 새로운 시작의 일부로 자리매김할 수 있었다. 하지만 이 이야기를 표현하고자 하는 그들의 의지에도 불구하고, 송렴이나 왕위 모두 허겸의 사서 주석서 같은 것을 쓰지 않았고, 학파를 역사적으로 위치시키는 것 외에는 도학 사상을 전파하지 않았으며, 도학적 제도나 교육 프로그램을 장려하지도 않았다. 그들은 송대 지성사에서 도학의 위치를 이해했고, 도학이 자신을 공자와 맹자의 계승자로 간주하는 설명을 대체로 수용했으며, 철학적 전제들을 명확히 표현할 수도 있었지만[87] 이는 그들에게 문제로 남아 있었다. 문인들과 문文의 위치는 무엇인가?

송렴

송렴이 이 문제를 해결한 방식은 「칠유해七儒解」에 나타나 있다. 그는 유儒의 종류가 다양하며, 그중 오직 최고 단계만이 "도에 들어갈 수 있다"고 인정하는 데서 출발한다. 사실 그의 유에 대한 관점은 불교와 도교의 종교적 질서 이전에 존재한 모든 학파와 성향을 포함하려는 의도로 보인다. 그는 역사를 돌아보며 유의 유형을 낮은 단계에서 높은 단계로 다음과 같이 순위를 매겼다.

1. 유협지유遊俠之儒: 왕맹王孟[13] 같은 유협으로, 자신의 재능과 능력을 발휘하지만 기氣에 의존하고 리理를 무시한다.
2. 문사지유文史之儒: 사마천司馬遷과 같은 작가로, 역사 기록을 종합하지만

---

13) 『사기』「유협열전」에 실려 있는 전한의 유협이다.

겉모습이 실질을 압도하게 만든다.

3. 광달지유曠達之儒: 장자莊子와 같은 광달한 사상가로, 우주를 유영하지만 자신의 감정을 방치하여 인간의 규범을 해친다.
4. 지수지유智數之儒: 장량張良[14]과 같은 전략가로, 다른 사람보다 멀리 내다보지만 깊은 책략에 빠져 속임수를 쓰게 된다.
5. 장구지유章句之儒: 한의 정현과 같은 주석가로, 경전의 모든 측면을 탐구하지만, 주석을 일관되게 만드는 과정에서 본문을 왜곡할 수 있다.
6. 사공지유事功之儒: 관중管仲과 같은 업적을 이룬 자로, 통치에 뛰어나지만 세상을 정리하는 과정에서 정신적 결함을 가진다.
7. 도덕지유道德之儒: 공자와 같은 덕 있는 자로, 음양의 조화를 유지하며, 귀신과 영혼의 비밀을 꿰뚫고, 만물의 이치를 터득하며, 그들의 말은 모든 사람의 모범이 되고 그들의 행동은 모든 사람의 기준이 된다.

공자에 대해 그는 다음과 같이 말한다.

그는 만세의 근본이며, 내가 바라는 것은 공자를 본받는 것이다. 그의 도는 인, 의, 예, 지, 신이다. 그의 규범은 부모와 자식, 군주와 신하, 부부, 장유, 친구 간의 관계이다. 그의 일[事]은 알기 쉬울 뿐만 아니라 실천하기도 쉽다. 만약 이를 실천할 수 있다면, 개인이 수양되고, 가정이 잘 정돈되며, 나라가 훌륭히 다스려지고, 천하가 평화로워질 것이다. 내가 바라는 것은 공자를 본받

---

14) 한의 건국에 기여한 책사로 장자방(張子房)으로도 알려져 있다.

는 것이다.⁸⁸

위 목록에서 누락된 것은 송렴 자신과 같은 문학적 유학자들, 그리고 한나라 이후의 인물들이다. 송렴이 공자처럼 되겠다는 목표는 대단히 포괄적이다. 즉, 천지와 귀신의 영역을 이해하고, 말과 행동에서 다른 이들에게 본보기를 제공하며, 윤리적 행위의 규범을 따르고, 개인, 가정, 국가, 세계를 조화롭게 하는 것이다.

「육경론六經論」이라는 글에서 송렴은 자신의 문학이 이 그림 속에서 어떻게 자리 잡는지를 설명한다. 나는 이 글에서 제시된 "육경은 모두 마음의 학이다"라는 전제가 도학 이론과의 타협으로 발전되었다고 읽는다.⁸⁹ 미우라 슈이치三浦秀一는 송렴의 마음에 관한 사상이 젊은 시기의 불교 연구와 유교와 불교를 조화시키려는 희망에서 시작되었음을 보여 주었다. 미우라는 송렴의 문에 대한 관심은 문이 마음의 표현과 사회적 책임 모두를 위한 매체가 될 수 있기 때문이라고 주장한다.⁹⁰ 송렴은 이전의 황진처럼 불교 사찰과 승려를 위해 많은 글을 썼고, 도교와도 관련을 맺었다. 그러나 그의 더 큰 관심사는 유교와 불교를 조화시키는 문제보다 문학과 도학을 분리시키는 데 있었다.⁹¹ 송렴은 육경이 올바르게 이해될 때 학문의 기초가 될 수 있는 이유를 설명한다. "육경은 모두 마음의 학문이다. 마음의 리는 모든 것을 포함하고 있으므로, 육경의 언어는 모든 것을 포괄한다."⁹² 송렴은 이와 함께 리가 마음의 본질이며 모든 리의 통일성이 마음에 내재한다는 신유학의 주장을 발전시킨다. 각 경전은 마음의 리를 완전히 자각한 성현들이 만들어 낸 산물이기 때문에 특정한 마음의 측면에 들어맞으며, 따라서 각 경전을 공부하면 마음의 그 측면을 발전시키고, 리를 자각하는 것을 방해하는 사사로운 욕망을 극복할 수 있게 된다. 그는 비유를 들어 설명한다. 마음은 육경에 대하여 형태가 그림자에 해당하는 것과 같은 관계를 맺는다. 즉, 육경은 마음속에 있는 것을 표현한 것이다. 학자들이 한 이후 축적된 주석들을 배제하여, 주석들이 독자들을 경전과 주석의 관계에 초점을 맞추게 하기보다는 경전과 마음 사이의 관계에 초점을 맞추게 할 때, 학자들은 비로소 자신의 마음을 경전과 하나가 되게 하고, 육경의 언어를 실제로 실현할 수 있다는 것이다.

다른 곳에서 송렴은 이 주장을 확장한다. 주돈이의 격언 "문은 도를 전달하는 수단이다"를 인용하며, 그는 훌륭한 문은 도와의 일치를 요구한다고 결론짓는다. 그리고 "마음이 도와 하나가 되고, 도가 하늘과 하나가 되므로, 그가 말하는 것은 무엇이든 경전이 될 것이다"라고 말한다.[93] 즉, 마음이 도와 하나가 되었을 때 (이는 창조의 과정과 하나가 된다는 것), 그가 말하는 것은 무엇이든 경전의 권위를 가지게 된다는 것이다. 여기에서 암시되는 것은 오늘날의 사들도 고대의 경전이 옛사람들을 인도했던 것처럼 우리 시대를 인도할 수 있는 문을 창조할 수 있다는 점이다. 송렴은 정이에서 비롯한 비판에도 동의한다. 성현들의 진정한 학은 한대에 시작된 경전 주석도 아니고, 당대에 중시되었던 문학적 창작도 아니라는 것이다. 오히려 그것은 도에 내적으로 접근하는 것과 관련되어 있다. 그러나 이에 더해 송렴은 이렇게 덧붙인다. 우리가 배워야 할 것은 (우리가 이미 가지고 있는 것을 자각하게 해 주기에) 성현들의 문이며, 외적으로 드러나는 것은 문과 행동이다.[94] 송렴에게 도는 얻어지는 것이 아니라 모든 존재에 내재하는 것이다. 그러나 그것이 사회적 삶과 정치에서 표현되고 실행되기 위해서는 항상 문화적 매체, 즉 문에 의존해 왔다. 여기에서 다시 신유학의 이론과 일치하는 논리가 도출된다. 즉, 표현과 실행의 과정에 개인이 참여하는 것은 기氣를 통해 이루어지며, 기는 함양할 수 있는 것이다.[95]

송렴은 그의 글 「문원文原」에서 지성사를 태초로부터 문의 역사로 바라본다. 그는 하늘과 땅의 끊임없이 변화하는 문(즉, 패턴)을 성인들이 인간을 위한 문(즉, 형식)으로 표현한 것을 인문人文이라 명명한다.[96] 각 경전은 인간 삶의 다른 측면에 대한 지침을 제공한다. 경전들은 서로 다르지만, 공통점은 그들이 규범을 설정하고 통치 방법을 제시하는 과정이 모두 문을 통해 이루어진다는 것이다. 송렴은 전국시대의 여러 학파를 나열하며, 각 학파가 서로 다른 길을 걸으며 저마다의 문을 창조했음을 언급한다. 이들이 합의를 찾지 못했기 때문에, 하늘과 땅의 일관된 창조적 과정에 참여할 수 없었다고 본다. 그는 한, 당, 북송의 정치에 관여한 위대한 산문 작가들을 나열하며, 이들 역시 여전히 자신만의 아이디어를 추구했다고 말한다. 맹자와 송대 신유학의 대가들에 이르러서야 비로소 편향된 이론들이 수정되었고, 신유학자들은 "경전을 완성하고 주석을 개선했으며 문이 더욱 명료해졌다"고 한다.[97] 송렴은 왕위를 위한 비문에서 '군성지문群聖之文(여러 성인의 문)'이라는 표현을 반복적으로 사용하며 독자들에게 그의 기본 주장을 상기시킨다. 신유학 이론이 경전을 정당화하기 때문에, 사들은 '군성지문'을 학의 기초로 삼아야 한다고 주장한다. 그는 황진에 대한 평가에서도 이 역사적 설명을 반복한다. 황진은 "30년 가까이 문장을 자신의 업으로 삼았고," 경전을 문장 작문의 기초로, 역사를 그 흐름으로 삼으며 가르쳤다고 한다. 황진은 성현들과 모순되지 않는 것만으로 충분하다고 생각했고, "각각 저자의 학문을 담고 있다"는 것이기 때문에 글쓰기는 불가피하게 서로 다를 수밖에 없다고 보았다.[98] 송렴은 황진에 대해 역사적 주장을 펼치는데, 그와 다른 사람들이 남송 말기의 쇠퇴 이후 문을 마땅한 위치로 복원했다고 본다. 당시 송의 조정은 실질적인 조치가 필요했으나, 사들은 도움을 주지 못했다. 최악인 자들은 재치 있는 말과 병렬문으로 명성을 얻으려 했고, 그보다는 한 단계 나은 자들은 시험을 통해 관직을 얻고자 경전의 의미와 시적 운율을 강제로 맞췄으며, 조금 더 나은 이들은 (초기 신유학 대가들의) '어록'을 표절하여 지역 방언으로 번역하고 도를 밝힌다고 주장하며 문이 불필요하다는 말만을 반복했을 뿐이었다. 가장 훌륭한 이들조차도 분별력보다는 포괄적인 것을 추구하고, 이해가 가능하기보다는 문체에서 고풍스러울 뿐이었다.[99]

왕위

왕위는 「문훈文訓」에서 송렴의 「칠유해」에 대한 대안을 제시한다. 그러나 결국 송렴과 마찬가지로 경전에 기초한 글쓰기로 귀결된다. 왕위는 이 「문훈」을 황진과의 대화 형식으로 전개하는데, 이 글에서 황진은 지난 3년간 자신으로부터 문에 대해 무엇을 배웠는지를 왕위에게 설명해 달라고 요청한다. 왕위는 각 유형의 문체를 설명하고 다양한 문체에 대한 자신의 이해와 평가를 보여 준다. 그러자 황진은 마지막 유형을 제외하고는 모두 불충분하다고 설명한다. 이 문체들은 병렬문, 과거시험문, 고문, 황제의 칙령 및 공문서 작성, 역사 기록, 그리고 마지막으로 두 가지 유형의 '도를 전달하는 문'이다. 전국시대 제자백가의 저작은 어느 정도 '도를 밝힌다[明道]'고 할 수 있지만, 여전히 '도의 전체[道之大全]'를 보지 못한다. 이 성취는 오직 '여러 성인들'의 『육경』에만 속하며, 각 경전은 삶의 한 측면을 다루지만, 모두를 합치면 하나의 완전한 전체를 이룬다. 『육경』은 "성현들의 마음을 전하는 필수 요소이자 제왕들이 세상을 다스리는 도구"이다. 작가가 경전과 그 기능을 이해할 수 있다면 "『육경』의 문은 곧 나의 문"이 될 수 있다.[100] 왕위는 다른 저작에서도 이를 반복한다. 경전은 성인에게 의존하지만, 후대에도 성인의 가르침에 어긋나지 않는 저작물이 나올 수 있다. 동중서董仲舒의 3편의 정책 제안문, 한유의 「원도原道」, 구양수의 「본론本論」, 주돈이의 「태극도설太極圖說」, 장재의 「서명」, 정이의 「역전서易傳序」 등이 그러한 예이다. 도를 전달하는 이러한 저작만이 진정으로 문이라 불릴 자격이 있다고 주장한다.[101]

왕위는 송렴의 같은 제목의 글인 「육경론」에서, 각 경전이 마음에 본래 내재된 어떤 측면을 어떻게 드러내는지에 대한 송렴의 설명을 인용한다. 기본적인 가정, 즉 도가 자기 자신 안에 있다는 것에는 동의하지만, 그는 경전은 세상에서 어떤 일을 이루기 위한 목적도 있다고 강조한다. "『육경』은 성인의 기능이다. 성인의 도를 실행하는 것은 단지 그들 자신 안에 도를 가지고 있는 것만은 아니다." 경전의 본체[體]와 기능[用]은 하나이며, '본말本末'이나 '내외'로 나눠서 설명해서는 안 된다고 주장한다. 비록 이를 실천할 기회가 없을 수도 있지만, 이를 마음의 영역으로만 논하는 것은 그 기능을 무시하는 것이다. 유학자들의 잘못은 주석을 작성하는 것만으로 충분하다고 생각하는 데 있으며, 마음만을 논하고 기능을 고려하지 않는 것은 불교와 도교라고 지적한다. "『육경』은 성인들의 필수적인 기술이자 시대를 다스리는 위대한 모델이다. 실제로 적용할 수 있는 것으로, 국가와 사회는 단 하루도 그것 없이 존재할 수 없다."[102]

송렴보다 더욱 깊이 들어가 왕위는 송대 신유학자들이 주장한 '성현의 학문'을 올바르게 이해했다는 주장에 단순히 동의하는 것을 넘어, 그들의 학문 이론이 무엇을 수반하는지 설명하려고 한다. 그는 「원사原士」(또는 「원유原儒」라는 제목) 및 다른 글에서 이를 설명하며, 여기에는 '이치를 궁구함[窮理]', '본성을 깨달음[盡性]', '지식을 확장함[致知]'이 요구된다고 주장한다. 목표는 자기 자신에게 내재된 이치에 대한 자각을 얻는 것이다.[103] 이러한 리의 자각은 기를 기르고 좋은 글을 쓰는 기초가 된다.[104] 그러나 눈에 띄게 부재한 것은 신유학 이론의 내적 수양 측면이다. 그는 '경에 거함[居敬]'이나 '정신적 수양[涵養]'의 다른 요소들에 대해 언급하지 않는다. 1352년, 허겸의 제자 왕사汪祀가 사망했을 때, 왕위는 다음과 같이 썼다. "당시 나는 문을 하는 데 집중하고 있었다. 왕사가 내게 반복해서 말했다. '네 재능으로는 무언가를 성취해야 한다. 하지만 네 마음 수양이 완전하지 않으면 그것을 이룰 수 없다.' 나는 그의 말을 마음으로 받아들였지만 따르지는 못했다."[105] 그의 대안은 많은 글에서 반복되는데, 학은 단순히 노력의 문제가 아니라 사고[思]가 필요하다고 말한다. 맹자의 말로 표현하자면, "마음의 능력은 사고하는 것이다. … 이것이 하늘이 내게 준 것이다." 즉, 어떤 것을 이루기 위해서는 성실함만큼이나 재능도 중요하다는 것이다.[106]

송렴과 왕위는 황진, 유관, 호조 등 이전의 인물들과 마찬가지로 주희의 학을 가르쳤던 무주의 선생들과 그들의 제자들을 잘 알고 있었다. 하지만 그들은 다른 일을 하고 있었다. 그들은 육경이 '성현의 학문'의 기초라고 주장했지만, 이를 마음, 사회적 실천, 정치 사이의 관계에 관한 일련의 사상으로 간주하였으며—결국 여섯 번째 경전인 『악경』은 존재하지 않았기 때문에—그러한 사상은 글쓰기를 통해 구체화되어야 한다고 보았다. 그들은 무주의 많은 동시대인들이 도학자였으며, 이들뿐 아니라 과거제도 또한 신유학의 사서를 학의 출발점으로 삼고 있음을 알고 있었지만, 송렴과 왕위의 글(어떤 사람이 저술한 책들을 나열하는 묘지명을 제외하면)을 보면 사서가 존재한다는 것을 알 수 없었다.[107]

이를 어떻게 이해해야 할까? 내 생각에 그 답은 송렴과 왕위, 그리고 그들보다 앞선 황진, 유관, 호조가 육경을 문자 그대로의 경전이자 개념으로서, 사들 사이의 공통 기반을 찾기 위한 도구로 사용했다는 데 있다. 그들은 주희 학문의 규범을 이용해 육경의 본질을 설명했으며, 이를 통해 학의 역사를 단순히 도의 해석사로만 보지 않고, 글쓰기와 문의 역사로도 볼 수 있게 했다. 그러나 이보다 더 많은 의미가 있다. 이들이 학문의 역사적 맥락에서 문에 대해 쓴 글은 『시경』을 제외하고는 산문에만 초점을 맞추고 있다. 하지만 그럼에도 불구하고, 이들은 문이라는 용어를 천지의 도와 성현의 학을 모두 드러내는 웅대한 개념으로 사용했다. 이들 모두 시를 쓰고 시의 역사를 알고 있었고,[108] 문예적 저술에 대해 논평했고,[109] 서예와 그림을 감상할 줄 알았다. 나는 이를 학을 배우고 특히 사로서의 삶을 살고자 한다면 개인의 도덕성, 문화, 정치에 관심을 가지는 것이 필수적이라고 사들에게 촉구하는 것으로 해석한다. 결국 그들은 우주의 체계적 통일성,

정치적 성취로서의 통일성, 그리고 다음 장에서 다룰 지역 사들 간의 통일성에 대한 신념을 가지고 있었다. 이들은 학에 대해 전국적인 독자층을 대상으로 글을 썼지만, 동시에 무주 정체성을 창출하기 위해서도 글을 썼던 것이다.

6장

연대와 혈연

2006년, 쉬엔빙샨Xuan Bingshan 교수와 스즈쥔Shi Zhijun 선생과 함께 영강에 위치한 호씨 가문의 '단성촌單姓村' 중 하나인 호고상촌胡庫上村을 방문했다. 나는 이전에 여러 차례 지역 신인 호공胡公의 사당을 방문한 적이 있었고, 호공이 바로 무주에서 처음으로 진사 시험에 합격한 사士인 호칙으로부터 시작되었다는 것을 알고 있었다.[1] 하지만 그의 묘가 이 마을에 있다는 사실은 최근에서야 알게 되었다. 원래 호칙과 그의 직계 후손들은 은퇴 후 항주로 이주해 그곳에 묻혔기 때문이다. 그러나 현재 이 마을에는 그의 묘가 있었고, 바로 옆에는 그의 인생의 중요한 순간들을 그린 그림들, 역사적으로 유명한 호씨 성을 가진 인물들의 조각상, 그리고 호씨 가문의 족보들이 보관된 조상의 사당이 있었다. 또한 불교 사찰이 하나 있고, 마을 외곽에는 또 다른 사찰 단지가 건설 중이었다. 이 모든 것을 압도하는 것은 마오쩌둥이 썼다는 8글자가 쓰인 큰 벽면이었다. "위관일임, 조복일방爲官一任, 造福一方[관직에 한 번 나아가 한 지역에 복을 내리다]." 이 묘가 어떻게 이곳에 있게 되었는지 물으니, 문화대혁명 당시 홍위병들이 항주에 있던 호칙의 묘를 훼손하자, 마을에서 트럭을 보내 호칙과 그의 아버지의 유골을 마을로 옮겨와 다시 묻었다고 한다. 이 8글자는 그들이 어째서 그럴 수 있었는지를 설명할지도 모른다. 1959년, 마오쩌둥이 금화를 방문했을 때, 그는 영강 당 서기에게 호칙의 이야기와 그가 이 지역에 준 혜택(그는 세금 감면을 성사시켰다고 한다)을 이야기하며, 사람들이 어떻게 아직도 그를 숭배하는지를 말했다. 공산당 간부 역시 백성을 위해 좋은 일을 해야 한다며, "관직에 한 번 나아가 한 지역에 복을 내리다"라는 말을 남겼다.[2] 마을은 이제 되찾아왔거나 (혹은 도굴했거나) 한 선조의 묘를 통해 당시 가장 강력한 권력자와의 연결고리를 주장할 수 있었다. 누가 이 8글자에 도전할 수 있겠는가!

이 장은 원대에 형성된 두 가지의 서로 다른, 그러나 중첩되는 정체성에 대해 다룬다. 첫 번째는 지역 사들을 위한 정체성으로, 그들은 무주의 사로서 도덕 사상, 문학적 업적, 그리고 정직함을 갖춘 정치적 성공으로 명성을 얻은 무주 인물들로 이루어진 공통의 지성사를 공유한다는 생각에 기반을 두고 있다. 주희의 계승자로 금화 사선생을 세우기 위해 노력했던 오사도는 자신의 저서 『경향록敬鄕錄』을 통해 이러한 무주 사의 정체성을 구축했다. 그는 송대 인물들에 대한 장을 호칙으로 시작했다. 오사도의 지역 사 정체성 개념은 무주에서 즉시 인기를 끌었으며 곧 다른 지역으로도 확산되었다. 두 번째는 세대를 이어 작성된 족보를 유지하는 가문의 일원으로서의 정체성이다. 일반적으로 한 지역으로 이주한 첫 번째 조상으로부터 시작되는 공통 조상의 후손들을 모두 포함한다고 주장하는 족보는 새로운 것이 아니었다. 이 이야기가 원대의 이야기가 되는 이유는 족보와 혈통 집단의 공적 삶에서의 역할 개념에 변화가 생겼기 때문이다. 원대에는 송대와 달리 족보의 서문을 친족이 아닌 저명한 사들에게 요청하였고, 이를 통해 가족 내의 사적인 일이 공적인 사건이 되었다. 마찬가지로 이 작가들은 다시 그들의 서문을 통해, 족보를 갖춘 가문이 사들이 자신이 속한 지역사회에서 사회적 책임을 실천하는 가장 좋은 방식이라고 주장하였다. 호씨 사례는 이를 어느 정도 보여 준다. 초기에 가족 구성원들에 의해 작성된 서문들은 호칙과의 친족관계를 유지하려는 의도를 가지고 있었다. 오늘날 그들은 마오쩌둥의 8자 문구를 사용해 가장 높은 수준의 공적 인정을 주장하고 있다.

무주 사들 간의 공통 정체성은 당파적, 혈연적 분열을 초월한 연대를 강화함으로써 사회에서 사들의 위치를 뒷받침했다. 전국적 명성이 있는 인물로부터 서문을 얻는 것은 가문 구성원들에게, 특히 인맥에 의존해야 했던 세상에서 즉각적인 가치를 제공했다. 아래에서 논의되겠지만, 사 정체성과 혈연 정체성을 사회 변화의 양적 측면의 맥락에서 다루지만, 나의 목표는 지성사적 접근이다. 사의 학의 지역적 역사에 기반한 정체성의 구축은 영향력 있는 새로운 사고방식으로, 다른 지역으로 확산되었으며 이후에 다른 맥락에서도 되살아났다. 또한 족보 서문에서 외부인들이 제시한 생각들을 사들이 지역 엘리트로서 어떻게 행동해야 하는지에 대한 관점에서 해석할 것이다. 당시 무주에만 국한되지 않았던 이 관행은 최근 몇 년 동안 다시 부활하고 있다.[3] 그러나 이 두 가지 정체성 모두에는 사회 역사적 측면도 존재한다.

사회적 맥락을 양적으로 살펴보기

이러한 발전은 남송에서 원대에 이르는 동안 혈연 및 사회적 네트워크의 변화라는 맥락 속에서 이루어졌다. 데이터와 분석에 대한 자세한 내용은 [부록 6.1]에 논의되어 있다. 이 부록에 제시된 도표는 두 세대에 걸친 직계 조상 및 후손, 혼인 관계에서 한 단계 이격된 거리, 그리고 방계 관계에서 한 단계 이격된 거리를 기준으로 한 쿼리 매개변수query parameters[1]를 기반으로 작성되었다. 이 도표는 네 가지 결과를 지지하며, 이 중 일부는 예상치 못한 내용이다.

첫 번째 발견은 원대에 이르러 사들이 혈연관계를 맺고 있던 현의 수가 급격히 감소하여 139개에서 38개로 줄어들었다는 점이다. 혈연관계의 공간적 분포는 이야기의 일부에 불과하다. 남송 시대에는 혈연관계의 59퍼센트가 무주 내에 있었지만, 원대에는 92퍼센트가 지역 내에 집중되었다. 다소 뒤늦게 나타난 현상이지만, 다수의 사 가문이 있던 또 다른 지역인 강서성 무주撫州를 연구한 로버트 하임스의 연구가 지적한 지역 내 혼인 증가와 부합하는 것이다.[4] 이와 관련해 남송 시기의 높은 숫자는 북방에서 유입된 피난민 가문 때문일 수 있다. 그 두드러진 예로 여조겸의 가문이 있다. 원대에는 정부의 고위 행정직에 대한 접근성의 부족으로 사 가문들이 외부에서 혼인 상대를 찾을 필요가 줄어들었고, 관직을 얻는 데 추천이 중요한 역할을 하면서 지역 내 결속을 강화하려는 경향이 나타난 것으로

---

1) 쿼리 매개변수는 특정 조건을 서버에 전달하여 (위의 데이터의 예에서는, 가족 관계의 거리, 혼인 등을 조건으로 설정하거나 선택하여) 독자가 원하는 정보를 쉽게 검색할 수 있도록 도와주는 요소이다.

보인다. 어쨌든 이러한 추세는 지역 정체성과 가계 및 족보의 권장과 상충하지 않는다.

두 번째 발견은 역설적이다. 남송 시기에 걸쳐, 지역 내 주요 사 가문들 간의 혼인은 매우 큰 핵심 혼인 집단의 형성을 가져왔다. 따라서 원대에는 이러한 혼인이 더욱 두드러질 것으로 예상할 수 있다. 그러나 실제로는 그렇지 않았다. 오히려 데이터는 핵심 네트워크의 붕괴와 더 작은 네트워크들의 확산을 보여 준다. 이는 이후 논의할 내용이지만, 이를 종족 이데올로기가 점차 명확해져 가는 것과 연결시킬 수 있다. 특히 단일 성씨 마을의 형성과 이러한 마을들이 이웃한 종족 마을들과 혼인하며 평화를 유지하는 종족 마을을 형성하려는 전략과 맞물려 있었음을 보여 준다.

세 번째 발견은 남송에서 원대로 넘어가며 (시간과 데이터 세트의 인원수를 조정한 결과) 학문 및 문학적 교류가 크게 증가했다는 점이다. 즉, 혼인 네트워크의 중요성은 줄어들었지만, 사의 학을 기반으로 한 네트워크의 중요성은 증가했다. 이런 관점에서 무주의 사 엘리트의 결속은 혈연관계를 통해서가 아니라 학문과 문화적 연결을 통해 강화되었다고 볼 수 있다. 이는 사들 사이에서 무주 지역 정체성이 부각된 현상과 부합한다.

네 번째 발견은 학문 및 문학적 교류가 점점 더 지역적으로 이루어졌다는 점이다. 무주 사들의 교류 네트워크에서 지역 인물의 중심성이 현저히 증가했다. 남아 있는 기록에 따르면 남송 시대에는 무주 사들이 참여한 네트워크의 중심인물 대부분은 무주 출신이 아니었지만, 원대에는 거의 모두 지역 출신이었다. 중심성이 평가되는 다양한 방법은 [부록 6.1]에서 논의된다. 또한 송에서 원대로 넘어가며 사회적 교류의 빈도가 증가했다. 이는 혼인이 아니라 문화를 통해 현縣 수준이나 심지어 현 이하의 수준에서 사 공동체가 결속되었음을 보여 준다. 이는 또한 사들 사이에서 무주 지역 정체성이 형성된 것과 부합한다.

"우리 무주"―지역 정체성과 사의 학

'무학婺學' 또는 무주학파가 있다는 주장은 중요하면서도 그만큼 논란의 여지도 크다. 이는 주로 도학의 옹호자들이 자신들의 학을 보편적인 것으로 간주했던 것과는 대조적으로, 이제 학의 한 방식이 특정 지역의 소유물이 될 수 있음을 시사하기 때문에 중요하다. 이러한 주장은 배타성과 책임감을 동시에 내포할 수 있다. 즉, 지역 사들은 특별한 접근권을 가지는 동시에 이를 유지해야 할 책임도 지게 된다는 것이다. 무주학파의 존재를 인정하는 이들은 이를 도학의 도덕 철학, 경학과 역사 연구, 그리고 경세학의 혼합체로 본다. 이와 유사한 논의는 '영가학파永嘉學派'의 경세 학문에 대해서도 이루어진 바 있다. 주희가 '무주 학자'들의 공리적 경향을 비판한 점은 그러한 학파가 존재했음을 암시하는 것으로 해석될 수 있다. 또한 무주학이 중요한 역할을 담당한 '절동학파浙東學派'에 대해 이야기하는 이들도 있다.[5] 왕위는 남송 절동학파에 대한 상세한 연구에서 무주의 여조겸과 진량, 그리고 다양한 영가 학자들이 중심적 역할을 했다고 평가한다.[6] 이러한 발전의 중요성은 지역적 정체성이 남송 시기에 새로운 지적 가치를 가지게 되었음을 의미하며, 이는 지역 사 엘리트들의 부상과 점차 지역화된 사들의 혼인 네트워크의 등장으로 설명될 수 있다.

무주학파의 옹호자들은 그 기원을 여조겸으로 거슬러 올라간다. 실제로 여조겸은 다양한 학문의 혼합체를 대표한 인물이었다. 동핑董平은 남송 무학의 발전과 초기 명대까지의 전승 과정을 논의하면서 이에 대한 가장 강력한 주장을 제시한다.[7] 그는 앞서 언급된 여러 인물들의 저작을 광범위하게 인용하며, 무주의 지성사는 여조겸의 학문 방식을 세대 간 스승과 제자 관계를 통해 전수한 과정이라고 주장한다. 그러나 그의 증거를 다르게 읽는다면, 무학은 도학과 같이 명확한 이념을 가진 '학파'라기보다는, 특정 지역에 국한되지 않은 다양한 지적·문학적 전통의 집합체였을 가능성도 있다.

'무학'이 여조겸한테서 비롯되었다는 주장에는 문제가 있다. 여조겸은 지역 사들에게 사의 학을 국가적 과업으로 참여하는 방법을 가르쳤다고 스스로 여겼다. 그 이후 세대의 송대 학자들은 자신의 작업을 무주에 국한된 것이나 무주 전통의 일부로 인식하지 않았다. 세 가지 중요한 유서는 국가적 범위를 지닌 것이었다. 더 나아가, 남송과 원대의 '사선생'은 자신들을 주희의 학을 보편적 가르침으로 계승하는 이들로 보았으며, 여조겸에 대해서는 거의 관심을 두지 않았다. 송렴과 왕위는 여조겸의 학문적 가치를 논하며, 특히 왕위는 여조겸이 고대부터 시작되어 도학으로 절정을 이룬 지적 전통의 일부라고 주장했지만, 두 사람 모두 여조겸의 학문이 대부분 사라졌다는 점에 동의했다.[8] 하야사카 도시히로丞阪俊廣는 '무학'이 회고적 서술에 불과하다는 결론을 옳게 내렸다.[9]

송에 관해 주로 논의한 쓰치다 겐지로土田健次郎는 사상이 특정 지역에 의해 결정된다고 가정하는 것을 경계한다. 지적 쟁점은 공유되는 것이며, 특정 지역에만 국한된 것이 아니지만, 일부 지역은 지적 최전선에 있을 수 있다. 문제는 지역이 사상을 결정하는지의 여부가 아니라, 지역이 학에서 의미 있고 중대한 요소가 되는지의 여부이다. 쓰치다는 자신의 장을 다음 질문으로 끝맺는다. "원대에 들어와 도학이 국가 체제를 수호해야 하는 역할을 맡게 되었을 때, 그리고 중앙 국가와 이민족 간의 구분이 더 이상 작동하지 않을 때 무슨 일이 일어났는가?"[10] 원 시기에 무언가가 일어났고, 이는 지역 학자들이 무주의 과거 학자들을 재발견하게 했다. 무주의 학문이 무주에만 독특했던 것은 아니었지만, 무주의 사 정체성이 형성되었고, 이는 과거 무주의 인물들이 각각 다양한 지적 가능성을 대표했음을 근거로 했다. '무주의 학'이라고 실체화하는 것은 지역 자체가 지적 가치를 가진다는 생각의 등장을 오히려 모호하게 만드는 개념이다.

원대 무주의 사들이 서로를 논할 때 그들은 종종 스승과 동료에 대해 이야기했다. 천원이는 '사우연원師友淵源(스승과 동료의 전통)'이라는 개념이 당–송 변혁기에 나타났고, 송대에 특히 강해졌으며, 공통된 스승을 통해 스승과 친구들이 사람의 자질을 보증했음을 보여 준다.[11] 천원이는 원대 무주에서 이러한 개념에 추가적인 변화가 일어났다는 것을 보여 준다. 이제 이 같은 문화적 자본을 제공하는 스승과 친구들은 무주의 다른 사들이 되었다.[12] 즉, 학문적 전통이라는 개념이 이전보다 더 지역화되었다는 것이다. 이러한 주장은 앞서 언급된 네 번째 발견(지역 사가 다른 사들을 연결하는 데 중심적 역할을 했다는 발견)과 맞아떨어지며, 이는 남송 시기에는 무주 외부의 저명한 학자들이 주로 그 역할을 했다는 점과 대비된다. '도통'의 개념과 사선생이 이를 계승했다는 주장은 주희의 학 외부의 사람들도 자신들만의 학문적 연계를 주장하도록 만들었다. 이들 사선생들에 대한 주장은 배타적으로 중요성을 주장하는 데 사용될 수 있었다. "도통은 무주에만 존재하며, 우리는 우리의 스승과 친구들 덕분에 그 일부이다." 하지만 무주 정체성은 무주에서 구축된 방식으로 사선생과 도학을 그 안에 포함시켰다.[13] 무주의 사들이 지역 정체성을 가져야 한다는 생각이 어떻게 형성되었는지 이해하기 위해서는 오사도로 돌아가야 한다.

오사도

오사도는 자신의 고향인 난계에서 우석干石에게 학문을 배우며 뛰어난 문장가이자 시인으로서의 학문적 경력을 시작했다.[14] 그의 기록에 따르면, 그는 조부인 오유종吳儒宗에게 많은 영향을 받았다고 한다. 오유종의 부친은 가문의 셋째 아들인 오유종이 과거 준비를 담당하고 나머지 형제들은 가족을 보살피도록 결정했고, 이에 적합한 이름, '유종(유교 전통)'을 지어 주었다. 원이 중원에 들어선 후에도 오유종은 오사도가 학문을 계속 이어가 '선사善士(훌륭한 사)'가 될 것을 주장했고, 가문의 장남이 자식이 없어 "가문의 문맥文脈이 내 장남에서 끊어져서는 안 된다"는 이유로 그를 장남의 양자로 삼았다. 하지만 오사도는 같은 세대의 아홉 명 중 대부분은 학문을 포기했다고 기록하며, 원 시기 학문의 가치는 당연한 것이 아니었음을 상기시켰다.[15]

오사도는 19세에 송대 도학자 진덕수眞德秀의 저서를 읽고 '순유純儒(순수한 유학자)'가 되어 '자기 자신을 위한 학'을 하겠다고 결심하며 학의 방향을 전환했다. 그는 주희의 학이 무주에서 황간, 하기, 왕백, 김이상을 통해 전해졌다는 소식을 듣고, 같은 난계 출신인 김이상의 저서를 공부하기 시작했다. 1307년 그는 김이상의 도학을 올바르게 이해했는지를 확인하기 위해 허겸에게 연락했다. 오사도는 이후 황진, 유관, 오래 등 무주의 저명한 문인 학자들과 교류했으나, 황진은 오사도의 문집 서문에서 "그가 추구한 모든 것은 주희의 학이었다"고 했다.[16]

오사도는 1315년 과거시험에 낙방했으나 6년 후에는 합격했다. 그는 이후 10년 가까이 지방 관직을 맡다가, 강서의 교육 감독직에 추천되었지만 실패한 뒤 고향으로 돌아왔다. 1340년, 탈탈이 바얀을 물리친 후 오사도는 다시 수도로 가서 관직을 구했다. 그는 국자감에서 박사 직위를 받았으나, 코코Kökö, 㠖㠖[2])와 두얼즈반朵爾直班[3])의 추천에도 한림원 진출에는 실패했다. 이후 난계로 돌아왔고, 이듬해 사망했다.

오사도는 관직에 오른 후 무주의 사선생을 지역 및 국가 차원에서 인정받게 하기 위한 노력을 시작했다. 「역사국의 여러 공들에게 보내는 하 선생과 왕 선생 두 분의 행적에 대한 간략한 기록[節錄何王二先生行實寄史局諸公]」

---

2) 캉리나오나오(康里㠖㠖, 1295~1345)라고도 한다. 캉리씨 출신의 색목인으로, 원 왕조 후기의 중신이었다. 한림학사승지(翰林學士承旨)와 강절행성 평장정사(江浙行省平章政事) 등 고위 관직을 역임하였다. 원 후기에 가장 뛰어난 성취를 이룬 서예가로 평가되며, 특히 유창하고 빠른 초서로 유명하다.

3) 두얼즈반(1315~1354)은 원의 몽골족 찰라일씨(札剌亦兒氏) 출신이다. 그는 명장 목화려(木華黎)의 7세손으로, 독서를 좋아하고 한문에 능통했으며, 숙위로 관직 생활을 시작했다. 그는 전대 명신(名臣)들의 언론을 정리하여 4권으로 된 저서 『치원통훈(治原通訓)』을 편찬했다. 1345년에는 중서참지정사(中書參知政事)로 임명되었고, 경연과 선문각(宣文閣)을 관리했다. 원말 민변(民變) 시기에는 한족 학살에 반대하는 상소를 올렸다. 또한, 당시 승상 탈탈의 동생을 탄핵하고, 호광행성 평장사(湖廣行省平章事)로 전임되어 군량 조달을 담당했는데 그의 청렴함으로 인해 백성들은 기꺼이 곡식을 군량으로 제공했다고 전해진다.

은 두 사람을 『송사』에 포함시키기 위한 것이었다. 「대신하여 작성한 북산서원 설립 요청서[代請立北山書院文]」는 주희 학파의 또 다른 제자인 요로饒魯와 마찬가지로 하기 또한 서원을 가질 자격이 있다고 주장했다. "김인산 선생을 향교에 제향할 것을 요청함[請鄕學祠金仁山先生]」은 김이상을 위한 것이었다. 또한 「허익지 선생 방점본 문헌을 유통시킬 것을 정식 요청함[請傳習許益之先生點書公文]」은 허겸이 『사서장구집주』에 대한 주희의 주석에 새롭게 구두점을 찍어 편집한 것이 국자감 텍스트의 표준 판본을 따르는 데 도움이 될 것이라 주장하며, 다른 사선생이 구두를 찍은 텍스트도 이미 인쇄되었거나 유통되고 있음을 언급했다.[17] 이 모든 글은 주희의 학이 황간을 통해 사선생에게 전승되었다는 주장을 펼치고 있다. 그러나 오사도는 그들이나 당대의 다른 인물들이 '도통'을 가지고 있었다고 주장한 적이 없다. 오사도는 허겸의 『사서총설』에 붙인 서문(「독사서총설서讀四書叢說序」)에서 이에 가장 근접한 주장을 한다. "오랜 세월 동안 올바른 전승을 유지하며 그것을 잃지 않은 이들 중, 우리 무주의 여러 선생들과 동등한 이는 없었다. 사서를 이해하려는 자는 반드시 주자의 책을 읽어야 하고, 주자의 책을 이해하려는 자는 반드시 허 선생의 설명을 거쳐야 한다."[18] 한편, 황진이 오사도의 문집에 붙인 서문에서는 그를 다섯 번째 선생으로 지목하지 않는다. 대신, 그는 사선생의 역사가 "최근 들어 이학理學을 논하는 이들 중 무주가 가장 융성한 이유이다"라고 주장한다.[19]

공식 문서에서 이러한 망설임이 나타난 이유는 두 가지이다. 하나는 무주 도학 선생들이 모두에게 깊은 인상을 준 것은 아니었다는 점이다. 당시 아마 가장 유명한 문학 학자였던 우집虞集은 허겸의 묘비명을 써 달라는 요청을 거절했다. 우집은 '나는 허겸이 말한 내용을 이해하지 못하겠다. 그의 작품을 본 적이 없고, 본 것들은 인상적이지 않았다. 전해 받은 행장은 아무리 읽어도 어떻게 논리가 맞아떨어지는지 도저히 알 수 없었다'고 밝혔다. 그는 학생들과 함께 신중히 읽었지만 끝내 "모두가 그것이 어떻게 구성되었는지 파악할 수 없었다"고 덧붙였다. 허겸에 대한 낮은 평가에 어떠한 의문도 남기지 않기 위해, 우집은 자신의 고향 강서성 숭인현崇仁縣 출신으로 신유학에서 중요한 인물이었던 오징吳澄의 묘비문을 함께 첨부해 보냈다.[20] 우집의 거절은 두 가지 다른 측면에서 흥미롭다. 첫째, 허겸의 제자들이 전국적으로 명성이 있는 인물을 찾기 시작했다는 것은 당시 그 지역의 황진(허겸의 묘지명을 결국 쓴 저자)이 충분히 큰 명성을 갖지 못했음을 암시한다. 둘째, 강서 지역 사 네트워크에 대한 일정한 충성심을 보여 주는데, 이는 중국역사인물데이터베이스CBDB를 통해 그 존재가 입증되며, 그곳 도학 학자들 사이에서 오징은 압도적인 인물이었음을 알 수 있다.[21] 명 초에 강서와 절강 간의 경쟁은 명확히 드러나게 된다.

  망설임의 또 다른 이유는 주희의 학의 권위 있는 계승자라는 주장에 대한 의심이었다. 다른 주의 사들 또한 주희의 학을 계승하고 있다는 주장을 내세우고 있었으며, 그들의 자격이 무주 사들만큼 훌륭하거나 오히려 더 나은 경우도 있었다. 예를 들어, 왕백이 젊은 시절 찾아갔던 세 사람 중 한 명은 강서성 요주饒州 출신의 요로였으며, 그는 하기와 동시대 인물이었다.[22] 요로는 자신의 서원을 설립하고 방문하는 학자들을 위한 숙소를 마련했으며, 황간과 더 가까웠고 하기보다 알려진 제자들이 훨씬 많았다.[23] 조여등은 하기와 요로 모두를 "주희의 학을 잘 익힌 사람들"로 언급했다.[24]

한편, 복건성 소무邵武 출신의 유염은 주희의 직계 제자였다. 그 외에도, 다른 지역에서 자신들만의 학파를 형성한 약간 더 연배가 높은 학자들이 계승을 전하기 시작했을 가능성이 있었다. 예를 들어, 강서성 출신의 진문울陳文蔚은 주희의 제자였을 뿐만 아니라, 후에 위료옹과 진덕수 같은 국가적 인물들에게 영향을 미친 학자였다.

심지어 무주 내에서도 다른 학문적 전승이 존재했다. 양여립은 주희의 제자로 무주에서 이주해 난계에 20년간 정착했으며, 주희의 구술 강의를 편집한 판본을 내놓았다. 왕백에 따르면 허겸이 양여립을 만나고 나서야 비로소 지역에서 알려지게 되었다고 한다.[25] 또 다른 가능한 전승 경로가 있었다. 의오 출신의 서교는 주희의 제자였으며, 갈홍과 교행간 등과 함께 정주학을 조정에서 옹호한 무주 출신 인사로, 중서성에서 지도적인 위치를 차지한 인물이었다. 1225년에서 1233년 사이의 은퇴 기간 동안 서교가 무주로 돌아와 가르쳤을 가능성이 높다. 서교 자신도 다작한 학자였으며, 그의 제자 중 한 명인 섭유경 또한 의오 출신으로, 과거시험을 포기한 후 무주에 머물며 가르치고 저술 활동을 이어 갔다. 섭유경은 왕백의 묘비명을 작성했다.[26] 1264년, 은퇴한 관료 방국진方國珍은 장씨 가문이 설립한 횡성의숙橫城義塾의 운영을 맡기로 동의했다. 이는 주희의 가르침을 실천하려는 의도로, 성현들의 책을 읽고, 리를 궁구하는 법, 마음을 바르게 하는 법, 자신을 수양하는 법, 그리고 치국에 대해 논의하기 위해서였다.[27] 따라서 하기, 왕백, 김이상, 허겸만이 무주에서 주희의 학을 대표한다는 주장은 확실히 정확하지 않다. 1348년, 이들을 기리기 위해 사현서원四賢書院이 설립되었을 때 제기된 주장은 보다 제한적이었다. 다른 지역에서는 계승이 두 세대 만에 왜곡되었지만, 무주에서는 주희의 진정한 가르침을 네 세대에 걸쳐 유지했다는 것이었다.[28] 그러나 이러한 주장도 문제점을 안고 있다. 특히 왕백의 많은 저작을 고려하면 더욱 그렇다. 그럼에도 불구하고, 무주가 주희의 학의 위대한 수호자라는 신념은 매우 강했다. 송렴은 훗날 오사도가 국자감에서 주희를 비판하는 학생들과 대화를 거부했었다고 기록하고 있다.[29]

여기에는 언급되지 않은 정치적 측면이 존재한다. 무주의 학자들은 북방 학자 허형이 신유학 입장을 채택하고 쿠빌라이의 후원을 받음으로써 도통의 연속성이 북방에서 확립되었다는 주장에 대안을 제시했다. 이 주장은 군주와 그의 신하였던 허형 모두가 공유한 것이었다.[30] 1340년대에 이 주장은 강남 출신인 양유정楊維楨에 의해 반향을 일으켰다. 그는 요와 금에 맞서 송만이 유일하게 정통성을 가진 왕조라고 주장하며, 원 통치가 정당성을 얻게 된 것은 도통이 주희에서 허형으로 이어졌기 때문이라는 논리를 펼쳤다. 그는 "정치적 정통성은 도통에 의존한다"고 보았다.[31] 이 문제와 관련하여, 무주의 사들은 송렴과 왕위가 주원장의 주요 관료가 되었을 때조차도, 황제를 현재의 성인聖人으로 간주하는 것을 거부하는 신유학의 태도를 유지한 것으로 보인다.[32] 적어도 그들의 존재 자체가 도통에 대한 독점적 권리가 조정에만 속하지 않음을 의미했다.

송렴에 따르면, 오사도가 국자감에 합류했을 때, 학생들은 크게 기뻐하며 "이분이 바로 무주 출신의 오 선생이십니까?"라고 물었다고 한다.[33] 이는 오사도의 명성이 단지 주희의 학에 대해서만이 아니라 지적 생활의 중심지였던 무주와도 관련이 있었음을 시사한다. 사실, 오사도는 무주가 주희의 학에 대한 개인적 헌신이 시사하는 것보다 더 다채로운 지적 과거를 가지고 있었음을 보여 주었다.

무주의 역사를 학에 더하기

오사도는 1334년, 52세의 나이에 『경향록』을 집필했다. 그는 자신의 고향인 난계 출신 인물들의 전기와 글들의 모음집(현재는 일실됨)을 합친 저작의 9장을 먼저 작성한 후, 무주의 나머지 지역으로 주제를 확대하여 원 이전의, 주로 송대 인물들을 다룬 14장 분량의 현존 연구서를 완성했다. 그는 이의 정당성을 아래와 같이 설명하였다.

> 사람은 자신의 고향을 존중하고 기려야 하며, 더 나아가 그곳의 훌륭한 인물들을 존경해야 한다. 나는 늦게 태어나 여러 어른들을 직접 모실 수 없었으나, 높은 산을 바라보며 남은 미풍을 들이마실 때마다 항상 활기를 얻는다. 자신이 어디에서 왔는지를 알지 못해서야 되겠는가? 군자의 학문은 성인을 목표로 한다. 나보다 앞서 태어난 분들은 성인으로 가는 계단이다. 선善은 어디에나 존재한다. 멀고 가까운 곳을 두루 여행하며 선을 찾아야 한다. 하물며 주희와 여조겸의 학문이 바로 이곳에서 전해졌음에야 얼마나 더 그러해야 하겠는가? 온 천지를 멀리 바라보면서도 자신의 고향을 폄하하거나, 모든 시대를 훑어보면서도 최근 시기를 불만스러워하는 태도는 고향을 공경하고 선대 인물을 존중하는 태도와 맞지 않는다. 나는 그런 관점을 취하지 않는다.[34]

오사도는 이전 무주의 지방지가 남송의 주요한 사들에 대한 전기를 포함하지 못한 점을 비판했다. 그는 그들 남송의 사들이 충성심, 고위 관직, 문학, 학문, 도학 등의 면에서 이전 무주 출신 인물들을 훨씬 뛰어넘었다고 주장했다. 그는 자신의 작업에 대해 유명한 인물과 잊혀진 인물을 모두 포함하려 했으며, 그의 노력 덕분에 기억될 수 있는 인물들도 있다고 밝혔다. 그러나 그는 의도적으로 잘 알려진 인물들 중 일부를 제외했다고 경고했다.[35] 가장 분명히 배제된 인물로는 주희가 반복적으로 탄핵했던 당중우와 주희에 적대적이었던 왕회가 있다. 특히 왕회는 도학을 '거짓 학문'이라며 공격했던 인물로, 다른 이들의 공격을 부추겼다. 책의 12장은 송대 사들에게 할애되어 있으며, 마지막은 하기, 왕백, 섭유경으로 끝맺는다. 하지만 오사도는 도학의 부흥에 대한 서사를 창조하기보다는 전기와 저작 선정을 통해 무주의 학문적 폭넓음을 보여 준다. 그중 진량의 경세학 저작이 가장 많은 분량을 차지하며, 상대적으로 영향력이 컸던 여조겸은 주로 문학 작품의 제목만 언급되었다. 그의 주요 제자들은 별도로 대표되었지만, 왕상지와 장여우 같은 인물도 포함되었고, 지역 주요 사 및 시인의 저작도 발췌되었다.

    오사도의 『경향록』과 당시 개정 중이던 여러 지역의 지방지 사이의 차이는 매우 중요한 시사점을 제공한다. 지방지는 한 주와 그 하위 현들에 대한 역사를 서술함으로써 특정 왕조를 초월하는 역사적 정체성을 부여했다. 중앙 조정이 관할 경계를 조정하거나 행정 계층을 바꿀 때도 있었지만, 조정은 고유한 역사를 지닌 지역들을 토대로 영토를 구성했다. 원에서 1303년에 완성되고 1346년에 인쇄된 『대원대일통지 大元大一統志』는 이러한 관점을 반영했다. 이 책은 축목의 『방여승람』이 채택한 인문 지리적 관점을 따랐으며, 이는 다시 왕상지의 『여지기승』을 모델로 삼았다. 시간이 지나면서 지역 사들의 존재감은 지방지에서 점점 더 두드러졌고, 이는 지방지가 지방 관료와 사들의 공동체의 공동 작업으로 묘사될 수 있게 만들었다. 그러나 오사도의 시대에는 이러한 현상이 아직 완전히 뚜렷하지는 않았다.[36] 이에 비해, 오사도의 『경향록』은 무주 지역 학의 역사에 기반을 둔 무주 사의 정체성을 창출했다. 이는 그가 기존 지방지들이 하지 못한다고 생각했던 부분이었다.

오사도의 작업이 완전히 선례가 없는 것은 아니었다. 오사도는 언급하지 않았지만, 송렴은 오사도의 작업보다 앞선 원의 문헌 두 권을 접한 적이 있었다. 하나는 사고의 『포예선민전浦汭先民傳』이었고, 다른 하나는 황응화黃應龢가 의오의 문학 작품들을 엮은 선집이었다.[37] 또한 현재는 소실된 『동양인물표』도 존재했었다.[38] 13세기 초, 무주 외부에서도 최소한 하나의 지역 전기 모음집이 존재했으며,[39] 명대에는 이와 유사한 사례가 많았다. 오사도의 경우, 지역 문헌에 대한 관심은 그의 젊은 시절로 거슬러 올라간다. 당시 그의 집에는 책이 없었기 때문에, 그는 잊혀진 지역 학자들의 저작을 빌리거나, 사거나, 필사하여 연구했다.[40]

『경향록』은 두 가지 이유에서 중요하다. 첫째, 이는 원대에 시작되어 현재까지 이어져 온 흐름 중에서 현존하는 가장 초기의 텍스트다. [부록 6.2]에 따르면, 원, 명, 청 시대를 포함하여 문학, 경세학, 도학 전기 및 저술을 다룬 50편의 선집이 나열되어 있다.[41] 둘째, 지방지에 수록된 전기와 텍스트 모음과는 달리, 이 책은 사의 학에 전념한다. 이 두 번째 측면은 이후 원대의 다른 무주 학자들에게서도 계승되었다.

오사도의 두 편의 에세이는 당시 사들의 상황에 대한 그의 전반적인 우려를 보여 주며, 그의 저서의 중요성을 설명하는 데 도움을 준다. 첫 번째 에세이인 「이단설二端說」은 유가가 불교와 도교에 비해 어떤 위치에 있는지를 논한다.[42] 그는 이 두 사상 체계의 신념에 대해 이념적으로 반대할 뿐만 아니라 제도적인 측면에서도 문제를 제기한다. 그의 견해에 따르면, 문제는 두 가지다. 하나는 종교 기관과 그 지지자들이 지나치게 번성하여 막대한 부를 흡수하고 있다는 점이다. "한 주에서 탑과 사원이 1,000개가 넘고, 그 신도들이 등록 인구의 30퍼센트를 차지하며, 이들의 수입은 정부 세수의 절반에 달한다." 과장이 포함되어 있을지 모르지만, 불교 시설은 사의 학교 수의 몇 배에 달하며, 승려 수는 수십만 명에 이르렀다.[43] 원대 무주에서는 종교 시설 건축이 번성했다. 1480년 편찬된 현의 지방지에는 764개의 독특한 종교 시설이 기록되어 있으며, 이는 송대보다 두 배의 속도로 새로운 종교 시설이 건설되었음을 보여 준다.[44] 다른 하나는 정부가 전통적으로 종교 단체에 국가적 명예를 부여하고 승려 출가 증명서인 도첩을 판매하는 관행을 넘어, 승려들에게 조정에서 정책을 결정할 권한과 지방 관료들과 동등한 권력을 부여하고 있다는 점이다. 그러나 오늘날 비록 유가가 그들의 글을 기반으로 통치에 기용되고 있지 않고 "유가의 도는 은밀한 방식으로 사용되고 있다"고 하지만, 그것이 진정으로 효과가 있으려면 그 근간이 되는 학문이 유지되어야 한다고 주장한다.[45] 『경향록』은 무주의 사들이 자신을 동일시할 수 있는 지역 학문의 전통을 확립한다.

「원사原士」는 전통적인 네 가지 직업 계층— 농민, 장인, 상인, 그리고 사—에서 사가 정부 내에서 차지한 역할을 다루며, 아울러 점차 영향력이

커진 두 집단, 즉 서리와 하급 행정 인력(아전)의 부상에 대해서도 논의한다. 정부가 성공하려면 사가 필요한데, "그들은 모든 사람들의 규범이기 때문이다. 처음에 규범이 무너지면, 다른 모든 것이 뒤따라 붕괴되어 결국 왕조가 교체될 것이다." 따라서 모든 직업 중에서 "유일하게 중요한 것은 사다. 세상을 다스리는 방법은 사로부터 나와야 한다. 사는 마땅히 봉급과 지위를 가져야 한다." 정부는 "이 도를 이해하는 사람들이 다른 사람들의 삶을 감독하도록 보장해야 한다. 농민, 장인, 상인은 각자 하나의 능력을 가지고 있다. 그들이 도를 알지 못하는 것은 아니지만, 아는 이는 적다. 비록 모든 사가 도를 알 수 있는 것은 아니지만, 이를 배우는 사람들은 많다. 사람이면서 배우지 않는다면 사람으로서의 가치를 갖추지 못한 것이다. 이는 옷을 입고 있으나 짐승과 같은 것이다. 어떻게 그들을 다른 사람들 위에 세우고 그들이 다른 사람들을 다스리게 할 수 있겠는가?"[46] 이는 학문적 가치를 받아들이지 않은 이민족 관료들을 우회적으로 지적한 것으로 보인다.

오사도에게 학은 사들에게 국가와 백성을 이끌 수 있는 넓은 시야를 제공한다(앞 장에서 언급된 왕위의 동명 에세이는 제도적 문제를 제외하고 학의 본질에 초점을 맞추고 있다). 그러나 학이 사들에게, 그리고 따라서 사회와 정부에 필수적이라면, 학에 대한 서로 다른 견해를 가진 사들을 어떻게 결속시킬 수 있을까? 내 생각에 『경향록』은 학의 방법론에서 배타적인 정의를 선택하기보다는—예를 들어, 주희의 학만이 유효하다고 주장하는 대신—여러 종류의 학이 존재함을 인정한다. 공통점은 학의 방법이 아니라 그것이 '우리 지역'에 속해 있다는 사실이다. 다시 말해, 지역이 다양한 학의 역사를 포괄하며 사로 존재하는 공통 기반을 제공한다는 것이다. 이는 다른 지역에도 사들과 그들이 알고 기려야 할 고유의 역사가 있음을 부정하는 것이 아니다. 이제 이것이 오사도와 그의 후속 세대의 무주 학자들이 공유했던 입장임을 보여 주겠다.

오사도의 무주 전통에 대한 개념은 많은 이들의 공감을 얻었다. 몇 년 후 황진은 '무학繁學'이 진량의 경세학적 성취, 당중우의 고전적 제도의 연구, 그리고 여조겸의 성리性理의 옹호에서 시작되었다고 언급했다. 이들은 이후 서로 경쟁하듯 자신의 저서를 집필한 사들로 이어졌다. 황진은 여기에서 온주에서 관직을 맡게 될 사람을 대상으로 글을 쓰고 있었기 때문에, 이어서 그 지역에서의 사의 학의 역사를 논한다.[47]

이 관점에 대한 가장 정교한 진술은 1356년에 왕위가 송렴의 문집 서문에서 제시한 것이다. 이는 송렴이 주원장의 세력권 안으로 들어가기 전의 일이다. 이 서문에는 오사도의 『경향록』과의 차이점(예: 당중우를 포함시킨 것), 원대까지 다루는 학의 범위 확대, 문학적 활동에 대한 도학의 비판에 대한 방어 등 여러 요소가 포함되어 있지만, 여기에서 주목할 부분은 왕위가 제시한 무주 학의 역사이다. 그는 '성현의 학문'의 완전성에 대한 일반적인 진술로 시작하지만, 성현들은 내적으로 그들의 지식을 깨달았음에도 불구하고 사회적으로 활동하며 궁극적으로 저술을 통해 그들의 영향을 확장했다고 주장한다. 앞으로 언급할 무주 인물들처럼 송렴은 정이의 기준에 비추어도 실질적 가치를 지닌 작업을 했다는 주장을 전개하기 위해 문학적 저술에 대한 정이의 비판을 도입부에 쓴다. 그는 자신의 전제를 이렇게 시작한다.[48]

문장은 학술을 전달하는 수단이다. 과거 성현들의 학은 완전하다고 할 수 있다. 그들은 천지와 만물의 이치를 탐구하고 깨달았으며, 인의와 도덕, 예악과 제도, 질서와 혼란, 옳고 그름, 명백함과 은밀함, 크고 작음의 틈새, 천인天人의 미묘함과 마음의 전승, 그리고 제왕들이 세상을 다스릴 계획까지를 깊이 이해했다. 그들은 내적으로 진정한 지식과 실천을 깨달은 뒤에야 자신을 드러내고 다른 사람을 향상시켰다. 이후 문장을 통해 그들의 의도가 표현하고자 했던 것을 확장했다. 이러한 이유로 정자는 성현의 말이 그들이 하지 않을 수 없는 것이었다고 말했다. 만약 그들이 무언가를 말한다면, 그 말 속에서 리가 드러나고, 그들의 말이 없다면 세상의 리가 부족할 것이라고 했다. 그는 또한 후대 사람들이 문서를 접할 때, 문학적 형식(문)을 우선으로 생각했다고 말했다. 그들이 생전에 쓴 것은 성현들보다 많지만, 그것이 있다고 해서 무언가를 더하거나, 없다고 해서 무언가가 빠진 것은 아니라고 했다. 이 관점에서 우리가 문장에서 가치 있게 여기는 것은 그것이 무언가를 더하는 것이 아니라, 리를 밝힌다는 데 있지 않은가? 그리고 리의 밝힘은 그들의 학이 기초를 가지고 있었기 때문이 아닌가? 그러나 과거와 현재의 문장가는 매우 많아서 모두 셀 수는 없다. 그래서 나는 우리 무주에서 시작하여 이를 논하고자 한다.[49]

왕위는 이제 남송의 세 명의 주요한 무주 학자들과 몇몇 덜 알려진 인물들을 언급하며, 그들이 서로 다른 세 가지 학과 저술 방식을 대표했음을 강조한다.

우리 왕조의 초기에, 동시에 활동했던 포강의 유관 공과 의오의 황진 공이 있었다. 유관 공의 학문은 폭넓으면서도 핵심을 갖추었고, 그의 문장은 다방면에 걸쳐 있으면서도 심오했다. 황진 공의 학문은 본질을 꿰뚫었으면서도 자유로웠으며, 그의 문장은 충실하고 철저했다. 이로써 두 사람은 성현의 학문을 지지하며 황제의 계획에 빛을 더했다. 이 두 사람의 뒤를 이어 글을 쓴 이는 오사도, 장추, 오래였다. 오사도는 경학에 깊이가 있었고, 장추는 역사에 강했으며, 오래의 학문은 특히 뛰어났다. 이들의 문장은 모두 빠르게 발전하는 데 능했다고 할 수 있다.[51]

왕위는 이제 남송 시기로 돌아가 도학의 등장에 대해 논한다. 도학은 무주 밖에서 시작되었지만, 사선생 덕분에 이곳에 정착할 수 있었다.

여조겸, 당중우, 진량이 알려지기 시작하던 바로 그 시기에, 신안新安 주자는 성현들의 위대한 학을 종합하여 도학의 종사宗師로 자리 잡았다. 그의 학은 세 사람의 학문과 상당히 유사하면서도 차이가 있었다. 주희의 제자인 황간은 그의 도를 실제로 하기에게 전했고, 이는 이어서 왕백, 김이상, 허겸에게 계승되었다. 이들 모두는 하기 이후로 우리 무주의 인물들이었다. 그 결과, "최근에 이르러 이학理學을 논하는 이들 중 무주가 가장 융성하다"는 평판을 얻게 되었다. 그러나 그들의 학을 실천한 이들은 위로는 성명性命의 섬세한 부분에서부터, 아래로는 훈고訓詁의 세부적인 부분까지 매우 상세한 강의와 해설을 했다. 그들이 문장에서 보여 준 탁월함은 그들의 학의 기반이 어디에 있는지를 검증할 수 있게 한다.[52]

이제 무주의 다양한 학문적 전통을 결합하고 저술로 자신의 학문을 잘 전달한 인물인 송렴을 만나게 된다.

아! 우리 고장의 문장을 평가한다면, 소위 '이 말 없이는 이 리가 부족할 것이다'라고 이르는 것이 분명히 맞다. 그러나 '그것이 있다고 해서 무언가를 더하거나, 없다고 해서 무언가가 빠진 것은 아니다'라고 한다면, 그것을 문文이라고 부를 수 있겠는가? 내 친구 송렴은 일찍이 오래에게 수업하였고, 오사도에게 사숙하며 학문을 닦았다. 게다가 그는 유관 공과 황진 공의 문하에서 오랜 시간 배우며, 때때로 허겸의 제자들과 도학의 취지를 탐구했다. 그의 학의 근원은 깊고 잘 연마되어 있었다. 따라서 그가 문장을 지을 때, 그것은 풍부하면서도 과장되지 않으며, 핵심적이지만 억지스럽지 않다. 자유롭게 움직이며, 상하로 오르내리는 모든 것이 그의 의도대로이다. 그가 선포하는 모든 것은 이 리를 밝히기 위한 것이며, 결코 가치 없는 빈말이 없다. 그의 저술에서 그의 학문을 관찰한다면, 우리는 그가 우리 고장의 여러 현인들을 계승할 수 있음을 알 수 있으며, 그가 불휴하게 영원히 자신을 세운 것을 알 수 있다.[53]
송렴은 시대에 쓰이기를 구하지 않았으며, 시대 또한 그를 쓸 수 있는 수단을 아직 갖추지 못했다. 그는 특히 자신의 문장에 신중하며, 이를 쉽게 다른 사람들에게 보여 주지 않는다. 그와 나의 스승들이 같은 데서 비롯한 인연 때문에, 그는 가끔 자신이 쓴 것을 나에게 보여 주며 이를 소개해 달라고 부탁하곤 했다. 나는 주자가 장식의 문을 소개하며, 이렇게 말했다는 이야기를 들었다. "그는 자신의 수명이 충분하지 않을 것임을 알지 못한 것 같았다. 그의 학이 날마다 새로워짐이 무궁하였기 때문이다. 그가 말과 글로 드러낸 것은 처음에는 극히 난해했으나, 결국 평범함으로 돌아왔다."[54]

아! 스스로 만족하지 않고 항상 노력하는 것, 그것이 바로 성현들의 학의 방식이다. 난해한 곳에서 시작하여 평범함으로 내려오니, 그가 이룩한 학의 성취가 어찌 완전히 분명하지 않을 수 있겠는가! 나는 단지 이것을 반복하여 송렴의 문장을 소개하고, 나의 소견을 겸손히 표현하며 스스로를 격려할 뿐이다.

지정至正 연간 15년(1356) 정월 초하루, 친구이자 제자인 왕위가 서문을 쓰다.[55]

왕위는 호한胡翰을 위해 준 글에서도 동일하게 '우리 무주의 학문적 우수함[吾婺學術之懿]'의 역사를 언급한다. 그러면서 다시 자신이 나열한 학자들 사이에 실질적인 차이가 있었음을 인정한다. "그들이 스스로 세운 바에 있어 동일하게 볼 수 없을지라도, 모두가 그들의 글[文]을 통해 도에 관여했음을 드러냈다. 그들의 모든 글은 도를 전달하는 방식이었다. 글의 원리와 도학 사이에 무슨 차이가 있겠는가?"라고 말한다.[56] 호한은 다시 왕위의 문집에 서문을 쓰며, 왕위를 황진의 수제자로 평가하고 원대 무주의 도학과 문학의 맥락에서 위치시켰다. 왕위는 관직의 추구에서는 성공하지 못했으나, 그의 뛰어난 글을 통해 사실상 봉사하고 있었다. 통일 이후, 광대한 영토 전역에서 "문헌 전통의 연속성을 말할 때 무주를 첫 번째로 언급한다." 또한 "군자의 학문은 단지 도를 구하는 것일 뿐이고, 만약 도를 깨닫는다면 그것을 글로 드러냄으로써 국정을 행하는 것과 같아진다"라며 호장유胡長孺의 말을 인용한다. "옛 성현들이 전한 도를 우리는 문헌 전통을 통해 알 수 있다. 먼 훗날, 그들도 우리 시대의 도를 우리의 문헌 전통을 통해 알게 될 것이다." 그가 의지하는 지역적 자원을 고려할 때, 무주의 학자가 된다는 것은 공유된 가치를 드러내는 것으로서 지속적 가치를 지닌다. "도를 기준으로 생각해 보면, 학술이 우리 지역에 존재한다는 것은 마치 이것이 천하에 존재하는 것과도 같다."[57]

오사도, 송렴, 왕위, 호한 및 그들의 후계자들에게 '우리 지역'(자신의 고향 현이나 전체 무주 지역)의 가치는 지역 사의 학의 전통에 있었다.[58] 이들은 다른 지역 출신의 사들을 위해 글을 쓸 때, 그 지역들 또한 학문적 전통을 가지고 있다고 상상했다.[59] 예를 들어, 강서는 자신들만의 지역 사의 학의 전통을 발견한 사례 중 하나다.[60] 이들은 지적 세계를 좁게 보거나 무주의 역사라는 렌즈를 통해서만 보지 않았다. 이들은 송대와 원대의 더 넓은 지적 풍경에 정통했다.[61] 이들의 네트워크는 지역적이었지만 동시에 전국적이었다. 이는 지역의 도학 선생들과는 매우 다른 점이다. 천원이는 원대 강남의 사 공동체가 지역적 네트워크와 전국적 네트워크를 결합한 특징을 가졌음을 보여 주었으며, 반면 북쪽 사들은 전국적 네트워크는 있었지만 공유된 지역적 사 정체성에 기반한 네트워크를 구축하지 않았다고 지적했다.[62] 장소 정체성place identity은 사들이 자신의 이익을 유지하고, 교육의 가치를 주장하며, 경력을 쌓고, 지역을 넘어선 명성을 얻을 수 있게 해 주는 공동체를 유지하는 문제에 대한 해결책이었다. 장소는 다양한 관심사와 전통이 공존할 수 있는 공유된 틀을 제공한다. 그러나 장소가 사회문화적 정체성으로 작동하기 위해서는 어떤 것들이 다른 것들보다 더 의미 있다고 여겨져야 한다. 특정 역사적 인물들을 중요한 존재로 식별하는 것은 이를 가능하게 하며, 그러한 의미는 스승과 제자 관계나 문학 교류와 같은 사회적 관행으로 강화된다. 무주에서의 지역적 지적 정체성은 회고적으로 창조되었지만, 그것을 인위적이라고 부르기보다는 신화적이라고 부르는 것이 더 적합하다고 생각한다. 이는 사들이 공유할 수 있는 일련의 이야기를 만들어 냈기 때문이다. 또한 다른 사람들이 읽고 다시 쓸 수 있는 일련의 텍스트들을 만들어 내기도 했다.[63] 다음 장에서는 이러한 현상이 명대 15세기 말과 16세기 초에 어떻게 반복되었는지 보여 줄 것이다.

1335년, 오사도는 과거제의 유지나 폐지가 자신의 사람으로서의 가치를 결정짓지 않는다고 썼다. 그러나 그는 같은 문장에서 "시대를 바로잡고 백성을 돕는 책임은 분명히 내게 있지 않다"고도 말했다.[64] 이는 절망의 순간에서 나온 말일 수 있다. 당시 바얀이 과거제를 폐지했으며 사들의 견해에 전혀 관심을 보이지 않았기 때문이다. 그러나 이 말은 한 가지 질문을 제기한다. 정부 직위나 지방 정부의 지원 없이, 지역 사들이 함께 사회적 책임을 다할 수 있을까? 아니면 개인적인 자선 활동에만 제한될까? 남송 시대와 비교했을 때, 원대 무주에서는 사들의 자발적 활동이 부족했다. 교사가 되어 사 전통을 이어 가는 것은 문화적 책임을 다하는 방식이었으며, 이는 사회적 함의도 가지고 있었다. 그러나 원대 후기에 사들은 사회적 책임 문제를 직접적으로 다루면서도 사 정체성과 결속에 유익한 또 다른 해결책을 찾았다.

족보와 가문

원 말기에 이르러, 주요 무주 학자들은 족보 작성을 가문 형성과 동일시하며, 가문 형성을 사들이 사회적 책임을 다하는 방법으로 적극적으로 홍보하고 있었다.[65] 이는 동남 지역의 다른 곳에서도 일어나고 있었지만, 국가 후원에 더 의존했던 북방에서는 그렇지 않았다.[66] 원대 무주의 사례들은 모두 조상 중 주요 인물이 관료나 사였던 가문들에 관한 것이며, 족보 제작은 사의 학과 연관 지어 논의되었다. 황진은 다음과 같이 설명하였다. "세대가 세대를 잇는 것이 족보의 이유이다. 학이 학을 이어 가는 것이 족보가 전해지는 방식이다."[67]

가족 조직과 족보에 대한 글쓰기는 새로운 일이 아니었다. 송대에는 고대의 대종大宗과 소종小宗 체계를 복원하는 가능성에 대해 논의가 있었으며, 소순과 구양수는 사의 족보를 위한 모델을 제안하였다. 이 모델들은 (혈족 간 유대감을 강화한다는 칭찬받을 만한 목표 때문인지 자주 인용되기는 했지만) 여기에서 논의된 족보에서는 실제로 채택되지 않았다.[68] 여조겸과 주희는 가족 의례에 관해 광범위하게 저술한 바 있다.[69] 원대 족보의 형식은 송과는 연속성을 가지지만, 당과는 단절되어 있다. 새로운 형식은 원칙적으로 한 시조 또는 최초 이주 조상으로부터 여러 세대를 거친 후손들의 기록을 담고 있다.[70] 일부 무주의 족보는 송대 혈통을 자세히 문서화하기도 한다. 그러나 새로운 점, 즉 전례가 없는 점은 원대 후기에 들어 유명 학자들이 다른 성씨의 족보를 위해 서문을 작성하고, 족보의 가치를 도덕적, 문화적, 정치적 관점에서 이론화하기 시작했다는 것이다.[71] 송대와 원대 문집에 남아 있는 200편 이상의 족보 서문 중, 송대에 속하는 것은 단 19편에 불과하다. 원대 서문의 대다수는 족보에 기록된 가문의 외부인이 작성한 것이다.[72]

족보, 사당, 묘소, 그리고 가문의 재산은 모두 친족관계를 유지하는 수단으로 모든 구성원에게 이익을 제공했다. 주요 가문들이 행한 일은 다른 이들도 따랐다. 하지만 유명 학자들의 승인을 얻기 위해 족보를 작성한다는 것은 반드시 따라야 할 일은 아니었다. 황진의 견해에 따라 학이 족보에 필수적이라는 점을 고려하면, 족보의 서문은 사들이 가문과 그 기능에 대해 어떻게 사고했는지를 보여 주는 지적 문서로 다룰 수 있다. 동시에 가문 형성과 서문 요청은 사회적 현상이기도 했다. 친족 결속을 강화하는 것은 사 가문들이 그들의 지위를 확보하는 방법 중 하나였다. 로버트 하임스가 원대 강서 지역 엘리트들을 연구하며 지적한 바와 같이, 서문을 요청하는 것은 유명 인물이나 관료와 연결을 맺는 한 방법이었으며, 족보는 친족관계를 주장하는 수단이었다.[73]

사에서 공으로

외부인의 서문이 추가됨으로써 족보의 성격에 변화가 생겼다. 족보는 후손 집단의 행정적 목적을 위해 사용되던 내적인 문서에서 가문을 사 계층 전체라는 공적 맥락에 놓이게 하는 문서로 변화했다. 외부인의 시각이 달랐을 것은 당연했다 — 결국 그는 타인의 가문을 바라보고 있었으니 —. 그러나 이 계보는 공적 인정을 포함하도록 그 야망의 범위를 확장하고 있었다. 유명한 사의 서문은 이 가문의 역사와 족보에 대한 찬사를 혈연관계가 없는 독자들에게 전달할 것이었다. 이는 가문을 사회의 일부로서 바라보는 방향으로 관심의 범위를 넓히는 것이었다. 이전 편찬자들의 내부적인 가족 문제에 대한 관심은 여전히 남아 있었지만, 여기에 새로운 층위가 더해졌다.

편찬자의 내부적인 관심사는 무엇이었을까? 가문의 족보 편찬자들은 하향 이동에 대한 불안감을 공유했으며, 족보는 이를 해결하기 위한 수단이었다. 왜냐하면 족보는 편찬자들이 확장된 후손 집단이 모든 구성원을 친족으로 대해야 한다고 주장할 수 있게 해 주었기 때문이다. 예를 들어, 영강의 가투可投 응應씨 가문의 경우, 일부 지파의 성공은 분화의 빈도를 높였다. 성공한 지파들은 자신의 직계 후손들에게만 관심을 제한하고, 편찬자가 주장하는 더 넓은 친족 개념에 대한 헌신을 회피하기 시작했다.[74] 특히 좋은 사례는 영강의 호胡씨 가문 족보에서 찾아볼 수 있다. 1069년에 호목胡穆이라는 인물이 작성했다고 주장되는 서문은 이후에 작성된 족보에 포함되어 있는데, 이 서문은 6대 조상까지 거슬러 올라가며, 성씨의 기원을 고대에 둔 기록과 한나라 시기의 유명한 호씨 관료들을 열거하고 있다. 전제는 고대에 통치자들이 성姓과 씨氏를 부여했기 때문에, 동일한 성씨를 가진 사람들은 모두 친족관계에 있다는 것이다. 그는 기원에 대한 지식이 부족한 이유를 "족보 연구가 소멸되고 분화된 후손 계보 체계가 폐기된 탓"이라고 설명한다. 그는 그들의 조상이 다른 곳에서 왔음을 알고 있다. "당 말에 모든 사대부들이 혼란을 피해 도망가던 때, 호씨는 처음으로 오吳(소주 지역)로 이주하여 산과 계곡에 정착했다. 비록 그들 중 재능과 지혜가 뛰어난 사람들이 있었지만, 사회적으로 알려지지 못했다. [오대五代 시기 동안] 전씨錢氏가 음서를 통해 사들을 주로 등용하며 나라를 다스렸다. 따라서 [그럴 이유가 없기 때문에] 경술을 익히지 않았다."[75] 이는 애초부터 교육받은 가문이 아니었다는 것을 보여 준다. 호목은 4대 조상에서

6장 연대와 혈연

족보를 시작했다. 이는 그가 조부 세대의 방계 조상인 호칙을 포함시킬 수 있게 했다. 호칙은 989년에 영강에서 최초로 진사에 급제한 인물로, 조정 관료로 활동했으며, 매우 유명한 범중엄이 그의 묘비명을 썼다. 그러나 호목이 언급하듯이, 호칙은 은퇴해 항주에서 지냈으며, 그의 직계 후손들은 돌아오지 않았다. 호목은 발문에서 자신의 가문에 유명한 조상이 없음을 언급하며, 더구나 그의 부친과 숙부는 유명해지지 못하고 세상을 떠났다고 덧붙인다.

호목은 왜 친족관계를 유지하는 것에 이토록 관심을 기울였을까? 그는 고대인들이 씨족을 결속시키는 방법이 있었다고 말한다. 상을 치르는 애도 범위 안에서 그들은 서로에게 관례와 혼례, 경사와 애사 같은 일들을 알렸으며, 매월 초하루와 보름에는 서로를 방문했고, 계절마다 모임을 가졌다. 하지만 오늘날, 옛 사 가문들은 친족관계를 복제服制 범위[4]로 제한하고 다른 친족을 타인처럼 대하며 통과의례에 대해 알리지 않는다. 효성과 우애는 쇠퇴했다고 그는 결론짓는다. 이러한 이유로, "문서를 통해 우리의 기원을 추론하며" 그는 서문을 작성하고, 네 세대 전의 문헌으로 기록된 가장 초기 조상으로부터의 계보도를 만들었다. 이는 거의 고대 군주들의 모델과 가깝다. 덧붙이자면, 이 작업은 호목이 자신을 친족으로 대해야 한다고 생각하는 사람들을 정확히 보여 주며, 여기에는 항주에 있는 친척들도 포함된다. 또한 이는 자신을 고향에 남아 있는 모든 사람들의 대변자

---

4) 유교 전통에서 복제란 상(喪)을 당한 사람이 죽은 이와의 친소 관계에 따라 복상 기간과 복장, 예절을 구분한 제도를 말한다. 이는 혈연 중심의 질서를 유지하고, 효와 예를 실천하는 방식으로 기능하였다. 일반적으로 오복(五服) 체계가 기준이 되며, 복제의 범위는 가문 내 친족 관계의 엄밀한 위계를 반영하였다.

로 만드는 역할을 한다.

1122년 방랍의 반란으로 인해 호씨 가문과 무주의 많은 사람들의 가옥과 기록이 파괴된 이듬해에 작성된 서문에서, 호요문胡堯聞은 자신이 호목의 작업을 이어받아 수정했다고 밝힌다. 호칙은 여전히 유일한 빛나는 존재로 남아 있지만, 그 이후로 "우리는 다시 일어나지 못했다. … 왜 조물주는 우리 가문에게 친절하지 않았는가?"라고 한탄한다. 그럼에도 불구하고 그는 서문에서 자신이 여전히 지역 스승들과 학을 이어 가고 있으며, 장차 가문을 다시 일으켜 세울 야심 찬 사가 나타나기를 희망한다고 말한다.[76] 200년 후 호목의 첫 조상으로부터 18대째에 이르러, 두 형제(또는 사촌)가 전산前山 지파의 족보를 작성했다. 이 지파는 매현梅峴 지파에서 분화되었으며, 매현 지파는 원래의 화계華溪 지파에서 분화된 것이다. 그들은 여전히 호칙과 호목을 되돌아보며 어느 정도 학문을 유지하고 있었지만, 자신들의 혈통에서 특별한 성공을 기록하지 못했고 정확한 혈통 기록이 없다고 인정했다. 즉, 그들은 새로운 족보를 작성하고 있었다.[77] 다른 지파들 또한 호칙을 포함한 혈통을 주장했다. 1256년 호신胡佽은 고대에 존재했던 것과 같은 가문 단결의 부재를 다시 한탄하면서도, 여전히 그 가문이 과거시험에 참여하고 있다고 강조한다.[78]

이들 호씨 가문은 수 세기 동안 관직을 얻거나 명성을 얻는 데 큰 성공을 거두지 못했다. 그들은 결속되지 않았고, 계보를 추적하지 못했으며, 족보가 지속적으로 유지되지 않았다. 서문을 작성한 이들은 계속해서 호칙을 인용했는데, 사실 송 말에 호칙은 호공으로 불리게 되었고, 오늘날까지 중요한 지역의 신으로 남아 있다.[79] 그리고 그들은 여전히 책을 읽고 (또한 쓰는) 사람들이었으며, 적어도 사들의 세계에 속한다고 할 수 있었다. 그러나 이들 호씨 가문은 여전히 자신들에게만 초점을 맞추고 있었다.

반면, 다른 가문들은 관점을 바꾸고 외부인들이 자신들을 바라보도록 초대했다. 동양의 채로촌柴盧村에 거주하는 노씨盧氏 가문은 가문의 지파들에서 작성된 족보에 대한 서문들을 수집했다. 이 족보들의 통합적 주장은 첫 이주 조상이 후주後周 조정에서 봉직했으며, 960년 송의 초대 황제가 황위를 찬탈했을 때 후계자 채형柴炯을 따라 피신했다는 것이다. 그는 동양 동부에 정착하여 자신의 딸을 후주 황족과 혼인시키고 자신의 성씨를 그에게 물려주었다. 1247년에 진사시에 급제한 노시중盧時中은 자신의 서문에서 이를 언급하며 당의 위대한 재상 가문인 범양 노씨范陽盧氏와 황실 채씨柴氏의 후손임을 주장한다. 이와 별개로 그는 현재 인근 3개 주와 여러 마을에 거주하고 있는 가문 구성원들의 분파와 추가적인 이주를 명확히 설명하는 데 주력했다. 이는 친족들이 서로의 관계를 이해할 수 있도록 하기 위함이다.[80] 이러한 '우리' 가문에 초점을 맞춘 접근법과 1314년 동양 출신 학자이자 은둔자인 진초陳樵가 노씨 가문의 한 분파의 '가족사[家乘]'에 쓴 서문의 사회적 관심을 비교해 보자. 진초는 다음과 같이 시작한다.

한 가문에는 도덕적 관계를 강화하기 위해 족보가 필요하다. 시간이 지남에 따라 후손이 증가하면, 족보 없이 이들을 올바르게 조직할 수 있겠는가? 그러므로 족보가 존재하면 가문이 존재한다. 가문이 존재하면 부모는 부모로 대우받고, 존경받아야 할 이는 존경받으며, 연장자는 연장자로서, 아랫사람은 아랫사람으로서, 남편은 남편으로서, 아내는 아내로서 제자리를 찾으며 다른

사람을 방해하지 않을 것이다. [족보가] 사회 도덕에 의미하는 바는 크다.[81]

진초는 이 분파의 구체적인 역사와 최근 관직 및 교육에서의 성공, 그리고 현재의 족보 작업에 대해 설명하기 전에 노씨 가문이 당의 재상 가문으로서의 기원과 처음 이주자인 송에 봉직하기를 거부한 후주 조정 관료의 배경을 언급한다. 그러나 채柴 왕자에 대한 주장은 무시한다.

진초의 말대로 족보는 열려 있는 친족관계를 유지하기 위해 필수적이다. "족보가 존재하면 가문이 존재한다[是以譜存則族存]". 그러나 족보에 포함된 사람들에게 공유된 친족 정체성을 부여하는 데 성공하려면, 역사적 근거를 제시해야 하며, 이는 계보를 추적하는 방식으로 이루어진다. 그리고 호직의 경우와 마찬가지로, 족보는 사람들이 그 가문에 속하고 싶어 할 이유를 제공해야 한다. 노씨 가문은 당대 재상 가문이라는 영광스러운 과거를 인용함으로써 이를 실현한다. 이는 노시중과 진초가 동의한 부분으로 오늘날에도 여전히 언급되고 있다. 같은 성씨를 가진 한나라의 인물들이나 편찬자와 직접적으로 관련된 인물들의 뛰어난 전거에 대한 서술은 필수적이다. 그러나 진초의 서문이 노시중과 차별화되는 점은, 가문의 연대가 사회에 기여하기 때문에 좋은 것이라고 강조하는 점이다. 가문은 사회적 목적을 위한 수단이며, 족보는 이를 성취하기 위한 도구이다. 실질적으로 자연적 현상이 아니라 역사적 구성물이라는 점에서 가문은 족보가 기능한 것이다. 족보 편찬자들은 족보를 유지하려는 노력이 역사적 현실과 반하는 경우가 많다는 점을 인식했다. 가족들은 한데 모이지 못하고, 족보는 유지되지 않았으며, 전쟁은 사람과 책을 파괴했고, 재구성된 계보는 종종 불완전하거나 오류가 있었다.

이전 족보들은 주로 기본적인 생물학적 정보(이름, 출생 및 사망 날짜, 때로는 아내와 딸의 이름, 날짜, 혼인 여부, 묘소)와 특히 계보를 명확히 하는 데 중점을 두었다. 그러나 원대의 사례에서는 족보 편찬자들이 가족 구성원의 공적 생활을 기록하는 자료들을 추가했다. 여기에는 묘지명과 기타 전기 자료, 관직 임명 문서, 가문 소유 건물의 비문, 가규家規, 심지어 구성원들의 글에서 발췌한 부분까지 포함되었다. 이러한 자료들은 청대 족보에서 너무나 흔하게 나타나기 때문에, 그것들을 세계世系 데이터와 결합한 저작에 대해 특별한 용어가 존재하지 않는다. 송과 원 시대에는 차이가 있었으며, 이러한 책들은 종종 '가족사[家乘]'로 불렸다.[82] 이러한 자료의 추가는 사적인 족보에서 공적인 족보로의 전환과 가문이 사회에서 수행하는 기능에 대한 새로운 강조와 맞물린다. 명대에 쓰인 영강 호씨 족보의 서문에서 "가문의 족보는 왕조의 역사와 같다[家之有譜, 猶國之有史也]"고 자신 있게 주장한 것은,[83] 왕조사가 국가에 기여했던 것처럼 전기 모음, 가족 토지 기록, 가규, 구성원들의 생물학적 정보가 한 가문에 같은 역할을 수행했다는 것이다.

사적인 족보에서 공적인 족보로의 전환과 가족사의 창조는 여호呂浩가 1194년에 작성한 계보도[本支圖]의 서문과 1314년에 쓴 서문 간의 차이에서 명확히 드러난다. 여호는 주희가 구휼관으로 있던 당시, 구휼 물자를 위해 곡식을 제공한 공로로 관직을 얻었다. 이후 그의 아버지와 형이 중대한 혐의로 체포되자, 그는 자신의 관직을 교환하여 그들의 형을 감형 받았다. 진사 시험에는 최소 두 번 낙방했으나, 그는 영강에서 잘 알려진 학자였고 그의 저술은 널리 유통되었다. 여호의 기록은 다음과 같다.

> 영강 여씨 가문에는 네 개의 계파가 있다. 현 중심지 밖에 거주하는 이들은 청위清渭와 청산구靑山口 여씨이며, 태평太平주에 사는 이들은 농업에 종사하며 기본에 충실했지만 유업儒業을 포기하지 않았다. 삼사법이 [학교 체계에서] 확립된 이후로 보통 열 명 이상이 등록되어 있었고, 일부는 회시에도 참여했다. [그러나] 그들은 숨겨진 덕으로 시대에 알려졌을 뿐, 명성을 얻지는 못했다. 그래서 족보가 이어지지 못했고, 이름이 실전되었으며, 친족관계가 변하고, 묘소의 위치를 찾기 어려워졌다. 나는 이 사실을 인지한 이후로 줄곧 마음에 걸렸다. 당시 나는 관직에 나아가고자 공부를 하고 있었고, 자신도 모르게 산만해지며 나 자신에게만 몰두하고 있었다.[84]

여호는 이어 설명하기를, 자신의 아버지와 삼촌들은 이미 세상을 떠났고 그들 세대는 기록을 남기지 않았으며, 자신이 할 수 있는 최선은 계보도를 작성하는 것이라고 말했다. 그는 이렇게 계속했다.

> 나는 우리 조상인 동평東平 선생의 묘비명을 읽었다. 이는 우리 고을의 서무당徐無黨이 작성한 것이다. 그 내용에 따르면, 서무당이 동평 선생을 따르며 『춘추』를 깊이 배웠고, 동료들에게 존경받았고 상례에도 정통했다고 한다. … 서무당은 유명한 문장가로, 구양수의 제자로서 쉽게 타인의 행적을 인정하지 않는 인물이었지만, 동평 선생을 이렇게 칭찬했다. 1183년에 나무꾼들이 여씨의 묘지 근처에서 이 비석을 발견했는데, 이를 마을로 가져가 술을 사

기 위해 팔았다. 구매자는 건축업을 하고 있었기에 글자를 긁어내고 목욕탕에 사용했으며, 글자의 60퍼센트만 살아남았다. 누군가 나에게 이 사실을 알려 주어 나는 그곳으로 가서 다른 돌과 교환했는데, 그 건축업자는 전부 긁어내지 않은 것을 후회했다! 동평 선생이 돌아가신 지 불과 한 세기밖에 안 지났기에, 비석이 다시 나타나면 주목받을 것이라 생각했으나 이런 일이 벌어졌다. 오늘날 우리는 이 비석을 보존관에 보관하고 있다. 따라서 서무당의 글과 동평 선생의 행적에도 불구하고, 이 돌은 매장된 채 결국 식물처럼 썩어 버렸다. 하물며 후손들이 관심을 두지 않는다면 말할 필요도 없다.[85]

여호가 역사의 기억이 얼마나 불확실할 수 있는지를 인식하고 있었다는 점은 분명하다. 비석조차 100년을 견디지 못하기에, 여호가 열망했던 삶과 건축업자와 목욕탕의 세계 사이의 거리를 우리도 실감한다. 여호 자신은 국가적 문제에 대해 글을 썼지만, 여기서는 자신의 가문과 그 이익에 초점을 맞추고 있다.

그러나 4세대 후인 1346년에 여부는 다른 어조를 취했다. 그의 족보 작업은 가문에 대한 자부심, 가문의 미래에 대한 관심, 족보와 역사에 대한 학문적 연구, 그리고 족보를 도덕적 교화의 수단으로 사용하고자 하는 열망을 결합한 것이었다. 그는 다음과 같이 설명한다.

하늘은 이 백성을 창조하면서 씨족과 가계를 부여했다. 비록 후손들이 끊임없이 번식하고 증식하더라도, 처음에는 한 사람과 그가 받은 기氣 하나에서 시작되었다. 비록 그 기가 나뉘어 친족과의 유대 정도에 차이가 생겼지만, 처음의 관점에서 보면 오직 이 하나의 기에서 유래한 것이며, 모두 그로부터 내려왔다. 그것은 다르지 않다! 혹시 중심을 잡고 조화로운 기가 한 지파에 있다면, 어찌 부유하고 귀한 자들이 가난하고 미천한 친족을 신경 쓰지 않겠으며, 지혜로운 자들이 어리석고 불초한 자들을 신경 쓰지 않겠는가? 혈통이 기록되고 족보가 작성되는 것은 모두 이들을 하나로 묶고, 좋고 나쁜 것을 함께 나누도록 하기 위함이다. 따라서 하나의 혈통을 하나의 가족으로 여기고, 같은 기를 가진 사람들을 한 몸으로 여겨 친족으로 대하는 것이다. 이것이 혈통이 애정을 표현하는 방법이며, 족보가 혈통에 유익한 이유이다. 그러나 쇠퇴가 있을 때, 같은 기를 가진 사람들이 서로를 낯선 사람처럼 여기거나 갈등을 겪는 경우가 많다. 어찌 이것이 혈통이나 족보에 좋을 수 있겠는가?[86]

우리 여씨 가문은 태평에서 얼마나 오래되었는지 모를 정도로 살았다. 과거에는 우리가 하남에서 왔다고 전해졌다. 우리는 농업에 종사하며 기본에 충실했고, 대대로 유학의 길을 닦아 왔다. 우리는 검소하게 생활하며 지역의 주요 성씨로 자리 잡았다. 1119년부터 1121년까지의 방랍의 난 동안 족보는 유실되었다. 여섯 번째 세대에서 여호는 첫 조상에서 시작하는 '계보도' 비석을 세웠다. 그러나 그 이상은 확인할 수 없었다. 나는 여호의 글을 조사하며, [그가 알지 못했던 사실을] 발견했다. 그것은 바로 구양수의 제자이며 서무당과 친구였던 여연呂淵[자는 희안希顏]이다. 서무당은 그의 묘비명을 작성하며 그를 동평 선생이라 불렀다. 또 다른 두 사람은 여수경呂壽卿과 여언질呂彥質이었다. 이 세 사람이 우리 가문에서 가장 일찍 알려진 친족이지만, 그들은 여호의 계보도에는 나타나지 않는다.[87]

여호 이후로 내 종조부인 남월공南嶽公께서 [1250년대에] 계보도를 바탕으로 족보를 시작하셨다. 내 종백부인 각재공覺齋公께서 이를 이어 가셨고, 그의 아들로 나의 종촌인 종로宗魯가 이를 추가로 보완하였다. 그로부터 20년이 지났지만, 수정된 적이 없었다. 이전 세대가 이전 자료를 빠뜨리고 추가로 확인하지 않았던 점과, 오늘날 우리의 가문이 더 늘어나고 더욱 흩어졌다는 점을 고려하면, 우리는 점점 더 많은 것을 잊어버릴 것이다. 그래서 나는 감히 이를 계속하고 수정하려 한다.[88]

첫 조상부터 오늘날까지 13세대가 300여 년에 걸쳐 이어져 왔으며, 같은 기氣로 태어난 이들은 겨우 800명이다. 나는 각 항목 아래에 그들의 언행을 기록하였고, 최근의 일들도 포함시켰다. 이전 판본과는 변화가 있으므로, 편집 원칙을 앞에 제시하고, 가훈을 부록으로 덧붙였다.[89]

친족들이 이 족보를 읽을 때, 본래 하나의 기에서 나왔다는 점을 되새기고 서로를 한 몸으로 여기길 바란다. 부유한 자는 가난한 자를 구제하고, 지혜로운 자는 어리석은 자를 가르쳐야 한다. 이전 세대의 언행을 살펴 가훈을 지침으로 삼아야 한다. 소순이 정한 족보 편찬의 여섯 가지 원칙을 어겨 조상들을 부끄럽게 하지 말아야 한다. 그렇게 해야만 이 족보가 어떤 가치라도 지니게 될 것이다. 그렇지 않다면 개인이 가문이나 족보와 아무런 관계를 느끼지 못하게 되고, 그럴 경우 수정을 하든, 하지 않든 그것은 중요하지 않게 될 것이다.[90]

오늘날 가문은 어른은 적고, 친족 간의 우애도 적으며, 공론이 약화되었다. 더 이상 공동체 정신을 볼 수 없다. 오늘날 우리 가문이 의지하는 것 중에는 종촌인 수서水西의 의창義倉과 의숙義塾이 여전히 있다. 그것들을 위한 규정은 남아 있지만, 교육 방법은 미흡하다. 만약 이를 부흥시키고 책임을 질 후손이 있다면, 우리는 여전히 희망이 있다. 그래서 족보를 완성하며, 이 사건들을 기록하여 가문 구성원들에게 알리고, 나 이후 이 일을 이어 가고 족보를 갱신할 이들에게 전하고자 한다. 나와 같은 뜻을 가진 이들에게 희망을 건다.[91]

여부는 도학 스승인 허겸의 제자였으며, 자신의 저작을 통해 도학과 관련하여 명성을 얻었다. 그는 생물학적 통일성의 개념을 중심으로 구축된 도덕성에 대한 자신의 생각을, 인간의 연약함이 무시할 수는 있지만 취소할 수 없는 자신의 가족에 적용하려 했으며, 더 정확히는 족보를 개정해 이를 타인에게 전달하려 했다.

여호와는 대조적으로, 여부는 족보와 가문의 역사를 도덕적 수양이라는 더 큰 공공의 목적을 위해 봉사하게 하려 했고, 이를 최상층부로부터 인정받기를 바랐다. 혼인을 통해 친척이 된 사람이 강서의 위소危素라는 저명한 학자를 알고 있었고, 여부의 요청에 따라 그 친척은 수도로 가서 위소에게서 1350년에 여부를 위한 서문을 받아 주었다. 위소는 여부의 글과 여호 이후의 개정 사항을 빠르게 검토한 뒤 본론으로 들어갔다.

맹자는 "중中을 지닌 자는 그렇지 못한 자를 수양시키고, 재능 있는 자는 재능 없는 자를 수양한다. [그렇기 때문에 사람들이 훌륭한 아버지와 형을 기쁘게 여기는 것이다.]"라고 말했다. 오늘날 한 가문의 역사는 한 국가의 역사와 다를 수밖에 없다. 인구가 많은 국가에서는 상벌을 엄격히 하는 법이 필요하다. 하지만, 단일 가문의 구성원들 사이에서는 본보기가 되는 올바른 행동으로 이끌고, 이어 규율을 통해 다스리며, 성현과 군자의 가르침, 경전과 주석으로 그들을 교육할 수 있다. 이렇게 하면, 각자가 자신의 행동을 스스로 돌아보는 마음의 타고난 능력을 발달시킬 것이다. 결과적으로 모든 사람이 도덕적 인간이자 학자가 될 것이다. 사람은 타고난 능력이 다르지만, [순자가 말했듯이] '삼밭에서 자라는 마디풀은 지지대 없이도 똑바로 자란다.' 아버지와 형들은 그저 가르치고 영감을 주는 역할을 충실히 하면 된다. 태어날 때부터 지혜롭거나 어리석은 것은 하늘이 결정하는 것이다. 여씨의 후손들은 여부가 이를 작성한 의도를 생각하고 더 나아지기 위해 노력해야 하며, 그들의 선행이 족보에 기록될 것이다. 만약 여씨 후손들이 여부가 족보를 작성한 의도를 마음에 새기고, 선을 향해 노력하며, 매일매일 이를 실천한다면, 족보에 기록될 그들의 선행은 헤아릴 수 없을 정도로 많아질 것이다.[92]

여부는 족보와 가족사(조상의 언행)를 결합하여 자신의 친족에게 역사적 모범과 그들의 통합에 대한 철학을 제공하고자 했다. 위소는 도덕적으로 기능하는 혈통 집단을 도덕적 정부의 이상을 실현한 것으로 보고, 성현들의 가르침에 따라 도덕적 본보기와 상호 도움을 통해 사람들을 다스리려는 시도로 간주한다. 이는 가문이 공적 칭송을 받을 만한 가치가 있다고 판단되는 이유이다.

송과 원대의 족보 텍스트는 단순한 혈통 도표에서 정교한 가문사에 이르기까지 다양했다. 편찬자들은 과거 혈통(우리 조상은 누구인가?)에 대해 때로는 허위일 수도 있는 주장과, 현재 가족에 대해(우리는 누구와 친족인가?) 당사자가 인정하고 싶지 않을 수도 있는 주장을 했다. 족보 편찬자들이 친족들이 서로를 '길 위의 낯선 사람'처럼 대하기 시작했다고 말하는 것은, 일부 구성원이 친족관계를 잘 모르거나 친족관계에서 벗어나고 싶어 한다는 신호일 수 있다. 그러나 확장되고 개정된 족보가 일반적이었거나, 가족들이 족보를 당연히 작성했으며, 족보가 요구하는 것과 같은 혈연의 연대가 보편적이었다고 가정해서는 안 된다. 족보가 지속적으로 개정된 것은 아니다. 이는 상당한 노력이 필요한 일이었고, 드물게 이루어졌다. 그러나 14세기에는 가문 내의 편찬자들과 외부인들로부터 더 많은 이야기를 들을 수 있다. 족보와 가문이 지적 및 사회적 의제를 위해 활용되는 새로운 공적 수사가 나타난 것이다.

그 의제란 무엇인가? 일부는 '의문義門'을 모델로 보았다. 이는 가족 구성원들이 함께 살며, 소득 창출 재산을 여러 세대에 걸쳐 공동으로 소유하는 가족이다. 원대 포강의 정씨 가문은 스스로를 공공의 모범으로 홍보하며 성공적으로 사들과 관료들의 인정을 받았다. 이 가문은 현재까지도 존속하며 주요 관광 명소가 되었다.[93] 이러한 가정은 거의 전적으로 당나라 시기 북중국에서만 알려져 있지만, 송에서 명에 이르는 시기에는 강남 지역에서도 거의 동등한 수가 나타난다.[94] 포강에서는 정씨 가문의 이웃들 중 일부가 비슷한 공동체를 만들려고 했다. 특히 문서로 잘 기록된 사례는 원대에 공동 가족으로 정점에 달했던 심계 왕씨深溪王氏이다. 이들은 원 말에서 명 초의 무주 사들에게 인정을 받았으며, 정씨 가문에 그들의 모방의 성공을 인정받으려는 문서를 요청하기도 했다.[95]

공동체 모델은 드물었으며, 사실 보편적으로 장려되지도 않았다. 정씨 가문의 또 다른 이웃인 황풍원黃逢原은 그의 삼촌들을 설득하여 공동 가족을 설립하고자 했지만, 그의 수각水閣 지파는 이미 도시로 이주하여 재산을 나눈 상태였다. 황은 자신의 노력을 뒷받침하려 지은 '일심당一心堂'

에 적절한 기념문을 작성해 달라고 소백형蘇伯衡에게 요청했다. 그는 이전에 심계 왕씨를 위해 문구를 작성한 바 있었다. 황은 소에게 자신의 목표를 밝혔다. 가족의 주택은 공동으로 소유하고, 논밭은 한곳에 등록하며, 재산은 공동으로 보관한다. 도구는 한 명의 권위자가 감독하며, 하인들은 모든 가족 구성원을 주인으로 섬기도록 한다는 것이었다. 그러나 소백형은 황풍원의 계획에 대해 의문을 제기했다. 군대는 '한마음'으로 작동하는 가장 좋은 예로, 한 명의 명령으로 모두가 함께 행동한다. 가족에서 '한마음'이란, 한 사람이 베를 짜면 모두가 베를 짜고, 한 사람이 농사를 지으면 모두가 농사를 짓는 것을 의미한다. 대안은 진심[誠]과 은혜[恩]를 통해 조화로운 행동을 유도하는 것이다. 군대는 보상과 처벌, 심지어 처형을 기반으로 한다. 황풍원의 삼촌들이 정씨 가문을 모방해 새 가족 규칙을 검토해 달라고 요청하자, 소백형은 이를 주저하며 규칙이 윤리적 행동을 보장할 수 있는지에 대해 의문을 제기했다. 그들은 정말로 법을 따르는 사람들에게 보상하고 처벌하는 국가 모델을 채택하기를 원하는가?[96]

 공동체 가족을 유지하는 데는 많은 노력이 필요했다. 공동 재산을 유지하는 데는 특히 국가의 압박이 컸다. 국가는 토지세를 징수하고 때로는 현지 학교에 등록하여 면역을 받을 자격이 있는 사 가족에게 노역을 요구하기도 했다. 정씨 가문은 단지 자신들을 모델로 홍보하는 데 그치지 않고, 약탈적인 지방 관료들로부터 자신들을 보호할 수 있는 법정과의 연결을 찾고 있었다. 공동체의 관점에서 볼 때, 관직에 오르거나 토지 임대료보다 사업으로 부를 얻으려는 아들들을 통제하기는 어려웠다. 공동체 가족은 가족 재산을 나누지 않기 위한 힘겨운 방식이었다. 조지프 맥더못Joseph

McDermott이 휘주徽州 연구에서 주장했듯이, 각 혈통이 자신의 이익을 추구하면서도 친족관계를 유지할 수 있는 혈연 조직이 공동체 가족보다 더 실현 가능했다.[97] 농지 경쟁, 도적 방어, 물 이용권 분쟁, 정부의 추가 징수에 대한 저항 등은 모두 친족 연대를 유지해야 하는 실용적인 이유였다. 이웃들이 이를 통해 이익을 얻는 것을 보고 살아남으려면 다른 이들도 이를 따를 수밖에 없었다. 상복을 입는 친족 범위를 넘어 친족 연대를 확장하려면 족보가 필요했고, 이는 단순히 문화적·도덕적 담론이 아닌 실질적 필요였다. 이것이 바로 무주의 가문들을 위해 서문을 쓴 이들의 관심사였다. 황진의 말을 반복하자면, 가족은 세대를 거듭하지만, 학자들은 족보를 만든다. 황진과 다른 작가들은 공적 삶에서 족보의 목적을 무엇이라고 이해했는가? 그들은 독자들에게 확장된 친족에 대해 무엇을 생각하게 하려고 했는가? 결국, 그들은 그것이 무엇을 의미한다고 생각했으며, 그중 정확히 무엇을 칭송해야 한다고 여겼는가? 세 가지 주장이 자주 등장한다.

도덕적 주장

신유학 사상가들은 오랫동안 가족을 도덕적 실천의 첫 번째 영역으로 논의해 왔다. 여조겸은 사 가문을 위한 의례에 대해 저술했으며, 비록 족보에 대한 서문을 쓰지는 않았으나, 친족적 사고가 윤리적 태도를 함양한다는 주장을 일찍이 제시했다.[98] 여조겸은 공자의 도는 반드시 부모로부터 시작되어야 한다고 주장한다. 왜 그런가? 부모를 소중히 여기면 부모를 낳아 주신 분들을 존중하게 되고, 조상을 공경하면 조상의 모든 후손을 존중하게 될 것이기 때문이다. 우리는 적어도 우리와 어떤 방식으로든 관계를 맺을 수 있는 특정한 사람들을 염려해야 한다. 그런데 왜 그래야 하는가? 여조겸은 이렇게 말한다. "이는 인간이 그렇게 정한 것이 아니라 하늘이 그렇게 만든 것이다. 하늘이 만물을 창조할 때 하나의 근원을 가지도록 만들었기 때문이다. 이는 마치 나무의 많은 가지가 하나의 뿌리에서 나오는 것과 같다."[99] 즉, 특정한 다른 사람들에 대해 관심을 가져야 할 근거는 실재적인 것으로 인위적인 것이 아니고, 자연적인 것으로 역사적인 것이 아니라는 것이다.

두 세대 후 왕백은 자신의 「왕씨일원도王氏一原圖」를 통해 여조겸의 주장에 공명했다. 왕백은 "리는 하나이고, 현상은 다양하다[理一分殊]"라는 교리를 친족에 대한 관심의 이유로 적용했다. 그는 하나의 리가 하늘과 땅을 통해 만물을 창조한다고 설명한다. 따라서 하늘과 땅은 우리 모두의 '부모'다. 그러나 동시에 이 리의 현상은 다양한 형태를 취하기 때문에, 나의 관점에서 보면 나의 부모가 나의 하늘과 땅이다. 이원적 창조 과정과 창조된 사물 간의 관계는 전체를 분석하는 데에도, 개별적인 하나의 부분을 분석하는 데에도 적용된다. 왕백은 계속해서, 이 과정에서 창조된 것은 하나의 기氣로 연결되어 있으며, 가족은 수백 세대를 거쳐 스스로를 재생산하면서 이 기가 단일하게 이어진다고 말한다. 그리고 이 과정에서 창조된 모든 이들은 나의 친족이다. 많은 것이 하나로 통합되어 있으면서도, 그 하나 안에는 여전히 많은 것이 함께 존재한다. 왜냐하면 가족 내부에 다양한 구분이 존재하기 때문이다. 따라서 자신의 관점에서 보면 어떤 이들은 멀고 어떤 이들은 가깝다고 인식할 수 있지만, 조상의 관점에서 보면 우리는 모두 동등하게 그들의 후손이며, 자연스럽게 친족에 대한 감정을 가지게 된다고 결론짓는다. 그러므로 우리는 어려움에 처한 친족을 도와야 한다는 결론에 도달해야 한다. 「왕씨일원도」는 친족이 하나의 기에 의해 서로 연결되어 있음을 보여 주기 위한 왕백의 방식이었다.[100]

원대의 대량은 동일한 주장을 제기했다. 만약 자신의 조상들의 관점에서 본다면, 더 이상 복상服喪의 의무가 없는 친족조차도 동일한 기를 공유하고 있다는 것은 분명하다. 형제의 아들은 나의 조카이지만, 나의 아버지의 관점에서 우리는 모두 동등하게 그의 아들들이다. 그러나 대량은 친족에 대한 관심을 가지는 것은 올바른 관점을 유지하기 위한 끊임없는 노력을 요구한다는 점을 인식했다. '첫 세대의 관점을 관점으로 삼고, 자기 자신의 관점을 관점으로 삼지 않으려 해야 한다'는 것이다. 그렇지 않으면 친족에 대한 감정은 거리감에 따라 약화될 것이다. 바로 이 점 때문에 족보가 필수적인 것이다.[101] 소백형도 동일한 전략을 채택했다. 사람들은 특정 시점에서 친족에 대한 복상의 의무가 종료되지만, 여전히 동일한 기원을 공유하기 때문에 친족임을 알게 된다. 그리고 바로 그 이유에서 족보를 갖는다. 즉, 친족관계는 생물학적으로 정의되는 것이지 경전 의례에 의해 정의된 것이 아니다. 생물학적 친족관계는 이제 새로운 의례의 근거가 되어, 어려움에 처한 이들을 돌보아야 하는 무제한적 의무를 지원한다.[102] 인간의 감정이 의례적 의무가 아닌 길잡이가 되며, 감정은 친족에 대한 마음에서의 올바른 이해에서 자연스럽게 따라오는 것으로 이해된다.

그러나 이는 진실된 족보가 있어야 가능하다. 소백형은 또 다른 족보 서문에서 다음과 같이 쓴다. "어째서 군자가 족보를 중요시하는가? 그것은 자신의 가문을 자랑하기 위함이 아니다. 그것은 동일성과 차이점을 주목하고, 친소親疏를 구별하는 방법이기 때문이다. 따라서 증거가 없음에도 자의적으로 무언가를 추가하는 것은 조상을 속이는 것이다. 증거가 있음에도 무언가를 생략하는 것은 선조를 무시하는 것이다. 조상을 속이는 것은 불효이며, 선조를 무시하는 것 또한 불효이다." 소백형은 다른 서문에서 이를 더 상세히 설명한다. 고대의 대소大小 종법宗法은 고전적인 복상 의무의 근거였으며, 이는 왕들이 사회에 도덕을 확립하고 사람들 마음에 도덕적 감정을 심어 주는 수단이었다. 이를 통해 올바른 통치의 기초를 마련했다. 그러나 이 제도는 결국 중단되었고, 한대에는 명문가[門地]를 강조하는 방식으로 대체되었으며, 이는 족보의 생성으로 이어졌다. 족보는 사람들에게 자신의 기원을 소중히 여기고, 누구와 친족관계에 있는지를 인식하게 하며, 이를 통해 고대의 도덕적 목적을 실현한다.[103]

족보와 가문은 고대의 목표를 실현하는 비고대적 방식이라는 소백형의 주장은, 사람들이 규칙을 따르는 폐쇄적이고 강제적인 시스템을 상호 감정에 의해 동기 부여되는 개방적이고 자발적인 시스템으로 대체하는 것을 포함한다. '일심一心'이라는 황씨 가문의 생각은 이에 반대된다. 그들은 법률을 통해 후손들이 분열되는 것을 막으려 했다. 소백형은 이에 대해 논평하기를, 아마도 그렇다면, 규칙이 있다면 반드시 그것을 집행해야 한다. 그렇지 않으면 규칙이 없는 것과 같으며, 사람들에게 규칙이 중요하지 않다고 가르치는 셈이 된다. 이는 혼란을 조장하는 것이다. 그는 진정한 '의문義門'— 포강 정씨 공동체와 같이 규칙이 엄격한 공동체를 지칭하는 용어—은 가족 규칙 없이도 구성원들이 도덕적으로 행동할 수 있는 공동체라고 주장했다. 그들은 서로에 대한 감정을 느끼기 때문에, 억지로 규칙을 따를 필요가 없다는 것이다.[104] 소백형은 의義를 자발적으로 선행을 행하는 의미로 사용했다. 이는 12~13세기 사들이 의창, 의숙, 의전과 같은 어려운 사람들을 돕기 위한 자발적 방식들을 묘사할 때 사용한 것과 동일한 용어이다. 실제로, 당시 족보와 관련된 자선적 목적의 재산에 대해 논의할 때도 잃어버린 고대 제도를 현재의 기관이 실현하고 있다는 동일한 수사가 적용되었다. 그리고 여기서처럼 그러한 재산에 대해 글을 쓴 사들은 이의 더 큰 사회적·도덕적 잠재력을 강조했다.[105]

왕위 역시 비슷한 정서를 가지고 있었다. 족보는 친족관계를 가능하게 하는 기본적인 지식을 제공한다. 이는 공통된 역사적 기원과 현재 친족의 범위를 가르쳐 주는 것이다.[106] 족보는 도덕성이 지위와 봉급보다 더 중요하다는 것을 사람들에게 가르친다.[107] 족보는 고대 성인들이 씨족 제도를 창설했을 때 가졌던 동일한 의도를 실현하는 수단이다.[108] 그러나 공통된 기원과 기氣의 개념에 기반해 확장된 친족과의 연대감을 조성하기 위해 족보를 사용하는 것은 특정한 역사적 현실과 충돌할 수 있다. 왕백은 족보의 두 가지 대원칙을 다음과 같이 설명했다. "시작을 존중하라"와 "연속성을 명확히 하라". 하지만 어떤 가문이 진정으로 그 어떤 것의 시작까지 자신의 계보를 추적할 수 있었겠는가? 그는 이어 이렇게 말했다. "우리 가문은 역사 내내 유명했지만, 조상이 의오에서 금화로 이주했던 12대 전까지만 혈통을 추적할 수 있다." 그렇다면 왜 추측하지 않는가? 왜 꾸며 내지 않는가? 왕백의 답변은 다른 우선순위에 호소한다. "우리는 분명히 더 이전까지 거슬러 올라가고 싶다. 하지만 증거가 없다. 그렇게 한다면 도덕적으로 고결한 사람이 텍스트의 공백을 다루는 방식에 어긋나는 일이 될 것이며, 혈통의 올바른 질서를 혼란스럽게 할 것이다."[109]

문화적 주장

문화적 주장의 핵심은 족보를 통해 선조와의 유대를 형성하고 훌륭한 사의 기준을 유지할 수 있다는 점이었다. 소철의 후손들은 1120년대에 무주에 정착했고, 1306년에 그들 중 한 사람이 족보를 편찬했다. 대표원은 이렇게 적었다. 소식과 소철은 박해를 받았고, 그들을 괴롭혔던 자들은 번성했으나, 이제 6대가 지난 후 족보는 그들의 후손들이 선조의 명성 덕분에 특권을 누릴 수 있도록 한다. 반면, 박해자들의 후손들은 친족관계를 숨기고 있다. "학자 관료들이 그들의 명성을 지킬 수 있다면, 사람들은 백 년 후에도 그들을 기억할 것이다. 하지만, 그들이 비도덕적으로 행동한다면, 그들의 후손들조차도 부끄러워할 것이다. [족보 편찬자인] 소개蘇墤는… 문예와 학문을 중시하며 소씨 가문의 본보기를 부끄럽게 하지 않았다."[110] 여기서 타인을 돌보는 것보다 사의 세계에서 존경을 받을 수 있는 명예와 품격을 갖추는 것이 더 중요한 것으로 나타난다. 후손들에게는 당장의 권력보다는 장기적으로 명성을 가지는 것이 더 가치 있다는 교훈을 남기고 있다.

대부분의 서문은 족보를 친족이 도덕적으로 행동하도록 이끄는 도구라기보다는 사 가문을 확립하거나 유지하는 수단으로 다룬다. 사가 되는 것의 일부에는 전통을 숙지하는 것이 포함되어 있고, 사들은 자신의 가족으로부터 시작해 과거를 기억할 의무가 있었다. 대표원은 동남 지역의 학자 관료들이 족보에 충분히 주목하지 않는다고 우려했다. 그는 한 가문의 사례를 언급했는데, 이 가문은 1170년대에 문화와 품행으로 명성을 얻었고, 곧 훌륭한 관료와 학자를 배출하며 '대족great lineage'으로 성장했다. 그러나 그의 시대에 이르러 그들은 선조에 대한 기억을 잃어버렸다. 한 후손은 기록을 찾아다니며 가문이 통일된 이름 체계를 채택하도록 설득하려 했는데, 이를 그 자체로도 덕의 징표라고 보았다.[111] 사들은 가족을 기록하는 기술을 배울 수 있었다. 저명한 인물이 작성한 서문은 해당 가문이 사의 세계에서 자리를 차지하고 있음을 분명히 하는 또 다른 기능을 했다. 어떤 경우에는 가문의 희미해져 가는 영광과의 연결을 유지하려고 애쓰기도 했지만, 때로는 새로운 가문을 받아들이는 문제였다. 송렴이 유명해지자 많은 사람들이 그에게서 가문을 인정받으려고 했다. 그러나 송렴의 가문은 13대에 걸친 기록을 가지고 있었고, 분명히 토지를 소유하고 부유했음에도 불구하고 사의 주변부에 있었던 것으로 보인다. 그 가문의 시조는 "재정 관리에 능했으며 『춘추』와 『서경』에 정통했다"고 한다. 이후에는 선행과 재산 분쟁에 대한 이야기 둘 다가 전해진다. 송렴은 문학적 재능이 뛰어나 동양 출신의 조정 관료 호조로부터 서문을 받게 되었다.[112] 호조가 송렴의 가문 인정 요청을 지지한 이유는 그의 다른 서문에서 알 수 있다. 호조는 사들이 친족 간의 애정을 유지하기 위해 족보를 정기적으로 편찬하는 것을 중시해야 한다고 썼다. 그러나 진정한 문제는 전쟁이 가문과 그들의 기록을 파괴했으며, 그 결과 후손들이 학문을 멈추게 되어 가문의 계속된 쇠퇴를 초래했다는 점이었다.[113]

기의 통일성에 대한 강조가 친족관계의 등급에 대한 언급과 종종 균형을 이루었던 것처럼, 사 전통에 대한 강조도 공적에 대한 논의와 균형을 이루었다. 사 혈통을 주장하며 이에 대해 칭송을 받는다는 것은 더 높은 기준을 충족해야 한다는 의미이지, 특권과 성공을 당연히 누릴 자격이 있다는 것을 의미하지는 않았다. 대량은 황제와 왕의 후손이라는 과장된 주장을 하면서도 직접적인 친족에 대한 의례의 의무를 지키지 않는 사람들을 경고했다.[114] 학자이자 관료로서의 성공이 의심할 여지가 없었던 황진은 자신의 족보를 모범으로 삼았다. 그는 7세대를 넘어서는 증거가 부족했기 때문에 이를 받아들이지 않았으며, 기존 족보에서 발견된 모든 내용을 무비판적으로 수용하지 않고 자신의 연구를 광범위하게 추가했다.[115] 학문적 정확성에 대한 가장 인상적인 사례는 송렴의 서문에서 찾아볼 수 있다. 그의 서문은 종종 특정 가문의 역사, 고대 이래의 가문 조직, 족보 연구에 관한 서지학적 내용을 다루는 학문적 작품 그 자체였다. 송렴은 사지위가 학문에 의해 이루어진 결과라고 보았다. 그는 황진을 따라 족보를 학문의 기회로 삼았으며, 거짓 주장을 허용하지 않고 직접적인 기억을 넘어서는 기록의 창작을 인정하지 않았다.[116] 그는 한 가문의 족보에 첨부된 부록이 그 성씨의 본질에 대해 부정확하고 역사적으로 무지한 주장을 한다고 반대했다.[117] 또한 주공周公의 72세대 후손이라는 주장도 다루며, 이를 통해 얻는 것이 무엇인지 묻는다. 이는 사람들이 가문의 쇠퇴를 지적하게 만들 뿐이다. 혈통만으로는 아무것도 이룰 수 없으며, 성공은 개인의 노력에 달려 있다고 주장한다.[118] 우리가 오늘날 문학적, 도덕적, 정치적 업적의 모범으로 생각하는 사람들은 모두 스스로 그것을 성취했다. 혈통은 그들의 운명을 결정하지 않았다.[119] 가문의 역사를 연구하는 것은 더 큰 가문과 씨족의 역사를 연구하는 프로젝트의 일부이며, 이를 통해 이전 학자들의 기준을 유지하려는 목표를 가져야 한다.[120] 따라서 족보를 편찬하는 것은 편찬자 측에서 가족적 덕성을 증명하는 것만이 아니었다. 그것은 그의 학문적 업적의 증거이자, 그가 사의 기준에 헌신하고 있음을 보여 주는 증거였다.[121] 송렴은 자신의 제자인 방효유方孝儒 가문 족보의 서문을 통해 이와 같은 학문적 작업을 누구 못지않게 수행할 수 있음을 입증했다.[122]

정치적 주장

금화의 유俞씨 가문은 400년 동안 사 가문으로 이어져 왔으며, 왕위는 1350년대의 전란 이후 다시 족보를 복원했다고 기록하고 있다. 이는 1120년대 방랍의 난이나 1270년대 송의 몰락 이후에 족보를 복원했던 것과 마찬가지이다. 그의 관심은 친족 체계가 사회 통치에서 어떤 역할을 하는지에 있다. 고대에는 사람들 간의 상호 부조와 책임을 보장하기 위해 종족 제도를 도입했지만, 그 체계가 무너졌을 때 사람들은 출세를 위해 혈통에 의존했고 그 혈통을 문서화하기 위해 족보를 제작했다. 이후 송대에 이르러 사들은 후손 집단 정보를 정리하는 두 가지 모델을 발전시켰다. 족보 작성의 역사는 단절적이지만, 왕위는 현대의 족보가 성왕들의 의도를 구현하고 있다고 보았다. 그는 "예禮에 소홀하지 않고 올바르게 일을 처리하는 군자는 족보에 관심을 가져야 한다"고 주장한다.[123]

원대의 무주 사회는 성왕들이 종족 제도를 통해 모든 사람을 상호 의무와 책임의 유대로 묶었던 사회가 아니었다. 또한, 중앙과 지방 정부가 명문 혈통과 문화적 전통을 지닌 대가문을 우대했던 중세 사회와도 달랐다. 이제 족보와 가문은 정부와 독립적으로 나아가고 있었다. 그러나 이는 사의 공동체와 독립적으로 진행된 것은 아니었다. 무주 공통의 지적 정체성을 형성한 사람들은 바로 가족 문서를 공적 역사로 전환한 동일한 사람들이었다.

송렴의 가장 뛰어난 제자인 방효유는 이러한 모든 주장을 종합하여, 족보를 기반으로 한 가문은 사들이 세상을 다스릴 수 있는 수단이 된다는 이후에 소개될 주장을 이끌어 낸다. 송렴의 "족보는 신뢰할 수 있는 역사적 문서여야 한다"는 관점을 기반으로, 방효유는 족보 장르에 대한 서문을 작성하였다. 그는 족보를 우주적·역사적 진보의 맥락에 자리 잡게 하고, 현대 족보의 기준을 제시하였다. 방효유는 인간은 기원적인 기氣가 스스로를 여러 종류로 분화하면서 진화했다고 설명한다. 남성과 여성이 나타나 자손을 낳았고, 이로 인해 사회적 관계(부부, 부모-자식, 형제 관계)가 생겨났다. 가족 단위가 생긴 후에는 친구 간의 관계가 번식 집단의 경계를 가로질렀고, 이러한 관계에서 계급, 작위, 영지가 발전했다. 영지가 생기면서 주군과 가문, 그리고 족보가 생겨났다. 글자가 발명되면서 사람들은 도덕적으로 중요한 행위를 홍보하고 이름과 직위를 기록하며 경험을 남기고자 하였으며, 이로 인해 문서화된 족보가 탄생했다. 이러한 설명을 바탕으로 그는 족보의 열 가지 요건을 정의한다. 이는 성씨의 기원에서 녹봉, 관직, 묘지, 혼인 관계, 과거 급제, 도덕적 행위, 가문의 마을에 이르기까지를 기록하는 것이다.[124] 방효유는 족보가 사와 관료를 가진 가문을 위한 것이라고 가정한다. 그는 시간은 분열과 증식을 이야기하지만, 족보는 흩어진 구성원들에게 그들이 공통된 기원을 가지고 있음을 상기시키고, 가문 내에서의 도덕적 행위를 통해 기억되고 공적 삶에서 성공할 수 있음을 보

여 주는 역할을 한다고 결론 짓는다.¹²⁵

비록 방효유는 본래 영파寧波 출신이었지만, 1376년부터 1380년까지 무주와 남경南京에서 송렴에게 배웠다. 방효유는 자신을 당대의 구양수와 소식으로 그리고 자신의 후계자로 여기는 송렴의 견해를 받아들이기를 꺼렸으나, 문학적 작문이 사명을 가진다는 송렴의 견해에는 동의했다. 송렴은 문학적 지식인이 정치에 참여하는 것이 가치 있는가에 대해 의심스러워했지만, 방효유는 사들이 봉사를 목표로 삼아야 한다고 주장했다. 그는 이후 도학의 옹호자로 여겨지며, 정씨 형제와 주희의 후계자로 간주되었다. 방효유는 도학의 언어를 많이 채택했지만, 동시에 경세학 사상과 경전 연구의 영향을 받았다.¹²⁶ 송렴이 주원장과 충돌하며 그의 아들과 손자가 호유용胡惟庸 사건⁵⁾의 숙청 과정에서 처형된 후, 방효유는 (다른 가문의 족보 서문에서) 그를 옹호했다.¹²⁷ 그는 1399년부터 1402년까지의 '건문建文' 연간에 정책의 주요 설계자로 활약했으나, 영락제永樂帝의 찬탈을 받아들이지 않아 친족 전체와 함께 처형되었다.¹²⁸

방효유의 체계에서는 가족이 존재하게 되면 관계가 생기고, 이로 인해 정부가 형성된다고 본다. 그러나 고대에 그러한 일이 발생한 후, 정부는 사람들을 조직하고 규율하기 시작했다. 방효유는 어느 시점에서 성현들이 도덕적 사회를 만들기 위해 사용했던 수단들이 역사 속에서 사라졌다고

---

5) 명 초기에 발생한 4대 사건 중 하나로, 명 태조 주원장이 재상인 호유용이 반역을 도모했다 하여 1380년 처형한 사건을 가리킨다. 호유용뿐 아니라, 개국 공신인 이선장(李善長)도 처형되었으며 대규모로 공신과 회서 관료 집단들을 연좌하여 학살했다. 이를 계기로 주원장은 중서성을 폐지하고 재상 제도를 없앤다. 호유용이 실제로 반역을 도모했다는 증거는 명확하지 않다.

주장한다. 그나마 사라지지 않고 남은 것은 성姓과 씨氏(씨족 이름)의 이름뿐이나, 이마저도 종종 단절되곤 했다(사람들이 편의를 위해 이름을 바꾸는 경우도 있었다). 사들은 더 이상 자신들의 혈통을 궁극적인 기원까지 거슬러 올라가 추적할 수 없으며, 남아 있는 몇 안 되는 기록조차도 그리 신뢰할 수 없는 경우가 많다.[129] 계보와 족보의 창조는 오래되었고 우주와 연결되어 있지만, 14세기에는 송나라 이전의 혈통을 확실하게 추적하기 어려웠다.

방효유는 족보를 유지하는 것이 가족에게 이익이 된다고 본다. 족보는 가족이 장기적인 관점을 가지도록 가르친다. 과거에 가족이 직면했던 문제들을 배울 수 있으며, 문제의 한가운데에서 헤매는 대신 그러한 문제들이 맥락 속에서 어떻게 맞아떨어지는지 이해할 수 있다. 또한, 단기적으로 자신을 과시하려는 행동이 장기적으로는 가문에 파괴적이라는 사실을 배울 수 있다.[130] 선대를 거울 삼아 자신을 세우려고 노력할 때, 사람들은 도덕적 품격을 가진 사람이 되는 것이 직위와 급료보다 가문의 미래에 더 중요하다는 사실을 깨닫게 될 것이다.[131] 방효유는 어느 한 가문에 이렇게 묻는다. "우리가 단지 관직과 지위를 얻은 사람들보다 도덕적 가치를 성취한 사람들을 더 기억하는 것은 사실이 아닙니까?"[132]

그러나 관직과 지위가 중요하다는 것은 분명하지 않은가? 높은 지위를 얻는 것이 도덕적 목적을 이루는 가장 좋은 방법이며, 이것이 가족에게도 이익이 되는 것이 아닌가? 이에 대한 방효유의 답은 "그렇다"이다. 하지만 높은 권력을 얻는 정당성은 위로부터 내려오는 것이 아니라, 국가의 도덕적·문화적 존재가 아래로부터 누적적으로 형성된다는 사실을 정부가 인식하도록 만드는 데 있다. "세상의 풍속은 스스로 만들어질 수 없다. 그것은 각 지역의 풍속에서 비롯된다. 지역의 풍속은 각 가문들의 풍속에서 비롯된다."[133] 가문을 도덕적 단위로 기능하게 하는 것이 사회를 변화시키는 가장 좋은 방법이다. "물론 한 사람이나 한 가문만으로 세상의 풍속을 바꿀 수는 없지만, 세상은 각 개인과 각 가문들이 쌓아 올린 결과이다." 방효유는 이어서 말한다. 우리는 모두 조상과 후손을 가진 존재이다. 따라서 우리는 성왕들의 백성처럼 서로 도울 줄 알아야 한다. 우리는 가문을 변화시킬 수 있는 수단을 가지고 있다. 족보, 의례, 가족 모임, 선악 행위의 기록, 구제 제도의 마련 등은 그 수단이 될 수 있다. 고대의 사회 체계는 더 이상 존재하지 않지만, 우리는 그 목표를 실현할 수 있다. 가문에서 시작하여, 사람들이 선하고 책임감 있게 되며 가족애를 발휘하게 된다면, 결국 우리는 세상에 질서를 이룰 수 있을 것이다.[134]

방효유는 의오의 누樓씨를 위해 쓴 글에서, 고대의 종족제도와 정전제는 영원히 사라졌다고 주장한다. 이제 국가는 하나의 가문과 같지 않으며, 한 마을이 하나의 가족처럼 기능하지도 않는다. 우리가 성왕들의 의도를 조금이라도 볼 수 있는 유일한 곳은 족보이다. 한 지역에서 한 성씨를 가진 사람들이 수십 가구에 불과할 수도 있고, 수백 가구에 이를 수도 있다. 가문의 구성원들은 부와 지위, 권력 면에서 서로 다르다. 만약 모든 이들을 기록한 족보가 없다면, 부유한 자들은 가난한 자들을 착취하고, 높은 지위의 사람들은 낮은 지위의 사람들을 학대하며, 강한 자들이 약한 자들을 억압할 것이다. 족보를 신중히 기록하고 그것이 읽히도록 한다면, 사람들은 친족임을 인정할 것이다. 이는 한 지역과 한 성씨에 국한되지 않고, 현과 주의 모든 성씨에 적용될 수 있다. 나아가 국가 전체로 확대될 수 있다. 결국 모든 것은 한 사람에서 시작되었기 때문이다. 우리가 가장 먼 사람들을 우리와 같은 친족으로 본다면, 갈등의 이유가 어디에 있겠는가? 이것이 바로 성왕들이 족보를 염두에 둔 이유였다. 그러나 방효유는 이어서 말한다. 족보는 오랫동안 방치되어 왔으며, 심지어 같은 지역에 사는 같은 성씨의 사람들조차 공통의 기원에 대해 생각하지 않는다. 하물며 주 전체나 국가 전체의 인구는 말할 것도 없다. 또한, 주나 국가 수준에서 원래의 통합성이 존재했다는 것을 입증하는 것은 불가능하다. 우리가 할 수 있는 유일한 방법은 지역 친족들의 족보를 편찬하는 것이다. 그러나 일부 사들은 이를 이기적인 이익을 위해 훼손하고 있다. 그들은 이름 체계를 과거로 연장시키고,[6] 증거가 없는 세대를 추가하며, 유명한 인물을 조상으로 삼으려는 허위 주장을 하고 실제 조상을 부정한다. 이는 고대인의 의도를 완전히 놓치는 것이다. 하지만 의오의 누씨는 이러한 일을 하지 않으며, 그들의 족보는 선왕들의 도를 구현하고 있다.[135]

방효유의 주장은 송렴의 족보에 대한 서문에서 명확하게 드러난다. 송렴이 사망한 후 그의 족보에 쓴 서문 전체를 인용한다.

> 사는 관직 없이도 가문을 조화롭게 함으로써 세상을 변화시킬 수 있다.[136] 어떻게 가문을 조화롭게 함으로써 이렇게 넓은 세상을 변화시킬 수 있는가? 사람들은 모두 가문을 조화롭게 하고 싶어 하지만, 문제는 그 방법을 올바르게 알지 못한다는 점이다. 우리가 먼저 시작한다면 누가 우리를 따르지 않겠는

---

6) 돌림자(항렬자) 체계를 이전 세대의 조상들에게까지 소급 적용하여, 족보의 세대 질서를 정비하려는 행위를 뜻한다.

가? 모든 가문이 조화롭게 된다면, 누가 세상에서 악에 동참하겠는가? 악이 멋대로 행동하지 못하게 된다면, 완전한 질서는 한 걸음 거리 안에 있을 것이다.

가문을 조화롭게 하는 방법에는 세 가지가 있다. 첫째, 족보를 만들어 가문을 연결한다. 둘째, 처음 거주한 조상의 묘를 방문하여 구성원의 마음을 결속시킨다. 셋째, 친족 간의 예를 강화하여 타인에 대한 친절함을 기른다.

족보를 통한 방법: 정월의 길일에 가문을 모아 족보를 편찬한다. 계절의 첫 달마다 가문을 모아 족보를 읽는다. 12월의 길일에 가문을 모아 그들의 한 해 동안의 행동을 기록하여 격려하고 경고한다.

묘소 방문을 통한 방법: 봄 제사에서 의례의 의미를 설명하고, 가을 제사에서 조상의 모범을 분명히 한다.

친족 간의 화목을 위한 방법: 경사나 조사가 있을 때, 부유하거나 가난한 이들 모두가 서로 축하하고 애도한다. 이것이 구휼이다. 노약자와 젊고 약한 자 모두 서로에게 우선권을 주며, 이는 자애이다. 그들은 노동으로 서로를 돕고 자원을 나누며 서로를 구제하고 장례를 돕는다.

이 세 가지를 실천한다면, 단지 사라도 타인을 변화시킬 수 있다. 하물며 관직에 있는 자라면 어떠하겠는가? 사회 전체의 풍속을 바꾸는 것은 어렵지 않으며, 가까운 공동체나 마을을 변화시키는 것은 더욱 쉬울 것이다. 가까운 사람들에게는 행동으로 실천하는 것이 쉬울 것이고, 관직을 가진 자들에게는 변화를 이루는 것이 쉬울 것이다. 아무도 행동하지 않고 아무도 변화를 이루지 못하는 것은 그 도를 아는 자가 너무 적기 때문이다. 만약 도를 아는 자가 관직에도 있다면, 사람들이 그들을 존경하지 않을 리가 있겠는가?

금화의 송씨 가문은 역사가인 송렴의 가문이다. 송렴은 도덕과 문학에 있어

시대의 스승이었으며, 도를 실천함에 있어 자신의 가문을 앞서갔다. 그는 가문을 조화롭게 하기 위해 할 수 있는 모든 일을 했다. 이것은 그의 족보이다. 이는 단지 그의 한 세대만의 일이 아니며, 후대에까지 이어질 것이다. 또한 이는 단지 그의 직계 가족의 일이 아니며, 가문 전체에 의해 채택되었다. 만약 미래의 모든 가문 구성원이 그의 가치관을 가질 수 있다면, 족보가 없어도 될 것이다. 그러나 그렇지 못하다면, 그의 가치관이 전해질 모델이 있어도 그것이 사라질까 염려스러울 것이다. 하물며 단순한 족보라면 더 말할 필요도 없다. 이 때문에 나는 그의 관점을 족보의 끝에 덧붙여 후대 사람들이 그것을 참고할 수 있도록 했다. 하나의 가문에서 시작하여 세상 전체로 확장하는 것은 바로 여기에서 시작해야 한다. 이것이 송렴의 요지였다.[137]

이것은 방효유의 요점과도 일치한다. 대량은 대씨 종묘를 위한 비문에서 이렇게 썼다. "예는 단지 한 가문만을 위한 것이 아니다. 그것은 가문에서 시작하여 이웃, 현, 그리고 온 세상으로 확장되어야 한다."[138]

사 가문의 지형

최근 몇 년 동안 옛 건물들이 있는 마을들을 방문하기 위해 시골 지역을 여행하면서, 이 장에서 다루어진 여러 인물의 후손들을 만났다. 그들의 족보는 남송, 원, 명대에 이르는 조상들의 역사를 추적하고 있었다. 그들은 오늘날 '단성촌'이라 불리는 곳에 거주하며, 실제로 우리 연구팀이 방문한 모든 마을은 한 가문이 주를 이루고 있었다. 이러한 일화들은 동남 지역 농촌 풍경이 가문 중심의 마을들로 구성되었다는 일반적인 그림과 일치한다. 이런 현상은 언제 시작되었을까? 무주 지역에서는 이미 16세기 말에 확립되었으며, 당시에는 그것이 당연하게 받아들여졌던 것으로 보인다. 의오현의 8개 면을 보여 주는 지도들은 이러한 풍경을 독특하게 세밀히 묘사하고 있다. [그림 6.1]이 그 한 예를 보여 준다.

여기에서, 그리고 이 지도들 전체에서 마을들은 성씨로 식별된다. 이 지역에서 단성촌이 성공적인 사회 구조로 등장한 시기는 14세기로 거슬

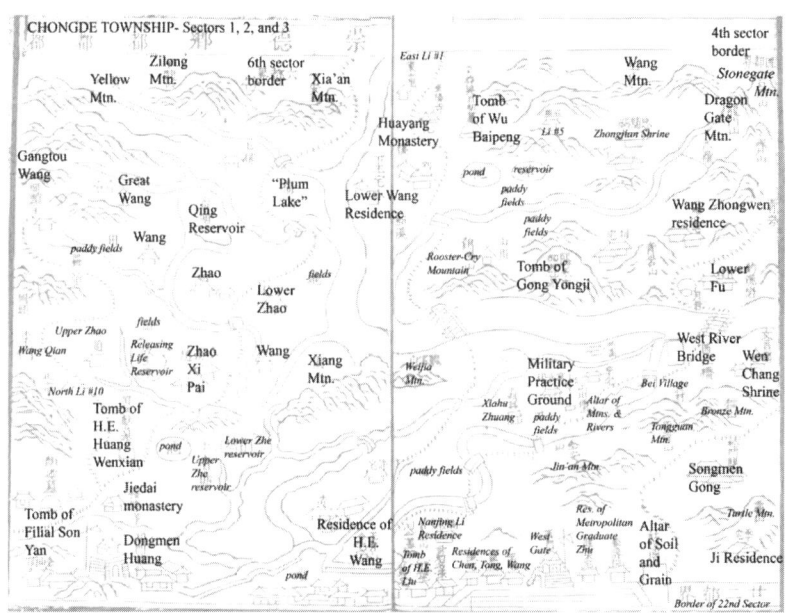

[그림 6.1] 1596년 판 『의오현지』에 실린 의오 숭덕향 지도.
황진(황문헌)의 묘는 왼쪽 아래에, 왕위(왕충문)의 거주지는 오른쪽 위에 위치한다. 출처: 주사영, 『의오현지』(1596년, 1640년 재간행). 지도 제작: 알렉산더 에이킨(Alexander AKin).

러 올라가며, 이 장에서 소개된 족보와 족보 기반 가문의 가치를 주장하는 방식과 연관된 것으로 보인다. 아마도 가문 중심의 마을은 단순히 친족 연대에서 오는 실질적인 이점의 결과였을 것이다. 만약 한 마을에 서로 다른 성씨가 함께 살던 시기를 상상해 본다면, 더 큰 가문은 후원이 부족한 가족들에 비해 큰 이점을 가졌을 것이며, 사 계층과의 연결이 있는 가문은 지역 정부와의 교섭에서 훨씬 더 큰 이점을 가졌을 것이다. 농경지에 대한 경쟁, 도적 방어, 물 이용권 분쟁, 그리고 정부의 착취에 저항하는 것 등이 친족 연대의 이유였다. 시간이 지나면서, 더 약한 성씨들은 점차 소멸했고, 가문 분화로 인해 새로운 마을이 형성되었을 가능성이 컸다. 방효유와 다른 이들이 가문과 족보의 기능에 대해 논의할 때 보여 준 의식적 태도를 고려할 때, 친족 연대의 실질적 이점은 도덕적, 문화적, 정치적 정당화와 함께 나타났다.

무주에서 이러한 사회적 변화가 14세기에 일어났음을 보여 주는 가장 강력한 증거는 동양의 북강 유역에서 75개의 성씨로 이루어진 169개 가문의 족보를 심층적으로 연구한 종충鐘翀의 연구에서 찾을 수 있다. 이 지역에서는 여전히 강 상류에서 새로운 토지가 이용 가능했기에 북강 지역의 타임라인은 다른 지역과 다를 수 있지만, 이 연구는 이 모델을 뒷받침하는 몇 가지 중요한 발견을 제시한다.[139] 종충의 연구에 따르면, 첫째, 족보는 13세기(송·원대)에 처음으로 작성되기 시작했으며, 14세기 명 건국 이전에 절정을 이뤘다. 그 이후로 처음으로 작성된 족보는 거의 없다. 둘째, 족보가 시작된 조상은 거의 모두 관리나 과거 급제자였지만, 일부 사례에서는 해당 지역에 이미 친족이 거주하고 있었음이 입증되었다. 셋째, 1400년 이후 북강 유역에 새로 등장한 가문들은 몇몇 작은 가문을 제외하면 모두 유역 외부에서 형성된 가문의 분파였다. 넷째, 이러한 족보 기반 가문들의 형성은 단성촌의 등장과 함께 이루어졌다.

내 관점으로는 남송 시기의 부府 전체에 걸친 혼인 네트워크가 사라진 것은, 근접한 다른 가문 마을들과 혼인 관계를 맺으면서 딸들을 보냄으로써 평화를 유지하는 가문 마을들의 모습과 일치한다고 본다.[140] 가문은 방효유가 주장한 대로 자치의 한 형태로 기능할 수 있었다. 그것은 의문과 비슷했지만, 개인의 주도권과 개별 가구 재산에 대한 동일한 정도의 규율과 제한은 없었다. 그러나 그것을 유지하기 위해서는 노력이 필요했다.

『논어』「옹야」에서 공자는 인仁을 다음과 같이 정의한다. "인을 행하는 사람은 자신이 서고자 하면 남을 세우고, 자신이 도달하고자 하면 남을 도달하게 해 준다. 가까운 데에서부터 취해 비유할 수 있다면 인을 하는 방법이라고 할 만하다[夫仁者, 己欲立而立人, 己欲達而達人. 能近取譬, 可謂仁之方也已.]". 사회사와 지성사 간의 긴장—어떤 사람들은 이것을 양립 불가능하다고 볼 수도 있지만—은 역사적 행위자들의 선택을 설명하는 데 있어 약간 다른 평가에서 비롯된다. 즉, 그들이 추구하는 이해관계와 그것을 추구하기 위해 제공하는 정당화 사이의 차이이다. 공자가 제안한 정당화는 자신의 시야를 넓혀 타인의 이익을 고려하는 것을 말한다.

이 장에서는 두 가지 형태의 의식적인 지역화를 논의했다. 학과 친족의 지역화이다. 원대 무주에서 일어난 사의 학의 지역화는, 이미 12세기에 확립된 학을 공유된 활동으로 지역에서 실천하는 단계를 넘어, 도덕적 수양, 문학적·학문적 성취, 정치적 청렴과 봉사를 하나의 전통으로 삼는 사의 학의 지역 전통을 창출하는 데까지 나아갔다. 이는 사들에게 큰 도움이 되었으며, 사로서의 정체성을 유지하는 지역적 전형을 제공하였다. 다른 지역 사들과 연결될 수 있는 방법을 제공했고, 공동의 지역성 아래 다양한 관심사를 인정하는 방식을 제공했다. 또한 과거에 비해 학이 덜 중시되던 시기에 국가와 사회가 무엇을 가치 있게 여겨야 하는지에 대한 공통의 관점을 정의하고 방어하는 수단이기도 했다.

나는 족보 기반 가문의 촉진이 친족의 지역화를 의미한다고 본다. 이는 남송 시기부터 진행되어 온 과정이지만, 원대에 이르러 다양한 성씨의 저명한 사들에 의해 작성되고 공표된 도덕적·문화적·정치적 정당화와 결합되었다. 여기서도 또한 열악한 지방 행정과 전쟁의 소문이 돌던 시기에 친족 연대를 장려해야 하는 실질적 이유가 있었다. 그러나 동시에 지역의 가문 권력에 대한 정당화는 사들이 가문을 조직하고 유지함으로써 어떻게 사회적 책임을 다하고 자신들이 사는 곳에서 도덕적 공동체를 만들어 낼 수 있는지에 대한 질문을 다루었다. 학이 도덕성, 국가 경영, 문화의 기반으로 제시되었던 것처럼, 족보 기반 가문 또한 개인의 도덕성, 문화적 지식, 공적 책임을 장려하는 수단으로 제안되었으며, 이는 관직 여부와 상관없이 실행될 수 있었다. 족보의 중요성은 사들에게 중요한 역할을 부여했다. 가문은 시간이 지나면서 부유한 사람과 가난한 사람, 사와 농부, 장인과 상인을 필연적으로 포함하게 되었다. 그리고 가문이 가문의 역사를 가지지 못했거나 개인이 사로서의 역사를 가지지 못했더라도, 학을 통해 족보를 가진 가문이 될 수 있었고, 학문을 통해 사가 될 수 있었다.

그리고 여전히 가문의 지역적 정체성과 사의 학에는 흥미로운 모순이 내재되어 있다. 족보 데이터의 수집은 대개 최초의 이주 조상이나 편찬자의 몇 세대 전 조상에서 시작되지만, 서문에서는 대개 먼 과거의 조상들과 고대에 멀리 떨어진 곳에서 시작된 성씨를 언급하곤 한다. 마찬가지로, 무주의 학의 전통도 소식의 문학적 업적이든, 주희의 도학이든, 다른 지역에서 유래하여 고대까지 거슬러 올라가는 전통에 뿌리를 두고 있다. 그럼에도 불구하고 학문과 가문의 지역성을 주장한 것은, 무주를 마치 고대의 한 '국國'처럼 만들었다. 그 국은 여러 가문으로 이루어진, 즉 그 지역 사들의 가家로 구성된 것이었다. 사들의 역할은 학과 가문과 함께 이 장소에 역사적 정체성을 부여하는 것이었으며, 이는 왕조의 변화와 정복을 넘어 지속될 수 있었다. 이러한 노력의 가치는, 이민족 조정과 그 지역 관리들이 사들이 생각하는 바나 그들의 신분을 정의하는 방식에 크게 관심을 두지 않거나, 지역 행정의 질에 대해 크게 신경 쓰지 않을 때 명백히 드러났다. 명 왕조의 도래는 이러한 상황을 예상보다 크게 바꾸지 못했다.

7장

명: 부흥과 분열

1358년 말, 한 군대가 무주를 점령했고 이 지역은 후에 금화부로 이름이 변경되었다. 1359년, 군웅 즉 미래의 명나라 창건자인 주원장이 무주에 도착했다. 주원장은 이미 인재를 모집하기 시작한 상태였으며, 무주에서는 면담을 개최하고 부학府學을 재건하며, 송렴, 대량 등 학자들을 초청하여 가르치게 했다. 여기 그들의 가치를 공유하는 군주가 있을 수도 있다! 당시 금화의 사들은 원대에 이루어 낸 업적 덕분에 주목받았으나, 곧 실망하게 되었다. 첫 번째로는 주원장이 송렴과 왕위에 대해 의심을 품고 그들을 배제함으로써, 그리고 이후에는 영락제의 조정 또한 금화 사들의 독립성과 지역적 자부심을 거부함으로써 실망하게 된 것이다. 그럼에도 불구하고, 명의 창건 1세기 후 금화 지역에서는 경제적 부흥과 함께 지적 부흥이 일어났다. 이는 사들에게 정치적, 문학적, 그리고 도덕적 학문 전통을 되살리도록 요구했다. 이 부흥의 중심에는 장무章懋가 있었다. 그는 부패에 맞서 원칙적인 태도를 취하며 신유학을 연구하기 위해 은퇴했다. 장무는 지역 사들에게 큰 영향을 미쳤으며, 송대의 여조겸, 원대의 황진, 그리고 14세기 중반의 송렴과 어깨를 나란히 하는 인물로 평가받았다. 장무는 개인적, 정치적 품격으로 모범이 되려 노력했으며, 성인이 되는 학에 대한 논쟁을 피하려 했다. 이는 15세기 후반의 진헌장, 그리고 16세기 초의 왕양명과의 논쟁을 의식한 것이었다.[1] 그러나 왕양명은 금화에서 많은 추종자를 얻었고, 이들은 주희의 학을 거부했다. 다만 그들은 여전히 사선생의 학에 충실하다고 주장했다. 이러한 분열은 해결되지 않았으며, 마지막 장에서 논의되듯, 일부 사들은 신유학뿐만 아니라 이의 문학적 수용마저 거부할 준비가 되어 있었다.

희망과 실망

원 말-명 초 전환기에 사의 사상을 이해하기 위한 주요 자료는 문집이다. 「명 초 개국 대신들의 시문집을 읽고[讀明初開國諸臣詩文集]」에서 전목錢穆은 저자들이 몽골족 원 왕조에 대한 일종의 충성과 원대 사의 학에 대한 향수를 공유했으며, '야만족' 통치의 종말을 축하하기보다는 그러한 학문을 그리워했다고 밝혔다.[1] 한편 『유교와 전제주의Confucianism and Autocracy』에서 존 다더스John Dardess는 같은 문헌들과 더 많은 자료를 바탕으로 다른 견해를 발전시켰다. 그는 '유학자들'이 무엇보다도 전문적 엘리트 집단으로서의 자신들에게 충성했다며, 자신들의 집단적 이익을 방어하기 위해 권위

---

1) 진헌장은 직관적 도덕 인식과 자연친화적 수양론을 중시한 점에서 주자학과 갈등을 빚었으며, 주자학자들로부터 도가적 이단으로 비판받았다. 왕양명의 '심즉리'와 '양지설' 중심의 심학 체계 또한 주자학의 외재적 수양론과 충돌하여, 정통 주자학자들의 강한 비판을 받았다.

주의적 통치를 선호했고, 이를 자신들이 지도하고 관리하려 했다. 그들은 주원장의 살인적인 전제專制를 상상하지는 못했지만, 이를 정당화하는 논리를 만들어 냈다고 다더스는 주장했다.[2]

전목이 사용하는 8명의 인물(송렴, 유기劉基,[2)] 고계高啓, 패경貝瓊, 소백형, 호한, 대량, 방효유) 중 6명과 다더스가 언급하는 주요 인물 4명(유기, 송렴, 왕위, 호한)은 많은 공통점을 가지고 있다. 첫째, 고계(소주 근처의 상주常州 출신)를 제외하면 모두 절동 출신이며, 대부분 무주 출신이다(방효유는 송렴에게 무주에서 교육을 받았으므로 포함). 강서와 복건의 사들은 여기에 포함되지 않았다. 둘째, 이들은 모두 문학을 문화적이고 정치적으로 책임을 지는 방식으로 보았으며 작가로서 명성을 얻었다. 셋째, 도학을 자신에게 내재된 것에 기반한 도덕적 활동으로 여기는 견해를 받아들였으나, 도학이 "자기 자신을 위한 학"의 핵심으로 간주했던 내적 자기 수양을 장려하지는 않았다.

주원장의 군대가 송렴, 왕위, 호한, 소백형, 대량의 고향인 무주와 유기의 고향인 인근 저주滁州를 점령했을 때, 명나라가 성립될 것인지는 분명하지 않았다. 1356년 장사성張士誠[3)]이 소주를 점령했고, 1358년 진우량陳

---

2) 유기(1311~1375, 劉伯溫)는 절강성 온주 출신으로, 명의 건국 공신이자 정치가, 군사 전략가, 문학가로, 주원장을 보좌해 명 건국과 통일 과정에서 중추적 역할을 했다. 그는 「시무 18책(時務十八策)」을 제안하여 국가 전략과 군사 정책을 설계했으며, 역법 제정과 군위법 제정을 주도했다. 주원장은 그를 "나의 자방(子房)"이라 부르며 제갈량에 비견될 정도로 신뢰했으나, 좌승상 호유용의 모함으로 고향으로 물러났다. 그는 고향에서 울분 속에 생을 마감했으며, 후대에는 명 초기 문학과 문체 개혁에도 기여한 인물로 평가받는다. 주요 저술로 『복부집(覆瓿集)』, 『사정집(寫情集)』, 『리미공집(犁眉公集)』 등이 있다.

3) 장사성(1321~1367)은 강소성 태주 출신으로 염전 노동자의 집안에서 태어났다. 원 말의 군웅으로 일어나, 1354년 고우에서 스스로 성왕(誠王)을 칭하고 국호를 대주(大周)라 하며, 연호를 천우(天祐)로 정하였다. 1355년 강소성 남부와 절강성 북부까지 세력을 떨치며 진우량과 연합했으나 1363년 주원장과의 파양호 전투에서 대패하고 도주, 다시 원에 투항했다. 이후 절강성 서부와 회동(淮東) 등지에서 할거하

友諒[4]은 강서를 점령했으며, 강소와 절강 연안을 통제하던 방국진方國珍[5]은 인근 소흥을 점령했다. 이들 지역은 모두 사의 학의 중심지였다. 저주에서는 (그의 휘하에서 유기가 일했던) 석말의손石抹宜孫[6]이 원 왕조를 방어하려고 했으나, 원 조정이 지방 군웅들을 인정하는 것을 막지 못했다. 대량은 주원장의 휘하에서 무주에서 교육 관직을 받았지만 곧 소주로 떠났는데, 사의 학을 중시한다는 평판이 있던 장사성이 원 왕조를 방어할 것이라고 믿었기 때문이다.³ 주원장의 내륙 영토는 강하지도 부유하지도 않았지만, 그는 역사적인 수도인 남경을 장악하고 있었다. 당시는 홍건적의 반란을 효과적으로 억제하던 승상이자 사들의 희망이던 탈탈이 해임된 직후였고, 군웅들이 영토를 확장하고 있는 상황에서 사들은 산속으로 피신했다. 유기, 송렴, 왕위가 은거하며 쓴 저작들은 주로 당시의 혼란에 대한 반성을

며 오왕(吳王)이라 칭했으나 1367년 남경에서 주원장에게 사로잡혀 자살했다.
4) 진우량(1320~1363)은 하남강북행성 출신이다. 원 말기 군웅과 민변 지도자 중 한 사람으로, 진한(陳漢) 정권의 창건자이다. 1360년, 그는 채석(採石)의 오통묘(五通廟)에서 황제로 즉위하여 국호를 한(漢)으로 정하고 연호를 대의(大義)로 개원하여 진한 정권을 수립했다. 곧이어 그는 장사성과 함께 주원장을 공격했으나 대패하고 강서로 도주했다. 1363년 파양호 전투 도중 사망했다.
5) 방국진(1319~1374)은 강절행성(江浙行省) 태주로(台州路) 출신으로 원 말의 민변 지도자 중 한 사람으로, 가장 먼저 원에 대항하여 봉기하여 절동 지역을 점령한 무장 세력의 지도자이다. 주원장이 무주를 점령하고 사신을 보내 방국진에게 항복을 권유하였다. 1359년, 방국진은 주원장에게 투항하였고, 주원장은 그를 복건행성 평장(福建行省平章)으로 임명하였다. 그러나 방국진은 원 조정의 강절행성 평장(江浙行省平章) 직위도 수락하였다. 방국진은 한편으로는 주원장을 회유하며, 다른 한편으로는 원 조정의 관직을 받아들여 강절행성 좌승상 및 구국공(衢國公)에 봉작되었다. 1367년, 주원장은 방국진의 세력을 공격하였고, 11월 방국진은 항복하였다. 1369년, 그는 광서행성 좌승(廣西行省左丞)에 임명되었으나 수도인 남경에 머물렀다. 1374년, 병으로 사망하였다.
6) 석말의손(?~1360)은 거란족 출신이다. 그는 원의 어사대부였던 석말야선(石抹也先)의 5세손이다. 관직은 강절행성 참지정사에 이르렀으며, 반란군에게 살해당했다. 유기, 호심(胡深), 섭침(叶琛), 장일(章溢) 등이 석말의손의 막료로 활동한 바 있다.

포함하고 있는, 학의 다양한 측면에 대한 논문이었다. 그날의 혼란에 대해 그들이 내린 결론은 간단하지만 사실적인 두 가지 진술로 요약될 수 있다. 첫째, 특히 권력과 부를 가진 사람들이 즉각적인 이익을 추구하며 모든 제약을 무시했다. 둘째, 정부는 상부에서부터 하부까지 행동 기준을 설정하고 위반자에게 제재를 가하는 데 더 이상 노력을 기울이지 않았다.[4]

그들은 도덕적 행동, 문치 정부, 문명의 역사, 그리고 사회 조직에 대한 헌신을 공유했다. 이들의 저작에서, 원 왕조에 대한 충성을 특정 왕조에 대한 충성으로 읽어야 하는지는 확신할 수 없다. 1350년대 말에는 강남 사람들에게 원 왕조에 대한 충성이 더 이상 현실적인 선택지가 아니었기 때문이다. 오히려 이는 가장 어려운 상황에서 그들이 성취하고 수호했던 것에 대한 충성과, 자신들이 이룬 업적이 가치 있게 평가되기를 바라는 희망으로 해석할 수 있다. 금화에서 그들에게 선택지는 많지 않았다. 주원장은 그들에게 새로운 시작의 가능성을 제시하고 있었다. 송렴은 1360년 주원장의 중서성에서 직책을 수락했고, 호한은 이듬해 남경으로 가서 교육직을 구했으며, 왕위는 1363년 송렴과 유기와 함께 남경 조정에 합류했다.

금화의 사들이 자신들의 상황이 개선되고 있다고 생각한 것은 옳았다. 포강, 동양, 의오, 난계의 현학縣學들이 개조되었다.[5] 지역 관리들도 이제는 지역적 이익에 더욱 동정적이 되었으나, 주원장은 자신의 군사 캠페인을 지원하기 위해 무거운 세금을 부과했다.[6] 책임 있는 행정 관직을 얻기가 훨씬 쉬워졌으며, 조정의 정책 결정 부서로 나아갈 경로가 생겨났다. 1358년부터 유명한 지역 학자들의 세사들이 소환되어 직책을 제안받았다. 여기에는 허겸의 아들 허원許元, 오사도의 아들 오침吳沉, 문인몽길의 제자 오리吳履가 포함되었다.⁷ 1368년 이후에는 더욱 많은 기회가 나타났다. 최소한 3명의 무주 사가 새로 생긴 시험인 명경과明經科에 합격했으며, 다른 이들은 추천을 통해 조정의 학술직이나 지방 행정직을 얻었다.⁸ 원 왕조 초기에는 새로운 정권이 송 왕조 관리들을 환영했으나, 이제는 이민족 관리들이 교체되고 있었다. 행정관들이 필요했으며, 지역 학술 네트워크는 관료 발탁에 있어 매우 중요해졌다.

그러나 모든 것이 순조롭지는 않았다. 허원은 1363년 주원장의 국학에서 박사로 임명되었고, 1367년 새로 설립된 국자감의 책임자로 임명되었으나, 1년 만에 파면되어 유배를 당한 후 다시 수도로 소환되었으며, 그곳 감옥에서 사망했다. 그는 금화 학술 네트워크와 연결되어 있었음에도 적대적인 사람들이 있었다.⁹ 왕위는 적절한 지원도 받지 못한 채 1372년 운남에 사절로 파견되었고, 그곳에서 암살당했다.¹⁰ 1380년에는 송렴의 아들과 손자가 호유용의 연루자로 처형되었다. 주원장은 송렴까지 처형하려 했으나 사천으로 유배 보내는 것으로 설득되었고, 그는 그곳에서 곧 사망했다.¹¹ 다음 세대의 인물들 중 방효유를 제외하고는 송렴이나 왕위를 저술에서 언급하는 사람이 거의 없었다. 송렴은 1514년에야 비로소 사면되어 시호가 부여되었다. 오침은 1386년에 처형되었다.¹² 소백형은 국자감에서 근무하며 송렴, 왕위와 함께 『원사』 편찬 작업에 참여했으나, 복건에서 근무 중 투옥되었고 1392년 감옥에서 사망했다.¹³ 방효유는 위험한 연루를 피했다. 그는 주원장의 부름을 두 번 받았고 여러 차례 지방 과거 시험의 책임자로 임명되었으며, 안전하게 남경에서 멀리 떨어진 지역에 배치되었다. 또한 성도成都에 머물던 주원장의 11번째 아들로부터 총애를 받았다. 방효유는 송렴의 학술 네트워크와 연구를 기반으로 자신의 경력을 쌓았다. 그는 1398년 건문제建文帝가 총애하는 세 사람의 고문 중 한 사람이 되었으며, 제국 정치보다 사회 정책과 학문에 집중했다. 그러나 영락제의 즉위를 알리는 칙령 작성 명령을 거부하자, 그는 자신의 친족과 많은 동료들과 함께 처형당했다.[14] 그의 금화 출신 친구 두 명은 숙청에 휘말리지 않았지만 자살했다.[15] 왕위의 손자 왕도王稌는 방효유의 유골을 수습하려 했으나 실패했고, 다만 그의 저작을 보존하는 데는 성공했다.[16]

금화에서는 사의 학이 한 세기 동안 쇠퇴했다. 양사기楊士奇[7]의 명문銘文은 조정의 권위가 지역 학의 전통을 지배하고 있음을 주장한다. 양사기의 부상은 절강 사들에 대한 강서 사들의 승리를 의미했다. 영락제 시기에 조정의 주요 학자로 활동하고 이후 내각대학사內閣大學士가 된 양사기는 원대에 무주가 위대한 학자들의 고향이었다는 사실을 몰랐던 것은 아니다. 그는 이 지역의 전통이 기억되기를 원하지 않았을 뿐이다. 그의 개인 서재에는 황진, 유관, 호조의 문집 일부와, 허겸의 제자인 주진형이 저술한 의학 서적 세 권이 있었다. 그는 김이상의 『자치통감전편』을 알고 있었으며, 송렴과 왕위가 명의 한림원에서 활동하며 『원사』를 편찬했다는 사실도 알고 있었다.[17] 그러나 그의 저술에서 송렴과 왕위에 대한 언급은 매우 드물고, 그의 고향인 강서 출신인 작가 게혜사揭傒斯[8]와 도학자 오징에 대해 언

---

7) 양사기(1365~1444)는 명대 초기 내각의 핵심 정치가로, 자는 사기(士奇), 호는 동리(東里), 강서 태화(江西泰和) 출신이다. 영락제부터 정통제까지 네 황제를 보좌하며 내각 운영을 실질적으로 주도했으며, '삼양(三楊)' 중 한 사람으로 불렸다. 유교적 원칙과 정국 운영의 균형을 소화시키며 명대 정치 질서의 기틀을 마련한 인물로 평가되며, 시호는 문정(文貞)이다.

8) 게혜사(1274~1344)는 호는 정문(貞文)이며, 용흥 부주(현재 강서성) 출신의 문학가이자 서예가이다.

급한 내용에 비하면 무관심에 가까웠다. 양사기가 왕위의 문집에 쓴 서문은 예외적인데, 오히려 이러한 규칙을 증명해 보이고 있다. 양사기는 왕위를 작가나 학자로 칭송하는 것이 아니라 운남에서의 임무를 수행하고 명 왕조를 위해 죽은 것에 대해 기렸던 것이다. 그는 이렇게 서문을 시작한다. "고대에 사로 활동했던 이들은 글과 행실 모두에서 완전했으며, 필연적으로 행실이 그 기초였다." 먼 고대에는 글이 없었고, 진과 한 이후에야 사들이 오로지 글로 명성을 얻기 시작했다. "지난 몇백 년 동안 사들은 한유, 구양수, 소식의 글을 좋아해 왔다. 중요한 점은 그들의 글이 모두 조정에서의 위대한 절개를 바탕으로 했다는 것이다. 얼마나 훌륭한가! 그들은 사람들의 마음을 움직이는 무언가를 가지고 있다."[18]

일부 사람들은 양사기가 건문제를 배신했다는 사실을 기억했을 수도 있다. 1425년 금화 현학을 위한 기문에서 양사기는 학생들에게 지역 전통과 원대의 모델을 기리라고 요구하지 않고, 공자를 기리며 조정을 섬기라고 요구했다. "공자의 도는 하늘에서 왔으나, 그는 하늘이 미치지 못하는 것을 도왔다. 고대의 성군들은 하늘에 의지하여 도를 행했으며, 공자는 이를 통해 도를 명확히 했다. … 공자가 아니었다면 우리의 도는 거의 소멸

1314년 인종에게 발탁되어 한림국사원 편수관에 임명되어 공신 열전을 편찬하였다. 조세연(趙世延), 우집(虞集) 등과 함께 『경세대전(經世大典)』 편찬에 참여하였다. 1342년, 시강학사 겸 지제고(知制誥)로 승진하고, 국사 공동 편수와 경연 업무를 담당하였다. 이듬해에는 요(遼), 금(金), 송(宋) 삼사(三史) 편찬에 참여하며 총재관(總裁官)으로 임명되었다. 유장군공(豫章郡公)으로 추봉되고, 시호는 문안(文安)이다. 한림시강학사에 이르기까지 조정에서 30여 년간 관직과 학문을 병행하였으며, 문학적 조예가 깊어서 '원시 사대가(元詩四大家)' 중 한 명으로 꼽히며, '유림사걸(儒林四杰)'로도 불렸다. 그의 산문은 강력한 예술적 매력을 지녀 원대 산문에 깊은 영향을 미쳤고 또한 해서, 행서, 초서에 능하였으며, 『문안집(文安集)』을 남겼다.

되었을 것이다. 그리고 도가 소멸되었다면 우리의 백성은 거의 야만인이자 짐승이 되었을 것이다." 한 이래 모든 통치자는 공자를 기렸으며, "우리 국가에서는 군주의 영역 내 모든 곳에서 공자의 도를 따른다. 수도 안에서, 부·주·현 밖에서, 그리고 변경의 부족들 사이에서 멀리 떨어진 곳까지 공자에게 제사를 드린다." 그렇다면 금화는 어떤가? 양사기는 다음과 같이 간략히 언급한다. "금화현은 군의 소재지이다. 대체로 여러 위대한 인물들, 여조겸, 하기, 왕백의 고향이다." 이들이 왜 중요한가? 그들의 남은 영향력이 관리가 이 지역을 부흥시키는 것을 용이하게 만들었기 때문이다. 금화의 송대 이후 주희의 학의 역사, 원대의 도학 전승, 원대와 명초의 위대한 학자들과 그들의 업적은 모두 언급되지 않았다.[19] 피터 딧만슨Peter Ditmanson이 무주와 다른 지역을 언급하며 주장한 바와 같이, 고위 관리들은 의도적으로 조정의 권위를 지역의 지적 전통과 혈통 위에 다시 세우려 했다.[20]

방효유의 몰락의 결과는 무엇이었을까? 존 다더스의 관점으로 보면 그는 유학자들의 지도자였다. 그러나 양사기 또한 자신을 훌륭한 유학자로 여겼다. 이에 대한 답변은 [지도 7.1]에서 힌트를 얻을 수 있다. 방효유가 물려받은 네트워크는 주로 절강 동부에 기반을 두고 있었다. 자료가 아직 미비하지만, 전기 데이터베이스에서 방효유의 61명의 동료 중 95퍼센트가 절강 출신이며, 그 중심은 금화와 그의 고향인 영해寧海에 있었다. 주원장의 숙청과 영락제의 찬탈은 금화 출신의 사 지도자들을 제거했다. 그렇다면 누가 영향력을 얻었을까? 찬탈 이후 15세기 전반기에는 강서 출신 사들이며, 특히 강서 길안吉安의 태화太和 사 집단이 중심이었다. 이들을

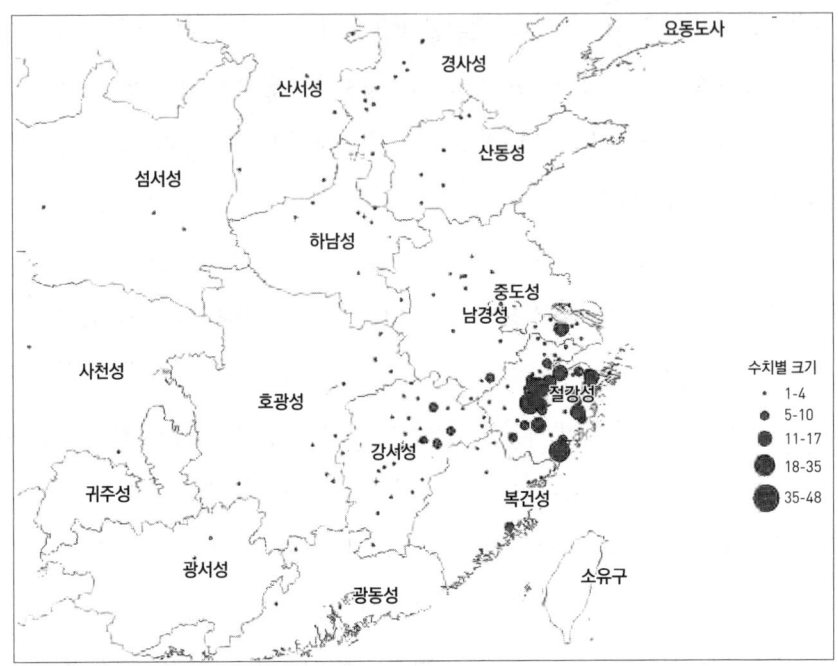

[지도 7.1] 송렴, 왕위, 소백형, 대량, 호한의 교유 인물들.
총 338건의 사회적 교류 관계를 나타냄. 출처: 중국역사인물데이터베이스(CBDB), 버전 202009BB.

이끈 인물이 바로 양사기였다. 이들 또한 강한 지역 정체성을 가지고 있었다. 일부 길안 사들은 찬탈에 반대했고, 일부는 자살하거나 연루되어 처형당했다. 예를 들어, 연좌된 가족들과 함께 처형된 연자녕練子寧[9]이 있다. 그러나 한때 방효유의 제자였던 양사기는 남경이 함락되자마자 찬탈자를

---

9) 연자녕(1350~1402)은 지금의 강서성 출신이다. 홍무 18년(1385), 과거시험에서 2등에 올랐다. 이후 건문 연간(1398~1402)에 들어서 이부 시랑이 되었고, 이후 영락제가 된 연왕(燕王)이 황위에 오른 후, 그를 추포하였으나 연왕의 찬탈을 규탄하며 이를 반역이라 비판하였다. 연왕은 격노하여 그를 참혹하게 처형하도록 명령했으며, 그의 일가족 151명을 처형하고, 유배를 보낸 친족 371명 역시 죽임을 당했다. 또한 고향 주민 480가구는 연좌제로 인해 전멸당하였다.

맞이하러 간 관료 집단을 이끌었다.²¹ 이 사실은 영락제 조정에서 지배적인 강서 파당이 자신들에게 유리하게 절강 경쟁자들을 견제했음을 시사한다.

송렴 세대의 몰락과 방효유 가족의 처형이 금화에서 사들이 사라졌음을 의미하지는 않았다. 실제로 영락제 시기 8번의 과거시험 동안 금화 출신 78명이 향시에 합격했다. 하지만 그다음 8번의 힘에서는 합격자가 29명으로 줄었다. 이와 같은 감소는 남동부 전역에서 나타난 현상이었다.²² 그러나 금화의 지적 쇠퇴는 두드러졌다. 책 저술을 지적 활동의 대리적 지표로 볼 때, 송렴 세대 이후부터 1466년에 진사 학위를 취득한 장무 이전까지의 기간 동안 8명의 저자에 의해 9권의 책(그중 7권은 문집)이 출간되었다. 반면, 장무로 시작되는 한 세기 동안에는 47명의 저자에 의해 149권의 저작물이 출간되었다.²³

여기에는 단순히 금화의 지역 정체성을 부정하며 지적 활동이 조정의 관행에 의해 인도되어야 한다는 요구를 넘어서는 더 큰 이야기가 있다. 이 이야기는 명의 창건과 함께 시작되었다. 이는 초기 명의 사회 제도에 사 엘리트 가문들을 통합하는 과정이었다. 송대에는 사들의 자발적 활동이 새로운 사회복지 제도를 이끌고, 무엇보다 서원을 통해 교육을 확산시키는 데 기여했다. 그러나 이러한 자발적 활동은 금화의 농업 중심 사회와 잘 맞는 국가 제도로 대체되었다. 금화는 상업보다는 농업 중심의 지역이었다.

이어지는「육유六諭」를 통해 자세히 설명한 바 있듯이 정부를 통제하는 문제에 대한 해석으로, 주원장의 전제적 통치 방식은 관리들의 비행과 부패에 대한 대응이었다. 그러나 그가 백성들의 삶에서 직면한 문제들, 즉 사익 추구에 대한 제약의 부족, 농민들의 농업 이탈, 도적질, 반란 등의 문제에 대한 대응으로 제시한 것은 더 강력한 전제가 아니라 사회적 안정을 회복하려는 촌락 정책이었다. 주원장은 완벽한 법률과 입법 체계를 구축하여 이를 영원히 지속 가능하게 만들 수 있다고 믿었다.[24] 이 정책은 송대와 원대 무주 및 다른 지역의 사회사상과 관행에 기반한 것이었다.[25] 입법의 효과성에 대한 신념은 송대보다는 원대의 산물로 보인다. 원대의 법률에 대한 연구는 사들이 원 정부의 자의적이고 표준 절차 및 법적 규범을 따르지 않는 경향을 시정하려는 시도로 나타났다. 원대 무주에서 법률 연구에 관여했던 사들 중 일부는 사 공동체 형성, 족보 작성, 지역 정체성의 옹호자들이기도 했다.[26] 명 초의 입법은 촌락 주민들이 자율적으로 지역 사회를 감독하는 데 참여할 것을 요구했다. 이는 정부보다는 공동체 형성에 신뢰를 두었으나, 엘리트들의 자발적 활동에는 자리가 없었다. 주원장의 사회 입법에 대한 초기 연구에서 이를 그의 전제 정치의 한 측면으로 다루었던 에드워드 파머Edward Farmer는 이후 그의 귀중한 저서에서 이 견해를 상당히 완화시켰다.[27] 마틴 하이드라Martin Heijdra는 농촌 사회와 경제에 대한 자세한 설명에서, 주원장의 정책을 단순한 통제보다는 사회 통합과 자원 동원의 측면에서 보았다.[28] 아니타 앤드루Anita Andrew는 「육유」에 대한 분석에서 이를 사회적 비전으로 볼 수 있음을 설득력 있게 보여 주며, "농촌 개혁을 긍정적인 해결책"으로 묘사했다.[29]

주원장은 포강의 정씨 의문에서 학자로 활동하던 송렴과 여러 차례 논의를 나누었다. 주원장은 이 가문과 그들이 천하의 모델로 자신들을 제시하려는 시도에 대해 많은 것을 알고 있었으며, 이 가문이 자신의 법률과 충돌한 적이 있음에도 불구하고 이를 모범으로 인정하고 지속적으로 특별한 은혜를 베풀었다.[30] 다른 지역의 사들 또한 정씨 의문의 가규家規를 모든 가문과 공동체의 모델로 고려할 것을 주원장에게 권했다.[31] 앞서 살펴본 바와 같이, 송렴은 가문을 형성하고 족보를 작성하는 것을 옹호한 많은 사람들 중 한 명이었다. 초기 명 체제의 몇몇 요소들은 이미 무주에서 시도된 적이 있었다. 예를 들어, 남송 시기의 토지대장과 인구대장의 결합,[32] 그리고 1360년 포강에서는 부유한 가문이 세금 곡물의 징수와 운송을 책임지는 양장糧長 제도가 있었다.[33] 또한, 이갑里甲제는 남송 시기의 도보都保제를 수정한 것이었고, 사법적 권한을 부여받은 촌로村老는 남송의 기로耆老 또는 기숙耆宿을 재명명한 것이었다. 초기 명나라의 예비창預備倉 제도는 공동체가 관리할 수 있는 자율성이 매우 높은 체제로, 이는 왕안석의 신법 체제보다 주희와 반씨潘氏가 개발한 모델에 훨씬 더 가까운 것이었다.[34]

명에서 사들의 제도적 지위는 송과 원 시기와는 분명히 달랐지만, 그들이 반드시 명에서 새롭게 형성된 가문 출신만은 아니었다. 많은 지역에서 내전이나 엘리트들의 강제 이주로 인해 사 가문이 사라졌을 가능성이 있다. 그러나 금화는 대체로 전투를 피했으며, 서문序文과 묘지명을 보면 원에서 명으로 이어지는 연속성이 일반적이었다. 학교 복원, 추천을 통한 인재 모집, 그리고 궁극적으로 과거제도의 정교화는 사들이 그들의 정체성을 유지할 수 있는 제도적 수단을 제공했다. 주요 사회 입법에서 사 가문들이 명시적으로 언급되지 않았더라도, 주원장이 구상한 사회 질서 내에서 사 가문들은 특권을 누렸다. 세금 징수 책임자인 양장은 해당 지역에서 가장 많은 토지와 성인 남성을 보유한 가문에서 선발되었다. 오야마 마사아키小山正明가 수집한 증거에 따르면, 동남부 지역의 양장은 실제로 평민이 아니었다. 이들은 관리나 사들에게만 허용된 복식을 착용했으며, 글을 읽고 쓸 수 있었고, 관직에 임명될 자격이 있었으며, 송·원 사의 생활 방식을 유지했다. 이들은 문학 활동과 도학에도 참여했다.[35] 무주에서 양장 직책을 맡았던 두 가문은 특히 기록이 잘 되어 있다. 바로 유명한 포강의 정씨 의문과 동양의 노씨盧氏 가문이다. 정씨 의문은 구성원 중 한 명이 가문의 토지 소유를 허위로 기록한 혐의로 처형된 이후에도 그들의 특권을 유지했다.[36] 노씨 가문은 명·청 시기에 동양에서 가장 위대한 사 가문 중 하나로 성장했으며, 양장으로 임명되었을 때 이미 사 가문으로 자리 잡기 시작했다. 가문 기록에 따르면, 가문 중 네 명이 세금 곡물 납부 기한을 지키지 못했거나 '가짜 영수증'에 의한 조세 사건과 관련된 대규모 처형 사건에 연루되어 사망하거나 처형되었다고 명시되어 있다.[37] 15세기에 노씨 가문은 전형적인 지역 자선가로 활동하며, 세금 부담의 균형을 맞추기 위해 지역 사회 노력을 조직하고, 구휼을 제공하며, 그들의 곡식 창고에서 무이자 대출을 시행하고, 도로와 다리를 수리했다.[38] 이 가문은 현재까지도 살아남아 있다.

이갑제는 공식적으로 110가구 단위로 구성되었으나, 실제로는 자연촌락을 기반으로 시스템이 설정되었다.[39] 이장里長은 마을에서 가장 부유한 가문 출신 중에 선발되었으며, 문해력이 있는 사람이어야 했고, 지역 가문의 고위 구성원일 가능성이 높았다. 단성촌의 확산과 함께 이러한 지역 시스템은 가문의 손에 맡겨졌다. 이들 가문의 가장 성공적인 지파들은 일부 자손을 교육시켰는데, 이는 1383년부터 마을에 지역 공동체 학교인 사학社學 설립이 허가된 것과 1385년 이후 「육유」를 공부하도록 제공된 장려책 덕분에 가능했다.[40] 게다가 '사 학생[士子]'은 여러 특권을 누렸다. 1391년에는 특별한 복식 착용권을 부여받았고, 관리 가문, 은퇴한 관리, 그리고 결국 학생들은 요역을 면제받았다.[41] 마을 지도자들은 지역 지도와 상호 부조 조직의 책임도 맡았다. 또한, 1372년에 시행된 향음주례鄕飮酒禮는 도덕적으로 훌륭한 사람과 그렇지 못한 사람을 구분하기 위해 고안된 것으로, 이는 사 공동체 규약의 일종으로 간주될 수 있다.[42]

명의 정책은 자율적 도덕 공동체를 조성하고, 연령, 재산, 학문에 따른 구분을 인정하며, 더 많은 것을 가진 사람들이 지역의 지도적 역할을 수행하도록 요구했다.[43] 사들이 지역적 역할을 충실히 수행하기만 한다면, 이러한 사회는 사들의 지위를 위협하지 않았다. 조정의 지침에 따르는 한, 교육의 중요성을 부정하지도 않았다. 자율적인 공동체를 장려하려는 노력은 기로와 이장에게 사법권을 부여하는 정책에서 가장 분명히 드러난다. 이는 1386년에 처음 시도되었는데, 이때 기로들에게 지역 분쟁을 해결할 권한이 부여되었다. 그러나 이 제도는 1388년에 폐지되고, 1394년에 기로 제도가 다시 도입되었으며, 1398년 「교민방문敎民榜文」과 함께 완전한 형태를 갖추게 되었다.[44] 지역 관리와 서리 들의 관점에서 보면, 정부의 개입을 배제하고(주요 범죄 사건을 제외하고), 공동체 지도자들이 지방 정부의 행위를 조정하거나 행정 체계에 직접 항소할 수 있는 권리가 주어지는 것은 환영할 일이 아니었다. 「육유」는 지방 관리와 서리 들이 지역사회에 개입하는 여러 방법들을 상세히 기술했는데, 주원장이 보기에 그것들이 농촌 공동체의 형성과 사회 변혁의 가능성을 훼손하고 있었다. 양장, 이장, 그리고 이제는 기로까지, 이들에게는 다양한 사회적, 경제적, 도덕적, 문화적 책임이 부여되었다. 그러나 지방 관리들의 관점에서 보면, 진정으로 중요한 것은 세금과 요역의 적시 납부였으며, 이에 대해 법적 제재를 가할 권한이 주어진 것이다. 이러한 상황은 주원장이 구축하려던 농촌 사회-정치 질서를 단순히 세금 징수 체계로 전락시키는 위험성을 안고 있었다. 주원장은 정부의 간섭 없이 지역 지도자들에게 사법권을 부여함으로써, 이들이 단순한 세금 징수원이 아닌 진정한 지역 지도자로서 공식적인 권한을 행사할 수 있게 만들고자 했다. 이러한 관점에서 보면, 「육유」와 「교민방문」은 주원장이 백성과 직접 소통하고, 촌락 수준에서 그들에게 권한을 부여하며, 새로운 사회적 비전의 약속을 수호하려는 시도로 읽혀야 한다. 방효유 또한 이러한 비전을 공유했다. 방효유는 『주례』와 다른 고전으로 돌아가, 가문을 기반으로 촌락 수준에서 자치 정부를 형성하는 "아래에서 위로bottom-up"의 사회 질서를 구상했다. 방효유는 처벌의 사용에 관해 주원장과는 의견이 분명히 달랐다. 그는 도덕적 행위는 궁극적으로 선천적 도덕 지침의 함양을 통해서만 보장될 수 있다고 보았다. 그러나 그는 자율 공동체에서 비롯되는 농촌 안정이라는 주원장의 비전을 함께 공유했다.[45]

그렇다면 사들은 어디에 위치했을까? 오금성은 '진신縉紳', 즉 명 말과 청대의 학위 보유 엘리트가 명의 사회 정책에 의해 만들어진 새로운 농촌 엘리트의 산물이며, 송대의 사 또는 사대부 엘리트와 실질적으로 다르다고 주장했다.[46] 제도적으로 볼 때, 명에서 학교-과거제를 기반으로 한 신분과 학위의 정교화, 그리고 현이나 주의 학교에 입학한 사람들에게 부여된 특권은, 결국 사라고 불리는 이들과 교육받은 엘리트로 공식 인정받은 이들 사이에 거의 완전한 중복을 가져왔다. 이는 송대와는 다른 상황이었다. 송대에는 사의 수가 과거 진사 시험에 합격하거나 그 자격을 갖춘 이들보다 몇 배나 많았다. 명의 체제는 국자감 학생[監生]과 과거 대과 시험[會試]에 응시할 자격을 가진 자들이 그 신분을 평생 유지할 수 있도록 허용했고, 이들은 관직에 임명될 자격을 가졌다. 이는 송대의 국자감 학생이나 주 단위 시험 합격자들이 누리지 못한 특권이었다. 1384년에 과거시험이 복원된 이후 금화에도 명 창건자의 학생에 대한 훈령이 새겨진 '수평 비석'이 세워졌다. 이 훈령은 신유학적 어조를 띠었지만, 여조겸의 학생 규약과는 달리 교육을 공동체적이라기보다 엄격히 위계적으로 보았다.[47] 또한 영락제의 조정은 학생들에게 도학을 이해하는 방식을 가르쳤으며, 『성리대전性理大全』, 『오경대전五經大全』, 『사서대전四書大全』을 제시했다. 성리학은 명백히 조정의 정통성으로 자리 잡았다.

사들에게는 체제의 일부로서 자리가 주어졌지만, 독립적 행위자들의 공동체로서의 역할은 부정되었다. 그러나 15세기 중반부터 세 가지 변화가 이러한 상황을 바꾸기 시작했다. 첫째, 군현 학교의 생원生員 정원은 3만 명으로 제한되었으나, 더 많은 남성에게 신분을 부여하려는 요구가 증가하면서 1447년에 '부학생附學生'이라는 새로운 범주가 만들어졌다. 이들은 급여를 받지는 못했지만 요역을 면제받는 특권이 있었다. 등록 학생 수는 급격히 증가했으며, 왕조 말기에는 모든 종류의 학생 수가 50만 명에 달했을 것으로 추정된다. 하지만 관직 수는 이에 비례하여 증가하지 않았다. 사들은 지역 사회에 머물러야만 했다. 둘째, 경제 성장은 사 교육에 대한 투자를 증가시켜 교육에 대한 수요를 더욱 증대시켰다. 셋째, 일부 사들은 학문의 목적을 신유학 대전大全의 학습이 아닌 성인이 되기 위한 수양으로 삼아야 한다고 주장하기 시작했다. 이로 인해 명성을 얻은 첫 번째 인물은 강서의 오여필吳與弼과 그의 제자인 광동廣東의 진헌장陳獻章이었다. 오여필의 아버지는 건문제가 시행한 유일한 과거시험에서 장원을 차지했지만, 영락제 찬탈을 지지한 다른 강서 사람들과 함께하면서 국자감의 총장에 임명되었다. 그러나 오여필은 이에 동조하지 않았고, 영락제 시기에 공직 생활과 과거시험 응시를 거부하며 자아 수양에 전념했다.[48]

부흥

다른 연구에서 나는 15세기 중반에 시작된 경제적 부흥의 징후를 기록한 바 있다.[49] 여기에서는 다시 한번 1480년에서 1578년 사이에 과거시험에 합격하거나 고위 관직에 오른 가족 구성원을 기리기 위해 세워진 기념문門이 두 배로 증가한 것과,[50] 1450년부터 단기간 서원 금지령이 내려진 1576년 이전까지 약 20개의 서원이 설립된 것을 언급하고자 한다. 또한 지역 학자들에 의해 지방지地方志 작성이 활발히 이루어졌다.[51]

국가적 사건들도 개입되었다. 1449년 몽골군에게 만리장성 북쪽에서 친정을 나섰던 황제가 사로잡힌 후 발생한 계승 위기는 거의 10년 동안 지속되었다.[10] 금화의 사들도 이 사건들에 일부 관여했다. 1467년, 장무는 황제의 방종에 반대하는 시위에 참여하여 매질을 당했으며, 영강의 조간趙艮은 조정에서 간언을 하다가 구타를 당했다. 같은 영강 출신인 서기徐沂는 조정을 반대하며 명성을 얻었다.[52] 1507년에는 황실의 사치스러운 취향을 위해 비밀 자금이 대규모로 사용되는 것에 대한 항의가 있었으며, 1506년부터 1510년까지 환관 전횡가 유근劉瑾에 대한 반대가 이어졌다. 1519년에는 난계 출신의 육진陸震이 황제의 남방 순행에 항의하다 매질을 당해 사망했다.[53] 1527년에는 금화현 출신의 척웅戚雄이 이복달李福達 사건[11]으로 파직되었다.

무주 사의 학의 역사는 재구성되었다. 가장 초기의 서원들은 송·원대의 신유학 서원 부흥을 기반으로 하였으며, 여기에는 여조겸, 왕백, 김이상, 허겸과 관련된 서원들이 포함되었다.[54] 1460년대에 부 관리들이 '정학正學'을 주창하는 인물들을 기리기 위해 사선생과 여조겸을 모신 사당을 건립할 수 있도록 허가를 요청했다. 이 사당은 1480년에 완성되었으며 향현사鄕賢祠로 불렸고, 수십 명의 지역 인물의 초상이 걸렸으며 자체적인 지방지가 제작되었다.[55] 왕조 창건 이후부터 1450년까지 지역 학자를 위

---

10) 명 정통제가 에센이 이끄는 오이라트 군과의 전투 중 포로로 잡힌 토목보의 변[土木堡之變]을 말한다. 이후 명은 포로 교환에 합의하지 않고 정통제의 이복 동생을 경태제(景泰帝)로 새로 세우게 되고, 1450년 다시 북경으로 돌아온 정통제는 복위하지 못하고 태상황(太上皇)의 지위를 가지고 감금에 가까운 생활을 하다. 1457년 정통제의 충성과 신하들이 탈문지변(奪門之變)으로 불리는 쿠데타를 일으켜 경태제를 폐위시키고 다시 정통제를 황위에 올리고 연호를 천순(天順)으로 바꾼다.
11) 이복달은 백련교의 종교 지도자로 활동하다 가정 년간 초기에 곡식을 바치고 관직을 얻어 산서 태원위지휘사(山西太原衛指揮使)로 임명되었다. 그러나 1527년 원한을 품은 자가 고발하게 되고, 이 사건은 비화하여 결국 대례의(大禮議) 문제로 전환하게 된다. 이에 다수의 관료들이 연루되어 처형되고 이복달은 관직에 복직하고 이후 생을 마치게 된다. 가정제는 이 사건을 이용하여 황권을 강화한다.

한 사당은 지방지에 기록되지 않았으나, 그 이후 1세기 동안 14개의 사당이 설립되었다. 사선생의 저작물들이 재출판되었다. 왕백의 저서는 1443년에 재출판되고, 이후 김이상의 저서가 출판되었다.[56] 허겸의 저작 중 일부는 1447년에 수집 및 인쇄되고 1466년에 재출판되었으며, "오랜 시간 잊혀진 저자를 재발견하는 것"이라는 명목을 내세웠다.[57] 1511년에는 부지부사 조학趙鶴이 여조겸과 사선생에 한정된 『금화정학편金華正學編』을 발간하기 위해 지방의 후원을 얻었다. 그는 『금화문통金華文統』을 통해 송·원·명대 작가들의 신유학 관련 주제에 대한 저술을 선별하여 자신의 시대까지 엮었다.[58] 조학은 이전에 환관 전횡가 유근에 반대했다가 유배된 적이 있었다. 1518년경, 유근을 비판했다가 유배된 또 다른 부지부사가 하기의 묘를 복원하고, 사선생을 문묘의 사당에 추가하도록 (그러나 실패로 끝난) 요청을 했다.[59] 송렴은 1514년에 시호를 받았다.

이러한 부흥은 부 전체에서 일어나고 있었다. 1440년 난계의 지현이 과거 응시자를 위한 문창사文昌祠의 부지를 매입했을 때, 그는 지역 인물인 범준, 김이상, 오사도를 기렸다. 장무는 이후 범준의 저작물을 재출판할 때 서문을 작성하며, 그를 무주의 첫 신유학자로 평가했다.[60] 난계는 1471년에 모든 지역 인물을 기리는 사당을 건립했고, 1479년에는 사선생의 지역 대표로서 김이상을 기리기 위해 서원을 짓기 시작했다.[61] 또한 난계에서는 관직을 그만두고 학문에 몰두했던 동품童品이 『금화문헌록金華文獻錄』이라는 무주 문헌 선집을 제작했다.[62] 황부黃溥라는 어사는 관직에서 물러나 교육에 전념했다.[63] 동준童俊은 도학을 연구한 것으로 알려졌으며, 은퇴 후 교육과 집필에 힘썼다.[64] 또 짧은 기간 관직을 맡았고 이후 은퇴하여 주희의 정학程學파의 기록(『이락연원록』)을 모델로 한 『금화연원록金華淵源錄』이라는 부의 지성사를 저술했다.⁶⁵ 이후, 능한凌瀚은 관학에서 가르친 후 오사도의 전통을 따른 『속경향록續敬鄉錄』과 『금화정사록金華正祠錄』이라는 금화부의 선집을 편찬했다.⁶⁶ 의오에서는 왕위의 증손인 왕문王汶이 관직에서 물러나 도덕적이지 못한 인물들이 조정에서 득세하는 것에 항의하며 제산정사齊山精舍를 건립했다. 1489년, 그는 여러 고위 관리들의 추천을 받아 신유학 철학자인 진헌장과 함께 조정에 소환되었다.⁶⁷ 김강金江은 『통감강목』의 속편을 저술했으며, 현의 인물 전기를 모아 편찬했다.⁶⁸ 영강에서는 이창李淯이 재임 중 청렴과 정직함으로 칭송받았으며, "학문을 논하고 조화를 통찰하며 자기 성찰의 방법을 탐구"했다고 평가받았다. 그의 사후 이웃들은 그를 기리며 장무가 작성한 비문을 새긴 비를 세웠다.⁶⁹ 응전應典은 30년 동안 관리 후보자 명단에 올랐지만 거의 한 임기도 채우지 못하고 수산회壽山會를 설립했다.⁷⁰ 정문덕程文德은 조정에 반대하다 관직에서 물러나 고향으로 돌아가 제자를 모으고 학문을 논했다.⁷¹

장무 세대

장무는 원 이후로 거의 사라졌던 현상을 보여 주는 인물이었다. 즉, 관직에서 물러난 후 지역에서 교육 활동을 직업으로 삼은 관리들이 늘어나기 시작한 것이다. 이들의 수적 증가 그리고 과거시험에 합격하거나 국자감으로 추천받을 가능성이 감소하면서 학생들은 국가 교육 시스템 밖에서 가능한 한 최고의 스승을 찾게 되었다. 관직에 대한 수요 증가로 인해 재임명되거나 장기적인 관료 경력을 이어 가는 것이 덜 확실해졌고, 은퇴했거나 관직에서 물러난 관리들에게는 교사로서의 대안적 경력이 생겨났다. 그 결과 부 전체에서 사 공동체들이 다시 등장했다. 장무는 이 공동체들을 하나로 엮기 위해 노력했다. 장무는 중심적인 인물이었으나 완전히 그 혼자 한 것은 아니었다. 그를 부각시키기 위해 먼저 그와 동시대 인물 세 명을 살펴보고자 한다. 동품, 정기鄭錡, 그리고 노격盧格이 그들이다.

동품은 과거시험에 여러 번 낙방했으나 많은 책을 저술했다. 그는 『주역』에 관해 두 권, 사서에 관해 다섯 권, 『춘추』와 『예기』에 관해 각각 한 권씩, 그리고 『격물지格物志』 같은 철학 에세이 모음집을 저술했다.[72] 그의 저작 중 『춘추경전변의春秋經傳辨疑』만이 현존한다. 그가 1478년에 쓴 서문은 다음과 같은 정당화로 시작한다. 경전의 문구와 원리가 정확하고 명확하다면, 전승 과정에서의 오류가 아니었다면 의문이 생길 여지가 없었을 것이다. 그는 정이를 따라 경전 자체를 권위로 삼아 그 구조를 파악한 뒤 주석들이 상충되는 지점을 살펴보았다. 예를 들어, 그는 12세기 정통 해석자인 호안국의 주석에 동의하지 않는데, 호안국은 『춘추』 첫 항목에서 '즉위即位'라는 두 글자가 없다는 점을 근거로 공자의 의도를 추론했다. 동품은 묻는다. "어떻게 쓰여 있지 않은 것을 통해 의미를 찾아낼 수 있는가?" 그러나 그는 인정했다. 이러한 강제적 해석이 시험관들이 요구하는 방식이었다는 점을. 이후에 동품은 왕위의 손자인 왕문에게 서문을 요청했다. 왕문은 의미심장한 반론을 제기했다. '성인의 마음'을 찾으려는 데 집중하지 않는다면, 이러한 작업을 하는 목적이 무엇인가?[73] 동품은 성인의 마음을 찾기보다는 텍스트에 더 관심을 두고 있었다.

1496년 관직에서 물러난 후, 노격(명 초기에 세금 징수관을 배출한 동양 노씨 가문 출신)은 과거시험 커리큘럼, 즉 사서, 오경, 정주학, 그리고 역사서에 대한 자신의 생각을 기록하는 데 몰두했다. 그는 그 결과물인 「하정변론何亭辯論」 또는 그 일부를 장무에게 보냈고, 장무는 주희에 대한 노격의 비판을 반박하며 답변했다.[74] 그의 전기를 쓴 사람은 노격의 영향력을 크게 주장했으나, 그의 주희 비판은 한참 후에야 왕양명 학파와 고증학의 어느 지도자의 관심을 끌었을 뿐, 실제로 노격이 추종자를 얻었다는 증거는 거의 없다.[75] 그는 진헌장의 "학은 자신 안에서 찾는 것"이라는 견해에 동의하지 않았다.[76] 노격은 성인은, 따라서 공자는 정의상 오류가 없다고 주장하며,[77] 종종 정이와 주자가 공자를 문자 그대로 받아들이지 않았다고 비판했다.[78] 그는 철학이 텍스트 해석의 기초가 될 수 없다는 자신의 확신에 대해 스스로 옳다고 생각했지만, 자신의 견해가 전통에 반한다는 점도 인지하고 있었다.[79] 그는 특히 공자의 "[사람의] 본성은 서로 비슷하나, 습習은 서로 멀다"는 주장과 맹자의 "인간의 본성은 본래 선하다"는 주장 사이의 모순을 해결한 것을 자랑스럽게 여겼다. 신유학 이론은 이를 다음과 같이 해결했다. 공자는 인간의 기질지성氣質之性을 언급한 것이고, 맹자는 도덕적 본성을 언급한 것이라고 주장했다. 이는 중요한 해석이었다. 왜냐하면 (a) 인간의 도덕적 잠재력의 평등성을 주장하고, (b) 사람들 사이의 차이를 설명하며, (c) 자기 수양을 통해 마음(기질지성의 일부)을 개선하여 도덕적 본성을 실현할 수 있다고 제안했기 때문이다. 노격은 다른 해석을 제시했다. 그는 '완전과 결핍[全闕]'이라는 이론을 내세웠다. 성인만이 도덕적 본성(인,

의, 예, 지)을 완전하게 받았으며, 나머지 사람들은 일부만 받았고, 특정 측면이 더 많거나 적었다. 따라서 그는 "맹자는 완전한 본성(성인만이 가진 것)에 대해 말한 것이고, 공자는 개인이 실제로 부여받은 것에 대해 말한 것이다"라고 결론지으며, 이 사이에는 모순이 없다고 주장했다.[80] 내가 아는 한, 그는 성인이 아닌 사람은 도덕적 본성을 불완전하게 가지고 태어난다고 보기 때문에 자신의 견해가 신유학적 입장을 불가능하게 만든다는 사실을 인지하지 못했다. 사람들은 도덕적으로 불평등하다는 그의 이론은 도덕적 잠재력의 평등성에 기반을 둔 학문과 통치 접근 방식이 실패할 운명이라는 함의를 지녔다는 것도 도출해 내지 못했다.[81]

정기의 사례는 그의 외손자인 당용唐龍에 의해 전해졌다. 당용은 조정에서 화려한 경력을 쌓았다. 정기는 과거시험 공부를 싫어했으며, 정걸丁傑이 '성리의 학'을 가르친다는 말을 듣고 집안의 토지를 팔아 강서로 가서 그에게 배웠다.[82] 그는 3년 동안 자기 수양을 배웠다. "진정하고 공경함으로 기초를 세우고, 발단을 구별하기 위해 성찰하며, 유익함을 넓히고, 덕을 유지하기 위해 굳게 지키며, 본성을 안정시키기 위해 수양하고, 창조의 과정[에 대한 이론들]을 통해 변화를 이해한다."[83] 1460년대에 난계로 돌아온 그는 장무와 친구가 되었고, 두 사람은 함께 『주역』을 공부했다. 장무가 과거시험에 합격하고 2년 후 정기는 국자감으로 보내졌고, 이후 1475년 과거시험에 합격했다. 15년 후 그의 아들이 과거시험에 합격하자, 그는 난계로 돌아가 교육에 전념했다. 당용은 그가 가르치는 것을 들었던 기억을 떠올리며, 그는 창조의 과정, 인간의 도덕성, 제도, 그리고 역사를 논할 수 있었다고 회상했다. 그는 항상 "이치를 분별하려면 오래된 관점을 씻어 내고 새로운 생각을 받아들여야 한다[辨理須濯去舊見以來新意]"라고 말했다. 그는 천지인天地人의 통일성을 나타내는 도식을 작성했는데, 여기서 '태극의 리'는 마음에 뿌리를 두었으므로 '내부적'이며 '뿌리'라고 불렸고, 하늘과 땅, 인간사, 그리고 자기 수양, 타인을 다스리는 것, 사회 풍속을 변혁하는 것에 나타나는 패턴에서 드러났을 때는 '외부적'이며 '가지'라고 불렸다. 내부와 외부는 서로를 유지하며, 뿌리와 가지는 연결되어 있었다.[84] 정기에게는 신유학 세계관의 이치를 이해하는 것이 필수적이었다.

동품과 달리, 장무는 관직에서 물러나 있는 시간을 책을 쓰는 데 할애하지 않았다. 노격과 달리, 그는 신유학 전통의 비평가가 아니었으며, 자신을 이론가로 여기지도 않았다. 그는 정기와 자아 수양에 대한 헌신을 공유했지만, 반드시 이론에 대한 헌신까지는 아니었다. 그러나 장무는 지역 동료들에게 없는 한 가지를 가지고 있었다. 그는 정치에서 원칙적 행동을 보여 준 것으로 처벌받은 금화 지역의 첫 번째 사였으며, 그는 자신의 학을 실천에 옮겼다.

장무

장무는 그의 학생들과 지지자들의 눈에 금화에서 학의 부흥을 이끈 인물이었다. 그의 사후, 그들은 먼저 그의 산문과 시를 모아 선집을 편찬하고 유명 인물들로부터 서문을 확보했으며, 이후 장무에 관한 공식 및 개인 문서를 모아 편찬했고, 마지막으로 '어록言錄'을 편찬했다.[85] 그는 경력 초반부터 정치적 청렴성으로 명성을 얻었다. 1466년 진사 학위를 취득한 뒤 대과 시험에서 장원을 차지하고 한림원 학사가 되었을 때, 그는 두 동료와 함께 황제의 명령으로 정월대보름 축제[元宵節]를 위한 시를 짓는 것을 거부하고 황제가 감각적 쾌락을 추구하는 것에 대해 간언했다. 그 결과 그는 매질을 당하고 강등되었다. 이후 다른 사람들의 중재로 형부[刑部]가 남경에 둔 지역관의 직위에 배치되었다. 1473년, 그는 복건의 감찰부 부감찰사로 임명되었고, 1477년 임기가 끝난 후 난계로 돌아왔다. 1504년까지 모든 관직을 거절했으며, 이때 마침내 남경 국자감의 좨주직을 수락했다. 1507년에 은퇴했다. 장무는 여러 차례 은퇴의 뜻을 밝히고 추천을 거절한 이유를 자신의 무능함과 건강상의 문제라고 주장했다. 하지만 그는 국가 문제에 대한 관심을 분명히 드러냈으며, 86세까지 생존했다. 그의 추종자들은 그를 "나아가고 물러날 때를 아는 사람"으로 칭송했다.[86] 장무는 비교적 가난한 생활을 하며 자신의 삶을 개인적 순수성과 청렴성의 주장으로, 그리고 당시 통치자들과 관리들의 행위에 대한 비판으로 구성했다.[87] 그는 개인적 행동이 정치적 질서와 사회적 화합의 핵심이라는 자신의 가르침을 구현했다.[88]

    장무 자신은 여조겸을 거의 무시했음에도 불구하고, 우리는 그와 여조겸의 유사점을 찾아볼 수 있다. 여조겸처럼 장무도 국가적 네트워크를 가지고 있었지만 지역에서 교육했다. 그의 학생들은 지역 출신이었으나, 그는 명 전역의 사들과 서신을 주고받았다. 이는 [지도 7.2]에서 확인할 수 있다. 또한 그를 추천한 사람들의 수를 보면, 그가 많은 이들에게 존경받았음을 알 수 있다.[89] 그러나 여조겸과는 중요한 차이점도 있다. 장무는 많은

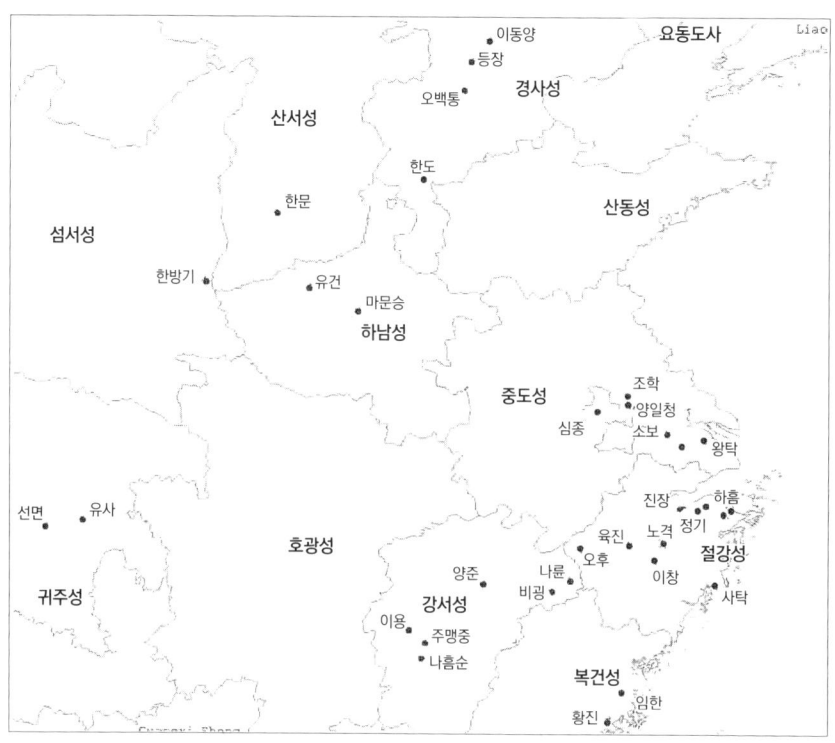

[지도 7.2] 장무의 편지를 받은 인물들의 출신지.
출처: 중국역사인물데이터베이스(CBDB), 버전 202009BB.

학생을 가르쳤지만, 자신은 누구의 제자도 아니었다. 여조겸은 여러 세대 동안 조정에서 관직을 맡은 화려한 가문 출신이었다. 반면, 장무는 관직 경력이 없는 가문 출신이었다. 그의 친척 중에는 상인도 있었다. 그의 아버지는 어느 정도 사로서의 학식을 갖추었으나, 그의 아내는 학문적 배경이 없는 가문 출신이었다.[90] 여조겸은 (또는 그의 학생들이 그의 이름을 빌려) 경전, 역사, 문학에 대한 수많은 저작물을 남겼다. 장무는 저작물을 전혀 남기지 않았다. 여조겸은 자신만의 커리큘럼을 만들어 내었으나 장무는 주

7장 명: 부흥과 분열 419

희의 학과 문학적 작문이라는 기존 커리큘럼 안에서 활동했다. 그러나 장무는 여조겸에게 없었던 한 가지를 가지고 있었다. 바로 송·원대 무주 사의 학의 역사였다.

장무가 정확히 무엇을 가르쳤는가? 그가 과거시험 준비를 학생들에게 가르쳤다는 언급은 없다. 그는 과거시험에 합격하기 전에는 시험 준비에만 전념했지만, 합격한 이후에는 참된 학문에 몰두할 자유를 느꼈다.[91] 모든 기록에서 그는 경전, 역사, 그리고 어느 정도 문학에 대해 폭넓은 독서를 한 것으로 보인다. 세 차례에 걸쳐 그의 제자들은 그가 가장 중요하게 여긴 견해들을 들은 대로 기록하였다. 이 중 두 가지는 표현은 다르지만 동일한 항목들을 같은 순서로 다루고 있으며, 전기 속에 등장한다.[92] 그 세 번째는 동일한 주제를 많이 다루고 있으나, 주로 장무의 저작에서 발췌되었으며, '어록'이라는 제목을 가지고 있다.[93] 이는 동준의 설명에 따라 다음과 같은 결론으로 이어진다.

1. 인人에 대하여: 인간은 천지의 기氣와 리理를 구현한다. 인간은 그 넓이와 기능을 평등하게 만드는 것을 목표로 삼아야 한다.
2. 학에 대하여[爲學]: 공자와 맹자를 통해 성인이 되는 것을 목표로 삼아야 한다.
3. 학자에 대하여[學者]: 천리天理를 통찰하여 마음을 넓히되, 내적 수양을 통해 이를 집중시켜야 한다.
4. 도덕적 원칙에 대하여[義理]: 일부만 깨닫고 만족해서는 안 되며, 항상 더 많은 것을 추구해야 한다.

5. 사장학詞章學에 대하여: 질서 있는 시대에 예악禮樂을 실현하거나 혼란한 시대에 태평을 이루는 데 도움이 되지 않는다.

6. 허적지학虛寂之學[즉 불교]에 대하여: 마음을 해치며, 비록 유학자들이 단순하고 쉬운 것에 끌린다고 해도 해롭다.

7. 학술에 대하여: 정이와 주희 이후로 쇠퇴하였으며, 부흥시키려면 성인聖人이 필요하다.

8. 시대 구분[世道]에 대하여: 고대에 성인들이 통치한 이후로, 시대는 선과 악을 반복하며 순환해 왔다.

9. 한漢과 당唐에 대하여: 한나라는 기본 틀은 맞추었으나 세부에서 틀렸고, 당나라는 그 반대였다. 위대한 명은 두 가지 모두를 제대로 잡았으며, 그 지표적 업적은 야만적인 원을 제거하고 천하를 통일하며 예제禮制를 회복한 것이다.

10. 문묘의 예제에 대하여: '도통'의 관점에서 볼 때, 송대 신유학 대가들의 지위는 격상되어야 한다.

11. 고대 이후의 역사적 인물에 대하여: 제갈량과 범중엄은 완전한 재능을 가졌으나 정치적 성취에 지나치게 집착했다. 그러나 정이와 주희는 제국을 얻기 위해 비도덕적으로 행동하지 않았을 것이다.

12. 역사적 변화에 대하여: 천지의 원초적 기氣의 질이 저하되었기 때문에, 원칙 없는 사람과 평범한 사람들이 늘어났다.

13. 사의 풍속에 대하여: 고대 이후 관리들은 요·순의 통치가 아닌 부와 영예를 원했으며, 공자와 맹자 이후 학자들은 성인의 학보다는 화려한 문체를 선호했다.

14. 가문의 규범에 대하여: 가문 내의 관계를 정리하고 후손의 안녕을 보장하는 것이 제도 개혁보다 우선한다. 정씨 의문은 하나의 모범이다.
15. 풍속에 대하여: 도덕적 인간관계를 회복하려면 정전제와 향약이 필요하다.
16. 정부에 대하여: 통치의 기초는 군주의 마음을 바로잡고, 인재를 모으며, 민심을 안정시키는 것이다. 그런 후에야 정부의 사무를 추진할 수 있다.
17. 우리 명의 인물에 대하여: 충성은 방효유, 문장은 송렴, 정치는 주침周忱,[12] 도학은 오여필이다.
18. 우리 무주에 대하여: (아래에서 논의함).
19. 항상성을 지키며 상황을 견디는 것에 대하여: 백이와 숙제는 굶어 죽었다. 그들은 영감을 주며 모범을 보여 준다.
20. 내면적 정신 집중[居敬]에 대하여: 그[장무]는 "일심一心을 성취한 후로는 더 이상 길을 잃지 않았다"고 말했다.
21. 리를 통찰함[窮理]에 대하여: 그는 "도덕적 원칙을 더 잘 이해하게 되자, 진퇴의 기준을 더 잘 파악하게 되었다"고 말했다.[94]

장무는 도학의 자기 수양을 믿었으나, 그의 추종자들이 그의 견해를 중시한 이유는 견해가 정통적이었기 때문이 아니라, 그가 그것을 실천하며 살았기 때문이었다. 그의 개인적인 본보기가 사회적 풍속에 기여한 것이

---

12) 주침(1380~1453)은 강서성 길안부 출신으로 재정을 잘 관리한 명신으로 알려져 있다. 평미법(平米法)을 창안하고 제농창(濟農倉) 정책을 시행하여 백성들이 경제적으로 어려워지거나 재해를 당했을 때 즉각적 구호를 받을 수 있도록 하였다. 문양(文襄)이라는 시호를 받았다.

다. 그는 철학적 논쟁에 참여하거나 도학을 정의하거나 자신의 학파를 세우려 하지 않았다.[95] 그의 결론에서 명확히 드러나듯, 그는 철학자도 아니었고 지적 발견에 관심이 있지도 않았다. 그는 특정한 형태의 도덕적 삶을 살았고, 그로 인해 많은 칭송을 받았다. 그에게 영웅은 도덕적 원칙에 따라 자신의 삶을 살았던 인물들로, 명에서는 오여필이 그 첫 번째 인물이었다.

장무와 무주의 사 전통

장무는 그의 동시대인인 동준, 노격, 정기가 다루지 않았던 무주 사의 학의 역사를 그의 교육에 도입했다. 장무에게는 지역의 학의 역사를 주목하는 것이 모든 지방에서 중요했다. 예를 들어, 그는 복건 학생들을 위한 과거시험 문제에서, 주희가 정점을 이룬 공자의 가르침을 완성한 도덕성, 문학적 성취, 고위 관직으로 명성을 얻은 복건의 사들에 대해 논의할 것을 요구했다.[96] 그는 이처럼 지역의 학에 대한 관심을 현 단위에서도 독려했다.[97] 그의 기준점은 그가 태어난 고향인 무주였다. 그는 말했다. "우리 무주에는 세 가지 중대한 책임이 있다. 여조겸, 하기, 왕백, 김이상, 허겸 이후로 도학에 대해 책임을 진 사람이 없었다. 종택과 반양귀 이후로 정치적 성취에 대해 책임을 진 사람이 없었다. 오사도, 황진, 유관, 송렴 이후로 문장에 대해 책임을 진 사람이 없었다."[98]

다른 이들은 장무를 사선생의 유산을 계승한 인물로 보았다. 저명한 학자인 나흠순羅欽順[13]은 친구가 금화의 지부知府로 부임하기 위해 떠날 때 그에게 말했다. "여조겸과 사선생의 전통을 이어 가고 있는 장무를 찾아가 보라."[99] 그의 사후에도 다른 이들은 그가 사선생을 통해 정주학파의 학문을 계승했다고 기렸다.[100] 그러나 나는 장무가 그보다 더 광범했다고 생각한다.

장무는 도학 교사로서 여조겸과 사선생을 따랐고, 정치에서는 순국자 종택과 반양귀처럼 그의 청렴성을 입증했다. 그렇다면 그의 문장은 어떠했는가? 그의 친구 임준林俊은 장무의 저서 서문에서 좋은 문장에 대해 다음과 같은 명제를 제시하며 시작한다. "[고대에는] 문은 마음에서 비롯되고 도에 뿌리를 두었다. 이는 인문人文을 드높이고 황극皇極을 도왔다. 사람들의 마음을 움직였고, 정치를 통한 변화를 도왔다. 그러나 후대는 특이한 것을 골라내고 넓음을 추구했다. 그들은 치장과 장식을 기술로 여겼다. 그것을 과연 문이라 할 수 있는가?" 임준은 장무의 노력에는 두 가지 측면이 있다고 보았다. "그는 몇백 년 동안 사라진 무주의 학을 부흥시키고자 했다. 하기, 왕백, 김이상, 허겸의 학파를 모았으며, 이를 넘어 주희와 여조겸의 전통을 이어 갔다. 이후 오사도, 황진, 송렴, 호한과 같은 여러 대가의 전통을 계승하고자 노력했다."[101] 임준의 설명에 따르면, 장무는 사선생의 도학과 원대의 문학적 수용을 모두 반영하고 있었다.

---

13) 나흠순(1465~1547)은 호는 정암(整庵)으로, 태화(泰和) 출신이다. 1493년에 진사로 급제하여 탐화랑(探花郎)이 되었고, 이후 남경 이부상서까지 관직에 올랐다. 그러나 관직을 사직한 후 고향으로 돌아가 신유학 연구에 전념하였다. 명 중기에 그는 왕양명과 견줄 수 있는 대철학자로 평가받았으며, 당시에는 '강우대유(江右大儒)'라 불렸다. 주요 저서로는 『곤지기(困知記)』, 『정암존고(整庵存稿)』, 『정암속고(整庵續稿)』 등이 있다. 태자태보(太子太保)로 추증되었고, 시호는 문장(文莊)이다.

그러나 장무는 문학적 작문에 대해 별다르게 언급하지 않았다. 1509년에 지부인 조학을 위한 송별사에서 그는 조학이 서리를 통제하고, 잘못된 풍속(법적 소송, 가극, 매춘, 호화로운 결혼식, 여아 살해)에 맞서 싸운 점을 칭찬했다. 그는 조학이 북송 순국자인 종택과 반양귀를 기리기 위해 기념비를 세웠고, 도학 저작을 모은 『금화정학편』을 출판했다고 언급했지만, 조학의 두 번째 선집인 『금화문통』은 언급하지 않았다.[102] 장무는 다작하지 않았다. 그의 작품 모음집은 두 편의 시집과 몇 편의 산문, 그리고 여섯 편의 비공식 산문(비문, 송별사, 서문, 족보 서문, 서신, 묘지명)으로 구성되어 있다. 몇몇 작품을 제외하고는 모두 그가 알고 지냈던 사람들을 위해 쓴 것이며, 서신 수신자를 제외하면 대부분 금화에 거주하거나 금화에서 근무했던 사람들이다. 그럼에도 불구하고 그의 산문에는 일정한 일관성이 있다. 그의 글은 언어보다는 구성 면에서 원대 무주 작가들과 유사하다. 그는 종종 행사에 대해 매우 상세한 설명을 제공하며, 학교, 다리, 관청의 건설 및 재건 역사와 이를 후원한 사람들에 대해 서술한다. 족보 서문은 족보가 스스로 주장하는 역사적 기원을 풍부히 다루는 한편, 고대부터 내려온 성씨의 역사에 대한 설명도 담고 있다. 책 서문과 비문은 특정 주제의 역사와 작가의 상황 및 관심사를 논의한다. 이들은 정보가 풍부한, 역사적 관점을 지닌 논문이다. 하지만 이러한 글들은 자주 족보 제작, 서재나 다리 건설, 책 집필의 도덕적 목적에 대해 길게 논의하며, 이러한 작업이 어떻게 다른 사람들의 삶을 개선할 수 있는지를 다룬다. 그는 사건을 문화라는 외피로 감싼다. 그 문화는 천지의 도덕적 불변성에 기반을 두면서도 인간 선택의 고르지 못한 역사에서 나온 산물이기도 하다. 장무는 다음과 같이 설명한다.

예를 들어, 소금 상인 가문이 여울목으로 내려가는 돌 계단을 설치하고, 강을 건너는 무료 배와 건너편 둑에 무료 숙소를 제공하는 것은, 마을을 통과하는 상인들에게 더 매력적인 길을 제공하여 이익을 증대시키는 일이다. 그러나 장무는 그들에게 이러한 자선 행위는 단순한 일 속에서 "천지는 생명을 기르는 것을 마음으로 삼는다[天地以生物爲心]"는 것을 실현하는 것이며, 이는 『주역』과 『서경』의 가르침을 따르고, 여울목에서 다른 사람들을 도왔던 역사적 선례를 재현하는 것이라고 설명한다. 그들의 자선 행위를 다른 분야로 확장한다면, 그들은 분명히 더 복을 받을 것이라고 결론지었다.[103]

명 시기 금화 사선생

원대에는 무주 정체성의 개념이 지적 분열보다 연대감을 더 중시했다. 내 생각에 장무도 유사한 결과를 이루고자 했던 것 같다. 그러나 원에서 주된 긴장은 주희의 학과 문학 사이에 있었던 반면, 장무의 생애 동안 긴장은 도학 내에서, 즉 과거시험에 필요한 경전 텍스트를 공부하는 것과 학을 자신의 내재적 도덕성을 실현하기 위한 깊은 노력으로 보는 사람들 사이에 존재했다. 금화에서 이러한 긴장은 사선생의 의미를 둘러싼 논쟁에서 드러났다. 그러나 이것은 단순히 지역적인 문제가 아니었고, 금화의 절강 내 명성에도 영향을 미쳤다. 절강의 지방 시험관인 강서 출신의 한 관리는 1504년에 다음과 같은 질문을 제기했다.

절강의 역사적 인물들을 모두 설명하는 것은 쉽지 않다. 예를 들어, 최근 금화의 사대 유학자들은 주자의 직접적인 후계자로 불리고 있다. 그들이 쓴 책들을 모두 설명할 수 있는가? 조정에서 그들을 문묘 배향 대상에 포함시키자는 제안이 있었고, 한림원의 집단적 의견은 긍정적이었지만, 이는 실행되지 않았다. 누가 이를 제안했고 왜 다른 사람들이 반대했는지 아는가?[104]

문제의 핵심은 사선생이 이해하려고 노력했던 주자 중심의 텍스트 기반 시험 학습과, 사선생이 실천한 자기 수양의 진지한 실천이 동시에 존재하면서 발생한 문제였다. 처음에는 이 두 가지가 모순처럼 보이지 않았다. 장무와 다른 이들이 자기 수양에 진지한 본보기로 여겼던 오여필은 공자와 주자에 대한 꿈을 꾸었으며, 과거시험 공부는 단지 얕을 뿐 잘못되지는 않았다고 보았다. 그러나 그의 제자인 광동 출신의 진헌장은 차이점을 보았고, 성인이 되기 위한 길을 찾기 위해 수년간 집에서 자신의 내면에 집중했다. 그는 추종자를 얻었고 수도에서 강연을 했다. 장무는 진헌장을 알고 있었으며, 그의 개인적 진실성에 대한 헌신을 공유하는 다른 이들과도 교류했다.[105] 오여필과 진헌장은 이후 왕양명의 선구자로 여겨졌다. 장무는 진헌장이 보는 도학의 자득自得 개념이 "스스로 안에서 찾는 것"을 의미한다는 것을 이해했지만, 자신은 이를 "스스로를 위해 찾는 것"으로 강조하며, 이는 스스로 내적 정신 집중에 머물고, 이치를 통찰하며, 사물의 이치를 탐구하고, 지식을 확장하는 것[居敬窮理格物致知]을 통해 이루어진다고 보았다.[106] 그러나 그는 진헌장을 직접적으로 비판하지 않았다. 설령 압박을 받았을 때도, 단지 진헌장이 때때로 시를 쓰거나 서예를 하는 데 지나치게 몰두한다고만 말했다.[107] 그는 진헌장의 추종자들에게 두 통의 긴 편지를 보내며 학습 과정에 대한 정이와 주희의 이해가 옳았다고 생각하는 이유를 상세히 설명했으나, 여전히 자신이 진헌장과 의견이 다르다는 것은 부정했다.[108] 그의 제자 당용은, 장무가 도학이라는 이름을 두고 논쟁하거나 사들의 마음을 두고 다른 이들과 경쟁하고 싶어하지 않았다고 설명했다.[109] 그러나 두 진영 간의 분열은 전례 없이 점점 더 분명해지고 있었다. 여호余祐는 장무의 문집 서문에서 그를 중간에 위치시켰다. "정주에 노예처럼 집착하는 것은 자신을 위해 찾는[自得] 학문이라 할 수 없다. 그러나 정주 학설의 많은 결론이 잘못되었다고 말하는 것은 자신의 도량의 한계를 이해하지 못하는 것이다."[110]

장무는 1521년에 사망했지만, 사선생에 대한 그의 주장은 여전히 중요했다. 장무의 추종자인 동준은 이를 이용하여 주희의 학을 옹호했다. 동준은 국자감에 들어간 후 주의 교관과 현령으로 재직했다. 고향에서는 어머니를 극진히 봉양한 것(어머니는 95세에 사망)으로 명성을 얻었고, 장무의 가르침에 따라 교육했다.[111] 김이상의 남은 산문을 모아 편집했고,[112] 두 권의 유학 관련 서적 외에도 『금화연원록』을 편찬했다.[113] 그는 1518년 자신이 초대 원장이었던 인산서원仁山書院의 기문記文에서 이 전통에 대한 설명을 남겼는데, 이 서원은 김이상을 기리는 곳이었다. 남송대에 여조겸, 장식, 주희가 '정학正學'을 장려했다.

인산仁山, 즉 김이상의 학문은 주자에게서 전해진 학맥으로 거슬러 올라간다. 하기는 그에게 "스스로를 살피고 절제하라"고 가르쳤고, 왕백은 "자신을 수양하고 충만하게 하라"고 가르쳤다. 그는 이러한 간단한 가르침을 평생에 걸쳐 따르며 이를 다할 수 없을 것처럼 여겼다. 당시 사람들은 하기의 청렴함과 선함이 정씨의 제자인 윤돈尹焞을 닮았고, 왕백의 빛남과 정직함이 사량좌를 닮았다고 평가했다. 김이상은 두 사람의 가르침을 직접 받고 이를 스스로 충실히 완성했다. 그는 허겸에게 다음과 같이 가르쳤다. "성인의 도는 단지 중中에 있을 뿐이다." 또 다음과 같이 말했다. "우리 유학자들의 학문은 리가 단일하나, 그 발현은 다양하다. 리가 단일하지 않을까 걱정하지 말라. 어려운 점은 다양한 발현이다." 이로부터 그의 학문의 기원이 고르게 올바르다는 것을 알 수 있다. 나와 같은 뜻을 공유하는 자(즉, 장무)도 다음과 같이 선언했다. "군신 관계는 가장 중요한 관계이며, 도가 실행되지 않는다는 것은 성인이 이미 알고 있었던 일이지만, 성인은 여전히 그것이 버려질 수 없다고 말했다."[114]

그러나 곧 보겠지만, "어려운 점은 다양한 발현이다"라는 점이 그렇게 중요한 것이라는 데 모두 동의한 것은 아니었다. 동준은 주자학파의 중요성을 강조하기 위해 『제유강의諸儒講義』를 편찬했다. 이에 대한 내용은 그의 동시대인이자 다재다능한 신유학 학자 겸 사상가였던 양염楊廉의 발문跋文에서 확인할 수 있다. 양염은 이 모음집에 대해 다음과 같이 썼다.

이는 대체로 모두 주자의 학이라고 부를 수 있다. [사실 그는] 학은 주자를 출발점으로 삼아야 길을 잘못 들지 않으며, 견해는 주자와 일치해야 틀리지 않는다고 말하고 있다. 그러나 주자의 학이 결코 주자에게서 온 것은 아니다. 이는 정자의 학이라 할 수 있다. 정자의 학 역시 결코 정자에게서 온 것이 아니다. 이는 맹자의 학이라 할 수 있다. 더 거슬러 올라가면 공자에 이르고, 더 나아가 요, 순, 복희伏羲, 황제黃帝에까지 이른다. 궁극적으로는 하늘에서 비롯된 것이다. 아아, 속된 학을 하는 [자들의] 관점에서 본다면, 나는 이 69강講에 대해 그들이 어떻게 생각할지 알지 못하겠다. 그러나 성현의 학에 헌신하면서도 이를 시작할 문門이 없음을 두려워하는 자들이 이를 읽는다면, 이는 마치 잠에서 깨어나거나 술이 깨는 것과 같을 것이다. 동 선생께서 우리 부府에서 가르치는 임무를 받으셨으나, 시대의 관심에 부합하지 않아 그만두셨다. 이 [강의들]을 고려해 볼 때, 그가 당대 학자들에게 기대했던 바가 결코 얕지 않았음을 알 수 있다. 이에 감탄하며 경의를 표하고 감히 이 후기를 쓴다.[115]

양염의 요지는 신유학의 학문이 궁극적으로 자연철학에 기반을 둔다는 것이다. 이를 한 사람의 가르침으로 정의하는 것—사선생이 실제로 그렇게 했던 것처럼—은 본질을 놓치는 일이다. 양염은 송대의 사상가들을 연구했지만, 왕양명에게도 개방적이었다.

동준의 전기 작가인 능한凌瀚은 1525년 향시에 합격한 후 군 교관, 지방시험관, 그리고 왕자의 도덕적 조언자[紀善]로서 경력을 쌓았다. 능한은 엄격한 자기 규율과 도덕적 품행으로 알려졌다.[116] 자신이 과거에서 전문이었던 『주역』에 대한 세 권의 책과 사서에 대한 한 권의 책을 저술했으나, 모두 전하지 않는다. 그는 금화 전통에 관심을 두어 오사도의 『경향록』 후속편과 『금화정사록』을 저술했다.[117] 동준과 능한은 장무를 존경했던 이들 중에서도 주희의 학에 대한 헌신으로 돋보인다. 능한은 또 다른 제자가 주희가 제시한 성현의 학에 대한 위협으로 간주한 문장과 왕양명의 가르침에 관심을 보였던 것을 비판했다.[118]

당용은 "정치적 업무에서의 성취"를 목표로 삼은 몇몇 금화 사 중 한 명으로, 이는 신유학자들 사이에서 일반적으로 비판받는 일이었다.[119] 그는 관직 이력이 있는 가문에서 태어나지 않았고, 장무와 외조부인 정기에게 배운 후 과거에 합격했다. 병부상서까지 올랐으나, 1546년 강력한 정치가 엄숭嚴嵩[14])과 연루되면서 당파 혐의로 해임되었다.[120] 그는 문학적 재능으로도 알려졌다.[121] 그는 다른 난계 사들과 함께 장무의 업적을 기리며 장무의 행장 등을 저술했다.[122] 그는 장무가 제시한 금화 사의 "세 가지 책임"을 언급하며, 장무의 기본 가르침을 다음과 같이 정리했다. 인간의 본성과 인간의 신체는 천지의 체體와 용用에 해당한다. 궁리를 위해 마음을 넓게 가지되, 자신을 관찰하기 위해서는 집중해야 한다. 공허함은 마음을 해친다. 정부의 적절한 구조는 군주의 마음을 바로잡는 것에서 시작된다. 중심[中]과 화합을 이루었을 때에만 고대를 따라잡을 수 있다.[123] 당용은 외조부가 '성리의 학'을 추구했음을 알고 있었지만, 그의 저작물은 문집과 『주역』에 관한 책을 제외하고는 국가의 문제에 집중되어 있었다.[124] 그는 왕

---

14) 엄숭(1480~1567)은 명 중기의 권신이자 문학가로, 정치적으로는 부패와 전횡의 상징으로 평가받는다. 그는 1505년 과거에 급제해 관직 생활을 시작했으며, 점차 승진하여 화개전 대학사에 이르러 가정제의 총신이 되었다. 그러나 권력을 남용해 부정부패를 일삼고 군비를 횡령해 북로남왜 문제를 악화시키는 등 국가에 큰 해악을 끼쳤다. 1562년 탄핵을 받아 관직에서 물러났고, 1565년 삭탈관직과 가산 몰수를 당한 후 두 해 뒤 병사했다. 한편, 그는 문학적 재능이 뛰어나 『잠산당집(鈐山堂集)』, 『남궁주의(南宮奏議)』 등 다수의 작품을 남겼으며, 청려하고 우아한 문체로 평가받는다. 정치적 논란 속에서도 문학적으로는 인정받는 복합적인 인물이었다.

양명이 강서의 반란[15]을 진압한 것을 칭송했지만,[125] "강서의 풍조"와 "나는 나의 도를 밝힐 것이다[吾以明吾道]"라고 말하며 주희의 학에 따르지 않는 자들을 비판했다.[126] 한 세대 후 당용의 아들 당여즙唐汝楫은 1553년 전시에 장원급제했는데, 이는 그의 아버지의 후원자였던 엄숭 덕분이라는 말이 있었다. 그는 1562년 엄숭이 몰락하자 면직되었다. 그는 장무의 "세 가지 책임"과 사선생에 대한 견해를 공유했으나, 사들이 개인적 청렴성, 정부 업무, 문장에서 모두 명성을 얻는 것은 기대하기는 어렵다고 보았다.[127]

사선생은 금화의 사들에게 너무나 큰 가치를 지녔기에, 주희의 학을 거부한 왕양명의 추종자들조차도 사선생을 계속해서 지지했다. 서포徐袍와 정정의程正誼는 그 예이다.[128] 그러나 왕양명의 추종자들 중에서도 육가교陸可敎와 조지고趙志皋 같은 이들은 여전히 사선생과 장무와의 연관성을 주장하면서도, 육가교의 말에 따르면, 자신들이 "문장을 통해 공자를 잘 탐구했던[善求夫子於文章]" 주자 전통의 학자들을 대표한다고 생각했다. 이는 문자의 매개 없이 "내재된 본성을 직접 가리키는 이론을 처음으로 주장한 최근의 학자들[近世學者乃始有直指性體之論]"과는 대조적이었다.[129]

---

15 1519년, 황족으로 영왕(寧王)의 제후직을 세습한 주신호(朱宸濠, 1476~1521)가 정덕제에 대항하여 강서성에서 일으킨 반란으로 '영왕의 난'이라고도 한다. 주신호는 스스로를 황제라 칭하고 순덕으로 연호를 삼았으나, 왕양명과 오문정(伍文定)에 의해 단기간에 진압되었다. 주신호는 왕양명에게 포로로 잡혀 북경에서 처형되고 영왕의 직과 봉토도 폐지되었다.

왕양명으로의 전환

문장을 통해 탐구하는 데 능하다는 것과 내재된 본성을 직접 가리키는 것 사이의 구분은 실제로 실천에서의 주자학 전통과 왕양명 학의 차이를 핵심적으로 드러낸다. 주희의 학 이론은 역사 밖에 있는 기초 위에 세워져 있었다. 마음이 사물 속의 리를 통찰할 수 있는 능력은 자신의 내재된 리, 즉 모든 사물의 리의 통일성인 천리를 인식하는 방법이었다. 올바른 책을 읽는 것은 그러한 인식을 발전시키는 하나의 방법이었다. 여조겸은 도학의 우주론적 기초를 인식하였고, 사물의 통일성을 직관적으로 이해하려 한 육구연의 가르침과 대조적으로 누적적 학습을 통해 이해하는 것에 대한 주희의 신념을 공유했다. 금화의 사선생은 이것이 가능한 방식에 대한 이해가 연구되고 가르쳐질 수 있는 교리였음을 입증했다. 12세기부터 15세기까지 무주는 주로 학에 대한 누적적이고 역사적인 접근 방식을 유지했으며, 도학 학자들과 문학 학자들 모두 누적적 학습이 통일되고 일관된 이야기를 제공하기를 원했다.

왕양명의 학은 리가 외부의 사물에 실재하고 동시에 내부의 마음에 있다는 생각에 도전했다. 리는 마음의 세계에 대한 명제이며, 마음은 본능적으로 옳은 것을 볼 수 있다는 것이다. 주희가 제시한 '격물궁리'는 다양하게 나타나는 현상에 주목할 것을 요구했다. 반면, 왕양명은 '격물格物'을 '정물正物'로 해석하였고, 이는 마음속에서 발생하는 이기적인 생각을 바로잡는 것을 의미했다.[130] 한참 후 황종희黃宗羲는 왕양명이 성현의 학에 기여한 바를 이렇게 설명했다. 그는 사물의 리와 그것을 마음으로 이해하는 것 사이의 간극을 "선한 것을 본래 아는 능력[良知]"을 사용하여 메운 것으로 평가한 적이 있다.

> 유학자들은 항상 리를 천지와 만물의 것으로 여기고, 지적 의식[明覺]을 단일한 자아[一리]에 기반을 둔 것으로 여겼다. 그들은 리를 분리된 것으로 보고 이원론으로 다루었으며, 그 결과 끝없는 부조화의 문제를 만들었다. 왕양명은 "선한 것을 본래 아는 능력[良知]"이 천리이며, 따라서 천성天性과 지적 의식은 동일한 것일 뿐이란 것을 밝혔다. 이것이 그의 성현의 학에 대한 기여였다.[131]

장무가 금화에서 '성현의 학'의 부흥을 이끈 것은 도덕적 참여의 부흥을 불러왔으나, 이는 여전히 올바른 책을 공부하는 과정을 포함한 학이었다. 이정환은 금화 영강의 일부 사들이 왕양명을 찾아 그의 학문에 헌신했으며, 왕양명의 학문에 대한 생각을 확산시키기 위해 큰 노력을 기울여 오봉서원五峯書院의 설립으로 이어졌음을 조사했다.[132] 영강에서 왕양명으로의 전환은 특정 가문들의 문화적·사회적 야망과 얽혀 있었다. 주요한 세 인물은 1514년 전시에 합격한 응전, 자신은 끝내 과거에 합격하지 못했으나 (그의 아들이 합격한) 정재程梓, 그리고 진사의 아들이자 1529년 과거에 합격한 그의 친척 정문덕程文德이었다. 이들은 왕양명의 가르침을 실천하기 위해 영강 구석에서 '모임[會]'을 시작했다. '모임'은 사 그룹이 왕양명의 학을 추구하기 위해 조직한 것으로, 서원이라는 주장을 피했는데, 이는 공식적인 승인을 필요로 했기 때문이다. 응전은 그들의 노력이 정당하다는 것을 무주 사의 학의 역사와 연결함으로써 주장했으며, 서원의 첫 사당을 '이택麗澤'이라 명명하여 여조겸을 기렸다. 이는 이미 이택사麗澤祠가 있는 금화 주현의 중심부에서 이루어졌다. 1530년까지 이들은 금화 지사의 승인을 얻어 더 많은 학생들을 수용하기 위한 새로운 건물인 이택서원을 착공했으며, 이제 다른 현에서도 학생들이 모여들었다. 이들은 여조겸을 넘어 서원을 도학 전통 전체에 접목하여, 사당에 주희, 장식, 육구연을 포함했다. 영강 출신인 진량도 포함되었는데, 이는 주희, 여조겸, 진량이 동양에서 만났다는 오래된 주장에 호소한 것이지만, 도학 계승을 주장하려는 관점에서는 논쟁적인 움직임이었다. 육구연의 추가는 놀라운 일이었는데, 그는 금화에서 사당에 모셔진 적이 없었기 때문이다. 그러나 이는 왕양명에 대한 관심을 분명히 보여 주는 것이었다. 그들의 가문이 사 가문으로서의 명성을 확보하고 서원에 대한 공격이 사라지자, 그들은 왕양명을 공식적으로 사당에 모셨다. 이는 조정이 1584년에 그를 문묘에 포함시키기 전의 일이었다. 결국 오봉서원으로 알려지게 되었으며, 금화에서 왕양명 학의 중심지가 되었다.[133] 그들의 가문은 오늘날까지도 영강에서 여전히 활발히 활동하고 있다.[134]

응전은 단 한 번의 관직 임기를 수행했다. 그는 어머니를 돌보기 위해 돌아가는 길에 난계에 들러 장무를 만나게 되었고, 그에게 금화 사의 "세 가지 책임"을 전달받았다. 집으로 돌아간 후, 이웃 선거현仙居縣에서 황관黃綰과 응양應良이 자기 수양에 대해 가르치고 있다는 소식을 들었다. 그는 그들을 만나러 갔고, 결국 그들은 그를 왕양명에게 보내게 되었다.[135] 응전의 작품 중 알려진 유일한 것은 오봉을 방문한 후 팔화산八華山에서 "도를 구하려는 뜻을 가진 이들"을 위한 연례 모임을 조직한 동양의 한 사를 위해 쓴 비문이다. 팔화산은 허겸이 한때 가르쳤던 곳이다. 그 과정에서 응전은 허겸의 핵심 가르침을 거부했다. "리가 단일하지 않음을 염려하지 마라. 어려운 점은 다양한 발현들에 있다." 응전에 따르면, "다양한 발현을 통해 통일성에 도달하려는 것은 근거 없는, 뒤집힌 견해이며[求分殊以歸一, 是則無根顚倒之見]" 주희에게도 허겸에게도 충실한 견해가 아니다.

> 도는 본성을 인도할 뿐이며, 그 이상도 이하도 아니다. 본성은 하늘에서 비롯되어 마음에서 완성된다. [마음은] 천지 만물과 한 몸이다. 이를 배우는 사람들이 진정으로 자신을 성찰하고, 경계하며, 스스로 이를 깨달을 수 있다면, 위대한 근본이 확립되고 성공적인 도가 실천될 것이다. 어떠한 일이나 변화도 이것을 벗어나지 않는다. … 아무리 모든 책을 다 섭렵하고 이해를 개선하며 열심히 실천한다고 해도, 여전히 성현들의 마음과는 반대로 나아가게 될 것이다.[136]

금화의 지적 과거와의 연관이 전략적이었는지 아니면 진정한 것이었는지 여부와 상관없이, 응전은 도학의 통일성을 주장하고 있었다. 모든 창조물과의 통일을 실현하는 것을 출발점으로 삼는 것은 왕양명의 "선한 것을 본래 아는 능력[良知]"이라는 개념을 가능하게 했으며, 이는 주희의 학과 반드시 상충되는 것은 아니었다. 영강의 사들은 사선생과 주희의 작품을 공부했다고 말했지만, 세상의 다양성과 역사적 텍스트에서 시작하는 것보다 "본성 자체를 직접 가리키는 것"을 주장했다.

일반적 관행과의 차이점이 또 하나 있었다. 응전과 오봉의 동료들은 권위 있는 교사를 고용하지 않았고, 같은 의지를 공유하며 함께 배우는 사 그룹을 조직했다. 그는 허겸이 우정과 신뢰를 가장 중요한 덕목으로 강조했음을 제대로 알아차렸다. 왕양명이 죽은 후 응전은 황관에게 허겸이 하기를 공식적으로 추모했던 것에 대해 썼으며, 이는 교사가 아버지와 동등하다는 것을 암시했다. 황관은 이에 대해 교사가 다른 범주에 속한다고 설명했다. "오륜五倫 중에서 친구-친구 관계라는 용어만이 적합하다. 따라서 '교사'도 친구-친구 관계 안에 있다. 의심할 여지가 있는가? 누군가가 교사로 불리는 것은 그가 당신을 완성시킬 수 있기 때문이다. 누군가가 친구로 불리는 것은 그가 당신을 도울 수 있기 때문이다. 이것이 교사와 친구의 차이이다."[137]

부계에 관직을 지닌 이가 없었던 정재는 학교에서 사선생에 대해 처음 배웠다. 그의 스승이 그들의 학의 목표를 알지 못했을 때, 정재는 조학의 도학 저작 모음집을 찾아 "마음을 실현하는 고된 공부[真實心地克苦工夫]"라는 표현을 배웠다. 이 표현이 "다양한 발현들"에 주목하는 것보다 응전, 정재, 정문덕이 실제로 관심을 가졌던 것에 더 가까웠다. 이는 황간이 하기에게 가르친 내용에 대한 왕백의 기록에서 나온 것이지만, 황간의 사서에 몰입하라는 최종 조언에 초점이 맞춰지면서 이 표현은 무시되어 왔다. 이 표현은 내가 알기로는 명대 금화에서만 사용되었으며, 주희의 학과 사선생을 이제 정합 가능하게 했다.[138] 정재는 "종지宗旨가 둘이 아님을 힘써 구하여, 옛 선현들이 이른바 '심학心學'이라 한 것에 부합하고자 하며[務求不二宗旨, 以得當于先賢所謂心學]" 이전의 학에 대한 논의를 공부하였다. 그는 진사가 된 후, 다른 이들과 함께 왕양명을 만나러 갔는데, 왕양명은 그를 전덕홍錢德洪[16])과 왕기王畿[17])에게 보냈고, 그들과 함께 6년 동안 공부했다. 왕양명이 1528년에 사망한 후에야 그는 응전과 정문덕이 주최한 양명학에 전념하는 모임에 참여하게 되었다. 정재는 결국 과거에 응시하는 것을 중단하고 가르치는 데 전념했다. 그는 "선한 것을 본래 아는 능력"이 공자와 맹자의 핵심 가르침이라고 주장했지만, "마음을 실현하는 것을 기초로 삼는 것이 필요하다"고 강조했다. 위험은 모든 것을 이해했다고 생각하면서도 아무것도 확고히 붙잡지 못하는 데 있었다. 이는 편법적인 수단을 채택하면서 불변의 원칙들을 망각하게 되는 것이었다. 그는 엄격한 자기 수양과 규율 준수를 통해 이러한 상황을 피하고자 했으며, 항상 자신을 되돌아보았다.[139]

세 번째 인물은 정문덕으로, 이들 중 사회적으로 가장 저명한 인물이었다. 그의 아버지와 장인은 모두 진사였다.[140] 1529년 과거에 합격하기 전에, 그는 장무에게서 배웠다고 전해지며, 왕양명에게서도 배웠음이 확실

---

16) 전덕홍(1496~1574)은 호는 서산(緖山)으로, 절강성 여요(余姚) 출신이다. 그는 왕양명에게 배워 리의 대의를 깨달았다. 1526년 남경에서 과거를 보았으나 전시를 치르지 않고 귀향하였다. 1532년 진사에 급제하여 관직을 역임하던 중 권세가인 무정후(武定侯) 곽훈(郭勳)에게 사형을 구형하려 했으나, 가정제가 곽훈을 비호하여 오히려 전덕홍이 투옥되었다. 곽훈이 죽은 후 전덕홍은 석방되고, 이후 30년간 은거하면서 양명학을 전파하였다. 강남, 절강, 선계, 혜주, 광동 등지에서 강학소를 세운 것이 유명하다. 전덕홍은 왕양명 이후 심학의 중요한 대표자로, 동시대의 왕용계(王龍溪)와 나란히 평가받는다. 저술로 『서산회어(緖山會語)』, 『평호기(平濠記)』, 『양명연보(陽明年譜)』 등이 있다.

17) 왕기(1498~1583)는 호가 용계(龍溪)이고 왕문칠파(王門七派) 중 '절중파(浙中派)'의 창시자로 불린다. 절강성 소흥부 출신이다. 진사 시험에서 낙방한 후 고향으로 돌아가 왕양명에게 배웠다. 1529년, 북경에 전시에 응시하기 위해 가던 중 왕양명의 사망 소식을 듣고 돌아가 장례를 치렀으며, 3년간 상복을 입고 애도를 표했다. 1534년, 그는 과거에 급제하여 관직에 올랐으나 그의 학술 사상이 당시 재상 하언(夏言)의 미움을 사 관직에서 물러났다. 관직을 떠난 뒤에는 강소, 절강, 복건, 광동 등지를 오가며 40여 년간 강학 활동을 펼쳤으며, 그가 가는 곳마다 수많은 사람들이 모여들었다. 그의 저술과 담론은 후세 사람들이 편집하여 『왕용계선생전집(王龍溪先生全集)』으로 엮었다.

하다. 관직 생활을 시작한 후, 진헌장의 수제자인 담약수湛若水[18]와 밀접하게 연관되었고, 금화 사선생에 대해 가르쳤다.[141] 그는 심학에 대한 자신의 신념을 금화 사의 전통과 일치시켰다. 그는 이렇게 말했다. 그것은 문학적 글쓰기에서 시작되었고, 그다음에 충성스러운 사환, 마지막으로 도학에 이르렀다. 이 세 가지는 명대에도 이어졌는데, 글쓰기는 송렴, 충성심은 왕위, 도학은 장무가 담당했다. 오늘날 1550년 기준으로 금화 사들은 역사적 "세 가지 책임"을 받아들이라는 장무의 도전에 응답했다. 당시 금화 사 중 스무 명이 조정에 있었다.[142] 정문덕은 사립 서원의 부활을 촉구하였는데, 그것이 관학을 보완하는 역할을 하며, 일부가 생각하듯 위협이 되지 않는다고 주장했다. 어쨌든 관학은 수요를 충족할 수 없었다.[143] 그는 학생들에게 강연하며 "과거 공부와 심학 공부는 하나다[舉業關於心學一也]"라는 주제를 설명했다. 어떤 공부도 모두 경전을 자기 자신과 분리된 외적인 것으로 다루지 않는다. 경전이 마음을 다스리는 데 사용되면 그것은 심학이며, 마음에 기반을 두고 사용하는 한 이는 과거 공부에도 사용될 수 있다. 그러나 마음을 훈련하려면 부귀와 권세, 정치적 명성을 추구하지 말고, 성현이 되겠다는 절대적인 헌신이 필요하다.[144] 이는 모든 사람이 선한 것을

---

18) 담약수(1466~1560)는 호가 감천(甘泉)이며, 광동 광주 출신이다. 향시에 합격하여 거인이 된 후, 진헌장의 문하에서 배웠다. 진헌장의 엄격한 지도 아래 학문이 크게 발전하여 스승의 깊은 신임을 얻었고, 백사학설(白沙學說)의 계승자가 되었다. 1505년에 회시에 응시하여 진사 2등으로 급제하였으며, 이후 한림원 편수와 시독(侍讀)을 역임했다. 이후 남경 예부상서, 이부상서, 병부상서를 역임하였으며, 사후 태자소보(太子少保)로 추증되었다. 그는 전국 각지에서 약 40여 개의 서원을 창설하며 많은 제자를 양성하였고, 제자들은 강남과 강북에 걸쳐 수천 명에 달하여 명대 심학의 발전과 번영에 크게 기여했다. 저서로 『이례경전측(二禮經傳測)』, 『춘추정전(春秋正傳)』, 『고악경전(古樂經傳)』, 『성학격물통(聖學格物通)』, 『심성도설(心性圖說)』, 『백사시교해주(白沙詩教解注)』 등이 있으며, 『감천집(甘泉集)』이 전해지고 있다.

본래 아는 능력을 가지고 있기 때문에 가능하다. 비록 성현의 학에 대한 해석이 연결되지 않고 일관성이 없을 때도 말이다.¹⁴⁵

정문덕과 같은 사람들은 난계 출신으로 잠시 대학사를 지낸 조지고가 이상으로 여기던 것을 실현시키고 있었다. 조지고는 "옛날에는 사환[仕]과 학은 하나였다. 오늘날의 사환과 학은 둘이다[古之仕與學一. 今之仕與學二]"고 하였다. 그는 "양지의 이론을 굳게 믿는[篤信良知之說]" 동료 관리를 위해 글을 쓰며, 우리나라에서는 그 단절을 바로잡으려는 노력이 있었다고 적고 있다. "주희를 통해 학을 바로잡으려 했으나, 주석을 [중시]하면서 지나치게 나아갔다. 양명이 일어나 경종을 울리고 우리를 혼란에서 깨우쳐 주었다. 그의 가르침은 멀리 퍼졌으나 미묘했다. 빛나는 사들이 깨달음을 이용하여 공허한 말로 빠져들었다. 학은 세상에서 비실용적으로 여겨졌고 신뢰받지 못했다."¹⁴⁶ 그러나 조지고에게, 그리고 연장자였던 정문덕에게 왕양명은 주희의 교과과정을 숙달하는 부담에서 벗어나 학과 사환을 다시 결합하는 것이 가능하다는 것을 보여 주었다. 마음의 영역은 정부와 정책, 당파 정치와 부패의 세계보다 더 효과적으로 영향을 미칠 수 있는 것이었다. 탕계湯溪 출신인 호신은 자신의 「양지설」에서 마음의 '본체로부터의 앎[本體之知]'이라는 도덕적 확실성을, 보고 듣는 데서 나오는 앎[見聞之知]과 추론에 의존하는 '외부의 마음[外心]'이라는 '막연하고 산만한[汗漫支離]' 것과 대비시켰다.¹⁴⁷

넓어지는 균열

장무 이후 금화의 사들은 학문, 주희, 왕양명, 시사적 주제, 경전, 그리고 역사에 대해 저술했다.[148] 일반적으로 나는 모든 것을 통합하고 모순을 해결하려는 사람들과 어느 한쪽을 선택하는 사람들을 구분하려 한다.

척웅은 원칙에 맞는 사환, 도학, 그리고 문장이라는 금화의 전통이 존재한다는 생각을 유지하려 했던 예이다. 그는 경전, 지방 역사, 정치에 관한 책을 썼다. 그는 우선적으로 문장 중심의 사람이었다고 생각한다. 그의 선집 『무현문궤燚賢文軌』는 조학의 『금화문통』에 비해 더 문학적인 대안이었다. 척웅은 문장의 가치를 저자에 따라 판단하는 것은 잘못된 일이라고(『논어』에서도 "사람 때문에 그의 말을 버리지 말라[不以人廢言]"고 하지 않았나) 주장했다. 따라서 그는 주희에 반대했던 진량과 당중우의 글도 포함했다. 문학 작품을 저자와 상관없이 문학 전통의 관점에서 평가하는 입장은 주희나 왕양명의 관점에 맞지 않았다.[149] 그러나 1535년 이택서원의 개축에 대한 기문을 의뢰받았을 때, 척웅은 주희와 왕양명 간의 간극을 좁히려 했다. 그는 사선생을 다시 위치시킴으로써 이를 시도했다. 사선생은 주희, 장식, 여조겸이 확립한 도학의 전달자였지만, 이제 그들은 심학의 길잡이이기도 했다. 척웅은 이렇게 썼다. "오늘날 학자들이 이것(도학의 전달)을 본보기로 삼을 수 있다면, 그들의 수양은 깊어지고, 위대한 도를 흡수할 것이다. 그들은 방향이 올바르다는 것을 확신할 수 있다. 방향이 올바르면, 심학이 밝혀지고, 심학이 밝혀지면, 참된 유儒가 나타날 것이다. 참된 유가 나타나면, 정치적 질서가 회복될 것이다."[150] 이제 사선생은 심학의 길잡이로 자리 잡았으며, 척웅은 사선생이 "마음을 실현하는 힘든 작업"을 우선순위로 삼았고 '경에 거주하고 뜻을 확립함'을 완전한 성공으로 여겼다"고 주장했다.[151]

왕양명의 제자인 응전의 조카였던 응정육應廷育은 1558년에 작성된 그의 세심하게 연구된 포괄적인 저서 『금화선민전金華先民傳』에서 모든 것을 통합하려고 노력했다. 그는 도학, 관직, 문학, 그리고 다른 분야에서의 지역적 성과를 문서화하며 총 369명의 인물을 포함했다. 도학의 대표자로는 여조겸, 서교(주희의 직제자), 사선생, 그리고 장무를 포함시켰다. "동남 지역 우리 문화[斯文]의 기반인 주희, 장식, 여조겸과 사선생은 연결고리가 되어 주었다.[152] 유학에 대한 장을 소개하며 응정육은 역사적으로 송 이전에 분리되었지만 "원래 [유학]과 도학은 둘이 아니었다"고 주장했다. 그는 유학을 문학과 구별했지만(초기의 『금화현달전金華賢達傳』을 집필한 정백鄭柏은 이 구분을 하지 않았다), 그의 구분은 예상 밖이었다. 황진과 송렴은 유학자로 분류된 반면, (내가 아는 한) 문학적 평판이 없는 그의 삼촌 응전은 문학 범주로 분류했다.[153] 이는 사의 학의 우선순위에 대한 합의가 약화되고 있음을 시사한다. 1578년에 부의 새로운 지방지가 편찬될 때, 편찬자들은 전기 분류 범주를 완전히 삭제하고 대신 현별 연대순 배열 방식을 채택하였다.

서포는 장무의 난계 집단에 속했으나 주희의 학을 거부하고 왕양명을 지지했다. 그는 리와 기의 이원론을 받아들이지 않았으며 마음의 통일성에 초점을 맞췄다. 그는 주희의 학이 마음 밖에 존재하는 리가 있다고 암시하여 일관성이 없고, 불교 선禪 학문은 현상을 마음과 구분함으로써 실패했다고 주장했다. 그는 육구연의 심즉리心卽理를 지지했으며, 왕양명이 도의 본질을 직접 지적했다고 보았다.[154] 서포는 문학적 작업과 일반적인 사 지식에도 관심을 보인 점에서 독특했다. 그는 고대의 경전에서부터 현대까지 (이학理學을 시작으로) 학문과 정부에 대한 다양한 주제를 다룬 유서를 편찬했다.[155] 그는 이몽양(李夢陽)[19] 같은 15~16세기의 위대한 작가들을 높이 평가했으며, 문학을 왕양명의 도학과 결합할 수 있다고 생각했다. 문학은 사상이 언어로 표현될 때 마음의 표현이 될 수 있으며, 따라서 문학은 다른 사람의 마음을 이해하는 수단이 될 수도 있다고 주장했다.[156] 장무의 제자인 능한은 서포가 왕양명으로 전향한 것을 강하게 비판하며 송대의 도학 학자들을 공부할 것을 촉구했다.[157] 서포는 이에 대해 주희의 구절들을 모은 선집 『회암선생문어晦菴先生文語』를 편찬했는데, 선집의 제목만 보면 능한이 의도한 것은 아니었다. 이 책의 서문이 전하는데, 그것은 서포가 여전히 문학과 도학의 모순을 해결하려 노력했음을 보여 주지만, 이번에는 양명학의 맥락에서 이를 논의했다. 그는 육경을 다양한 문文의 양식으로 제시하면서, 이들이 천지와 나란히 존재하는 궁극적 근원이며, 마음에 의해 이루어지는 통일성 안에서 하나로 결합된다고 설명한다.[158] 그는 육경 중 두 경전에 대해 언급하며, 예컨대 "『주역』의 언어는 미묘하고, 『서경』의 언어는 직설적이다[易之言微, 書之言達]"라고 했다. 그러나 이

---

19) 이몽양(1475~1529)은 명 중기의 문학가이자 정치가로, 호는 공동자(空同子)이다. 명대 고문운동의 선구자로, 사문(詞文)의 화려하고 부드러운 문풍을 비판하고, 한당 문학의 전통을 부흥시킬 것을 주장했다. '전칠자(前七子)'의 대표적인 인물로, 시문에서 고문의 부흥과 고전적 표현을 강조하며 명 문학의 방향성을 제시했다. 그의 문학 운동은 1세기 동안 큰 영향을 미쳤으나, 이후 공안파(公安派)의 원종도(袁宗道), 원굉도(袁宏道), 원중도(袁中道) 형제가 주도한 문학 운동으로 대체되었다. 예부상서(禮部尙書)를 역임했으나, 정치적 갈등과 비판 속에서 물러났다. 주요 저작으로는 『공동자집(空同子集)』이 있다.

는 모두 성인의 정신적 과정[心術]을 표현하며, 마음은 하나로 통일되어 있다고 주장했다. 그는 이어서 마음의 통일성과 경전 및 도의 통일성이 차이를 포괄하는 방식을 보여 준다. 마음은 여러 관점에서 볼 수 있다. "그 변화에 대해 말하면 그것을 적시適時라 하고, 그 국정 운영에 대해 말하면 그것을 정치라 한다[以言其變化謂之時. 以言其經綸謂之政]". 이 마음이 경전에 표현되면 "『주역』은 적시를 이끌고, 『서경』은 정치를 이끈다[易以道時. 書以道政]". 따라서 "변화를 구현하는 자는 『주역』을 존중하고, 시대를 다스리는 자는 『서경』을 존중한다[以體化者尙乎易. 以宰世者尙乎書]". 이와 같이 육경의 문文은 천지의 기능과 병행하며 "마음 밖에는 적시도 없고, 마음 밖에는 정치도 없다[心外無時, 心外無政]"고 결론지었다. 동시에 시, 정치, 의지, 모범, 형식, 조화는 "독립된 것이 아니며, 상호 내재적이다[非判然各爲一物而不相屬]". 이는 복잡한 고전 해석 방식일 수 있으나, 서포가 다양성 속에서 통일을 추구했다는 점을 보여 준다. 이 점에서 그는 장무, 원 후기 문학적 지식인, 12세기 금화 학자들과 유사하다.

그러나 조화를 이루고 포괄하려는 것에 관심이 없고 편을 가르려는 이들도 있었다. 손양孫揚은 주자학의 타당성과 올바름을 주장한 이들을 대변하며, 서포의 아들 서용검徐用檢은 양명학의 한 해석을 따르는 이들을 대변한다.

손양은 동양현의 향교에서 더 나아가지 못했다.[159] 그는 처음 왕양명의 가르침에 대해 들었을 때 흥분했지만, 『전습록傳習錄』(1518년에 출판)을 읽고 의구심이 생겼고, 왕양명을 직접 만났지만 의문은 풀리지 않았다. 그는 왕양명이 사망한 1528년에 자신의 평론을 출판했다.[160] 「친구에게 보내는 답장[答友人書]」에서 그는 주희가 왜 중요한지를 설명하고 있다.

> 도의 위대한 근원은 하늘에서 오며, 그 실체는 인간 안에 완전하게 담겨 있다. 도를 배우는 자들은 그들이 해야 할 노력이 있고, 이를 이해하는 자들은 자연적인 경이로운 기능을 가진다. 고대의 성현들은 그들의 마음에서 우리 도를 밝혔으며, 그들의 몸에서 우리 도를 구현하였고, 이를 가정, 국가, 그리고 천하로 확장시켰다. 그럼에도 불구하고 그들은 우리 도가 후대에 전해지지 않을까 염려하여 이를 언어와 글에 담았다. 이것이 바로 오경과 사서가 쓰인 이유다. 따라서 경전의 글은 모두 이 도를 밝혀 후대 사람들을 깨우치는 수단이었다. 각 경전의 핵심 내용은 다음과 같다. 『주역』은 우리 도의 근원을 밝히는 수단이다. 『시경』과 『예기』는 우리 도의 표현을 밝히는 수단이다. 『서경』과 『춘추』는 우리 도의 작용을 밝히는 수단이다. 우리 도는 『대학』에서는 지선至善, 『중용』에서는 성誠, 『논어』에서는 인仁, 『맹자』에서는 인과 의라 불린다. 성현들의 경전은 비록 그 표현 방식과 구조가 동일하지 않지만, 본질적으로 배우는 자들이 도를 깨닫고 이를 자신의 몸에 구현하여 본래의 마음을 잃지 않고 이를 국가와 천하로 확장시키길 바랐다. 그러나 이를 알지 못했기 때문에 한과 당의 유학자들은 혼란스러웠으며, 이를 이해했기 때문에 송의 유학자들은 위대했다. 주자는 위대한 유학자들인 주돈이, 정호, 정이, 장재, 소옹 이후 태어났다. 그는 위대한 종합을 이루어 냈다. 그는 우리 도를 스스로 완전하게 했지만, 이를 자기 자신만을 위해 간직하지 않았다. 그는 후대 사람들이 이를 이해하지 못하거나 실천하지 않을 것을 깊이 염려하여 성현들의 남겨진 작품을 명확히 정리했다. 그는 특히 사서를 성인의 학의 뿌리로 간주

하여 특별히 주목했다. 『대학』과 『중용』을 단락과 문장[章句]으로 나누어 해석했다. 또한 『집략輯略』과 『혹문』을 추가했다. 『맹자』와 『논어』는 뜻이 수집되어 있었고[集義], 『훈몽訓蒙』과 『집주集註』를 추가했다. 『주역』에 대해서는 『본의』와 『계몽』을 작성했다. 『시경』에는 주석을 작성했다. 『서경』의 의미는 채씨에게 구두로 전달되었다. 『가례』는 예경의 핵심을 결합한 것이다. 『춘추』의 원리는 『통감강목』에서 자세히 설명되었다. 이렇게 하여 사서와 오경의 모든 내용이 명확해졌을 때, 우리 도는 크게 드러났고, 성현들의 체용體用 학문이 모든 면에서 완전해졌다. 그는 배우는 자들이 기초를 세울 방법이 부족하다고 생각하여 『소학』을 작성했다. 그는 배우는 자들이 문에 들어갈 방법이 부족하다고 생각하여 『근사록』을 작성했다. 깊이 고민하고 진정으로 앞을 내다보았다고 할 수 있다. 주자가 도를 지키기 위해 이룬 공은 맹자와 자사에 못지않다고 평가받을 만하다.

오늘날 우리의 도에 뜻을 두고 우리의 학문을 배우는 자들이 그의 발자취를 따르고 진정으로 노력한다면, 무지한 자도 깨달음을 얻고, 약한 자도 강해질 수 있을 것이다. 우리 도의 위대함으로 인해 그들은 전당에 오르고 방 안으로 들어갈 수 있다. 비록 노력해야 할 영역은 많고 크지만, 본질적으로 네 가지를 넘어가지 않는다. 그 네 가지는 무엇인가?

[다른 이를 위해서가 아닌 학은] 스스로를 위해 내 뜻을 세운다.
경건함을 유지하여 내 마음을 보존한다.
이를 궁구하며 앎을 확장한다.
자신을 성찰하여 그 실을 행한다.

우리는 주자의 책을 통해 성인의 도를 찾는다. 우리는 이 네 가지 본질을 굳게 지켜 수행의 세부 사항을 실현한다. 이로써 우리의 학문은 완성되고 우리의 도는 이해될 수 있다. 천지의 위대함. 백성과 만물의 다양함. 이전에는 성인들의 실재가 있었고, 이후에는 성인들이 다시 나타날 것이다. 이러한 이치들은 어느 것도 내 마음 밖에 있지 않으나, 그 효험의 위대함은 형용할 수 없을 것이다.[161]

손양은 기본적으로 신유학의 입장에서 출발한다. 도는 역사와 문화에 기초한 것이 아니라 창조의 과정 자체에 기초하며, 우리 안에 완전하게 존재한다. 성현들의 경전은 도의 여러 측면을 밝히고 도를 이해할 수 있도록 한다. 그러나 이것은 송대까지 제대로 이해되지 못했다. 주희는 성현의 도를 탐구할 수 있는 완전한 교과과정을 만들어 냈다. 하지만 의문이 제기될 수 있다. 만약 학의 프로그램이 본질적으로 자기 수양과 개인적인 실천이라면, 왜 주희의 텍스트를 공부하는 것이 필요할까? 12세기 주희는 성현의 학문이 실제로 자기 수양의 과정이라는 것과 정부와 문화적 업적에서 자신을 수양하는 것으로 중점을 돌린 사서를 오경보다 격상시킨 것이 사실은 성현의 도에 충실한 것이라고 사들을 설득해야 했다. 그러나 16세기에는 이것이 일반적으로 받아들여졌다. 만약 자신이 이미 도덕적 행동을 할 수 있는 잠재력을 완전히 가지고 있다면, 주희의 교과과정을 익히는 것을 걱정하지 말고 단순히 손양의 네 가지 본질만 따르면 되지 않겠는가?

조지고가 난계에서 열린 모임에 대한 설명에서 취한 입장이 바로 그런 교과과정을 포기하는 것이다. 이 모임은 역사성과 텍스트의 경계를 초월한 학에 대한 접근법에 중점을 두고 있었다. 서용검은 조지고보다 젊었지만, 1562년에 과거시험에 합격하여 조지고보다 9년 앞섰다. 서용검은 과 거시험을 준비하는 동안 모임을 이끌었고, 조지고는 그 후 모임에 참여하 게 된다. 서용검이 관직에서 돌아왔을 때, 그는 조지고의 모임에 합류했으 며, 두 사람은 반년 동안 함께 활동했다.

난음蘭陰에는 이전에 이학 모임이 없었다. 모임을 이끈 것은 노원魯源[20] 선생[이하 서 선생]이었다. 서 선생은 성현을 존경하고 친구를 좋아했다. 매일같이 이러한 학을 함께 발전시켰다. 그들은 논의하고, 질문하며, 같은 뜻을 가진 사람들이 모두 한데 모였다. 1562년 서 선생이 과거에 합격한 해에 나는 학문에 집중하기 시작했고, 강을 거슬러 올라가 왕양명의 제자인 전덕홍을 만났다. 그는 "[생각을] 바로잡고, [도덕적 앎을] 실현하는" 학에 전념하였고, 학은 논의를 통해 명확해진다고 내게 말하였다. 나는 더 많은 깨달음을 얻기 시작했다. 당시 학을 추구하려고 노력하던 사람은 20여 명이었으므로, 우리는 난음산에 있는 오두막을 모임 장소로 정하고 '난음회'라 불렀다. 모임 날짜가 정해지면, 사람들이 모두 지체 없이 참석하였다. 나는 [과거에 합격할 때까지] 총 6년 동안 그곳에 머물렀다.

사람들이 용감히 도를 향해 나아가지 않는 것이 아니다. 다만 세상의 감정과 욕망이 고조되고 심화되며, 여기에 더해 일관되지 않은 사실적 지식이 쌓여서, 비록 자신이 매일 이 마음을 갈고닦아야 한다는 것을 알고 있더라도 아직 핵심을 파악하지 못한다. 편벽된 것을 제거하고 바른 것을 유지하며, 잘못된

---

[20] 서용검(1528~1611)의 호이다.

것을 뒤집고 선한 것으로 전환하는 일이 의식 속에서 오르내리게 되는 것을 피할 수 없다. 이 작업은 일관성이 없으며, 결국 아무것도 이루어지지 않는다. 때로는 자신이 자신의 본체本體를 추구해야 함을 이해한다고 해도, 가시적인 것에 갇히거나 리에 의해 막히거나 어떤 것을 꽉 붙들고 변하지 않게 된다. 따라서 나는 마치 내 본성에서 한 단계 분리된 것처럼 느껴진다.

서용검의 학은 깨달음에 뛰어났다. 그는 세 차례 관직을 맡았다. 당시 가장 뛰어난 현자들을 만나 더 깊은 깨달음을 얻었다. 어느 날 그는 휴직을 하고 어머니를 집에 모시고 갔다. 며칠간 손님을 보지 않다가 친구들과 함께 밤낮으로 난음에서 시간을 보내기로 했다. 그는 학을 개선하겠다는 뜻이 넘쳤다. 내가 동료들과 학을 하는 모습을 보자 그는 한숨을 쉬며 말했다. "이것은 작은 시냇물에서 맑고 흐린 것을 구별하려는 시도다. 너희는 [맑음을] 근원에서 찾아야 한다. 이 학문은 [마음의] 이 본체를 밝히는 것이며, 이 본체는 큰 허공[太虛]에서 비롯된다. 그것은 물리적인 신체를 요구하지 않으며, 지적 사고를 필요로 하지 않고, 감각적 지식에 의해 더럽혀지지 않는다. 그것은 이 밝은 마음의 본체로, 보고 들을 수 있고, 말하고 행동할 수 있으며, 사물에 반응할 수 있다. 이 허虛의 본체를 붙잡고 주의를 분산시키지 않는 것이 노력이다. 이것 외에 말할 노력이 없다. 아무리 많은 말이 있어도 결국 이 한 가지 생각일 뿐이다. 사람들로 하여금 스스로를 깨닫고, 스스로를 알도록 하는 것이다. 모임이 있을 때마다 중요한 것은 각자가 자신이 가진 것을 철저히 발휘하게 하고, 이 생각에 의해 영감을 받게 하는 것이다. 병의 근원을 지적하고 필수적인 방법을 제시하라. 이는 마치 [의사] 편작이 처방을 사용한 것과 같다. 모두 정확히 목표를 맞추었다. 그들의 일 처리가 큰 강의 흐름처럼 막힘이 없을 것이다. 사회적 지위는 중요하지 않을 것이다. 가족의 가난을 풍족함으로 볼 것이다. 평민으로서 채소를 먹는 것을 무심하게 여길 것이다."

서 선생의 학문은 참으로 뛰어났도다! 그것이 증명되었다. 우리는 반년 동안 모였고, 그의 가르침을 들은 사람들이 모두 깨달음을 얻었다. 나 역시 전체 윤곽을 볼 수 있었고, 그때서야 내가 과거에 배운 것이 부차적인 것에 관한 것이었음을 믿게 되었다. 고대의 모든 것이 순간적으로 스쳐 지나가고, 그 본질이 내 안에 있었다. 마치 용광로가 금속을 제련하고 불길이 불순물을 제거하는 듯 되어질 때, 예부에서 [과거시험] 소집령이 내려왔다. 옛사람들에게 도덕성은 인간 안에 있는 것이었지만, 스승과 친구 없이는 이해할 수 없는 것이었다. 서 선생과 헤어질 때 우리의 정을 잊을 수 없다. 그러나 북쪽으로 가는 날짜는 다가오고 있다. 어떻게 모임의 동지들을 잊을 수 있겠는가? 그러나 우리가 모두 진정으로 말을 버리고 생각을 끊으며, 진정으로 우리의 원래 본성에서 행동하며 장애물과 방해물이라고 불리던 것을 제거하고 오늘의 올바름을 추구하는 데 전념할 수 있다면, 나는 서 선생과 떨어져 있지 않은 것처럼 느껴질 것이다.[162]

자신의 '학문에 뜻을 두는 것[志學]'이라는 교리가 왕양명의 '양지'와 양립 불가능하지 않다고 여길지라도, 서용검의 도덕적 인식을 활성화하는 사상은 문헌적 교육과정이나 왕양명의 언어와 교리에 의존하지 않는다.[163] 그러나 조지고는 동시에 과거시험 성공을 적극적으로 추구하고 있었으며, 이는 텍스트를 요구했다.

과거시험은 책 읽기를 요구했으며, 특히 주희의 사서에 대한 주석과 경전 중 하나에 대한 주석을 읽고, 사서와 선택된 경전에서 발췌한 구절을 해석하는 데 필요한 문학 형식을 익히며, 역사적인 문학 모델을 모방하고, 제도적 문제와 학의 역사에 대한 질문에 답하는 것을 포함했다. 학은 텍스트 연구, 문학적 훈련, 자기실현을 추구하는 불일치한 혼합물이 된 것처럼 보였다. 실제로 서용검은 1578년에 설선薛瑄,[21] 진헌장, 왕양명의 가르침을 모은 새로운 텍스트 모음집을 만들어 일종의 해결책을 제시했다.[164] 그는 자신의 선택을 다음과 같이 정의된 다섯 가지 주제를 중심으로 구성했다.

1. 학문에 뜻 두기[志學]: 뜻은 사의 마음[士之心]이며, 그들을 다른 직업 집단과 구별한다. 그들은 정부에서 봉사하고 성인이 되는 법을 배우는 뜻을 가지고 있다. 이 두 가지는 하나가 되어야 한다.

2. 인 실행하기[爲仁]: 성인은 인하며, 학은 성인의 도를 이루기 위한 것이다. 인은 인간이 되는 것이며, 다양한 수단을 통해 자기 자신에서 깨달을 수 있다. 그렇게 하면 성인의 덕성이 그 안에 있다.

3. 정치政治: 학은 자기 자신에게 적용되며, 다른 사람에게 적용될 때는 정치라고 불린다. 이는 정부를 통해서도, 가정을 통해서도 할 수 있다. 그러나 마음을 집중하여 사물을 정돈하는[濟物] 데 힘쓰는 사람도 정치를 행하는

---

21) 설선(1389~1464)은 호가 경헌이며, 하동 하진(현 산서성) 출신이다. 하동학파의 창시자이며 설하동이라고 불렸다. 1421년 진사에 급제한 뒤 통의대부, 예부 좌시랑 겸 한림원 학사를 지냈다. 사후 자선대부, 예부 상서로 추증되고, 시호는 문청(文淸)이다. 1571년 문묘에 배향되었다. 그는 조단(曹端)의 학문을 계승하여 북방에서 '하동의 학문(河東之學)'을 창시하였으며, 그의 제자들은 산서, 하남, 관동 지역에 걸쳐 퍼져 큰 학파를 형성했다. 그의 학문은 명 중기로 이어져 여대균 형제를 중심으로 한 '관중의 학문(關中之學)'으로 발전하였으며, 그 영향력은 양명학과 쌍벽을 이루었다. 청대 학자들은 그의 학문을 주희의 계승으로 여기며, 그를 '명 초 도학의 으뜸'으로 평가했다. 명말 고반룡(高攀龍)은 명대 학문 흐름을 크게 남방의 왕양명 학파와 북방의 설선-주자학파 두 갈래로 나눌 수 있다고 평가하며 그의 학문적 영향력을 높이 평가했다.

것이다.

4. 성명性命: 우리의 성은 하늘로부터 주어진 것이지만, 학을 통해 실현되어야 한다. 왜냐하면 기와 혼합된 인간의 형태는 본래의 성품이 아니기 때문이다.

5. 예술에서 나아가기[遊藝]: 예술[藝]은 도덕적 올바름[義]이다. 때때로 쓰는 글쓰기(즉, 예술)는 성인의 학이 세상에 응답하는 한 방법이지만, 그 응답은 도덕적이어야 한다.

서용검은 사들의 자기 수양, 윤리적 행위, 관직 봉사, 그리고 문학을 안내할 새로운 버전의 정학을 제안하고 있었다. 그의 선집은 단순히 송의 학자들을 포기하는 것에 그치지 않고, 무주 전통 또한 버리고 있다. 금화에서 도학은 올바른 사의 학에 대한 매우 다른 생각을 가진 두 진영으로 분열되었다는 점은 분명하다. 이는 단 하나의 올바른 길만 있을 수 있다고 주장하는 학파에게 있어 문제였다. 하나의 해결책은 서용검의 선집에서 볼 수 있듯, 송의 학자들을 포기하고 새로운 명의 학을 구성하는 것이었다.[165] 그것이 송에서 시작되었으며 주희의 학문을 계승하고 있다는 주장이 핵심 요소였다는 두 가지 이유에서 이는 무주 사의 정체성을 포기하는 것을 의미하기도 했다. 서용검은 이를 받아들일 준비가 되어 있었다. 하지만 다른 이들은 한 걸음 더 나아가, 이제 도학이라는 학문적 기획 자체와 이를 문학과 화해시키려는 노력도 포기해야 할 때가 왔다고 말할 준비가 되어 있었다.

8장

끝과 시작

결론으로서 이 장은 사의 학의 지역적 양상을 연구하는 가치에 대해 세 가지 관점에서 논의할 것이다. 첫 번째는 지역 자체의 관점이다. 두 번째는 자신들의 학 덕분에 국가적 엘리트의 일부로 여겨지지만, 대부분은 지역적 존재에만 머물게 되는 사로서의 본질적인 문제를 살펴본다. 세 번째는 지성사라는 관점이다. 이 장의 두 번째 부분은 16세기 문학 학자 호응린胡應麟에 대한 연구로, 그는 신유학적 철학 기획과 이의 문학적 수용 모두를 거부하였다. 그는 12세기부터 시작되었던 한 시대의 종말을 상징한다.

"우 리 무 주"를 다시 정의하기

송 이전, 무주에는 유학 경전과 역사서를 공부하고 문학적 스타일로 글을 쓰는 사람들이 있었다. 하지만 사 인구의 지속적 성장은 송대에 발생했다. 이러한 발전은 다음 세 가지 요소에 기인한다. 첫째, 부府급에서 실시된 과거시험 제도, 둘째, 11세기 중반 처음 설립된 현급 학교, 셋째, 신법 시기 동안 이루어진 국가의 등급별 학교 제도와 기숙학교에 대한 조정의 대규모(그러나 단기간) 투자이다. 그러나 남송 시기에 이르러서야 무주는 사의 학의 중심지가 되었다. 이는 수도 항주와의 근접성과 관련이 있지만, 과거 급제자 수에서 무주는 절동에서 네 번째로 순위가 높았으며, 상위에 있는 두 개의 부는 수도에서 더 멀리 떨어져 있었다. 더 먼 복건의 여러 부는 가장 높은 급제자 수를 기록했다.[1] 급제자가 많다는 것이 반드시 그곳이 지적 중심지임을 의미하는 것은 아니었다. 급제자 수에서 1위를 차지한 온주는 확실히 지적 중심지였지만, 3위를 차지한 저주는 그렇지 않았다.

과거 급제자의 수는 교육 상태를 대략적으로 보여 주는 지표이지만, 부府급 시험의 합격 대 불합격 비율은 더 많은 것을 알려 준다. 12세기 후반 무주의 합격 비율은 1대 200으로, 이는 민간 서원, 지역 상업 출판업자, 고위 관직에 오른 지역 사들의 고무적인 모범 사례, 그리고 학문이 사로 인정받는 길을 열어 준다는 인식으로 인해 촉진된 수요 증가를 보여 준다. 사로 인정받는 것은 지역 정부에 접근할 수 있는 특권과 저명한 지역 가문과의 연결을 의미했다. 여조겸은 여러 면에서 이러한 그림에 중요한 역할을 했다. 그는 인상적인 가문 배경을 가지고 있었고, 국가적 연결망을 보유했으며, 진사 시험을 통과한 사람이었다. 그는 박학과 문학적 재능을 평가하는 과거시험(박학굉사과)에도 합격한 소수 중 한 명이었다. 그는 복건 출신의 주희와 호남 출신의 장식과 함께 도학에 직접적으로 관여했으며, 주희의 주요 비판자인 육구연과도 좋은 관계를 유지했다. 또한, 인근 온주의 주요 경세학 학자들과도 연관이 있었다. 그는 무주에서 그런 지위를 가진 최초의 인물로, 교육과 학습 공동체 창설에 전념하였다. 그는 제자들에게 가문 배경이 없어도 국가적 논의의 일부가 될 수 있다고 가르쳤다. 여조겸의 제자들 중 그의 학문적 능력과 다방면의 학문을 함께 통달할 수 있었던 사람은 극히 드물었다. 제자들과 친구들은 그를 자신들이 중요하게 여겼던 가치들로 기억했다. 도학, 문학과 작문, 전통적인 경전 및 역사 연구, 그리고 경세 지식이다.

여조겸은 많은 것에 관심을 가졌고, 그가 가장 자주 연락했던 상대인 주희가 양립 불가능하다고 여긴 일부를 통합하려고 했다. 예를 들어, 여조겸은 경전과 역사를 개인의 도덕적 관점에서 읽었지만, 한·당의 주석들이 공자와 맹자의 사상과 상충하지 않으며, 한·당의 역사가 고대와 단절된 것이 아니라고 믿었다. 여조겸이 도학에 충실하면서도 문학과 소식의 글을 여전히 높이 평가할 수 있다는 확신은 주희에게 가장 충격적이었다. 여조겸은 개인과 사물에 내재된 리의 통일성을 이해하고 그에 따라 행동할 수 있는 학습 이론에 집중하기보다는, 조화와 통합을 통해 학문적 영역을 하나로 묶으려 했던 것으로 보인다. 또한 지역 사 가문들의 자발적 활동과, 그것이 지역 사회, 문화, 경제적 복지에서 수행한 역할을 칭송하였다.

1181년 여조겸의 사망으로부터 1276년 몽골의 정복 사이의 수십 년 동안, 무주의 사들은 문집에 수록된 산문 외에도 다양한 책을 저술하였다. 이들 중 일부는 도학 방식으로 쓰였으며, 다른 일부는 경세, 역사 지식, 경전, 의학과 관련된 주제들을 다루었다. 무주의 사들은 많은 책을 썼지만, 예를 들어 태주의 사들도 마찬가지였다.[2] 여기서 중요한 점은, 개인적 성찰을 담은 책이든 학술적인 저작이든 책 쓰기로의 전환이 있었다는 것이다. 가장 긴 책들은 13세기의 유서들이었으며, 다른 책들로부터 구성된 책들이었다. 이들은 각기 체계적이고 포괄적이었으며, 많은 저작을 참고하여 무주에 거주하는 사들이 문헌 전통, 국가, 정치 제도와 정책에 대한 포괄적인 관점을 가질 수 있었다는 것을 보여 준다.

무주의 사들은 정복 이후에도 다른 부 출신들보다 자신을 좀 더 잘 유지할 수 있었던 것으로 보인다. 이들은 항주를 사 문화의 지역 중심지로 바라보면서도 몇 가지 방식으로 자립했다. 지역 전역에서 월천 시 경연 대회를 조직하고 자금을 지원함으로써 자신들의 문명, 문화에 대한 헌신을 과시했다. 이들의 학문은 정부에서 고위직 및 하위직으로 어느 정도의 대표성을 확보하는 데 유용하게 작용했다. 이는 교육직에 추천받는 데 기여했고, 일부는 강력한 몽골인들의 보좌역으로 자리 잡았으며, 소수는 진사 학위를 취득하고, 또 다른 일부는 수도의 문관직을 맡도록 훈련받았다. 이는 이들 모두가 관계를 형성하는 데 필요한 공통 기반을 제공했다. 남송과 원대의 사선생은 이들 가운데서도 두드러지게 주희에 대한 깊은 이해를 가지고 있었으며, 이는 지역적 자부심의 중요한 부분이었다. 이들이 주희의 '도통'을 진정으로 계승했다는 주장은 명대에 더욱 중요해졌으나 논란의 여지가 있었다. 원의 『송사』 편집자들이 하기와 왕백의 전기를 포함시켰지만, 이들을 '유림儒林'에 배치했지, 새로운 '도학' 장에 포함시키지 않았다는 점에서 그 논란이 드러난다.

오사도는 무주 사들을 위한 이야기를 만들면서 사선생을 중요한 부분으로 삼았지만, 내가 보기에 오사도의 더 크고 지속적인 성공은, 무주 사들을 위한 지적 정체성을 창출한 데 있었다. 이 정체성은 다음과 같은 네 가지 성과를 이루었다. 첫째로, 사들의 자기 인식의 세 가지 영역인 도덕적 행동, 정치적 성취, 문학적 학습에서 지역적 모범을 창출했다. 둘째로, 그는 지역 인물들의 전기와 글에 대한 최초의 선집을 만들었는데, 그들 중 상당수는 잊힌 인물이었다고 주장했다. 그의 이와 같은 작업은 이후 지속될 작업의 기초가 되었다. 셋째로, 그것은 당시 동시대인들 사이에서 일어나고 있던 도학과 문학 간의 분열을 덮어 버렸다. 넷째로, 그것은 지역 사들이 이 유산에 대한 관점에 동의하는 것만을 요구했지, 다른 지역 사들의 동의에 의존하지 않았다. 이는 그들 스스로를 위해 쓴 역사였다. 오사도의 접근법이 얼마나 설득력이 있었는지는 이런 접근법이 새로운 상황에 맞춰 반복적으로 채택되고 조정되었다는 점에서 분명하다. 왕위는 원-명 전환기에 무주의 가장 위대한 문학적 지식인이었던 송렴을 이 지역의 지적 역사의 계승자로 묘사했으며, 장무는 15세기 말 지역 사들에게 위대함으로 돌아갈 것을 촉구하는 자신의 호소에 이를 포함시켰다. 왕양명을 따랐던 지역 학자들은 주희의 정통에서 벗어난 자신들의 행위를 정당화하기 위해 사선생과 다른 이들에게로 돌아갔다. 그리고 곧 16세기에 호응린이 오사도의 역사를 어떻게 활용했는지 보게 될 것이다.

여조겸, 송렴, 그리고 아마도 장무를 제외하면, 무주의 사들은 자신들이 생각했던 만큼 위대하지는 않았다. 그러나 그들은 자신들이 기억할 만한 역사를 얻었고, 명대에는 많은 다른 지역들이 동일한 전략을 채택하게 되었다. 그러나 나는 그들의 상대적 중요도가 문제라고 생각하지 않는다. 오히려 그들이 자신들을 위해 무언가를 이루어 냈다는 점이 더 중요하다. 그것은 광범위하고 다양성을 보이는 국가 속에서 자신들만의 공통 정체성을 부여해 준 누적된 지역 역사의 일부로 자신들을 바라볼 수 있게 해 준 것이다.

사들의 문제

사들은 스스로도 자신들을 사±라고 생각했으며, 따라서 자신들이 국가 엘리트라고 여겼다. 남송 시기까지는 교육에 의해 이러한 국가 엘리트가 정의된다는 것에 대해 일반적인 합의가 있었다고 본다. 그 교육이란 것은 관학 및 과거제도를 통해 검증된 것으로 그들에게 정부 운영에 특권적으로 접근할 수 있는 권리를 부여했으며, 관직에 임명될 자격을 제공했다. 그러나 사는 국가 엘리트 중 하나였지, 유일한 국가 엘리트는 아니었다고 표현하는 것이 더 정확하다. 송대에는 황실 가문이 있었는데, 이는 왕조 말기까지 2만 명에 달했으며, 이들 또한 국가 엘리트였다. 이들 중 많은 이들이 사의 학을 공유했지만, 이들은 무엇보다도 세습적 엘리트였다.[3] 명에서도 불안정한 황실 가문이 존재했고, 원에서는 몽골인과 그들의 외국인 동맹자들이 세습적 엘리트였으며, 군사적 성격을 가진 엘리트였다. 이들은 문학적이기보다는 단순히 문해력 있는 서리 집단을 우대했다. 서리 시험을 통해 관직에 올랐으며, 이들 역시 국가 엘리트로 여겨졌다. 마지막으로 불교 승려와 도교 도사 들도 의심할 여지 없이 국가 엘리트였다.

나는 이를 다음과 같이 표현할 수 있다고 본다. 송대에 이르러, 텍스트 전통과 문학적 작문을 익힌 사람들("리터라티")이 사로 취급되어 국가 엘리트 중 가장 중요한 집단으로 여겨진다는 것을 받아들이게 되었다. 송 초 황제들이 신뢰할 수 있는 문치를 필요로 했다는 점에서 이에 동의할 이유가 있었겠지만, 예컨대 혈통을 우선시하면서 교육을 부차적인 고려 사항으로 삼을 수도 있었을 것이다. 결과적으로는 학과 사 신분 사이의 등식이 성립되었다. 이는 권력자들이 동의하는 한 사들에게 유리했지만, 원대에 이르러 그러한 배경의 인물들이 그다지 가치가 있다고 판단되지 않자 체제 내에서 사의 특권적 지위는 의심을 받게 되었다.

지역 차원에서는 특정 종류의 교육을 받은 사람들이 특권을 가져야 하며, 학이 사를 정의한다는 것을 다른 이들에게 설득하는 과정이 계속되었다. 여조겸이 자신이 쓴 묘지명에서 부유한 가문, 관직을 역임한 가문, 그리고 그의 제자들의 가문이 교육에 헌신한 점을 칭송했다는 사실은 과거 제도에 의존하는 것만으로는 충분하지 않았음을 시사한다. 교육은 혈통이나 민족을 기반으로 한 지위만큼 배타적이지 않았다. 이는 학문적 명성을 가진 특정한 교사들이 운영하는 사립 서원들이 설립되고, 그러한 서원들이 다른 가문이나 다른 고을 출신의 학생들에게도 개방된 것을 통해 명확히 드러난다. 몽골 지배하에서 사들이 직면한 도전은 훨씬 더 컸다. 진핑왕Jinping Wang이 주장했듯이, 북방에서는 여진족 금의 지배하에서 한인 신하 중 특권층이었던 사는 초기에는 무시되거나 종종 노예가 되었다.[4] 그러나 무주 사들은 그들의 지위가 확립된 지역에 살았다는 점에서 이점을 가지고 있었고, 이미 권력을 잡은 지 40년이 지난 정복자들의 하급 관리들은 그들에게 호의를 보이기도 했다. 관학 시스템은 곧 복원되고, 사립 서원의 교사들은 봉급을 받는 관리로 임명되었으며, 등록된 학생을 둔 가구에는 조세를 면제해 주었다. 사 교육을 받으려는 사람들의 수는 줄어들었을 수 있지만, 사들 사이에서는 학식 있는 사람들이 지역 및 국가의 지도자가 되어야 한다는 생각은 변함없었다. 이는 비록 현실보다는 열망에 가까웠을지라도 말이다. 원대 무주 사들의 저술은 어려운 환경 속에서의 그러한 관점들에 대한 옹호를 드러낸다.

송부터 명까지의 무주 사들은 다른 지역의 사들과 두 가지 공통된 관심사를 공유했다. 하나는 정부가 그들의 사회적인 특권적 지위를 지원하고, 관직 임명 및 승진 자격과 경제적 혜택을 보장해 주길 바라는 욕구였다. 정부의 재정 지원은 자선 활동이나 시장보다 더 신뢰할 수 있었다. 다른 하나는 그들의 후손들이 계속해서 특권을 누릴 수 있도록 보장받으려는 바람이었다. 사들은 무엇보다 교육에 투자했다. 이는 단지 사립 서원에만 국한되지 않았다. 군현 학교의 지속적인 유지도 그들의 기부에 의존했다.[5] 그들은 부유한 가문으로서 지역이 조세 의무를 이행해야 할 차례가 되었을 때 발생하는 위험을 분담하는 방법을 개발했다. 그들은 자선 토지와 자선 곡창을 설립했다. 이러한 자발적 활동은 자선이었지만 동시에 자기 이익을 위한 것이기도 했다. 명의 사 가문들이 관직을 얻은 남성들이나 정절을 지킨 과부들을 기리기 위해 기념문을 세우는 특권을 위해 비용을 지불했을 때, 이는 그들이 공공 봉사와 도덕성에 헌신하고 있음을 보여 주는 것이기도 했지만, 동시에 자신들을 영광스럽게 하는 행위이기도 했다. 그들이 학교에 기부했을 때, 이는 자신들의 후손들의 교육을 지원하는 것이기도 했다. 지방지를 보면, 사 관련 활동에 기부한 이들과 다리 건설 및 기타 도시 기반 시설에 기부한 이들이 서로 다른 그룹임을 알 수 있다.

족보를 기반으로 한 가문은 다양한 관점에서 사들의 관심사를 반영했다. 이 책에서는 공적 문서가 된 족보의 서문을 유명한 인물들에게 요청했다는 점에 주목했는데, 원 시기부터 족보 서문이 사회적 사상을 전달하는 도구가 되었기 때문이다. 족보 서문에서 말하는 내용과 실제 친족 그룹의 행동 사이에는 차이가 있다. 예컨대, 친족에게 서로를 친족으로 인식하도록 가르치거나 부와 관직보다 친족관계가 더 중요하다고 강조하는 족보는 그와 반대되는 결론이 가능했음을 시사한다. 족보 편찬자가 증거가 있는 조상만을 기록했다고 칭찬받는 것은 동시에 허위 주장을 비난하는 것과 결부되었다. 그럼에도 제대로 관리된 가문이 가지는 매력은 분명하다. 이는 윤리적 행동을 강화하고, 문해력과 학문을 중시하며, 가구들이 자원을 모아 상호 지원하도록 장려하고, 가장 성공한 사람들이 가장 불운한 이들을 인정하도록 압력을 가하며, 그 집단을 다른 이들의 모범으로 만들고, 폭력, 소송, 역사적 사건이 이를 파괴하지 않는 한, 스스로의 노력으로 완전히 통제할 수 있게 한다. 잘 규율된 가문은 사들이 세상을 질서 있게 만들 수 있는 방법이었다. 이는 『대학』에서 설명된 바와 같이, 집안을 다스리는 것이 나라를 다스리는 과정으로 이어지는 맥락에서뿐만 아니라, 가문들이 지역 차원에서 세상을 지배하고 구성하는 수단으로 기능하기도 했다. 또한 황진이 지적했듯이, 족보를 유지하려면 학문이 필요했고, 이는 종족 구성원 중에서 사들이 특권을 누릴 수 있게 했다.

데이비드 포어David Faure는 강남 지역에 대한 중요한 일련의 연구를 통해 명대에 가문이 국가와 사회가 서로 조화를 이루는 제도로 자리 잡았으며, 그 과정에서 사의 지도력이 지역 사회에 뿌리내리게 되었다고 밝혔

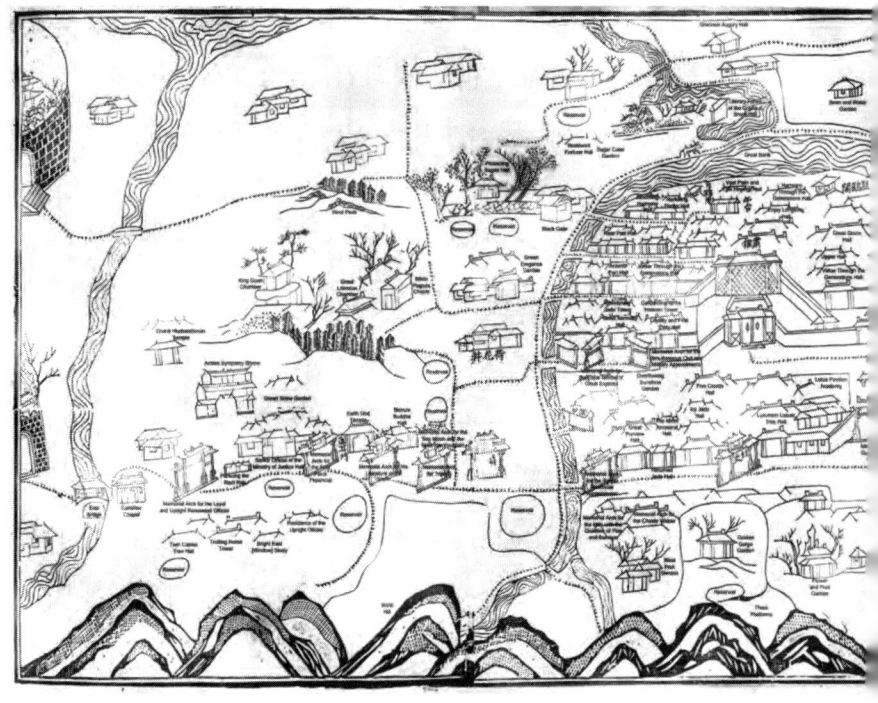

[그림 8.1] 18세기 노택盧宅의 모습.
『아계노씨가승雅溪盧氏家乘』에 실린 도표를 재현한 것이다. 이 인터액티브 온라인 지도는 현청 동문에서부터 노씨 종중 주거지까지 이어지는 여러 개의 정문旌門과 기념물들에 대한 번역문을 제공한다.

다.[6] 무주에서는 사가 이끄는 족보에 기반한 가문이라는 개념이 점차 대중화되었고, 가문과 사를 모두 수용했던 명 초기의 사회 정책은 이를 제도화하는 데 기여했다. 또한 마이클 소니Michael Szonyi가 보여 준 바와 같이, 가문은 구성원들에게 명이 세습적으로 부과한 봉사 의무를 관리할 수 있는 수단을 제공했다.[7] 포어가 보여 주듯, 가문은 신유학의 철학 및 의례와 깊이 얽혀 있었으며, 이는 사의 지도력을 더욱 뒷받침했다.

무주의 사들은 다른 지역의 사들과 공통점을 공유했다. 예컨대, 왕상지

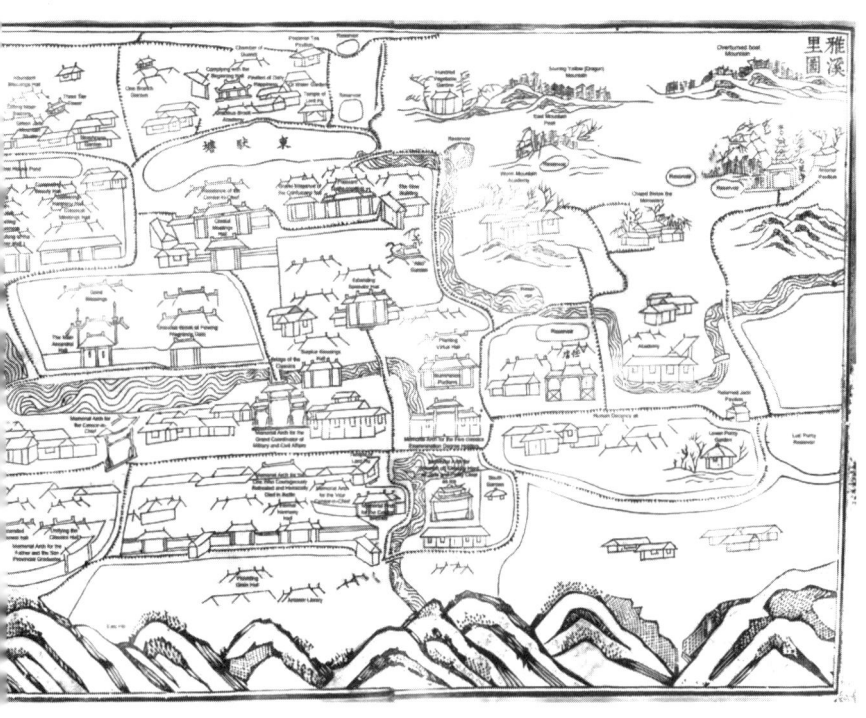

해당 지도는 무주/금화 지역의 다른 인터액티브 지도, 이미지, 문서 들과 함께 다음 웹사이트에서 확인할 수 있다: http://chinalocal.omeka.fas.harvard.edu/neatline/show/lu-zhai-map

가 송 시기 각 주州의 명소를 동일한 기준으로 분류했듯이, 사의 생활의 요소는 어디에서나 찾아볼 수 있다. 하지만 이는 강남의 족보 기반 종족 마을과 북방의 마을, 혹은 상업 도시인 소주와 농업 중심지인 무주처럼 서로 다른 지역 간의 차이를 간과하게 만든다. 심지어 무주 내부에서도 차이가 있었다. 동양의 노盧씨 가문은 원-명 전환기에 자리를 잡아 동양에서 가장 유명한 가문이 되었다. [그림 8.1]은 종족 마을이 어떻게 성공한 사들과 정절을 지킨 여성들의 누적된 박물관으로 스스로를 구축했는지 보여 준다. 그러나 도시에 가까이 거주하며 정부와 밀접한 관계를 유지했던 노씨 가문은 무의의 깊은 시골인 곽동郭洞 마을에 거주했던 하씨 가문과는 상당히 달랐다.⁸

유력 가문들의 확산은 노씨 가문의 경우처럼 거의 항상 시험을 통해 또는 관직을 구매하여 관직에 진출한 구성원이 자신의 가문 중에서 배출할 수 있게 만들었고, 이는 그들이 다른 가문들로부터 자신의 구성원을 방어할 수 있도록 만들었다. 이러한 점은 지방 정부가 이들과 협력해야만 하는 힘으로 작용했다. 그러나 가문들의 운명은 일정하지 않았다. 왕양명의 초기 추종자였던 정재의 아들로 고위 관직에 오른 정정의가 설립한 가문 마을은 여전히 존재하지만, 20세기에 이르러 정씨는 다른 사람들의 소작농으로 전락했다. 그럼에도 그들은 족보를 계속 유지했고 시조들의 초상화를 보존했다. 반면, 또 다른 왕양명 추종자였던 사촌 정문덕의 가문은 오늘날 비교적 부유한 상태로 남아 있다.

지성사

글쓰기에서의 고문과 도덕 사상에서의 도학이라는 사의 학의 국가적인 경향은 많은 저항 끝에 조정에서 인정받았으며, 과거시험과 학교를 통해 확산되었다. 그러나 이들은 조정의 학문에서 비롯된 것이 아니라 사들 사이에서 발생한 운동의 산물이었다. 사들은 지역에서 어떤 스승과 학문적 경향을 따를지, 어떤 종류의 책을 쓸지, 그리고 누구를 대상으로 글을 쓸지를 결정했다. 지역마다 상황이 달랐다. 모든 지역에 여조겸, 송렴, 혹은 장무와 같은 인물이 있었던 것은 아니다. 또한 경전, 사서, 혹은 지역적으로 유지되는 주자학에 대한 지역적 해석이 있었다. 사의 학은 지역에서 구체화되었고, 따라서 지역적으로 해석되었다.

당 시기부터의 지성사에 관한 이전 연구에서 내가 주장했던 것은 첫째, 신유학 운동은 한유로부터 시작되어 11세기 개혁 사상에서 지배적인 위치를 차지했던 고문 운동에서 영감을 얻었으나 동시에 이를 부정했다는 점이다. 둘째, 남송 시기 주희의 도학의 확산은 중국 문화사에 새로운 층을 형성했고, 이후 제국의 이념과 문화의 기초를 마련했다는 점이다. 도학은 새로운 언어와 커리큘럼을 제공했으며, 경전, 역사, 전문 지식 전통, 문학에 대해 사고하는 방식을 변화시켰다. 무주의 관점에서 보면 이 주장은 맞는 부분도 있고 틀린 부분도 있다. 맞는 부분은 여조겸, 사선생, 장무 등은 자신들이 도학에 책임이 있다고 보았다는 점이다. 추가로 고려해야 할 점은 무주의 사선생이 보여 주듯이, 도학이 과거제도에 정식으로 포함되기 훨씬 이전부터 '주자의 학'으로 변모하고 있었다는 것이다. 그러나 사선생의 경우처럼 목표는 각기 다양하였다. 하기 그리고 대체로 허겸은 주희를 올바르게 이해하고 그의 가르침을 실천하는 데 주안점을 두었다. 반면 왕백은 비판적 연구를 통해 주희의 프로젝트를 계속하려 했으며, 김이상은 주희의 사상을 주희가 다루지 않은 시기와 텍스트에 적용하려 했다. 이러한 모든 경우에 주희의 주석과 기타 텍스트는 학습의 출발점이 되었다.

이는 그 자체로 하나의 문제였다. 영락제 시기 조정의 학자들은 경전, 사서, 성리에 대한 신유학 저술의 3대 대전을 편찬하며 텍스트 기반의 커리큘럼을 만들고 있었다. 내 생각에 그들은 직접 경험과 내적 성찰보다 텍스트에 중점을 둠으로써 송렴의 도학 수용 방식을 공유했다고 본다. 그러나 장무와 같이 도덕적 행동과 원칙 있는 정치를 부활시키려 했던 사람들에게는, 오여필과 진헌장의 내면에 대한 강한 집중은 존경할 만했으나 공통의 텍스트 커리큘럼을 약화시켰다. 왕양명의 학문에 영향을 받은 무주의 사들이 보았듯이, 선천적으로 선을 아는 능력을 실현하는 것은 일련의 텍스트를 습득하는 것과 질적으로 구별되었다. 이러한 두 진영 간의 분열이 한 세대에 걸쳐 자리 잡아 가는 것을 볼 수 있다.

하지만 내 이전의 연구는 적어도 두 가지 점에서는 틀렸다. 첫째, 도학이 공적 담론에서 문학을 무의미하게 만들었다는 도학의 주장을 너무 쉽게 수용했다는 것이다. 무주에서는 문학 학자들이 사의 학의 중심적 위치를 포기하고 '단지' 문학인이 되는 것을 기꺼워하지 않았다. 일부는 명 초에 역할을 맡았지만, 14세기의 위대한 문학 지식인들, 즉 황진, 유관, 송렴, 왕위 등은 철저히 원의 사들이었다. 그들의 지역 및 국가 네트워크는 원 시기에 시작되었으며 명 태조 시기에는 유지되지 못했다. 그들은 문과 문헌 전통 안에서 교육받은 이들과 문학 작문의 사회적·정치적 가치를 믿었다. 이들은 자신들의 작품을 당송의 고문과 연속선상에서 보았다. 나는 이민족 통치자들이 그들의 주요 청중이었다고 보지 않는다. 오히려 문학적 교류가 사 네트워크의 사회적 결속의 역할을 했기 때문에, 문학이 왜 중요한지를 설명하는 그들의 주장은 문학적 소양을 갖춘 사람들이 왜 중요한지를 주장하는 것이기도 했다. 그러나 그들이 깊이 존경했던 소식이라면 받아들이지 않았을 방식으로 그들은 경전을 통해 도학을 수용했다.

이는 그들이 도학을 자신들의 체계 속에서 유지하면서, 사서와 내면 수양의 언어는 대체로 무시한 채, 경전을 정치와 사회에서 다양한 중요한 기능을 수행하는 문文으로 중점적으로 다뤘다는 것을 의미한다. 엄격한 도학의 관점에서 보자면, 그들은 잘못된 길을 걸었지만, 문학을 논의의 중심에 남겨 두었다. 주희와 왕양명에 대한 지역적 논쟁은 대체로 문학의 위치를 무시했지만, 장무는 오사도의 『경향록』을 반영하며 문학을 무주 사 정체성의 세 기둥 중 하나로 인정했다. 아래에서 논의하겠지만, 이는 무주의 문학을 통해 도학에 대한 근본적인 비판을 제기할 수 있는 계기를 제공했다.

둘째, 나는 '박학'에 대한 지속적인 매력과 포괄적이고자 하는 욕망을 보지 못했었다. 도학이 모든 지역에서 동일한 강도를 가지고 있지 않았던 것처럼, 한 세대 동안 세 편의 방대한 유서가 제작된 것은 무주에서 박학이 다른 많은 지역보다 강했음을 나타낸다. 무주에서 주희의 학을 지지한 이들은 '다양한 발현[分殊]'을 진지하게 받아들였다. 많은 것을 아는 사람이 되는 것은 이곳에서 중요했다. 박학은 이후 도학과 이에 대한 문학적 수용을 비판하는 플랫폼을 제공하기도 했다.

중국 지성사는 철학적 사상을 최우선으로 두었고, 의미 있는 작업으로서의 문학과 예술을 주변화하였다. 그러나 무주에서는 문학이 매우 중요한 위치를 차지했다. 방대한 문헌 전통에 대한 지식—유서가 독특한 방식으로 제공한 지식—과 글을 잘 쓰는 능력은 과거시험을 준비하거나 다른 사들과 연결을 맺는 데 있어 가치가 있었다. 무주의 사례가 보여 주듯, 문학과 도학 간의 긴장을 인식한 사들끼리도 서로를 알고 있었고 또 가치 있게 여겼다. 중국 지성사라는 학문 분야는 또한 다양한 종류의 학문이 사들

간 상호 연결을 유지하는 방법을 제공했던 다양한 지역 공동체를 다룰 수 있어야 한다.

학을 지역화함으로써 얻을 수 있는 세 가지 최종적인 관점이 있다. 그 중 하나는 지역 연구 없이는 보이지 않았을 것이며, 나머지 두 가지는 단순히 더 분명해지는 것이다. 지역 연구 없이는 나는 오사도의 중요한 아이디어를 보지 못했을 것이다. 그의 아이디어는 사들이 자신들의 지역적 역사—공적 봉사, 도덕적 수양, 문학으로 이루어진 공통된 정체성—를 공유할 수 있으며, 이를 소유하고, 모델로 삼고, 발전시킬 수 있다는 것이었다. 이는 원대 무주에서 빠르게 채택되었고, 명 중기에 장무에 의해 큰 성공을 거두며 부활했다. 각 현이 자신의 역사를 가질 수 있으면서도 한 주에 속할 수 있었다는 점에서 유연했으며, 일부 제도적 지원도 있었는데, 예를 들어, 지역에서는 향현사鄕賢祠, 혹은 길 위에서는 주로 상인들에 의해 운영된 회관會館과 공소公所 같은 곳이 있었다. 이는 장무가 모든 지역의 사들이 스스로 가져야 한다고 생각했던 것이고, 조학과 같이 외부에서 온 조정 관리가 무주의 도학과 문학 저술의 선집 출판을 통해 지원할 수 있는 것이었다. 그러나 모든 주가 쉽게 이러한 역사를 구성할 수 있었던 것은 아니다. 오사도의 아이디어는 중요하다고 생각하는데, 이는 사들이 단순히 관직을 지향하는 국가 엘리트가 아니라, 자신들이 정의하고 이를 통해 지역 내외에서 역할을 수행할 수 있게 해 주는 초왕조적 지역 유산을 가진 사람들임을 주장했기 때문이다.

첫 번째 명백한 점은 사의 학은 과거시험 공부보다 훨씬 더 폭넓었다는 것이다. 이는 다양한 학파의 사상을 포함할 수 있었고, 종교적 전통에 대해 더 개방적일 수도 있었으며, 서지학적으로 포괄적이었다. 더욱이, 이는 조정이 아닌 사들 스스로의 손에 달려 있었다. 두 번째 점은 지금까지 이 연구에서 다룬 12세기에서 16세기까지의 모든 이들은 통일성과 일관성에 관심을 가졌다. 이는 다양한 형태를 취할 수 있었다. 주희의 "리를 궁구하는 것"이나 왕양명의 "천지와 만물과 하나가 되는" 느낌, 남송이 열망했지만 원과 명에서 실현된 남과 북의 통일, 언어와 사상, 지리, 그리고 국가 운영을 이해하기 위한 박학, 또는 경전의 통일성을 보는 새로운 방식을 발견하는 것 등으로 말이다.

16세기에 무주에서 도학 운동은 분열되었지만, 통일성과 일관성에 대한 신념을 포기하지는 않았다. 그런 점에서 11세기에서 16세기까지의 사의 학은 같은 시기의 산물이었다. 하지만 내 관점으로는 이것은 16세기에 끝나 가고 있었으며, 본질적으로 새로운 것이 시작되고 있었다. 이는 무주에서도 발생했다. 이러한 단절을 강조하기 위해, 결론은 새로운 시대의 개막으로 마무리하고자 한다.

17세기 사 문화의 다변화는 잘 알려져 있으며, 내가 이 연구를 17세기로 확장한다면 포함되어야 할 여러 무주 인물들이 있다. 난계 출신이지만 강소성에서 태어난 이어 李漁(1610~1680)는 그의 짧은 이야기, 희곡, 소설뿐만 아니라 전통적 문장으로 명성을 얻었다. 그는 출판인, 비평가, 이론가이기도 하였다.[9] 동양 출신의 장국유 張國維는 광범위한 학문과 실제 상황에 대한 조사에 기반한 실용적 경세를 이루기 위해 헌신한 주요 관리가 되었다. 그는 『오[즉, 강남]중수리전서 吳中水利全書』라는, 해당 시점까지 이 주제에 대해 출판된 가장 중요한 저서를 책임졌고, 마찬가지로 서광계

徐光啓의 중요한 『농정전서農政全書』를 인쇄했다.[10] 포강 출신인 예인길倪仁吉은 화가이자 점점 늘어나는 여성 작가들 중 한 명이었다. 그녀의 시집 중 하나는 생전에 출판되었다.[11] 17세기 동안 가톨릭 선교사들이 난계에서 후원자를 찾고 있었지만, 내가 확인한 바로는 기록으로 잘 남겨진 사 추종자는 발견되지 않았다.[12] 대신, 나는 16세기에 머무르면서 12세기에 시작된 무주 사의 학의 전통과 호응린이 어떻게 단절했는지를 고찰하고자 한다.

호응린, 새로운 방향을 모색하다

난계 출신의 호응린(1551~1602)은 매우 중요한 목표를 설정했는데, 이는 학문을 문장과 결합하여 학을 바로잡는 것이었다. 처음에는 무주 사의 학의 관점에서 이를 시도했으나, 이후 『필총筆叢』과 『시수詩藪』를 통해 12세기 이래 무주에서 널리 공유되던 전통과 결별하게 되었다. 그는 그러한 흐름들에서 벗어남으로써 우리에게 새로운 관점을 제공한다.[13]

호응린은 당시의 규범에 불만을 품은 최초의 인물은 아니었으나, 탈출구를 발견했다. 이를 대조적으로 보기 위해, 그가 손자를 통해 알게 된 것으로 보이는 방태고方太古를 고려해 보자.[14] 호응린이 손자를 방태고의 전기를 쓴 왕도곤王道昆에게 소개했을 가능성도 있다. 방태고는 호응린의 스승이자 왕도곤의 절친한 친구인 소주의 가장 위대한 문사 지식인 왕세정王世貞으로부터 묘지명을 받을 수 있었다. 이는 매우 흥미로운 전기이지만, 방태고가 전기 작가들의 취향에 맞게 묘사되었을 가능성이 있다고 본다.[15]

"몇 번이나 허물을 벗는다 하더라도"

방태고는 난계에서 자라며 장무의 영향을 받았고, 장무와 함께 『주역』을 공부했으며, 장무의 제자들은 방태고의 절친한 친구들이었다.[16] 이후 그는 『풍산실기楓山實紀』의 서문을 쓰기도 했다. 복건성으로 여행하여 임한林瀚과 함께 『춘추』를 공부하였고, 진헌장, 여남呂柟, 왕양명 같은 유명한 신유학자들과 교류하였다. 소주에서 이름난 문인들과의 친분도 자랑했다.[17] 방태고는 야망이 없지 않았으며, 당대의 지적 흐름에도 민감하게 반응했다. 그러나 그는 자신이 보기에 두 가지 주요 지배적 방식들을 거부했다.

> "사람들은 다른 이들과 같아지려 하고, 오늘날 유행하는 것을 하려 한다. 그것이 주周, 장張, 정程, 주朱가 아니면, 한유, 유종원, 구양수, 소식, 증공曾鞏, 왕안석이다. 마치 뱀이 몇 번이나 허물을 벗는다 하더라도 여전히 같은 뱀이며, 거의 절대 용이 되지 못하는 것과 같다. 젖먹이가 어머니를 잃었지만 젖은 아직 남아 있어, 입을 벌려 울면 잠시 젖을 빨 수는 있으나, 결국에는 말라 버리고 마는 것과 같다." 그는 이에 따라 사들의 모자와 의복을 벗어 던지고 고대의 복장을 입었다.[18]

당송 고문 전통과 도학에 대한 좌절감에 더해, 장무가 1470년대에 곤장을 맞은 일, 1506년 환관 유근의 독재, 1519년 황제의 남순南巡을 반대하다 죽임을 당한 친구 육진陸震의 사건 등 정치적 위험을 추가할 수도 있었을 것이다. 방태고의 해결책은 스스로를 백운선白雲仙으로 재창조하는 것이었다. 그는 1506년에 이웃 부府 백운원白雲源에 살기 시작했고, 1522년에는 난계 해석산解石山의 현진루玄眞樓 옆 청하관靑霞館으로 거처를 옮겼으며, 그곳에는 연단로가 있었다. 이후 1532년에는 묘산昴山의 금사암金笥庵에 머물렀다. 그의 지나칠 정도로 청렴한 성격, 신비한 기술, 그리고 왕양명, 장무, 당용, 임준林俊과 같은 높은 지위의 친구들을 서슴지 않고 모욕했던 일화들이 회자되었다. 방태고는 해결책을 찾지 못했고, 결국 세상과 단절하여 도교적 불사不死의 경지에 오르기를 열망했다. 그는 사의 학을 포기했지만, 호응린은 그러지 않았다.

우리 무주의 사명

호응린은 중도에서 물러서지 않았다. 그는 난계의 다른 사에게 무주 전통의 위대함에 대해 이렇게 썼다.

우리 둘은 무주의 산물입니다. 무주는 고대 월越나라의 동쪽에 속한 땅입니다. 이곳에 처음 어떤 인재들이 있었습니까? 학문에 있어서 천 년 동안 두드러졌던 유준劉峻(463~521)[1]의 폭넓음이 있었고, 백 대에 걸쳐 시를 빛낸 낙빈왕駱賓王(627~684)[2]의 경이로움이 있었습니다. 이 두 사람 모두 무주의 산물

---

1) 유준은 평원군(平原郡) 출신으로, 남조 제(齊)와 양(梁) 시기의 사상가, 학자, 시문 작가이다. 『세설신어(世說新語)』에 주석을 달았는데, 방대한 자료를 수집하여 이를 완성했다. 유준의 문장은 남조 문인들 사이에서 독특한 위치를 차지하고 있다. 대표작으로는 『변명론(辨命論)』과 『광절교론(廣絶交論)』이 있다.
2) 낙빈왕은 무주 의오 출신으로, 당 초의 시인이자 관료로 '초당사걸(初唐四杰)'이라 불린다. 그는 7세에 이미 시를 지을 수 있어 신동으로 명성을 얻었다. 관료를 역임하던 중, 684년 당 중종 폐위 이후 서경업(徐敬業)이 반란을 일으켰을 때 그를 위해 격문을 작성했다. 서경업이 패배한 후 낙빈왕은 처형되었거나 자결했다는 설이 있으며, 승려가 되었다는 이야기도 전해진다.

이었습니다. 당-송 전환기에 이 지역이 쇠퇴했으나, 여조겸과 진량이 이를 부흥시켰습니다. 황진, 유관, 오래로 연달아 이어져서 원에서 10여 명의 인재들이 나왔습니다. 이러한 인물들로 인해 이 무주의 한 고을은 전국의 인재 중 3분의 1을 차지했습니다. 왕위, 소백형, 호한에 이르러 이 왕조를 질주하던 또 다른 10여 명의 인재들이 있었고, 이 인물들로 인해 이 무주의 한 고을은 천하의 인재 중 60퍼센트를 차지했습니다. 송렴에 이르러 한 세대의 인재가 모두 우리 무주에 속하게 되었습니다.[19]

당 이전에 위대한 학문과 문학이 있었고, 남송에서 부흥이 있었지만, 진정한 국가적 위대함은 원과 명 초에서야 달성되었다. 이 역사는 우리에게 사명을 부여한다고 호응린은 설명하며, 이는 "유준, 낙빈왕, 송렴 세 사람의 강점을 모으고 주周, 초楚[남쪽 고대 시인들의 고향], 한·당의 전통을 계승하여, 장차 무주의 명성이 한 시대와 한 지역에 국한되지 않게 만드는 것"이라고 했다. "이것이야말로 이 시대에 태어난 우리들이 염려해야 할 바가 아니겠는가?"[20] 요컨대, 무주가 단순히 사의 학의 전통을 가졌다는 것만으로는 충분하지 않았다. 오늘날 무주의 학자들은 지속적인 역사적, 국가적 중요성을 지닐 만한 무언가를 해야 한다고 주장했다.

국가적 중요성은 사선생과 장무의 이야기의 일부였지만, 호응린은 정확히 이 인물들을 자신의 이야기에서 제외시켰다. 그의 무주 전통은 유준과 낙빈왕에서 시작되며, 이 두 사람은 오사도가 『경향록』을 시작할 때 언급했던 인물들이지만 그 이후로는 무시되었다. 이미 1575년에 호응린은 낙빈왕을 향현사鄕賢祠에 포함시킬 것을 주장했다. 그는 또한 유준과 낙빈왕의 남아 있는 작품들을 편집하여 판본을 만들었고, 무주의 다른 주목할 만한 인물들의 저작을 모은 『무헌㡣獻』이라는 선집을 편찬했다.[21] 그는 무주 전역에서 추종자들을 얻었다.[22] 호응린은 무주의 지성사를 시작하는 데 있어 유준과 낙빈왕을 활용하여 문장과 폭넓은 학문의 중요성을 주장하고자 했다.

호응린 자신도 이 두 가지를 겸비하고 있었다. 그는 주요한 서적 수집가이자 다작의 저자였으며, 120권의 문집과 서지학, 사학, 문학사, 학파, 불교, 도교 등에 관한 저작을 남겼다. 현대 학자들은 그를 문학 인사로, 서적과 서지학 연구의 중요한 기여자로 간주하며, 린칭장林慶彰은 그를 청대 고증학의 선구자로 평가했다. 리스야李思涯의 뛰어난 연구는 호응린을 16세기 사의 학에 대한 논쟁 속에서 위치시키며, 그가 전통 담론과의 단절을 대표했다고 인정했다.[23]

호응린이 무주를 넘어 처음으로 두각을 나타낸 것은 1576년이었다. 그의 할아버지는 성공한 상인이었고, 그의 아버지 호희胡僖는 진사 시험에 합격하여 왕세정과 함께 관직에 있었다. 호응린은 1565년 16세의 나이로 생원 시험에 합격했고, 1576년 향시에 합격했으나, 진사 시험에는 합격하지 못했고 관직에도 나아가지 못했다. 1576년 그는 향시에서 1등으로 합격했는데, 그의 답안은 어느 평가자에게 매우 깊은 인상을 주어 그 평가자가 이를 수정하여 모범답안집에 포함시켰다.[24] 시험 문제는 신유학 및 명과 그 이전의 경세학 이외의 학문 전통에 대해 후보들이 얼마나 알고 있는지를 확인하기 위한 것이었다. 문제는 다음과 같았다.

사들은 오래전부터 문장과 학문으로 명성을 얻어 왔다. 그러나 과거에 문장으로 이름을 얻는 데에는 두 가지 경로가 있었고, 학문에는 네 가지 경로가 있었다. 이 모든 것을 열거할 수 있는가? 그리고 오직 한 가지로만 유명했던 인물들을 나열할 수 있는가? 삼대 이래로 이 모든 것을 고려하고 통합할 수 있었던 이가 있었는가?

명은 200여 년 동안 사들을 양성해 왔다. 이학理學과 경세학을 제외하고도 문장과 학문으로 유명한 자들이 있었는가? 이 두 가지 접근법을 결합한 이들이 있었는가?

최근에는 문장과 학문을 부차적인 것으로 비판하고 대신 공자와 주공의 도를 실현하기 위해 공허한 성품[性]과 천명天命에 의지한 사람들이 있었다. 이것이 사실인가 아닌가?[25]

호응린의 답변은 질문의 틀을 따랐다. 문장과 학문을 겸비한 사는 드물지만, 그들은 육구연과 왕양명의 내면적이고 영적인 문제에 집착하는 자들처럼 조잡하고 공허하지 않다. 더욱이, 이들은 주공과 공자에게 충실한 자들이다. 문장은 여러 다양한 일들의 필수적인 매개체이며, 학문은 사물에 대한 지식을 연결한다. 이 둘은 상호 의존적이다. 문장은 산문과 시로 나뉘고, 학문은 경학, 역사학, 제도, 제자백가 및 소설小說의 연구로 나뉜다. 사는 자신의 성격에 가장 적합한 일을 하며, 따라서 하나를 추구하면서 다른 것을 희생하는 경향이 있다.

호응린은 이후 춘추시대 이래 문장과 학문으로 알려진 사들을 검토하며, 그 누구도 이 둘을 결합할 수 없었다고 결론지었다. 명대에 이르러 송렴이 예외적인 존재였지만, 그는 여전히 원의 흔적을 가지고 있었다. 궁극적으로 공자와 주공은 폭넓음을 기준으로 삼았으며, 진정한 재능은 한 가지에서 나타나지만, 완전한 재능이 가장 이상적이다. 이것이 그들의 도가 문장과 학문으로 완전히 구성되었다는 것을 의미하지는 않지만, 호응린은 여러 인용문과 함께 이어 가며, 이들이 문장과 학문에서 폭넓음을 중시했다는 점에서 육-왕 학파와는 뚜렷하게 대조된다고 주장했다. 그들은 문학의 선구자였다. 호응린은 주희를 옹호하지 않았다. "오직 정밀하고 단일한 마음을 가지고 중용을 확고히 지키라[惟精惟一, 允執厥中]"[26]라는 문구를 주희는 초대 성왕의 핵심 가르침이며 도학의 기초라고 주장했지만, 이는 팔괘를 그린 복희에게서 유학이 시작되었다는 사실과 모순된다고 썼다. 심지어 도교와 불교의 이단들도 문장과 학문이 있으며, 그들도 폭넓음을 중시한다. 문학을 경시하는 자들은 학문의 진정한 역사와 배치된다.[27]

호응린은 학문과 문장을 결합하는 학습 프로그램이나 커리큘럼을 제시하지 않았다. 대신 그는 학문과 문장을 별개의 전통으로 논의했다. 송대에서, 그는 문장 부문에는 황정견 같은 시인들과 고문 작가인 구양수, 왕안석, 소순을 배치했으며, 이전 시기에는 순자, 한비자, 동중서를 문장 진영에 넣었다. 학문 부문에는 언어학(서현徐鉉), 경학(유창劉敞), 자연과 역사(심괄沈括), 역사와 서지학(정초鄭樵), 제도 변혁(마단임馬端臨), 분류서(왕응린王應麟) 등의 송대 학자들이 있었다.[28] 이 경우 학문은 자기 수양이 아니라 문헌 전통이나 물질세계와 같은 '외부'에 대한 지식을 의미한다. 명대의 경우 문장 측에는 주로 고문 운동과 관련된 시와 산문의 작가들이 포함되었다.[29] 그는 명대 학문을 서지의 범주를 네 개에서 두 개로 축소하여 두 그룹으로 나

넜다. '제자 및 문집' 그룹30에는 육심陸深,31 양신楊慎3),32 왕정상王廷相,33 호거인胡居仁,34 하맹춘何孟春35이 포함되었다. '경학 및 역사 연구' 그룹36에는 양정화楊廷和37, 구준邱濬,38 담약수,39 당순지唐順之,40 황좌黃佐,41 정효鄭曉42가 포함되었다. 호응린이 송과 명의 '학문'과 관련하여 지목한 인물들의 공통점은 자연 세계, 문헌 전통, 역사적 및 당대 사건들에 대한 박학과 폭넓은 지식이다. 이들 중 일부는 신유학자들이었음에도 불구하고 그러했다. 학문이나 문학적 작업에 대한 평판의 실질을 고려하지 않더라도, 호응린이 명대 지식계의 주요 인물들과 교류하고 있었음은 명백하다. 하지만 그가 언급하지 않은 한 사람은 바로 그의 스승이 된 왕세정이었다.

왕세정

왕세정은 호응린의 지적 삶에서 가장 중요한 인물이었으며, 그의 스승과도 같은 존재였다. 왕세정의 동생 왕세무王世懋는 호응린을 만나 그의 재능을 인정하고, 그에게 왕세정을 방문하도록 권했다. 호응린은 자신을 소개하며 서신을 보냈다. 그는 당송고문체를 따르기보다 한대와 그 이전으로 돌아가 감정적 공명을 창조하려는 문체인 '고문사古文辭'에 대한 자신의 관심을 언급하며, 방금 출판된 왕세정의 문집을 칭송하며 그를 존경한다고 밝혔다.43 호응린은 1580년에 왕세정을 방문하여 그의 문인 모임에

---

3) 양신(1488~559)은 명대 중기의 대표적 학자이자 문인으로, 자는 용수(用修), 호는 승암(升庵), 사천(四川) 신도(新都) 출신이다. 내각 수보 양정화의 아들로, 정덕 연간 장원급제 후 한림원 수찬으로 활약하였으나, 대례의 사건에서 세종의 입장에 반대하여 운남으로 유배되었다. 유배지에서 방대한 저술 활동을 이어 가며 문학, 역사, 철학 전반에 걸친 뛰어난 학문적 업적을 남겼다. 명대의 '3대 천재'로 불리며, 사후 문헌(文憲)이라는 시호를 받았다.

합류했다. 그들은 매우 가까운 사이가 되었고, 1588년 호응린이 자신이 죽을병에 걸렸다고 생각했을 때, 왕세정은 호응린의 자서전을 바탕으로 그의 전기를 작성하겠다고 약속했다.[44] 그러나 호응린은 회복했고, 왕세정은 2년 후인 1590년에 세상을 떠났다. 왕세정은 주희나 왕양명의 학파가 허용하려는 것보다 훨씬 사의 학에서 중심적 위치를 주장한 폭넓은 관점을 지닌 '문인文人'의 전형이었다.[45]

그러나 호응린의 첫 번째 모델은 왕세정이 아니라 두 세대 전의 양신이었다. 호응린과 양신을 간략히 비교하면, 호응린이 당시의 기존 질서와 단절한 것이 드러난다. 양신의 학문은 그 이전까지는 학문적 관심에서 벗어난 주변적이고 가치가 없다고 여겨졌던 영역을 포함하고 있었다.[46] 애덤 쇼어Adam Schorr는 명대의 사 정체성에서 문학적 가치의 변화를 추적한다. 여기서 그는 아버지 양정화를 통해 조정의 문화에 뿌리를 둔 인물인 양신(그리고 나는 왕세정도 추가하고자 한다)이 보여 준 문학적 박식함과 미학으로의 전환이 적극적인 저항의 한 측면이라고 주장한다. 양신이 저항했던 것은 "이몽양의 시학, 주희의 학문, 왕양명의 사상, 그리고 대례의大禮議 논쟁[4])에서의 반反양정화 세력의 정치가 포함된, 도덕 중심으로 이끌어지는 사 문화의 빈곤함에 대한" 것을 포함한다.[47]

리스야는 양신보다 훨씬 더 강하게 호응린이 박학의 정당성을 부여하

---

4) 대례의 논쟁은 가정제(嘉靖帝) 즉위 초기인 1524년에 발생한 예제 논쟁으로, 황제의 생부를 황제로 추존할 것인가를 둘러싸고 일어난 사건이다. 가정제가 생부를 황제로 추존하려 하자, 이를 반대하는 대신들과 지지하는 세력 간의 갈등이 격화되었다. 이 논쟁은 명대 정치적, 사상적 갈등의 중심에 있었으며, 가정제가 권력을 공고히 하는 전환점이 되었다. 이는 황제 권위 강화와 신유학의 예제 해석의 충돌을 보여 주는 중요한 사례이다.

던 두 가지 방식과 결별했다고 지적한다. 첫째, 송의 유서를 논의할 때 언급된 개념으로, "문을 통해 학문을 넓히는 것"이 "예와 통합되는 경우"에 한해서만 허용된다는 생각이다. 리스야는 호응린이 학문을 "모든 것을 관통하는 것"을 추구하거나 실행 가능한 것에만 한정하는 대신, "지식을 위한 박학[知識之博學]"에 관심을 가졌다고 주장한다. 둘째, 호응린은 "도덕적 본성을 존중함[尊德性]"과 "탐구와 학문을 이끎[道問學]"이라는 신유학적 이분법 또한 거부했다. 이 이분법에서는 지식을 얻는 것은 도덕적 감수성을 함양하는 것과 한 짝을 이루고 있다. 그는 기존 틀에서 이 둘 중에 무엇이 우선해야 하는지에 대해 논쟁하기보다는, 이 틀 자체를 거부했다.[48] 호응린의 『필총』을 읽은 동시대 한 독자는 호응린이 철학적 성인이 아닌, 박식한 지식을 갖춘 참된 공자의 발자취를 따르고 있다고 평가했다.[49]

1578년 호응린이 왕세정에게 처음 편지를 쓸 때, 그는 왕세정이 문장과 학문을 결합하여 1576년 과거시험에서 다룬 주제처럼 완성된 무언가를 창조했다고 묘사한다. 그는 왕세정을 명대 문학의 우수성을 회복하는 데 큰 공헌을 했던 위대한 인물인 이동양李東陽[5]과 대조한다. 호응린은 감정적 표현을 강조하는 사람들이 이동양을 모방적이라며 비판했고, 지식이 있는 사람들은 그를 좁고 제한적이라고 여겼다고 주장한다. 반면 왕세정은

---

5) 이동양(1447~1516)은 호가 서애(西涯)이며, 호광(湖廣) 출신으로, 명의 중신이자 문학가, 서예가로, 다릉시파(茶陵詩派)의 핵심 인물이다. 과거 급제 후 한림원에서 30여 년간 활동하며 예부상서와 문연각 대학사 등 요직을 역임했다. 약 3,000수의 시와 1,000편의 산문을 남겼으며, 특히 『회록당시화(懷麓堂詩話)』에서 시와 산문의 형식적 규범과 미학을 체계적으로 논의했다. 명대 문학사에서 그는 문학의 절충적 미학을 대표하는 인물로, 전통과 혁신을 아우르며 고유한 문학적 위상을 확립했다. 주요 저술로는 『회록당집(懷麓堂集)』이 있고 『대명회전(大明會典)』을 편찬했다.

모든 것을 아우르고 있다. 그의 '통합'은 그를 맹자와 장자, 굴원屈原과 송옥宋玉 등과 동등한 위치에 올려놓는다. 그는 수많은 학파와 무수한 작품들을 "처음부터 끝까지 일관되게 배열하고 하나의 실로 꿰되, 각 작품이 궁극에 도달하게 한다."⁵⁰ 왕세정은 역사적으로 가장 어려운 것으로 여겨졌던 것을 성취했다. 그는 산문과 시 양쪽에서 뛰어날 뿐만 아니라, 학문과 문학에서도 선두를 이룬다. 그는 양신의 계승자이다.⁵¹

이 첫 번째 편지에서 호응린은 통일성 안에서의 다양성이라는 옛 모델과 "모든 것을 꿰뚫을 수 있는" 사람이 옳다는 옛 신념에 의존했다. 그러나 10년 후 그는 왕세정에게 문학과 학문이 11세기 말 도학의 대두 이후로 분리되었고, 최근에는 두 영역 모두가 경시되고 있다는 다른 평가를 쓴다.

> 가정嘉靖과 융경隆慶 시대[1522~1572]에 이르러 신비로운 담론이 번성하고 이로 인해 비범한 사들이 등장했으나, 문학 작품을 창작하는 사람들은 [인용문을] 쌓아 올린다고 조롱받고, 많이 아는 사람들은 산만하다는 비판을 받았습니다. 만약 당신이 그들을 끌어올리지 않았더라면, 두 그룹의 주장이 완전히 묻혔을까 두렵습니다. '하늘이 공자를 창조하지 않았더라면, 모든 고대는 긴 밤이었을 것이다'라는 말이 헛된 말이 아니군요!⁵²

이제 왕세정이 일관된 전체를 창조했다기보다는 문학과 학문 모두를 회복시키기 위해 노력한 것으로 평가한다.

'문학[文]과 학문[學]을 어떻게 연결할 것인가'라는 질문은 호응린의 생애에 있어 가장 큰 지적 도전이었다. 그는 문학 작가로서 다작을 이어 가는 동시에, 학문을 텍스트 전통에 적용하여 새로운 지식을 창출하는 학습 방식을 발전시켰다. 이는 무주에서 이전에 볼 수 없었던 학문 접근 방식이었다. 이 방식은 자기 자신을 넘어선 세계에 대한 광범위한 정보를 요구했으며, 따라서 왕양명의 추종자들이 강조한 '심학'과는 거리가 멀었다. 주희의 '이치를 궁구하고[窮理]', '지식을 확장하는[致知]' 가르침과도 단절된 방식이었다. 주희에게 있어서 의미 있는 지식이란 어떤 사물이나 활동에 내재된 통일성과 일관성을 깨닫는 것이지, 단순히 그에 대한 사실을 수집하는 것이 아니었다는 점을 기억해야 한다. 지식을 확장한다는 것은 모든 사람과 사물의 본질에 내재된 그 이치를 확장하는 과정이었다. 이는 자신 안에 이미 존재하지 않는 무언가를 찾는 과정이 아니었으며, 하물며 지금껏 알려지지 않은 것을 창조하는 과정도 아니었다. 호응린의 책들은 그러한 학습과는 다른 방식을 기록한 결과물이었다.

호응린의 저서

호응린의 자서전에 따르면, 1586년까지 완성되어 유통된 저서 목록은 다음과 같다. 『필총』 40권(1606년, 1618년, 1631년 초판본 존재),[53] 『시수』 20권(1618년과 1631년 초판본 존재),[54] 문집 60권(최종적으로 120권으로 확대되었으며, 1618년 초판본 존재), 21권으로 완성되었으나 미출판된 책과 선집들, 그리고 "미완성된 기타 책 수백 권의 장章." 이 제목들은 [부록 8.1]에 나열되어 있다. 호응린은 작업을 위해 4만 장 이상의 장서를 보유하고 있었다.[55] 그러나 『필총』의 서문은 1586년에서 1592년 사이에 작성되었으며, 몇몇 경우 수십 년 전에 완성된 작업에 대한 방법론적 해설을 제공한다. 그는 독자들이 그의 접근 방식이 포괄적이며 다루는 범위가 넓지만, 처리 방식에 있어 철저하고 일관성이 있음을 알아주기를 바랐다. 다만 내용이 때로는 별난 주제를 다루거나, 우연적이고 주변적인 사안에 과도하게 집착하는 것처럼 보일 수 있었다.[56] 이 저작들은 광범위한 인용, 논평, 판단, 논증, 연구를 결합한 작업이다. 이들은 문헌 전통에 대한 연구로서, 과거로부터 전해 내려오는 문헌, 정보를 전달하는 매개체, 그리고 누적된 역사로서의 구성 요소로서 문헌을 다양한 관점에서 다루고 있다. 종합적인 요약은 불가능하지만, 다음 목록은 호응린이 관심을 가진 주제에 대한 일부를 보여 준다. 일부 주제는 다른 이들에 의해 훨씬 더 자세히 다루어진 바 있다.[57]

『시수詩藪』 20권: 시문에 대한 연구. 내편-고대부터 원숙기에 이르기까지의 여섯 가지 주요 형식의 발전에 대한 내용. 외편-주부터 원까지의 일반적인 흐름과 개인별 분석 및 평가. 이에는 시문 비평의 등장도 포함됨. 잡편-소騷(탄식)[6]와 부賦(운문) 관련 내용, 판본에 대한 비평적 서지학, 원대까지의 시인에 대한 주석. 속편-명대 시문에 관한 내용.[58]

『경적회통經籍會通』 4권. 서지학 연구: 기원과 발전, 분류 체계의 발전, 서지 기록에 있는 유실된 텍스트, 개인적인 서적 수집, 판본, 도서관, 출판에 대한 지식.

『단연신록丹鉛新錄』 8권: 양신의 『단연록丹鉛錄』에서 발생한 오류 수정.

『사서점필史書佔畢』 6권: 역사서 연구-시대별 조직 형태의 발전, 역사서 내

---

6) 굴원의 『이소(離騷)』에서 유래한 서정적 문학 장르의 대명사로 시문 전반을 가리키기도 한다.

외의 오류, 혼란을 야기한 문제들에 대한 내용.

『예림학산藝林學山』 8권: 양신의 다양한 저작들에서 발견된 오류 수정과 1569년 진요문陳耀文의 『정양正楊』의 수정 내용.

『구류서론九流緒論』 3권: 서지학의 '제자諸子' 분류와 관련된 서지학적 역사 연구로, 호응린의 대안적 조직 체계를 기반으로 한 내용.

『사부정와四部正譌』 3권: 역사를 통틀어 발생한 서적 위조 사례와 그 본질에 대한 연구.

『삼분보일三墳補逸』 2권: 『죽서기년竹書紀年』, 『일주서逸周書』, 『목천자전穆天子傳』 등의 고대의 연구와 옹호.

『이유철유二酉綴遺』 3권: 기타 저작. 주로 필기와 소설 텍스트에 나오는 항목에 대한 메모.

『화양박의華陽博議』 2권: 여러 전통의 텍스트에서 발견되는 학문에서의 '광범위함[博]'의 위치에 대한 설명.

『장악위담莊嶽委談』 2권: 이상하고 희귀한 현상과 그에 대한 문헌적 역사의 조사.

『옥호하람玉壺遐覽』 4권: 도교 관련 텍스트와 이야기의 기원 및 발전에 대한 연구.

『쌍수환초雙樹幻鈔』 3권: 불교 경전과 종파의 역사적 연구.

호응린의 저서들은 독자에게 그의 증거를 검토하고, 평가와 비판을 반추하며, 해석과 결론을 숙고하도록 초대한다. 그의 학문을 전달하는 한 가지 공통된 특징은 오늘날 일반적으로 필기筆記(붓으로 적은 기록)로 알려진 형식을 취한다는 점이다. 후의 서지 분류 역사 구성에 따르면, 이는 보다 공식적으로 '소설'로 분류된다. 문헌적 전통은 누적적이었지만, 시간이 지나면서 변화해 왔다. 호응린은 이 전통들을 정리하고 있었으며, 특히 소설에 누구보다 주의를 기울였다.[59] 경전[經], 역사[史], 문집[文]과 함께 서지 체계의 사부 중 하나인 '제자[子]'에 포함시킨 소설에 대한 관심은, 변화에 특히 개방적인 작품 범주에 대한 그의 흥미에서 비롯된 것으로 보인다. 그는 새로운 세부 분류가 시간이 지나면서 등장했다고 보았다. 과거의 초기 작품들은 '기이한 일의 기록[志怪]', '기이한 이야기[傳奇]', 그리고 '잡기[雜記]'로 분류될 수 있지만, 당송 시기에는 그가 새로운 세부 분류로 여긴 일련의 작품들이 등장했다. 이들에는 '필기'(심괄의 『몽계필담夢溪筆談』과 홍매의 『용재수필容齋隨筆』을 포함)와 '고증 연구'가 포함된다.[60] 호응린의 『필총』은 '자子' 부에 속하며, 역사적으로 이는 결국 또 다른 하위 범주를 형성할 잠재력을 지니고 있다. 호응린의 관점에서 보자면, 서지학의 주요 분류인 '경, 사, 문'은 이미 지나치게 명확하게 정의되어 있어, 같은 기회를 제공하지 않았다고 주장할 수 있다.

호응린의 필기에서 적어도 다섯 가지 방법론적 공통점을 발견할 수 있다.

1. 주변부에 대한 경험적이고 폭넓은 연구: 호응린의 첫 번째 저서인 『백가이원百家異苑』은 그가 15세 때 집필한 책이다. 책은 남겨 두지 않았지만 서문은 보존했다. 그는 한대부터 시작된 잃어버린 전통을 위한 서지를 구성했는데, 이는 '이異', 즉 믿기 어려울 정도로 비범한 사건들을 기록한 것이었다. 호응린은 소식과 장자를 인용하며, 그러한 기이함은 그것

을 있는 그대로 인식한다면 받아들일 수 있다고 주장했다.[61] 하지만 호응린의 노력은 믿기 힘든 것이 신뢰성을 가질 수 있는 수준을 보여 주는 예시라고 할 수 있다. 한때 존재했지만 지금은 사라진 제목들을 발견하고, 현재는 다른 작품들 속에 보존되어 있는 내용들을 분류함으로써, 그는 신비롭고 기이한 것들의 전승에 관한 서지학적 사실들을 정립한 것이다.

이후의 저작에서 호응린은 다른 사람들이 무시하거나, 중요하지 않다고 여기거나, 비난했던 사안들에 대한 사실적 연구를 옹호했다. 공자가 순舜을 "질문을 좋아하는 자"라고 칭찬하지 않았느냐고 호응린은 물었다. 사소한 것들과 조각들조차도 조사할 가치가 있으며, 사들이 논의하지 않는 것들에 대해서도 사실과 거짓을 구별할 수 있다고 주장했다. 이 경우 호응린은 그의 저서 『장악위담』(위에서 언급된 제목 목록 참고)에서 관음과 도교의 신선들에 대한 이야기 및 노래 가사, 희곡, 역사 소설에 대한 연구를 서문에서 설명하고 있었다.

박학은 도덕적이고 정치적인 것을 넘어서서 주변부에 있는 잠재적인 지식을 추구하는 것을 의미했다. 호응린은 전통적인 주류적 지식도 다루었지만, "사회적으로 수용 가능한" 지식의 경계를 확장하는 것의 중요성과 정당성을 주장했다. 그는 폭넓음과 지성주의를 옹호하는 데 전념한 저작인 『화양박의』 서문에서, 비록 그런 지식이 기이하거나 주변적인 것을 다룬다는 이유로 낮게 평가받았을지라도, 고대 문헌을 읽고 우주론적 문제와 자연 세계의 사물을 이해하기 위해 필요한 여러 전문 지식을 수집하는 것을 포함한 '소학小學'과 같은 사실적 지식의 축적이 존재 가치가 있음을 설명한다. 호응린 자신은 스스로 변두리에서 작업하고 있다. 그는 서지

학의 네 가지 범주에 속하는 글들을 탐구하며, 『논어』 19장 4절에서 언급된 '소도小道'[7]와 같은 정보를 찾아내고 있다. 이러한 소도는 주목할 가치가 있으나, 군자는 그것에 매몰되어 진정으로 중요하고 변치 않는 것들을 잊을 위험 때문에 피해야 한다고 경계되었던 것이다.

『화양박의』에서 호응린은 공자가 폭넓은 지식의 본보기라고 주장한다.[62] 그러나 이는 총체적인 관점을 요구하지는 않는다. "역사적으로 위대한 학문은 여러 출발점을 가지고 있었으며, 가장 유명한 '통유의 유학자'들조차도 모두를 섭렵하지는 못했다." 학문은 이름과 사실을 대조하고, 과장을 줄이며, 잃어버린 것을 수집하고, 숨겨진 것을 드러내는 것 등을 포함한다.[63] 『화양박의』에서 서지학의 네 가지 범주를 관통하는 학문의 진정한 전통은 '폭넓음'에 있다고 주장하며, 서지학적 범주의 급증이 이를 잘 보여준다고 말한다. 그는 "학문의 길은 천 가지 가지와 만 갈래의 길을 따라 나아간다"고 강조한다. 그러나 이러한 다양성 속에서도 경, 사, 자, 집이라는 네 가지 서지학적 분류는 시간이 지나면서 학문의 장르, 주제, 문제의식을 정리하고 구분하는 데 충분한 수단으로 자리 잡았다고 주장한다.[64]

2. 축적적 작업으로서의 학문: 『화양박의』는 특정 논점을 뒷받침하기 위해 학문의 역사를 다룬 필기라고 볼 수 있다. 학문에는 분명 역사가 있

---

7) 글씨, 산수, 천문, 의약 등 기술적·실용적 영역의 전문 지식이나 도구적 능력을 가리키며, 『논어』에서 자하(子夏)는 "비록 작은 도라도 반드시 볼 만한 점이 있다[雖小道 必有可觀者焉]"고 하여 그 가치를 인정하였다. 그러나 유가에서는 일반적으로 이러한 기술들이 일정한 가치는 있지만, 인격 수양과 도덕 실천이라는 목적에 비추어 볼 때 한계가 있다고 보았다.

지만, 이는 특정한 전통적 장르 내에서의 저술이 반드시 지적 측면에서 누적적이라는 것을 의미하지는 않는다. 실제로 필기는 상상할 수 있는 가장 단편적이고 개인화되어 있으며, 비누적적인 유형의 저술로 보일 수도 있다. 그러나 바로 필기가 주제에 대한 지식과 견해(종종 이 둘을 명확히 구분하지 않음)를 소개했기 때문에, 그 다양한 항목들은 후대의 저술가들에 의해 '기여'로 간주되어 자신의 연구에 통합되거나, 학자가 자신의 탐구와 반응을 시작하는 출발점으로 활용할 수 있었다. 이런 경향은 이미 송대에 나타났다. 호응린은 자신의 실천(이를 충분히 보여 주는 예는 위에서 언급된 『이유철유』를 통해 알 수 있음)을 넘어, 양신의 작품에 대한 비판적 탐구를 통해 이를 하나의 논점으로 삼았다. 호응린은 양신의 작품에서 선택한 항목들을 좀 더 심도 있게 논의하기 위해 『예림학산』과 『단연신록』이라는 두 저술을 남겼다. 『단연신록』에서 호응린은 양신의 작품이 일관성이 없고 잘 알려진 내용을 반복한다고 비판했던 평론가들로부터 양신을 옹호한다. 호응린의 비판은 이들과는 달랐다. 그는 양신이 때로는 지나치게 해석하여 사안을 실제보다 복잡하게 만들고, 때로는 지나치게 교조적이어서 신뢰할 만한 것에 대한 판단에서 균형을 잃었다고 지적한다.[65] 하지만 호응린에게 더 중요한 문제는 양신의 작업을 기반으로 논의를 이어 가면서도 종종 양신과 반대되는 견해를 제시하는 것의 가치에 있었다. "이것이 단순히 끝없는 논쟁의 연쇄를 만들어 내는 것에 불과하지 않겠는가? 나중에 학자들이 당신을 반박하는 상황이 오지 않겠는가? 모두가 이미 양신이 위대하다는 데 동의하지 않았는가? 당신이 자신을 더 중요하게 보이게 하려고 양신을 이용하는 것 아닌가?" 혹자는 호응린에게 이러한 질문을 한다. 이에 대해 호응린은 이렇게 답한다. 양신에 헌신한다는 것은 반드시 그와 동일한 결론에 도달하는 것을 의미하지는 않는다. 논쟁 역시 공자의 전통(유가의 전통)이다.[66]

3. 축적된 변화의 역사를 만들어 냄: 호응린은 어떤 주제에 기여하고, 그 주제에 대한 학문적 전통을 만들어 간다. 그러나 그는 자신의 학문을 통해 그 주제에 역사를 부여하고 있기도 하다. 이는 특정 주제를 논의하는 과정에서 반복적으로 나타난다. 그는 문학 장르가 변화하여 원래의 문학적 출발점과는 전혀 다른 것으로 변하거나, 혹은 새로운 가지를 뻗어 나가면서 다르게 발전하는 경우와 같은, 시간에 따른 대규모의 변화를 인식한다. 또한 그는 각 단계 내에서 다양화와 확장을 목격한다.[67] 이와 같은 역사적 감각은 그로 하여금 텍스트들을 모아 특정 대상의 역사를 만들어 내게 한다. 그런 다음 그는 자신의 주석, 평가, 수정, 그리고 추가 내용을 더한다. 이를 통해 그는 자신의 논평과 발견, 크고 작은 문제들이 단순히 잡스러운 기록으로 머무르지 않고 해당 주제를 탐구하는 데 기여할 수 있는 체계로 만든다. 이런 관점에서 보자면, 『옥호하람』과 『쌍수환초』를 각각 철학적 도교에서 종교적 도교에 이르기까지의 도교에 대한 세속적 역사, 그리고 불교에 대한 세속적 역사로 읽을 수 있다고 제안하고 싶다. 이러한 역사적 충동은 호응린이 서지학의 역사와 다양한 사상 학파들에 대한 역사를 구성하는 작업에서도 똑같이 명확하게 나타난다.

4. 탐구 절차의 확립: 『구류서론』은 호응린이 진한 시기의 여러 학파(즉,

서지 체계의 '자부')를 연구한 저작으로, 지금까지 논의된 모든 요소를 결합한 작품이다. 이 책은 주로 잊혀지고 사라져 버린 것들을 다룬다. 초기 철학자들의 저작 대부분은 천 년 이상 전에 이미 소실되었기 때문이다. 호응린은 철학 학파들의 발전을 검토하고, 이를 누적적인 학문의 역사 속에 위치시킨다. 그는 철학 학파의 발전에 대한 초기 저술들을 주목하며 기록하는 것을 강조한다. 이는 다양성 속에서 질서를 부여하는 누적적 변화의 역사이다. 그러나 이는 가장 간단히 말하자면, 기원을 규명하고, 이후의 발전이 그 기원으로부터 비롯되면서도 다른 방향으로 나아가는 과정을 보여 주는 연구 절차의 한 예이기도 하다. 같은 접근 방식은 호응린이 한대부터 자신의 시대에 이르는 서지학과 도서관의 역사를 연구한 『경적회통』에도 적용된다. 이 저작은 네 부분으로 나뉘어 있으며, 각각이 사실상 학문적 절차를 나타낸다. 첫째, 「기원을 추적하다」는 시간에 따른 서지학과 도서관의 발전을 다룬다. 둘째, 「분류」는 서지학 범주의 변화에 대해 논의한다. 셋째, 「일실」은 서지에 제목이 계속 포함되어 있지만 실제로는 사라져 버린 제목의 문제를 다룬다. 넷째, 「견문」은 호응린이 도서관, 서적, 인쇄, 서적 시장 등에 대해 직접 보거나 다른 사람으로부터 들은 관련 정보를 포함한다. 이와 유사한 방식으로, 호응린은 자신의 사학사史學史 저서인 『사서점필』에서도 연구 절차를 정리하려는 노력을 보여 준다. 이 책은 네 부분으로 나뉘며, 호응린은 이를 다음과 같이 분류했다. '[역사 기록]'의 형식에 대한 논쟁'과 '당대 사건에 대한 논쟁'을 다루는 내외부의 두 부분, '잘못된 진술에 대한 논쟁'을 다루는 보충 부분, 그리고 '의심스러운 문제들에 대한 논쟁'을 다루는 두 부분으로 이루어진 '잡기'이다. 그러나 이 '잡기'는 실제로는 잡다한 기록이 아니다. 첫 번째 부분은 육조 시기의 일화들(『세설신어』와 같은 중세 일화집에는 포함되지 않은 것)을 모은 것으로, 이 일화들은 다른 시기에 다른 문헌에서 재등장하지만 등장인물이 다르게 나타난다. 두 번째 부분은 한·당의 역사를 이용하여 역사적 사건을 구성하는 사실들의 혼동 양상에 관한 분류 체계를 설정한다. 예를 들어, 두 개의 다른 사건이 하나로 혼합되거나, 일부는 전해지지만 나머지는 소실되거나, 일부는 진실이지만 나머지는 허구인 경우 등이 이에 해당한다.[68]

5. 진위를 구별함: 호응린은 논쟁을 하는데, 이는 즉 사물 간의 차이를 구분하고자 함이다. 그는 이를 통해 주장에 대한 타당성을 평가하려 한다. 그것이 가치 판단인지 아니면 사실에 기반한 진술인지를 구별하고, 독자들이 실제로 받아들일 수 있는 것을 확립하려는 것이다. 그의 사학사에 관한 연구에서, 역사적 사건을 구성하는 기록들을 하나씩 평가할 수 있는 사실 단위로 나누려는 노력은 이를 보여 주는 한 가지 사례이다. 이와 같은 방식으로 작업한 또 다른 저술이 있는데, 바로 오늘날 그가 남긴 가장 유명한 필기 중 하나로 여겨지는 『사부정와』이다. '위작'이라는 용어는 지나치게 좁은 의미를 가지며, 호응린의 책이 주장하는 바와 다를 수 있는 모든 방식(우연이든 의도적이든)에 민감하게 반응했다. 1933년 이 저작의 판본을 출판한 고힐강顧頡剛에게 중요한 점은, 호응린이 책이 위작일 수 있는 다양한 방식을 나열하고, 이를 판별하는 방법론을 제시했으며, 결론에 도달하기 위해 다수의 인용을 증거로 사용했다는 점이었다. 그러나 호응린 자신은 그의 목적을 약간 다르게 설명하고 있다. 작자를 잘못 귀속시키게

된 여지는 초기 서지 목록에 기록된 많은 책들이 소실되었기 때문이다. 당송 시기 이후로 위작이 대량으로 등장했다. 학식 있는 사람들은 이를 우스갯소리로 여겼지만, 일부 사람들은 이를 믿었고, 믿는 순간 그것에 권위를 부여했다. 따라서 고대 서적인 척하면서 경전과 성현의 저작을 공격할 수 있는 이러한 위작들은 실제로 해로운 결과를 초래했다.[69] 그렇다고 해서 오래된 책들이 그 주장하는 바가 모두 사실이거나, 본질적으로 훌륭하고 신뢰할 만한 것은 아니었다. 호응린이 여러 저작에서 보여 주었듯이, 책이 주장하는 내용을 분별하는 작업이 필요하다. 그러나 역사적 발전을 평가할 수 있는 가능성은 무엇이 진짜로 신뢰할 수 있는지 아는 것에 의존한다.

전체적으로 보았을 때, 호응린은 문文과 학學의 결합, 즉 문헌 전통에 대한 박학의 적용을 통해, 진실에 대한 검증 가능한 결론에 도달하고, 역사 발전에 대한 이해와 문화 변화에 대한 인식, 그리고 그 이상의 것들을 이끌어 낼 수 있음을 입증했다.

새로운 모델과 전통과의 단절

호응린은 생애 말년에 중국 문명의 문헌 전통을 구성하는 전체 텍스트에 적용할 수 있는 사의 학의 방법론에 도달했다. 그는 특정한 학파가 정통이나 올바른 학습 방식을 정의하고, 이에 의존해야 한다고 보지 않았으며, 필요한 모든 학문을 포함할 수 있는 단일한 교육과정도 존재하지 않는다고 여겼다. 모든 것에 적용할 수 있는 학습 방법을 갖는다는 것은 그의 작업이 하나의 모델 수준에 이르렀다는 것이다.

그는 문文과 학學의 관계를 재정의함으로써 주희와 왕양명의 학에 대한 대안을 제시하고 있다는 것을 알았다. 나는 그가 청대 고증학의 선구자로서 중요하다고 주장하는 것이 아니다. 내가 말하고자 하는 바는 그가 자신을 무주의 지역적 지성사 속에 위치시키는 것으로 시작해, 송대 이후 무주 사의 학의 방식과 결별했으며, 그가 존경했던 문사들과도 단절했다는 점이다. 이는 단순히 '도덕적 본성을 존중하는 것(존덕성)'이라는 한 극단에서 '탐구와 학문을 인도하는 것(도문학)'이라는 다른 극단으로의 진자 운동에 불과한 것이 아니다.[70] 송·명대 사의 학과의 단절, 불연속성으로 보아야 한다. 그가 흥미로운 이유는, 그가 지역의 사로서 자신의 지적 환경과 단절하면서도 여전히 그 환경에 대응하는 방식을 보여 주기 때문이다.

호응린은 학문에 대한 두 가지 거대한 전제와 결별했다. 첫째는 자기 수양이 목표라는 가정이고, 둘째는 통일성, 통합성, 일관성을 직관하거나 경험하는 것이 진정한 이해의 증거이자 궁극적 의미의 표식이라는 전제이다. 이 두 전제는 다양하게 이해되며, 당과 북송의 고문파 작가들에게서 그 기원을 찾을 수 있다. 무주의 인쇄업자들은 이를 선집으로 묶었고, 무주의 사들은 이를 공부했다. 이러한 전제들은 13세기 유서 속에도 잠재되어 있었으며, 여조겸, 주희의 학을 계승한 사선생, 그리고 장무의 부흥은 이를 이론화하였다. 원과 명 초의 위대한 작가들 역시 이 가정들을 받아들였다.

나를 위하여

'성인의 학'이나 '자기 자신을 위한 학'과 같은 용어, 더 나아가 내적 수양에 대한 도학의 언어는 호응린의 어휘에 포함되지 않았다. 실제로 그의 문학적 저술에서는 '자기 수양'이나 '도덕적 행위'라는 용어조차 등장하지 않는다. 원대의 문학적 지식인들 역시 내면 수양과 관련된 도학의 언어를 사용하지 않았다. 예컨대, "지식을 확장하기 위해 리를 꿰뚫어 이해한다", 또는 "내면을 바르게 하기 위해 경건함을 갖춘다" 같은 표현은 쓰이지 않았다. 그러나 왕위가 송렴에 대해 언급한 것처럼, 그리고 송렴이 스스로 말한 것처럼, 마음과 덕을 수양하는 것은 그들의 중요한 관심사였으며, '성인의 학'을 실현하는 것이 여전히 그들의 목표였다. 많은 사들이 학문을 좋은 통치를 위해 필요한 지식을 습득하는 것으로 여겼다고 주장할 수도 있다. 그러나 도학에 전혀 동조하지 않은 이들조차 개인의 특정 자질을 발전시키는 것이 첫걸음이라고 여겼다. 다시 말해, 그 자질이 도덕주의자들이 말하는 '덕'이든, 문인들이 말하는 '재능'이든 정치에서 결정적인 것은 지식이 아니라 그 사람이 가진 자질이었다. 명대 도학 저술의 주제별 선집을 엮은 서용검은 통치와 관련하여 다음과 같은 점을 강조했다. "인의仁義는 하나로 통한다. 자신에게 적용하면 이를 학문이라 부르고, 타인에게 적용하면 이를 통치라 부른다. … 만약 [관직에] 오르지 못한다면, 이를 집안에 적용할 수 있다. 일을 처리할 때 마음을 [적절한 상태로] 유지할 수 있다면, 그것 또한 통치이다."[71] 이 경우 서용검은 문장의 역할을 상정하지 않았다. 그러나 무주의 사들은 경전, 고대 그리고 문화적 전통에 대한 연구를 통해 스스로의 내면에서 도를 이해하고 이를 글쓰기와 가능하다면 통치를 통해 외적으로 표현한다는 생각을 지지했다. 이는 호응린의 모델이 아니었다.

문학적 창작, 특히 시는 어느 정도 자서전적 성격을 띠며, 작가의 인격을 드러내는 수단이었다. 16세기의 일부 위대한 작가들은 송대 시의 지성주의에서 벗어나 도덕적 인격의 표현보다 개인의 진정한 개성을 드러내는 고대의 시 형태로 돌아섰다. 여기서 중요한 질문은 문장을 가치 있게 여기는 학문이 규범적인 자아를 개발하고 그것을 문학적으로 표현하는 것으로 간주되었는가 하는 점이다. 그러나 호응린이 『시수』에서 관심을 가진 것은 이런 것이 아니었다. 호응린은 시 장르의 역사를 구성함으로써, 각 장르에서 좋은 작품의 기준을 발견할 수 있다고 보았다. 그는 장르를 시간의 흐름 속에서 발전해 온 실재적인 역사적 존재로 보았으며(반드시 더 나은 방향으로 발전한 것은 아닐지라도), 이는 작가에게 요구 사항을 부과한다고 여겼다. 문학적 창작 기술은 진정한 개인적 표현과는 독립적으로 기준을 가지고 있다. 호응린은 위대한 시인들 자체에 대해서는 별로 관심을 두지 않았다.[72]

돌이켜보면 "자기 자신을 위한 학문"이라는 개념은 여조겸에서부터 16세기까지 무주 사의 학에 일관되게 흐르고 있음을 볼 수 있다. 이는 다양한 방식으로 해석되었으며, 모든 사람이 이를 도학 학자들의 도덕적 자아 추구로 이해한 것은 아니었다. 13세기 유서는 겉보기에는 이에 부합하지 않을 것 같지만, 실제로 그것들은 개인이 스스로 아이디어를 얻고 발견하며 표현하기 위한 자원으로 의도된 것이었다. 반자목의 『기찬연해』는 문학적 유의어 사전으로, 표현하고자 하는 아이디어를 중심으로 조직되었으며, 모든 문헌의 역사를 기반으로 편찬되었다. 왕상지의 『여지기승』은 송을 구성하는 장소들에 대한 문헌에서 인용한 내용을 중심으로 구성된 문화사로, 그는 무엇보다도 이 책을 그 장소들에 대한 문학적 창작의 자원으로 여겼다. 장여우의 『군서고색』은 과거 문헌의 인용을 바탕으로 제도에 대한 비평적 역사를 다룬 작품으로, 정치적 문제에 대한 의견을 형성하고 표현하기 위한 자료의 원천이었다. '의론문장議論文章'의 핵심은 아이디어를 표현하고 입장을 취하는 데 있었지, 지식을 창조하는 데 있지 않았다.

호응린은 학문을 도덕적 자아를 함양하는 것과는 무관한 원칙적인 작업으로 보았다. 신유학과 훌륭한 문文이 성인의 학문을 현대적 주제에 적용할 수 있게 한다는 생각은 청대까지 이어졌으며, 현재에도 여전히 신유학의 추종자들이 있다. 그러나 신유학은 이제 문과 도를 사들이 논의하는 방식에서 독점적 지위를 갖지 않게 되었다. 호응린의 학문관은 과거 문헌의 축적을 규범적 가치의 원천으로 보는 것이 아니라, 경험적 지식을 도출할 수 있는 자료로 간주했다. 이러한 지식은 신유학의 학문에서 주변화되었던 것이다. 이는 사실적 지식의 가치와 우리가 확실히 알 수 있는 것이 있다는 주장을 내포한다. 호응린은 학이 곧 학술 연구가 될 수 있으며, 학술 연구가 현재와 미래의 지식에 기여할 수 있음을 인식하고 있었다.

리

호응린에게 리理, coherence는 의미 있는 지식의 기준이 아니었다. 16세기 신유학자들 사이에서 리의 지위는 논쟁거리였다. 호응린이 왕양명보다는 주희의 더 주지주의적 접근 방식에 공감할 것이라 예상할 수 있지만, 그는 주희와도 명확히 연대하려 하지 않았다. 주희의 학문에서 "성은 리다[性卽理]"라는 말은 리가 마음의 본질이라는 의미였으며, 반면 왕양명의 학문에서 "마음이 리다[心卽理]"라는 말은 마음이 이기심 없이 만물과의 일체감을 믿고 사물에 반응할 때 자체적으로 리를 가진다는 의미였다. 왕양명 사상의 확산으로 인해 리라는 개념은 실재적이고 권위 있는 것으로서의 지위를 상실하게 되었으며, 더 나아가 어떤 것의 리를 이해한다는 것은 그 대상을 규범적으로 이해하는 것을 의미하게 되었다.

리를 의미의 기준으로 삼는 가정은 우주 그리고 우주의 산물인 인간이 동적이고 통합된 질서라는 것이다. 주희와 왕양명 모두 사회와 정치에서 통합된 질서를 실현하지 못하는 이유가 인간의 이기심이라는 결함 때문이라고 보았다. 주희에게는 모든 리("천리")가 하나라는 믿음이 사건에 대해 도덕적으로 올바르게 반응하기 위해 필요했다. 왕양명에게 그에 상응하는 것은 자신이 천지 만물과 하나라는 믿음이었다. 호응린이 알았던, 그리고 당시 과거시험을 준비하던 모든 사람들이 알았던 한 텍스트는 이와 관련된 내용을 담고 있다. 『논어』 4장 15절은 이렇게 말한다.

> 선생님께서 말씀하셨다. "삼參[증자]아, 내 도는 하나의 [실]이 모든 것을 관통한다."
> 증자가 말했다. "예!"
> 선생님이 자리를 뜨자 제자들이 물었다. "선생께서 무슨 뜻으로 말씀하셨습니까?"
> 증자가 답하였다. "선생님의 도란 충忠과 서恕, 그것뿐이다."[73]

주희는 『논어집주』에서 이를 이렇게 설명한다.

성인의 마음은 구분되지 않은 단일한 리이다. 다양한 상황에 적절히 반응하며, 각 경우에 그 기능적 표현[用]은 다르다. 이제 증자는 성인의 마음의 기능적 표현[用]을 하나하나 신중하게 연구하고 이를 실행하려고 열심히 노력했으나, 그 근본적인 본질이 단일하다는 점은 아직 이해하지 못했다. 선생님께서는 그가 오랜 기간 노력하여 무언가를 깨달을 것임을 아셨고, 그를 불러 알려주셨다. 증자는 침묵 속에서 선생님의 뜻을 이해했고, 그래서 빠르게 의심 없이 "예!"라고 대답했다. … 충은 스스로를 실현하는 것을 의미하고, 서는 [자신을 실현한 것을] 타인에게 확장하는 것을 의미한다. … 선생님의 단일한 리는 구분되지 않으나, 그는 다양한 상황에 적절히 반응한다. 이는 하늘과 땅이 항상 완벽하게 통합되어 있어 모든 만물이 자기 자리를 찾는 것과 유사하다. 이 밖에 다른 방법은 없으며, 이는 확장[推]에 의존하지 않는다. … 끊임없이 완벽한 성실성을 유지하는 것이 도의 본질이며, 이를 통해 만물의 차이가 단일한 기반을 갖는다. 모든 만물이 자기 자리를 찾는 것은 도의 기능적 표현[用]이다. 이것이 바로 하나의 기반이 만 가지 차이를 낳는 이유이다. 이 관점에서 보면, "하나의 실이 모든 것을 관통한다"는 본질이 명확해진다.[74]

주희의 해석에 따르면, 증자는 성인의 길을 다루는 데 있어, 성인의 다양한 반응들을 귀납적으로 검토함으로써 이해하려 했으나, 모든 성인의 반응이 기반하는 근본적인 리가 있다는 사실을 이해하지 못했다. 이 리는 마음에 있다. 자연의 창조 과정이 각 사물이 그 본연의 자리를 찾도록 보장하는 것처럼, 성인의 통합되고 공정하며 편견 없는 마음 또한 각각의 상황에 적합한 방식으로 사물을 대하고, 그 결과 각 사물이 조화로운 전체 속에서 그 자리를 찾게 한다.

다시 말해, 주희의 관점에서 천지의 역동적인 조화를 사회생활 속에서 재현하는 것은 어려운 일인데, 그것은 인간은 이기심에서 행동하기 때문이다. 이는 끝없는 혼란의 연쇄를 초래한다. 이에 반해, 성인은 이기심이 아닌 통합과 일관성의 상태에서 사물에 반응한다. 이 통합과 일관성은 모든 창조물에 내재한 것과 동일하다. 성인의 완벽히 조율된 반응은 항상 특정 상황에 구체적이며, 그가 직면한 상황을 부조화에서 조화로, 갈등에서 일관성으로, 분열에서 통합으로 변화시키도록 조정한다. 그는 각각의 사물이 완벽히 작동하는 전체의 일부로서 그 자리를 찾도록 돕는다. 이것이 바로 사선생이 깊이 고민했던 "리는 하나이나 그 발현은 다양하다[理一分殊]"는 교리이다. 그러나 그들이 보기에, 성인과 같아지기 위한 학은 주희의 저작을 연구하는 것에서 시작되었다. 왜냐하면 그들은 주희의 가르침이 그의 주석과 기타 저작을 통해 다채롭게 나타나면서도 일관된 전체를 이루고 있음을 보면서 이를 스스로 익히고 있었기 때문이다.

어떤 사물의 리를 본다는 것은 그 사물의 의미를 본다는 것이며, 이는 그러한 리가 바로 마음의 작동 방식의 본질이기 때문에 가능하다. 텍스트의 의미를 읽는 방법에 대한 주희의 여러 설명은 매우 명확하다. "모든 부분들이 어떻게 맞아떨어지는지를 보며 읽으라. 그 구절의 일관성을 보게 되면, 그때 '이 도리를 본 것[見這道理]'이 되거나, '문득 모든 것이 관통됨을 느끼게 될[豁然貫通]' 것이다."[75] 우리가 궁구하는 리는 어떤 사물이나 활동의 도덕적 '의미'라고 말할 수 있지만, 어쩌면 통일성, 일관성, 그리고 통합성이 사물의 의미를 구성한다고 말하는 것이 더 유용할 것이다. 그러므로 옛사람들의 책을 읽을 때, 우리는 텍스트의 일관성을 보고 우리의 마음이 그들의 마음과 부합하며 그들의 말이 우리의 생각과 들어맞을 때 '이해'하게 된다. 도덕적 권위는 이 학문 이론을 일상에서 실천하는 이들에게 속한다. 그들은 도학을 배우는 데 몰두하고, 자신들이 사는 세계에서 도의 연속성을 유지한다. '천지의 마음'이란 것도 결국은 삶이라는 포괄적인 과정을 지속시키려는 자연 질서의 내재적이고 무의식적인 목적성에 지나지 않듯이 성인의 마음을 지향하는 사람들 또한 사회적, 정치적 삶이 지속되도록 보장하려는 것을 목표로 한다.[76]

자연의 창조 과정, 성인의 마음, 경전, 그리고 통합된 사회 질서로서의 고대의 통합성에 대한 믿음은 도학에서 시작된 것이 아니다. 무주에서 인쇄된 당송 고문 선집들 또한 이 정신을 공유했다. 무주의 세 개의 주요한 유서도 마찬가지였다. 반자목은 역사 전반에 걸쳐 모든 가능한 생각을 표현하기 위해 텍스트에서 사용된 언어를 집대성했고, 왕상지는 지역과 관련된 문헌 기록에서 정보를 분류할 수 있는 보편적인 범주를 정의했고, 장여우는 역사 전반에 걸쳐 정부 제도에 대한 담론을 추적했다. 이들은 자신들이 학문의 이론을 제공한다고 주장하지 않았지만, 각각 나름대로 '박학'에서 수집할 수 있는 것들을 연결하는 체계를 가지고 있었다.

왕양명의 학은 일관성이 외부에 실재하는 사물에 존재하며, 동시에 여기 내부의 마음에도 존재한다는 생각에 도전했다. 그는 밖의 사물들과의 지적인 관여를 제거하고, 사물에 대한 본능적 반응 — 이기심에서 자유로울 때 신뢰할 수 있는 반응—을 선호함으로써 "내면과 외면을 하나로 통합"했다. 왕양명이 『대학문大學問』의 서두에서 설명하듯, 이기심을 초월하는 핵심은 통일성을 궁극적인 가치 기준으로 믿는 것이었다.

> 대인은 천지와 만물을 한 몸으로 여긴다. 그는 세상을 하나의 가족으로, 나라를 하나의 사람으로 여긴다. 사물과 자아를 분리하고 자신과 타인을 구분하는 사람들은 소인이다. 대인이 천지와 만물을 한 몸으로 여길 수 있는 것은 그가 의도적으로 그렇게 하려는 것이 아니라, 마음의 인仁에서 자연스럽게 그렇게 되는 것이다. 이것이 그가 천지와 만물과 하나가 되는 방식이다. 이것은 소인의 마음에서도 마찬가지다."[77]

리는 인정되지만, 어떤 것의 리를 이해하는 과정은 경시되었다. 사물의 리를 깨닫기 위해 그것을 연구하는 것은 더 이상 우리 안에 있는 '천리天理'의 총체성을 자각하는 데 필요하지 않았다. 무주의 양명학 추종자들은 공부工夫가 지적 탐구가 아니라 정신적 노력이라고 주장했다. 황종희는 『명유학안明儒學案』 서문을 모든 것이 마음에 있다는 명제로 시작한다. "천지에 가득 찬 것은 마음이다. 마음은 예측할 수 없이 변한다. 마음은 반드시 수많은 변화를 가진다. 마음에는 근본적인 영구성이 없다. 공부가 이루어내는 것이 바로 그 근본적인 영속성이다. 리를 꿰뚫어 이해한다는 것은 이 마음의 수많은 변화를 깨닫는 것이지 사물의 수많은 변화를 깨닫는 것이 아니다."[78]

왕양명의 학은 무주의 사들 사이에서 마음 수양에 대한 참여를 활성화시켰지만, 동시에 경전의 리를 탐구하는 것, 역사와 국정에 대해 글을 쓰는 것, 그리고 문학 작품을 창작하는 것을 약화시켰다. 대신, 창조와의 일체감을 마음으로 체감하는 것에 더 초점을 맞추었다. 이는 주희가 유지하려 했던 사물의 실제 모습에 대한 사실적 지식과 그에 대해 무엇을 해야 하는지에 대한 도덕적 지식 사이의 연결을 끊어 버렸다. 결과적으로 역사적 세계는 대체로 무의미한 것으로 간주되었다. 이러한 변화는 영강 출신으로 왕양명의 제자였던 재능 있는 정문덕의 글에서 뚜렷이 드러난다. 그의 글에서는 역사가 자연 세계로부터의 이미지와 모델로 대체되었다. 나는 이를 장무와 대조하고자 한다. 장무의 글은 도덕적 관심으로 가득 차 있지만, 그는 세상을 역사적 관점으로 보고 문화적 전통에서 비유와 은유를 이끌어 낸다.

호응린은 학문을 통해 지식을 창출했다. 이는 그가 고문가들이나 신유학자들처럼 이전에 알려졌다가 잃어버린 것을 재발견한다고 주장한 것이 아니라는 의미다. 또한 학문은 자신 안에서 발견할 수 있는 도덕적 감정이나 어떻게 행동해야 하는지에 대한 도덕적 지식도 아니었다. 학문은 단순히 수집된 사실과 인용구 이상의 것이었다. 그것은 일관성이나 창조와의 통일성이라는 전제에서 시작하지 않고, 전체화하는 이야기를 만들지 않으면서도 사물을 의미 있게 만드는 방법이었다. 호응린은 원과 명 초 무주의 사들이 도학적 자기 수양에 종사하지 않았음을 정확히 인식했다. 그러나 근본적으로 그들 역시, 특히 사선생은, 동시대의 도학 학자들과 마찬가지로, 총체적 통합성과 조화를 학문의 최고의 성취로 여겼다. 철학 학파들의 역사와 문헌에 대한 연구에서, 호응린은 송렴이 1358년에 이에 대해 글을 썼으며 자신도 오랫동안 그 논의에 기여하기를 원했다고 언급했다. 일부 사람들은 송렴이 이 논의를 처음 시작했다고 주장하며, 호응린을 독창적이지 않다고 평가절하했다. 그러나 고힐강이 나중에 지적했듯이, 송렴이 많은 철학자들에 대해 글을 쓴 요점은 "모든 도에 대한 학문이 단일한 길을 따라가도록" 하는 데 있다고 말했다.[79] 이는 호응린이 독자들을 이끌고자 했던 방향이 아니었다.

부록

부록 2.1 _ 도학 저자들의 저서 목록

인물 현 진사 취득 시기	마지순(馬之純) 동양 1163	공풍(鞏豊) 무의 1181	소연(邵囦) 의오 1181	시란(時瀾) 금화 1181
문집	마시문집(馬詩文詩)	동평집(東平集)	금시당고(今是堂稿)	남당문집(南堂文集)
시집	금릉백영(金陵百詠)			
기념 문집				
역경(易經)			독역관견(讀易管見)	
시경(詩經)				
서경(書經)	상서설(尙書說)	동래서설(東萊書說)		증정동래서설 (增定東萊書說)
주례(周禮)	주례수석류편 (周禮隨釋類編)			
예기(禮記)			곡례해(曲禮解) 악기해(樂記解) 왕제해(王制解)	
춘추(春秋)	춘추편년도 (春秋編年圖)			
좌전(左傳)	좌전기사편년 (左傳紀事編年)			좌씨춘추강의(左氏春 秋講義)
논어(論語)	논어설(論語說)			
대학(大學)	대학설(大學說)		대학해(大學解)	
중용(中庸)	중용설(中庸說)		중용해(中庸解)	
강의(講義)	강의(講義)			
자치통감 (資治通鑒)				
역사서 주석				
전기(傳記)				
필기(筆記)		이목지(耳目志)		
미분류	예장유지(豫章流芷)			잡설(雜說)

갈홍(葛洪) 동양 1184	서교(徐僑) 의오 1187	왕개(王介) 금화 1190	교행간(喬行簡) 동양 1193	섭수발(葉秀發) 금화 1196	왕야(王埜) 금화 1220
반실집(蟠室集)	의재문집(毅齋文集)	상졸재고(尚拙齋稿) 혼척집(渾尺集)	공산집(孔山集)		
	의재시집별록 (毅齋詩集別錄)				왕자문시고 (王子文詩稿)
주의(奏議)					왕자문주의 (王子文奏議)
	독역기(讀易記)				역설(易說)
	독시기(讀詩記)				
	상서괄지(尚書括旨)				
			주례총설(周禮總說)	주례설(周禮說)	
			춘추억설(春秋臆說)		
				논어강의(論語講義)	
			통감해표(通鑒解標)		
섭사수필(涉史隨筆)					
			(종택)충간공연보 ((宗澤)忠簡公年譜)		

출처: 모든 저자와 서명은 호종무(胡宗楙)의 「금화경적지(金華經籍志)」를 기반으로 함.

부록 2.2 _ 비(非)도학 계열 저자들의 저서 목록

인물 현 진사 취득 시기 기준 연도 (출생 추정 시기)	조관(曹冠) 동양 1154 1124	가대년(賈大年) 동양 1133	조언거(趙彦秬) 동양 1163 1133	서차탁(徐次鐸) 동양 1190 1160	서웅(徐雄) 동양 1205 1175
문집	충성당집 (忠誠堂集) 쌍계집(雙溪集) 연희집(燕喜集)	산당집(山堂集)			
시집	경물류요시 (景物類要詩) 연희사(燕喜詞)				남당시고 (南圃詩稿)
기념 문집					주의(奏議)
경(經)					
역경(易經)					역해(易解)
시경(詩經)					
서경(書經)					
주례(周禮)					
예기(禮記)					
춘추(春秋)			좌씨발미 (左氏發微)		
좌전(左傳)					
논어(論語)					
중용(中庸)					
도교 문헌		현백자(玄白子)			
자치통감(資治通鑑)					
연대기					
사기(史記)					

출처: 모든 저자와 서명은 호종무(胡宗楙)의 『금화경적지(金華經籍志)』를 기반으로 함.

이대동(李大同) 동양 1223 1193	진염(陳琰) 동양 1223 1193	손덕지(孫德之) 동양 1238 1209	섭개(葉介) 무의 1181 1151	서방헌(徐邦憲) 무의 1193 1163	여호(呂浩) 영강 1149	여수(呂殊) 영강 1208 1178
이종중시문집 (李從仲詩文集)		태백산재유고 (太白山齋遺稿) 도자문집 (道子文集)	지강시고 (芷江詩稿)	동헌집(東軒集)	운계고(雲谿稿)	민재고(敏齋稿) 둔사유고 (遯思遺稿)
이종중주의 (李從仲奏議)				서문소주의 (徐文素奏議)		
군서취정 (群書就正) 군경강의 (群經講義)						
				주례해(周禮解)		
		춘추전해 (春秋傳解) 좌씨세계본말 (左氏世系本末)				
				중용강의 (中庸講義)		
						노자지리해 (老子支離解)
통감수록 (通鑑隨錄)						속통감절편 (續通鑑節編)
		속(동래)대사기 (續(東萊)大事記)		사기고(史記考)		

부록 509

인물 현 진사 취득 시기 기준 연도 (출생 추정 시기)	예박(倪樸) 포강 1123	부인(傅寅) 의오 1148 1118	유량능(喻良能) 의오 1157 1127	유량의(喻良倚) 의오 1128	유량필(喻良弼) 의오 1131	진병(陳炳) 의오 1137	부지(傅芷) 의오 1178 1148
문집	예석릉유집 (倪石陵遺集)		향산집 (香山集)	시문(詩文)	산당집 (山堂集) 삼당집 (杉堂集)	엄당잡고 (嚴堂雜稿)	남원시문잡고 (南園詩文雜稿)
시집					악부(樂府)		
기념 문집							
경(經)			제경강의 (諸經講義)				군경강의(群經講義)
역경(易經)						역강의 (易講義)	
시경(詩經)							
서경(書經)							
주례(周禮)							
예기(禮記)							
춘추(春秋)							
좌전(左傳)							
논어(論語)							
중용(中庸)							
도교 문헌							
자치통감 (資治通鑒)							
연대기							
사기(史記)							

유간(喻偘)의오 1154	주질(朱質)의오 1193 1163	주원룡(朱元龍)의오 1223 1193	범처의(范處義)난계 1154 1124	두전(杜旃)난계 1141	응용(應鏞)난계 1199 1169	왕사고(王師古)금화 1154 1124	정량사(鄭良嗣)금화 1133	왕익지(王益之)금화 1187 1157
노은유고(蘆隱類稿)	주중문시문잡고(朱仲文詩文雜稿)	주좌사집(朱左司集)		벽재집(辟齋集)	응자화문집(應子和文集)	왕당경문집(王唐卿文集)	가헌문집(可軒文集)	
							가헌주의(可軒奏議)	
	역설거요(易說舉要)		시보전(詩補傳)		상서약의(尚書約義)			
					예기찬의(禮記纂義)			
						자치통감집의(資治通鑑集義)		

인물 현 진사 취득 시기 기준 연도 (출생 추정 시기)	조관(曹冠) 동양 1154 1124	가대년(賈大年) 동양 1133	조언거(趙彦秬) 동양 1163 1133	서차탁(徐次鐸) 동양 1190 1160	서웅(徐雄) 동양 1205 1175	이대동(李大同) 동양 1223 1193
한(漢)의 역사				한관(漢官)	한평(漢評)	
당(唐)의 역사				당서전주 보 (唐書傳註 補) 주음훈(註音訓) 당서석규변무 (唐書釋糾辨繆)		당사유편 (唐事類編)
기타						
강의(講義)						
정책 제안	경진십론 (經進十論) 만언서(萬言書)					
관제						
군사	회복비략 (恢復秘略)		정서류고 (征西類稿) 서정수필 (西征隨筆) 노사문답 (虜使問答)	중흥병방사류 (中興兵防事類)		
지리						
전기						
백과전서						
필기(筆記)						
선집						
미분류						

진염(陳琰) 동양 1223 1193	손덕지(孫德之) 동양 1238 1209	섭개(葉介) 무의 1181 1151	서방헌(徐邦憲) 무의 1193 1163	여호(呂浩) 영강 1149	여수(呂殊) 영강 1208 1178
					서한율령(西漢律令)
					독진사초평(讀晉史鈔評)
태평십의 (太平十議)				운계일수자전 (雲谿逸叟自傳)	
					사감운어(事監韻語)

인물 현 진사 취득 시기 기준 연도 (출생 추정 시기)	예박(倪樸) 포강 1123	부인(傅寅) 의오 1148 1118	유량능(喻良能) 의오 1157 1127	유량의(喻良倚) 의오 1128	유량필(喻良弼) 의오 1131	진병(陳炳) 의오 1137	부지(傅芷) 의오 1178 1148
한의 역사							
당의 역사				당론(唐論)			
기타							
강의(講義)							남원강의 (南園講義)
정책 제안				책단(策斷)			
관제							
군사							
지리	여지회원지 (輿地會元志)	행계부씨우공집 (杏溪傅氏禹貢集)					
전기			충의전 (忠義傳)				
백과전서		군서백고 (群書百考)					
필기(筆記)							
선집				문선보 (文選補)			
미분류	여지회원지 (輿地會元志)		가추편 (家帚編)				

유간(喻偘) 의오 1154	주질(朱質) 의오 1193 1163	주원룡(朱元龍) 의오 1223 1193	범처의(范處義) 난계 1154 1124	두전(杜旃) 난계 1141	응용(應鏞) 난계 1199 1163	왕사고(王師古) 금화 1154 1124	정량사(鄭良嗣) 금화 1133	왕익지(王益之) 금화 1187 1157
								한관총록 (漢官總錄) 서한연기 (西漢年紀)
								송조상보연표 (宋朝相輔年表) 직원(職源) 직원촬요(職源撮要)
		서문청공 (徐文清公) [서교]가전 ([徐僑]家傳)					[정강중]선무 ([鄭剛中]宣撫) 자정정공 (資政鄭公) 연보(年譜)	
수류록 (隨類錄) /수견록 (隨見類)			해이신어 (解頤新語)					
		독소집 (讀騷集)		두시발미 (杜詩發微)				
			시학(時學)					

부록 515

부록 4.1_왕백의 저서

분류	제목	권수	E: 현존 P: 부분적 현존 L: 일실
경(經)	독시기(讀詩記)	10권	P
경	시가언(詩可言)	20권	P
경	시고(詩考)		L
경	시의(詩疑)	2권	E
경	시익(詩翼)	4권	E
경	독서기(讀書記)	10권	P
경	서부전(書附傳)	40권	P
경	함고도서(涵古圖書)	1권	L
경	서의(書疑)	9권	P
경	우공도서(禹貢圖說)	1권	L
경	예의(禮疑)		L
경	천관고(天官考)	10권	L
경	자양춘추발휘(紫陽春秋發揮)	40권	P
경	독춘추기(讀春秋記)	8권	P
경	노경장구(魯經章句)	30권	L
경	좌씨정전(左氏正傳)	10권	L
경	춘추좌씨전주(春秋左氏傳注)		L
경	독역기(讀易記)	10권	L
경	함고역설(涵古易說)	1권	P
경	역의(易疑)		L
경	대상연의(大象衍義)	1권	L
경	계사주(繫辭注)	2권	L
경	표말점교사서집주(標抹點校四書集註)		L
경	논어연의(論語衍義)	7권	P
경	논어통지(論語通旨)	20권	P
경	맹자통지(孟子通旨)	7권	P
경	대학의(大學疑)		P
경	대학정의(大學定本)		L
경	고중용(古中庸)	2권	L
경	대이아(大爾雅)	5권	L

분류	제목	권수	E: 현존 P: 부분적 현존 L: 일실
경	육의자원(六義字原)	2권	L
사(史)	속국어(續國語)	40권	P
사	지리고(地理考)	2권	L
사	제왕역수(帝王歷數)	2권	P
사	표말점교자치통감강목(標抹點校資治通鑑綱目)	59권	L
사	가승(家乘)	50권	L
사	고우록(古友錄)	1권	P
사	일기(日記)		L
사	중개경오순환력(重改庚午循環曆)		P
자(子)	천문고(天文考)	1권	L
자	정시지음(正始之音)	7권	E
자	태극연의(太極衍義)	1권	L
자	이락정의(伊洛精義)	1권	L
자	강좌연원(江左淵源)	5권	L
자	이락지남(伊洛指南)	8권	L
자	주자(周子)	2권	L
자	주자지요(朱子指要)	10권	L
자	주자계년록(朱子繫年錄)		L
자	비주경재잠(批註敬齋箴)	10권	L
자	연기도(研幾圖)	1권	E
자	곤학지서(困學之書)	4권	L
자	의도학지(擬道學志)	20권	L
자	잡지(雜志)	2권	L
자	발견삼매(發遣三昧)	35권 [CYM: 10]	P
자	중개석순청풍록(重改石筍清風錄)	10권	P
자	노재청풍록(魯齋清風錄)	15권	P
자	고란(考蘭)	4권	P
자	천지만물조화론(天地萬物造化論)	1권	E
자	상채서원강의(上蔡書院講義)	1권	P
자	상채사설(上蔡師說)		P

분류	제목	권수	E: 현존 P: 부분적 현존 L: 일실
자	가숙강의(家塾講義)		L
자	취정편(就正編)		L
자	사숙편(私淑編)		L
자	금화왕노재선생정학편(金華王魯齋先生正學編)	2권	E
자	아장록(雅藏錄)		L
집(集)	문장속고(文章續古)	35권	L
집	문장복고(文章復古)	70권	L
집	문장지남(文章指南)	10권	L
집	시준(詩準)	4권	E
집	염락문통(濂洛文統)	200권	L
집	자양시류(紫陽詩類)	5권	L
집	아가집(雅歌集)		P
집	문집(文集)	84권	P
집	조화집(朝華集)	10권	L
집	양추소편(陽秋小編)	1권	L
집	장소취어(長嘯醉語)		P
집	갑오고(甲午稿)	5권	P
집	갑진고(甲辰稿)	25권	P
집	갑인고(甲寅稿)	25권	P
집	갑자고(甲子稿)	25권	P
집	노재선생왕문헌공문집(魯齋先生王文憲公文集)	84권	P
집	노재시집(魯齋詩集)	1권	E
집	왕자노재시초(王子魯齋詩鈔)	2권	E
집	노재집초(魯齋集鈔)	1권	E
집	주자시선(朱子詩選)		L
집	주자문선(朱子文選)		L
집	노재시화(魯齋詩話)		P
집	묵림유고(墨林類考)	16권 [CYM: 20]	P

출처: 『노재집』, 189~195쪽에 수록된 섭유갱이 쓴 왕백의 묘지명과 『왕백지생평여학술(王柏之生平與學術)』, 168~433쪽에 수록된 정원민(程元敏)의 글을 따름. 서명의 번역은 옹창웨이(Chang Woei Ong)와 피터 볼에 의함.

부록 6.1_중국역사인물데이터베이스(CBDB) 데이터

중국역사인물데이터베이스CBDB는 베이징대학 중국고대사연구센터, 아카데미아 시니카中央硏究院 역사언어연구소, 하버드대 페어뱅크 중국연구센터가 공동으로 운영하는 프로젝트이며, 기타 개인 및 기관에서도 기여하고 있다. 나는 인물 간의 관계를 추적하는 과정에서 CBDB를 활용하였다. CBDB 데이터를 검색하면 역사 기록에 등장하는 인물들의 사회적, 친족 네트워크를 파악할 수 있다. 송·원·명 시대 중국의 행정 체계와 행정 중심지의 위치를 조사할 때에는 중국역사지리정보시스템CHGIS을 활용하였다. CHGIS는 푸단대학 역사지리연구센터와 하버드대 페어뱅크 센터가 협력하여 구축한 시스템이다. 고故 로버트 하트웰Robert Hartwell이 역사지리정보시스템GIS 및 인물데이터베이스 구축을 시작하였으며, 현재의 데이터베이스는 그의 연구에서 영감을 받아 발전된 것으로, 일부 수정된 데이터도 포함하고 있다. 해당 프로젝트의 웹사이트에는 후원 기관이 명시되어 있다.

CHGIS는 영토 행정을 연구하는 가장 권위 있는 종합 GIS 데이터베이스이다. 여기에서 사용된 6.0 버전은 기원전 221부터 1911년까지의 데이터를 포함하는 사실상 최종 버전이다. 이 데이터베이스는 현縣 단위까지 행정 중심지의 점 위치point location를 제공하며, 1350년부터 1911년까지 거의 완전한 부府 및 노路 단위의 행정 경계를 포함하고 있다. 또한, 1911년 기준으로 현 단위의 행정 경계도 제공한다. CHGIS는 비상업적 용도로 무료 이용할 수 있다. 해당 데이터셋은 다운로드하여 QGIS와 같은 무료 GIS 소프트웨어에서 열어 연도별로 검색할 수 있다.[1] 또한, 1350년부터 1911년까지 50년 단위로 구분된 영토 행정 GIS 파일도 제공된다.[2]

 CBDB는 마이클 A. 풀러Michael A. Fuller가 설계한 관계형 데이터베이스이며, 지속적으로 확장되는 프로젝트이다. 본 연구에서 사용된 버전에는 주로 당에서 청까지의 인물 42만 7,000명이 포함되어 있다.[3] 그러나 CBDB는 완전한 데이터베이스가 아니다. 역사 기록에 등장하는 많은 개인의 이름이 아직 포함되지 않았으며, 특정 인물에 대한 데이터 양도 집중적인 연구를 통해 밝혀낼 수 있는 정보보다 적은 경우가 많다. 이러한 불완전성은 데이터 수집 방식의 일관성에서 비롯된다. CBDB는 개별 인물에 대한 연구보다는 디지털 텍스트를 컴퓨터 분석 기법을 이용해 체계적으로 검색하는 방식을 채택한다. 이후 편집자가 프로그램이 추출한 데이터를 검토하여 오류를 수정하고, 정리된 데이터를 데이터베이스에 통합한다. 이러한 방식은 수만 건의 기록을 한번에 처리할 수 있도록 한다. 현재 여러 하위 프로젝트에서 다양한 출처(예: 지방지)의 데이터를 수집하고 있으며, 정기적으로 새로운 데이터가 추가되고 있다. CBDB는 전 세계 대부분의 지역에서 비상업적 용도로 다운로드하여 사용할 수 있다.[4] 2019년 이후의 CBDB 버전에서는 송·원 시대의 무주/금화 지역 인물 수가 크게 변하지 않았다.

　관계형 데이터베이스는 데이터베이스 사용자가 서로 다른 유형의 정보를 결합하여 검색할 수 있도록 한다. 본 연구에서 사용된 검색 방식의 예를 들면, 특정 지역 출신의 모든 인물을 식별한 후 그들의 친족 관계를 검색하여 지역 내 혼인 관계의 정도를 파악할 수 있으며, 특정 지역 출신의 모든 인물을 확인한 후 그들의 지적 네트워크를 분석할 수도 있다. CBDB는 전기 사전biographical dictionary이 아니라 데이터베이스로 기능하도록 설계되었다. 따라서 전기 사전에 기대되는 서술적 요소는 포함되지 않지만, 검색을 통해 전통적인 서술형 전기에서는 찾을 수 없는 광범위한 친족 및 사회적 관계 보고서를 생성할 수 있다. CBDB에서는 수정 가능한 두 가지 유형의 오류가 발생할 수 있다. 첫째, 코딩 오류이다. 예를 들어, 특정 인물이 책의 서문을 작성했음에도 알고리즘이 이를 해당 인물에 대한 '작별 서문'으로 잘못 분류하는 경우가 있다. 둘째, '태깅tagging' 오류이다. 예를 들어, 세 글자로 된 이름이 두 글자로 인식되는 경우로, 이러한 오류는 편집 과정에서 수정될 수 있다. 셋째, 역사적 사료 사체의 오류이다. 이 경우 연구자가 이를 발견하고 수정할 수 있는 근거 자료를 제공해야만 수정이 가능하다. 또한, CBDB는 항상 일정 수준의 중복 데이터를 포함할 수밖에 없다. 동일한 이름을 가진 두 명 이상의 인물이 실제로 동일인인지에 대한 높은 확신이 있기 전까지는 각 이름을 별개의 인물로 간주하기 때문이다. 그러나 편집 과정을 통해 오류의 범위를 최소화하며, 1,000건 또는 100건의 사례를 분석하더라도 일반적인 경향과 패턴을 정확히 반영할 수 있도록 보장하고 있다.

자료 출처

송·원 시대 인물에 대한 CBDB의 주요 데이터 출처 중 하나는 왕더이王德毅가 편찬한 송·원 인물 색인이다.[5] 이 색인의 특징 중 하나는 역사서와 문집에서 인물, 친족 관계, 거주지, 관직 진출, 경력, 저술 등에 대한 정보를 제공하는 원문을 인용하고 있다는 점이다. 이러한 문헌들은 사회적 관계를 밝히는 데에도 유용하다. 예를 들어, '작별 서문[送序]'은 누군가가 특정 관직을 맡게 되었음을 알려 줄 뿐만 아니라, 서문 작성자와 수신자 간의 관계를 기록한 자료이기도 하다. 마찬가지로, 서재書齋에 대한 비문, 책 서문, 초상화에 대한 감상문, 편지, 제문祭文 등도 사회적 관계를 보여 주는 중요한 자료가 된다. CBDB는 이러한 개별 데이터 포인트를 각각 코딩하며, 원칙적으로 출처를 명시하고 있다. 특히 가치 있는 자료는 묘지명과 유사한 전기 기록들이다. 이러한 기록에는 일반적으로 부계 3대(때때로 조상들의 부인 포함)와 기록 작성 당시의 모든 후손이 기재되어 있으며, 여성 후손의 남편과 (때로는) 남성 후손의 부인도 포함된다. 친족 관계 정보는 과거科擧 기록과 같은 다른 자료에서도 확인할 수 있으며, 이는 명·청 시대의 경우 특히 방대한 자료를 제공한다. 전기 기록은 또한 사제 관계, 우정, 정치적 후원자 등에 대한 정보를 제공한다. 문집은 송·원 시대 묘지명의 주요 출처이며(이에 비해 당唐의 묘지명은 주로 고고학적 자료에서 확인됨), 개인들이 사회적 관계를 형성하는 과정에서 작성한 다양한 기록들도 포함하고 있다.

편향

이러한 자료들은 주로 관료, 사, 그리고 그들의 친족을 중심으로 편향되어 있다. 문집이 전해지는 인물일수록 CBDB에 등장할 가능성이 높으며, 문집의 규모가 클수록 기록된 관계도 많아진다. 문집이 보존되는 과정은 단순한 우연의 결과가 아니다. 어떤 작가는 다른 이들보다 더 존경받았고, 어떤 이는 시대적으로 우세한 입장과 더 잘 맞아떨어지는 견해를 가졌으며, 어떤 이는 학파를 창립하여 후학들이 따랐다. 그러나 과거에 생산된 문헌 중 실제로 전해지는 것은 극히 일부에 불과하다. 무주의 인물 기록에는 일반적으로 그들이 저술한 책의 제목도 포함되어 있다. 이를 통해 우리는 무주 출신 저자들이 쓴 약 1,700여 권의 책 가운데 4분의 1 정도가 현존하는 것으로 추정할 수 있다.[6] 어떤 자료가 살아남고 어떤 자료는 사라지는가는 화재나 전쟁과 같은 사건, 그리고 특정 시기와 장소에서의 영향력과 관련이 있다. 그러나 특정 인물이 영향력을 가졌는지는 그의 저작이 전해지는지 여부와 무관하게 알 수 있는 경우가 많다. 영향력 있는 인물은 많은 사람들과 관계를 맺었을 가능성이 높으며, 이러한 사회적 네트워크를 시각화하면 그 영향력을 확인할 수 있다.

관료와 사 중심의 편향성 때문에 CBDB의 인물 분포는 특정 지역 출신의 국가 엘리트 계층 비율을 반영하며, 일반 대중의 비율을 반영하지 않는다. 예를 들어, CBDB에 포함된 당唐대 인물들은 북방에 집중되어 있으며, 남송 시대 인물들은 남방에 집중되어 있다. 그러나 '북방'과 '남방'이라는 표현은 지나치게 포괄적이다. 당대 엘리트층은 주로 장안과 낙양 두 수도 및 그 사이의 회랑 지역에 집중되어 있었으며, 남송 시대 엘리트층은 양절로兩浙路(현재의 절강성과 강소성 남부 지역), 강서, 복건 연안에 집중되어 있었다. CBDB의 공간적 분포는 역사 기록에 등장한 인물의 수를 반영하며, 따라서 일정한 편향이 존재한다. 이는 남송 시대 진사 학위 취득자의 지역 분포와도 밀접하게 일치하는 경향을 보인다.

CBDB의 가장 중요한 편향은 사회적 관계를 밝히기 위한 근거로 문집, 즉 개인이 특정한 계기에 작성한 문학적 저작물을 활용한다는 점에서 비롯된다. 편지, 제문, 서문 등은 특정한 상황에서 작성된 글로, 거의 항상 저자와 다른 인물 간의 관계를 포함한다. 따라서 특정 인물이 더 많은 계기적 저작을 남겼다면, 그는 더욱 중심적인 인물로 보일 가능성이 크다. 이러한 편향이 사회적 관계망 분석에 얼마나 영향을 미치는지를 검토하기 위해, 나는 CBDB에서 무주 출신 인물 중 가장 많은 문학적 관계(648건)를 기록한 송렴의 사례를 분석했다. 이 관계망을 구성하는 483명의 개별 인물 중, 102명은 2개에서 9개의 관계를 가지고 있었다. 이들 중 39명은 현존하는 문집이 있다. 6명이 문집은 남아 있지 않으나 다른 문헌이 존재한다. 8명은 문집이 있었으나 현재 남아 있지 않다. 49명은 문집이나 기타 저작이 존재했다는 기록조차 없다. 현존하지 않지만 문집이 있었던 것으로 확인된 인물은 소수에 불과하지만, 두 가지 대조적인 사례를 살펴볼 필요가 있다. 첫째, 현재 영파寧波의 자계慈溪 출신 계덕칭桂德偁(1387년 사망)은 5권의 문집과 4권의 기타 저작을 남겼지만, 송렴을 제외하면 단 1명과의 관계만이 기록되어 있다. 둘째, 송렴이 그의 생애와 저작을 기록한 진초陳樵는 문집 1권과 19권의 기타 저작을 남겼으며, CBDB에는 14명의 인맥이 기록되어 있다. 이 사례는 설령 진초의 저작이 전해지지 않았다고 하더라도 그의 사회적 관계는 어느 정도 확인될 수 있음을 시사한다. 반면, 계덕칭은 영파 출신 동시대인의 문집에 단 한 번 등장할 뿐이며, 이는 그가 속했던 네트워크가 완전히 사라졌거나, 역사적으로 주목받지 못했음을 의미할 수 있다. 결국, 현재까지 전해지는 자료가 지금의 우리가 과거를 이해하는 근거가 되며, 이러한 자료의 보존 여부가 역사적 인식에 큰 영향을 미친다.

무주의 데이터

본 연구에서는 송·원 시대 무주 출신 인물들의 묘지명에서 발견된 모든 친족 관계 데이터를 포함하였다. 송대 인물의 경우, 비벌리 보슬러Beverly Bossler가 제공한 송대 무주 인물들의 기존 묘지명 목록을 바탕으로 연구를 시작하였다. 원대 인물의 경우, CBDB 데이터베이스에 인용된 묘지명을 기반으로 분석을 진행하였다. CBDB는 원칙적으로 사망 연도가 알려진 경우 이를 기준으로 해당 인물을 특정 왕조와 연관 짓는다. 그러나 사망 연도가 알려지지 않은 인물의 경우, '지표 연도index year'를 사용한다. 지표 연도는 하나의 경험적 추정치이다. 본 연구가 진행될 당시, CBDB의 지표 연도는 한 인물이 60세(생애의 60번째 해, 서양의 나이 계산법으로는 59세에 해당)였을 것으로 추정되는 연도를 기준으로 설정되었다. 이는 CBDB 내에서 사망 연도가 알려진 인물들의 중위 연령(63세)에 근접한 값이다. 이후 CBDB는 지표 연도를 출생 연도의 추정값으로 변경하였으며, 본 연구의 색인에서도 이러한 출생 연도 기반 지표 연도를 사용하고 있다. 출생

[표 A6.1] CBDB 무주 사람들

기간	총계	기준 연도가 있는 사람 수	금화	난계	동양	의오	영강	포강	무의	1471년 이후의 탕계
당~오대	86	67								
송	1,584	1,375 (북송 229/ 남송 1,146)	509	145	257	267	209	97	100	
원	916	611	186	92	165	186	75	192	6	
명	1,556	1,371	244	393	281	197	208	192	12	29
청	316	164	33	40	125	32	20	60	3	3
중화민국	20	20	8	2	4	2	4			
총계	4,478	3,608	980	672	832	684	516	541	121	32

주: CBDB 데이터베이스에 수록된 무주/금화 부 출신 남녀 인물들을 나타낸 것으로, 각 왕조별 총인원 수, 각 왕조별 기준 연도가 있는 인원 수, 그리고 각 왕조별 현 단위 분포를 보여 준다.

및 사망 연도가 알려지지 않은 인물이 많기 때문에, CBDB는 기존 데이터에서 확보된 수천 건의 사례를 바탕으로 특정 규칙을 적용하여 지표 연도를 할당한다. 예를 들어, 진사 시험 합격 평균 연령은 30세, 첫째 아들 출생 연령은 30세, 둘째 아들 출생 연령은 32세이며, 아내는 남편보다 평균 2.5세 연하이다. 인물들의 출생 연도를 알면, 그들의 친족 중 일부(형제자매, 부모, 자녀)에 대해서는 상당히 정확한 지표 연도를 생성할 수 있고, 그보다 한 세대 위나 아래에 대해서는 정확도는 떨어지지만 지표 연도를 추정할 수 있다. 이러한 방식으로 전체 무주/금화 출신 인물의 약 80%에 대해 지표 연도를 할당할 수 있었다(표 A6.1 참고).

무주 각 현별 인물 분포는 시간이 흐름에 따라 변화한다. 예를 들어, 명대에는 난계 지역이 다른 현들보다 더 많은 저명한 사를 배출하였다(그림 A6.1).

[그림 A6.1] 무주/금화 지역 인물의 현별 분포도

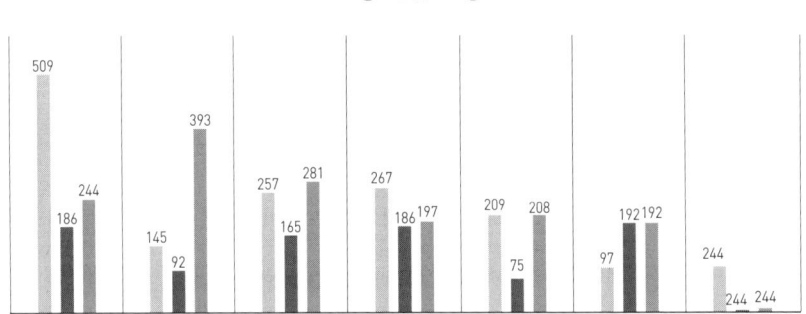

각 왕조 및 현에 따른 인물들의 CBDB 수록 현황을 통해 시대에 따른 분포 변화를 보여 줌.

본 연구에서 사용된 모든 검색은 사망 연도 또는 지표 연도가 있는 인물들을 대상으로 수행되었다. 나는 왕조 구분을 기준으로 검색을 설계하였으며, 구체적인 경계는 다음과 같다. 북송/남송 전환: 1126/1127년, 송/원 전환: 1275/1276년, 원/명 전환: 1367/1368년. 지표 연도가 없는 인물들도 친족 관계 검색을 통해 확인할 수는 있었으나, 최초 검색의 매개변수로는 사용되지 않았다. 두 가지 검색이 실행되었는데, 하나는 친족 관계이고 다른 하나는 학문적 교유 관계였다.

친족 검색

CBDB 사용자 가이드에서[7] 설명된 바와 같이, 친족 관계 검색에는 4가지 변수가 있다.

최대 조상 세대 Maximum Ancestor: 포함할 조상의 세대를 지정한다. 부(혹은 모)의 세대는 1, 조부모는 2, 증조부모는 3, 그 이후로 계속 증가한다.

최대 후손 세대 Maximum Descendent Generations: 포함할 후손의 세대를 지정한다. 자녀 세대는 1, 손자 세대는 2, 증손자 세대는 3, 그 이후로 계속 증가한다.

최대 방계 친족 Maximum Collateral Kin: 수평 방향으로 이동할 수 있는 횟수를 제한한다. 예를 들어, 배우자의 자매는 '혼인' 거리 1단위와 '방계' 거리 1단위를 가진다. 배우자의 자매의 남편의 형제는 '혼인' 거리 2단위와 '방계' 거리 2단위를 가진다.

최대 혼인 거리 Maximum Marriage Distance: 혼인 관계를 통해 연결된 거리의 최대 허용 횟수를 지정한다. 예를 들어, 배우자 자매의 남편은 '혼인' 거리 2단위를 가진다.

친족 관계 검색의 결과는 ArcGIS 또는 QGIS와 같은 지도 제작 소프트웨어, 또는 Pajek이나 Gephi 같은 사회적 네트워크 분석 소프트웨어로 출력할 수 있다.[8]

친족 관계 검색은 다음 두 가지를 분석하는 데 활용되었다: (a) 친족의 공간적 분포, (b) 계보 집단 간의 혼인 관계. 참고로, 특정 왕조 시기에 속하는 지표 연도를 기준으로 한 검색이라도, 포함되는 세대 수에 따라 다른 왕조의 친족들도 포함될 수 있다. 예를 들어, 지표 연도가 1300년인 인물은 지표 연도가 1360년인 손자를 가질 수 있으며 이는 여전히 원대에 속한다. 그러나 그의 조부는 지표 연도가 1240년으로 송대에 속할 수도 있다.

이러한 이유로, 여러 세대를 포함하는 검색이 생성되었다. 또한, 검색 결과로 나온 친족 중 4분의 1에서 3분의 1 정도는 아직 거주지가 기록되지 않은 경우였다. 마지막으로, 검색을 생성하는 데 사용된 인물들은, 검색 대상 집단의 다른 인물과 친족 관계가 있는 경우가 아니라면 결과에서 제외되었다. [표 A6.2]는 시간이 지남에 따라 친족 관계의 범위가 축소되었으며, 지역 내 친족 비율이 증가했음을 보여준다. [그림 A6.2]에서는 친족이 거주하는 지역의 범위가 절대적으로 감소했음을 확인할 수 있다. 이러한 지리적 축소 현상과 친족이 무주 지역에 집중되는 경향은 [지도 A6.1] 및 [지도 A6.2]에서 남송과 원대의 '2-2-1-1도$_{degree}$ 친족 관계'를[1] 통해 시각적으로 확인할 수 있다.

---

[1] 2-2-1-1이란 즉, 도(Degree) 분석에서의 변수 설정을 할 때, 최대 조상 세대(Maximum Ancestor) = 2. 부모(1세대)와 조부모(2세대)까지 포함. 즉, 한 인물의 부모, 조부모가 검색 대상에 포함됨/ 최대 자손 세대(Maximum Descendent Generations) = 2. 자녀(1세대)와 손자(2세대)까지 포함. 즉, 해당 인물의 자녀, 손자까지 검색됨/ 최대 방계 친족(Maximum Collateral Kin) = 1. 형제자매, 숙부, 숙모 포함 즉, 수평적 관계로 1단계 이동이 가능하며, 형제·자매 및 부모 세대의 형제(삼촌, 고모)까지 포함됨/ 최대 혼인 거리(Maximum Marriage Distance) = 1. 혼인을 통해 연결된 관계를 1단계까지 포함 예를 들어, 배우자의 형제자매(처남, 시누이)까지 검색 가능. 결과적으로, 직계 조상 2세대(부모, 조부모 포함) – 직계 자손 2세대(자녀, 손자 포함) – 방계 친족 1단계(형제자매, 삼촌·고모 포함) – 혼인 관계 1단계(배우자 및 배우자의 형제자매 포함) 기준으로 한 검색 설정을 의미한다.

[표 A6.2] 무주 소재의 주소지를 가진 친척 비율

A	B	C	D	E	F	G	H
기간	조회 변수	전체 검색 결과 수	주소 포함 전체 기록 수	고유 현 수	무주 주소가 포함된 기록 수	무주 출신 친족 비율(F/D)	조회 목록에 포함된 인물 수
북송							
	3-3-1-1	2,249	1,736	115	776	0.45	229
	2-2-1-1	1,218	919	80	545	0.59	229
	1-1-1-1	524	388	43	284	0.73	229
	0-1-1-1	368	264	31	222	0.84	229
	0-0-1-1	46	23	10	16	0.70	229
	0-0-0-1	22	4	2	4	1.00	229
남송							
	3-3-1-1	5,446	4,210	201	1,945	0.46	1,146
	2-2-1-1	3,504	2,526	139	1,491	0.59	1,146
	1-1-1-1	2,021	1,414	89	1,050	0.74	1,146
	0-1-1-1	1,343	870	52	754	0.87	1,146
	0-0-1-1	319	164	29	141	0.86	1,146
	0-0-0-1	185	45	19	34	0.76	1,146
원							
	3-3-1-1	2,510	2,086	52	1,885	0.90	611
	2-2-1-1	2,021	1,674	38	1,545	0.92	611
	1-1-1-1	1,363	1,114	29	1,042	0.94	611
	0-1-1-1	1,057	877	24	846	0.96	611
	0-0-1-1	293	213	18	200	0.94	611
	0-0-0-1	150	88	15	80	0.91	611

주: 북송, 남송, 원대에 걸쳐 기준 연도가 있는 인물들(H열 기준)을 바탕으로, 무주 주소를 가진 친족의 비율을 나타낸 것이다. 조회는 각 왕조 시기에 대해 여섯 가지 매개변수 집합을 비교하여 수행되었다.

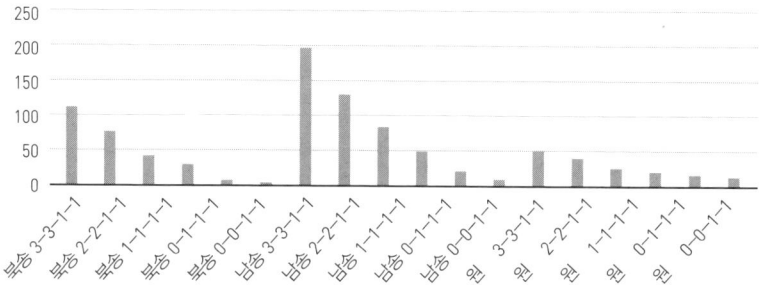

[그림 A6.2] 친족이 분포한 고유한 현의 총수
각 왕조 시기의 여섯 가지 기준 집합을 비교하여 산출한 결과에 기반함.

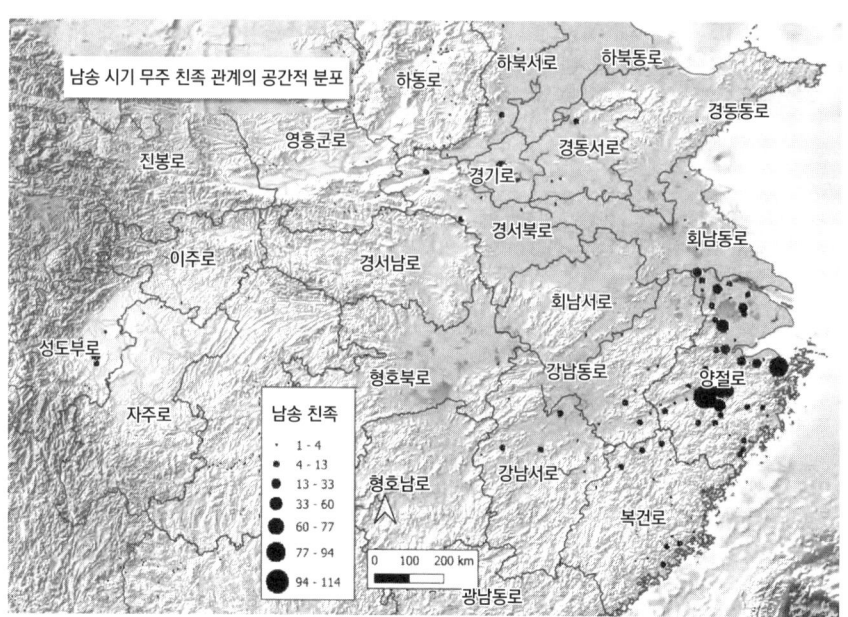

[지도 A6.1] 남송 시기 무주의 친족 관계
2-2-1-1 친족 쿼리에 기반한 공간 분포.

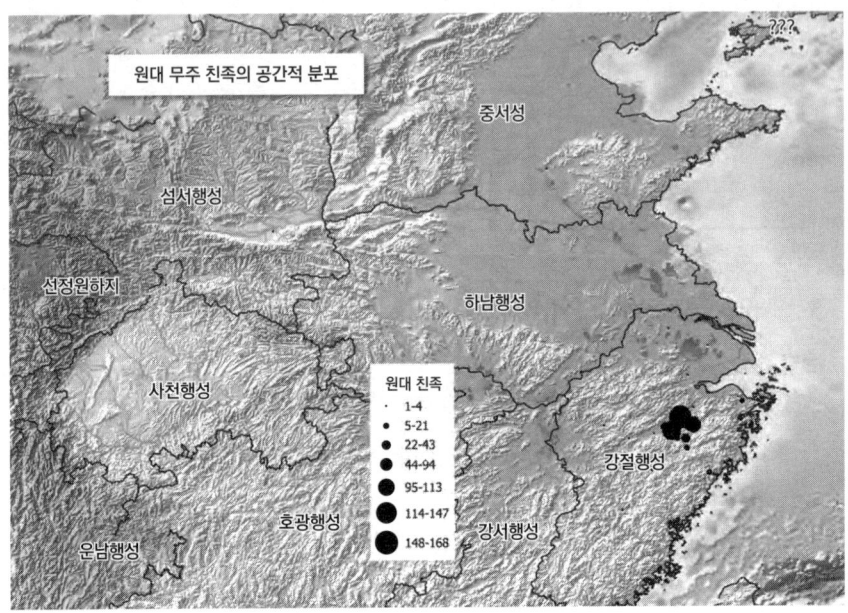

[지도 A6.2] 원대 무주의 친족 관계
2-2-1-1 친족 쿼리에 기반한 공간 분포.

혼인 관계: 남송과 원대

친족 관계 그래프에서 고립된 개체(친족 관계가 없는 인물)는 단일 점으로 표시되며, 작은 군집(묘지명을 통해 확인된 후손 집단이지만 다른 기록된 후손 집단과 연결되지 않은 경우)과 다수의 후손 집단이 서로 연결된 큰 군집이 나타난다.

남송 시대 무주의 친족 관계를 '2-2-1-1' 검색 방식으로 그래프로 나타낸 결과, 전체 기록 중 49%가 '거대 연결망giant component', 즉 친족 관계로 연결된 가장 큰 집합에 속하는 것으로 나타났다(그림 A6.3).

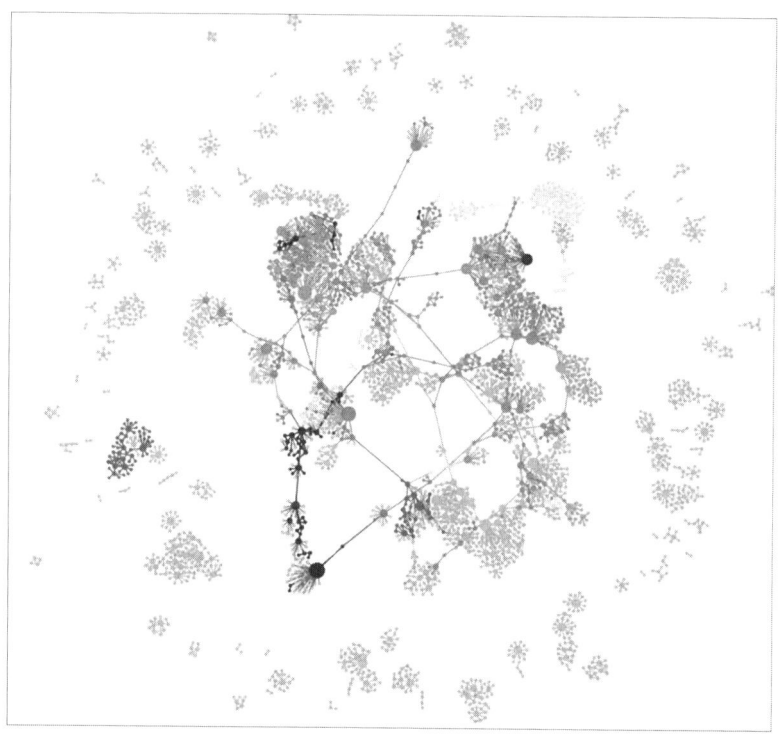

[그림 A6.3] 남송대 친족 관계 그래프에서의 거대 연결망
남송 시기 무주 지역의 친족 관계를 2-2-1-1 방식으로 질의한 결과를 바탕으로 작성. 색상은 무주 각 현을 구분하며, 가장 옅은 회색은 미확인 주소나 외부 지역을 나타냄. Gephi 프로그램을 이용해 시각화함.

앞에서 설명한 사의 친족의 지리적 범위 축소 현상을 고려하면, 혼인 관계가 더욱 밀집되었을 것이라 추정할 수 있다. 그러나 실제로는 그렇지 않았다. 원대 '2-2-1-1' 친족 관계 검색에서는 전체 인물 중 단 18%만이 서로 연결된 것으로 나타났다. [그림 A6.4]는 원대 친족 관계 그래프에서의 거대 연결망을 보여 준다. 원대 친족 관계 그래프에서 개별 현 단위의 연결성은 남송 시대보다 훨씬 약하게 나타났다. 원대 친족 관계 그래프에

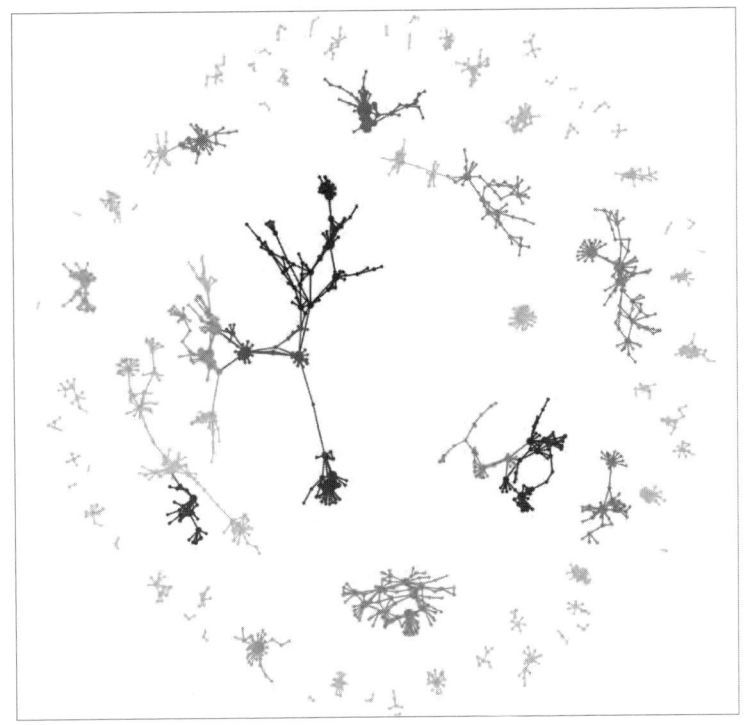

[그림 A6.4] 원대 친족 관계 그래프에서의 거대 연결망.
원 시기 무주 지역의 친족 관계를 2-2-1-1 방식으로 질의한 결과를 바탕으로 작성함. 색상은 무주의 각 현을 구분하며, 가장 옅은 회색은 미확인 주소 또는 외부 지역을 나타냄. Gephi 프로그램을 사용하여 시각화함.

서는 거대 연결망 자체가 작을 뿐만 아니라, 전체 그래프에 걸쳐 독립적인 작은 군집들이 부 전체에 널리 분포하는 경향을 보였다.

사회적 네트워크 검색

두 번째 검색은 친족 관계 외의 방식으로 연결된 인물들의 네트워크를 탐색하는 것이 목표였다. CBDB의 사회적 네트워크 검색은 특정 인물과 관련된 인물들을 찾을 뿐만 아니라, 검색된 인물들 간의 관계도 함께 보고한다. 예를 들어, 특정 인물 X의 친구로 A, B, C, D가 검색되면, A가 B, C, D와 어떤 관계를 맺고 있는지도 확인할 수 있다. 따라서 특정 집단의 연관성을 검색하면 다양한 네트워크 및 하위 네트워크를 파악할 수 있다.

CBDB는 총 594개의 이항binary 사회적 관계를 추적한다. 대부분의 관계는 '방향성'을 가진다. 예를 들어, X가 Y에게 편지를 썼다면, 이는 Y가 X로부터 편지를 받았다는 것을 의미하지만, Y가 실제로 편지를 수령했는지는 확실하지 않다. 이러한 관계의 이중적 특성 때문에, 실제로 데이터에는 약 290가지 유형의 관계가 존재한다. 일부의 제삼자 관계(예: X가 Y에게 Z를 암살하라고 명령함)를 추적하는 것은 번거롭지만, 자주 등장하는 관계(예: X가 Y에게 자신의 어머니 Z의 묘지명을 작성해 달라고 요청함)는 쉽게 기록할 수 있다. CBDB는 출처에서 사용된 표현을 그대로 보존하면서도 관계 유형별로 분류한다. 예를 들어, '사제 관계' 유형에는 '~의 제자가 되었다', '~와 함께 공부했다', '~의 추종자였다' 등의 다양한 코드가 포함된다. 본 연구에서 사용된 검색에서는 다음 유형의 모든 코드를 포함하였다: 우정, 사제 관계, 학문적 교류, 공통의 소속, 학문적 후원, 문학/예술적 교류, 저술(가장 큰 범주로 포함됨). '저술' 범주에는 다음과 같은 하위 유형이 포함된다: 기념문, 묘지명, 서문 및 발문, 의례문, 전기문, 해설문, 훈계문, 서신, 사회적 행사 관련 글.

이러한 검색에서, 우선 남송과 원대의 지표 연도를 가진 인물 두 목록을 사용하였다. 이후, 두 개의 추가 목록을 작성하였다. 첫 번째 목록(1180~1294년)은 여조겸 사망 전년도(1180년)부터 쿠빌라이 통치 마지막 해(1294년)까지로 설정하였으며, 이를 통해 여조겸 이후 세대 및 송-원 전환기를 경험한 인물들을 포함하고자 하였다. 두 번째 목록(1295~1403년)은 쿠빌라이 사후(1295년)부터 영락제 찬탈(1403년)까지로 설정하였으며, 이를 통해 원대에 성년이 된 인물과 원-명 전환기를 경험한 인물들을 포함하고자 하였다. CBDB는 사용자가 노드 거리node distance[2]를 설정할 수 있도록 한다. 친구는 1노드 거리를 가진다. 친구의 친구는 2노드 거리로 검색할 수 있다. 나는 1노드 거리로 검색을 제한하고, 지표 연도를 기준으로 제약을 가하여 지나치게 거대한 네트워크가 생성되는 것을 방지하고, 해당 인물이 알지 못했을 가능성이 높은 사람들과의 연관성을 줄이도록 하였다. 예를 들어, 많은 원대 사들은 소식의 글에 대해 논평을 남겼고, CBDB에는 이러한 문학적 교류가 기록되어 있다. 이는 유용한 정보이지만, 이번 연구의 목적에는 부합하지 않는다. 지표 연도를 기준으로 검색을 제한한 결과, 지표 연도가 알려지지 않은 인물들은 분석에서 제외되었다. 이를 통해

---

[2] 노드(node)는 네트워크에서 개별 인물이나 개체를 의미하며, 노드 거리는 두 노드 간 연결 단계 수를 나타낸다.

[표 A6.3] 남송과 원 시대의 사회 관계 비교

구분	기준 연도 구간	조회 목록에 포함된 인물 수	반환된 전체 기록 수	고유 인물 수	평균 관계 수	거대 연결망 내 고유 인물 수	거대 연결망 내 관계선 수	거대 연결망 포함 비율	거대 연결망 내 평균 연계 수	연도 수	연도당 연계 수
1	남송	1,146	3,352	1,508	2.22	678	1,634	0.45	2.41	150	22
2	원	611	2,064	952	2.17	541	1,722	0.57	3.18	92	22
3	1180~1294	947	2,235	1,178	1.9	466	1,074	0.40	2.30	115	19
4	1295~1403	766	3,145	1,430	2.2	854	2,174	0.60	2.55	109	29

주: 해당 표에는 각 왕조 시기뿐만 아니라, 송-원 교체기와 원-명 교체기에 기준 연도가 해당하는 인물들도 포함되어 있다.

결과의 규모가 현저히 축소되었다. 예를 들어, 1295~1403년 목록에서 사제 관계만을 검색한 결과, 99건의 사례가 도출되었으나, 지표 연도가 없는 인물을 포함했을 경우 동일한 검색에서 178건이 도출되었다. [표 A6.3]은 송-원과 원-명 데이터세트 간의 차이를 보여 준다. 첫째, '거대 연결망'에 포함된 인물 수의 증가, 둘째, 인물 간 연결의 증가가 그것이다.

목록 3과 4에 포함된 인물들의 교류 양식의 변화 가능성을 탐색하기 위해, 학문적, 문학적, 사회적 교류에 대한 검색을 수행하였다. 관계가 없는 인물들을 제거한 후, 데이터를 Gephi로 내보내 추가 분석을 진행하였다. 네 가지 네트워크 알고리즘이 사용되었다.

1. '차수degree'(또는 '차수 중심성degree centrality')는 CBDB에 기록된 한 사람이 가진 모든 관계의 총수를 의미한다.
2. '가중 차수weighted degree'는 더 많은 관계를 가진 사람들과 연결된 경우 더 높은 가중치를 부여한다.

3. '매개 중심성betweenness centrality'은 한 인물이 서로 연결되지 않은 인물들을 연결하는 정도를 측정한다. 예를 들어, 3명으로 구성된 2개의 독립된 네트워크가 있고, 이 두 네트워크와 모두 연결된 일곱 번째 인물이 존재한다고 가정하자. 이 인물은 두 네트워크의 "사이"에 위치하며, 전체 7명 중 가장 높은 '매개 중심성'을 갖게 된다.
4. '고유 벡터 중심성eigenvector centrality'은 각 노드의 중요도를 해당 노드와 연결된 노드들의 중심성 값의 합으로 계산한다. 이는 네트워크 내에서 영향력을 측정하는 지표이다.

인쇄 형식에서는 그래프가 조밀하게 연결된 경우 가독성이 떨어지므로, 최소한 7명 이상의 인물과 관계를 맺은 인물들만 포함하여 그래프를 축소하였다(그림 A6.5 및 A6.6).

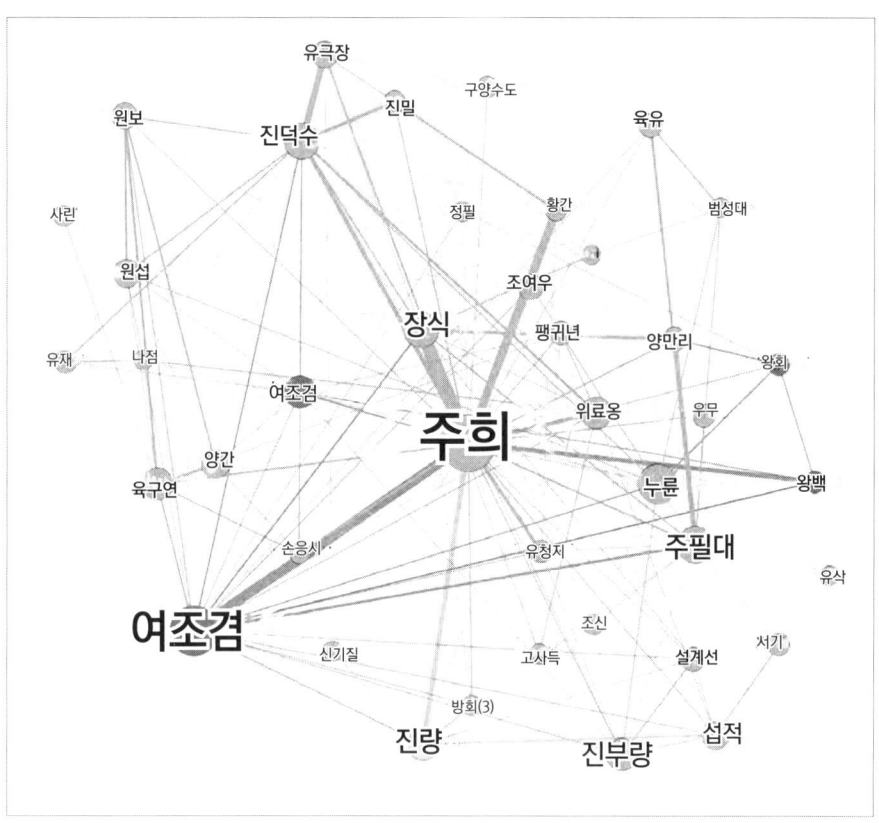

[그림 A6.5] 남송대 사 집단의 거대 연결망.
1180년부터 1294년 사이에 환갑을 맞이했을 것으로 추정되는 인물들로 구성된 사 네트워크에서의 '거대 연결망'을 시각화한 것임. 최소 7명 이상의 다른 인물들과 연계된 인물들만 표시됨. 라벨의 크기는 가중 차수에 따라 조정됨.

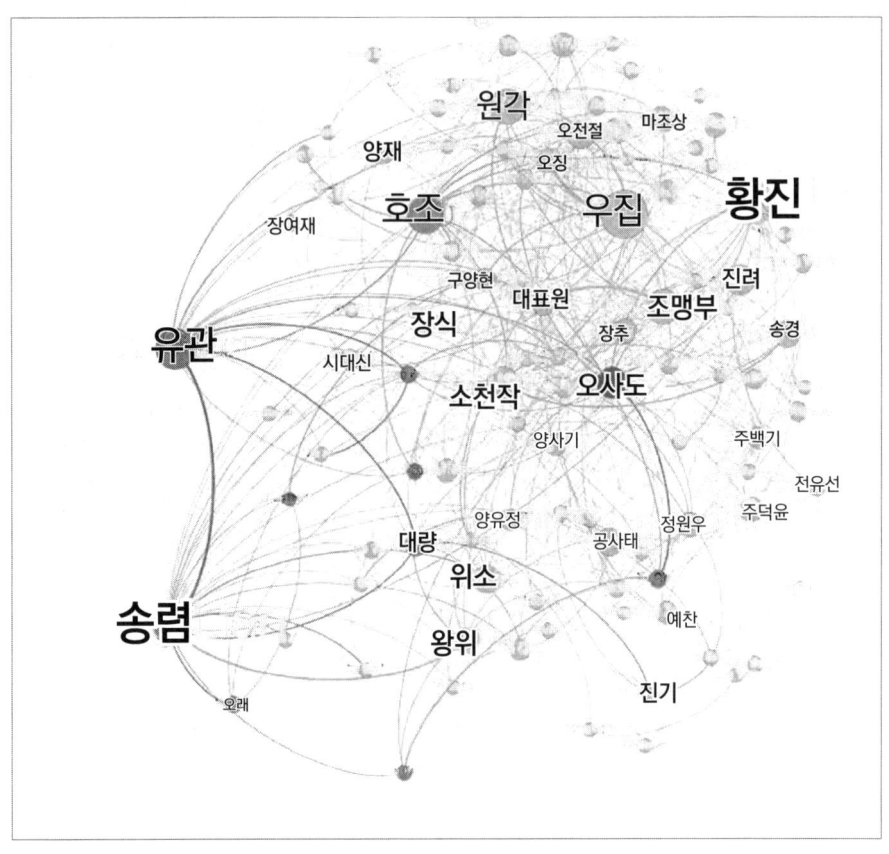

[그림 A6.6] 원대 사 집단의 거대 연결망.
1295년부터 1403년 사이에 환갑을 맞이했을 것으로 추정되는 인물들로 구성된 사 네트워크에서의 '거대 연결망'을 시각화한 것임. 최소 7명 이상의 다른 인물들과 연계된 인물들만 포함됨. 라벨의 크기는 가중 차수에 따라 조정됨.

[표 A6.4] 남송 시기의 네트워크 중심성

연결 수	가중 연결 수	매개 중심성	고유 벡터 중심성
여조겸呂祖謙 (215)	주희 (488)	여조겸 (0.083)	여조겸 (1.00)
주희朱熹 (125)	여조겸 (357)	주희 (0.034)	주희 (0.74)
진량陳亮 (78)	진덕수 (150)	진량 (0.027)	장식 (0.34)
왕백王柏 (65)	진량 (149)	왕백 (0.027)	진량 (0.34)
섭적葉適 (53)	왕백 (149)	섭적 (0.013)	진덕수 (0.32)
장식張栻 (44)	장식 (130)	주필대 (0.007)	주필대 (0.30)
진덕수真德秀 (39)	섭적 (120)	누륜 (0.006)	섭적 (0.30)
주필대周必大 (36)	주필대 (100)	위료옹 (0.006)	누륜 (0.30)
위료옹魏了翁 (36)	류극장 (99)	진덕수 (0.005)	진부량 (0.29)
누륜樓鑰 (35)	위료옹 (95)	류극장 (0.004)	위료옹 (0.28)
육구연陸九淵 (31)	누륜 (72)	여조검 (0.004)	왕백 (0.26)
진부량陳傅良 (30)	육구연 (70)	방대종 (0.004)	여조겸 (0.26)
류극장劉克莊 (27)	황간 (64)	육유 (0.004)	육구연 (0.26)
여조검呂祖儉 (24)	양만리 (62)	장식 (0.004)	원섭 (0.22)
육유陸游 (23)	진부량 (59)	원보 (0.003)	원보 (0.20)
황간黃幹 (22)	진밀 (59)	서교徐僑 (0.003)	진밀 (0.20)
원섭袁燮 (21)	원보 (59)	황간 (0.003)	양만리 (0.20)
진밀秦宓 (20)	육유 (53)	김이상金履祥 (0.003)	조여우 (0.19)
원보袁甫 (19)	원섭 (53)	당중우唐仲友 (0.002)	육유 (0.19)
양만리楊萬里 (18)	류극장 (43)	주질朱質 (0.002)	류극장 (0.18)
양간楊簡 (18)	양간 (41)	하기 (0.002)	양간 (0.17)
조여우趙汝愚 (15)	조여우 (31)	육구연 (0.002)	우무尤袤 (0.16)
유재劉宰 (14)	유재 (31)	교행간喬行簡 (0.002)	유청지劉清之 (0.16)
방대종方大琮 Fang Dacong (13)	방대종 (29)	진부량 (0.002)	방회方回 (3) (0.15)
하기何基 (13)	유청지 (29)	왕세걸 (0.002)	사린 (0.15)

주: 1180년부터 1294년 사이에 기준 연도가 해당하는 무주 인물들의 사회적 관계망을 4가지 중심성 지표로 분석한 결과, 중심성이 가장 높은 25명의 인물을 나타낸 것이다. 무주 출신 인물들은 회색 셀로 표시되어 있다.

[표 A6.4]는 네 가지 네트워크 알고리즘 각각에 따라 1180~1294년 기간 동안 가장 높은 순위를 기록한 25명의 인물을 나열한 것이다. 무

주 사는 회색 셀로 표시되어 있다. 여기서 가장 눈에 띄는 결과는 중요한 네트워크 인물의 대다수가 무주 외부 출신이라는 점이다. [표 A6.5]는 1295~1403년 기간에 해당한다. 모든 결과를 통합하여 살펴보면, 송-원 전환기(1180~1294)에는 가장 중심적인 25명 중 22%만이 무주 사였으나, 원-명 전환기(1295~1403)에는 이 비율이 두 배인 44%로 증가하였다. 상위 10명의 인물만을 기준으로 보면, 송-원 전환기에는 27%가 무주 출신이었으나, 원-명 전환기에는 70%가 무주 출신이었다. 두 사회적 관계 검색에서 나타난 모든 인물들의 공간적 분포 역시 이와 유사한 패턴을 반영하고 있다. 송대에는 총 1,034명의 고유 인물[3]이 검색되었으며, 이 중 32%만이 무주 출신이었다. 원대에는 1,710명의 고유 인물이 검색되었으며, 이 중 65%가 무주 출신이었다.

따라서 주요 연구 결과는 다음과 같다. 송대에서 명대 초기로 갈수록 친족 네트워크의 공간적 범위는 축소되었으며, 부 전체에 걸친 혼인 네트워크는 더 작은 단위로 분열되었다. 동시에 지역 사들 간의 교류는 증가하였다. 송대에는 사의 학의 중심 인물들이 대체로 무주 외부 출신이었으나, 원대 후반과 명대 초기에 이 경향이 역전되어, 무주 사들이 다수를 차지하게 되었다.

---

[3] 사회관계망 분석에서 중복을 제외한 고유한 개인을 지칭한다. 이는 동일 인물이 여러 관계에서 중복되어 등장할 수 있지만, 분석에서는 각 개인을 한 번만 고려했다는 것을 의미한다. 이는 사회관계망 분석에서 네트워크의 규모나 밀도를 정확히 측정하기 위해 중요한 개념이다.

[표 A6.5] 원 시기의 네트워크 중심성

연결 수	가중 연결 수	매개 중심성	고유 벡터 중심성
송렴宋濂 (361)	송렴 (528)	송렴 (0.20)	송렴 (1.00)
황진黃溍 (240)	황진 (316)	황진 (0.12)	황진 (0.77)
류관柳貫 (110)	류관 (173)	류관 (0.04)	류관 (0.49)
왕위王褘 (86)	우집 (155)	왕위 (0.03)	우집 (0.47)
우집虞集 (77)	대량 (128)	대량 (0.03)	호조 (0.40)
대량戴良 (68)	왕위 (126)	소백형 (0.03)	조맹부 (0.35)
호조胡助 (64)	호조 (105)	허겸 (0.01)	오사도 (0.33)
소백형蘇伯衡 (56)	원각(2) (89)	호조 (0.01)	왕위 (0.32)
원각袁桷 (2) (55)	소천작 (82)	우집 (0.01)	대량 (0.30)
오사도吳師道 (53)	오징 (82)	오사도 (0.01)	원각 (2) (0.30)
조맹부趙孟頫 (51)	오사도 (81)	방효유方孝孺 (0.01)	위소 (0.29)
위소危素 (42)	조맹부 (81)	조맹부 (0.01)	소천작 (0.27)
소천작蘇天爵 (40)	위소 (66)	호한胡翰(2) (0.01)	오전절 (0.26)
허겸許謙 (39)	소백형 (65)	양유정 (0.01)	공사태貢師泰 (0.25)
진록陳錄 (38)	오전절吳全節 (65)	위소 (0.01)	정거부程鉅夫(0.25)
공사태貢師泰 (36)	양유정 (62)	오래吳萊 (0.00)	진록 (0.24)
양유정楊維楨 (35)	허겸 (59)	호장유胡長孺 (0.00)	허겸 (0.23)
오징吳澄 (35)	진록 (59)	사고謝翱 (0.00)	이간李衎(0.22)
장저張翥 (34)	정원우 (57)	공사태 (0.00)	마조상馬祖常(0.22)
허유임許有壬(33)	공사태 (55)	방봉方鳳 (0.00)	선우추鮮于樞(0.22)
정원우鄭元祐(33)	대표원戴表元 (54)	오징 (0.00)	양유정 (0.22)
정거부(32)	정거부 (53)	정심鄭深 (0.00)	정원우 (0.21)
마조상馬祖常 (32)	장저(4) (51)	정거부 (0.00)	오징(0.21)
송경宋褧(31)	방효유 (51)	장이령張以寧(0.00)	장원유張元諭(15) (0.21)
오전절 (29)	허유임 (50)	진록 (0.00)	석대흔釋大訢 (0.20)

주: 1295년부터 1403년 사이에 기준 연도가 해당하는 무주 인물들의 사회적 관계망을 4가지 중심성 지표로 분석한 결과, 가장 중심성이 높은 25명의 인물을 제시한 것이다. 무주 출신 인물들은 회색 셀로 표시되어 있다.

부록 6.2_무주의 인물 및 문학 선집

저자	현	제목	권수	현존?	연도	출처
유양능(喩良能)[1]	YW	충의전(忠義傳)	20		1170	JJZ, 7.8a
사고(謝翱)	PJ	포양선민전(浦陽先民傳)	1		1290년대	JJZ, 외편 1a
호혹(胡惑)	DY	동양인물표(東陽人物表)			1320년대	JJZ, 7.8b
황응화(黃應鮓)	YW	화천문파록(華川文派錄)			1310년대	SLQ, 23.463
오사도(吳師道)[2]	LX	경향록(敬鄕錄)	9+14	14	1334	JJZ, 7.9a
장추(張樞)	DY	충의록(忠義錄)			1330년대	JJZ, 7.12b
송렴(宋濂)[3]	PJ	포양인물기(浦陽人物紀)	2	○	1350년대	JJZ, 7.13a
송렴(宋濂)	PJ	포양문예록(浦陽文藝錄)	8		1350년대	JJZ, 23.2b
유징(劉徵)[4]	JH	금화명현전(金華名賢傳)	3		1370년대	JJZ, 7.14a
정백(鄭柏)[5]	PJ	금화현달전(金華賢達傳)	12	○	1428	JJZ, 7.15a

군현 약어:

DY = 동양, JH = 금화, LX = 난계, PJ = 포강,
YK = 영강, YW = 의오

자료 출처 약어:

JJZ = 호종무, 『금화경적지』
SLQ = 『송렴전집』(2014)

1. 유양능의 위의 저작은 여진과의 전쟁에서 순절한 인물들의 전기를 모은 문집으로 보이며, 이들 중 한 명은 무주 출신의 종택이었다.
2. 오사도, 『경향록』
3. 송렴, 『포양인물기』
4. 부친인 유진(劉辰) 저작으로 인정된다. 왕무덕王懋德, 『금화부지』(1578) 권17, 4b.
5. 정백은 원·명 초기 사의 전기집을 금화 인사들이 조정에서 영향력을 상실한 한 세대 후에

장무(章懋)[6]	LX	무항현지(婺鄉賢志)	2		496	JJZ. 7.14a
동품(童品)[7]	LX	금화문헌록(金華文獻錄)			1500	JJZ. 7.15b
서사단(徐師旦)[8]	LX	경헌사록(景賢祠錄)			1505	JJZ. 7.18b
곽윤경(郭潤卿)[9]	LX	향철유주집(鄉哲遺珠集)	4		1505?	JJZ. 23.4b
두저(杜儲)[10]	DY	동양문헌록(東陽文獻錄)			1510	JJZ. 7.15b
동준(董遵)	LX	금화연원록(金華淵源錄)	2		1510년대	JJZ. 7.15b
조학(趙鶴)[11]	지주	금화정학편(金華正學編)	10	○	1511	JJZ. 외편 1a
조학(趙鶴)[12]	지주	금화문통(金華文統)	13	○	1511	JJZ. 외편 9a
능한(凌瀚)[13]	LX	속경향록(續敬鄉錄)			1520년대	JJZ. 7.16b
능한(凌瀚)[14]	LX	금화정사록(金華正祠錄)			1535	JJZ. 7.17a
김강(金江)[15]	YW	의오인물기(義烏人物記)	2	○	1535	JJZ. 7.18b

편찬하였다. 서문은 1428년에 작성되었고, 발문에는 1523년에 현령이 재간행을 원했으나 원본을 구할 수 없었다고 기록되어 있다. 현존 판본은 1708년에 인쇄된 것이다.

6. 장무, 『풍산집』 권7, 45b에 발문이 수록되어 있으며, 같은 내용이 『금화부지』 권27, 23a에도 등장한다.
7. 동품은 1496년 진사로 급제하였으며, 1500년부터 1520년까지 고향에서 교육에 전념하였다.
8. 『금화경적지』 권7, 19b에는 1490년의 진사인 정관의 서문이 인용되어 있다. 이 문집은 아마도 1505년경, 지방의 명현과 관리를 모신 사묘가 이곳으로 옮겨졌을 때 간행된 것으로 보인다. 『금화부지』 권13, 15b를 참조하라. 서사단은 22인의 명현이 기록하였으나, 1580년에는 44인으로 늘어났다.
9. 『금화경적지』(JJZ) 권23, 4b에는 정관의 서문에서 인용된 내용이 수록되어 있다. 유사한 서문의 연도를 기준으로 임시로 연대를 추정하였다.
10. 두저는 1510년에 호조의 『순백재류고(純白齋類稿)』에 서문을 썼다. 두저의 저작의 서문은 장무의 『풍산집』 권7, 43b를 참조하라.
11. 조학, 『금화정학편(金華正學編)』
12. 조학, 『금화문통(金華文統)』
13. 저자에 대해서는 의오의 왕종성(王宗聖)이라는 설도 있으며, 이는 『의오지(義烏志)』에 따른 것이다. 『금화경적지』 권7, 17a를 참조.
14. 이 글은 사묘의 중건과 이택서원의 확장을 위해 작성된 것이다.
15. 김강, 『의오인물기(義烏人物記)』

김강(金江)[16]	YW	화천문회록(華川文匯錄)	2	○	1535	JJZ. 23.8b
척웅(戚雄)[17]	JH	무현문궤(婺賢文軌)	4, 1	○	1538	JJZ. 23.4a
정문덕(程文德)[18]	YK	무집동성시(婺集同聲詩)			1550	정문공유고(程文恭遺稿) 9.5b
응정육(應廷育)[19]	YK	금화선민전(金華先民傳)	10	○	1558	JJZ. 7.16a
장응괴(張應槐)[20]	PJ	포양인물속기(浦陽人物續記)			1580년대	JJZ. 7.20a
호희(胡僖)[21]	LX	숭정서원지(崇正書院志)	11		1590	JJZ. 7.17a
호응린(胡應麟)[22]	LX	무헌(婺獻)	10		1586	오함(吳晗)
당방좌(唐邦佐)[23]	LX	금화정학편(金華正學編)	12	○	1590판본	
서용검(徐用檢)[24]	LX	무, 란기회(婺, 蘭紀會)			1590년대	나대굉(羅大紘)
장일양(章一陽)[25]	JH	금화사선생사서정학연원(金華四先生四書正學淵源)	10		1604	

16. 의오 지역 사의 글을 모은 문집이다.
17. 척웅의 서문은 1538년에 쓰였다.
18. 이 문집은 조정에 있던 금화 출신 관리들이 해당 연도에 결성한 모임의 기록을 모은 것이다. 서문은 정문덕(程文德)의 『정문공공유고(程文恭公遺稿)』권9, 5b에 실려 있다.
19. 응정육(應廷育), 『금화선민전(金華先民傳)』.
20. 장응괴는 1586년 진사에 급제하였으며, 학문과 문장 면에서 사들의 모범으로 평가되었다. 관련 내용은 아래의 완원성 항목을 참조하라.
21. 호응린의 아버지이다. 숭정서원(崇正書院)은 1588년 명현을 모신 사묘를 확장하여 설립되었고, 이때 서원지(書院志)가 편찬되었다.
22. 이 글은 1586년에 작성되었으나 인쇄되지 않았다. 오함, 「호응린연보」 225쪽 참조.
23. 1590년 판본은 조학의 기존 저작을 수정·재간행하고, 장무에 관한 2권을 추가하였다. 형식상으론 장조서(張朝瑞) 지부에게 저작이 귀속되어 있으나, 장무의 서문에 따르면 장무와 1568년 진사 동년인 당방좌가 저작을 혼자서 마친 후 서문을 청한 것으로 나타난다(조학, 『금화정학편』 참조).
24. 서용검은 1588년 이후 가끔 금화의 숭정서원의 원장을 맡았다. 이 문헌들은 금화와 난계에서 열린 모임의 기록으로 보인다. 해당 문헌에 대해서는 나대굉(羅大紘), 『자원문집(紫原文集)』권10, 28a를 참조하라.
25. 장일양의 서문은 1604년에 쓰였다. 장일양, 『금화사선생사서정학연원(金華四先生四書正學淵源)』.

장유성(章有成)[26]	LX	금화분등록(金華分燈錄)	10		1600	JJZ. 14.19b
진시방(陳時芳)[27]	DY	추노유방(鄒魯遺芳)			1620년대	JJZ. 7.21a
진시방(陳時芳)[28]	DY	종전광록(宗傳廣錄)			1620년대	JJZ. 13.19b
양덕주(楊德周)[29]	관료	금화잡지(金華雜識)	5	○	1630	
완원성(阮元聲)[30]	관료	금화문징(金華文徵)	20	○	1631	JJZ. 외편 9b
완원성(阮元聲)[31]	관료	금화시수(金華詩粹)	12	○	1631	JJZ. 외편 9b
서여참(徐與參)[32]	LX	금화징헌론(金華徵獻錄)	22		1633 이전	JJZ. 7.20b
강백용(江伯容)[33]	LX	난고풍아(蘭皐風雅)	12	○	1641	JJZ. 23.9a
오지기(吳之器)[34]	YW	무서, 무서별록(婺書, 婺書別錄)	8, 4	○	1641	JJZ. 7.21a
강백용(江伯容)	LX	난계역조시(蘭溪歷朝詩)	12		1641	JJZ. 23.9a
조봉충(趙鳳翀)[35]	LX	변은록(弁隱錄)	4		1642 이전	JJZ. 7.19a
강자발(姜子發)[36]	JH	자현언행록(婺賢言行錄)			명	왕숭병(王崇炳)

26. 장유성은 장무의 증손으로, 금화 지역의 역사 문헌 보존에 크게 기여한 인물이다. 이 문헌은 지역 승려들의 기록으로 보인다. 왕숭병(王崇炳), 『금화징헌략(金華徵獻略)』, 행사(行事) 편, 15b 참조.
27. 두유희(杜惟熙)의 제자이다. 張蓋, 沈麟趾, 魯標, 『금화부지(金華府志)』(1683) 권17, 24b 참조.
28. 영강의 오봉서원(五峰書院)과 관련된 왕양명 학파의 활동 기록일 가능성이 있다. 왕숭병, 『금화징헌략』 인례(引例) 편, 3b 참조.
29. 양덕주(楊德周), 『금화잡지(金華雜識)』.
30. 완원성(阮元聲)은 1628년 진사로 급제하였다. 서문에 연대가 명시되어 있음. 『금화문징(金華文徵)』 참조.
31. 阮元聲, 戴應鰲, 『금화시수(金華詩粹)』.
32. 사망 연대는 1633년이다. Goodrich, Fang, *Dictionary of Ming Biography*, 584쪽 참조.
33. 서문에 연대가 명시되어 있음.
34. 오지기(吳之器), 『무서(婺書)』.
35. 조봉충(趙鳳翀)은 반란군과 싸우다 1642년 재임 중 전사하였다. 장정옥(張廷玉) 외, 『명사(明史)』 권293, 7519 참조.
36. 왕숭병, 『금화징헌략』 인례(引例) 편 5b에 해당 문헌이 언급되며, 권례(卷例) 편, 3b에서는 제목을 『금화선현언행록(金華先賢言行錄)』으로 기재하고 있다.

서명훈(徐明勳)[37]	YK	고신록(孤臣錄)		명		JJZ, 7.20b
양경(楊儆)[38]	YW	보금화현달전(補金華賢達傳)		명		JJZ, 7.17b
왕숭병(王崇炳)[39]	DY	금화문략(金華文略)	20	○	1709	
왕숭병(王崇炳)[40]	DY	금화징헌략(金華徵獻略)	20	○	1709	
대전강(戴殿江)[41]	PJ	금화이학수편(金華理學粹編)	10	○	1797	
주염(朱琰)[42]		금화시록(金華詩錄)	60, 6, 4, 1	○	1773	
노표(盧標)[43]	DY	무시보(婺詩補)	3	○	1839	

37. 서명훈이라는 인물은 확인되지 않았다.
38. 『금화경적지』(JJZ) 권7, 17b에는 왕숭병(王崇炳)을 이 참고 문헌의 출처로 인용하고 있다. 양병이 누구인지는 아직 확인되지 않았다.
39. 왕숭병, 『금화문략(金華文略)』.
40. 왕숭병, 『금화징헌략』.
41. 대전강(戴殿江), 『금화이학(金華理學)』. 초판은 1889년에 간행되었다.
42. 금화부학(金華府學) 간행본. 절강성도서관(浙江省圖書館)과 청화대학교도서관(清華大學圖書館)이 소장하고 있다.
43. 동양문관회(東陽文館會)에 소장된 사본.

부록 8.1_호응린의 현존 저작 목록

제목	권수	현존?	참고문헌
백가이원(百家異苑)			WH 1565년 편찬; 『이유철유(二酉綴遺)』 서문; 호응린, 『소실산방필총』 477쪽
화양박의(華陽博議)	2		WH, p.189, 1565년 편찬
차라관시(藘蘿館詩) 등	60		WH 210: 1581년 부분 인쇄; 60권, 1586
삼분보일(三墳補逸)	3	○*	WH 218: 1584년 편찬; 호응린 서문
전유기략(筌游記略)	2	○	WH 225: 1586년까지 미간행
전양속조(筌陽續俎)	10		WH 225: 1586년까지 미간행
찬문(僣文)	6		WH 225: 1586년까지 미간행
정실산방속고(淀室山房續稿)	15		WH 215: 1583년 왕도곤(汪道昆) 서문
사부정와(四部正訛)	3	○*	WH 221: 1586년 편찬; 호응린 서문
소실산방필총정집/속집(少室山房筆叢正集/續集)	32/16	○	WH 225: 36권본. 1588에 인쇄. 현존본 48권 만력본; 69권 1635년본(「시수」 포함).
전주율선(筌州律選)	6		WH 225: 1586년 인쇄
두현국지(兜玄國志)	10		WH 225: 1586년까지 미간행
경유기략(梗游紀略)	2		WH 225: 1586년까지 미간행
고운고(古韻考)	1		WH 225: 1586년까지 미간행
사최(史蕞)	10		WH 225: 1586년까지 미간행
주명률범(硃明律範)	12		WH 225: 1586년까지 미간행
주명시통(硃明詩統)	30		WH 225: 1586년까지 미간행
전경의의(筌經疑義)	2		WH 225: 1586년까지 미간행
이유산방서목(二酉山房書目)	6		WH 225: 1586년까지 미간행
무헌(䎱獻)	10		WH 225: 1586년까지 미간행
명세설(明世說)	10		WH 225: 1586년까지 미간행
동성명고(同姓名考)	10		WH 225: 1586년까지 미간행
양사마록(兩司馬錄)	2		WH 225: 1586년까지 미간행; 선집
고반집(考槃集)	10		WH 225: 1586년까지 미간행; 선집

담검편(談劍編)	2		WH 225: 1586년까지 미간행; 선집
채진유(采眞游)	?		WH 225: 1586년까지 미간행; 선집
회심어(會心語)	2		WH 225: 1586년까지 미간행; 선집
백가이원(百家異苑)	?		WH 225: 1586년까지 미간행; 선집
교수송태사집(校讎宋太史集)	?		WH 225: 1586년까지 미간행; 선집
도서박고(圖書博考)	12		WH 225: 1586년까지 미간행; 선집
제자휘편(諸子彙編)	60		WH 225: 1586년까지 미간행; 선집
우초통집(虞初統集)	500		WH 225: 1586년까지 미간행; 선집
유효표락빈왕유문(劉孝標駱賓王遺文)	?		WH 225: 1586년까지 미간행; 선집
군조신인(群祖新印)	10		WH 225: 1586년까지 미간행; 선집
방외하음(方外遐音)	10		WH 225: 1586년까지 미간행; 선집
경적회통(經籍會通)	40	○*	WH 225: 1586년까지 미간행; 선집; WH 231: 1589년 완료; 호응린 서문
융만신문(隆萬新聞)	4		WH 226: 호응린의 왕세정 전기; 1586–1588년 저술
융만잡문(隆萬雜聞)	6		WH 226: 호응린의 왕세정 전기; 1586–1588년 저술
천유씨산서지(賸劉氏山棲志)	16		WH 226: 호응린의 왕세정 전기; 1586–1588년 저술
희슬편(欷膝編)	10		WH 226: 호응린의 왕세정 전기; 1586–1588년 저술
진상편(眞賞編)	10		WH 226: 호응린의 왕세정 전기; 1586–1588년 저술
회심어(會心語)	4		WH 225: 1586년까지 미간행; 선집; WH 226: 호응린의 왕세정 전기; 1586–1588년 저술
뇌고악부(賴古樂府)	2		WH 226: 호응린의 왕세정 전기; 1586–1588년 저술
정장소집(淀長嘯集)	20+		WH 226: 호응린의 왕세정 전기; 1586–1588년 저술
사평(史評)	10		WH 226: 호응린의 왕세정 전기; 1586–1588년 저술
당시명씨보망(唐詩名氏補忘)	?		WH 226: 호응린의 왕세정 전기; 1586–1588년 저술
이유철유(二酉綴遺)	3	○*	WH 226: 호응린의 왕세정 전기; 1586–1588년 저술
구류서략(九流緖略)	3	○*	WH 227: 1589년 자서(自序)
사서점필(史書佔畢)	6	○*	WH 232: 1589년 자서(自序)
장악위담(莊岳委談)	2	○*	WH 232: 1589년 자서(自序)
시수(詩藪)	20	○*	WH 233: 내외편
당동성명록(唐同姓名錄)			WH 233: 1589년 자서(自序)
단연신록(丹鉛新錄)	8	○*	WH 233: 1590년 자서(自序)
예림학산(藝林學山)	8	○*	WH 234: 1590년 자서(自序)
옥호하람(玉壺遐覽)	4	○*	WH 238: 1592년 자서(自序)

쌍수환초(雙樹幻鈔)	3	○*	WH 238: 1592년 자서(自序)
갑을잉언(甲乙剩言)	1	○	WH 244: 1599년 부광택에게 서문 부탁
낙시어충효변(駱侍御忠孝辨)	1		WH 226: 1588년 완성
구자절충(甌子折衷)	4		WH 225: 1586년까지 미간행
징회록(澄懷錄)	1		WH 226: 호응린의 왕세정 전기; 1586–1588년 저술
아촌총화(鴉村叢話)	40		
정실산방유고(定室山房類稿)	33	○	1620년 이전 간행된 각각의 시집 10권(중국 사회과학원 소장)
소실산방유고(少室山房類稿)	120	○	1618년경(미국 의회 도서관 소장)과 1924년에 출판됨; 시 80편, 산문 40편

주: WH는 오함(吳晗)의 연대기적 전기인 「호응린연보(胡應麟年譜)」를 나타낸다.
「소실산방필총(少室山房筆叢)」에 수록된 현존 저작은 별표(*)로 추가 표시되어 있다.

| 감사의 말 |

이 책은 수년에 걸쳐 하버드 대학원생들의 도움을 많이 받았다. 그들 중 일부의 연구는 본문에서 인용되어 있다. 특히 2002년과 2004년 여름 일부를 희생하여 금화 현지조사에 참여해 준 다음의 분들께 감사를 표한다: 앤응Anne Ng, 천송Chen Song, 천원이Chen Wenyi, 더그 스코니키Doug Skonicki, 한승현Han Seunghyun, 제프리 모저Jeffrey Moser, 공후이팅Kong Hwee Ting, 이정환Lee Jungwhan, 이석희Lee Sukhee, 리쫑한Lee Tsong-han, 리하이훙Li Haihong, 류광린Liu Guanglin, 니콜라스 R. 스미스Nicholas R. Smith, 니콜라스 터스틴Nicholas Tustin, 옹창웨이Ong Chang Woei, 사토미 볼Satomi Bol, 셩하오Sheng Hao, 송재윤Song Jaeyoon, 티엔원하오Tien Wen-hao, 쑨옌페이Sun Yanfei, 자메이Zha Mei.

또한 여러 분들이 방문해 도움을 주었다: 안젤라 분Angela Boone, 류제Liu Jie, 마리나 스벤손Marina Svensson, 피터 크롤리Peter Crawley, 우쑹디Wu Songdi, 양페이화Yang Feihua.

어스왓치Earthwatch에서 함께해 준 열정적인 자원봉사자들도 있었다: 애비게일 처치Abigail Church, 앨리슨 매시Allison Massey, 앤드루 슐츠Andrew Shultz, 앤 프록터Ann Proctor, 안나 루 레인Anna Lu Lane, 앤 콜스Anne Coles, 앤

라스무센Anne Rasmussen, 안넬리제 스피로Anneliese Spiro, 알리다 왓슨Arleda Watson, 카르멘 키아란디니Carmen Chiarandini, 캐롤 앤 링크Carol Ann Link, 캐롤 쉴Carol Schille, 데이비드 홈스David Holmes, 엘리자베스 배럿Elizabeth Barrett, 엘리자베스 그레이브스Elizabeth Graves, 제럴드 카본Gerald Carbone, 게르데 헨드릭스Gerde Hendricks, 그레이엄 매시Graham Massey, 한스 비셀Hans Wissel, 조앤 네이Joanne Nay, 존 홈스John Holmes, 캐슬린 우드러프Kathleen Woodruff, 로이스 랭햄Lois Langham, 린다 러블리라이트Lynda Lovely-Wright, 마일린 셀리스Maileen Celis, 마거릿 홈스Margaret Holmes, 마리나 리버스Marina Rivers, 멜리사 브룩Melissa Brooke, 낸시 매니스Nancy Mannes, 패트리샤 댄시Patricia Dancy, 폴 네이Paul Nay, 리처드 파이퍼Richard Piper, 로버트 루이스Robert Lewis, 슬론 세이블Sloan Sable, 수잔나 폰Susannah Fone, 테리 라이트Terry Wright.

우리에게 환대와 문서, 그리고 가계의 역사에 대해 소개해 준 많은 가문들에 깊이 감사드린다. 우리 작업은 절강사범대학 구지엔신Gu Jianxin과 그의 직원들의 비범한 지원 없이는 가능하지 않았을 것이다. 또한 진화역사학과의 팡루진Fang Rujin 교수와 공지엔펑Gong Jianfeng 교수의 일상적인 참여 역시 큰 도움이 되었다. 나는 그들과 금화 시내를 처음 함께 돌아다녀 주신 천구어찬Chen Guocan에게도 감사를 전한다. 주루시Zhu Ruixi 교수는 팡 교수를 친절히 소개해 주었다. 여러 마을위원회와 지역 공무원들, 박물관 관계자들 역시 끊임없이 도움을 주었다. 특히 당시 무의현박물관 관장이었던 쉬웨이Xu Wei 선생님은 우리 팀이 무의현에서 작업을 수행할 수 있도록 모든 여건을 마련해 주었다.

이 여행들은 매우 풍요롭고 영감을 주는 경험이었다. 비록 그 여름에 수집한 자료 대부분은 이 책에 포함되지 않았지만, 시각적, 문헌적 기록들은 모두 우리 지역사 웹사이트를 통해 누구나 열람할 수 있다. 이 웹사이트는 폴 베르겐Paul Bergen, 소피아 황Sophia Huang, 윌리엄 바설미William Barthelmy의 기술적 지원을 받았다.

연구 조교에는 앞서 언급된 학생들 외에도 두페이란Du Feiran, 이디스 엔라이트Edith Enright, 로렐 미텐탈Laurel Mittenthal, 민병희Min Byounghee, 탄톈위안Tan Tian Yuan, 천원이, 퉁융창Tung Yung-chang, 위원Yu Wen, 리나 니에Lina Nie가 있었다.

하버드 옌칭도서관은 내가 수년간 수집한 지역 자료들을 기꺼이 받아 주었으며, 자체적으로도 더 많은 자료를 수집했다. 또한 상하이도서관 족보 부서에서 근무했던 천젠화Chen Jianhua 선생님에게도 감사를 드린다.

어스왓치와 하버드의 여러 학과 및 센터들은 중요한 물질적 지원을 제공해 주었다. 일본에서의 연구를 위한 일본국제교류기금의 연구년 지원과, 장징궈기금회의 지원 덕분에 나는 연구를 위한 여유 시간을 가질 수 있었다. 마지막으로, 페어뱅크 중국 연구센터의 후원으로 개최된 저자 회의를 통해 책 원고에 대해 하루 종일 심도 깊은 토론이 가능했다.

원고를 읽고 의견을 주신 비벌리 보슬러, 천원이, 벤자민 갤런트Benjamin Gallant, 로버트 하임스, 이석희Lee Sukhee, 제프리 모저Jeffrey Moser, 옹창웨이, 송재윤, 마이클 소니Michael Szonyi께 감사를 표한다.

내가 지역 지식사 연구에 흥미를 가지게 된 데에는 두 가지 이유가 있었다. 첫째, 사회사 연구자들의 작업을 통해 송대 엘리트 연구가 지역 차원에서도 가능하다는 것을 알게 되었고, 그렇다면 지식사도 마찬가지로 가능한지 궁금해졌다. 둘째 이유는 보다 실용적인 것이었다. 나는 학생들에게 사회사의 연구가 자신들에게도 열린 분야라는 것을 설득하는 데 큰 성과를 거두지 못하고 있었다. 당시 중국 사회사에 대한 강의가 없었기 때문에, 내가 직접 개설해야겠다고 결심하게 되었다.

그 결과로 무주/금화에 대한 작업이 시작되었는데(비록 초기에는 네 지역을 비교하는 것이 목표였지만), 이용 가능한 사료들을 보았을 때 남송에서 명대까지의 지식사를 연구하는 것이 가능하다고 판단되었기 때문이다. 나는 금화에 대한 기존 연구 성과 위에 작업할 수 있는 행운을 누렸고, 수년간 발표해 온 여러 글과 강연들도 활용하였다. 이 과정에서 수많은 논평자들과 질문자들에게 감사를 전한다.

| 미주 |

서문

1 曹丕, 『典論』 권1, 1. "蓋文章。經國之大業。不朽之盛事。"
2 나는 이 용어를 샤르티에의 "Intellectual History or Sociocultural History?"에서 가져왔다.
3 이는 Bol, "This Culture of Ours", *Neo-Confucianism in History*의 고문과 신유학의 토론을 따른다.
4 Huters, "From Writing to Literature," 57-58.
5 예를 들어, 李春青, 『宋學與宋代文學觀念』; 韓經太, 『理學文化與文學思潮』 참조.
6 Levine, *Divided by a Common Language*.
7 『朱熹集』 권74, 3873. "問. 古之學者始乎爲士。終乎爲聖人。此言知所以爲士。則知所以爲聖人矣。今之爲士者衆。而求其至於聖人者。或未聞焉。豈亦未知所以爲士而然耶。將聖人者固不出於斯人之類。而古語有不足信者耶。"
8 『朱熹集』 권74, 3884. "白鹿書堂策問. 孔子歿。七十子喪。楊、墨之徒出。孟子明孔子之道以正之。而後其說不得肆。千有餘年。諸生皆誦說孔子。而獨荀卿、楊雄、王通、韓愈號爲以道鳴者。然於孟子。或非之。或自比焉。或無稱焉。或尊其功以爲不在禹下。其歸趣之不同旣如此。而是數子者後議其前。或以爲同門而異戶。或無稱焉。或以爲大醇而小疵而不得與於斯道之傳者。其於楊、墨或微議其失。或無稱焉。或取焉以配孔子。其取子之不同又如此。是亦必有說矣。本朝儒學最盛。自歐陽氏、王氏、蘇氏皆以其學行于朝廷。而胡氏、程氏亦以其學傳之學者。然王、蘇本出於歐陽。而其末有大不同者；胡氏、孫氏亦不相容於當時。而程氏尤不合於王與蘇也。是其於孔子之道孰得孰失。豈亦無有可論者耶？楊、墨之說則熄矣。然其說之流豈亦無有未盡泯滅者耶？後世又有佛、老之說。其於楊、墨之說同耶異耶？自楊雄以來於是二家是非之論蓋亦多不同者。又孰爲得其正耶。二三子其詳言之。"

9 『全宋文』 권218, 16. "今蘇、程、王之學未必盡善。未必盡非。執一而廢一。是以壞易壞。宜合三家之長以出一道。使歸於大公至正."
10 『全宋文』 권265, 99. "至於軾所著。讀之終日。亹亹忘倦。常寘左右。以爲矜式。信可謂一代文章之宗也歟."
11 왕안석, 소식, 정씨 형제에 대한 논의는 Bol, "Reconceptualizing the Order" 참조.
12 呂枏, 『涇野子內篇』, 「云槐精舍語」 권1, 1a-b. "士有五貴。天地之氣。生物則均也。獨厚于士。是故不爲草木鳥獸爲人。一貴。不爲夷狄爲中國人。二貴。不爲中國之女而爲中國之男。三貴。不爲中國男之農工商而爲士。四貴。夫爲士則上可以爲堯舜周孔下可爲顔曾思孟。五貴." 陳寶良, 『明代儒學生員與地方社會』, 478쪽에서 인용. Tung Yung-Chang이 이를 알려 준 것에 감사한다. 이후에 Ong, *Li Mengyang*, 284쪽에서 이를 보았고 번역은 Ong의 번역을 대체로 따랐다.
13 다음의 단락과 그 이후의 단락은 당·송 시대에 사의 변화를 다룬 Bol, *This Culture of Ours*, 2장 "The Transformation of the Shih"에서의 논의를 개괄하며, Tackett, *Destruction of the Medieval Chinese Aristocracy*에 나타난, 거대 문벌 귀족들이 어떻게 그들의 지위를 유지했고 또 어떻게 몰락했는지에 대한 설명으로 보완되고 확장되었다.
14 조정에서의 논의를 위한 조서는 徐松, 『宋會要輯稿』, 「選擧」 권3, 41a-42a. 이들이 제출한 논의는 참여자의 문집에서 다수 보인다. 사마광(접근을 제한), 소식(시문을 계속 두는 것을 선호), 여공저(지방의 학교와 덕행을 평가하는 것을 선호) 등등. 대다수가 시문을 요구하기보다는 경전에 대한 에세이[經義]를 시험 보는 것을 선호하였다.
15 이는 송대의 과거시험에 대한 최고의 사회사에서 살펴본 역설이다. Chaffee, *Thorny Gates*, 95-118.
16 Chaffee의 역설에 대한 해결책으로는, Bol, "Sung Examination System"을 보시오.
17 Bol, "Seeking Common Ground," 473-476.
18 司馬光, 『司馬文正公傳家集』, 권40.517; 吳錚强, 『科擧理學化: 均田制度崩潰以來的君民整合』, 190(여림림, 「論選擧六事奏」)에서 인용.
19 원대의 이 제도의 출현에 대해서는 蕭啓慶, 「元代的儒戶」.
20 吳金成, 『明代社會經濟史硏究—紳士層の形成とその社會經濟的役割』 1부.
21 姚大力, 「元朝科擧制度的行廢及其社會背景」.
22 王明蓀, 『元代的士人與政治』.
23 蕭啓慶, 「九州四海風雅同: 元代多族士人圈的形成與發展」.
24 이러한 주장은 Wenyi Chen(陳雯怡), "Networks, Communities, and Identities."
25 蕭啓慶, 「元代的儒戶」.
26 『論語』 권11, 3.
27 『左傳』, 양공 24, "太上有立德。其次有立功。其次有立言。雖久不廢。此之謂不朽."

28 『全元文』권55, 703; 王褘, 「巨辭幷序」 "毋以智術殺身。毋以政術殺人。毋以業術殺子孫。毋以學術殺天下." 왕위는 이전 사의 비판을 인용한 것일 수도 있다. 남송의 오증은 도가의 은둔자의 비판을 인용하였다. "사대부는 욕망으로 자신을 죽이고 부로 자손을 죽이고 정사로 남을 죽이고 학술로 천하 후세를 죽인대士大夫以嗜欲殺身。以財利殺子孫。以政事殺人。以學術殺天下後世。]" 吳曾, 『能改齋漫錄』 18.503. 참조.
29 Göran Thernborn, "Why and How Place Matters." Thernborn은 전 지구화의 맥락에서 보편적 사상에 반하여 어떻게 장소들이 서로 연결되는가를 질문하는 것을 유망하다고 보면서 장소의 적절성에 대하여 주장하였다.
30 Hymes, *Statesmen and Gentlemen*.
31 예를 들어, 包偉民, 「精英們"地方化"了嗎?―試論韓明士〈政治家绅士〉與"地方史"研究方法」.
32 Hymes, *Statesmen and Gentlemen*. 8-9.
33 Hymes, "Sung Society and Social Change," 621-622. 이 문제에 대한 필자의 생각을 도운 Song Chen(陳松)에게 감사한다.
34 Sukhee Lee, *Negotiated Power*.
35 Sukhee Lee, "Cooperation and Tension."
36 Song Chen(陳松), "State, the Gentry, and Local Institutions."
37 국가―사회에 대한 가장 강한 주장은 吳錚强, 『科擧理學化: 均田制度崩潰以來的君民整合』. 이치키는 또한 신유학을 국가를 지원하는 이데올로기로 보고 있다고 생각한다. 市來津由彦, 『朱熹門人集團形成の硏究』.
38 중국의 엘리트에 대한 연구에 대한 접근법은 Esherick and Rankin, *Chinese Local Elites*.
39 Jaeyoon Song, "Redefining Good Government."
40 Bossler, *Powerful Relations*.
41 Hymes, *Statesmen and Gentlemen*; Bol, "Neo-Confucianism and Local Society."
42 陸敏珍, 「區域史硏究的進路及其問題」.
43 『시경』의 한 구절, "濟濟多士, 文王以寧."
44 Chaffee는 무주, 온주, 태주를 1대 200의 합격률을 가진 현이라 하였다. Chaffee, *Thorny Gates*, 125.
45 학위의 숫자가 현의 쿼터를 넘어섰을 때(예를 들어 1190년의 현의 쿼터는 14명이었는데 17명의 진사인 경우)는 일부 무주인이 관료의 친척을 위해 향시를 면제하는 회피 시 자격이 있어서 이를 통해 학위를 얻었다고 결론지을 수 있다. 王懋德, 『金華府志』 권1(1578), 권18. 12a-15b, 46b, 52b. 주희에 의하면, 무주는 관료의 아들들을 위한 특별시에 더하여 국자감의 시험에 크게 의존하는 절동의 4개 현의 하나였다. Chaffee, *Thorny Gates*, 155.

46 Zurndorfer, *Change and Continuity*; 朱開宇, 『科擧社會, 地域秩序與宗族發展—宋明間的徽州, 1100‑1644』.

47 Dardess, *Ming Society*; Gerritsen, *Ji'an Literati and the Local*.

48 Hymes, *Statesmen and Gentlemen*.

49 Sukhee Lee, *Negotiated Power*; 黃寬重, 『四明風騷—宋元時期四明士族的衰替』.

50 伊原弘, 『中國知識人の基層社會—宋代溫州永嘉學派を例として』; Chu Ping‑tzu, "Tradition Building and Cultural Competition"; 王宇, 『永嘉學派與溫州區域文化』.

51 무주 사의 현존하는 글의 대부분은 『金華叢書』와 『續金華叢書』에 수록되었다. 최근의 『重修金華叢書』가 아마도 가장 완전할 것이다. 黃靈庚, 陶誠華, 『重修金華叢書提要』.

52 지방지를 편찬하기 위한 준비 작업으로 출간된 '논문'의 예로는 『金華風俗叢書』와 浙江省永康縣地名委員會, 『永康縣地名誌』. 초기 지역의 연구 모음집의 예로는 『金華文史資料』 모음집을 들 수 있다.

53 총서의 예로는 陳昆忠, 『金華歷史名人傳』; 義烏名人叢書編纂委員會, 『義烏名人傳』. 문화지리학의 예로는 『歷史文化名勝』; 吳桂生, 『金華風景名胜』.

54 Maags and Svensson, *Chinese Heritage in the Making*.

55 의오 대원에 있는 명대의 조상인 오백붕에 대한 오씨 가문의 사당이 그 예이다. 지방사의 보존에 대한 체계적인 서술은 郭佐唐, 『東陽市文史資料選輯』.

56 예를 들어, 何汝明, 『蘭溪姓氏紀略』.

57 『程方京譜』. 정씨 가문의 영강 지파는 명 말의 程正誼로부터 내려왔다. 김씨 가문은 14세기에 무의(武義)에 정착한 첫 번째 조상에까지 거슬러 올라가는 족보가 있고 이는 1927년까지 15번 개정되었다. 桐琴村志編纂委員會, 『桐琴金氏宗譜』.

58 예로는 14세기까지 거슬러 올라가서 이어지는 족보를 유지해 온 노씨 가문. 盧夢凱·盧江中, 『宗盧村志』. 영강 당선(唐先)의 시(施) 가문은 자신의 역사를 12세기까지 거슬러 올라가지만, 두 권짜리 『唐先志』를 편찬할 때에는 과거의 족보에 더 이상 접근할 수가 없었다. 후자의 경우는 일부 소수 성들은 그들이 친족 집단을 책에 등록하기 위한 제안을 받아들였다.

59 이러한 문헌은 秦兆雄, 『中國湖北農村の家族宗族婚姻』에서 소개되었다.

60 桐琴村志編纂委員會, 『桐琴金氏宗譜』.

61 Langlois, "Chin‑hua Confucianism"; 孫克寬, 『元代金華學術』. Langlois는 孫克寬과 일본 도카이 대학에서 연구하였다.

62 Dardess, "Cheng Communal Family"; 檀上寬, 『義門鄭氏と元末の社會』.

63 Yeh, *Provincial Passages*.

64 Bossler, *Powerful Relations*.

65 그는 문화적으로(대중문화, 엘리트 문화 모두) 절강은 둘로 나뉜다고 주장하였다. 항주·가흥·호주·영파·소흥 대 금화·구주·엄주·태주·온주·주주. 朱海濱, 『近世浙江文化地理

66 『영락대전』 19433.
67 인구 숫자는 王懋德, 『金華府志』(1578) 권5, 9a‑13b. 명대에는 1441년의 성의 보고를 인용한 曹樹基, 『中國人口史』 3, 140을 따랐다.
68 Bearman, Relations into Rhetorics.

1장

1 서원은 좌표 29.23071, 120.38772에 위치하고 있다.
2 Sukhee Lee는 주희가 석동서원에서 가르쳤다는 증거가 결여되어 있음에도 어떻게 곽씨 집안의 주희에 관한 주장이 시간이 흘러감에 따라 만들어졌는가를 보여 준다. "Zhu Xi Was Here" 참조.
3 이 데이터는 중국역사인물데이터베이(China Biographical Database, 2017년 4월 24일 버전. https://projects.iq.harvard.edu/cbdb에서 추출되었으며, 이 사이트에서 다운로드할 수 있다. 해당 웹사이트에서는 데이터베이스의 역사와 목적도 소개하고 있다. 이 숫자는 역사적 자료에 명시된 학생들의 수를 나타내며, 세 스승의 상대적인 인기도를 보여 준다.
4 Tillman, Utilitarian Confucianism, 153‑168; Tillman, Confucian Discourse의 6장, "Ch'en Liang", 7장 "Chu Hsi and Ch'en Liang".
5 주희, 『朱子語類』 권121, 2939(권122와 비교).
6 『全宋文』 권19, 39. "兵部侍郎致仕胡公墓誌銘. 公少而倜儻負氣格. 錢氏爲國百年. 士用補廕. 不設貢擧. 吳越間儒風幾息. 公能購經史屬文辭. 及歸皇朝. 端拱二年御前登進士第釋褐."
7 오늘날 호고에서 호칙에 대한 기념과 숭배는 공동체의 주요 행사이다. 호칙과 '호공'에 대해서는 胡國鈞, 『胡公大帝信仰與方巖廟會』; 陸敏珍, 『胡則傳: 歷史、傳說與敘述者』; 朱海濱, 『近世浙江文化地理硏究』.
8 1107년: 11만, 1109년: 16만 7000, 1116년: 20만 이상의 학생, Yongguang Hu, "Reassessment of the National Three Hall System," 160‑161.
9 공정하게 말하자면, 주희 또한 공식적으로 제출하지는 않았지만 단순한 학에 대한 담론을 넘어서는 보다 포괄적인 교육 프로그램을 구상한바 있으며, 여기에는 경전, 제자백가, 역사서, 다양한 송대 주석 등이 포함되어 있었다. 『朱熹集』 권69, 3632, 「學校貢擧私議」.
10 『陳亮集』 157. "問學校之法. 而本朝之學法爲尤詳. 顧有所甚疑者. 羣天下之士. 擇其尤者而養之太學. 而郡縣又自有學. 乃獨汲汲於一日課試之文. 夫以終歲之學. 而爲一日之計. 其心安得而厚. 其材安得而成乎. 三代之學不可及. 而漢、唐盛時. 雖專門誦説. 猶將以講論經理。出入文史。猶將以考求治亂。豈若今之獵取一二華言巧語。綴緝成文而爲欺罔有司之具乎。或以言揚自三代所不能廢。則科舉課試之文誠有所不得已也。立天下之學而教以此。此豈所以承天意而發越民之情性乎。學校本非所以爲課試計。宜若可以一朝而頓變。顧安所取而爲之法乎。"

11 그 구조와 언어에 의거해 보건대, 馬端臨, 『文獻通考』 400C-401B에 나오는 이 텍스트는 呂祖謙, 『歷代制度詳述』 권2, 22의 학교에 대한 장여우의 일실된 결론 부분으로 보인다.

12 여조겸의 관직 경력과 저술 연대에 대해서는 杜海軍, 『呂祖謙年譜』를 따랐다. 이 저서는 여조겸 사후 얼마 지나지 않아 그의 동생 여조검 혹은 조카 여교년이 편찬한 상세한 연대기를 더욱 구체적으로 서술하고 있으며, 『東萊呂太史文集』에 부록으로 수록되어 있다. 여조겸은 자신이 곧 '300명'의 제자를 얻었다고 주장했으며, 이는 『東萊呂太史別集』 권9, 453에 수록된 유청지에게 보낸 편지에서 확인할 수 있다.

13 진사 총계는 周宗智, 『重修金華府志』(1480) 권3에 기록된 1480년 부지를 기반으로 하였다. 1578년 부지에는 더 많은 진사 명단이 포함되어 있으나, 이는 지방 족보를 활용하여 이전 목록에서 누락된 이름을 보완한 결과이다. 1480년 부지에는 난계 지역의 데이터가 누락되어 있으므로, 나는 이를 보완하기 위해 王悼·章懋, 『蘭溪縣志』 권3, 13b–16b에 수록된 명단을 포함하였다.

14 무주는 1125년 이후 회시에 14명이 응시할 수 있도록 허용되었다. 관련 내용은 王懋德, 『金華府志』(1578) 권18, 52b·46b를 참조하라. Chaffee는 무주, 온주, 태주가 1:200의 합격—불합격 비율이 적용된 세 개의 부(府)였다고 지적한다(Thorny Gates, 125). 주희에 따르면, 무주는 일반적인 회피시험 외에도 국자감 시험에 크게 의존한 절동 네 개 부 중 하나였다. 관련 내용은 Thorny Gates, 125, 55; 『朱熹集』 권69, 3634, 『學校貢舉私議』를 참조하라.

15 潘良貴, 『潘默成公文集』, 연보. 그의 문집 15권 중에 4권만이 남아 있다. 1186년 주희는 그의 문집에 그를 이상적인 정치인의 모델로 묘사하는 서를 썼다. 『朱熹集』 권76, 3984.

16 주희는 왕사유를 기념하기 위한 신도비명을 썼다. 『朱熹集』 권90, 「中奉大夫直煥章閣王公神道碑銘」. 왕사유는 그의 글을 편찬하는 데 관심이 없었다. 일부 상소문은 『全宋文』 권220, 308-309에 남아 있다.

17 반양구는 반호고에게 호를 지어 주었다. 『全宋文』 권185, 420-421. 반호구의 전기는 여조겸, 『東萊呂太史別集』 권10, 151-154에 있다.

18 陳巖肖의 序; 范浚·范國梁, 『范浚集』 283.

19 范浚·范端臣, 『范端杲』 『范香溪先生文集』 권11-15. 이는 '현량방정'을 위한 시험이었다.

20 진암초의 序는 이러한 점들을 밝혔다. 이전의 학생이자 친척인 진사, 고전(高梅)이 문집을 편찬하였다.

21 주희, 『四書章句集注』 권11, 335.

22 주희,『朱子語類』권59, 1416. "問. 集注所載范浚心銘. 不知范曾從誰學。曰. 不曾從人. 但他自見得到. 說得此件物事如此好. 向見呂伯恭甚忽之. 問. 須取他銘則甚. 曰. 但見他 說得好. 故取之. 曰. 似恁 說話. 人也多說得到. 正爲少見有人能說得如此者. 此意蓋有 在也."
23 章懋, 序, 范浚·范國梁.『范浚集』, 284. "獨念吾鄕聖賢之學. 前此未之聞也. 而濬其流 者自先生始. 繼而後有東萊兄弟麗澤之講授. 又其後何、王、金、許遂相繼. 以得考亭之 統. 道學之傳於是爲盛。
24 胡應麟, 序, 范浚·范國梁.『范浚集』, 287.
25 范浚·范國梁,『范浚集』권12, 143,「上潘大著書」.
26 范浚·范國梁,『范浚集』권10, 117,「自牧齋記」. "永豊柴喆,吉卿. 懷鈗東書來香溪從子 游. 與之言物理性命之學. 洒然以喜. 其有志乎治氣養心."
27 張劍,『宋代范浚及其宗族考論』, 23.
28 秦簧·唐壬森,『光緒蘭豀縣志』.
29 郭鈇,『石洞貽芳集』권1, 15a-17a;『全宋文』권142, 435; 王徠,「石洞記」.
30 葉適,『葉適集』권9, 154-156,「石洞書院記」.
31 예를 들어, 步近智,「論呂祖謙的婺學特征」; Marchal, *Die Aufhebung des Politischen*; 梅 新林·王嘉良,『呂祖謙與浙東學術研究專輯』; 潘富恩·徐余慶,『呂祖謙評傳』. 무주 의 학에 대한 아이디어로는 董平,「南宋婺學之演變及其至明初的傳承」; 徐儒宗,『婺 學之宗:呂祖謙傳』. 영어로 출간된 가장 중요한 저술로는 Tillman, *Confucian Discourse*, 4장과 5장; De Weerdt, "Content and Composition"; Marchal, "Lü Zuqian's Political Philosophy."
32 『葉適集』권9, 154-156.
33 이 묘지는 일부 발굴이 되었다. 90개의 묘분이 있는 것으로 여겨진다. 鄭嘉勵,『武義宋元 墓志集錄』.
34 가문의 역사에 대해서는 依川強,『宋代の名族—河南呂氏の場合』; 孔東,『宋代東萊呂氏 之族望及其貢獻』.
35 이와 또 다른 이력에 대한 연대는 杜海軍,『呂祖謙年譜』.
36 12세기에 이미 불교 사찰이 그곳에 있었고, 1998년 필자가 방문했을 때에도 있었다. 그 이후로 묘지는 광범하게 연구되었다. 鄭嘉勵,『明招山出土的南宋呂祖謙家族墓志』. 묘 지는 복원되고 사찰은 지금 여조겸을 기리는 관광지로 개발되었다.
37 주희는 당중우를 윤리적으로 부패했다고 공격하였다. 이 사건을 둘러싼 소문은 당중우와 진량 사이의 원한을 언급한다. 朱瑞熙,『宋代理學家唐仲友』.
38 顏虛心,『陳龍川年譜』, 30.
39 『주역』의 이 괘는 두 개의 '태괘'로 이루어진 것으로 다음과 같이 해석한다. "이어져 있는 연

못이 태이다. 군자가 벗들과 의논하고 공부한다[麗澤. 兌. 君子以朋友講習]". 이택서원의 역사에 대해서는 『樓鑰集』 권52, 970, 「東萊呂太史祠堂記」.

40   여조겸, 『東萊呂太史別集』 권5, 359-364.
41   Bol, "Lü Zuqian's Compacts."
42   『朱熹集』 권74, 3894, 「白鹿洞書院揭示」. "近世於學有規. 其待學者爲已淺矣. 而其爲法又未必古人之意也. 故今不復以施於此堂. 而特取凡聖賢所以教人爲學之大端." 번역은 de Bary and Bloom, *Sources of Chinese Tradition*, 742-744 참조.
43   여조겸, 『東萊呂太史別集』 권9, 453, 「與劉衡州書」 2. 이 편지에서는 여조겸은 1167년으로 추정되는 시기에 주희와 함께 편년사의 원칙을 연구하려 했다는 내용이 언급되어 있다. 13세기에 時少章은 여조겸에게 보통 1,000명이 넘는 학생이 있었으며, 그중 특히 영가 출신이 많아 그의 가족이 많은 손님을 맞이하다 보니 자연스럽게 온주 억양을 띠게 되었다고 주장했다. 이에 대한 기록은 吳師道, 『敬鄕錄』 권11, 12b에서 확인할 수 있다. 또한, 이치키는 주희와 여조겸의 학생 수를 비교하면서, '300'이라는 표현이 단순히 '100명 이상'을 의미할 수도 있다고 지적한다. 市來津由彥, 『朱熹門人集團形成の硏究』, 309-316.
44   王廷曾, 『義烏縣志』(1692) 권4, 22.
45   唐仲友, 『悅齋文鈔』 권9, 7b-8a.
46   唐仲友, 『悅齋文鈔』, 補 2a-3a.
47   胡楷, 『正德永康縣志』(1522), 권7, 8a.
48   市來津由彥, 『宋代社會のネットワーク』, 309-316.
49   이들 전기는 여조겸, 『東萊呂太史文集』 권10-13에 수록되어 있다. 여조겸은 진회와 갈라선 후 지무주를 지냈던 王居正을 위해 '행장'(권9, 138)을 썼다: 여조겸은 왕거정이 왕안석의 신법에 대해 단호하게 돌아선 것을 칭찬하였다. 그는 또한 그의 증조부 呂好問(무주 종파의 시조)에 대해 긴 전기(권14, 210)를 썼는데 사실 그가 장차 찬탈자가 될 張邦昌과 협력하지 않았다는 것을 보여 주려 했다.
50   예를 들어, 여조겸의 설계선에 대한 원고에 진량이 논평을 한 것. 이 참고 자료를 알려 준 궤이샤오(桂梟)에게 감사한다.
51   여조겸, 『東萊呂太史文集』 권13, 195.
52   여조겸, 『東萊呂太史文集』 권12, 138.
53   여조겸, 『東萊呂太史文集』 권12, 185.
54   여조겸, 『東萊呂太史文集』 권13, 198.
55   여조겸, 『東萊呂太史文集』 권10, 159. 설계선에 대한 심도 있는 논의는 王宇, 『道行天地: 南宋浙東學派』, 85-117.
56   여조겸, 『東萊呂太史文集』 권10, 149.
57   여조겸, 『東萊呂太史文集』 권11, 173. 游玠의 아버지도 같은 운명을 맞이했으나, 그는 자

신이 학업을 지속할 수 있었던 것은 어머니의 덕분이라고 여겼다. 『동래여태사문집』 권13, 207.

58 여조겸, 『東萊呂太史文集』. 유방광에 대해서는 권11, 178; 方元恪에 대해서는 권12, 81. 曹佃에 대해서는 권12, 86; 王恬에 대해서는, 권12, 87.

59 여조겸, 『東萊呂太史文集』 권10, 150.

60 위의 책, 권11, 170. 또한 부를 이뤄서 의문(義門)을 만들고 아들들을 여조겸의 제자가 되게 한 時汝翼의 이야기 참조(12,188).

61 여조겸, 『東萊呂太史文集』 권13, 205. 왕의 아버지인 王彦暉가 사망했을 때 그는 여조겸이 사망한 것을 언급하며 주희에게 묘지명을 부탁하러 갔었다. 가족의 이력이 있지만 그의 아버지에 대해서는 거의 이야기된 것이 없는 것 같다. 『朱熹集』 권92, 4695-4697, 「迪功郞致仕王君墓碣銘」. 비슷한 경우가 時汝功인데 그의 아들은 여조겸과 함께 진사에 합격하였다. 그는 방랍의 난을 부모와 함께 피했고 후에 그의 아들의 교육에 힘을 쏟아 부었다(13,196).

62 여조겸, 『東萊呂太史文集』 권10, 158.

63 여조겸, 『東萊呂太史文集』 권12, 182.

64 여조겸, 『東萊呂太史文集』 권13, 200.

65 여조겸, 『東萊呂太史文集』 권11, 179.

66 여조겸, 『東萊呂太史文集』 권11, 175. 사냥을 포기한 후 그는 역사, 특히 『삼국지』의 영웅들에 대해 읽기 시작했다. 마지막 20년 동안은 시력을 잃었으며 도사들과 어울렸지만, 심오한 수행법[祕傳]에까지 깊이 이르지는 않았다.

67 여조겸, 『東萊呂太史文集』 권10, 154.

68 여조겸, 『東萊呂太史文集』 권10, 151.

69 이 제도는 확산되었으며 여러 연구의 대상이 되어 왔다. 王德毅는 여조겸의 글을 근거로 이를 汪灌에서 시작된 것으로 본다. 이에 대해서는 葛金芳, 「南宋義役研究」; 伊藤正彦, 「義役':南宋期における社會的結合の一形態」; 王德毅, 「南宋義役考李榮村」.

70 여조겸, 『東萊呂太史文集』 권11, 176.

71 『陳亮集』 339, 「又甲辰秋書」. 이는 Tillman, *Ch'en Liang on Public Interest*, 55에서 논의되었다. "亮之居鄕. 不但外事不部干與. 雖世俗以爲甚美. 諸儒之所通行. 如社倉、義役、賑濟等類.亮力所易及者。皆未嘗有分毫干涉."

72 宮崎市定, 「宋代の士風」.

73 예를 들어, 1182년 주희가 구휼의 도움을 거부한 혐의로 탄핵한 금화의 대부호인 朱熙績이 있다. 관련 내용은 束景南, 『朱熹年譜』, 721-722쪽을 참조하라. 주희적은 음직(蔭職 또는 매관을 통해 관직을 얻었으며, 금화 출신의 진사 湯烈의 매형이었다. 관련 내용은 여조겸, 『東萊呂太史文集』 권10, 148.

74　반의 후원자는 재상인 湯思退였으며, 이에 대해서는 李心傳, 『建炎以來系年要錄』 권 187, 12(1160년 12월).

75　徐松, 『宋會要輯稿』 권4, 21a, 「方輿」; 권74, 11b, 「職官」.

76　脫脫, 『宋史』 권393, 12001·권404, 225; 1197년에 대해서는 徐松, 『宋會要輯稿』 권73, 67b, 「職官」.

77　徐松, 『宋會要輯稿』 권75, 36a, 「職官」.

78　徐松, 『宋會要輯稿』 권74, 30a, 職官」.

79　여조겸, 『東萊呂太史文集』 권11, 171, 「汪仲儀母王氏」. 그러나 여조겸은 또한 혼인이 신분 집단을 초월할 수도 있음을 인정하는데, 예를 들어 부유한 상인이 자신의 딸을 관직을 가진 관리에게 시집보내는 경우가 그러하다. 이에 대해서는 권12, 182를 참조하라.

80　『朱熹集』 권33, 1409. "切聞門下得文士之有時名者. 其議論乖僻. 流聞四方. 大爲學者心術之害. 使人憂歎不自已. 不知亦嘗擿其邪僞否." 주희의 서간의 연대는 陳來, 『朱子書信編年考證』을 따랐다.

81　여조겸, 『東萊呂太史文集』 권6, 104, 「洪無競字序」.

82　『張栻集』 권4, 25(중화서국본 1138쪽). 보다 상세한 논의는 Tillman, *Confucian Discourse*, 92 - 93 참조.

83　여조겸, 『東萊呂太史別集』 권7, 398. "科擧之習. 於成己成物誠無益. 但往在金華. 兀然獨學. 無與講論切磋者. 閭巷士子. 捨擧業則望風自絕. 彼此無緣相接. 故開擧業一路. 以致其來. 卻就其間擇質美者告語之. 近亦多向此者矣. 自去秋來. 十日一課. 姑存之而已. 至於爲學所當講者. 則不敢怠也."

84　『朱熹集』 권33, 1411.

85　예를 들어, 1208년의 여조겸, 『東萊呂太史文集附錄』 820, 「祠堂記」를 참조.

86　이는 아마도 여본중일 것이다. 여기서 사용된 '서원(西垣)'이라는 명칭은 여본중의 실전된 문집의 제목이기 때문이다.

87　『東萊呂太史文集』 권8, 133 - 134, 「祭林宗丞文」. "昔我伯祖西垣公. 躬受中原文獻之傳. 載而之南. 裵回顧瞻. 未得所付. 蹫嶺入閩. 而先生與二李伯仲實來. 一見意合. 遂定師生之分. 於是嵩, 洛, 關, 輔諸儒之源流. 靡不講. 慶曆, 元祐羣叟之 本末靡不否. 以廣大爲心. 而陋專門之曖姝. 以踐履爲實. 而刊繁茂之枝葉. 致嚴乎辭受出處. 而欲其明白無玷. 致察乎邪正是非. 而欲其毫髮不差. 昕夕函丈. 聞無不信. 信無不行. 前望聖賢大路九軌. 自詭以必可至."

88　『左氏博議』, 『呂祖謙全集』 권6. "簸箕課試之文. 子思有以佐其筆端. 乃取左氏書理亂得失之蹟. 疏其說於下."

89　Hok-lam Chan은 "Lü Zuqian's Discourse"에서 이 세 편을 번역 소개하였다. 편집본에 대한 연구, 특히 작문 지침이 포함된 판본의 등장과 관련해서는 慈波, 「呂祖謙『左氏博

議版本源流述考』를 참조하라. 여조겸에게는 그가 가르쳤던 또 다른 텍스트인 『唐鑑』이 하나의 모델이 되었는데, 이 책에서 사마광의 협력자인 范祖禹가 『舊唐書』의 일부를 바탕으로 논설을 작성하였다.

90 그의 조카 여교년에 따르면, 이것이 그가 생전에 완성한 유일한 경전 주석서이다. 이에 대해서는 여조겸의 『麗澤論說集錄』 269를 참조.

91 1212년 무주에서 인쇄된 여러 저작 중 하나로, 그의 조카 여교년이 제공한 것이다. 여조겸의 편찬 서문, 『歐公本末』 9 참조.

92 여조겸, 『古周易』 2.

93 9장으로 구성된 『東萊書說』은 공풍이 편찬한 것으로, 여전히 구술 강의의 성격을 유지하고 있다. 시란은 1208년에 이를 보완하였으며, 그의 작업은 『增修 東萊書說』 35장본의 기초가 되었다. 이에 대해서는 여조겸의 『東萊書說』, 619-621 참조. 『春秋集解』는 13세기 초에 유통되었으나, 어느 판본(12장본 혹은 30장본)이 여조겸의 학설을 가장 잘 반영하는지에 대해서는 논란이 있다. 현대 판본의 편집자인 李傑敏은 30장본이 여조겸의 것이며, 여본중의 것이 아니라고 주장한다. 이에 대해서는 여조겸, 『春秋集解』 편찬 서문 및 863쪽을 참조하라. 그의 사후에도 몇몇 저작이 출판되었는데, 王莘搜는 여조겸 사후 『古易音訓』을 편찬하였다. 이에 대해서는 『古易音訓』 참조.

94 Tsong-han Lee, "Different Mirrors," 137, 주 81.

95 여조겸, 『麗澤論說集錄』 편찬 서문 및 269.

96 『樓鑰集』 권52, 970, 「東萊呂太史祠堂記」. 遺書閣은 그의 저작 중 일부인 『大事記』, 『讀詩記』, 『閫範』, 『近思錄』, 『春秋』, 『尙書講義』, 『家法』, 『祭禮』 등을 소장하고 있었다.

97 錢建狀, 「南宋進士分科考試制度的形成契機-兼論宋代科擧史上的'經義與詩賦'之爭」, 84-88.

98 여조겸, 『呂氏家塾讀詩記』 권29의 그가 직접 남긴 구절에서.

99 여조겸, 『呂氏家塾讀詩記』 권1.

100 Owen, *Anthology of Chinese Literature*, 30.

101 여조겸, 『呂氏家塾讀詩記』 권30-31.

102 여조겸, 『呂氏家塾讀詩記』 권32. "后妃之德。坤德也。關關雎鳩。在河之洲。擬諸形容者也。窈窕淑女君子好逑。咏嘆其眞王者之良匹也。唯天下之至靜爲能配天下之至健也。萬化之原。一本諸此。未得之也。如之何其勿憂。既得之也。如之何其勿樂也。悠哉悠哉。輾轉反側。憂之不過其則也。琴瑟友之。鐘鼓樂之。樂之不過其則也。所謂樂而不淫。哀而不傷者也。友亦樂也。鐘鼓有時而奏。琴瑟無時而不在側。若朋友然。故曰友。"

103 楊新勛, 「論呂祖謙'詩經'學的主要思想」.

104 여조겸, 『東萊呂太史文集』 권99, 「白鹿洞書院記」(1179).

105 여조겸, 『大事記』 권3, 「大事記原序」.

106 여조겸,『大事記』권1. "齊陳恒弒簡公於舒州. 立簡公弟騖而相之. 遂專國權. 孔子沐浴朝魯哀公. 請討之, 果不從. 以魯史, 史記年表, 論語修."

107 여조겸,『人事記』권231. "此特一時意之所及. 覽者不可以是爲限端焉."

108 여조겸,『大事記』권231 – 232. "臣拭其君. 天下皆得誅之. 況鄰有賊. 尤義所當討. 當是時天下之亂極矣. 困是足以正之. 孔子已告老去位. 沐浴而朝. 蓋奉大義以卜天意. 若哀公能從其請. 孔子必有所處. 天下大計可立. 而遂孔子垂老有此一事可爲. 魯之君臣皆莫之從也. 庸非天乎. 程氏與其門人之論如此. 橫渠張氏載曰天子討而不伐. 諸侯伐而不討. 故雖湯武之擧. 不謂之討而謂之伐. 陳恒弒君. 孔子請討之. 此必因周制. 鄰有賊逆諸侯當不請而討. 史記正義曰. 地理志云. 渤海郡有東平舒縣. 是齊西北境, 今當在滄州西北."

109 여조겸,『大事記』권466.

110 여조겸,『大事記』권277.

111 Tsong-han Lee, "Different Mirrors," 131 – 194.

112 이러한 저작에는『周易系辭傳精義』(『呂祖謙全集』2권),『春秋集解』(5권),『左傳類編』(6권),『兩漢精華』(7권), 그리고『歷代制度詳述』(9권)이 포함된다. 문학 선집에 대한 내용은 다음 장에서 다룬다.

113 Tillman, Confucian Discourse, 93 – 103; Marchal, "Lü Zuqian's Political Philosophy"; 市來津由彦,「朱熹・呂祖謙講學試論」. 이 모든 저작은 주희와의 차이점을 다루고 있다. 나는 Marchal의 결론에 동의하는데, 그는 여조겸의 사상이 "뚜렷한 대조와 상충하는 입장을 포함하고 있으며, 결코 완전히 조화되지 않았다"고 평가했다(218쪽).

114 여조겸의 동생인 여조검이 이 글들을『東萊呂太史文集附錄』에 추가하였다. 주요 인물들에 대한 언급은 다음과 같다. 朱熹: 권2, 752; 尤袤: 권2, 55; 辛棄疾: 권2, 63; 趙燁: 권3, 93, 권3, 810; 彭仲剛: 권2, 775; 邵璞: 권3, 94; 孟行古: 권3, 817; 孫懋文: 3, 08; 鄭良臣: 권3, 789. 鄭良臣・趙燁・邵浩(권3.808)는 모두 도통이라는 용어를 사용하고 있다.

115 여조겸,『東萊呂太史文集附錄』권2, 765(지부 蕭燧),, 2.66. 蕭는 개별적으로 글을 작성하였으며, 다른 관리들은 단체로 기원을 올렸다.

116 여조겸,『東萊呂太史文集附錄』권3, 784: 呂孝祥은 신원을 알 수 없는 학생 집단을 대표하여 발언하였다. 2.71: 徐元德 권2, 76: 袁燮, 권3, 81: 呂祖儉, 권3, 99: 石宗昭, 권3, 801: 陳孔碩, 권3, 7: 陳良祐, 권3, 8: 徐鉉.

117 여조겸,『東萊呂太史文集附錄』권2, 767.

118 여조겸,『東萊呂太史文集附錄』권2, 754.

119 『논어』권9, 5. "文王旣沒. 文不在玆乎. 天之將喪斯文也. 後死者, 不得與於斯文也. 天之未喪斯文也. 匡人其如予何."

120 여조겸,『東萊呂太史文集附錄』권3, 788: 江鑄, 盧琰, 吳儀鳳, 王抑, 方子牧이 공동으로 기원을 올렸다. 또한, 다음 인물들이 관련되어 있다. 鄭良臣 권3, 789; 唐季淵 권3, 809.

121 여조겸, 『東萊呂太史文集附錄』 권2, 755.
122 여조겸, 『東萊呂太史文集附錄』 권3, 790. 鞏峴은 형제인 鞏豐과 함께 활동하였다. 추가적으로 다음을 참조하라. 권2, 762, 蔡戡; 권3, 787, 高觀; 권2, 773, 王自中.
123 여조겸, 『東萊呂太史文集附錄』 권2, 756. "窮經講道. 不但文字".
124 『葉適集』, 28, 565.
125 여조겸, 『東萊呂太史文集附錄』 권2, 761, 趙汝愚; 권3, 87, 杜旟; 권3, 805, 李知微; 권2, 778, 李泳; 권3, 808, 邵浩; 권3, 17, 楊誠之; 권3, 18, 孫應時.
126 여조겸, 『東萊呂太史文集附錄』 권2, 760(劉堯夫, 趙焯, 徐沂, 薛叔似, 樓鑰). "議論正平而得事幾[=機]之要."
127 여조겸, 『東萊呂太史文集附錄』 권2, 771. 또한, 권2, 774, 陳謙을 참조, "明古人之大體而能通當時之變."
128 여조겸, 『東萊呂太史文集附錄』 권2, 755, 周必大와 尤袤; 권2, 61, 趙汝愚; 권2, 70, 陳傅良; 권3, 89, 鄭良臣; 권3, 94, 邵津; 권3, 97, 杜旟; 권2, 77, 俞亨宗; 권2, 73, 王自中.
129 여조겸, 『東萊呂太史文集附錄』 권2, 759. "極書之博而執理之要." 섭적도 같은 점을 지적하라. 『葉適集』 권28, 565.
130 여조겸, 『東萊呂太史文集附錄』 권3, 792. "英偉奇傑之士. 則與論明統而正極. 篤厚謹信之士. 則與論正心而誠意. 好古慕遠之士. 則與論制度紀綱. 尚文茹華之士. 則與論言語文字. 以至隱逸之徒. 進取之輩. 莫不因其質以指其歸. 勉其修以成其志."
131 1254년 지방지는 일실되었으나, 尤熵의 서문은 후대 판본에서 재수록되었다.
132 이 서원에 대한 가장 상세한 연구는 Sukhee Lee의 "Zhu Xi Was Here"이다. Lee는 후대의 주장과 달리, 주희가 실제로 이곳을 방문한 적이 없었다는 사실을 밝혀냈다. 방문객들의 시문은 郭鈇의 『石洞貽芳集』에 수록되어 있다. 석동서원은 곽흠지가 창건한 이후 최소 50년 이상 지속되었다. 이에 대한 기록은 섭적, 『葉適集』 권9, 154, 「石洞書院記」와 진부량의 「挽東陽郭德誼」(『陳傅良文集』)에서 찾아볼 수 있다. 이 서원은 명대와 청대에 걸쳐 여러 차례 복원되었다.
133 Walton, *Academies and Society*, 128.
134 『葉適集』 권9, 154.
135 곽흠지와 곽양신의 정확한 관계는 불분명하며, 두 가문은 단지 아들 세대에서 공통된 명명 방식을 따르고 있을 뿐이다. 여조겸의 제자인 康文虎는 1185년 곽양신의 형제인 郭良顯과 그의 아들 중 한 명이 주도한 석동 여행에 대한 비문을 작성하였다. 郭溥, 『石洞遺芳集』 권2, 18, 「石洞紀行碑跋」.
136 『葉適集』 권13, 245, 1191년의 「곽양신을 위한 묘지명郭府君墓誌銘」 "乾道五六年. 始復大振. 講說者被閩, 浙, 蕲江, 湖. …爲作好屋甘飾. 招里中或他郡年與澄相長少者同處. 聘請知其說者爲之師. 又間使澄出從大師. 歸而與其師學." 분명히 그 교사들은 지역

출신의 인물들이었다. 曦苑書院의 교사를 "지역의 대가"로 언급한 사례로는, 湯致가 郭澄에게 남긴 송별사가 있다. 해당 내용은 郭溥, 『石洞貽芳集』권2, 18에 수록되어 있다.

137 여조겸, 『東萊呂太史文集』 권13, 200.
138 『葉適集』 권23, 460, 곽양신의 둘째아들 郭江이 쓴 비문 참조.
139 王恩注, 黨金衡, 『東陽縣志』(1832, 권10, 24a-27a 및 권22, 2b를 참조하라. 곽징의 세대에서 두 개의 서원이 설립되었는데, 南湖書院은 곽부가 설립하였으며, 高塘書院은 양현의 아들 郭時의 부인 吳氏가 시어머니 葉氏의 요청으로 세웠다. 오씨의 남편이 사망했다는 언급이 없으므로, 그녀가 자신의 지참금을 사용하여 서원을 설립했을 가능성이 있다. 또한 시어머니 섭씨의 언급으로 볼 때, 섭씨 가문에서도 자녀들을 이곳에 보냈을 가능성이 있다. 실제로 곽양현의 두 딸은 섭씨 집안 남성과 혼인하였다. 1230년 현학 기문에도 이 서원이 언급되는데, 胡旦申, 『東陽縣志』(1681, 권5, 15a)를 참조하라. 여기서 언급된 동각(東閣, 서원)은 고당서원에 추가된 신축 다층 건물에 부여된 이름이다. 한편, 淸溪書院은 郭伯中이 설립하였다. 이에 대한 기록은 王恩洙, 黨金衡, 『東陽縣志』(1832) 권10, 24a-25a를 참조하라.
140 趙公燦는 동양에서 자신의 아들 趙彥稢과 趙彥秬를 위해 友成書院을 설립하였다. 이에 대한 기록은 胡旦申, 『東陽縣志』(1681) 권13, 1b 및 권14, 27b에서 확인할 수 있다. 후대에는 그가 여조겸을 교사로 초빙했다는 주장이 제기되었다. 만약 사실이라면, 이는 1158~1160년 사이에 이루어졌을 것이다. 그러나 여조겸의 연보에는 이와 관련된 언급이 전혀 없다. 이는 그가 다른 사람의 고용하에 있었다는 사실이 드러나는 것을 피하기 위해서일 수도 있지만, 특이하게도 1158~1160년 동안 그의 행적이 거의 기록되지 않았다.
141 예를 들어, 1174년에 吳文炳이 동양에 설립한 安田義塾은 그의 아들 吳葵가 생존한 시기까지 지속되었다. 초대 교사는 난계 출신의 徐畸였으며, 그는 정이의 문인 朱震의 제자였다고 전해지며, 고문의 대가로 평가받았다. 1182년, 오문병은 당중우를 설득하여 그의 100명 이상의 제자들과 함께 안전의숙으로 옮기도록 하였다. 이와 관련된 기록은 다음에서 확인할 수 있다. 王恩注 · 黨金衡, 『東陽縣志』(1832) 권10, 25b-26a, 1181년 서기 비문; 『葉適集』 권25, 498, 吳揆 묘지명.
142 자신의 제자를 가르친 인물로는 다음과 같은 학자들이 있다. 葛洪: 의숙과 의창을 설립함. 倪千里: 많은 제자를 배출함. 馬知純: 여조겸의 제자 葉誕은 난계에 瀼東書院을 설립하였다. 이에 대한 기록은 王楙德, 『金華府志』(1578) 권4, 23b에서 확인할 수 있다. 또한, 여조겸의 제자 교행간은 동양에 있던 蔣明叔의 南園書院에서 강의하였다. 장명숙의 손자는 1243년 서원을 확장하고, 3만 권 규모의 장서를 갖춘 도서관을 추가하였다. 이에 대한 기록은 高定子의 1243년 비문에서 확인할 수 있으며, 이는 王恩注 · 黨金衡, 『東陽縣志』(1832) 권10, 26a에 수록되어 있다.
143 공사는 1174년 무렵부터 진행되었으며, 이는 여조겸의 잘 알려진 장인 韓元吉이 처음으

	로 지부로 부임했던 시기였다. 이 명칭은 주희가 지었다. 이에 대한 기록은, 韓元吉, 『南澗甲乙稿』 권15, 31a-34a에 실린 1182년의 비문에서 확인할 수 있다.
144	반경헌은 아홉 개의 창고를 설립할 계획을 세웠다. 『朱熹集』 권79, 4115-4117; von Glahn, "Community and Welfare." 동시에 주희는 도학 학습 방법에 대해 반경헌과 그의 가족 구성원들과 서신을 주고받으며, 다른 지적 대안들을 비판하고 있었다(『朱熹集』 권46, 2232-2242).
145	『朱熹集』 권79, 4115-4117. "則青苗者, 其立法之本意固未爲不善也, 但其給之以錢而不以谷, 其處之以縣而不以鄕, 其職之以官吏而不以鄕人士君子, 其行之以聚斂亟疾之意而不以慘怛忠利之心, 是以王氏能以行於一鄕而不能以行於天下."
146	陳雯怡, 『由官學到書院: 從制度與理念的互動看宋代教育的演變』, 157-182.

2장

1	주희 또한 이상적인 학교와 과거제도를 구상할 수 있었다. 李存山, 「朱子『學校貢擧私議』述評」 참조.
2	송대 과거 시험 자료는 De Weerdt가 Competition over Content에서 처음으로 본격적으로 탐구하였다.
3	여조겸, 『東萊呂太史文集』 권6, 99.
4	당중우와 그의 행위에 대한 설명은 다음 참조. 朱瑞熙, 「宋代理學家唐仲友」, 27-29; 依川強, 「朱熹と唐仲友」. 둘 다 周密의 기록을 따르는데, 그에 따르면 주희는 진량의 선동에 의해 당중우를 탄핵하게 되었다.
5	朱瑞熙, 「宋代理學家唐仲友」.
6	이 선집은 현재 『宋文鑒』으로 알려져 있다. 이 사건에 대한 기록들은 華東師範大學古籍硏究所, 『文獻通考經籍考』(1786~1789)에 정리되어 있다. 나는 慈波, 「政治, 學术與文章: 『宋文鑒』編刊之爭再審視」에서 제시된 분석을 따른다. 장식은 여조겸이 이 선집과 같은 무익한 문학적 작업에 힘을 낭비한다고 비판하였다.
7	依川強, 「朱熹と唐仲友」, 25.
8	脫脫, 『宋史』 권37, 727.
9	반대자들로는 1189년의 錢象祖, 1193년의 葉翥, 1199년의 劉德秀, 1200년의 丁逢 등이 있었다. 반면, 옹호한 인물로는 1190년의 尤袤와 1194년의 黃度가 포함된다. 무주 역대 지사들에 대한 기록은 周宗智의 『重修金華府志』(1480) 권11, 13a-13b 참조.
10	Schirokauer, "Neo-Confucians under Attack"을 참조하시오. 공격을 받은 인물들에는 여조겸의 형제인 呂祖泰와 여조검, 영강의 林大中이 포함되었다. 반면, 금지된 학파에 동조

11 곽징의 묘지명에 대해서는 『葉適集』 권23, 460 - 461을 참조하라. 그러나 섭적이 1190년대에 곽씨 가문을 위해 쓴 글들(『葉適集』 권13, 245 - 248)에서는 "위대한 스승"이라는 표현만 사용하고, 그들의 이름을 직접 언급하지 않고 있음을 유의해야 한다.

12 호계신, 『東陽縣志』(1681), 권5, 15a.

13 樓鑰, 『攻媿集』 권55, 760 - 762, 「東萊呂太史祠堂記」.

14 王倬·章懋, 『蘭溪縣志』 권4, 32b.

15 『陳亮集』, 157 - 158, 학교에 대한 과거 시험 문제.

16 Tillman, Utilitarian Confucianism, 112 - 114를 참조하라. 진량은 1193년 전시 논문에서 광종이 효종에게 효도를 표하지 않은 일을 옹호하는(기회주의적인?) 입장을 보였으며, 이로 인해 도학파와 영가학파 모두의 반대에 직면하였다.

17 『주자어류』 권123, "陸氏之學。雖是偏向。是要去做簡人。若永嘉永康之說。大不成學問。不知何故如此." 周夢江, 『叶适與永嘉學派』, 150에서 재인용. 섭적의 도학 반대에 대해서는 周夢江, 『叶适與永嘉學派』 148 - 153.

18 여조겸, 『東萊呂太史文集』 권8, 423, 주희에게 보내는 서간.

19 『朱熹集』 권50, 2455, 「答程正思」.

20 『朱熹集』 권50, 2456, 「答程正思」.

21 『朱熹集』 권35, 1552, 「答劉子澄」.

22 『朱熹集』 속집 1, 5136, 「答黃直卿」. 주희는 자신의 아들을 무주의 여조겸에게 보냈다. 그러나 주희의 아들은 실제로 반씨의 학교에 머물렀으며, 그곳에서 반경유와 짝을 이루었다. 여조겸은 반경유가 과거 시험 준비를 제쳐두고 "오로지 학문에만 전념했다"며 칭찬하였다. 결국 주희의 아들은 반씨의 사촌과 혼인하였다. 훗날 주희는 반경유에 대해 비판적인 태도를 보였으며, 이에 대한 내용은 『朱熹集』 권50, 2456, 「答程正思」를 참조하라.

23 呂浩, 『雲谿稿』, 9a - b · 28a - b.

24 『논어』 권14, 24; Bol, "Chu Hsi's Redefinition"에서 논함.

25 여조겸, 『麗澤論說集錄』 권10, 259.

26 Bol, "GIS, Prosopography, and History."

27 『여조겸전집』 권10 - 11과 권15 - 16에서 재출간됨.

28 樓昉, 『迂齋先生標註崇古文訣』; 張智華, 「樓昉『崇古文訣』三種版本系統」.

29 이 통찰은 楊輝가 『九章算經』을 개정하여, 직접 대면 교육 없이도 학습할 수 있는 교재로 만든 과정에 대한 Jinsong Guo의 설명에서 비롯된다. 이에 대해서는 Jinsong Guo, "Math on the Market"(제1장, Knowing Number)을 참조.

30 De Weerdt가 "canonization of ancient prose" 장에서 논한 것을 참조. *Competition over*

31 *Content*, 154-169. 유종원의 논지에 대한 반박에 대해서는, "Canon Formation," 113을 참조.
31 Jaeyoon Song은 이 담론을 적절하게 "『주례』를 되찾는 것"으로 묘사하였다. 이에 대해서는 Jaeyoon Song의 *Traces of Grand Peace*(318-340)를 참조. 또한 Song, "Governance and Autonomy"도 참조.
32 Tsong-han Lee, "Different Mirrors," 181-185. 여조겸의 역대 제도에 대한 상세한 해설에 대해 논한다.
33 논쟁에 대한 분석은 慈波, 「政治、學术與文章:『宋文鑒』編刊之爭再審視」를 참조하라. 관련 문서는 馬端臨의 『문헌통고』(권1786-1791)에 수록되어 있다.
34 이후 전개될 인쇄업자와 선집에 대한 논의는 Bol, "Reading Su Shi"를 바탕으로 한다.
35 龔劍峰·徐新喜, 「金華古代藏書史初探」.
36 建陽 지역의 인쇄업과 출판업자들에 대한 연구는 Chia, *Printing for Profit*을 참조하라. 책의 제작과 인쇄 과정에 관련된 다양한 역할, 그리고 사적, 상업적, 비상업적 출판의 경계를 명확히 구분하기 어려운 문제에 대해서는 McDermott, "'Noncommercial' Private Publishing"에서 논의하고 있다. 무주 또한 이와 같은 다양한 출판 형태를 보여 준다.
37 『朱熹集』 권33, 1408(1169), 동양현학 출판.
38 해당 프로젝트에 참여한 각수들의 이름을 기반으로 볼 때, 자세한 내용은 阿部, 『中國訪書誌』, 582-583을 참조하라. Edgren은 이를 단순히 절강 판본으로 분류하였다("Southern Song Printing", 125). 이와 같은 판본 분류는 『麗澤論說集錄』에도 해당될 가능성이 높은데, 이는 여조겸의 조카가 두 저작을 모두 편집했기 때문이다. 이에 대해서는 『中國古籍善本』, 經部 권15, 32b를 참조하라.
39 홍매는 두 개의 서문에서 무주 판본을 언급하고 있다. 홍매, 『夷堅志』 권1, 1; 권2, 1.
40 王菡, 「唐仲友的刻書今存考略」.
41 『朱熹集』 권18, 736, 「按唐仲友第三狀」; 권19, 70-71, 「按唐仲友第六狀」.
42 張迪, 「南宋婺州圖書刊刻與社會互動初探」. 青口吳宅桂堂에서 간행된 의오 판본이 현존하며, 이에 대해서는 소순, 소식, 소철의 『宋婺州本三蘇先生文粹』를 참조하라. 이 판본에서 새로 생성된 텍스트의 문제는 朱剛, 「前言」에서 자세히 논의된다.
43 Poon, "Books and Printing," 469. 항주 판본이 52종, 명주(明州, 현재의 영파) 판본이 51종 현존하지만, 인접한 嚴州 판본은 79종에 달한다. 유명한 麻沙 상업 인쇄소가 있던 복건 建寧府에서는 132종의 판본이 현존한다.
44 徐鴻鈞·唐燮軍, 「略論南宋浙東刻書業的地域特徵及其類型」.
45 徐堅의 『初學記』의 동양 판본이 그 한 예이다.
46 남송 무주 판본에 대한 편리한 목록은 金華市印刷行業協會, 『金華印刷史』 참조.
47 당요봉은 *左奉議郎* 직위를 지냈다.

48 『陳亮集』권35, 463, 「陳性之墓碑」.
49 소순·소식·소철, 『宋燮州本三蘇先生文粹』
50 Takatsu, "Prose Collections"에서 논의됨.
51 호종무, 『金華經籍志』권22, 13a.
52 De Weerdt, "Canon Formation"과 *Competition over Content*에서 논의된 영가 경세학에 대한 논의를 참조.
53 진덕수, 『文章正宗』. 陶秋英, 『宋金元文論選』, 379에서 인용. "按. 議論之文. 初無定體. 都兪吁咈. 發於君臣會聚之間. 語言問答. 見於師友切磋之際. 與凡秉筆而書締思而作者. 皆是也. 大抵以六經語孟爲祖."
54 De Weerdt, *Competition over Content*, 131-141쪽을 참조하라. 辛更儒, 「有關『永嘉先生八面鋒』的幾個問題」에 따르면, 해당 저작은 진부량 또는 섭적의 저작으로 알려져 있지만, 실제로는 소철, 소식, 진관, 장뢰, 王十朋, 程大昌, 여조겸, 양만리 등 다수의 저술을 기반으로 하고 있다. 또한, 이 저작에서 활용된 글들은 모두 효종 연간 이후 시기에 속하는 자료를 포함하지 않는다.
55 주희, 『朱子語類』 권139, 3319. "說出他本根病痛所以然處. 緣他都是因作文. 卻漸漸說上道理來. 不是先理會得道理了."
56 周夢江, 『叶适與永嘉學派』, 108-117.
57 여조겸, 『東萊呂太史文集』권8, 423. "數年來深知其繳繞狹細. 深害心術. 故每與士子語. 未嘗不以平正樸實爲先."
58 Fuller, "Aesthetics and Meaning."
59 여조겸, 『東萊呂太史文集』. 송대 판본은 알려진 바 없다. 여조겸은 해당 판본을 검토하면서, 이 선집이 목표로 삼은 정치적 목적에 대한 진량의 서술에 수정이 필요하다고 주장하였으며, 일부 글의 저자가 잘못 귀속되었다고 주장하였다. 그러나 구양수의 「本論」과 관련한 그의 지적은 잘못된 것이었다. 진량의 발문과 여조겸의 수정 제안에 대해서는 『陳亮集』245-248을 참조하라. Tillman은 진량이 구양수에 관심을 가졌으며, 진량이 구양수의 견해가 충분하다고 여길까 봐 여조겸이 우려했다는 점을 지적하였다. 이에 대해서는 *Utilitarian Confucianism*, 95-96, 146-147을 참조하시오.
60 다른 저자들은 북송 시기를 아우르지만 연대순으로 배치되지는 않았다. 포함된 인물은 司馬光(3장), 范仲淹(1장), 王禹偁(2장), 孫復(1장), 王安石(2장), 余靖(1장), 曾鞏(2장), 石介(3장), 李淸臣(5장), 唐庚(1장), 張耒(7장), 黃庭堅(1장), 秦觀(1장) 등이다. 『中國版刻圖錄』은 해당 판본을 무주 판본으로 추정하는데, 이는 동양의 胡倉王宅桂堂에서 인쇄한 『三蘇先生文粹』와 유사한 인쇄 방식 때문이며, 최소한 1163~1190년 사이의 절강 판본으로 볼 수 있다고 阿部는 지적한다. 이에 대해서는 阿部, 『中國訪書誌』, 603-606쪽을 참조하라. Edgren 또한 "Southern Song Printing"에서 이를 무주 판본으로 분류하였다.

61 사고전서 판본에서는 '宋文選'이라는 제목을 사용하고 있다. 남경도서관에 소장된 현존본에는 출판사 표기가 없다. 阿部는 '後集'이 존재했음을 언급하며, 현재의 全集이 원래 '前集'이라는 제목이었으나 일부 인쇄 목판에서 前集이 全集으로 변경되었음을 보여 준다.

61 Takatsu는 소식의 누락을 휘종 시대 그의 저술에 대한 금서령의 결과로 설명한다. 그렇다면, 왜 사마광은 포함되었을까? 해당 텍스트의 역사는 다음 참조. Takatsu, "Prose Collections."

62 『朱熹集』 권33, 1433 - 1434. 『精騎』의 목차와 첫 세 권이 현존한다. 제1권은 한유, 유종원, 李翱와 더불어 당대 고문 작가들을 수록한 송 초기의 선집인 姚鉉, 『唐文粹』에서 발췌한 글로 시작된다. 이후 11세기 중반 가장 영향력 있는 고문 작가들을 소개하는데, 제2권에서는 구양수, 왕안석, 소순이 포함되며, 제3~4권에서는 소식, 제4권 일부에서는 소철, 제5권에서는 증공과 그의 추종자인 장뢰, 秦觀, 제6권에서는 五代의 陳瓘, 李淸臣, 唐庚, 紀贄이 다루어진다.

63 Takatsu는 이를 네 단계 과정으로 보았는데, 첫째로 당의 대표 인물인 한유와 유종원을 시작으로, 둘째로 구양수, 왕안석, 소식을 중심인물로 선정하며, 셋째로 주희가 선호한 증공을 추가하고, 마지막으로 세 소씨에 대한 존숭으로 귀결된다는 것이다. 그러나 이를 연대기적 흐름으로 볼 수 있는지는 확신할 수 없다. 『古文關鍵』에서는 증공, 왕안석, 소철, 장뢰, 조보지, 진관, 이치 등을 포함하는 '雜家' 그룹을 설정하고 있다. Takatsu, "Selection of the 'Eight Great Prose Masters'"를 참조하시오.

64 이렇게 편찬자를 귀속하는 데 대해서는 호종무, 『金華經籍志』, 「存疑」.

65 남송 대 소식의 출판과 그의 정치적 의미에 대해서는 다음 참조. 田中正樹, 「蘇氏蜀學考―出版から見た蘇學の流行について」; 沈松勤, 『南宋文人與黨爭』 8장.

66 소식 관련 부분의 내용은 다음과 같다. 오경에 관한 글(권12), 정기적 과거시험과 학위를 위한 글(권13~14), 『춘추』 관련 주석(권15), 『좌전』, 『공양전』, 『곡량전』 해석에 대한 주석(권16), 『서경』, 『논어』, 『맹자(孟子)』의 구절에 관한 논설(17권), 정치 및 사상적 주제에 대한 논설(권18~19), 1061년 제과(制科) 시험에서 지식, 정치, 역사 문제를 다룬 논설(권20 - 23), 제과 시험의 전시(殿試) 논문(권24), 국가 정책에 관한 25편의 책(策)(권25~30), 기타 정책 관련 책론(권31), 책론 문제 모음(권32), 신종에게 신법에 반대하는 장문의 상서(권33), 여러 상소문(권34), 주요 관료들에게 보낸 서신(권35), 지적 및 문학적 주제에 대해 친구 및 제자들에게 보낸 서신(권36), 기문(記, 권37), 서문(序)으로서 11세기 주요 인물들의 문집 서문 포함(권38), 황제에게 행한 강의(권39), 역사적 사건 평가(評史, 권39~40), 문학 작품 평가(評文, 권40), 일화 등의 '필기'(권41), 자설(字說), 서화 및 문헌에 대한 발문(권42), 사물과 초상에 대한 찬(贊), 비문(碑文), 사물에 대한 명(銘, 권43).

67 이 짤막한 노래는 육유에 의해 기록되었다. 원문은 "蘇文熟喫羊肉, 蘇文生喫菜羹"이다. 『四庫全書』 편집자가 『蘇門六君子文粹』 서문에서 이를 인용하였다.

68 孔凡禮는 명대 후기에 간행된 『蘇軾文集』 판본을 근거로 하여 그것들을 소식의 산문집에 포함시켰다. 자세한 내용은 『蘇軾文集』 권52~59를 참조. 새롭게 발견된 글에 대한 면밀한 검토는 朱剛, 「前言」을 참조.
69 소식의 『東坡易傳』 권7, 19b‐21b와 『蘇軾文集』 권52‐53을 비교하시오. 적어도 명대 후기의 한 문집(이른바 『外集』)에는 주석에서 발췌한 한 단락이 별도의 글로 수록되어 있다. 『소식문집』 권192‐193 및 『東坡易傳』 권7, 19b‐21a와 비교하시오.
70 『東坡易傳』 권7, 20b‐21a와 『蘇軾文集』 168을 비교하시오. 소순 등, 『三蘇文萃』 권17, 2b‐3a도 참조.
71 Bol, "Su Shih and Culture."
72 『精騎』에 수록된 세 개의 단락은 『東坡易傳』의 다음 부분과 대응된다. 권3, 16b‐17a → 권1, 4a‐5a; 권3, 22a‐22b → 권9, 2a‐3b; 권3, 23a‐24a → 권7, 10a‐11b. 『정기』는 하버드 옌칭도서관에 소장된 永康版의 마이크로필름을 사용하였다.
73 『정기』 권3, 17a‐21b. 이는 "Su Shih and Culture"에서 내가 주석을 해석한 것과 일치한다.
74 『정기』 권3, 3a, 謝民師에게 보내는 서간에서 인용. 『소식문집』 1418.
75 주희, 『朱子語類』 권139, 6899.
76 『朱熹集』 권37, 1639‐1640, 「與芮國器」. "蘇氏之學. 以雄深敏妙之文. 煽其傾危變幻之習. 以故被其毒者. 淪肌浹髓而不自知. 今日正當拔本塞源. 以一學者之聽."
77 『朱熹集』 권72, 3756‐3795, 「雜學辯」. 여기서 주희는 소식의 『蘇軾易解』, 소철의 『蘇黃門老子解』, 張九成의 『張無垢中庸解』, 그리고 여본중의 『呂氏大學解』에 대한 비판을 제기한다.
78 여조겸, 『東萊呂太史文集』, 397‐399.
79 『朱熹集』 권33, 1413, 「答呂伯恭」. "示喻蘇氏於吾道. 不能爲楊墨. 乃唐景之流耳. 向見汪丈亦有此說. 熹竊以爲此最不察乎理者. 夫文與道果同耶. 異耶. 若道外有物. 則爲文者可以肆意妄言. 而無害於道. 惟夫道外無物. 則言而一有不合於道者. 則於道爲有害. 但其害有緩急深淺耳. 屈宋唐景之文. 熹舊亦嘗好之矣. 既而思之. 其言雖多然. 其實不過悲愁放曠二端而已. 日誦此言與之俱化. 豈不大爲心害. 於是屏絕不敢復觀. 今因左右之言. 又竊意其一時作於荊楚之間. 亦未必聞於孟子之耳也. 若使流傳四方. 學者家傳而人誦之. 如今蘇氏之說. 則爲孟子者. 亦豈得而已哉. 況今蘇氏之學. 上談性命. 下述政理. 其所言者非特屈宋唐景而已. 學者始則以其文而悅之. 以苟一朝之利. 及其既久. 則漸涵入骨髓. 不復能自解免. 其壞人材敗 風俗. 蓋不少矣."
80 『張栻集』 권4, 22(중화서국본 1095쪽).
81 Guowen Zhang, "On Su Dongpo's Creativity," 9.
82 이 관계에 대해서는 Tillman, *Confucian Discourse*, 104‐132; 市來津由彦, 『朱熹門人集團形成の研究』, 286‐325쪽을 참조.

83 「朱熹集」권49, 2381-2382, 「答陳膚仲孔碩」, 육구연에 대해서는 「朱熹集」권35, 1552, 「與劉子澄」.

84 주희가 장식과 여조겸의 묘지한 글에서 찬사의 대비를 통해 무주의 동료들을 모욕하려 한 결정에 대해서는 「朱熹集」권85, 4387-4388을 참조하라. 또 「朱熹集」권76, 3978에 수록된 「張南軒文集序」를 참조하라. 무주 사들이 실용성(공리)에 집착했다고 보는 그의 견해에 대해서는 「朱熹集」권89, 4553-4554에 수록된 「右文殿修撰張公神道碑」를 참고하라.

85 2018년 CBDB에 따르면, 주희는 무주의 사 44명과 교류하였으며, 그중 17명이 그의 문하에서 공부했다. 여조겸은 68명의 제자가 있었고, 섭적은 26명과 교류하였으며, 그중 4명이 그의 제자로 수학했다.

86 호종무, 「金華經籍志」. 현존하는 저작에 대한 권위 있는 기록은 黃靈庚·陶誠華, 「重修金華叢書提要」이다. 현존하는 저작들은 200권으로 구성된 「重修金華叢書」에 수록되어 있으며, 그중 마지막 20권은 족보에 관한 것이다.

87 마지순에 대해서는 오사도, 「敬鄉錄」권12, 3a; 「全宋文」권352, 431-433, 1259년에 쓴 倪壟 비문 참조. 갈홍에 대해서는 탈탈, 「宋史」권415, 12444; 오사도, 「경향록」권12, 2b-3a 참조. 교행간에 대해서는 「경향록」권13, 1a; 「송사」권41, 798-812 참조. 소연에 대해서는 주종지, 「重修金華府志」(1480) 권8, 3b 참조. 서교에 대해서는 「경향록」권14, 2a-5b 참조. 공풍에 대해서는 「경향록」권9, 11b 참조. 시란에 대해서는 「경향록」권11, 1b 참조. 왕개와 왕아에 대해서는 「경향록」권13, 2a-3a 참조.

88 孫應時, 「燭湖集」권9, 5b-7a. "自漢而下。經術、文章自分兩途。經生規規樸學。文人浮夸無實。至談性命道德必出於老佛." 손응시의 경력과 사상에 대해서는 黃寬重, 「孫應時的學宦生涯: 道學追隨者對南宋中期政局變動的因應」참조.

89 소씨 후손에 대해서는 舒大剛, 「三蘇後代研究」참조하라. 무주 소씨 가문은 명대 초반까지도 영향력 있는 사를 배출하였으며, 그중에는 蘇伯衡 등이 포함된다. 이에 대해서는 張劍·呂肖奐·周揚波, 「宋代家族與文學研究」를 참조하라.

3장

1 吳曾, 「能改齋漫錄」권12, 322-323. "罷史學。今再思之。紀事之史。士所當學。非上之所以教也。況詩賦之家。皆在乎史。今罷黜詩賦而使士兼習。則士不得專心先王之學。流于俗好。恐非先帝以經術造士之意。可依前奏。前降指揮。更不施行."

2 De Weerdt, *Competition over Content*, 322-374.

3 손응시, 「燭湖集」권9, 5b-7a. "始以孔、孟絕學爲諸儒倡。文必要於六經。經學所以窮理盡性。立道成德。出可以治天下、明王道之正、斥異端之惑, 千五百年破碎分裂之學於是

4	『朱熹集』 권76, 3832. "淸敏遺事後序. 彼其見聞之博。詞令之美。論議之證。節概之高。一時之間。從其外而觀之。豈不誠有以過人者。然探其中。而責其實。要其久而待其歸。求其充然有以慰滿於人心。而無一瑕之可指者。則什百之中未見其可以一二數也."
5	胡寅, 『斐然集』 권29, 4b–5a, 학에 대한 시험 문제. "挾策讀書. 博習乎詞藝之末務. 以悅人之耳目。而取世資."
6	林季仲, 『竹軒雜著』 권3, 17a–18a, 도학에 대한 시험 문제. 『논어』 권6, 27, 권12, 1에서 인용. "道不因有經而存. 亦不因無經而亡. 其出於人心者常在也. / 博學於文. 約之以禮 /續言之文."
7	彭龜年, 『止堂集』 권9, 6a–7b. "豈道之明晦不係於書之多寡歟."
8	陳著卿, 『筼窗集』 권7, 3a–4b, 학에 대한 시험 문제.
9	이 박학(博學), 심문(審問), 신사(愼思), 명변(明辯), 독행(獨行)의 순서는 『중용』에서 유래한 것이다. 주희는 이를 반복적으로 사용했으며, 이는 그의 「백록동서원학규」의 핵심을 이룬다.
10	주희·여조겸, 『근사록』 권52~53에서 인용됨. 여조겸 또한 역사서를 읽는 목적이 단순한 사실적 지식의 습득이 아니라는 점에 동의하였다. 자세한 내용은 『麗澤論說集錄』 권10, 5a를 참조하라.
11	서차탁과 응용에 대해서는 王懋德, 『金華府志』(1578) 권16, 24a, 30b를 참조하라. 이들은 현존하는 공식 기록에 나타나지 않으며, 이는 그들이 과거 시험을 치렀으나 낙방했음을 시사한다. 과거 급제자 명단은 Langley, "Wang Yinglin," 549–558쪽을 참조하시오.
12	Langley, "Wang Yinglin," 171–174.
13	『全元文』 권31, 497, 胡助, 「玉海序」.
14	송대 유서에 대한 가장 포괄적인 연구는 張圍東, 『宋代類書之硏究』이다. 다소 이질적인 유서들의 모음에 대한 항목들은 Balazs, Hervouet, *Sung Bibliography*, 319–349에 수록되어 있다. De Weerdt는 남송 유서 중 도학과 여조겸과의 관련성에 초점을 맞춰 유용한 논의를 전개하였다. "Aspects of Song Intellectual Life," "Encyclopedia as Textbook"을 참조하라.
15	何忠禮·鄭瑾, 「略論宋代類書大盛的原因」.
16	이는 溫志拔가 군서고색에 대한 논의에서 지적한 점이다. 溫志拔, 『群書考索』的"考索之功"及其學術史意義」.
17	송대의 두 판본을 바탕으로 편찬된 195권본 판본을 사용하였다. 潘自牧, 『記纂淵海』.
18	총 34장이 유실되었다. 1849년 재편집된 왕상지 판본의 활자본을 사용하였다.
19	송대 판본의 일부가 현존한다. 1320년 판본은 대대적으로 확장되고 변형된 형태로 후대 판본들의 기반이 되었다. 아래에서 논의된 송대에서 전해지는 판본들을 활용하였다.

20 이 절의 초기 버전은 1995년 12월 타이베이에서 열린 제2회 송사 심포지엄에서 발표되었다. Chu Ron-guey(朱榮貴) 및 다른 참가자들의 의견에 감사를 표한다. 이 절의 초안은 Bol의 "Intellectual Culture in Wuzhou"에 게재된 바 있다.

『記纂淵海』의 서문은 송대 판본에만 존재하는 독창적인 부분이다. 반자목의 가장 이른 시기의 전기이자 가장 포괄적인 기록은 오사도, 『敬鄕錄』 권13, 5a에 수록되어 있으며, 1196년 급제 및 그가 역임한 관직이 언급되어 있다. 원대에 글을 쓴 오사도는 반자목의 저서가 여전히 유통되고 있다고 기록하였다. 그러나 이 연구에서 사용한 송대 종합판은 여전히 일부 결락이 있으며, 총 195권, 1,195개 세부 항목으로 구성되어 있다. 전체 분량은 78만 자를 넘는다.

21 1579년 판본(100권본, 『사고전서』에 수록됨)은 송대 판본보다 훨씬 방대하다. 이 판본은 우주 생성론, 우주론, 천문학, 지리학, 관료제, 과거제에 대한 장으로 시작한 뒤, 반자목의 원저로 전환되며 이를 재배열하였다. 이 판본은 반자목의 본문 자체를 변경하지 않았지만, 새로운 세부 항목을 추가하였다. 행정 지리 및 관료제에 대한 긴 장들은 송대 문헌을 기반으로 하고 있다. 그러나 반자목의 서문은 실려 있지 않다.

22 반자목의 협력자였던 금화 출신 왕순은 여조겸에게 배웠을 가능성이 있으며, 吉州에서 교수관으로 근무했다. 자세한 내용은 黃宗羲·全祖望, 『宋元學案』 권73, 2442를 참조하시오. 동양 출신 賈昉은 반자목의 처남이며, 1202년 진사 급제자였다. 『金華府志』에는 그의 이름이 賈昉之로 기록되어 있다. 내가 확인한 바로는 이것이 가방에 대한 유일한 초기 기록이다. 가방은 북방 출신 정치가 賈廷佐의 증손자로, 북방이 함락된 후 가족과 함께 동양으로 이주하였다. 자세한 내용은 王懋德, 『金華府志』를 참조하라.

23 반자목, 『記纂淵海』 권138, 2185-2204. 명대 판본들은 책의 앞부분에 '천(天)'과 '지(地)'에 관한 장을 추가하였다.

24 方師鐸은 이러한 저작들의 기원이 賦 문학에 있다고 본다. 이는 부(賦)의 작문이 사물에 대한 폭넓은 지식과 그것을 명명하는 어휘를 요구했기 때문이다. 한대 이후 등장한 유서는 이러한 작가들의 조사 작업을 대신해 주었다. 자세한 내용은 方師鐸, 『傳統文學與類書』, 61-63, 97-107, 49를 참조하라. 정치적으로 중요한 사안에 대한 정보를 수집한 유향의 『說苑』은 반자목의 주장처럼 독자적인 발전 경로를 가진 저작이었을까?

25 『藝文類聚』는 유서의 역사를 정의하면서, 자료를 수집하는 방식에 따라 '언어(言)'을 중심으로 한 저작과 '사물(事)'을 중심으로 한 저작을 구분하였다. 자세한 내용은 歐陽詢, 『藝文類聚』 서문을 참조. 그러나 반자목의 견해와 달리, 『藝文類聚』는 두 방식을 결합하여 먼저 특정 주제에 대한 정보를 제공하는 문헌을 인용한 뒤, 해당 주제가 등장하는 장르별 자료(예: 詩, 賦, 書, 序 등)를 추가로 인용하는 방식을 취하였다. 이 책의 인쇄 역사에 대해서는 『藝文類聚』 편집 서문, 권13을 참조하라.

26 중화서국 판본은 명대 판본을 기반으로 하며, 1134년 劉本이 쓴 서문을 포함하고 있다.

1147년 동양 판본에 대해서는 長澤規矩也, 『末元版の研究』 권3, 44를 참조하라. 『초학기』는 세 번째 섹션을 추가하여, 해당 주제를 지칭하는 對句 표현과 경전 속 출전을 온전히 인용하였다. 자세한 내용은 『초학기』 권16, 24a, 7b를 참조하라.

27 白居易의 『白氏六帖事類集』에서, 백거이는 '꿀과 같은 용어를 선택한 후, '구매한 꿀', '가장 좋은 약' 등 다양한 대체 용어 및 구문을 나열하고, 각 표현이 어떤 역사적 일화 또는 문학 작품에서 유래했는지 간략하게 출전을 인용하였다.
28 楊家駱, 『宋史藝文志廣編』, 165.
29 白居易·孔傳, 『唐宋白孔六帖』, 258. 이 송대 판본은 백거이와 공전의 저작을 통합한 형태였다(반자목은 이를 별개의 저작으로 간주하였다). 공전은 새로운 항목(예: '붉은 꿀')을 추가하고, 한유와 유종원의 글과 같은, 백거이가 사용하지 않은 문헌을 참고하였다.
30 마단림, 『文獻通考經籍考』, 1275.
31 당중우, 『帝王經世圖譜』, 주필대 서문.
32 晁公武의 논평과 曾肇의 서문은 마단림, 『文獻通考經籍考』 권1264에 수록되어 있다. 증공의 서문에서는 광범위한 문헌 활용과 그의 이해력을 晏殊의 인품을 증명하는 근거로 보았다.
33 祝穆의 『事文類聚』에 대한 논의는 De Weerdt의 "Aspects of Song Intellectual Life", 8쪽을 참조하시오.
34 徐堅, 『초학기』, 序. "聖人在上。而經制明。聖人在下。而述作備。經制之明。述作之備。皆本於天地之道。聖人體天地之道。成天地之文。出道以爲文。因文以駕道…古人之文。爲貫道之器。誦其詩。讀其書。往往獵取其新奇壯麗。以駕其道."
35 반자목, 『記纂淵海』, 편찬 서문.
36 한유, 『東雅堂昌黎集集註』 권12, 5a, 「進學解」. "사건을 기록하는 자는 중요한 것을 주목해야 하고, 문장을 짓는 자는 미묘한 뜻을 탐구해야 한대[記事者必提其要。纂言者必鉤其玄]."
37 반자목, 『기찬연해』, 반자목의 序, 3. "蓋一定不易者。意也。而千變萬化者。言也。前輩類書。其於記事提要者詳矣。而纂言鉤玄。尙有未滿人意。遂使觀者如循一轍之跡。若守一隅之指。拘繫牽連。往往凝滯於事實之內。而不能推移變化於言意之表."
38 반자목, 『記纂淵海』 권1, 113 – 119.
39 반자목, 『記纂淵海』 권150, 2355 – 2357.
40 반자목, 『記纂淵海』 권166, 2589.
41 반자목, 『記纂淵海』 권166, 2596 – 권167, 2628.
42 반자목, 『記纂淵海』 권168, 2629 – 2640.
43 일부 유서는 어떻게 달라져야 하는지에 대한 결론을 제시하기도 했다. 아래 장여우의 경우가 그 예이다. 장여우는 문학 작법과 문학 장르의 역사에 대한 충분한 논의를 제공한 후,

고문 문체론을 뒷받침하는 연대순 인용문들을 점점 길어지는 방식으로 배열하였다. 이는 대부분 소식과 그의 학파의 글에서 발견되는 관점으로, 문장은 지적·도덕적 변화를 일으키는 수단이 되어야 한다는 입장을 담고 있다. 자세한 내용은 章如愚,『山堂考索』권22, 4b‐14a(564‐583, 명대 판본)를 참조하시오.

44 반자목,『記纂淵海』, 序, 6. "夫博聞強記。人皆願學。而因陋就簡。世之通患。此書之作。庶幾天下之義理。古今之差別。若轉圓石於千仞之山。左右逢原。無齟齬拘攣之患。或者可以少補於學者歟."

45 Bol, "Intellectual Culture in Wuzhou."

46 이 절은 Bol, "Rise of Local History," 54‐64에 기반하고 있다.

47 가장 이른 시기의 현존하는 인쇄본은 청대 판본으로, 중화서국이 재간행하면서 鄒逸麟의 서문을 포함하였다. 자세한 내용은 鄒逸麟,『輿地紀勝』的 流傳及其價値』를 참조하시오. 나는 현대 활자본인 사천대학에서 출판된 왕상지의『여지기승』을 사용하였다. 李勇先의 편찬 서문은 기존 연구를 대체하는 내용을 포함하고 있다. 자세한 내용은 李勇先,『輿地紀勝』前言』을 참조하라. 총 200권 중 31권이 결실되었으며, 17권에서는 일부 페이지가 유실되었다.

48 그는 왕사유, 왕회, 왕백을 포함하는 유명한 금화 왕씨 가문과는 관련이 없다.

49 李勇先은 왕사고의 신원에 대한 논란을 해결하면서, 그가 한때 王師䕫이라는 이름을 사용한 적이 있음을 입증하였다. 자세한 내용은 李勇先,『輿地紀勝』前言』, 9‐17을 참조하시오.

50 王益之,『職源』,『西漢年紀』,『漢官總錄』은 일실되었다.

51 李勇先,『輿地紀勝』前言』, 25‐29.

52 祝穆, 祝洙,『宋本方輿勝覽』.

53 이러한 전개 과정은 다음 논문들에서 열거되고 논의되었다. 靑山定雄,「唐宋地方誌目錄及び資料考證」,「唐宋時代の交通と地誌地圖の硏究」; 王德毅·李榮村·潘柏澄,『元人傳記資料索引』; Hargett, "Song Dynasty Local Gazetteers"; Bol, "Rise of Local History."

54 王存,『元豐九域志』.

55 재간행은 九江에서 이루어졌으며, 이는 왕사고가 근무했던 곳이었다. 자세한 내용은『中國古籍善本書目』,「史部」권10, 3b‐4a를 참조하시오.

56 歐陽忞,『輿地廣記』.

57 이는 Bol, "Ni Pu's Map"에 기반하고 있다. 예박과 동시대의 유사한 저작들에 대해서는 다음을 참조하시오. De Weerdt, *Information, Territory*, 202‐210.

58 송렴의 예박 전기는 예박,『倪石陵集』의 서문을 참조하라. "手指心計。何地可戰。何城可守." 지도의 크기는 오사도,『경향록』권6, 10a‐11a,「上太守鄭敷文書」의 기록을 따랐다.

59 예박,『倪石陵集』, 1a‐9a. 이 상주문은 예박이 공식적인 관직이 없었기에 황제에게 제출

되지 못했다. 이 문서는 1162년에 퇴위한 송 고종에게 보내어진 것이다

60 이 저작은 현재는 일실되었다. 예박이 정백웅에게 보내는 서간에 다음과 같이 묘사되어 있다. 『倪石陵集』, 9b-10b. "於是遍求地志之書. 夷攷之. 作者不可勝紀. 大抵皆襍而無統. 冗者失之穢. 簡者失之略. 誕者失之誣. 拘者失之泥. 慨然閔斯文之缺. 遂歷考載籍. 搜括百氏. 而以今之州縣爲準. 由漢以來. 其間郡縣乍離乍合. 驟廢驟置. 變名易實. 而不可按辨者. 俾皆繩焉. 會歸之一. 凡古帝王之所都. 禹貢山川之所經. 春秋列國之所在. 與夫古今關防津要戰伐會盟之地基遺跡. 旁搜竝取. 庶無遺焉. 其有乖繆則爲之援據引證. 以相參考實而不浮. 成一家. 幾三十萬言分爲四十卷. 目之曰輿地會元志. 盖取其統有宗而會有元也."

61 『宋濂全集』, 2264. "天下山川險阻. 戶口多寡. 用兵者所當知."

62 歐陽忞, 『輿地廣記』, 序.

63 稅安禮, 『歷代地理指掌圖』.

64 당중우, 『悅齋文鈔』권1, 2a-b.

65 Jaeyoon Song, "Redefining Good Government," 330-333.

66 『全宋文』권301, 274-275. 왕상지의 의도는 청대 및 현대의 국가 개념에 대한 관점에 영향을 받아 논쟁의 대상이 되어 왔다. 자세한 내용은 李勇先, 『輿地紀勝』前言」37-38을 참조하시오. 李勇先은 청대의 劉毓崧의 견해에 동조하며, 왕상지가 진회(秦檜)를 비판하려 했다고 확신한다. 자세한 내용은 『輿地紀勝』前言」22-24를 참조하라.

67 왕상지, 『輿地紀勝』, 961-1007.

68 劉毓崧·劉承幹, 『通義堂文集』권7, 19b.

69 "世之言地理者尙矣. 郡縣有志. 九域有志. 寰宇有記. 輿地有記. 或圖兩界之山河. 或記歷代之疆域. 其書不爲不多. 然不過辨古今. 析同異. 考山川之形勢. 稽南北之離合. 資遊談而誇辨博. 則有之矣. 至若收拾山川之精華. 以借助於筆端. 取之無盡. 用之不竭. 使騷人才士於一寓目之頃. 而山川俱效奇於左右. 則未見其書. 此紀勝之編所以不得不作… 昔子長因遊而得作書之趣. 余乃因書而得山川之趣. 其迹雖不同. 然亦未可盡以迹拘也. 當從識者問之."(王象之自序).

70 왕상지, 『輿地紀勝』권10, 6429-6430.

71 왕상지, 『輿地紀勝』권10, 6430-6432.

72 유육숭은 왕상지의 저서에 등장하는 일부 지역 인물들이 "도덕적 군자와는 격이 맞지 않는다"고 고민하며, 그중에는 王欽若, 丁謂, 夏竦, 張子厚, 張商英, 孫覿 등 송대의 주요 정치 인물들이 포함되어 있었다. 유육숭은 올바른 도덕적 판단이 분명히 존재하며, 훌륭한 학자라면 이를 반영했어야 한다고 보았다. 그는 왕상지가 악인을 포함시킨 의도가 교훈을 주기 위함이라고 해석하였다. 예를 들어, 建康 지역 인물란에서 진회에 대한 설명을 보면, 그가 "고종의 중흥 재상으로서 평화를 도모하며, 여러 장군들에게서 군사권을 회수했

다"고 기록되어 있다. 그러나 유육숭은 악당 진회에 맞선 영웅 악비를 높이 평가했기에, 왕상지가 이를 직설적으로 서술한 것은 진회가 평화 정책을 추진하고 군대를 억누르면서 왕조를 잘못된 방향으로 이끌었다는 점을 부각하기 위한 것이라고 보았다. 그는 역대 인물과 지방 관리 항목에서 100건 이상의 사례를 분석하면서, 이들이 진회의 행적을 드러내고 있으며, 진회의 추종자들과 아첨꾼들조차 결국 비참한 최후를 맞았다는 점을 보여 준다고 주장했다. 그는 왕상지가 '秦公'이라는 표현을 사용한 부분이 있지만, 이를 이전 문헌에서의 인용으로 보아야 한다고 해석했다. 결국 유육숭은 왕상지가 진회를 칭송한 것이 아니라, 비판하려는 의도로 썼다고 확신했다. 그는 진회의 본래 시호가 1206년에 '謬丑'으로 변경되었지만, 1208년에 다시 원래 시호로 복귀되었으며, 이후 1254년까지 바뀌지 않았다는 점을 지적했다. 즉, 왕상지가 이 책을 집필한 시점에는 조정에서 진회에 대한 최종 판단이 내려지지 않은 상태였다. 이런 상황에서 왕상지가 직설적으로 기술하여 이미 죽은 자를 처벌한 것은 그가 훌륭한 사였음을 보여 준다고 유육숭은 해석했다. 유육숭은 처음에는 왕의 전기적 서술이 적절한 균형을 잃었다고 판단했으나, 나중에는 자신의 초기 판단이 잘못되었음을 인정했다. 자세한 내용은 劉毓崧·劉承幹, 『通義堂文集』 권7, 19b-23a를 참조하라. 그러나 나는 왕상지가 단순히 지역 사회에서 전해지는 견해를 기록한 것이라고 본다. 송대 관료들은 종종 정부를 비판하는 경우가 많았으며, 숙청으로 인해 고통 받은 인물들을 언급했다고 해서 책 전체에 숨겨진 정치적 메시지가 있다고 단정할 수는 없다.

73 胡宗懋, 『金華經籍志』 권9, 5b-6a.
74 祝穆·祝洙, 『宋本方輿勝覽』.
75 한편으로, 축목은 더 세분화된 구분을 도입하였다. 예를 들어, '명승지' 항목을 산과 강, 우물과 샘, 당과 서원, 사찰과 도관 등과 같이 세부 항목으로 나누었다. 다른 한편으로, 그는 일부 항목을 통합하기도 하였다. 예를 들어, 불교와 도교 인물을 별도로 구분하지 않고 같은 항목에서 다루었다.
76 Jeffrey Moser, "One Land of Many Places."
77 이 절은 Bol, "Zhang Ruyu"에 기반했다.
78 이전에 장여우의 전기에 대한 논의를 할 때, 아래에서 다룰 1225년 문서가 발견되지 않은 상태에서 서술했던 점을 밝혀 둔다. 자세한 내용은 Bol, "Zhang Ruyu," 645-648을 참조하시오. 1320년 판본(장여우, 『山堂先生群書考索』)과 1521년 판본 『山堂考索』의 영인본이 출판되었다. 송대 판본을 구할 수 없는 경우 1521년 판본을 사용하였다. 일부 차이가 있긴 하지만, 1320년 판본보다 훨씬 판독하기 쉬웠기 때문이다. 이들 판본 및 장여우의 전기에 대한 논의는 다음을 참조하시오. 陳先行, 「影印說明」; 李偉國, 『山堂考索』的作者和版本」. 이 저작이 지성사에서 차지하는 위치에 대한 논의는 溫志拔, 「『群書考索』的"考索之功"及其學術史意義」를 참조하라. 1196년 진사 급제 기록 중 가장 이른 자료는 오사도의 『경향록』 권13, 5a에 수록되어 있다.

79 1225년, 장여우는 何賣의 「행장」을 작성하면서 자신의 관직을 다음과 같이 표기하였다. "奉議郞知龍興府南昌縣主管勸農營田公事"[奉議郞, 龍興府 南昌縣 지사, 勸農營田公事]. 자세한 내용은 『東陽何氏宗譜』 권2, 10b - 14b를 참조하시오. 본 문서의 스캔본을 제공해 준 난계의 청차오즈(程乔治) 선생께 감사를 표한다.

80 왕백이 楊元定의 묘지명에서 여조겸 사후 활약한 전 세대의 네 명의 스승을 언급하는데, 그중 한 명이 산당 선생 장여우이다. 자세한 내용은 王柏, 『魯齋王文憲公文集』 권20, 11을 참조하시오. 양원정은 1235년 여러 차례 과거에 실패한 이들을 위한 특별 과거 시험에서 급제하였다.

81 De Weerdt는 1320년 판본에서 신유학 관련 부분이 후대에 추가된 보충 자료일 가능성이 있다고 추정하였다. 자세한 내용은 "Aspects of Song Intellectual Life"를 참조하라. Tillman 역시 1320년 판본을 연구하며, 이를 도학의 대중화, 특히 박학한 학자였던 여조겸 계열 도학의 확산을 보여 주는 증거로 보았다. 또한 그는 이를 鄭樵의 『通志』와 같은 대규모 백과사전적 저작과 비교하였다. 자세한 내용은 "Encyclopedias, Polymaths, and Tao-hsüeh"를 참조하라.

82 장여우, 『新刊山堂先生章講考索』(영인본). 이는 1320년 판본 『前集』의 권1~11에 해당한다. 1320년 판본에는 다음과 같은 추가 항목이 포함되었다. 諸經, 漢石經, 唐石經, 儀禮, 河圖洛書, 太衍.

83 상해도서관본. 이는 1320년 판본 전집의 권35~37 및 권40~46에 해당한다.

84 상해도서관본. 이는 1320년 판본에서 전집의 권59~66 및 후집의 권53~54에 해당한다.

85 타이베이 고궁박물관본. 이는 1320년 판본 후집의 권11~20에 해당한다. 해당 판본에는 毛晉의 汲古閣에 소장되었음을 나타내는 인장이 있으며, 최근에는 天津圖書館에 보관되었음을 보여 주는 인장도 포함되어 있다. 많은 인장을 해독하는 데 도움을 준 선진(Shen Jin)에게 감사드린다.

86 이 판본은 李偉國이 언급하지 않았다. 陳先行은 北京 重印本의 편집 서문에서 이를 언급하였으나, 그가 실제로 해당 판본을 직접 조사한 것이 아니라 해제에 의존했을 가능성이 있다. 자세한 내용은 陳先行, 「影印說明」을 참조하시오.

87 陳先行은 1248년 서문이 포함된 제4집이 'X山書院' 소장본임을 지적하였다. 자세한 내용은 「影印說明」을 참조하시오. 1248년 서문과 제1집의 목차는 상해도서관의 제4집에 포함되어 있다. 자세한 내용은 李偉國, 「『山堂考索』的作者 和版本」, 94를 참조하시오.

88 汪有開는 서문에서 알려진 인물로, 1250년대 岳州 知府로 재직했던 동명이인일 가능성이 있다. 자세한 내용은 『岳州府志』 권3, 36 및 권9, 16을 참조하라.

89 이 서문은 1248년 판본 상해본에서 李偉國의 「『山堂考索』的作者 和版本」, 94에 부분적으로 전사되었다. Tung Yung-chang(童永昌)이 이 전사본을 수정하였으며, 나의 번역본 또한 그의 수정을 거쳤다. "讀萬卷書。一節之不知。不足以言博學。論古今事。一字無來處。

不足以言實學。事事必提其統。言X必究其歸。考之有據。索之無遺。非殫見洽聞。真積力久之君子。其孰能與於斯。世之耳剽目竊。不出於胸臆。拈枝摘葉。不採其本根。觀所用。未必誤。扣所出。未必知者。何足進。山堂先生自有書契以來暨于今日。經史子集。傳記之書。充棟汗牛。反復披覽。門分類析。編輯成書。上下數千載。鋪例數百條。援古證今。舉綱撮要。凡大議論、大制度、大沿革。嘻。盡之矣。士大夫得而熟之。豈惟可膏場屋之筆端。與賓客言亹亹無倦。在朝廷言。便便唯謹。援引辯證。博洽詳實。豈止武庫五總龜邪。"

李衛國의 서술에서 생략된 세 번째 단락의 원문은 하버드 옌칭도서관의 Shen Jin이 상해 도서관 판본에서 필사한 내용을 통해 확인할 수 있었다. 선진의 도움에 깊이 감사드린다.

90　"惜哉。書成而白玉樓召矣。後生晚學。罕見其大全。同抱遺恨。惟中隱曹君盡得之。懼其傳之不博。有孤先生之用心。鏤梓以示同志。凡一百卷。釐為十集。摹印未竟。紙價增貴矣。第恐學者得書之易。不思其用力之艱。臨用檢覓。平時漫不加意。又豈先生之志歟。"

91　"先生姓章。諱如愚。字俊卿。仕至國博宮講。山堂其自號。考索其書之舊名云。淳祐戊申良月望日。後學朝奉郎監行在榷貨務汪有開敬題。"

92　Bol, "Zhang Ruyu."

93　「禹貢」은 송대에 반복적으로 연구되었으며, 이는 역사 지리학의 기초이자 聖王 연구의 중요한 자료로 여겨졌다. 자세한 내용은 王小紅, 『宋代『禹貢』學 研究』를 참조하라. 남송 주요 주석서들에 대한 Martin Hofmann의 박사 논문은 아직 미출간 상태이다. 송대 『우공』 연구에 대한 폭넓은 개관은 Martin Hofmann, "Approaches to the Understanding of the Yugong"을 참고하라.

94　王小紅, 『宋代『禹貢』學 研究』, 285-298.

95　王小紅, 『宋代『禹貢』學 研究』, 329-354.

96　당중우, 『제왕경세도보』 권8, 34b.

97　『全元文』, 권29, 312-313, 「黃溍」에 따르면.

98　王昭禹의 『周禮詳解』는 왕안석의 문자 구조에서 원리를 찾는 해석 방법을 채택하였다. 또한, 11세기 말에 활동한 陳祥道는 고대의 의례와 제도를 다룬 방대한 저술인 『禮書』(150권)를 편찬하였다. 그는 왕안석의 관점을 따라 鄭玄의 『주례』 주석을 비판하였다.

99　Jaeyoon Song, Traces of Grand Peace, 318-340.

100　王與之, 『周禮訂義』. 이들 저작 중 대부분은 현재 전하지 않는다. 자세한 내용은 Balazs and Hervouet, Sung Bibliography, 29-30.

101　영가 출신의 저작 중 하나인 鄭伯謙, 『太平經國之書』는 후대 일부 독자들의 시각에서 권력을 재상에게 집중시키는 것을 옹호하는 책으로 여겨졌다. 『四庫全書』 편찬자들은 이러한 관점이 재상 가사도에 대한 아첨으로 해석하였다. 그러나 이 책의 논지는 왕안석, 蔡京, 진회, 王淮, 史浩, 史彌遠 등 권력 있는 재상들 모두에게 유리한 내용을 담고 있었다. 사호는 이 책에 대한 주석서인 『周官講義』를 집필했으며, 그중 일부가 현재까지 전한다.

1168년 무주에서 부의 관리로 근무했던 薛季宣 역시 사후에 편찬된 주석서를 남겼으며, 진부량도 주석 작업을 진행하였다. 자세한 내용은 周夢江, 『叶适與永嘉學派』, 68-70을 참조하라.

102 호종무, 『金華經籍志』 권3, 11a-12a에 의거함. 그 5권의 책은 徐畸, 『周禮發微』; 馬之純, 『周禮隨釋類編』; 喬行簡, 『周禮總說』; 徐邦憲, 『周禮解』; 葉秀發, 『周禮說』. 동양의 저자들은 안전서원에서 당중우의 전임자로 활동한 학자인 서기, 동양 출신의 저명한 학자인 마지순, 마지순의 제자이자 재상으로 傅寅의 학문을 높이 평가한 교행간이다.

103 章如愚, 『山堂考索』 전집, 권64~65. 상해도서관 판본은 아직 영인본으로 출간되지 않았다. 따라서 1521년 판본에서 해당하는 부분을 인용하였다.

104 국가가 농민을 직접 통제해야 하는지 혹은 지방 엘리트들이 중재하도록 허용해야 하는지에 대한 논쟁. 宮澤知之, 「宋代地主與農民的諸問題」; 森正夫, 『明代江南土地制度の硏究』.

105 Lo, *Life and Thought*, 107-108, 19-20; Tillman, *Ch'en Liang on Public Interest*, 49-55; von Glahn, "Community and Welfare," 251-253.

106 von Glahn, "Community and Welfare"에서 논의됨.

107 예로는, 袁燮, 『絜齋集』 권6, 20a-23a; 林光朝, 『艾軒集』 권4, 11a-13a.

108 『한서』와 『맹자』와 같은 다른 문헌들에도 주의 제도에 대한 설명이 담겨 있다. 정현의 주석에는 『司馬法』에서 인용한 구절이 포함되어 있지만, 장여우는 李覯의 해석을 따라 이를 거부하고 있다. 장여우, 『山堂考索』 전집 권64, 1642.

109 장여우, 『新刊山堂先生章講考索』 권4.

110 장여우, 『山堂考索』 전집 권64, 1642.

111 장여우, 『山堂考索』 전집 권64, 1642.

112 장여우, 『山堂考索』 전집 권64, 1654-1655.

113 장여우, 『山堂考索』 전집, 권64, 1656-1658.

114 장여우, 『山堂考索』 전집, 권64, 1656-1660.

115 장여우, 『山堂考索』 전집, 권64, 1660, 1661-1662, 1665-1666.

116 장여우, 『山堂考索』 전집 권64, 1661, 1662-1663.

117 장여우, 『山堂考索』 전집 권64, 1663.

118 장여우, 『山堂考索』 전집 권64, 1663-1664.

119 장여우, 『山堂考索』 전집 권64, 1664.

120 장여우, 『山堂考索』 전집 권64, 1664-1665.

121 장여우, 『山堂考索』 전집 권64, 1665.

122 장여우, 『山堂考索』 전집 권64, 1658, 1659-1660.

123 장여우, 『山堂考索』 전집 권64, 1655, 1657.

124 장여우,『山堂考索』전집 권64, 1658. 당중우,『제왕경세도보』권8, 33b 및 권9, 4a‐b와 비교하시오.
125 그러나『주례』에 대한 왕안석의 주석(일부는『永樂大典』에서 복원됨)의 해당 부분에는 거의 주석이 없다. 존재하는 대부분의 내용은 1242년에 편찬된 王與之,『周禮訂義』에서 인용된 구절을 기반으로 복원된 것이다. 또한, 이 주석은 정현이 해석한 정전제에 대해서도 별다른 이견을 제기하지 않는다.
126 장여우,『山堂考索』전집 권64, 1655.
127 장여우 자신은 가장 작은 규모의 가구만이 겨우 생계를 유지할 수 있을 정도의 토지를 받았다고 주장한다. 이는 그들이 더 많은 자녀를 낳도록 장려하여, 결과적으로 더 많은 토지를 확보할 수 있게 하려는 의도였다.『山堂考索』전집 권64, 1655‐1656.
128 장여우,『山堂考索』전집 권64, 1656‐1660, 1666‐1667.
129 장여우,『山堂考索』전집 권65, 1688.
130 장여우,『山堂考索』전집 권65, 1688‐1689. "王安石創立新法。元老大臣爭之而不得。一時老成重厚之人。皆不爲之用。則不免激而用新進果稅之士。用散青苗也。溝洫田也。行幕役也。結保甲也。頒方田也。農民自是無安靜之日矣。然觀熙寧年中詔。應諸州有以稅米令民折納見錢者。官吏皆抵罪。而漕臣亦得奪官。神宗愛民之意。本自若是。而安石激 於一時言者之論。益堅其畫。而有失神宗之初心。呂惠卿之徒乘間。切出梏刻苛細。利析秋毫。亦非安石意。"
131 장여우,『山堂考索』전집 권65, 1689‐1691.
132 徐松,『宋會要輯稿』,「食貨」권69, 32b의 상소문.
133 Stuermer, "Water Conservance and Property," 1096‐1101.
134 원섭,『絜齋集』권6, 20a‐23a.
135 주희,『朱子語類』권15, 831‐836.

4장

1 王懋竑,『朱子年譜』, 1158년도 항목. "理不患其不一。所難者分殊耳."
2 "其門人曰勉齋黃氏。實以其道傳之北山何氏。而魯齋王氏、仁山金氏、白雲許氏以次相傳." 왕위는 송렴의 문집 서문에서 무주의 지성사에 대해 서술하였다. 자세한 내용은『宋濂全集』권4, 2482를 참조하시오.
3 何基,『何北山遺集』권4, 4a‐10a,「何北山先生行狀」.
4 『全宋文』권356, 76‐77,「祭北山先生文」.
5 『全元文』권34, 331,「節錄何王二先生行實寄史局諸公」.

6 『全元文』 권34, 14, 「代請立北山書院文」.
7 왕백, 『魯齋集:附錄補遺』. 壙志와 柳貫은 김이상이 왕백의 행장을 작성하지 않은 이유에 대해 이렇게 설명하고 있다.
8 『全宋文』 권356, 78 - 79, 「祭魯齋先生文」.
9 『全宋文』 권356, 82 - 83, 「告諡文」.
10 김이상, 『仁山集』 권5, 95 - 103, 「故宋史館編校仁山金公行狀」. 류관은 9년간의 지연에 대한 이유를 설명하지 않았다.
11 김이상, 『仁山集』, 「金先生挽辭」.
12 김이상, 『仁山集』 권5, 84, 「請鄉學祠金仁山先生」.
13 일실됨. 장추는 허겸의 추종자였다.
14 『全元文』 권30, 332 - 337, 「白雲許先生墓誌銘」.
15 『全元文』 권25, 443 - 444, 「祭許益之文」.
16 『全元文』 권34, 16, 「請傳習許益之先生點書公文」.
17 『全元文』 권34, 93, 「讀四書叢說序」.
18 『全元文』 권29, 84, 「吳正傳文集序」.
19 『宋濂全集』 권50, 1157, 「吳先生碑」.
20 주희, 『사서장구집주』, 17 - 18, 「中庸章句序」.
21 Gardner, *Chu Hsi and the Ta Hsueh*; Gardner, *Zhu Xi's Reading of the "Analects"*; Gardner and Zhu Xi, *Four Books*.
22 高云萍, 『宋元北山四先生研究』; 王鋭, 『朱學正傳:北山四先生理學』; 王宇, 『師統與學統的調适: 宋元兩浙朱子學研究』, 324 - 363.
23 왕백이 쓴 하기의 행장에 의하면, 하기, 『何北山遺集』 권4, 9b에 따르면 4a - 10a.
24 『全宋文』 권333, 21 - 23, 「繫辭傳發揮序」. 그의 서문에서는 주희의 견해, 즉 『주역』은 점복을 위한 것이라는 관점을 옳다고 주장하고 있다. 또한, 주희의 주석을 해석하는 자신의 접근 방식에 대해서도 설명하고 있다.
25 왕백은 하기의 저작 목록을 작성하면서, 산문과 기문 등의 어떤 계기에 쓰여진 글들은 아직 모아지지 않았다고 언급하였다. 그러나 훨씬 후대에 활동한 오사도는 30권 분량의 문집이 존재한다고 기록하였다. 『全宋文』 권338, 33, 「節錄何王二先生行實寄史局諸公」.
26 비록 여러 사람들이 하기의 제자였다고 전해지지만, 왕백은 하기가 사들이 자신의 제자가 되는 것을 거부했다고 주장하였다. 다만, 그는 사들과 학문에 대한 대화를 나누는 것에는 응했다고 한다.
27 『全宋文』 권333, 21, 「與門人張潤之書(2)」. "理者. 乃事物恰好處而已. 天地間惟一理. 散在事事物物. 雖各不同. 而就其中各有一恰好虛. 此所謂萬殊一本. 一本萬殊者也. 三聖所谓中. 孔子所謂一貫. 而大學 所謂至善. 亦是此意."

28 『全宋文』권356, 76,「祭北山先生文」.
29 Peterson, "Another Look at Li."
30 『全宋文』권333, 21,「與門人張潤之書(3)」. "自古聖賢, 惟一敬畏之心. 曾子臨終, 露以語人. 則是謹謹畏度一生. 做得如此." 『논어』권8, 3-7을 언급.
31 何基,『何北山遺集』권4, 4b. 행장에서 인용된 모든 구절은 Jaeyoon Song과 함께 번역하였다. "首敎以爲學須先辦得實心地刻苦工夫. 隨事誘掖. 始知伊洛之淵源. 臨別告之以但讀熟四書. 使胸次浹洽. 道理自見. 此先生所以終身服習. 不敢頃刻忘也. 一室危坐. 萬卷橫陳. 存此心于端莊靜一之中. 窮此理於研精覃思之際. 每於聖賢微詞奧義. 疑而未釋者. 必平其心. 易其氣. 舒徐容與. 不忘不助. 待其自然貫通. 未嘗參以己意. 不立異以爲高. 不狥人而少變."
32 何基,『何北山遺集』권4, 7a. "近溫習四書. 覺得義理自足. 意味無窮. 須截斷四邊. 只將本書深探玩繹. 方識其趣. 若將諸家所錄來添看. 意思反覺三緩. 此先生晩年精詣. 不失勉齋臨分之意."
33 왕백은 하기가 주돈이에 대해 언급한 내용을 인용했다. 이 언급은 주돈이를 주희의 사상과 연결시키는 내용을 담고 있다. 또한, 하기의「孟子集註考」에서도 유사한 해석이 제시된다. 이 글에서 그는 장재가 사용한 '虛'라는 개념이 명백히 氣를 가리키는 듯하지만, 실제로는 理를 의미한다고 주장하였다. 何基,『何北山遺集』권1, 3,「孟子集註考」.
34 이 절은 程元敏의 왕백의 생애와 학문에 대한 상세한 연구에 많은 부분을 의존하고 있다. 자세한 내용은『王柏之生平與學術』을 참조하라. 왕백의 문집에는 두 가지 판본이 있다. 20권본인『魯齋王文憲公文集』은『全宋文』편찬에 사용되었다. 이 판본은 더 많은 글을 포함하고 있지만,『魯齋集』(교점본)에 수록된 몇몇 중요한 글이 누락되어 있다.
35 즉, 劉炎, 楊與立, 陳文蔚를 가리킨다.
36 김이상,『仁山集』권3, 54-56. "魯齋先生文集書目後題. 盡去所學而學焉. 黜浮就實. 攻堅研深. 間因述所考. 編以求訂證. 謂之就正編. 迨至端平甲午. 學成德進. 粹然一出于正."
37 왕백,『魯齋王文憲公文集』권12, 8b-9a. "予爲學之初. 志不立. 不得明師良友導其進修之方. 不過求於詩史."
38 왕백,『魯齋王文憲公文集』권12, 8b-9a. "予於是始知聖學之正塗. 入門之次序. 此意未易忘也. 他日就正于搗堂, 船山, 北山三先生之門. 蓋已粗識伊洛淵源之大略矣."
39 왕백,『魯齋集』권6, 117-118,「魯齋記」.
40 『全宋文』권333, 24-25,「魯齋箴」.
41 程元敏,『王柏之生平與學術』, 63.
42 왕백,『魯齋集』권7, 119-122,「上王右司書」. 이 친구는 王伯大이다.
43 왕백,『魯齋集』권7, 122-123,「上呂寺丞」.

44 조여등, 『庸齋集』 권2, 11, "善爲文公之學."
45 왕백, 『魯齋集』 권7, 131, 「答何子恭」.
46 왕백, 『魯齋集』 권6, 117-118, 「魯齋記」. "夫魯之質. 非可以得道也. 而其所以得道者. 政[=正]以氣質雖魯而不安於魯爾. 大抵氣質之偏. 最難變化. 天之生是人也. 莫不與之以仁義禮智之理. 有是四者. 根乎其中. 無有不善. 此所謂天命之性. 惟二五交運. 氣質雜糅. 不免有剛柔淸濁之分. 昏明純駁之異. 則其所稟以生之氣與天命之性存乎其間."
47 왕백, 『魯齋集』 권7, 119-120, 「上王右司書」. "某竊惟吾儒之學. 有體有用. 其體則堯舜禹湯文武周孔孟氏之書. 皆格物致知誠意正心修身之要. 其用則齊家治國平天下之道. 齊家固在我所自盡也. 治國平天下. 蓋有不得已. 起而從之者. 非可自求. 非可苟得. 皆天之所命也."
48 왕백, 『魯齋王文憲公文集』 권4, 15a-b, 「送立齋入京序」.
49 왕백, 『魯齋集』 권9, 171, 「上蔡書院講義」. "同師孔孟. 同尊周程. 同爲國家長育人才之地."
50 Sukhee Lee, "Making Sense of the Master"에서 논의됨.
51 왕백, 『魯齋王文憲公文集』 권17, 10b-12a, 「復陳本齋」. "共推國家之所以遠邁漢唐者. 亦以周子再開萬世道學之傳. 伊洛諸先生義理大明. 盡掩前古. 今上聖德巍煌. 未易形容. 其有關於世道之最大者. 莫如封五子列諸從祀. 崇尙道學. 表章四書. 斥絶王安石父子之祀也."
52 왕백, 『魯齋集』 권5, 77, 「跋道統錄」. "立天道者陰陽也. 立地道者剛柔也. 四時行焉. 百物生焉. 此非天地之道統乎. 聖人以仁義設敎. 爲天地立心. 爲生民立道. 所以繼絶學而開太平. 此則聖人之道統也. 道統之名不見于古. 而起于近世. 故朱子之序中庸. 拳拳乎道統之不傳. 所以憂患天下後世也深."
53 왕백, 『詩疑』 권9, 169-173.
54 『全宋文』, 333.22 「繫辭發揮序」. "盡洗諸儒之曲說. 獨得四聖之本心."
55 왕백, 『魯齋集』 권4, 66-67, 「啟蒙發揮後序」. "沖漠無朕. 而萬象已具. 風氣漸開. 而人文漸明. 非一聖一賢之所能盡發. 故伏羲氏之畫八卦也. 仰觀俯察. 近取遠取. 得河圖而後成. 雖曰闡陰陽變化之妙. 而其用不過敎民決可否之疑而已. 歷唐, 虞, 夏, 商有占而無文. 至文王始繫之以彖. 周公繫之以爻. 吾夫子又從而爲之傳. 更三古四聖人而易之爲書始備. 蓋非一時之所能備也. 文王變後天之卦. 而先天之易幾於亡. 大傳發義理之奧. 而變占之用幾於隱. 後世不能會通而並觀. 於是尙義理者淫於文辭. 尙變占者淪於術數. 而易道始離矣."
56 程元敏은 이 모든 사례를 상세히 논의하였다. 자세한 내용은 『王柏之詩經學』을 참조하라. 왕백의 『詩疑』는 현재 전해지고 있지만, 그 외의 저작들은 실전되었다. 또한, 김이상은 자신의 『仁山集』(권3, 54-56)에서 왕백의 이들 저작을 서목에 포함하지 않았다.

57 1264년, 김이상은 자신의 젊은 시절에 과거 시험에 여러 차례 낙방했었다고 밝혔다. 김이상, 『仁山集』권3, 51.

58 『全元文』권25, 333, 「仁山先生金公行狀」"文憲曰. 立志. 昔先儒胡文定有云. 居敬以持其志. 立志以定其本. 志立乎事物之表. 敬行乎事物之內. 又問讀書之目. 曰自四書始."

59 김이상, 『仁山集』권1, 8 - 9, 「祭北山先生文」(1268). "先生學問得聖賢之正傳…夫自堯舜以至孔, 曾, 思, 孟又千五六百年而後有程朱. 前者曰以是傳之. 後者曰得其傳焉. 不知所傳者. 何事歟. 蓋一理散於事物之間. 俱眞實而非虛. 事事物物. 莫不各有恰好之處. 此所謂萬殊而一本. 一本而萬殊…惟先生纂師言以發揮. 剔衆說之繁蕪. 以爲朱子之言備矣. 學之者惟眞實之心地. 與刻苦之工夫. 能此者."

60 김이상, 『仁山集』권1, 10 - 11, 「祭魯齋先生文」(1274). "考亭之亡. 道散四方. 鼇峰之傳. 北山之陽. 猗歟先生…有的其傳. 立志居敬…及旣聞道. 悉斂豪英. 克已似顔. 弘毅似曾. 攻堅鈞深. 高視旁通. 卽事卽物. 無理不窮. 論定諸經. 決訛放淫. 辨析羣言. 折衷聖人. 究其分殊. 萬變俱融. 會諸理一."

61 柳貫의 행장에 따른 경력은 『仁山集』권4, 65, 「題釣台」를 참조하시오.

62 『全元文』권25, 337. Lee Tsong-han과 Peter Bol이 번역한 행장에 따름.

63 1296년, 김이상의 제자였던 唐良瑞가 쓴 서문에 따르면, 김이상은 당량서의 서원에서 이 저작을 집필하였으나, 편찬 작업의 구성과 정리는 당량서가 담당했다고 한다. 김이상, 『濂洛風雅』.

64 『全元文』권25, 336. "先生夙有經世大志. 而尤肆力于學. 凡天文, 地形, 禮樂, 刑法, 田乘, 兵謀, 陰陽, 律曆. 靡不硏究其微. 以充極於用."

65 김이상, 『大學疏義』, 6. "然致知之方. 則在格物. 不曰先格物. 而曰在格物者. 蓋心之所知者. 卽事物之理. 而事物之理本具於吾心之知. 惟夫不能格事物之理. 則不能充吾心之知耳. 故曰. 致知在格物. 格物卽所以致知. 而非二事也. 物猶事也. 窮至事物之理. 欲其極處無不到也. 所謂窮至事物 之理者. 蓋格物者窮理也. 所謂極處無不到者. 蓋極處者. 至善也. 所謂事物之理者. 蓋事物者. 卽 心, 身, 家, 國, 天下之事物也. 夫大學之規模大矣. 而致知, 格 物也, 正心, 誠意也. 二者爲大學之大關鍵. 蓋誠意, 正心. 身, 家, 國, 天下之本出焉. 致知, 格物. 則心, 身, 家, 國, 天下之理具焉." 김이상이 자신의 언어로 한 상세한 해설은, 趙順孫의 『四書纂疏』와는 대조적이다. 조순손의 주석서는 주희의 문집과 구술 강의에서 인용한 내용만으로, 부주석을 구성하고 있다. 程元敏, 「宋元之際的學者金履祥及其遺著」, 83.

66 김이상, 『大學疏義』, 7. "莫不求其所以然之故. 與其至善之所在. 而不可易者. 此謂格物."

67 『全元文』권30, 333. "白雲許先生墓誌銘. 吾儒之學. 理一而分殊. 不患其不一. 所患者

68 왕백, 『正學編』, 13 - 14: 권1, 16b - 17a. "統體一太極者. 即所謂理一也. 事事物物上. 各有一太極者. 即所謂分殊也. 以易言之. 大傳曰易有太極. 此易之理一也…又以人之一身而言之. 四肢百骸. 疾痛痾癢. 莫不相關. 實一氣感通. 同爲吾之體. 猶理一也. 然目視耳聽. 手持足行. 口言心維. 不可以通用. 待頭目必厚於手足. 衛腹必重於四肢. 足不可加於首. 冠不可同於履. 何者. 分殊故也. 理一易言也. 分殊未易識也. 此致知格物所以爲學者工夫之最先也."

69 김이상, 『尙書表注』, 「序」. "幸而天開斯文. 周、程、張、朱子相望繼作. 雖訓傳未備. 而義理大明. 聖賢之心傳可窺. 帝王之作用易見."

70 김이상, 『尙書表注』 권1, 6a. "堯之授舜曰. 允執其中. 此授之以治天下之則也. 一人之治天下唯在於持此. 無過不及之則以裁天下之事. 使隨事各得而已. 爾舜之授禹也. 而益之以三句. 則又授之執中之法也. 夫用之所以不合乎中. 以理欲雜乎方寸之間. 辨之不精. 爾氣固理之所有. 而易流於欲. 故危. 理攝乎氣之中 而不充則晦. 故微. 理與氣會而爲心. 心則一. 而知覺意念之所從發者異. 人心者知覺之生乎氣. 道心者知覺之生乎理. 先言人心而後言道心者. 蓋道心之所以微亦人心之危有以危之. 爾惟精則審乎二者之間而不雜. 惟一則守其本心之正而不離. 皆有以得其中. 中即道之中也."

71 周春健, 「金履祥與『論孟集注考證』」.

72 김이상, 『論孟集註考證』 권1, 1a. "學之爲言效也. 此張宣公語. 四聲. 取訓於義爲切. 又古文學通作斆. 易傳曰比而效之之謂體. 則效者體倣之謂也. 王文憲曰. 學之爲言效也. 此字義正訓. 人性皆善. 而覺有先後. 此原其所當學. 後覺者必效先覺之所爲. 指學者之方也. 明善復初. 則學之效驗. 第一句訓下三句義. 此看集註凡例也. 效先覺之所爲. 古人爲學 是先從事上學. 所謂先覺之所爲. 是其行事踐履文辭制度. 凡詩書六藝之文. 皆先覺之所爲也. 朱子於或問中論學. 分知能二字. 集註蓋合言之. 覺. 知也. 爲. 能也. 明善. 知也. 復初. 能也. 其間語意並合二意. 而效先覺所爲一句. 尤明備. 夫聖賢先覺之人. 知而能之. 知行合一. 後覺所以效之者. 必自其所爲而效之. 蓋於其言行制作而體認之也."

73 김이상, 『資治通鑑前編』. 김이상의 서문은 1264년에 작성되었으며, 원의 연호를 사용하지 않은 발문은 1280년에 작성되었다. 그러나 김이상은 이 원고를 허겸에게 주었는데, 허겸은 1300년이 되어서야 비로소 김이상의 제자가 되었다. 程元敏, 「宋元之際的學者金履祥及其遺著」, 87 - 89.

74 『全元文』 권25, 339. "司馬文正之作資治通鑑. 取法春秋. 繫年著代. 秘書丞劉恕作外紀. 以記前事. 顧其志 不本扵經. 而信百家之說. 是非既謬於聖人. 不足傳信. 而自帝堯以前. 不經夫子 之所定. 固野而難質. 夫子因魯史以作春秋. 始於魯隱公之元年. 實周平王之四十九年也. 王朝列國之事. 非有玉帛之使. 則魯史不得而書. 聖人筆削亦何由而見. 況左氏所記. 或闕或誣. 凡若此類. 皆不得以辟經爲辭. 乃用邵氏皇極經世曆. 胡氏皇王

大紀之例。損益折衷。一以尚書爲主。下及詩、禮、春秋旁采舊史諸子。表年繫事。復加訓釋。斷自唐堯以下。接扵資治通鑑。勒爲一書。名曰通鑑前編。凡十有八卷。舉要二卷。既成。以授門人許謙曰。二帝三王之盛。其衟言懿行。宜後王所當。戰國申韓之術。其苛法亂政。亦後王所當戒。自周威烈王二十三年以後。司馬公既已論次。而春秋以前。迄無編年之書。則是編。固不可以莫之著也。故先生自題其編。有曰荀悅漢紀。申鑒之書。志在獻替。而遭値建安之季。王仲淹續經之作。疾病而聞江都之變。泫然流涕曰。生民厭亂久矣。天其或者將啓堯舜之運。而吾不與焉。則命也。此先生述作之意。而人不與知之。嗚呼。微哉。"

75 김이상,『資治通鑑前篇』권1, 63b. "夫聖經者。事之衷也。聖心者理之主也。論事而折衷於聖經以求聖人之心焉。是爲得之矣。"

76 김이상,『資治通鑑前篇』권5, 2b. "愚按。君心者天下之本。而相持其助。後世人主忽不知此。既得賢相。自謂逸於任人。則悉以事任委之。而自處于逸謂得人。君用相之體不知。心身不修。事理未徹。一旦失輔。則亂又自此始。齊威公任管仲…唐明皇用姚宋。"

77 김이상,『資治通鑑前篇』권1, 6b. "蓋孟子不在於辯世俗傳訛之迹。而在於發明聖人處變之心。務使學者得聖人之心。以推天理人倫之至。則其事迹之前後、有無。皆不必辯矣。"

78 김이상의 저서에서, 제9장의 상당 부분은 주나라의 초기 쇠퇴에 대한 논의에 할애되어 있다. 제17장의 대부분은 공자의 생애에 초점을 맞추고 있다.

79 김이상,『資治通鑒前編』권3, 21b. "宣王中興而非全治。幽王又大亂。平王東遷而天下無寧世矣。然則語治者必曰三代。何也。履祥應之曰。三代所以盛。以其聖王代作。其道化禮制有以漸磨人心。維持風俗如是其久。與後世不同爾。不謂其暴君亂主之咸無也。夫以漢視三代。光武明章視禹啓、文武、成康、可謂碔砆之與美玉。光武漢法舊防。尚未盡復其紀綱。天下之具可謂疎矣。"

80 김이상,「仁山集」권1, 3. "孰知吾之所悲。又有大於道原者。幸而天運循環。無往不復。聖賢有作。必有復興三代唐虞之治於千載之下者。區區此編之所望也。"

81 김이상,「濂洛風雅」텍스트에 대한 연구는 다음을 참조하시오. 郝維乾,「金履祥『濂洛風雅』研究」; 高云萍,『宋元北山四先生研究』, 146–161. 王鋹은 이 텍스트가 왕백의 이전 작업과 연관이 있음을 지적하였다. 자세한 내용은 王鋹,「北山四先生理學化的文學觀述論」.

82 王鋹,「北山四先生理學化的文學觀述論」.

83 Fuller의 연구는 이를 충분히 입증하고 있다. 특히 *Drifting among Rivers and Lakes*에서 楊萬里에 대한 논의를 참조하라.

84 이와 같은 원칙에 대한 논의는 Bol, "This Culture of Ours," 135–136, 254–255. 왕백의 논의에 대해서는, 왕백,『魯齋王文憲公文集』권12, 8a–b,「題碧霞山人王公文集後」; 王鋹,「北山四先生理學化的文學觀述論」에서 논의됨.

85 王鋌, 「北山四先生理學化的文學觀述論」.
86 왕백, 『魯齋王文憲公文集』 권12, 8a-b. 「題碧霞山人王公文集後. 文以氣爲主. 古有是言也. 文以理爲主. 近世儒者常言之.」: "夫道者. 形而上者也. 氣者. 形而下者也. 形而上者不可見. 必有形而下者爲之體焉. 故氣亦道也. 如是之文. 始有正氣."
87 그의 묘지명에서 논의됨. 『全元文』, 30,333-34. 또한 허겸이 宋經歷과 劉約齋에게 쓴 서간을 참고하시오. 『全元文』, 25,6, 14.
88 『全元文』 권25, 64-68.
89 『全元文』 권25, 14, 「上宋經歷書」; 권25, 16, 「上李照磨書」.
90 『全元文』 권25, 32, 「送李中川序」.
91 『全元文』 권25, 32, 「送李中川序」.
92 『全元文』 권25, 32-35, 「送尉彦明赴開化教諭序」; 「送許克勤赴新昌教序」.
93 『全元文』 권25, 33, 「送李中川序」.
94 『全元文』 권25, 42-44, 「學校論」. "故學校者. 爲治之原也. 聖人百世之師. 事不師古. 而徒曰. 我善爲治. 而不本於學校. 不法於三代. 吾未見其可也."
95 과거제도 복구에 대한 논쟁에 대한 중요 연구는 姚大力, 「元朝科擧制度的行廢及其社會背景」.
96 『元史』의 열전에 따르면, 1314년 또는 1315년에 그는 八華山으로 갔고, 학생들이 찾아왔다고 한다. 이곳은 후에 八華書院이 되었으며, 청대에 다시 세워진 서원은 동양의 산 정상에 있다. 그의 묘지명에는 단지 그가 그곳에서 2년간 은거한 후 집으로 돌아갔고, 그때 많은 학생들이 그를 찾아왔다는 내용만 기록되어 있다(『全元文』, 권30, 333 참조). 그는 때때로 무주를 넘어 여행하기도 했는데, 예를 들어 1313년에는 남경으로 가서 강연을 하기도 했다(『全元文』 권25, 24-25, 1315년에 작성된 「與趙伯器書」 참조).
97 『全元文』 권25, 25, 「與趙伯器書」(1315년도 작성). "道固無所不在. 聖人脩之以爲敎. 故後欲聞道者. 必求諸經. 然經非道也. 而道以經存. 傳注非經也. 而經以傳顯. 由傳注以求經. 由經以知道. 蘊而爲德行. 發之爲文章. 事業. 皆不倍乎聖人. 則所謂行道也. 傳注固不能盡聖經之意. 而自得者. 亦在熟讀精思之後爾. 今一切目訓詁傳註爲腐談. 五代以前. 姑置勿論. 則程, 張, 朱子之書皆贅語爾."
98 묘지명에 따르면, 그는 『춘추』 삼전에 대한 주석 작업을 끝내지 못했으며, 또한 『서경』을 읽으며 남긴 필기들도 미완성으로 남겨 두었다고 한다(『全元文』 권30, 335-336 참조).
99 허겸은 호의적인 관리를 설득하여 그의 관청에서 이를 인쇄하도록 했다. 『全元文』 권25, 37; 허겸, 『讀四書叢說』 참조.
100 허겸의 방법론은 廖雲仙, 「元代『四書』學的繼承與開創-以元儒許謙爲例」에 자세히 설명되어 있다.; 周春健, 「許謙與『讀四書說』」.
101 廖雲仙, 「元代『四書』學的繼承與開創-以元儒許謙爲例」, 70.

102 한문 원문은, 『全元文』 권25, 50-52.
103 소옹의 체계에 대해서는, Bol, "On Shao Yong's Method."
104 허겸, 『讀四書叢說』, 「대학」, 11b-12a.
105 Lackner, "Diagrams as an Architecture."
106 왕백, 『硏幾圖』, 1. 부분적으로만 현존한다. 이는 Lackner, "Diagrams as an Architecture"에서 논의되었으며, 해당 논문에서는 왕백이 원문보다 주희의 주석을 따랐음을 지적하고 있다.
107 허겸, 『讀四書叢說』, 2b. "凡言往來開闔. 只是說氣. 然必有理爲之主. 氣譬如舟. 所以乘載. 理譬如拖. 所以運舟者也. 此所謂神. 即理之妙者也. 大抵說陰陽五行只是說氣. 而理自然在氣中."
108 허겸, 『讀四書叢說』, 9a. "凡言道有二意. 天理氣化. 運行不息者. 謂之道. 人由義理而行. 亦謂之道. 聖人贊易. 多言天之道. 餘經中所言. 皆是言人所行之道也. 此大學之道. 又非二者之謂. 却是言大學中教人脩爲之方爾. 如君子深造之以道之道. 凡言德亦有二意. 得天理而存於心者. 德也. 行道得於心. 亦德也. 此明明德字就得處言. 則是上一意. 及加明之之功. 而有得於已. 然後有下一意."
109 허겸, 『讀四書叢說』, 10b. "聖賢之意. 蓋以一物之格便是吾心知於此一理爲至. 及應此事便當."
110 『全元文』 권30, 333, 「白雲許先生墓誌銘」. "吾儒之學. 理一而分殊. 不患其不一. 所難者分殊耳."
111 『吳試道集』 권11, 212.
112 王懋竑, 『朱子年譜』, 1158년 기록.
113 『全元文』 권25, 18.
114 『全元文』 권38, 594. "元有文章政事之士. 曰禮部郎中吳君." "心志益廣. 名譽日聞." 다른 지역 출신의 조정 관리인 杜本은 묘지명을 지었으며, 그 서문에서 사선생의 이야기를 언급하며 시작했다. 그는 허겸과 유관이 사망한 이후 자신만이 유일하게 남았다고 밝혔다. 『吳試道集』, 495.

5장

1 관리들에 대해서는, 王懋德, 『金華府志』(1578) 권11, 16a-17b. 사원의 보수 작업 내용은 서까래에 새겨져 있다. 김이상의 저작의 인쇄에 대해서는, 『金華府志』 권11, 19b.
2 『논어』 권11, 3.
3 『全元文』 권17, 457-459: 陸文圭, "問孔子四科. 孔門之教人. 一人各專一科. 而今日之

取人。一人欲兼四科。"

4 『全元文』권29, 219 - 20, 「國學蒙古色目人策問」.
5 『全元文』권30, 410 - 11, 「故處士金華王君墓誌銘」.
6 周宗智, 『重修金華府志』(1480), 이들 사례들 중, 周祖仁에 대해서는 권6, 13b. 그리고 吳塤에 대해서는 14a.
7 周宗智, 『重修金華府志』(1480) 권10, 3b - 4b; 송렴, 「浦陽人物記」, 2271; 『柳貫詩文集』, 329 - 333; 『全元文』권30, 236 - 239, 황진이 쓴 「銀青榮祿大夫大司徒陳公神道碑」.
8 周宗智, 『重修金華府志』(1480) 권6, 12b; 송렴, 「浦陽人物記」, 2246.
9 정씨 의문에 대해서는 Dardess, "Cheng Communal Family," 15 - 17, 41 - 42.
10 「江南第一家"之鄭義門 : 孝義傳家九百年」참조. 정씨 가문에 관해서는 방대한 문헌이 존재한다. 檀上寬, 「義門鄭氏と元末の社會」와 『鄭氏規範』の世界 - 明朝權力と富民層』; Dardess, "Cheng Communal Family"; Langlois, "Authority in Family Legislation"; 毛策, 『孝義傳家:浦江鄭氏家族研究』; 漆俠, 「宋元時期浦陽鄭氏家族之研究」등이 있다.
11 周宗智, 『重修金華府志』(1480) 권9, 6a, 11.8b.
12 Cheng-t'ung Wei, "Chu Hsi on the Standard and the Expedient."
13 송렴, 「浦陽人物記」, 2241 - 2244, 「忠義篇」.
14 『全元文』권30, 111 - 114, 「張子長墓表」.
15 송나라의 애국주의에 대한 권위 있는 연구는 Jay, *Change in Dynasties*이다. 또한 관직을 맡지 않고 가르치는 것에 대해서는 Yan-shuan Lao, "Southern Chinese Scholars," 110 - 112를 참조할 수 있다.
16 王懋德, 『金華府志』(1578) 권18, 22a - 24b의 목록을 따랐다.
17 『全元文』권30, 335.
18 『全元文』권30, 106, 황진이 작성한 孫潼發의 전기.
19 『宋濂全集』권1, 396, 胡長孺의 전기.
20 Jay, *Change in Dynasties*, 157 - 167.
21 慈波, 『黃溍評傳』의 훌륭한 전기적 연구를 참조하시오.
22 『全元文』권30, 111 - 114.
23 『全元文』권48, 455, 危素, 「元故徵君杜公伯原父墓碑」. "公能以萬事合爲一理. 以千載合爲一日. 以天下合爲一心. 以四海合爲一家. 如是則可言制禮作樂. 而躋三 五之盛矣."
24 陳雯怡, 「大隱隱於士?『元史-隱逸傳』中的元代隱逸」. 申萬里는 과거에 응시하거나 관직에 나아가기를 거부한 인물 103명을 기록했으며, 이들 중 오직 26명만이 송의 과거 급제자이거나 국자감 출신이었다. 자세한 내용은 申萬里, 『理想、尊嚴與生存抻札: 元代江南士人與社會綜合研究』제4장을 참조할 수 있다.
25 『宋濂全集』, "元隱君子東陽陳公先生鹿皮子墓誌銘. 婺之東陽有隱君子。戴華陽巾。裁

鹿皮 爲衣。種藥銀谷澗中。當春陽正殷。翫落紅於飛花亭上。亭下有流泉。花飛墜泉中。與其相迴旋。良久而去。君子樂之。日往觀弗厭。既而入太霞洞著書。其書縱橫辨博。孟軻氏而下。皆未免於論議。元統間。濂嘗候君子洞中。君子步屨出。速坐之海紅花底。戒侍史治酒漿䵼醯。親執斝獻酬。歌古詞以爲歡。酒已。君子慨然曰。秦漢而下。説經而善者不傳。傳者多不得其宗。淳熙以來羣儒之説。尤與洙泗。伊洛不類。余悉屏去傳 注。獨取遺經。精思至四十春秋。一旦神會心融。灼見聖賢之大旨。譬猶明月之珠。失之二千年。上自王公。下至氓隷。無不侵侵。日索之終不可致。牧豎乃獲於大澤之濱。豈可以人賤而并珠弗貴乎。吾今持此以解六經。決然自謂。當斷來説於吾後云.」

26　Twitchett and Fairbank, *Alien Regimes and Border States*, 343 – 344.
27　許守泯,「蒙元統治下士人的頓挫與轉折-以婺州爲中心」, 22 – 25. 王明蓀은 관직을 얻은 한족에 대한 엄격한 승진 규정이 그들을 지방 관직에 머무르게 했다고 지적했다(『元代的士人與政治』, 제3장 참조). CBDB 데이터셋(2018년 8월 31일 기준)에 따르면, 원대 무주에서 활동한 인물은 총 944명으로 기록되어 있으며, 이들 중 212명이 관직을 보유했으며(총 590개의 직위에 해당), 이 중 93명이 총 159건의 교육직을 맡았다. 비록 이 수치가 許守泯이 기록한 것보다 많지만, 비율은 유사하다. CBDB 데이터베이스는 전기 기록에서 발견되는 추가 관직 정보가 입력됨에 따라 더 많은 수치로 증가할 것이다. 송의 기록에는 진사 학위를 취득한 모든 인물이 포함되어 있으며, 이들 중 다수는 관직 수행 기록이 없다.
28　이들은 陳萍과 그의 조카, 그리고 李裕와 蔣吉相이다. 許守泯,「蒙元統治下士人的頓挫與轉折-以婺州爲中心」, 27 – 28.
29　『全元文』권30, 236 – 39: 황진,「銀青榮祿大夫大司徒陳公神道碑」 그 가족 이야기는 그의 형수의 행장에도 등장한다. 왕위의『王仲文集』권18, 29,「江夫人行述」에 실려 있으며, 이 기록에서는 陳萍의 몽골 이름을 年札克策[=東]刺, 아이무거(Aimuge)의 이름을 阿爾孟格로 표기하고 있다.
30　『宋濂全集』권69, 1651 – 1654,「故紹興路總管府治中金府君墓碣」.
31　『宋濂全集』권51, 1200 – 1205,「元故朝列大夫…趙侯神道碑銘」.
32　『全元文』권30, 308 – 309; 황진,「道一書院山長戚君墓誌銘」.
33　許守泯,「蒙元統治下士人的頓挫與轉折-以婺州爲中心」, 66 – 67.
34　『宋濂全集』권61, 1435 – 1440,「故朝列大夫浙江行省左右司都事蘇公墓志銘」. 강서 출신의 신유학자 吳澄과 다른 학자들은 유학자들도 서리로 일할 수 있다고 동의했다. 이에 대한 자세한 내용은 王明蓀,『元代的士人與政治』제3장을 참조할 수 있다.
35　許守泯,「蒙元統治下士人的頓挫與轉折-以婺州爲中心」, 29 – 32.
36　『全元文』권29, 396 – 397: 황진,「重修月泉書院記」.
37　『全元文』권34, 331,「節錄何王二先生行實寄史局諸公」 34.14「代請立北山書院文」.
38　『全元文』권30, 386 – 388: 황진,「葉審言墓誌銘」. 또 다른 예는 예부상서에까지 오른 干

文傳이다.

39 별도의 언급이 없는 한, 이 문단은 陳雯怡의 「元代書院與士人文化」에 실린 원대 서원에 대한 학계 연구를 비판적으로 종합하고 광범위한 독창적 연구를 요약한 것이다. 또한 Walton, "Family Fortunes"도 참고할 수 있다. 陳雯怡는 서원이 송나라 유민(遺民)들과 특별히 연관되어 있다는 Lao의 견해를 반박하였다(Lao, "Southern Chinese Scholars" 참조). 유호 제도에 관해서는 蕭啟慶, 「元代的儒戶 : 儒士地位演進史上的一章」을 참고할 수 있다.

40 戴良, 「九靈山房集」 권10, 6, 「丹溪翁傳」.

41 吳直方에 대해서는 許守泯, 「蒙元統治下士人的頓挫與轉折－以婺州爲中心」, 45-50을 참조할 수 있다. 『宋濂全集』 권76, 1844-1850, 「元故集賢大學士榮祿大夫致仕吳公行狀」에서도 그의 행적을 확인할 수 있다. 鄭深에 대해서는 『宋濂全集』 권62, 1464-1469, 「故江東僉憲鄭君墓志銘」을 참고할 수 있다. 후원을 구하기 위해 수도로 가는 일은 동남 지역 사들 사이에서 흔한 일이었다. 이에 대한 논의는 申萬里, 『理想, 尊嚴與生存挣扎: 元代江南士人與社會綜合研究』의 제2장에서 확인할 수 있다. 남송 시대에 대해서는 Walton, "Charitable Estates"를 참조할 수 있다.

42 『全元文』 권31, 501에 수록된 「胡氏族譜序」(1346년 작성)에서는 많은 부유한 가문들이 의전을 설립했지만 이를 유지하는 데 어려움을 겪었다고 언급하고 있다. 황진은 무주 지역의 의전과 관련하여 단 한 편의 기문만을 남겼는데, 이는 『全元文』 권29, 254에 수록된 「傅氏義田記」에서 확인할 수 있다. 그러나 황진은 다른 지역의 의전에 대해서도 여러 편의 기록을 남겼으므로, 기록이 전적으로 결여된 것은 아니다. 더 자세한 논의는 申萬里, 『理想, 尊嚴與生存挣扎:元代江南士人與社會綜合研究』 제10장을 참조할 수 있다.

43 예를 들어, 王恩注·黨金衡, 『東陽縣志』 권25, 27a에 수록된 「王氏義學」을 통해 의학에 대해 언급하고 있다. 또한 胡助의 기문에서는 의학의 목적이 학교와 친족 모두를 지원하는 데 있다고 밝히고 있지만, 이 비문은 그의 문집에는 포함되어 있지 않다. 橫城義塾의 역사는 이러한 의학을 유지하는 데 따른 어려움을 보여 주는 사례일 수 있다. 횡성의숙은 1260년에 설립되었으며, 초기에는 매우 성공하여 685명의 학생을 기록하였다. 그러나 시간이 지나면서 쇠퇴하였고, 1284년에 城南精舍로 재건되었으나 결국 사라졌다. 이후 1341년에 3칸짜리 건물이 다시 세워졌다. 『全元文』 권29, 314: 황진, 「遠懷亭記」.

44 CBDB는 八華書院, 蒙山書院, 說齋精舍, 正學書院, 北山書院, 齋芳書院, 東明書院, 五雲書院의 목록을 나열하고 있다.

45 Dardess, "Confucianism, Local Reform," 333-336. 余闕의 자료는 『全元文』 권49, 160-162, 「憲使董公均役記」를 참조.

46 王禕, 『王忠文集』 권9, 41b-44b, 「婺州路均役記」.

47 『全元文』 권60, 201-202, 「上憲司委林縣丞書」.

48 王懋德,『金華府志』권5, 9a‐13b. 1290년, 주 전체의 인구 총계는 21만 6,228명이었으나, 각 현별 인구를 합산한 수치는 19만 8,211명으로 나타난다.
49 余闕은 2만 6,424경 49무를 기록하고 있으며, 이는 총 264만 2,449무에 해당한다. 이를 환산하면 약 40만 에이커로, 1472년 기준 사용 가능한 총 111만 3,765에이커(약 45만 374헥타르) 중 일부에 해당한다. 토지 유형별 총계에 대한 보다 자세한 정보는 주종지,『重修金華府志』권3, 21a‐31a를 참조.
50 『全元文』권31, 546,「達嚕噶齊額琳沁儒林公去思碑銘」; 왕위,『王忠文集』권16, 11a‐14b,「義烏縣去思碑」.
51 徐永明,『元代浙江集部考略』初稿.
52 孫克寬,『元代金華學術』.
53 Langlois, "Chin‐hua Confucianism."
54 이후의 회차들도 순위에 영향을 미쳤지만, 과거 시험의 합격 여부는 첫 번째 회차에서 결정되었다. 두 번째 회차에서는 부(賦) 한 편과 세 가지 공식 문서 형식을 시험했으며, 마지막 회차에서는 시사에 관한 정책 문제를 출제했다. 원대 과거 시험의 내용에 대한 심도 있는 논의는 侯美珍,「元代科舉三場考試偏重之探論」을 참고할 수 있다. 또한,『예기』에 대해서만 '古注'를 허용했다는 점도 주목할 만하다.
55 우리가 무주 사들에 대해 알고 있는 대부분의 정보는 소수 인물들의 문집, 그들이 남긴 수많은 전기, 그리고 그들의 경력과 인맥에 대한 연구를 통해 전해진다. 예를 들어, 許守泯,『蒙元統治下士人的頓挫與轉折‐以婺州爲中心』; 徐永明,『元代至明初婺州作家群研究』를 참고할 수 있다. 또한, 필자는 원대 사들 사이의 도학과 문학적 참여 간의 분열에 대해 Bol, "Examinations and Orthodoxies," 46‐57에서 논의한 바 있다.
56 『全元文』권30, 400‐402: 황진,「戚君墓誌銘」.
57 『宋濂全集』권67, 1591,「東陽貞節處士蔣府君墓銘」.
58 『宋濂全集』권63, 1474,「唐思誠墓銘」.
59 『宋濂全集』,「義烏王府君墓志銘」.
60 『全元文』권30, 386‐388: 황진,「葉審言墓誌銘」.
61 『全元文』권30, 408‐410: 황진,「承務郎松江府判官致仕王公墓誌銘」. 왕위에게 의뢰한 개정된 묘지명에서 황진이 썼던 왕회의 재상직을 찬양하는 부분이 삭제되었다. 이는 왕회가 주희의 적대자였다는 사실이 다시 상기되었기 때문으로 보인다(왕위,『王忠文集』권23, 29b‐31a 참조). 가문의 또 다른 일원인 王琨은 학문에 별다른 관심을 두지 않았지만, 원초 무주의 사들과 교류하며 주요 학자들과 알고 지냈다. 그는 금화를 지나가는 고위 관리들과의 인맥을 중요하게 여겼는데, 송의 재상 가문이라는 혈통이 이들에게 매력적으로 작용했다(『全元文』권30, 408‐410 참조).
62 『全元文』권60, 204,「與郭陶夫書」. "今有號爲詞章之學者。輒以性理一家目之爲拘儒。

其意謂性理云者.涉於高遠迂闊而不切於實用.從而詆毀訕笑之.可見其不知量矣.彼蓋不識皆是實理.皆是實事.二帝三王之所以爲君.舜禹.皐陶.稷契.伊傅.周召之所以爲臣.孔孟之所以爲教.顏曾之所以爲學.皆自此出.實一心之主宰.萬化之本原.亘萬世而長存者也.凡讀書者之所必當窮究者也.外此則爲棄本逐末.而非所以爲學矣.且所謂性理詞章.其本曷嘗有二哉.自其純粹而蘊於中者.則爲德性.自其英華而發於外者.則爲文章.有諸中必形諸外者也.故有德者必有言.順理者必成文.且性理之士.豈無文章之著乎外哉.又豈絶詞章而不爲之哉.但不泥於締章繪句之末.而爲華藻無用之文耳.觀乎周程張朱諸子之作.其立言垂訓.昭如日星.可爲法於天下.傳之後世.豈謂學道君子而無文章哉.豈如剽竊陳編.埋頭蠹簡.以苟歲月.弄筆札.閱隊伍.摛章摘句.學爲舉子文.而時出之.一擬一賦.遽以自足.忤經旨.礙文理.有所不顧.而自號爲詞章之學.此又詞章之學之罪人.吾儒之殘賊者也.而可謂之文章之士哉.且文者.貫道之器也.凡作文.必以理爲主而以詞發之.未有不明乎理而能文者也.亦未有外乎理而可謂之文也.方今設科取士.舉人以德行爲首.試藝以經術爲先.詞章次之.其學必以程朱氏爲主.彼程朱二子者.豈非性理之宗師.道學之淵源乎.今號爲詞章而力詆乎性理.則其所作.皆無理之文也.安有無理之文而可謂之文哉."

63 Lynn, "Traditional Chinese Poetry Societies."
64 『全元文』권25, 372‐373; 유관,「方先生墓碣銘」.
65 유관의 경력에 대해서는 그의 묘표 기록을 따랐다.『全元文』권30, 107‐111; 황진,「翰林待制柳公墓表」그 외에도 龔開, 仇遠, 牟應龍, 胡長孺와 같은 인물들과의 교류가 있었다.
66 Jay, Change in Dynasties, 196‐231에 따르면, 周密은 송 멸망 시 黃氏의 고향인 의오현에서 지현으로 재직했다. 황씨의 경력에 대해서는 徐永明,『元代至明初婺州作家群研究』, 197‐266에 수록된 연대기식 전기를 따르고 있다. 항주에서는 龔開, 仇遠, 白珽, 劉濩 등과도 교류하며 인연을 맺었다.
67 『全元文』권30, 110; 황진,「翰林待制柳公墓表」"讀書博聞強記.自經史百至於國家之典章故實.兵刑律歷.數術方技.異教外書.靡所不通.故其文涵肆演迤.舂容紆餘.才完而氣充.事詳而詞蔚.蔚然成一家言.老不廢詩.視少作尤古硬奇逸.而意味淵永.後學之士爭傳誦之.工篆籀楷法.善鑒定古彝罍書畵而別其眞贋." Chen Wenyi(陳雯怡)의 번역에 근거하였다.
68 『宋濂全集』권76, 1854‐1855,「故翰林侍講學士中奉大夫知制誥同修國史同知經筵事金華先生黃公行狀」"先生之學.博極天下之書而約於至精.有問經史疑難.古今因革.與夫制度名物之屬.旁引曲證.語蟬聯不能休.至於剖析異同.讞決是非.多先儒之所未發.見諸論著.一本乎六藝.而以羽翼聖道爲先務.然其爲體.布置謹嚴.援據精切.俯仰雍容.不大聲色.譬之澄湖不波.一碧萬頃.魚鱉蛟龍.潛伏而不動.淵然之色.自不可犯.中統.至元以來.如先生者.二三人而已.故凡國家典册詔令.及勛賢當得銘者.必命先生

為之。海內之士與浮屠、老子之流。以文爲請者。日盈於庭。力麾之而弗去。一篇之出。家誦人傳。雖絕徼殊邦。亦皆知所寶愛。雅善真草書。人有得其片幅者。必藏之以爲榮。世之評議者。謂先生爲人高介類陳履常=陳師道。文辭溫醇類歐陽永叔。筆札俊逸類薛嗣通=薛稷。識與不識僉無間言。嗚呼。先生生當六合混一之時。鐘河岳英靈之氣。積之既厚。所用亦弘。仁皇肇開科舉之初。即以儒學自奮。歷仕五朝。晚乃入侍今天子。掌述帝制。勸講經帷。嶷然獨任斯文之重。天下學士。咸所師法。遂使有元之文章。炳耀鏗鏘。直與漢唐侔盛。先生之功固不細矣。"

69　申萬里, 『理想, 尊嚴與生存挣札:元代江南士人與社會綜合研究』, 제6장.
70　Wenyi Chen, "Networks, Communities, and Identities."
71　吳萊의 학문적 경력에 대해서는 孫克寬, 『元代金華學術』, 75 - 108을 참조할 수 있다.
72　鄭茜, 「吳萊交游考」.
73　『宋濂全集』권48, 1052 - 1056.
74　『全元文』권31, 537 - 540, 「純白先生自傳」.
75　그의 경력에 대해서는 徐永明, 『元代至明初婺州作家群研究』, 267 - 302에 수록된 연대기식 전기를 따랐다.
76　『全元文』권31, 539. "觀其文可以知其人。或譏先生好文辭而懶著書。先生聞之。曰。道六經而文不六經者有之。未有文六經而道不六經者也。道其體也。文其用也。體用一原。所以明乎道者也。斯道也。自堯、舜、禹、湯、文、武、周公、孔子、顏、孟既沒而不得其傳。至宋濂洛諸大儒起。唱鳴道學。以續其傳。南遊朱、張、呂三先生繼起私淑。其徒相與講貫。斯道復明。而朱子晚年又集諸儒之大成。然後聖人之道昭揭日星。諸子百家之言。折中歸一。如水赴海。學者惟當服行而已。若夫近世著書之士。徒剽竊古人糠粃。或執已見。穿鑿其說。是書之蠹也。何補斯道耶。"
77　황진의 도학 인식에 대해서 더 많은 참고 자료로는, 『全元文』권29, 51 - 52, 「送高節書院劉山長序」; 慈波, 『黃溍評傳』권91 - 103.
78　『全元文』권55, 611, 「祭許益之文」; 권30, 107 - 111, 「翰林待制柳公墓表」.
79　『全元文』권44, 70 - 72, 「石塘先生胡氏文抄後序」.
80　『全元文』권55, 765 - 771, 「擬元史儒林傳」.
81　송렴, 『元史』권189, 4313. "前代史傳。皆以儒學之士分而爲二。以經藝顯門者爲儒林。以文章名家者爲文苑。然儒之爲學一也。六經者斯道之所在。而文則所以載夫道者也。故經非文則無以發明其旨趣。而文不本於六藝。又烏足謂之文哉。由是而言。經藝文章。不可分而爲二也明矣。" 그럼에도 불구하고, 유림전들은 유학 쪽에 편향되어 있으며, 무주 출신으로는 김이상, 허겸, 호장유와 그 후손들, 대표원, 오사도 등이 포함되어 있다. 문학과 경학을 겸비한 유명 인물들인 우집, 게혜사, 황진 등은 유관과 오래와 함께 별도의 분류 없이 전기의 미분류 장(181)에 실려 있다. 이러한 경우는 일반적으로 이들이 문학과 학문 외

82 『全元文』권55, 216‐217, 「開科舉詔」. "以起懷才抱道之士。務在經明行修。博古通今。文質得中。名實相稱。"; "但求詞章之學。而未求六藝之全。"

83 陳建華, 「中國江浙地區十四至十七世紀社會意識與文學」, 115‐129.

84 Langlois, "Chin‐hua Confucianism," 151‐171.

85 이들 둘의 관계에 대해서는, 徐永明, 「宋濂與王禕的友誼與其兩人在思想性格上的差異」.

86 북송 사들이 이러한 연결된 층위에 어떻게 접근했는지에 대한 논의는 Bol의 "When Antiquity Matters"를 참조하시오. 송렴의 예시로는 『宋濂全集』권78, 1877‐1879), 「六經論」; 권79, 95‐97, 「諸子辯」; 권3, 75‐76, 「華川書舍記」(왕위를 위해 작성됨).

87 송대 지성사와 도학 개념에 대해서는 『宋濂全集』권94, 2211, 「凝道記段干微第一」; 권30, 637‐638, 「理學纂言序」를 참조하시오. 왕위의 견해에 대해서는 『全元文』권55, 398, 「知學齋記」; 권55, 50‐51, 「六經論」; 권55, 51‐53, 「四子論」을 참고할 수 있다.

88 『宋濂全集』권78, 1880‐1881, 「七儒解」. "備陰陽之和而不知其純焉。涵鬼神之秘而不知其深焉。達萬物之理而不知其遠焉。言足以爲世法。行足以爲世表。而人莫得而名焉。夫是之謂道德之儒…道德之儒。孔子是也。千萬世之所宗也。我所願則學孔子也。其道則仁、義、禮、智、信也。其倫則父子、君臣、夫婦、長幼、朋友也。其事易知。且易行也。能行之。則身可修也。家可齊也。國可治也。天下可平也。我所願則學孔子也。"

89 『宋濂全集』권78, 1877‐1879, 「六經論」.

90 三浦秀一, 『中國心學の稜線: 元朝の知識人と儒道佛三教』, 350‐362. 송렴의 사상, 불교와 도교와의 관계, 그리고 이전 연구에 대한 논의를 위해서는, 徐永明, 「文臣之首:宋濂傳」, 287‐316.

91 황진의 불교와의 깊은 교류, 특히 은퇴 후의 활동에 대해서는 慈博, 「黃溍評傳」, 113‐133을 참조하라. 송렴의 불교 및 도교 관련 저작에 대한 논의는 徐永明, 「文臣之首:宋濂傳」, 292‐304에서 다루고 있다.

92 『宋濂全集』권78, 1877‐1879, 「六經論」. "六經皆心學也。心中之理無不具。故六經之言無不該。" 이는 陸九淵이 주장한 '心卽理'와는 다른 관점이다. 육구연은 마음 자체가 곧 리라고 보았으며, 이는 마음이 작용하는 과정 속에서 리를 실현한다고 해석된다.

93 『宋濂全集』권23, 470, 「白雲稿序」. "文所以載道也。輪轅飾而人弗庸。徒飾也。況虛車乎? 是則文者非道不立。非道不充。非道不行。由其心與道一。道與天一。故出言無非經也。"

94 『宋濂全集』권81, 1961, 「文說」.

95 『宋濂全集』권83, 2002‐2005, 「文原」. 송렴의 기(氣) 수련과 내단(內丹)에 대한 사상을 탐구하기 위해서는 三浦秀一, 『中國心學の稜線: 元朝の知識人と儒道佛三教』, 371‐394.

96 『宋濂全集』권83, 2002‐2003, 「文原」.

97 『宋濂全集』권3, 75–76, 「華川書舍記」. "完經翼傳. 而文益明爾."
98 『宋濂全集』권32, 704–705, 「金華先生黃文獻公文集序」. "以文字爲職業者殆三十年". "文辭各載夫學術者."
99 『宋濂全集』권32, 704–705. 또한 『宋濂全集』권22, 447–449, 「刻源集序」에서 상세히 다루고 있다. "公卿大夫視 應用爲急. 俳諧以爲體. 偶儷以爲奇. 然自負其名高. 稍上之則穿鑿經義. 桔聲律. 孳孳爲嘩世取寵之具. 又稍上之. 剽掠前修語錄. 佐以方言. 累十百而弗休. 且日我將以明道. 奚文之爲. 又稍上之. 騁宏博則精粗雜糅而略繩墨. 慕古奧則刪去語助之辭而不可以句."
100 『全元文』권55, 692–697, 「文訓」. 「全元文』권55, 283–284, 「楊季子詩集序」와 비교. "聖賢傳心之帝. 王經世之具", "六經之文爲我之文."
101 『全元文』권55, 711–712, 「文原」.
102 『全元文』권55, 350–351, 「六經論」. "六經聖人之用也. 聖人之爲道不徒有諸己而已." "六經者聖人致治之要術. 經世之大法. 措諸實用. 爲國家天下者所不可一日以或廢也."
103 『全元文』권55, 384–387, 「原儒」, 「原士」; 권55, 446, 「說學齋記」; 권55, 398, 「知學齋記」.
104 『全元文』권55, 284–385, 「朱元會文集序」.
105 『全元文』권55, 656, 「汪元明哀辭」. "時子ㆍ方銳於爲文元明輒語之日以子之才當有所就然涵養之功未至文不可以徒爲子竊心服其言而不能從也."
106 『全元文』권55, 384–387, 「原儒」, 「原士」. "心之官則思…此天之所與我者."; 권55, 446, 「說學齋記」; 권55, 398, 「知學齋記」(『맹자』 6A15). 송렴은 또한 "敬에 거한다"는 구절을 언급하지 않는다. 『全元文』권55, 698–699, 「巵辭」에서 왕위가 본능적인 행동보다는 많은 텍스트에서 핵심 요소로서 '思'를 논의한 내용을 참조하라.
107 예외는 왕위의 글 「四子論」이다. 『全元文』권55, 351–353. 이 글에서 그는 '四子'의 책들—실제로는 四書—이 육경에 부합하며, 두 경전 모두 동일한 '一理'라는 통일된 일관성을 공유한다고 주장한다. 그러나 이 글은 경전이 왜 사서(그가 이 용어를 사용하지는 않지만)를 불필요하게 만드는지를 설명하는 것으로도 해석될 수 있다.
108 예를 들어, 왕위, 『全元文』권55, 285–287, 「練伯上詩序」.
109 『宋濂全集』권23, 470, 「白雲稿序」. 그러나 송렴은 劉勰의 각 문학 장르가 경전 중 하나에서 기원하며 결국 그 경전의 연속이라는 이론을 거부한다.

6장

1 호칙의 신격화에 대해서는, 朱海濱, 「近世浙江的胡則信仰」을 참고하였다. 추가로 胡國鈞, 「胡公大帝信仰與方巖廟會」; Cooper, *Market and Temple Fairs*, 8장; 陸敏珍, 「胡則

傳：歷史、傳說與敘述者』를 참고할 수 있다.
2　모택동의 언급에 대해서는, 예를 들어, 倪洋軍, 「將"爲官一任, 造福一方"根植於心」을 참
　　조하시오.
3　이 지역 胡씨 마을들의 최신 족보는 2000년에 간행된 『庫川胡氏宗譜』이다. 나의 지식
　　으로는, 원대에는 외부 인사의 서문을 받지 못했다. 가장 이른 시기의 외부 인사 서문은
　　1505년 永康 출신 진사 俞敬에 의해 작성되었다.
4　Hymes, *Statesmen and Gentlemen*; Hymes, "Marriage, Descent Groups."
5　이에 대한 가장 이른 근대적 연구는, 何炳松, 『浙東學派溯源』.
6　王宇, 『道行天地：南宋浙東學派論』.
7　董平, 「南宋婺學之演變及其至明初的傳承」. 여조겸의 중요한 역할은 徐儒宗, 『婺學之宗：
　　呂祖謙傳』, 「婺學的地方特色」에서도 강조되었다. 최근에 徐儒宗은 남송의 范浚이야말로
　　吳學의 창시자이며, 따라서 浙學의 시조라고 주장하였다「婺學之開宗，浙學之托始"].
8　『宋濂全集』 권86, 2035, 「思媺人辭」; 『全元文』 권55, 403 「思媺人辭後記」.
9　丞阪俊廣, 「婺學：場所の物語」.
10　土田健次郎, 「社會と思想―宋元思想研究覺書」.
11　陳雯怡, 「「承道論述與「求道傳記」：宋代師友淵源"概念的兩個思想基礎」
12　陳雯怡, 「「吾婺文獻之懿'：元代一個鄉里傳統的建構及其意義」.
13　王宇는 사선생에 대한 주장이 계보적 성격을 띠며, 이는 다른 지역과의 경쟁 속에서 제기
　　된 독점적 주장이라고 논한다. 이에 대해서는 王宇, 「北山學派"世嫡"說與元代"鄉里傳
　　統"的排他性」을 참조하시오. 한편, 陳雯怡는 사선생보다 넓은 지역적 정체성 속에 포괄되
　　었다고 결론짓는다. 陳雯怡, 「「吾婺文獻之懿'：元代一個鄉里傳統的建構及其意義」.
14　오사도의 경력에 대해서는 徐永明, 『元代至明初婺州作家群研究』의 연대기적 전기를 따
　　랐다. 그의 초기 지적 이력에 대해서는, 金曉剛, 「吳師道的師承及其『敬鄉錄』版本考述」
　　을 참조할 수 있다.
15　『全元文』 권34, 336-38, 「吳氏家述」(1332), "不可使文脈由吾家嗣而絕."
16　『全元文』 권29, 84-85, 「吳正傳文集序」, "其所推明。無非紫陽朱子之學." 장추가 작성
　　한 오사도의 묘표를 따랐다.
17　『全元文』 권34, 331-336, 「節錄何王二先生行實寄史局諸公」; 권34.14 「代請立北山書
　　院文」; 권34, 13, 「請鄉學祠金仁山先生」; 34.16-17 「請傳習許益之先生點書公文」.
18　『全元文』 권34, 93, 「讀四書叢說序」; 권34, 95, 「詩集傳名物鈔序」, "其能的然久而不失
　　傳授之正。則未有如吾鄉諸先生也； 欲通四書之旨者。必讀朱子之書。欲書朱子之書
　　者。必由許君之說."
19　『全元文』 권29, 84-85, 「吳正傳文集序」, "是以近世言理學者。婺爲最盛."
20　『全元文』 권26, 49-50, 「答張奉性書」, "終莫得其統緒之會."

21 Gedalecia, *Philosophy of Wu Ch'eng*.
22 왕백의 글의 목록에 대한 김이상의 발문은, 김이상, 『仁山集』, 5.54.
23 단지 饒魯의 17편의 산문 글만이 알려져 있다. 『全宋文』, 343. 그의 강의를 모은 것은, 饒魯, 『饒雙峰講義』.
24 趙汝騰, 『庸齋集』권2, 11. "善爲文公之學."
25 何基, 『何北山遺集』권4, 4a - 10a, 하기에 대한 왕백의 행장.
26 왕백, 『魯齋集』.
27 方逢辰, 方逢振, 方中. 『蛟峯文集』권4, 3a - 4b「橫域義塾序」; 王恩注, 黨金衡, 『東陽縣志』권10, 27a.
28 창건을 위한 기문은, 周宗智, 『重修金華府志』권17, 2a - 3a.
29 1381년의 글; 『宋濂全集』권50, 1157.
30 이러한 주장은 歐陽玄이 작성한 허형의 신도비에 나타나 있다. 歐陽玄, 『圭齋文集』권9, 「元中書左丞集賢大學士國子祭酒贈正學垂憲佐理功臣太傅開府儀同三司上柱國追封魏國公諡文正許先生神道碑」.
31 楊維楨의 긴 주장은 Richard L. Davis, "Historiography as Politics," 69 - 70에 번역되어 있다.
32 앞선 장에서 논의한 송렴의 「七儒解」에서는 선왕들이 모두 儒였으나, 공자가 최초로 가르치는 유였으며, 따라서 우리가 본받아야 할 인물이라고 주장한다. 이는 군주가 유가 되는 것을 부정하지 않지만, 그들이 성인임을 인정하지도 않는다. 특히 송렴은 맹자를 따라 "인류가 창조된 이래 공자보다 더 완전한 이는 없었다"고 말한다. 나는 송렴이 말하는 최고의 유가 군주를 의미한다는 견해에 동의하지 않는다. 이에 대해서는 Dardess, *Confucianism and Autocracy*, 171을 참조하라.
33 『宋濂全集』권50, 1157.
34 『全元文』권34, 88 - 89, 「敬鄕前錄序」. "嗚呼。維桑與梓。必恭敬止。桑梓猶恭且敬之。況賢者 乎。某生也後。弗獲執御於諸老先生。然仰高山而挹遺風。未嘗不振筋興起。可不知所自耶。君子之學。上希聖人。生乎吾前者。吾之所以階而至於聖也。善無往而弗存。歸求其餘。行遠自邇。況朱、呂之傳有在是者乎。彼其 瀏視六合而狹小一鄕。凌厲千古而厭薄近代。則與重鄕土 尊前輩之意不類。非某所敢知也." 이 저작의 판본에 대해서는, 金曉剛, 「吳師道의師承及其『敬鄕錄』版本考述」.
35 『全元文』권34, 89 - 90, 「敬鄕後錄序」.
36 府의 지방지는 1335년에 개정되었고, 동양은 1323년, 영강은 1310년대, 의오는 1353년에 개정되었다. 이에 대해서는 Bol, "Rise of Local History"를 참조하시오. 이 판본들의 서문은 지역 士의 역사에 거의 관심을 두지 않았다. 이는 1353년『義烏縣志』에 대한 황진의 서문에서도 마찬가지이다.

37 송렴의 포강 인물 전기의 자료의 하나가 『浦汭先民傳』이다. 『宋濂全集』, 463, 「華川文派錄序」.
38 胡惑, 『東陽人物表』; 호종무, 『金華經籍志』 권7, 8b. 1323년의 『東陽縣志』를 위해 준비되었을 가능성이 있다. 胡惑의 전기는, 王恩注·黨金衡, 『東陽縣志』 권18, 21a - b.
39 劉幸, 『京口耆舊傳校證』.
40 『全元文』 권34, 292 - 293, 「蘭溪官舍壁記」. 이를 참고하게 해 준 Chen Wenyi(陳雯怡)에게 감사한다.
41 명대의 저술들은 Bol, "Localist Turn"에서 논의되었다.
42 『全元文』 권34, 221, 「異端說」. "天下塔廟. 一郡動千百區. 其後率占民籍十三. 費產半有司之賦."
43 원대 불교의 정치적·경제적 역할에 대해서는 Jinping Wang, *In the Wake of the Mongols*, 제3장에서 논의하고 있다. 그녀는 1291년의 통계를 인용하며, 등록된 불교 사찰은 4만 2,318곳, 유학 학교는 2만 1,300곳이었으며, 등록된 승려와 비구니는 21만 3,148명이었다고 한다.
44 Bol, "On the Spatio-Temporal Analysis of Religious Institutions."
45 『全元文』 권34, 221. "儒道之實用于隱然之中."
46 『全元文』 권34, 221 - 22, 「原士」. "故士者衆民之綱. 綱先壞而餘随之. 必也變./重焉者. 士而已. 治國平天下之道. 必出于士. 而爵祿名位皆士所宜有./必使知是道者司其生焉. 彼農工商之徒. 守一能. 匪不足知道焉. 鮮耳. 士雖不能皆知道. 學焉者. 衆耳. 人而不學不足以爲人. 猶衿裾而禽獸. 舉而加諸人之上. 而令其治人也. 可乎哉."
47 황진의 지역 사의 학에 대한 견해에 대한 논의는, 慈波, 『黃潛評傳』, 91 - 103. 여기서 1338년 작성된 「送曹順南序」 인용.
48 『全元文』 권55, 270 - 271, 「宋景濂文集序」.
49 "文章所以載乎學術者也. 昔之聖賢. 其學可謂至矣. 其於三 才萬物之理. 仁義道德. 禮樂制度. 治亂是非. 顯隱鉅細之際. 凡天人傳心之妙. 帝王經世之略. 無弗察而通也. 其真知實踐. 既有得於內矣. 於是將以自見而淑諸人也. 然後托於文章. 以推其意之所欲言. 故程子以謂聖賢之言. 不得已也. 有是言則是理明. 無是言則天下之理闕焉. 又謂後 之 人始執卷. 則以文爲先. 平生所爲多於聖人. 然有之無 補. 無之無闕也. 由是論之. 所貴文章之有補者. 非以其明夫理乎. 理之明不由其學術有素乎. 然而古今文章作者衆矣. 未易 悉數也. 姑自吾婺而論之."
50 "宋南渡後. 東萊呂氏紹濂洛之統. 以斯道自任. 其學粹然一出於正. 說 齋唐氏則務爲經世之術. 以明 帝王 爲治之要. 龍 川陳氏又修皇帝王霸之學. 而以事功爲可爲. 其學術不同. 其見於文章亦各自成其家. 而香溪范氏. 所性時[少章]氏. 先後又間出. 皆博極乎經史. 爲文溫潤縝練. 復自成一家之言."

51 "入國朝以來。則浦陽柳公。烏傷黃公。並時而作。柳公之學。博而有要。其爲文也。閎肆而淵厚。黃公之學。精而能暢。其於文也。典實而周密。遂皆羽翼乎聖學。而黼黻乎帝猷。踵二公而作者。爲吳正傳氏。張子長氏。吳立夫氏。吳氏深於經。張氏長於史。而立夫之學尤超卓。其文皆可謂善於馳騁者焉。"

52 "然當呂氏、唐氏、陳氏之並起也。新安朱子方集聖賢之大成。爲道學之宗師。於三氏之學極有異同。其門人曰勉齋黃氏。實以其道傳之北山何氏。而魯齋王氏, 仁山金氏, 白雲許氏以次相傳。自何氏而下。皆吾婺人。論者以爲朱氏之世適。故近時言理學者。婺爲最盛。然爲其學者。上而性命之微。下而訓詁之細。講說甚悉。其頗見於文章者。亦可以驗其學術之所在矣。"

53 "嗚呼。尚論吾邦之文章。所謂無是言。則是理闕焉者。固班班而是。而有之無補。無之無闕焉者。尚足謂之文乎。吾友宋君景濂。早受業立夫氏。而私淑於吳氏、張氏。且久遊柳、黃二公之門。間又因許氏門人。以究夫道學之旨。其學淵源深。而封植厚。故其爲文。富而不侈。覈而不鑿。衡從上下。靡不如意。其所推述無非以明大理。而未嘗爲無補之空言。苟即其文以觀其學術。則知其足以繼鄉邦之諸賢。而自立於不朽者遂矣。"

54 "景濂既不求用於世。而世亦未有以用之。其於文章尤自愛重。不輕以示人。以褘辱有同門之雅。間出其所著。俾有以序之。褘聞朱子序廣漢張子之文。謂其不知年數之不足。是以學日新而無窮。其見於言語文字之間。始皆極於高遠。而卒反就於平實。"『朱熹集』권76, 3987, 「張南軒文集序」에서 인용.

55 "嗚呼。不自滿足。而勉焉不息者。聖賢之爲學也。自高遠而底於平實。則其學之所至。豈不較然矣乎。褘輒誦是以序景濂之文。以致吾區區之意。且因以自厲焉。至正十五年正月甲子友生。"「烏傷王褘序」

56 『全元文』권55, 265, 「送胡先生序」 "即其所自立者觀之。雖不能苟同。然其爲道。皆著於文也。其文皆所以載道也。文義道學曷有異乎哉。"

57 胡翰, 『胡仲子集校箋』, 91–92, 「華川集序」 "言文獻之緒者以婺爲稱首/君子之學。將以求道而已。苟得其道。則其見之立言者。猶措諸事業也。/古聖賢傳之道。由斯文而知之。後之千古。亦將由斯文而知今之道。/揆之於道。學術之在吾鄉。猶其在於天下也。"

58 『全元文』권55, 273, 「浦陽文藝錄敘」; 「宋濂全集」권31, 687, 「景定諫疏序」; 『宋濂全集』권16, 296–313, 「雜傳九首」

59 예를 들어, 황진의 慶元路(현재의 영파)의 학술적 전통에 대한 기술은, 『全元文』권30, 382–384, 「將仕佐郎台州路儒學教授致仕程先生墓誌銘」. 왕위의 영가의 학술에 대한 기술은, 『全元文』권55, 242–243, 「送顧仲明序」

60 李超, 『元代江西文人群体研究』

61 예를 들어, 송렴의 송대의 주요한 지적 인물에 대한 논평은, 『宋濂全集』권94, 2211, 「凝道記: 段干微第一」

62　陳雯怡,「吾婺文獻之懿': 元代一個鄉里傳統的建構及其意義」.
63　이 논평들은 Hans Mol의 종교에서의 정체성 형성에 대한 논의에 많은 영향을 받았다. 이에 대해서는 Hans Mol, *Identity and the Sacred*를 참조하시오.
64　『全元文』권34, 292「蘭溪官舍壁記」, "匪世濟民。其責決不在我。"
65　이 절의 일부는 Bol, "Local History and Family in Past and Present"에 실린 내용이다. Ebrey와 Watson은 친족 집단과 그들의 집단적 행동을 지칭하는 다양한 용어들을 정의했으며, 이들은 아래에서 논의할 족보들에 모두 등장한다. '혈연 집단'은 공통 조상으로부터 내려온 사람들을 의미하지만, 반드시 하나의 가족이나 단일한 계통의 구성원일 필요는 없다. 이들의 집단적 행동은 제사나 족보 편찬과 같은 활동으로 한정될 수 있다. 가문은 공유 재산을 가진 혈연 집단으로, 구성원들은 이 재산으로부터 이익을 얻는다. 종중 구성원들은 자신들을 외부인과 구별되는 하나의 집단으로 인식한다. '지역화된 가문' 또는 혈연 집단은 마을이나 인접한 공동체에 모여 사는 경우를 가리킨다. '상위 가문'은 몇몇 부계 혈연으로 연결된 지역화된 가문들을 묶어 주는 조직이다. '분파'는 가문 내 특정 개인으로부터 갈라진 자손 계열을 지칭하거나, 계보상의 구분에 따라 형성된 공식적 분파를 의미한다. '씨족'은 가문이나 혈연 집단들로 구성된 조직으로, 이들 간의 연결성이 입증된 것이 아니라 규정된 경우를 가리킨다. 이 논의에서는 특정 족보 서문에서 어떤 모델이 드러나는지를 따로 구분하지 않으므로, 포괄적인 용어로서 '가문'을 사용하였다. 자세한 내용은, Ebrey and Watson, "Introduction."
66　강서 지역의 사례에 대해서는 Hymes의 "Marriage, Descent Groups"를 참조하라. 북부 지역의 가문들은 족보 외에도 비석과 종교 기관과의 연계를 통해 혈연을 기념하는 다른 방식을 사용했는데, 이에 대해서는 Iiyama, "Steles and Status"와 Jinping Wang, *In the Wake of the Mongols*, 118–165에서 논의하고 있다. 그러나 이러한 방식들은 남부 지역처럼 세기를 거듭하며 족보를 확장하는 데에는 적합하지 않았다.
67　『全元文』권29, 116, 「三槐王氏世譜序」, "世繼世。此族譜所由作也。學繼學。此家譜所以傳也。"
68　송대의 관점에 대해서는 Ebrey, "Early Stages,"; 森田憲司,「宋元時代における修譜」에서 논의되어 있다.
69　여조겸,『東萊呂太史文集』권1~6; Zhu, Ebrey, *Chu Hsi's Family Rituals*.
70　중세사 연구자들과 족보 전문가들은 대체로 후기 제국 시대의 족보가 송대에 시작되었고, 이전의 족보와는 다르며, 이러한 새로운 형태는 당송 교체기에 일어난 사회적 변화로 설명될 수 있다는 데 의견을 같이한다. 간략히 정리하면, 당 및 그 이전의 족보는 (1) 정부에 의해 심사되거나 심지어 편찬되었으며, (2) 혈통을 정확히 추적하고 배타성을 유지하는 데 중점을 두었고, (3) 필수적인 전기적 정보만을 담고 있었으며, 이는 (4) 관직 세습이나 혼인 상대에 대한 혈통 기반의 권리를 입증하기 위한 목적이었다. 반면, 송대 및 그 이후의 족보

는 (1) 황실 족보를 제외하고는 사적으로 편찬되었으며, (2) 가능한 많은 친족을 포함하려 했고, (3) 종족과 구성원들에 대한 상세한 정보를 추가했으며, 이는 (4) 혈연 집단의 결속을 강화하기 위한 목적이었다. 이러한 변화는 국가 엘리트의 성격 변화라는 더 큰 사회적 변화를 통해 설명할 수 있다. 당대와 그 이전 시기에는 명문 귀족 가문들이 국가를 지배했기 때문에, 정부는 가문 구성원임을 증명하는 기제가 필요했다. 그러나 송대 이후로는 국가 엘리트가 (마르크스주의적 관점에 따르면) 지주 계급으로 전환되었고, 이들은 관직보다는 토지 소유를 통해 지배력을 유지했기 때문에 친족의 지지가 필요했다. 이에 따라 성공한 친족을 기억하며 포상하는 포괄적인 족보를 선호하게 되었고, 혈연 집단의 결속을 강화하는 도덕적 가치를 장려했다. 이에 대한 자세한 논의는 다음을 참조하라. 王善軍, 「宋代宗族和宗族制度研究」, 20-22; 徐楊杰, 「宋明家族制度史論」, 97-103; 馮爾康, 「宗族制度譜牒學和家譜的學術價值」7-8, 14-16. Ebrey는 송대식 혈연 집단이 사회 구조의 변화보다는 문화 관행의 변화에 따라 점진적으로 발전했다고 지적한다. 예를 들어, 의례가 변화했고, 종족 자선을 위한 재산이 마련되었으며, 공동 가정이 칭송받았고, 祠廟 건축에 대한 사치 규제가 완화되었다. 이에 대해서는 Ebrey, "Early Stages"를 참조하라.

71 森田憲司는 이 점을 가장 먼저 주목한 학자 중 한 명이다. 그는 이러한 현상이 가문 구조의 변화 때문이 아니라, 사대부 공동체, 그들이 사회적 네트워크를 구축하는 방식, 그리고 혈통에 부여한 의미와 관련이 있다고 주장한다. 이에 대해서는 森田憲司, 「宋元時代における修譜」를 참조하라. 井上徹은 원말 시기의 다양한 가문 형성을 분석하면서 송렴과 방효유의 서문을 활용하였다. 자세한 내용은 井上徹, 「元末明初における宗族形成の嗣潮」를 참조하시오.

72 森田憲司, 「宋元時代における修譜」. 원대의 경우, 문집에 수록된 서문에 집중하였다. 공인의 서문을 받는 것이 인맥을 쌓고 신분을 과시하는 수단이 된다는 점이 분명해지자, 후대 사람들은 과거의 명망 있는 인물의 서문을 찾아내려는 동기를 가지게 되었다. 「宋濂全集」에는 송렴의 문집에는 실려 있지 않지만, 족보에서 가져온 서문들이 포함되어 있다는 점에 주목할 필요가 있다.

73 Hymes, "Marriage, Descent Groups."

74 예를 들어, 「可投應氏宗譜」의 14대 후손인 應國光의 1322년 서문.

75 胡穆 序, 「庫川胡氏宗譜」. "蓋從譜學亡而宗子之法廢也。/ 唐季。天下士大夫避亂。胡氏始遷吳。居山谷間。雖有英才精識者。不見於世。錢氏爲國百年。取士多用補蔭。是以人不深知經術。"

76 胡堯問 序, 「庫川胡氏宗譜」. "未能大振⋯何造物者之未惠吾宗耶。/ 故吾宗之復興。必待於後有志之士。"

77 「庫川胡氏宗譜」, 胡南金(1307), 胡宗寅(1333).

78 1256년의 胡伃이 작성한 序, 「峰川胡氏宗譜」.

79　胡則의 신격화에 대해서는 朱海濱,「近世浙江の胡則信仰」을 참조하라. 황진, 송렴, 왕위, 그리고 방효유, 모두 이에 대해 글을 남겼다. 호칙이 기존의 신을 대체했을 가능성도 있다.

80　盧夢凱·盧江中,『宋盧村志』, 241. 이 판본에는 1020년까지 거슬러 올라가는 5개의 이전 서문이 포함되어 있지만, 이들 서문에는 원대 이전에는 존재하지 않았던 용어들이 사용되고 있다.

81　盧夢凱·盧江中,『宋盧村志』, 243. "族有譜係. 厚天倫也. 世胤之蕃九. 非譜係奚徵. 是以譜存則族存. 族存則親親而尊尊. 長長而幼幼. 夫夫而婦婦. 各得其所. 無相夢也. 厥關世教. 豈細故哉." 陳樵의 산문 작품들은 모두 전실되었기 때문에, 이 문헌은 확인할 수 없다.

82　족보가 이러한 자료를 담는 매개체가 되면서, 두 형식 간의 구분이 희미해졌을 가능성이 있다. 후대의 가승(家乘)은 확장된 형태의 족보처럼 보인다. 초기의 사례들이 족보와 동일하지 않았음을 보여 주는 증거로는,『全元文』권53, 223, 戴良,「章氏家乘序」;『宋濂全集』권29, 617,「義烏樓氏家乘序」;『宋濂全集』권29, 32,「桂氏家乘序」;『宋濂全集』권22, 490·권21, 39,「章氏家乘序」.

83　俞敬, 1534년에 작성된 序,「庫川胡氏宗譜」. 대략 같은 시기에 금화의 陳順은 戴氏 족보에 서문을 쓰면서 국가와 가문 사이에 지방지를 추가하여 다음과 같이 표현하였다. "國有史, 郡有誌, 家有譜". 이는『浦陽戴氏宗譜』에서 확인할 수 있다.

84　『太平呂氏宗譜』. "永康呂氏凡四族. 自居邑之外日清渭日青山口. 其居太平也. 力農務本而不廢儒業. 國朝三舍法行. 以其名與籍者動以十數計. 亦有上名禮部者. 世名隱德. 曾未顯達於時. 故其譜系之不通. 名字之易泯. 族屬離合之無常. 死葬卜宅之難據. 皓自有知識便知痛憫於斯. 時方有宦學之志. 忽忽不自覺. 亦姑有自待也."

85　『太平呂氏宗譜』. "皓嘗得先世東平先生墓銘. 讀之蓋同邑徐公無黨撰也. 觀其所書大略謂先生從吾先生遊時治春秋尤精. 微旨爲儕類所推服. 泣血徒跣以終其親之喪. 且日今世銘其親於墓者多矣. 余獨自先生無愧辭. 徐公以文字知名於時. 爲歐門高第. 不輕可人. 而獨於先生盡筆稱奬. 不嗇其辭如此. 宜可以發幽光於百世之下矣. 而徐公文籍子孫不能保有. 竟不克傳於世. 淳熙癸卯間. 此碑獨出前山呂氏先塋之傍. 爲樵牧所發. 負入村肆市酒. 其主人方營造 屋業. 即亂. 毁去其字以填浴室. 猶幸僅存十之六. 有來告者即王視之. 用石易以歸. 主人猶相尤. 悔不盡毁. 哀哉. 先生之德. 鬱勃於地下百年矣. 而石見宜將發矣. 而 所遇乃若此. 而真 有默主之者耶. 而適然耶. 今姑併列於一堂. 有如徐公之巨筆. 先生之懿行. 而珉石之堅. 埋瘞之深 猶不足恃. 而竟與草木俱腐."

86　『太平呂氏宗譜』, 呂溥 序(1346년 작성). "天生蒸民有氏族焉. 子孫衆多至累千百. 而生生無窮者其初一人之身一氣之分也. 分是氣者既繁. 雖不能無親疎厚薄之別. 然本其初觀之. 同是氣則均子孫也. 奚以異哉. 偶然沖和之氣在此一枝. 則富且貴者安得不恤其貧與賤. 而賢能者又安得視其愚不肖而 忍棄之乎. 於是世系紀焉. 譜牒作焉. 所以統之而同其休戚也. 故處一族如一家. 視同氣猶一體. 莫不致其親親之意焉. 此族之所由睦而譜

87 呂溥 序. "吾呂氏居麥永康之太平也。今不知其幾世矣。舊傳派自河南。力農務本。世修儒業。尚儉素。爲鄉著姓。宋宣和。方寇之亂。譜失莫傳。至六世從祖雲谿公始刻石爲本支圖。自高祖五十府君始。餘皆莫可考已。浦聞嘗別覽雲谿公遺文。而知府君之前有諱淵字希顏。學於歐陽氏。其同門友徐公無黨銘其墓曰東平呂君先生者也。又有壽卿彥質二公者。府君之族孫。壽卿故稱鄉先生。彥質郡嘗以其名貢禮部。斯三君子者則皆吾族上世。其名字別見而圖所不及者也."

88 呂溥 序. "厥後從祖南嶽公始因圖而爲之譜。至從伯父覺齋公始修續之。其子從兄宗魯公又增述之。今二十年未有嗣修之者。浦慨念前輩老成日就刊落。先代遺事無所叩問。況今宗派日蔓。懼夫後分愈散。愈久愈忘。而遂莫之考也。不揣固陋續而新之."

89 呂溥 序. "五十府君至于今十有三世。三百餘年。同氣而生者僅八百人。凡先世嘉馬懿行輒考輯附於諱字之下。近世有善亦識之。然於前譜不能無沿革損益。既列續修凡例於前。次條公議規範於後。固知僭踰無所逃罪."

90 呂溥 序. "然凡我族人之一覽斯譜也。或惻然念其氣之本同。視均一體。貧則富者恤之。愚不肖則賢者淑之。勿忍坐視顛連。罔知禮義。又或慨然視先世言行之善。以爲斷旴公議規範以爲式。毋或犯藐公六行亂俗之意。爲前人羞。則斯譜之續庶幾不爲無補。不然則我自我。族自族。譜自譜。果何補哉。雖曠而勿修可也."

91 呂溥 序. "嗚呼。族老希矣。族誼微矣。公論哀矣。無復見吾鄉鄰風俗之美者矣。今族所賴者。猶有水西從兄之義稟義塾。舊規在而教養之方則未備也。或有振奮作新。卓然柱石於其後者則不能無望於將來。故於斯譜之成也。敘其事以告之族眾。且示我後之人嗣而新之。且又有望於同吾志者."

92 危素 序(1350년 작성), 『太平呂氏宗譜』,『맹자』4B.7 인용. "雖然。孟子曰。中也養不中。才也養不才。今夫一家之書與一國之史不得不異。一國之人眾矣。而彰善癉惡。其法必嚴。一家者羣從子姓而以吾正其身以率之。又從而申之。以聖經賢傳之旨發其良心之固有。察其行事之明切。由是人人有士君子之行。其生質不齊者。亦所謂蓬生麻中不扶而自直。爲父兄者。姑盡其訓迪之道可也。若夫賢不肖。天實爲之。爲呂氏之子孫。尚思君作譜之意。凜焉而起。畏惕然而自勵。勉比孳匕惟日不足。吾見其善書于譜者不可勝計矣." 서문은 위소의 문집에는 실려 있지 않으며, 그의 문집 대부분이 실전되었지만, 다른 족보 서문들과 유사한 내용을 담고 있다.

93 『中國浦江鄭義門江南第一家: 中國古代家族文化的輝煌遺產』. 송대에서 명대에 이르는 정씨에 대한 연구로는 檀上寬, 「元明交替の理念と現實―義門鄭氏を手掛りとして」; 戚霞, 「宋元時期」, 196–210을 참조하시오. 漆俠,『宋元時期浦陽鄭氏家族之研究』, 196–210; Dardess, "Cheng Communal Family"; Langlois, "Authority in Family Legislation."

94 黎小龍은 북방과 남방 가문들을 비교하였다. 당대에는 북방 37가문, 남방 1가문, 송대에

는 북방 36가문, 남방 21가문, 원대에는 북방 16가문, 남방 12가문, 명대에는 북방 15가
　　문, 남방 16가문, 청대에는 북방 3가문, 남방 5가문이 있었다. 절강 지역에는 당대 2가문,
　　송대 2가문, 원대 1가문, 명대에는 5가문이 있었다. 黎小龍은 이러한 현상이 북방의 전통
　　이 남방으로 이주한 사람들에 의해 전파된 결과라고 결론지었다. 黎小龍,「義門大家庭的
　　分布與宗族文化的區域特徵」.

95　胡翰, 송렴, 范幹, 蘇伯衡, 劉剛(호한의 제자), 朱廉(황진의 제자), 왕위, 趙友同(송렴의
　　제자), 方孝孺(송렴의 제자), 그리고 정씨 가문의 鄭泳과 鄭濤가 쓴 사당 비문과 기타 찬
　　사들은 『深溪義門王氏宗譜』권5, 1a-12b에 수록되어 있다. 이들 중 범간을 제외한 모든
　　인물들은 무주 출신으로, 범간은 송렴과 함께 수년간 무주에 거주하였다. 이들 문헌 중 일
　　부는 저자들의 문집에도 실려 있으며, 예를 들어 소백형의 「王氏祭田記」가 그 예이다. 蘇
　　伯衡,『蘇平仲文集』권7, 3a-5a.

96　蘇伯衡,『蘇平仲文集』권7, 9b-12b,「一心堂記」; 권4, 22b-24b,「黃氏家範序」. 또
　　한『宋濂全集』권47, 1026,「義門銘」에 주목하시오.

97　McDermott, *Making of a New.*

98　이 글들은 여조겸,『東萊呂太史文集』권1~6에 수집되어 있다.

99　여조겸,『東萊呂太史文集』권1, 284. "此非是人安排。蓋天之生物。使之一本。天使之也
　　譬如木根。枝葉繁盛。而所本者只是一根."

100　『王氏一原世譜』, 13a-18a,「王氏一原圖」.

101　『全元文』권53, 223-224,「章氏家乘序」권53, 381,「戴氏祠堂記」: "蓋以先世之心爲心。
　　而不以己之心爲心也."

102　蘇伯衡,『蘇平仲文集』권4, 18b-20b,「林氏族譜序」. "服雖窮親雖盡而同所自出也."

103　蘇伯衡,『蘇平仲文集』권4, 20b-22b,「譚氏家譜序」. "君子重乎譜者。非以誇門地也。所
　　以慎同異、別親疎也。故無所據而強加之。是謂誣其祖。可據而反遺之。是謂忽其先。誣
　　祖不孝也。其先亦不孝也."

104　蘇伯衡,『蘇平仲文集』권4, 22b-24b,「黃氏家範序」.

105　Walton, "Charitable Estates," 258-267. 또한 Walton의 논문에 대한 서문에서의 언급,
　　Ordering the World, 25-26.

106　『全元文』권55, 310,「劉氏族譜序」.

107　『全元文』권55, 300,「南昌李氏譜序」.

108　『全元文』권55, 288,「金華俞氏家乘序」.

109　『王氏一原世譜』, 14b, 13b,「王氏一原圖」. 蘇伯衡은 열과 행으로 구성된 구양수 식 족보
　　의 장점으로, 소순의 계보도와 달리 누락된 부분이 있어도 명백한 단절 없이 이를 수용할
　　수 있다는 점을 지적한다.『蘇平仲文集』권4, 20b-22b.

110　『全元文』권12, 206,「題蜀蘇氏族譜序」. "士大夫不沒其名。則百世之下。它人亦爲之驚

嗟喜詑。以辱其身。雖子孫猶知羞而諱之。可不懼哉。伯清疏通有醞藉。少余年數歲。拳拳以文章詞學自重。蓋不愧蘇氏家法。」

111 『全元文』권12, 138, 「富春孫氏族譜序」.
112 『全元文』권31, 511, 「宋氏世譜記」.
113 『全元文』권31, 498, 「吳氏譜牒序」.
114 『全元文』권53, 277, 「四明袁氏譜圖序」.
115 『全元文』권29, 88-89, 「族譜圖序」, 「族譜圖後序」.
116 『宋濂全集』권23, 453, 「溧水端氏家牒序」.
117 『宋濂全集』권29, 617, 「義烏樓氏家乘序」; 권22, 450, 「張氏譜圖序」.
118 『宋濂全集』권31, 663, 「嚴陵汪氏家譜序」.
119 『宋濂全集』권31, 670, 「番禺蒙氏譜序」.
120 『宋濂全集』권29, 632, 「桂氏家乘序」. 그는 鄭樵의 『通志』에 수록된 씨족 연구를 참조하고 있다.
121 『宋濂全集』권28, 595, 「查林曾氏家牒序」; 11.20b 「泰和劉氏先德錄序」.
122 『宋濂全集』권29, 611, 「方氏譜序」. 2014년판 『宋濂全集』에는 족보에서 발견된 많은 서문들이 포함되어 있다. 이들 대부분은 진본일 가능성이 있지만, 나는 그의 여러 문집에 수록된 서문들에 한정하여 사용하였다.
123 『全元文』권55, 288, 「金華俞氏家乘序」; 권55, 80, 「章氏族譜序」.
124 倉修良은 이 영향력 있는 서문이 족보를 위한 최초의 기준을 제시한 것이라고 주장한다. 이에 대해서는 倉修良, 「方孝孺的生平和他的譜牒學理論」, 109-112를 참조하시오. 또한, 그는 송렴의 서문에 대해서도 연구하였는데, 이에 대한 논의는 「宋濂的譜牒學理論」을 참조하시오.
125 방효유, 『遜志齋集』권13, 425, 「族譜序」.
126 徐兆安은 송렴과 방효유의 차이점을 세심하게 분석하며, 그들의 정치관, 문장의 중요성에 대한 인식, 그리고 방효유가 도학의 신봉자였다는 주장에 대해 논의한다. 徐兆安은 송렴과 달리 방효유가 오직 관료만이 사회를 변화시킬 수 있다고 생각했으며, 족보와 가훈은 사회 변화를 위한 도구가 아니라고 보았다는 자신의 주장을 뒷받침하는 인용문들을 제시한다. 그러나 나는 이에 동의하지 않으며, 아래에 인용된 긴 글들이 이를 보여 줄 것이다. 이에 대해서는 徐兆安, 「宋濂門人人時期的方孝孺」를 참조하시오.
127 방효유, 『遜志齋集』권13, 421, 「吳氏宗譜序」.
128 개괄적 설명으로는, Mote, "Fang Hsiao-ju"; 姬秀珠, 『明初大儒方孝孺研究』.
129 방효유, 『遜志齋集』권13, 423, 「丁氏復姓序」.
130 방효유, 『遜志齋集』권13, 416, 「章氏族譜序」.
131 방효유, 『遜志齋集』권13, 419, 「范氏族譜序」.

132 방효유, 『遜志齋集』 권13, 420, 「徐氏譜序」.
133 방효유, 『遜志齋集』 권13, 418, 「葛氏族譜序」. "天下之俗不能自成。由乎一國之俗。國俗之所興。由乎一鄕之俗。鄕俗之所起。由乎一族之俗."
134 방효유, 『遜志齋集』 권13, 415, 「謝氏族譜序」. "天下俗固非一人一族之所能變。然天下者一人一族之積也."
135 방효유, 『遜志齋集』 권13, 422, 「樓氏宗譜序」. 「宋濂全集』 권29, 617, 「義烏樓氏家乘序」도 참조.
136 倉修良은 족보의 목적이 생물학적 정보를 수집하는 것[收族]에서 가문의 화합을 도모하는 것으로 전환된 것을 송렴의 주요 공헌으로 본다. 이에 대한 자세한 논의는 倉修良은 족보의 목적이 생물학적 정보를 수집하는 것에서 종중의 화합을 도모하는 것으로 전환된 것을 송렴의 주요 공헌으로 본다. 이에 대한 자세한 논의는 倉修良, 「方孝孺的生平」과 「宋濂的譜牒」을 참조하라.
137 방효유, 『遜志齋集』 권13, 414, 「宋氏世譜序」. "士有無位而可以化天下者。睦族是也。天下至大也。睦吾族何由而化之。欲睦其族而患不得其道。吾爲之先。孰忍棄而不效乎。有族者皆睦。則天下誰與爲不善。不善者不得肆。至治可幾矣。睦族之道三。爲譜以聯其族。謁始遷之墓以繫其心。敦親親之禮以養其恩。譜之法。正月之吉會族以修譜也。四時孟月會族以讀譜也。十二月之吉會族而書其行。以爲勸戒也。謁墓之法。春序飮以申禮義。秋序飮以明憲章也。親親之道。喜戚富貧相慶弔。周恤也。老壯稚弱相敬讓。慈愛也。役相助也。力相藉也。難相拔。而死相莘也。斯三者並行。雖士可以成化。況有位者乎。不難於變天下之俗。況鄕閭之近者乎。近者宜其易爲。有位者宜其易化。然而莫爲且莫化者。知道者鮮也。知道而有位。人焉得而不望之乎。金華宋氏。太史公之族。太史公以道德文學師當世。道之行先於其族。凡可以睦族者無不爲矣。斯其譜也。譜非公一代之書。後世之所守也。非止一家之事。舉族之所取則者也。使逮而後世。衆而族人。皆如公之心。雖無焉可也。苟爲不然。有法以傳之。猶恐其或廢。況徒譜乎。某是以私附其說於後。俾後之人得以覽而擇焉。由一族而推之天下。將必自玆始。此固公之志歟."
138 『全元文』 권53, 381, 「戴氏祠堂記」. "禮非一家之所宜也。推而放諸一鄕而準。放諸一邑而準。放諸四海而準."
139 鐘翀, 「北江盆地: 宗族·聚落的形態與発生史研究』, 112-113쪽에 있는 지도를 참조하시오. 이 지도는 각 가문의 위치를 보여 주며, 분파된 혈연 집단들이 본 가문과 어떻게 연결되는지를 나타낸다. 사용된 모든 족보 판본의 서지 정보는 240-276에 수록되어 있다. 鐘翀의 연구 방법과 주요 발견에 대한 소개는 「浙江東陽市北江盆地宗族的形成與展開—東南中國宗族與宗族村发生之歷史地理學考察」을 참조하라.
140 鐘翀은 이에 대한 사례를 발견하였다. 오늘날에도 여전히 盧宅의 雅溪 盧 가문과 인근 李宅의 李 가문 사이에 혼인 관계가 이어지고 있다. 7권으로 구성된 족보, 『雅溪盧氏家

乘』은 현재 하버드 옌칭도서관에 소장되어 있다.

7장

1. 錢穆, 「讀明初開國諸臣詩文集」.
2. Dardess, *Confucianism and Autocracy*. 비록 논의하지는 않겠지만, 檀上寬, 「元明交替の理念と現實-義門鄭氏を手掛りとして」와 『明朝專制支配の史的構造』; Mote, "Growth of Chinese Despotism"으로부터 많은 도움을 받았다.
3. Langlois, "Tai Liang," 1235.
4. Dardess의 *Confucianism and Autocracy*에서 劉基의 『郁離子』(133-147), 왕위의 「卮辭」(47-56), 그리고 송렴의 『龍門子』(56-73)에 대한 논의를 참조하시오. 나는 이들 저작을 정책에 대한 논의로 보지 않지만, 작성 시기가 알려지지 않은 호한의 산문에서는 고대 정전제의 복원이나 사유지 폐지와 같은 정책을 제안하고 있다.
5. 王懋德, 『金華府志』권10, 15b; 호계신, 「東陽縣志」권5, 17a; 王廷曾, 『義烏縣志』권4, 26a; 王倬·장무, 『蘭溪縣志』권3, 8a.
6. 이를 보여 주는 한 가지 지표는 홍무 연간에만 훌륭한 지방 관료들의 전기가 증가한 것이다. 원대 전체와 비교했을 때, 부 단위에서는 원대에 1명이었으나 홍무 연간에는 4명으로 늘었고, 현 단위에서는 원대와 홍무 연간 모두 각각 7명이었다. 王懋德, 『金華府志』권14, 6a 이후 기록.
7. 王懋德, 『金華府志』권17, 8b, 10a, 11a, 26b.
8. 과거 시험에 대해서는, 王懋德, 『金華府志』권17, 10a, 27a; 周宗智, 『重修金華府志』권8, 21b. 추천에 대해서는: 王懋德, 『金華府志』권17, 22a, 27a, 27b, 35b, 36a.
9. 이 설명은 Peter Ditmanson의 세미나 논문을 바탕으로 작성되었다. 許元의 실각에 대한 자료는 劉辰의 기록에서 찾을 수 있는데, 그는 1402년에 집필하면서 허원이 부도덕한 행위로 면직되었다고 언급하고 있다. 劉辰, 『國初事蹟』, 11.
10. A. R. Davis, "Wang Wei."
11. Mote, "Sung Lien."
12. 王懋德, 『金華府志』권17, 10a.
13. A. R. Davis, "Su Po-heng."
14. 방효유의 거부에 대한 설명과 새로운 전제 정치에 대한 도학의 지지를 주장하는 논의는 Elman, "Where Is King Ch'eng?" 참조.
15. 방효유의 경력에 대해서는, Mote, "Fang Hsiao-ju." 樓璉과 龔泰의 자결에 대해서는, 王懋德, 『金華府志』권17, 28a-b.

16   王懋德, 『金華府志』 권17, 29a.
17   양사기, 『東里集』 권10, 6b‑7b, 「題通鑑前編擧要新書」; 속집 권14, 8a‑10a, 「王忠文公文集序」; 권18, 21a‑b, 「黃文獻公文二集」; 권18, 21b‑22a, 「柳待制文」; 권18, 24b, 「胡仲子文」; 권20, 4a‑b, 「朱氏三書」.
18   양사기, 『東里集』 속집 권14, 8a‑10a. "古之爲士者。文行皆備。而必行爲之本" 또 "王忠文公文集序:近數百年來士多喜讀韓文公、歐陽文忠公、蘇文忠公之文。要皆本其立朝大節。炳炳焉。有以振發人心者也."
19   양사기, 『東里集』 권1. 3b‑6a, 「金華縣重脩廟學記」. "孔子之道出於天。而有以助天之所不及。/孔子任之以明道…微孔子斯道不幾於熄乎。道熄斯民不幾於夷狄、禽獸也哉。/我國家君師宇內一惟孔子之道。內而京師。外而府州縣。遠而邊裔。皆廟祀孔子。/金華縣附郡城之下。蓋呂成公、何文定、王魯齋、諸君子之鄕."
20   Ditmanson, "Contesting Authority"; Ditmanson, "The Yongle Reign."
21   Dardess, introduction, "Colleagues and Protégés," chap. 6, *Ming Society*.
22   擧人 관련 자료는 1480년의 府志에서 나온 것이다. 1578년 판본에서는 가족들이 조상에 대한 누락된 정보를 제공하도록 권유 받았기 때문에 수치가 더 높아졌다. 거인에 대한 비교 자료는 없지만, 진사 자료에서도 유사한 감소 현상이 나타난다. 절강 전체의 진사 수는 313명에서 152명으로 줄었고, 금화부의 경우 3명에서 1명으로 감소했다. 강서에서는 492명에서 191명으로 줄었다. 진사 자료는 명대의 거의 완전한 데이터를 보유한 중국역대인명자료고(CBDB)에서 가져온 것이다.
23   이 수치는 호종무의 『金華經籍志』에 수록된 자료를 기반으로 한 것으로, 1368‑1466년과 1466‑1568년 사이에 진사 또는 거인 시험에 합격한 인물들의 정보를 바탕으로 한다.
24   Farmer, *Zhu Yuanzhang*, 37.
25   명초와 원대의 제도의 연속성에 대한 주장은 Dreyer, *Early Ming*에서 논의되고 있다.
26   Langlois, "Political Thought in Chin‑hua"; Langlois, "Law, Statecraft."
27   Farmer, "Social Order in Early Ming"; Farmer, "Ming Aristocracy," chap. 7, *Zhu Yuanzhang*.
28   Heijdra, "Socio‑economic Development," 458‑476.
29   Andrew, "Zhu Yuanzhang," 208.
30   Dardess, "Cheng Communal Family," 39‑45. 1393년, 주원장은 모든 30세 이상의 정씨 가문 남성들에게 관직 임명을 위해 수도로 출두할 것을 명령하였다.
31   강서의 길안 출신인 解縉이 이를 권하였다. Hauf, "Community Covenant," 5.
32   唐文基, 『明代賦役制度史』, 10‑11.
33   楊國楨·陳支平, 『明史新編』, 46.
34   星斌夫, 「中國社會福祉政策史の硏究:淸代の賑濟倉を中心に」, 이 논문을 알려 준 Song

35 Chen(陳松)에게 감사한다. 명대의 농촌 행정 구획인 '都'는 남송의 '都保'에 해당한다.
36 小山正明, 「明代の糧長について特に前半期の江南デルタを中心として」.
37 Dardess, "Cheng Communal Family," 39-42.
38 盧宅修志委員會, 『雅溪盧氏家乘』, 205-206의 盧道淸의 전기 참조.
39 盧格, 『荷亭辯論』 후록 권5, 1a-5b, 盧溶, 14th gen., 1413-1489.
40 Brook, "Spatial Structure of Ming," 2-4; Chang, "Local Control," 115-126.
41 Chang, "Local Control," 147-155.
42 吳金成, 『明代社會經濟史研究―紳士層의 形成과 그 社會經濟的 役割』, 21-27.
43 山口智哉, 「宋代鄕飮酒禮考―儀禮空間としてみた人的結合の〈場〉」; Chang, "Local Control," 147-155.
44 Farmer는 명초의 사회 정책 전반에 걸쳐 계층적 구분이 깊게 스며들어 있었음을 지적한다. Farmer, *Zhu Yuanzhang*, 39, 83-84.
45 Andrew, "Zhu Yuanzhang"; Chang, "Local Control," 205-230. 이 글은 Farmer, *Zhu Yuanzhang*, 197-209에 번역되어 있다.
46 姬秀珠, 『明初大儒方孝孺研究』, 142-153; Dardess, *Confucianism and Autocracy*, 266-83; 檀上寬, 『明朝專制支配の史的構』, 4장 3절.
47 吳金成, 『明代社會經濟史研究―紳士層의 形成과 그 社會經濟的 役割』, 1장.
48 de Bary and Bloom, *Sources of Chinese Tradition*, vol. 1, 788에 번역되어 있다.
49 그는 영락제가 서거하자마자 그의 잘 알려진 일기를 쓰기 시작했다. 다음 책에서 번역되었다. Wu Yubi and Kelleher, *Journal of Wu Yubi*.
50 Bol, "Neo-Confucianism and Local Society."
51 周宗智, 『重修金華府志』 권2, 2a-7b; 王懋德, 『金華志』 권23, 1b-12b.
52 부의 지방지는 1480년에 개정되었고, 난계는 1510년, 동양은 1483년, 영강은 1465년에서 1487년 사이, 의오는 1445년, 포강은 1526년에 각각 개정되었다. 오의의 첫 번째 지리지는 1520년에 편찬되었다.
53 王懋德, 『金華志』 권17, 32a-b.
54 王懋德, 『金華志』 권17, 15b. 陸震은 1576년에 복권되었으며, 이후 부 차원에서 그를 위한 사당이 세워지고 제사가 올려졌다.
55 Bol, "Neo-Confucianism and Local Society," 275.
56 王懋德, 『金華志』 권27, 1a.
57 이들 장서에 대해서는 왕백, 『노재집』의 앞부분을 참조하시오.
58 허겸, 『白雲集』, 앞부분, 4a-7b
59 조학, 『金華正學編』; 조학, 『金華文統』.
60 王懋德, 『金華府志』 권14, 7a.

60 장무, 『楓山章先生集』, 255-256, 「重刊香溪先生文集後序」.
61 董遵의 기문은 김이상, 『仁山集』 권5, 86을 참조하시오.
62 王懋德, 『金華府志』 권17, 14b. 진사 시험에 합격한 후, 그는 본래 성씨인 장으로 돌아갔으며, 이전에는 동씨 가문에 양자로 입적되어 있었다.
63 王懋德, 『金華府志』 권17, 15a.
64 王懋德, 『金華府志』 권17, 12b.
65 王懋德, 『金華府志』 권17, 18b.
66 王懋德, 『金華府志』 권17, 19a.
67 王懋德, 『金華府志』 권17, 29b.
68 王懋德, 『金華府志』 권17, 31b. 이는 의오의 인물들에 대한 논이다.
69 王懋德, 『金華府志』 권17, 33b. "講學窮理以求檢身之方."
70 王懋德, 『金華府志』 권17, 33b.
71 王懋德, 『金華府志』 권17, 34a. 강서에서의 정문덕의 역할에 대해서는, Hauf, "Community Covenant," 28-33.
72 이들은 호종무, 『金華經籍志』 권1, 12a; 권3, 15b; 권4, 17b; 권5, 2a; 권5, 18b; 권5, 19a-b; 권7, 15b; 권11, 14a-b; 권13; 5b에 기록되어 있다.
73 童品, 『春秋經傳辨』, 앞부분. 동품은 1478년에 작업을 마쳤고 1486년에 왕에게 서문을 부탁했다.
74 장무, 『楓山章先生集』 권3, 86-88. 노격의 답장에 대해서는, 盧格, 『荷亭辯論』, 書, 권2, 2b-7a.
75 劉宗周와 阮元의 서문은 盧格, 『荷亭辯論』에서 확인할 수 있다. 묘지명은 盧宅修志委員會, 『雅溪盧氏家乘』 제2권 27에 수록된 江汝璧, 「侍御史荷亭公墓誌銘」을 참고하라. 노격의 잡문은 주로 그의 가족과 고향의 건축물에 관한 것이며, 서신의 수신자는 알려지지 않은 인물들이다. 盧格, 『荷亭辯論』. 서신은 『荷亭辯論』을 참조하시오.
76 노격, 『荷亭辯論』 권1, 5b.
77 노격, 『荷亭辯論』 권1, 1a; 권1, 16b-20a; 권2, 1a; 권2, 3a; 권3, 12b-13b; 권8, 21a.
78 노격, 『荷亭辯論』 권1, 1b; 권1, 3b; 2, 10b; 3, 10a; 3, 12b-13b.
79 노격, 『荷亭辯論』 권8, 12b, 「總論」.
80 노격, 『荷亭辯論』 권1, 5a; 권1, 16b-20a; 8, 21a. 노격은 『논어』 구절의 두 번째 문장인 "習이 서로를 멀어지게 한다[習相遠]"를 무시한다.
81 그의 동시대인인 王廷相이 알았듯이, Ong, "Principles Are Many," 참조.
82 정걸에 대해서는 거의 알려진 바가 없다. 지방지는 그가 평생을 가르치는 데 바쳤다고 기록하고 있다. 그는 1509년에 후대의 吳與弼로 추천되었다. 『新修南昌府志』 권19, 9b.
83 당용, 『漁石集』 권3, 8a(『금화총서』, 265-268쪽). "誠敬以立本. 察識以辨幾. 擴充以致用."

操存以執德。涵養以定性。先天後天以窮化。"

84　당용,『漁石集』권3, 9b‑10a(『금화총서』, 265‑268쪽). "三才一貫圖。以太極之理根乎心。謂之內。謂之本。散見于天文地理人事。流行于修己治人贊化。謂之外。謂之末。內外相承。本末以先因。"

85　장무의 생애에 대한 간략한 설명은 Dimberg, Ching, "Chang Mou"를 참조하시오. 장무의 생애와 사상에 대한 가장 상세한 설명과 해석은 Koh, "Jinhua's Leading Neo‑Confucian"에 실려 있다. 이 절은 Bol, "Neo‑Confucianism and Local Society," 269‑281의 내용을 수정한 것이다. 1524년, 장무의 산문과 시를 모은 『楓山章先生集』 9권본이 그의 조카 章拯과 다른 이들에 의해 편찬 및 간행되었다. 서문은 저명한 학자 余祐와 毛憲으로부터 받아 각각 1524년과 1530년으로 날짜가 적혀 있다. 이 판본은 『金華叢書』와 『叢書集成』에 수록되어 있다. 또한 4권 본도 유통되었으며, 이는 『사고전서』에 포함되어 있다. 장증은 또한 장무의 친구 林俊으로부터 서문을 받아냈는데, 이 서문은 林俊,『見素集』속집 권8, 2b‑4a,「楓山先生遺文序」에 수록되어 있으나, 장무의 어떤 판본에도 포함되지 않았다. 장무와 관련된 관헌 및 私文 자료를 모은 『楓山章先生實紀』는 그의 유일하게 생존한 아들인 章接이 편찬하였으며, 제자 당용이 1539년에 쓴 서문이 있다. 이 책 역시 『金華叢書』에 포함되어 있다. 이보다 앞서 장증 등은 장무의 연보를 편찬하였다. 제자 방태고는 1533년에 서문을 썼고, 1523년에 필사본을 보았다는 주석을 덧붙였다. 그러나 이 책은 당용에게 출판을 의뢰하지 않았고, 1554년에야 출간되었으며, 명목상 저자는 阮鶚으로 기재되었다. 장접은 이 경위를 발문에서 설명하고 있다. 이에 대해서는 완악의 『楓山章文懿公年譜』 서문과 권2, 41a를 참조하시오. 가장 마지막으로 간행된 저작은 『楓山語錄』이다. 孔天胤은 1545년에 쓴 서문에서 1536년에 沈伯咸의 초고를 보았다고 밝혔다. 장접은 발문에서 심백함이 이 책을 인쇄하지 않았다고 언급하며, 자신이 1565년에야 이 책을 입수하여 간행했다고 기록하고 있다. 이에 대해서는 沈伯咸,『楓山語錄』을 참조하시오.

86　章接,『楓山章先生實紀』권3, 25a, 董遵,「先師楓山先生補傳」.

87　장무의 가난은 그의 전기 작가들이 강조한 부분이다. 그가 남긴 유서에는 그가 구입한 재산 목록이 나와 있는데, 총 12석 이상의 논밭과 관개권, 편백나무 13그루와 밤나무 한 그루, 산지 일부, 그리고 부(府)로부터 10냥의 은으로 구입한 廢寺를 거처로 사용한 사실이 기록되어 있다. 이에 대해서는 阮鶚,『楓山章文懿公年譜』 권2, 42a‑44a를 참조하라. 또한 그의 제자 동준에게 보낸 서신들에는 관직에 대한 장무의 태도가 잘 드러나 있다. 이 서신들에서는 그가 벼슬에 나서는 것에 대해 신중하고 조심스러운 태도를 보였으며, 청렴과 은둔을 중시하는 유학자의 자세를 강조하였다. 장무,『풍산집』 권3, 96,「與董東湖道卿」; Koh, "Jinhua's Leading Neo‑Confucian," 21.

88　장무의 핵심적 가르침에서는 개인의 행동에 대한 강조가 잘 드러나며, 이는 아래에서 논의될 예정이다. 그의 제자들이 쓴 전기들에서도 장무의 도덕적 품행이 중요한 주제로 다루어

진다. 특히 姜麟이 쓴 전기에서는 장무의 가르침보다는 그의 도덕적 삶에 초점을 맞추고 있다. 이에 대해서는 章接, 『楓山章先生實紀』 권3, 25a, 「先師楓山章先生傳」을 참조하시오.

89 장무의 서간집 편찬자들은 모든 서간을 수록하지 않았으며, 대신 흥미로운 내용이 담긴 서간이나 잘 알려진 인물들에게 보낸 서간을 선별하여 수록했음을 분명히 밝혔다.

90 장무, 『楓山章先生集』 권5, 168, 「從父文山府君墓誌銘」; 권5, 78, 「松坡府君壙誌」; 권5, 79, 「孺人郭氏壙誌」.

91 Koh, "Jinhua's Leading Neo-Confucian," 4-5.

92 章接, 『楓山章先生實紀』 권3, 17b-25b; 章拯, 「伯父闇然翁行實」; 25a-32b, 董遵, 「先師楓山先生補傳」. 아마도 동준이 장증의 글의 자료였을 것이다. 심백함의 어록은 더 많은 주제를 다루고 있다.

94 章接, 『楓山章先生實紀』 권3, 30a-32a.

1. 論人。形天地之氣性天地之理。須是與天地之體同其廣大。天地之用同其周流方可謂之人。不然則與天地不相似矣。
2. 論爲學。貴立志。必以聖人爲的。由孔孟之成法而學焉。則庶乎其不差。
3. 論學者。須大其心胸。蓋心胸大則百物皆通。必有窮理工夫心纔會大。又須心小。正如文王小心翼翼一般。必有涵養工夫心纔會小。
4. 論義理。無窮。不可少有得焉而自足。白沙嘗語定山書云。泰山爲高矣。泰山之上更有天。東海爲深矣。東海之下更有地。
5. 論詞章之學。治世用之不能興禮樂。亂世用之不能致太平。
6. 論虛寂之學。最爲心害。後儒雖高明往往溺焉。謂自得易簡之妙。終莫覺其非。
7. 論學術。自程朱後又大壞矣。必須真聖賢出方救得。
8. 論世道。惟唐虞三代之盛。皆是聖賢在位。致中和。下此則一泰一否。祗憑氣運推遷耳。
9. 論。漢大綱正而萬目未舉。然大綱亦有未盡正處。唐萬目舉大綱未正。然萬目亦有未盡舉處。惟我大明立國規模宏遠周密。大綱無不正。萬目無不舉。然聖烈神功尤在於驅除胡元一統中夏。掃夷狄之陋。復禮儀之正。亙古帝王未有高焉者也。
10. 論文廟。祀典以違統言之須進周子兩程子張子朱子於配饗之位。庶允當矣。
11. 論三代以下人物。諸葛孔明范希文真是全才。猶未免事求可功求成。如程朱則是聖賢作用。行一不義殺一不辜而得天下。不爲矣。
12. 論世變。天地元氣到後來亦衰弱。生出人物都厭厭不振少氣節。甚至芝蘭亦變蕭艾矣。
13. 論士習。謝疊山有云。三代以後世之仕者無志堯舜之治。富貴其身而已。孔孟以後世之學者無志聖賢之學。榮華其言而已。
14. 論家法。必有關雎麟趾之意。然後可行周官之法度。如鄭義門兄弟爭死。其篤誼如此。家道安得不悠久乎。

15. 論風俗。嘗欲會同志擇里而居。倣橫渠復古之志。行藍田呂氏鄉約。庶可一變而厚。
16. 論政體。第一是格君心。收人才。固民心爲本。然後政事可擧而行。
17. 論國朝人物。忠誼則方正學。文章則宋景濂。政事則周文襄。道學則吳康齋。
18. 論吾婺。有三大擔。自東萊何王金許後。道學無人擔。自宗忠簡潘默成後。功業無人擔。自吳黃柳宋後。文章無人擔。可勝歎哉。
19. 論居常處困。每誦伯夷叔齊餓於首陽之下。民到於今稱之。便覺聳然自警拔。
20. 論居敬。自謂於專一上見功。覺得心中無甚放僻邪侈之雜。
21. 論窮理。自謂於精義 處得力。見得進退辭受之節頗分明。不敢放過。"

95　章接, 『楓山章先生實紀』, 唐龍, 「楓山實紀序」.
96　장무, 『楓山章先生集』 권4, 111, 「福建策士」.
97　장무, 『楓山章先生集』 권7, 256, 「東陽文獻錄序」; 권3, 103, 「與族姪處仁」; 권8, 304, 「蘭溪縣重建大成廟記」; 권8, 08, 「浦江縣遷建廟學記」.
98　章接, 『楓山章先生實紀』 권3, 32a, 董遵, 「先師楓山先生補傳」 "吾婺有三大擔。自東萊何王金許後。道學無人擔。自宗忠簡潘默成後。功業無人擔。自吳黃柳宋後。文章無人擔。" 沈伯咸, 『楓山語錄』, 33b; 章懋, 『楓山章先生集』 권7, 257, 「鄉賢祠志後序」; 권7, 66-67, 「清塘賀氏重修宗譜序」에서도 삼분법 공식이 나타나 있다.
99　나흠순, 『整菴存稿』 권6, 6a, 「送太守歐陽[諳]君之任序」.
100　章接, 『楓山章先生實紀』, 祭文은, 권5, 192·201·11; 章懋, 『楓山章先生集』, 余祐의 서문.
101　임준, 『見素集』 속집 권8, 2b-4a, 「楓山先生遺文序」. "文本諸心而根之於道。主張人文。鋪敘皇 極。感人心而神治化。後世扶奇搜博。以績藻雕飾爲工。文云文云乎。" "將欲起婺學數百年後。會北山、魯齋、仁山、白雲之派。以上接晦菴、東萊之傳。次之亦力追道傳、晉卿、景濂、仲申數大家之逸響。"
102　장무, 『楓山章先生集』 권7, 248-49, 「送趙副使鶴之陝西序」.
103　장무, 『楓山章先生集』 권8, 317-18, 「待渡亭記」.
104　楊廉, 『楊文恪公文集』 권40, 6b-7a. "如近代金華四儒。所謂朱子之世適者。或高明剛正似謝上蔡。或清介純實似尹和靖。并其所著之書。可悉言之與。國朝有擧之以從祀孔廟者。翰林集議謂可。無施行。不知當筆者爲誰。其所駁云何。"
105　여기에는 같은 광동 출신으로 진헌장의 주요 제자였던 湛若水와, 장무가 향시에서 장원에 올랐던 해에 전시에서 장원에 오른 羅倫이 포함된다. 라윤은 또한 황제에게 간언하는 일에 참여하기도 했다. 장무, 『楓山章先生集』 권9, 「送白沙先生陳公甫」; 沈伯咸, 『楓山語錄』, 8a. 35a. 36a.
106　沈伯咸, 『楓山語錄』, 6a.
107　沈伯咸, 『楓山語錄』, 35a.

108 鄭己, 賀欽에게 보냄: 장무,『楓山章先生集』권2, 45-48,「復鄭御史克修」; 권2, 48-51, 「復賀黃門克恭」.
109 章接,『楓山章先生實紀』, 序.
110 장무,『楓山章先生集』, 序(1525년 작성). "謂程朱之後. 絶無一語可出於己. 固難稱爲自得之學. 謂程朱論多非是. 則其狂悖僭忘. 不自量度."
111 장무의 추종자인 凌瀚도 전기를 작성하였다. 焦竑, 吳相湘,『國朝獻徵錄』권100, 57a-58a, 凌瀚,「瓊州府崖州感恩知縣東湖董公傳」.
112 김이상,『仁山集』권5, 90,「題仁山先生文集後」.
113 『洙泗言道錄』과『諸儒講說』에 대해서는, 호종무,『金華經籍志』권11, 16a-b. 학술적 기원에 대해서는,『金華經籍志』권11, 17b. 현존하는 유일한 작품은 그가 편찬을 맡았던 문학 선집이다.; 동준,「滕王閣集」.
114 김이상,『仁山集』권5, 86-87,「金文安公仁山書院記」. "仁山之學. 上泝朱子之傳. 北山所示曰. 省察克治. 魯齋所示曰. 涵養充拓. 語雖甚簡. 先生服之終身. 常有所未盡焉. 當時議者. 以何之淸. 介純實. 似尹和靖. 王之高明剛正. 似謝上蔡. 先生則親承 二先生之教. 而充之己者. 其示自雲旣曰. 聖人之道. 中而已矣. 又曰. 吾儒之學. 理一而分殊. 理不患其不一. 所難者分殊耳. 則其師友淵源. 粹然一出於正. 蓋可見矣. 抑有同志又有論云. 君臣之大倫. 道之不行. 聖人雖已知之. 猶謂不可廢也." 동준과 동시대 난계 출신 인물들 중 몇몇은 김이상의 저작을 부활시키는 데 관여했다. 徐珌는 김이상의 연보와 어록을 편찬했으며, 서용검은 이후 김이상의 문집에 서문을 썼다. 그러나 이들 문헌은 모두 실전되었다. 김이상,『仁山集』권5, 89-92.
115 양염,『楊文恪公文集』권38, 16a-b,「跋諸儒講義後」. "則此篇雖通謂之朱子之學可也. 學必宗朱子而後爲不差. 議論必合朱子而後爲不謬也. 然朱子之學豈出于朱子. 雖謂之程子之學可也. 程子之學豈出于程子. 雖謂之孟子之學可也. 推而上之至於孔子. 至於堯舜羲軒. 要其極則出於天也. 嗚呼. 此六十九篇. 自夫俗學視之. 予不知其以爲何如. 自夫有志 於聖賢之學而患無門戶以入者之讀之也. 如寐之得覺. 如醉之得醒矣. 董君分教吾郡. 不卽時之所好者而投之. 而顧及於此. 其望一時學者. 豈淺淺哉. 用是敬歎而借書其後云."
116 王懋德,『金華府志』권17, 19a.
117 능한의 글에 대해서는, 호종무,『金華經籍志』권1, 13b; 권5, 19b; 권11, 15b; 권13, 4b.
118 서포,『誦餘稿徐白谷先生集』권7, 1a-4,「答嚴亭子論學書」. 능한의 저작물 가운데에는『王氏傳習錄錄』이라는 현재는 실전된 책이 포함되어 있으며, 일부는 이를 왕양명 학파에 대한 지지의 표시로 보기도 한다. 그러나 徐袍에게 보낸 그의 편지 내용을 고려할 때, 이 책은 오히려 왕양명 학파에 대한 비판서였을 가능성이 더 크다.
119 지역 관직을 역임한 가문 출신인 금화의 潘希曾도 또 다른 사례이다. 반희증의 계기에 따

120 당용의 경력에 대해서는, 徐階, 『世經堂集』권16, 27a–31b, 「明故光祿大夫太子少保吏部尙書贈少保諡文襄唐公墓誌銘」.
121 당용은 1532년에 문집을 간행하였으며, 그 안에는 북방의 주요 관청 건물에 대한 비문이 포함되어 있다. 서문에서 북방 출신의 문인 康海는 당용의 문학적 소양에 대해 자세히 언급하고 있다. 『漁石集』권3, 8a(『금화총서』, 265–268쪽), 康海, 「唐漁石集序」.
122 唐龍, 『漁石集』권3, 26b–30a(『금화총서』, 265–268쪽), 「楓山先生行狀」. 또한 권2, 50b–51b, 「楓山實紀序」를 참조하시오.
123 당용, 「漁石集」권2, 29b.
124 그의 조부에 관해서는, 당용, 『漁石集』권3, 7b. 그가 정기와 장무와 함께 이전에 공부했던 것에 대해서 언급한 『주역』에 관한 저서에 대해서는, 권3, 18b, 「易經大旨說」; 충신에 대한 책에 대해서는, 권2, 4b–5b, 「二忠錄序」; 권2, 5b, 「表忠錄序」. 그는 강서, 운남, 그리고 조정에서의 근무 기간 동안 세 차례에 걸쳐 상주문집을 발행했다. 호종무, 『金華經籍志』권10, 9b; 권6, 20b.
125 당용, 『漁石集』권2, 12b(『금화총서』, 265–268쪽). 「送陽明先生還朝序」.
126 당용, 『漁石集』권2, 2a(『금화총서』, 265–268쪽). 「小學集解序」; 권2, 33a, 「道德經正解序」.
127 당여즙, 『小漁先生遺稿』권4, 17b–20b, 「復呂東萊祀田碑」(1571); 권4, 20b–23a, 「重建忠賢祠碑」.
128 서포, 『宋仁山金先生年譜』. 그 밖에도, 서포, 『誦餘稿徐白谷先生集』권4, 5a–6a, 「宋徵士仁山金先生言行錄序」; 권4, 6a–6b, 「章文懿公實紀序」; 권4, 19b–20a, 「仁山年譜序」. 정정의, 『戾華堂記』권4, 6b–11a, 「永康縣學敎思碑記」(1606년 작성); 권4, 10a–13b, 「盧新庵小集序」; 권4, 14a–16a, 「贈王帶水公祖升浙觀察副使詩冊序」.
129 육가교, 『陸學士先生遺稿』권11, 14b, 「金華府重修正學書院記」(1594년경); 조지고, 『趙文懿公文集』권1, 421–43b, 「中洲遺集叙」. 또한 주희의 학에 대한 변호에 대해서는 許弘綱, 『羣玉山房文集』권3, 9a–11b, 「重修崇正書院記」(1615)
130 Wing–tsit Chan, *Source Book*, 659.
131 『黃宗羲全集』권10, 200–201, 「答萬充宗論格物書」"夫自來儒者. 未有不以理歸之天地萬 物. 以明覺歸之一己. 歧而二之. 由是不勝其支離之病. 陽明謂良知即天理. 則天性明覺只是一事. 故爲有功於聖學."
132 Junghwan Lee(이정환), "Wang Yangming Thought as Cultural Capital."
133 서원지에는 초기 활동가들에 대한 정보가 포함되어 있다. 程尙斐, 『五峰書院志』.
134 그러나 그들의 운명은 각기 달랐다. 정재의 아들 정정의는 성공한 관료가 되어 가문을 지역의 사 반열에 올려놓았다. 정정의는 정재의 22명의 자손에 대해 기록을 남겼는데, 남자 자손들은 거의 모두 생원 이상의 학위를 지녔다. 그는 또한 관례에 따라 딸들의 남편을 기

135 응전의 가장 상세한 전기는, 程尙斐, 『五峰書院志』 권2, 10 - 16a.
136 왕은주·당금형, 『東陽縣志』 권10, 30b - 31b, 「八華精舍義田記」. "夫道率性而已。性原於天。具於心。渾然與天地萬物爲一體者也。學之者果能反躬存察而自得之。則大本立而達道行。萬事萬化不外是矣。雖博極群書。修明廣行。而與聖賢之心猶背而馳也."
137 黃綰, 『石龍集』 권18, 16a - b. "復天彛問師友服制, 蓋五倫只有朋友字樣。故師亦在朋友之中。又何疑焉。謂之師者以其能成己。謂之友者以其能輔己。此師友之所以分也."
138 王懋德, 『金華府志』 권27, 3b. "마음을 깨닫는 고된 노력"이라는 표현은 황간이 하기에게 전한 가르침으로 알려져 있으며, 이는 하기의 전기에도 포함되었다. "마음을 깨닫다"라는 표현은 남송 시기의 劉爚과 진덕수의 저작에도 등장한다. 劉爚, 『雲莊集』 권5, 「上人序」.
139 程尙斐, 『五峰書院志』 권5, 26b - 35b, 「贈通奉大夫四川布政司左布政使先考方峰公行狀」.
140 이들은 정기와 반희증이다.
141 그에 대한 두 개의 전기는 다소 차이를 보인다. 羅洪先의 경우에만 그가 사선생을 가르쳤다는 언급이 있다. 이에 대해서는, 焦竑·吳相湘, 『國朝獻徵錄』 권18, 36a - 37b를 참조하라. 두 번째 전기는 저자가 명시되어 있지 않지만, 그의 관직 경력에 대한 보다 자세한 내용을 담고 있다. 이에 대해서는 過庭訓, 『本朝分省人物考』 권53, 43a - 45a를 참조하라.
142 『程文德集』 권9, 97 - 98, 「婺集同聲詩序」.
143 『程文德集』 권10, 115 - 116, 「復古書院記」.
144 『程文德集』 권23, 249 - 251, 「嶺表書院諭學」.
145 『程文德集』 권13, 146 - 147, 「陽明文錄跋」.
146 조지고, 『趙文懿公文集』 권1, 12b - 15a, 「送右方伯滕少松之浙藩敍」. "陽明中起振鐸。迷醒寐覺。流遠教微。高明之士。乘其虛悟。陷於空談。學遂爲天下所迂闊而不信."
147 胡森, 『九峰先生文集』. 黃靈庚·陶誠華, 『重修金華叢書提要』, 632 - 634에 서술되어 있다.
148 아래에서 논의할 저작들 외에도 추가적인 연구가 필요한 몇몇 저작들이 있다. 張元諭의 철학적 성찰과 독서 기록을 담은 15권 분량의 張元諭, 『篷底浮談』을 참조하시오. 또한, 陸可教는 자신의 철학적 사유를 기록하였는데, 이에 대해서는 1596년에 작성된 『陸學士先生遺稿』 권14를 참조할 수 있다. 許弘綱은 주희와 왕양명 사이에서 균형을 찾으려는 노력을 보여준다. 許弘綱, 『群玉山房文集』, 권3, 9a - 11b, 「重修崇正書院記(1615).
149 『논어』 권15, 23에서 인용. 戚雄, 『婺賢文軌』, 序.
150 王懋德, 『金華府志』 권27, 2a - 3b(권27,3a), 「重修麗澤書院記」. "今之學者能取法於是。則培養薰。聒[哉?]大道。坦然何憂趣向之不正乎。趣向正則心學明。心學明則眞儒出。眞

151 王懋德,「金華府志」 권27, 3b. "以刻苦工夫, 真實心地爲首務. 居敬立志爲全功."
152 응정육,「金華先民傳」 1장.
153 응정육,「金華先民傳」 2장, 권7, 19b. 鄭柏의 현존하는 판본들은 관직 경력으로 시작하며, 모든 학자들을 '유학'이라는 제목 아래에 분류하고 있다. 이 제목은 1558년 이후에 변경된 것으로 보인다.
154 서포,「誦餘稿徐白谷先生集」 권6, 4b-6a,「理氣辨」; 권8, 8a-9a,「二學」 권6, 1b-2a, 「傳習錄贊」.
155 서포,「事典考略」. 비록 장마다 제목이 붙어 있지는 않지만, 다음과 같이 구분된다. (1) 학문, (2) 조정의 정치, (3) 통치, (4) 제도, (5) 역법, 예법 및 음악, (6) 군사.
156 서포,「誦餘稿徐白谷先生集」 권6, 2a-3a,「弘德三先生」; 권4, 6b-7b,「意求錄序」.
157 서포,「誦餘稿徐白谷先生集」 권7, 1a-4a,「答嚴亭凌子論學書」.
158 서포,「誦餘稿徐白谷先生集」 권4, 20a-21b,「晦菴先生文語序」.
159 손양의 생애와 사상에 대한 가장 상세한 기록은 손양,「孫石臺先生遺集」 부록 2, 24a-27b에 실린 盧孝達,「石臺文孝孫先行狀」에 있다. 그의 문집은 두 권으로 구성되어 있으며,『定志編』과『質疑稿』두 책이 재간행되었다. 이에 대한 자세한 내용은 黃靈庚·陶誠華,「重修金華叢書提要」, 379-381쪽을 참조하시오. 그의 제자들 중에는 동양의 유력 가문인 노씨 출신이 많았는데, 이는 그가 이 가문의 가정교사였을 가능성을 시사한다. 손양의 부친은 주희의 학에 심취해 있었다. 손양은 장무의 소식을 듣고 그의 저작을 인쇄하여 난계로 찾아가 장무에게 전했다. 또한 장무가 세상을 떠났을 때 다시 난계로 돌아가 제문을 지었다고 전하지만, 이 제문은 장씨 가문의 기록에는 남아 있지 않다. 또한 Junghwan Lee(이정환), "Wang Yangming Thought as Cultural Capital," 45-46의 손양에 대한 기술을 참조하시오.
160 손양,「孫石臺先生遺集」 권1, 8a-10a,「質疑藁序」(1528).
161 손양,「孫石臺先生遺集」 권2, 3a-6a,「答友人書」. "蓋道之大原出於天. 實體備於人. 學之者有當然之工夫. 得之者有自然之妙用. 古之聖賢明此道於心. 體此道於身. 達此道於家, 國, 天下. 又憂此道不傳於後世. 乃寄之語言文字之間. 五經四書之所由作也. 故夫經書之作. 皆所以明斯道, 覺後人. 各舉其概言之. 易所以明斯道之本原. 詩禮所以明斯道之發越. 書與春秋所以明斯道之功用. 是道也. 在大學謂之至善. 在中庸謂之誠. 在論語謂之仁. 孟子謂之仁義. 聖人之經書. 其言論雖不同. 其篇章雖不一. 要不過欲學者明斯道而體之於身. 以求不失其本心. 推之國家天下耳. 漢唐之儒以其不知此而雜也. 宋儒以其得此而大也. 朱子生周程張邵諸大儒後. 集其大成. 全此道於身. 而不敢私於身也. 深憂後世之不明, 不行. 乃悉取聖人之遺編而明之. 又以四書爲聖學之根本. 尤加之意. 故大學中庸既有章句. 又有輯略, 或問. 論語, 孟子既有集義. 又有訓蒙, 集註. 易有本義,

啟蒙。詩有傳。書義則口授於蔡氏。家禮所以約禮經之要也。綱目所以衍春秋之義也。四書五經無不明。則斯道大明。而聖賢體用之學。無不具矣。慮學者之無以立基也。爲之小學。慮學者之無以入門也。爲之近思錄。所以開示來學者。可謂憂深慮遠。而衛道之功。誠不在子思、孟子之下也。今之志斯道而學斯學者。惟循其途轍。實用力焉。則愚可明。柔可強。斯道之大。可以升堂而入室矣。然工夫之節目雖多大。要不出四者。四者何。爲已以立吾之志也。持敬以存吾之心也。窮理以致其知也。反躬以踐其實也。由朱子之書以求聖人之道。執此四者之要以求盡節目之詳。斯吾學可成。吾道可得。大而天地。庶而民物。前而往聖之已然。遠而後聖之復起。其理皆不出於吾心。而功用之大將有不可勝言者."

162 조지고, 『趙文懿公文集』 권1, 36b, 「蘭陰珍別後」. "蘭陰久無理學會。會之來徐魯源子倡之。魯源子篤志聖賢。雅好朋友。無一日不相與發明此學。來過省愆。質疑辨難。而一時同志者。亦翕然聚焉。壬戌之秋。正魯源子登第之歲。余始志學。又適緒山錢先生。溯江而上。余謁之。惓惓於格致之學。且云。學必講而後明。余始益悟。而時奮起者二十餘人。乃卜會於蘭陰山菴。名曰蘭陰會。有期必至。毋敢後焉。凡六年于茲矣。人非不毅然向道也。但世情嗜慾。累久蔽深。而又益之以支離之聞見。故於此心雖日知所從事。而未得其要領。去邪存正。改過遷善。不免於意念上起倒。作止靡定。終無了手。間有知得自己本體當求者。或住於見。或障於理。或有所執而不化。於我眞性猶隔一層。魯源子學善契悟者也。歷任三曹。大會天下名賢。而悟益深矣。一旦以途母還鄕。請命得獲。南旋抵家。不數日。即杜客。約友朝夕於蘭陰。慨然有訂學之意。見余及同志者之學。嘆曰。此皆辨濁清於支流者也。須從根本上求之可矣。此學惟明此體。此體原從太虛中來。不落形骸。不着念慮。不染知識。光光一介心體。能視能聽。能言能動。能與物感應者也。當下處得此虛體。不轉一念。便是工夫。舍此則無工夫可言矣。千言萬語。只是一意。使人自悟自識。凡會必欲人各盡已蘊。一一以此意發之。指點丙源。開示要法。眞如盧扁用劑。悉中肯綮。觀其行事。如江河流水然。無纖毫滯礙。與人忘形。視家事之貧寠。若至足焉。布衣蔬食。澹如也。善哉。魯源子之學也。有徵驗矣。聚處半年。聞者皆悟。余亦因得以窺見其端倪。始信往昔所學。皆務標末。千古一息。命脉正當自有在也。方藉洪爐大冶。火力逼眞。融釋駁垢。而儀部催文又至矣。古人以道德有諸身。非師友則不可得。余於魯源子之別也。豈能忘情乎哉。然余幸北上之期猶近也。會中同志者。又豈能忘情乎哉。雖然。使我輩果能刊落言辭。斷絕心思。直從本性上着脚。於昔日之所謂障蔽者。皆務去之。以求今日之是。則於魯源子猶弗別也."

163 羅大紘은 『紫原文集』 권10, 1a-27a에서 서용검의 경력을 서술하고 그의 사상에 대해 상세하게 논하며, 권10, 14b, 「南太常卿徐貞學先生學行述」를 인용하고 있다. 서용검의 가르침과 사상에 대한 논의는 11b부터 시작된다.

164 서용검, 『三先生類要』.

165 1578년 서문이 있는 서용검의 문집에는 1584년 문묘에서 부차적 제사를 받은 네 명의 명

대(인물 중 세 명이 포함되어 있으며, 胡居仁만 누락되어 있다.

8장

1. Chaffee, *Thorny Gates*에 따르면, 남송 시대 동안 절동 지역의 진사 배출 수는 다음과 같다. (1) 온주(溫州) 1,125명, (2) 명주(明州) 746명, (3) 저주(滁州) 506명, (4) 무주 466명, (5) 태주(台州) 377명, (6) 구주(衢州) 359명.
2. 태주의 경서 목록에는 청대까지 포함하여 약 4,000종의 서목이 수록되어 있으며, 이에 대한 자세한 내용은 項元勛, 「台州經籍志」를 참조하라. 호종무, 『금화경작지』에는 명대 말까지 총 1,397종의 서목이 기록되어 있다. 지방지에 수록된 서목들은 賈貴榮, 杜澤遜, 「地方經籍志彙」에 정리되어 있다. 또한 자세한 내용은 Chaffee, *Branches of Heaven*을 참조하시오.
4. Jinping Wang, *In the Wake of the Mongols*.
5. 이는 동양의 학교와 관련하여 Bol, "Zhang Ruyu"에서 논의되고 있다.
6. Faure, "Lineage as Cultural Invention"; Faure, "Emperor in the Village"; Faure "What Weber Did Not Know"; Faure, *Emperor and Ancestor*; Faure and Liu, *Town and Country*; Tao Tao Liu and Faure, *Unity and Diversity*.
7. Szonyi, *Practicing Kinship*; Szonyi, *Art of Being Governed*.
8. 노씨 가문의 건물들과 곽동 마을에 대해서는, the China Local Website: https://chinalocal.omeka.fas.harvard.edu/ 를 참조하시오.
9. Hanan, *Invention of Li Yu*.
10. 이들 저작의 서문은, 장국유, 「張忠敏公遺集」 권5, 5a–9b에 있다. 장국유의 경력에 대해서는, 夏斌, 「張國維年譜」.
11. 예인길, 「宮意圖詩」; 倪仁吉, 「凝香閣詩稿」.
12. Menegon, *Ancestors, Virgins, and Friars*, 159, 220.
13. 이 절은 Bol, "Looking to Wang Shizhen"에 기반하고 있다. 또한 이것이 기반한 다음의 2개의 미출간 논문으로부터 도움을 받았다. 許建業, 「晚明胡應麟對金華地區詩文學術傳統的建構」, Ming Tak Ted Hui, "Establishing the Scholarship of Textual Learning."
14. 호응린, 「少室山房類稿」 권29, 4a–5a.
15. 汪道昆, 「太函集」 권32, 699–702, 「處士方太古傳」; 王世貞, 「弇州續稿」 권92, 1a–5a, 「方元素處士墓誌銘」. 모든 인용은 汪道昆으로부터.
16. 章拯, 唐龍, 陸震.
17. 徐禎卿, 楊循吉, 都穆, 沈周, 文徵明.

18 방태고, 汪道昆, 『太函集』 권32, 699 – 670에 인용되어 있다. "世之嗚嗚者. 不濂, 洛, 關, 閩. 則韓愈, 柳宗元, 歐陽修, 蘇軾, 曾鞏, 王安石. 譬之虺也. 雖一再蛻猶故虺 耳. 蛻而龍者無萬一焉. 譬之乳子. 母絶而乳存. 卽張口號嗄而就飮之. 終不補矣. 遂裂章甫逢掖. 設古衣冠."

19 호응린, 『少室山房類藁』 권119, 1a – 2b. "報李仲子允達. 吾與足下. 婺產也. 婺. 越之東國也. 厥初人才何如哉？學術則孝標之博. 洽籠千秋. 詩歌則賓王之綺. 藻煥百代. 而皆婺產也. 唐宋之際. 稍陵夷焉. 伯恭, 同父一再振之. 至黃晉卿, 柳道傳, 吳立夫輩, 聯翩勝國. 殆十數家. 而婺之才遂以一郡蹠海內者十之三. 至王子充, 蘇平仲, 胡仲申輩, 馳騖皇朝. 又十餘家. 而婺之才遂以一郡割海內者十之六. 蓋至於宋文憲景濂. 而一代之才. 咸歸吾婺矣."

20 호응린, 『少室山房類藁』 권89, 9a. "則夫集三君子之長. 以上接周, 楚, 漢, 唐之緖. 使婺之爲婺. 異時不以一代一方限者. 非生乎今所當有事耶."

21 이 저작들은 모두 실전되었다. 許建業은 호응린이 금화의 인물들을 주제로 한 여러 연작시를 통해, 실전된 『婺獻』 10권에 포함되었을 인물들을 유추할 수 있다고 제안한다. 만약 그렇다면, 위에서 인용된 서간에 언급된 인물들뿐만 아니라, 당대의 도사 張志和와 승려 貫休, 그리고 남송의 당중우와 陳樵도 포함되었을 것이다. 자세한 내용은 許建業, 「晚明胡應麟對金華地區詩文學術傳統的建構」을 참조하라. 또한, 호응린은 단순한 문인이 아니라 정치적 청렴성을 지닌 인물로 駱賓王을 변호하는 글을 썼으며, 이는 『補唐書駱侍御傳』 1권으로 남아 있다.; 호응린, 『少室山房類藁』 권89, 9a

22 王崇炳, 『金華徵獻略』 권12, 18b – 21a; 吳晗, 『胡應麟年譜』 248 – 249.

23 전기적 자료로는 吳晗, 「胡應麟年譜」와 Hummel, "Hu Ying-lin"을 따랐다. 문인으로서의 호응린에 대한 연구로는 예를 들어 李思涯, 『胡應麟文學思想硏究』와 Laura Hua Wu, "From Xiaoshuo to Fiction"을 참고하시오. 후대의 고증학적 관점에서 호응린의 저작을 가장 자세히 연구한 것은 林慶彰, 『明代考據學研究』이다.

24 이에 대한 호응린의 기술에 대해서는, 호응린, 『少室山房類藁』 권100, 5a.

25 호응린, 『少室山房類藁』 권100, 1a. "問. 士稱文章, 學問尙矣. 顧前代以文章稱者. 其途有二. 以問學稱者. 其途有四. 其目可悉陳與. 其人之專門名家者可悉數與. 三代而下有能總括而會萃之者與. 明養士二百餘載. 理學事功無論. 亦有文與學名者與. 亦有能兼此二端者與. 近世有訛文章學問爲枝葉. 而託之乎空虛性命 者. 以蘄 於周公 仲尼之道. 然與否與."

26 주희, 「중용장구서」.

27 호응린, 『少室山房類藁』 권100, 1a – 5a.

28 호응린, 『소실산방유고』 권100, 2a – 2b.

29 호응린, 『소실산방유고』 권100, 2b. 고문 시로는 劉基, 高啓, 何景明, 徐禎卿, 高叔嗣, 李

攀龍, 王世懋, 張九一, 吳國綸이 있다. 산문으로는 劉允, 方孝孺, 蘇伯衡, 李東陽, 程敏政, 崔銑, 康海, 王維楨, 王慎中, 王道崑이 있다.

30 호응린, 『소실산방유고』 권100, 2b. 호응린이 제공한 자를 기반으로 한 인물을 확인할 수 없었다: 「非言」.

31 松江 출신의 陸深은 문장가로 유명하며, 서예, 골동품 수집, 여행기, 지방사 및 명대 역사에 관한 잡기, 그리고 劉知幾의 『史通』에 대한 비평적 연구로 잘 알려져 있다. Hok-lam Chan, "Lu Shen."

32 楊慎은 운남에서 35년간 유배 생활을 보냈다. 그는 총 138종의 저술을 집필하거나 편찬한 인물로, 특히 사실 및 역사적 정보를 담은 필기(筆記) 문헌으로 유명하다. 그의 『丹鉛總錄』 27권은 호응린의 필기 중 하나에서 다루어진 바 있다. 또한, 그는 문학 비평, 경학 연구, 음운학 및 어원학에 관한 저작으로도 알려져 있다. Goodrich and Fang, "Yang Shen."

33 왕정상은 하남 儀封 출신으로, 시문, 문학 비평, 그리고 氣의 우선성을 강조하는 철학적 저술로 유명하다. 그의 일부 저작은 자연 세계에 대한 실증적 탐구로서, 기존의 지식 전통과 경전의 권위를 비판하는 데 활용되었다. Chaoying Fang, "Wang T'ing-hsiang."

34 호거인은 강서 餘幹 출신으로, 주로 신유학 사상가로 알려져 있다. 그가 『주역』의 상수(象數) 해석 전통에 대한 연구를 남긴 것이 이 목록에 포함된 이유일 수 있다.

35 何孟春은 호광 郴州 출신으로, 군사 및 행정 업무에 관한 다수의 저술을 남긴 고위 행정관이었다.

36 호응린, 『소실산방유고』 권100, 2b.

37 양정화는 사천 新都 출신으로, 楊慎의 아버지이다. 그는 역사 기록, 변경 문제, 그리고 법가 사상에 대한 연구를 저술하였다. 또한, 1524년 대례의 논쟁에서 패배한 측을 이끌었다. Tao-chi Chou, "Yang T'ing-ho."

38 구준은 광동 瓊山 출신으로, 지리, 역사, 정치경제, 예제, 의학, 철학, 그리고 문학 비평에 관한 저술을 남겼다. 그의 대표작인 『大學衍義補』는 공공 행정과 제도사에 대한 연구로, 성리학이 강조하는 개인의 수양을 세계 질서의 핵심으로 보는 관점에 대한 대안으로 제시되었다. Chi-hua Wu and Ray Huang, "Ch'iu Chün."

39 담약수는 광동 增城 출신으로, 신유학 교육자로 가장 잘 알려져 있다. 그의 저작으로는 『聖學格物通』이 있으며, 그의 포함 이유는 『二禮經傳測』 68권을 통해 『예기』의 원문을 복원하려는 관심 때문일 가능성이 있다. Chaoying Fang, "Chan Jo-shui."

40 당순지는 南直隷 武進 출신으로, 불교적 성향을 지닌 왕양명의 제자 王畿의 문인이었다. 그는 역사적 사건, 사학 비평, 주변적 인물들의 전기, 문학 형식, 군사 기술 및 전략 등 다양한 주제에 걸쳐 다수의 저술을 남겼다. Ray Huang, "Tang Shun-chih."

41 황좌는 광동 香山 출신으로, 지방 역사, 제도, 사회 규범에 관한 저술을 남겼으며, 철학적 주제에 대해 강의했다. 그는 학문이 폭넓음(博)과 핵심 규범(約)을 결합해야 한다는 견해

42 정효는 절강 海鹽 출신으로, 명대 역사에 관한 방대한 저술을 남겼다. So, "Cheng Hsiao."
43 호응린, 『소실산방유고』 권111, 1a.
44 호응린, 『소실산방유고』 권89, 6b - 9b.
45 명대 문인에 대한 최근 연구를 종합적으로 논의한 내용은 다음을 참조하시오. 陳宝良, 「明代文人辨析」.
46 아래에서 논의된다. 양신의 논의와 방이지의 인용은 Peterson, "Confucian Learning in Late Ming," 787 - 788에 있다.
47 Schorr, "Trap of Words," 444. 또한 앞의 논문 5장, "Connoisseurship and the Defense against Vulgarity: Yang Shen and His Work."
48 李思涯, 『胡應麟文學思想研究』, 45 - 57.
49 왕세정의 모임에 속하는 陳文燭이 호응린의 필기 총서에 대해 쓴 그의 서문에서; 호응린, 『少室山房筆叢』.
50 호응린, 『少室山房類稾』 권111, 1a - 3a, 「與王長公第一書」. "執事率談笑道之間用其一。以與孟莊屈宋十數公方駕長驅。曾未既其疇捷。而況乎總統百家、鎔鑄萬品。條理始終。一以貫之。而各臻其極哉."
51 호응린, 『少室山房類稾』 권111, 3a - 4b, 왕세정에게 보내는 두 번째 서간.
52 호응린, 『少室山房類稾』 권112, 3a, 「與少司馬王公」. "國朝文章之盛。幾軼古先。而學問之衰。無逾晚季。于嘉隆。玄談又沸。即豪特之士崛起其間。而屬辭者虞幾于堆垛。多識者取誚于支離。不有執事出而挽之。將恐兩家者言浸淫無極。天不生仲尼、萬古如長夜。虛語乎哉."
53 호응린, 『少室山房筆叢』.
54 호응린, 『詩藪』.
55 왕세정, 『弇州續稿』 권68, 17a - 23a. 호응린의 자서전에서는 완성되어 유통된 저작으로 시집 60권, 『詩藪』 20권, 『少室山房筆叢』 36권, 후대 『筆叢』 판본에 포함된 두 저작, 그리고 시 선집 6권을 언급하고 있다. 謝鶯興, 『胡應麟及其圖書目錄學研究』 참조.
56 서문들은 원래 저작에 덧붙여진 층으로 보이는데, 이는 서문 다음에 오는 첫 번째 항목들이 내용에 대한 서론 역할을 하기 때문이다. 특이하게도, 호응린은 『筆叢』의 개별 저작들에 대해 다른 이들의 서문을 받지 않았는데, 이는 독자들의 첫인상을 직접 통제하려는 의도로 보인다. 다만, 그는 『筆叢』 전체에 대한 서문 한 편을 陳文燭에게 요청하였으며, 진문촉은 호응린이 재능, 학문, 지식을 겸비했다고 찬양하였다.
57 林慶彰, 『明代考據學研究』, 187 - 300; Laura Hua Wu, "From Xiaoshuo to Fiction." 林慶彰의 연구는 다음과 같은 주제별로 구성되어 있다. 고증학 연구, 위작 감정, 楊愼 관련 연구, 경전 검증, 민간 문학 관련 저작 검증, 희곡과 문학.

58　Nienhauser, *Indiana Companionto Traditional Chinese Literature*, 439-441.
59　호응린의 장르의 관점에 관한 논의는, Laura Hua Wu, "From Xiaoshuo to Fiction."
60　Laura Hua Wu, "From Xiaoshuo to Fiction," 352-353.
61　호응린, 『少室山房筆叢』권36, 476.
62　호응린, 『少室山房筆叢』권38, 498-499, 「華陽博議」.
63　호응린, 『少室山房筆叢』권38, 498. "古今大學術槪有數端。命世通儒罕能備悉。"
64　호응린, 『少室山房筆叢』권38, 499. "學問之途千歧萬軌."
65　호응린, 『少室山房筆叢』권5, 72, 「丹鉛新錄」.
66　호응린, 『少室山房筆叢』권19, 258, 「藝林學山」.
67　이의 중요한 사례는 Laura Hua Wu, "From Xiaoshuo to Fiction"에서 논의되었다.
68　호응린, 『少室山房筆叢』권18, 234, 「史書佔畢」.
69　호응린, 『少室山房筆叢』권30, 382, 「四部正訛」.
70　Ying-shih Yu, "Some Preliminary Reflections."
71　서용검, 『三先生類要』권3, 1a. "仁一也。以言乎己謂之學。以言乎人謂之政 … 不達則施之家。苟存心於濟物。是亦爲政."
72　이에 대해서는 Ming Tak Ted Hui, "Establishing the Scholarship of Textual Learning의 도움을 받았다.
73　"子曰。參乎。吾道一以貫之。曾子曰。唯。子出。門人問曰。何謂也。曾子曰。夫子之道。忠恕而已矣."
74　주희, 『四書章句集注』, 83-84. "聖人之心。渾然一理。而泛應曲當。用各不同。曾子於其用處。蓋已隨事精察而力行之。但未知其體之一爾。夫子知其眞積力久。將有所得。是以呼而告之。曾子果能默契其指。卽應之速而無疑也…盡己之謂忠。推己之謂恕…夫子之一理渾然而泛應曲當。譬則天地之至誠無息。而萬物各得其所也。自此之外。固無餘法。而亦無待於推矣…蓋至誠無息者。道之體也。萬殊之所以一本也。萬物各得其所者。道之用也。一本之所以萬殊也。以此觀之。一以貫之實可見矣."
75　Chu Hsi, *Learning to Be a Sage*, 128-162의 번역을 참조하시오.
76　이러한 관점에 대한 보다 상세한 기술로는, Bol, *Neo-Confucianism in History*를 참조하시오.
77　Wing-tsit Chan, *Source Book*, 659의 번역을 바탕으로 수정하였다. "大人者以天地萬物爲一體者也。其視天下猶一家。中國猶一人焉。若夫間形骸而分爾我者。小人矣。大人之能以天地萬物爲一體也。非意之也。其心之仁本若。是其與天地萬物而爲一也。豈惟大人。雖小人之心亦莫不然."
78　『黃宗羲全集』권7, 3, 「明儒學案自序」(1691). "盈天地間皆心也。變化不測。不能不萬殊。心無本體。工夫所至。卽其本體。故窮理者窮此心之萬殊。非窮萬物之萬殊."이는 『明

儒學案』의 여러 판본에서의 그의 서문과 다르다. 나의 本體에 대한 이해는 Peterson, "Arguments over Learning," 483-497을 따랐다.
79 顧頡剛, 『胡應麟四部正譌』 권4. "道術咸出于一軌."

부록 6.1 중국역사인물데이터베이스(CBDB) 데이터

1 CHGIS의 다운로드 및 추가 정보는 https://sites.fas.harvard.edu/~chgis/에서 확인할 수 있다.
2 Yuan Yuying의 "CHGIS Sample Layers" 자료는 "CHGIS 50년 단위 구분 1350-1911 (CHGIS 50 year increments 1350-1911)"이라는 이름으로 제공되며, 다음 링크에서 접근할 수 있다: https://arcg.is/0C44y5.
3 이 연구에서 사용된 버전은 CBDBay20190424를 기반으로 하며, 여기서 소문자는 사용자 인터페이스의 버전을, 날짜는 데이터 공개 날짜를 나타낸다.
4 CBDB의 다운로드, 사용 방법에 대한 안내, 온라인 시스템 링크 등은 다음 웹사이트에서 확인할 수 있다: https://projects.iq.harvard.edu/cbdb.
5 왕덕의, 『宋人傳記資料』; 왕덕의, 李榮村, 潘柏澄, 『元人傳記資料』.
6 주로 호종무의 『金華經籍志』를 따랐다. 동일한 저작물의 서로 다른 제목을 각각 독립된 것으로 처리했기 때문에 총수가 많다.
7 Fuller, *CBDB User's Guide.*
8 ArcGIS는 Esri에서 발행한 공간 분석용 라이선스 소프트웨어이며, Pajek과 Gephi는 네트워크 분석 및 시각화를 위한 무료 다운로드 프로그램이다.

| 참고문헌 |

약어

SKQS: 『四庫全書』
JHCS: 『金華叢書』
XJHCS: 『續金華叢書』

영어

Adam Schorr. "The Trap of Words: Political Power, Cultural Authority, and Language Debates in Ming Dynasty China." Ph.D. diss., University of California Los Angeles, 1994.

Andrew, Anita Marie. "Zhu Yuanzhang and the Great Warnings (Yuzhi Da Gao): Autocracy and Rural Reform in the Early Ming." Ph.D. diss., University of Minnesota, 1991.

Balazs, Etienne, and Yves Hervouet. *A Sung Bibliography (Bibliographie des Sung)*. 香港: Chinese University Press, 1978.

Bearman, Peter S. *Relations into Rhetorics: Local Elite Social Structure in Norfolk, England, 1540–1640*. New Brunswick, N.J.: Rutgers University Press, 1993.

Bol, Peter K. "Chu Hsi's Redefinition of Literati Learning." In *Neo-Confucian Education: The Formative Stage*, edited by Wm. T. de Bary and John Chaffee, 151–87.

Berkeley: University of California Press, 1989.
Bol, Peter K. "Examinations and Orthodoxies: 1070 and 1313 Compared." In *Culture and State in Chinese History*, edited by Theodore Huters, R. Bin Wong, and Pauline Yu, 29–57. Stanford: Stanford University Press, 1998.
Bol, Peter K. "GIS, Prosopography, and History." *Annals of GIS* 18, no. 1 (2012): 3–15.
Bol, Peter K. "Intellectual Culture in Wuzhou ca. 1200—Finding a Place for Pan Zimu and the Complete Source for Composition." In *Proceedings of the Second Symposium on Sung History*『第二屆宋史學術研討會論文集』, 788–38. 台北: 中國文化大學史學研究所, 史學系, 1996.
Bol, Peter K. "Local History and Family in Past and Present." In *The New and the Multiple: Sung Senses of the Past*, edited by Thomas H. C. Lee, 307–48. 香港: Chinese University Press, 2004.
Bol, Peter K. "Looking to Wang Shizhen: Hu Yinglin (1551–1602) and Late Ming Alternatives to Neo-Confucian Learning." *Ming Studies* 53 (2006): 99–137.
Bol, Peter K. "Lü Zuqian's Compacts." *Journal of Song-Yuan Studies* 50 (2021): 417–29.
Bol, Peter K. "Neo-Confucianism and Local Society, Twelfth to Sixteenth Century: A Case Study." In *The Song-Yuan-Ming Transition in Chinese History*, edited by Paul Smith and Richard von Glahn, 241–83. Cambridge, Mass.: Harvard University Asia Center, 2003.
Bol, Peter K. "Ni Pu's Map: Seeing the National from the Local." In *Conference on Translocal and Transregional Dynamics in China's History*. Singapore: National University of Singapore, 2008.
Bol, Peter K. "On Shao Yong's Method for Observing Things." *Monumenta Serica* 61 (2013): 287–99.
Bol, Peter K. "On the Spatio-Temporal Analysis of Religious Institutions—A Study of the Jinhua Prefectural Gazetteer of 1480." Chap. 5 in *The Formation of Regional Religious Systems in Greater China*, edited by Jiang Wu. Abingdon: Routledge. Forthcoming.
Bol, Peter K. "Reading Su Shi in Southern Song Wuzhou." *East Asian Library Journal* 8, no. 2 (1998): 69–102.
Bol, Peter K. "Reconceptualizing the Order of Things in Northern and Southern Sung." In *The Cambridge History of China*, vol. 5: *Sung China, 960–1279 AD*, part 2,

665–726. Cambridge, U.K.: Cambridge University Press, 2015.

Bol, Peter K. "Seeking Common Ground: Han Literati Under Jurchen Rule." *Harvard Journal of Asiatic Studies* 47, no. 2 (1987): 461–538.

Bol, Peter K. "Su Shih and Culture." In *Sung Dynasty Uses of the I Ching*, edited by Kidder Smith, Jr., Peter K. Bol, Joseph A. Adler, and Don J. Wyatt, 56–99. Princeton: Princeton University Press, 1990.

Bol, Peter K. "The 'Localist Turn' and 'Local Identity' in Later Imperial China." *Late Imperial China* 24, no. 2 (2002): 1–51.

Bol, Peter K. "The Rise of Local History: History, Geography, and Culture in Southern Song and Yuan Wuzhou." *Harvard Journal of Asiatic Studies* 61, no. 1 (2001): 37–76.

Bol, Peter K. "The Sung Examination System and the Shih." *Asia Major* 3, no. 2 (1990): 149–71.

Bol, Peter K. *"This Culture of Ours"—Intellectual Transitions in T'ang and Sung China*. Stanford: Stanford University Press, 1992.

Bol, Peter K. "When Antiquity Matters: Thinking about and with Antiquity in the Tang–Song Transition." In *Perceptions of Antiquity in Chinese Civilization*, edited by Dieter Kuhn and Helga Stahl, 209–36. Heidelberg: Edition Forum, 2008.

Bol, Peter K. 「Zhang Ruyu, the Qunshu kaosuo, and Diversity in Intellectual Culture—Evidence from Dongyang County in Wuzhou」『庆祝邓广铭教授九十华诞论文集』644–73. 石家庄: 河北教育出版社, 1997.

Bol, Peter K. *Neo-Confucianism in History*. Cambridge, Mass.: Harvard University Asia Center, 2008.

Bossler, Beverley. *Powerful Relations: Kinship, Status, and the State in Sung China (960–1279)*. Cambridge, Mass.: Harvard University, Council on East Asian Studies, 1998.

Brook, Timothy. "The Spatial Structure of Ming Local Administration." *Late Imperial China* 6, no. 1 (1985): 1–55.

CBDB. See *China Biographical Database*.

Chaffee, John W. *Branches of Heaven: A History of the Imperial Clan of Sung China*. Cambridge, Mass.: Harvard University Asia Center, 1999.

Chaffee, John W. *The Thorny Gates of Learning in Sung China: A Social History of Examinations*. Cambridge Studies in Chinese History, Literature, and Institutions. Cambridge, U.K., and New York: Cambridge University Press, 1985.

Chan, Hok-lam. "Lu Shen." In *Dictionary of Ming Biography, 1368–1644*, edited by L. Carrington Goodrich and Chaoying Fang, 999‑1003. New York: Columbia University Press, 1976.

Chan, Hok-lam. "Lü Zuqian's Discourse on Ancient History—Selected Translations from the Writings of a Twelfth Century Historian." *The CUHK Journal of the Humanities* 1, nos. 1‑2 (1997): 94‑110.

Chan, Wing-tsit. *A Source Book in Chinese Philosophy*. Princeton: Princeton University Press, 1963.

Chang, George Jer-lang. "Local Control in the Early Ming (1368‑1398)." Ph.D. diss., University of Minnesota, 1978.

Chartier, Roger. "Intellectual History or Sociocultural History?" In *Modern European Intellectual History*, edited by Dominick LaCapra and Steven Kaplan, 13‑46. Ithaca: Cornell University Press, 1982.

Chen, Song. "The State, the Gentry, and Local Institutions: The Song Dynasty and Long-Term Trends from the Tang to Qing." *Journal of Chinese History* 1, no. 1 (2017): 141‑82.

陳雯怡. "Networks, Communities, and Identities: On the Discursive Practices of Yuan Literati." Ph.D. diss., Harvard University, 2007.

CHGIS. See *China Historical Geographic Information System*.

Chia, Lucille. *Printing for Profit: The Commercial Publishers of Jianyang, Fujian (11th–17th Centuries)*. Harvard-Yenching Institute Monograph Series 56. Cambridge, Mass.: Harvard University Asia Center for the Harvard-Yenching Institute, 2002.

China Biographical Database (CBDB). General editor Peter K. Bol, senior project manager Wang Hongsu. Harvard University Fairbank Center for Chinese Studies, Peking University Center for Research on Ancient Chinese History, and Academia Sinica Institute of History and Philology.

China Historical Geographic Information System (CHGIS). General editors Peter K. Bol and Ge Jianxiong; executive editors Merrick Lex Berman and Man Zhimin. Version

6. Harvard University Fairbank Center for Chinese Studies and Fudan University Center for Research on Historical Geography, 2016.

Chou, Tao-chi. "Yang T'ing-ho." In *Dictionary of Ming Biography, 1368–1644*, edited by L. Carrington Goodrich and Chaoying Fang, 1542–46. New York: Columbia University Press, 1976.

Chu Hsi and Lü Tsu-ch'ien. *Reflections on Things at Hand: The Neo-Confucian Anthology*. Translated, with notes, by Wing-tsit Chan. New York: Columbia University Press, 1967.

Chu Hsi. *Learning to Be a Sage: Selections from The Conversations of Master Zhu, Arranged Topically*. Translated by Daniel K. Gardner. Berkeley: University of California Press, 1990.

Chu, Ping-tzu. "Tradition Building and Cultural Competition in Southern Song China (1160–1220): The Way, the Learning, and the Texts." Ph.D. diss., Harvard University, 1998.

Conrad Schirokauer. "Neo-Confucians under Attack: The Condemnation of Wei-hsüeh." In *Crisis and Prosperity in Sung China*, ed. John Winthrop Haeger, 163–98. Tuscon: University of Arizona Press, 1975.

Cooper, Eugene. *The Market and Temple Fairs of Rural China: Red Fire*. New York: Routledge, 2012.

Dardess, John W. "Confucianism, Local Reform, and Centralization in Late Yuan Chekiang, 1342–1359." In *Yuan Thought: Chinese Thought and Religion under the Mongols*, edited by Hok-lam Chan and Wm. Theodore de Bary, 327–74. New York: Columbia University Press, 1982.

Dardess, John W. "The Cheng Communal Family: Social Organization and Neo-Confucianism in Yuan and Early Ming China." *Harvard Journal of Asiatic Studies*, no. 34 (1974): 7–52.

Dardess, John W. *A Ming Society: T'ai-ho County, Kiangsi, in the Fourteenth to Seventeenth Centuries*. Berkeley: University of California Press, 1996.

Dardess, John W. *Confucianism and Autocracy: Professional Elites in the Founding of the Ming Dynasty*. Berkeley: University of California Press, 1983.

Davis, A. R. "Su Po-heng." In *Dictionary of Ming Biography, 1368–1644*, edited by

L. Carrington Goodrich and Chaoying Fang, 1214–16. New York: Columbia University Press, 1976.

Davis, A. R. "Wang Wei." In *Dictionary of Ming Biography, 1368–1644*, edited by L. Carrington Goodrich and Chaoying Fang, 1444–47. New York: Columbia University Press, 1976.

Davis, Richard L. "Historiography as Politics in Yang Wei-chen's Polemic on Legitimate Succession." *T'oung Pao* 69, nos. 1–3 (1983): 33–72.

de Bary, Wm. Theodore, and Irene Bloom. *Sources of Chinese Tradition*. Vol. 1. New York: Columbia University Press, 1999.

De Weerdt, Hilde D. G. "Aspects of Song Intellectual Life: A Preliminary Inquiry into Some Southern Song Encyclopedias." *Papers on Chinese History* 3 (1994): 1–27.

De Weerdt, Hilde D. G. "Canon Formation and Examination Culture: The Construction of Guwen and Daoxue Canons." *Journal of Song-Yuan Studies* 29 (1999): 91–134.

De Weerdt, Hilde D. G. "The Encyclopedia as Textbook: Selling Private Chinese Encyclopedias in the Twelfth and Thirteenth Centuries." In *Qu'était-ce qu'écrire une encyclopédie en Chine? [What Did It Mean to Write an Encyclopedia in China?]*, edited by Florence Bretelle-Establet and Karine Chemla, 77–102. Saint-Denis: Presses universitaires de Vincennes, 2007.

De Weerdt, Hilde D. G. 「呂祖謙與浙東學術研究專輯」. In 『呂祖謙與浙東學術研究專輯』, edited by 梅新林 and 王嘉良, 92–109. 北京: 學苑出版社, 2006.

De Weerdt, Hilde D. G. *Competition over Content: Negotiating Standards for the Civil Service Examinations in Imperial China (1127–1279)*. Cambridge, Mass.: Harvard University Asia Center, 2007.

De Weerdt, Hilde D. G. *Information, Territory, and Elite Networks: The Crisis and Maintenance of Empire in Song China*. Cambridge, Mass.: Harvard University Asia Center, 2016.

Dimberg, Ronald G., and Julia Ching. "Chang Mou." In *Dictionary of Ming Biography, 1368–1644*, edited by L. Carrington Goodrich and Chaoying Fang, 96–97. New York: Columbia University Press, 1976.

Ditmanson, Peter. "Contesting Authority: Intellectual Lineages and the Chinese Imperial Court from the 12th to the 15th Centuries." Ph.D. diss., Harvard University,

1999.

Ditmanson, Peter. "The Yongle Reign and the Transformation of Daoxue." *Ming Studies*, no. 39 (1998): 7–31.

Dreyer, Edward L. *Early Ming: A Political History, 1355–1435*. Stanford: Stanford University Press, 1982.

Ebrey, Patricia Buckley, and James L. Watson. "Introduction." In *Kinship Organization in Late Imperial China, 1000–1940*, edited by Patricia Buckley Ebrey and James L. Watson, 1–16. Berkeley: University of California Press, 1986.

Ebrey, Patricia Buckley. "The Early Stages in the Development of Descent Group Organization." In *Kinship Organization in Late Imperial China, 1000–1940*, edited by Patricia Buckley Ebrey and James L. Watson, 16–61. Berkeley: University of California Press, 1986.

Edgren, Sören. "Southern Song Printing at Hangzhou." *Bulletin of the Museum of Far Eastern Antiquities*, no. 61 (1989): 1–212.

Elman, Benjamin A. "Where Is King Ch'eng?" *T'oung Pao* 79, no. 1 (1993): 23–68.

Esherick, Joseph, and Mary Backus Rankin. *Chinese Local Elites and Patterns of Dominance*. Berkeley: University of California Press, 1990.

Fang, Chaoying. "Chan Jo-shui." In *Dictionary of Ming Biography, 1368–1644*, edited by L. Carrington Goodrich and Chaoying Fang, 36–41. New York: Columbia University Press, 1976.

Fang, Chaoying. "Wang T'ing-hsiang." In *Dictionary of Ming Biography, 1368–1644*, edited by L. Carrington Goodrich and Chaoying Fang, 1431–34. New York: Columbia University Press, 1976.

Farmer, Edward. "Social Order in Early Ming China: Some Norms Codified in the Hungwu Period." In *Law and the State in Traditional East Asia: Six Studies on the Sources of East Asian Law*, 1–36. Honolulu: University of Hawai'i Press, 1987.

Farmer, Edward. *Zhu Yuanzhang and Early Ming Legislation: The Reordering of Chinese Society Following the Era of Mongol Rule*. Leiden: E. J. Brill, 1995.

Faure, David, and Tao Tao Liu. *Town and Country in China: Identity and Perception*. Houndmills: Palgrave, 2002.

Faure, David. "The Emperor in the Village: Representing the State in South China." In

State and Court Ritual in China, edited by Joseph McDermott. Cambridge, U.K.: Cambridge University Press, 1999.

Faure, David. "The Lineage as Cultural Invention: The Case of the Pearl River Delta." *Modern China*15, no. 1 (1989): 4–36.

Faure, David. "What Weber Did Not Know: Towns and Economic Development in Ming and Qing China." In *Town and Country in China: Identity and Perception*, edited by David Faure and Tao Tao Liu, 58–84. Houndmills: Palgrave, 2002.

Faure, David. *Emperor and Ancestor: State and Lineage in South China*. Stanford: Stanford University Press, 2007.

Fuller, Michael A. "Aesthetics and Meaning in Experience: A Theoretical Perspective on Zhu Xi's Revision of Song Dynasty Views of Poetry." *Harvard Journal of Asiatic Studies*65, no. 2 (2005): 311–56.

Fuller, Michael A. *Drifting among Rivers and Lakes: Southern Song Dynasty Poetry and the Problem of Literary History*. Cambridge, Mass.: Harvard University Asia Center, 2013.

Fuller, Michael A. *The CBDB User's Guide*. Cambridge, Mass.: China Biographical Database Project, 2020. https://projects.iq.harvard.edu/files/cbdb/files/users_guide_20200927.pdf.

Gardner, Daniel K. *Chu Hsi and the Ta Hsueh: Neo-Confucian Reflections on the Confucian Canon*. Cambridge, Mass.: Council on East Asian Studies, Harvard University, 1986.

Gardner, Daniel K. *Zhu Xi's Reading of the "Analects": Canon, Commentary, and the Classical Tradition*. New York: Columbia University Press, 2003.

Gardner, Daniel K., and Zhu Xi. *The Four Books: The Basic Teachings of the Later Confucian Tradition*. Indianapolis: Hackett Publishing, 2007.

Gedalecia, David. *The Philosophy of Wu Ch'eng: A Neo-Confucian of the Yuan Dynasty*. Bloomington: Research Institute for Inner Asian Studies, Indiana University, 1999.

Gerritsen, Anne. *Ji'an Literati and the Local in Song-Yuan-Ming China*. Leiden and Boston: Brill, 2007.

Goodrich, L. Carrington, and Chaoying Fang. "Yang Shen." In *Dictionary of Ming Biography, 1368–1644*, edited by L. Carrington Goodrich and Chaoying Fang,

1531–35. New York: Columbia University Press, 1976.

Guo, Jinsong. "Knowing Number: Mathematics, Astronomy, and the Changing Culture of Learning in Middle−Period China, 1100−1300." Ph.D. diss., Princeton University, 2019.

Guo, Jinsong. "Numerical Learning and the Culture of Knowledge in Middle−Period China, 1100−1400." Paper delivered at East Asian Science Colloquium, Harvard, 2018.

Hanan, Patrick. *The Invention of Li Yu*. Cambridge, Mass.: Harvard University Press, 1988.

Hargett, James M. "Song Dynasty Local Gazetteers and Their Place in the History of Difangzhi Writing." *Harvard Journal of Asiatic Studies* 56, no. 2 (1996): 405–42.

Hauf, Kandice. "The Community Covenant in Sixteenth Century Ji'an Prefecture, Jiangxi." *Late Imperial China* 17, no. 2 (1996): 1–50.

Heijdra, Martin. "The Socio−economic Development of Rural China During the Ming." In *The Cambridge History of China*, vol. 7: *The Ming Dynasty, 1368–1644*, part 2, edited by Denis Twitchett and F. W. Mote, 417–578. Cambridge, U.K.: Cambridge University Press, 1998.

Hofmann, Martin. "Approaches to the Understanding of the Yugong from the Song to the Qing Dynasty." In *Beiträge zur Geschichte der Song-Zeit*, edited by Dieter Kuhn and Ina Asim, 37–53. Heidelberg: Edition Forum, 2006.

Hu, Yongguang. "A Reassessment of the National Three Hall System in the Late Northern Song." *Journal of Song-Yuan Studies* 44 (2014): 139–73.

Huang, Ray. "Tang Shun−chih." In *Dictionary of Ming Biography, 1368–1644*, edited by L. Carrington Goodrich and Chaoying Fang, 1252–56. New York: Columbia University Press, 1976.

Hui, Ming Tak Ted. "Establishing the Scholarship of Textual Learning: The Intellectual Pursuit of Hu Yinglin (1551–1602)." Unpublished paper, Harvard Department of East Asian Languages and Civilizations, 2016.

Hummel, Arthur W. "Hu Ying−lin." In *Dictionary of Ming Biography, 1368–1644*, edited by L. Carrington Goodrich and Chaoying Fang, 645–47. New York: Columbia University Press, 1976.

Huters, Theodore. "From Writing to Literature: The Development of Late Qing Theories of Prose." *Harvard Journal of Asiatic Studies* 47, no. 1 (1987): 51–96.

Hymes, Robert P. "Marriage, Descent Groups, and the Localist Strategy in Sung and Yuan Fuchou." In *Kinship Organization in Late Imperial China, 1000–1940*, edited by Patricia Buckley Ebrey and James L. Watson, 95–136. Berkeley: University of California Press, 1986.

Hymes, Robert P. "Sung Society and Social Change." In *The Cambridge History of China*, vol. 5: *Sung China, 960–1279 AD*, part 2, edited by John W. Chaffee and Denis Twitchett, 526–664. Cambridge, U.K.: Cambridge University Press, 2015.

Hymes, Robert P. *Statesmen and Gentlemen: The Elite of Fu-Chou, Chiang-hsi, in Northern and Southern Sung*. Cambridge, U.K.: Cambridge University Press, 1986.

Jay, Jennifer W. *A Change in Dynasties: Loyalty in Thirteenth-Century China*. Studies on East Asia 18. Bellingham, Wash.: Western Washington University, 1991.

Koh, Khee Heong. "Jinhua's Leading Neo-Confucian during a Period of Transition— Understanding Zhang Mao." *Ming Qing Yanjiu* 15, no. 1 (2007): 1–29.

Lackner, Michael. "Diagrams as an Architecture by Means of Words: The Yanji tu." In *Graphics and Text in the Production of Technical Knowledge in China: The Warp and the Weft*, edited by Francesca Bray, Vera Dorofeeva-Lichtmann, and Georges Métailie, 341–77. Boston: Brill, 2007.

Langley, C. Bradford. "Wang Yinglin (1223–1296): A Study of the Political and Intellectual History of the Demise of Song." Ph.D. diss., Indiana University, 1980.

Langlois, John D., Jr. "Authority in Family Legislation: The Cheng Family Rules (Cheng-shih kuei-fan)." In *State and Law in East Asia: Festschrift Karl Bunger*, edited by Dieter Eikemeir and Herbert Franke, 272–99. Wiesbaden: Harrassowitz Verlag, 1981.

Langlois, John D., Jr. "Chin-hua Confucianism under the Mongols (1279–1368)." Ph.D. diss., Princeton University, 1973.

Langlois, John D., Jr. "Law, Statecraft, and the Spring and Autumn Annals in Yüan Political Thought." In *Yüan Thought: Chinese Thought and Religion under the Mongols*, edited by Hok-lam Chan and Wm. Theodore de Bary, 89–152. New York: Columbia University Press, 1982.

Langlois, John D., Jr. "Political Thought in Chin-hua under Mongol Rule." In *China Under Mongol Rule*, edited by John D. Langlois, Jr., 137–85. Princeton: Princeton University Press, 1981.

Langlois, John D., Jr. "Tai Liang." In *Dictionary of Ming Biography, 1368–1644*, edited by L. Carrington Goodrich and Chaoying Fang, 1234–37. New York: Columbia University Press, 1976.

Lao, Yan-shuan. "Southern Chinese Scholars and Educational Institutions in Early Yuan: Some Preliminary Remarks." In *China under Mongol Rule*, edited by John D. Langlois, Jr., 107–34. Princeton: Princeton University Press, 1981.

Lee, Junghwan. "Wang Yangming Thought as Cultural Capital: The Case of Yongkang County." *Late Imperial China* 28, no. 2 (2007): 41–80.

Lee, Sukhee. "Cooperation and Tension: Revisiting Local Activism in the Southern Song Dynasty." *Harvard Journal of Asiatic Studies* 73, no. 1 (2013): 43–82.

Lee, Sukhee. "Making Sense of the Master: Wang Bo's 'Localization' of Neo-Confucianism in the Late Southern Song." *T'oung Pao* 99, nos. 1–3 (2013): 140–72.

Lee, Sukhee. "Zhu Xi Was Here: Family, Academy, and Local Memory in Later Imperial Dongyang." *Journal of Song-Yuan Studies* 41 (2011): 267–93.

Lee, Sukhee. *Negotiated Power: The State, Elites, and Local Governance in Twelfth- to Fourteenth-Century China*. Cambridge, Mass.: Harvard University Asia Center, 2014.

Lee, Tsong-han. "Different Mirrors of the Past: Southern Song Historiography." Ph.D. diss., Harvard University, 2008.

Levine, Ari Daniel. *Divided by a Common Language: Factional Conflict in Late Northern Song China*. Honolulu: University of Hawai'i Press, 2008.

Liu, Tao Tao, and David Faure. *Unity and Diversity: Local Culture and Identities in China*. Hong Kong: Hong Kong University Press, 1996.

Lo, Winston Wan. *The Life and Thought of Yeh Shih*. Gainesville: University Presses of Florida, 1974.

Lynn, Richard John. "Traditional Chinese Poetry Societies: A Case Study of the Moon Spring Society (Pujiang, Zhejiang, 1986/7)." In *La société civile face à l'état:*

dans les traditions chinoise, japonaise, coréenne et vietnamienne, edited by Leon Vandermeersch, 55–76. Paris: École française d'Extrême-Orient, 1994.

Maags, Christina, and Marina Svensson. *Chinese Heritage in the Making: Experiences, Negotiations and Contestations*. Amsterdam: Amsterdam University Press, 2018.

Marchal, Kai. "Lü Zuqian's Political Philosophy." In *Dao Companion to Neo-Confucian Philosophy*, edited by John Makeham, 197–222. Dordrecht: Springer, 2010.

Marchal, Kai. *Die Aufhebung des Politischen: Lü Zuqian (1137–1181) und der Aufstieg des Neukonfuzianismus*. Wiesbaden: Harrassowitz Verlag, 2011.

McDermott, Joseph P. "'Noncommercial' Private Publishing in Late Imperial China." In *The Book Worlds of East Asia and Europe, 1450–1850: Connections and Comparisons*, edited by Joseph P. McDermott and Peter Burke, 105–45. Hong Kong: Hong Kong University Press, 2015.

McDermott, Joseph P. *The Making of a New Rural Order in South China*. Cambridge, U.K.: Cambridge University Press, 2013.

Menegon, Eugenio. *Ancestors, Virgins, and Friars: Christianity as a Local Religion in Late Imperial China*. Cambridge, Mass.: Harvard University Asia Center, 2009.

Michael Szonyi. *Practicing Kinship: Lineage and Descent in Late Imperial China*. Stanford: Stanford University Press, 2002.

Michael Szonyi. *The Art of Being Governed: Everyday Politics in Late Imperial China*. Princeton: Princeton University Press, 2017.

Mol, Hans. *Identity and the Sacred: A Sketch for a New Social-Scientific Theory of Religion*. Oxford: Blackwell, 1976.

Moser, Jeffrey. "One Land of Many Places: The Integration of Local Culture in Southern Song Geographies." *Journal of Song-Yuan Studies*, no. 42 (2012): 235–78.

Mote, Frederick W. "Fang Hsiao-ju." In *Dictionary of Ming Biography, 1368–1644*, edited by L. Carrington Goodrich and Chaoying Fang, 426–33. New York: Columbia University Press, 1976.

Mote, Frederick W. "Sung Lien." In *Dictionary of Ming Biography, 1368–1644*, edited by L. Carrington Goodrich and Chaoying Fang, 1225–31. New York: Columbia University Press, 1976.

Mote, Frederick W. "The Growth of Chinese Despotism: A Critique of Wittfogel's Theory of Oriental Despotism as Applied to China." *Oriens Extremus* 8, no. 1 (1961): 1–41.

Nicolas Tackett. *The Destruction of the Medieval Chinese Aristocracy*. Cambridge, Mass.: Harvard University Asia Center, 2014.

Nienhauser, William H., Jr. *The Indiana Companion to Traditional Chinese Literature*. Bloomington: Indiana University Press, 1986–98.

Ong, Chang Woei. "The Principles Are Many: Wang Tingxiang and Intellectual Transition in Mid-Ming China." *Harvard Journal of Asiatic Studies* 66, no. 2 (2006): 461–49.

Ong, Chang Woei. *Li Mengyang, North-South Divide and Literati Learning in Ming China*. Cambridge, Mass.: Harvard University Asia Center, 2016.

Owen, Stephen. *An Anthology of Chinese Literature: Beginnings to 1911*. New York: W. W. Norton, 1996.

Peterson, Willard J. "Another Look at Li." *Bulletin of Sung-Yuan Studies*, no. 18 (1986): 13–32.

Peterson, Willard J. "Arguments over Learning Based in Intuitive Knowing in Early Qing." In *The Cambridge History of China*, vol. 9: *The Qing Dynasty to 1800, part 2*, edited by Willard J. Peterson, 458–512. Cambridge, U.K.: Cambridge University Press, 2016.

Peterson, Willard J. "Confucian Learning in Late Ming Thought." In *The Cambridge History of China*, vol. 8: *The Ming Dynasty, 1368–1644, part 2*, edited by Denis Twitchett and F. W. Mote, 708–88. Cambridge, U.K.: Cambridge University Press, 1998.

Poon, Mingsun [潘銘申]. "Books and Printing in Sung China (960–1279)." Ph.D. diss., University of Chicago, 1979.

Schirokauer, Conrad. "Neo-Confucians under Attack: The Condemnation of Wei-hsüeh." In *Crisis and Prosperity in Sung China*, edited by John Winthrop Haeger, 163–98. Tuscon: University of Arizona Press, 1975.

Schorr, Adam. "The Trap of Words: Political Power, Cultural Authority, and Language Debates in Ming Dynasty China." Ph.D. diss., University of California Los Angeles, 1994.

So, Kwan-wai, and Chaoying Fang. "Huang Tsuo." In *Dictionary of Ming Biography*,

1368–1644, edited by L. Carrington Goodrich and Chaoying Fang, 669–72. New York: Columbia University Press, 1976.

So, Kwan-wai. "Cheng Hsiao." In *Dictionary of Ming Biography, 1368–1644*, edited by L. Carrington Goodrich and Chaoying Fang, 200–204. New York: Columbia University Press, 1976.

Song, Jaeyoon. "Governance and Autonomy: Chen Fuliang's (1137–1203) Political Theory." *Journal of Confucian Philosophy and Culture* 2017, 1–24.

Takatsu Takashi. "Prose Collections Printed in Song China." Paper presented at *First Impressions: The Cultural History of Print in Imperial China (8th–14th centuries)*, Cambridge, Mass., 2007.

Takatsu Takashi. "The Selection of the 'Eight Great Prose Masters of the T'ang and Sung' and Chinese Society in the Sung and Later." *Acta Asiatica* 84 (2003): 1–19.

Thernborn, Göran. "Why and How Place Matters." In *The Oxford Handbook of Contextual Political Analysis*, edited by Robert E. Goodin and Charles Tilly, 509–33. Oxford and New York: Oxford University Press, 2006.

Tillman, Hoyt C. "Encyclopedias, Polymaths, and Tao-hsüeh Confucians: Preliminary Reflections with Special Reference to Chang Ju-yü." *Journal of Sung-Yuan Studies*, no. 22 (1992): 89–108.

Tillman, Hoyt C. *Ch'en Liang on Public Interest and the Law*. Honolulu: University of Hawai'i Press, 1994.

Tillman, Hoyt C. *Confucian Discourse and Chu Hsi's Ascendancy*. Honolulu: University of Hawai'i Press, 1992.

Tillman, Hoyt C. *Utilitarian Confucianism: Ch'en Liang's Challenge to Chu Hsi*. Cambridge, Mass.: Council on East Asian Studies, Harvard University, 1982.

Tomoyasu Iiyama(飯山知保). "Steles and Status: Evidence for the Emergence of a New Elite in Yuan North China." *Journal of Chinese History*1, no. 1 (2017): 3–26.

Twitchett, Denis, and John King Fairbank. *The Cambridge History of China*, vol. 6: *Alien Regimes and Border States, 907–1368*. Cambridge, U.K., and New York: Cambridge University Press, 1994.

von Glahn, Richard. "Community and Welfare: Chu Hsi's Community Granary in Theory and Practice." In *Ordering the World: Approaches to State and Society in Sung*

Dynasty China, edited by Robert P. Hymes and Conrad Schirokauer, 221–54. Berkeley: University of California Press, 1993.

Walton, Linda. "Charitable Estates as an Aspect of Statecraft in Southern Sung China." In *Ordering the World: Approaches to State and Society in Sung Dynasty China*, edited by Robert P. Hymes and Conrad Schirokauer, 255–79. Berkeley: University of California Press, 1993.

Walton, Linda. "Family Fortunes in the Song–Yuan Transition: Academies and Chinese Elite Strategies for Success." *T'oung Pao* 97, 1–3 (2011): 37–103.

Walton, Linda. *Academies and Society in Southern Song China*. Honolulu: University of Hawai'i Press, 1999.

Wang, Jinping. *In the Wake of the Mongols: The Making of a New Social Order in North China, 1200–1600*. Cambridge, Mass.: Harvard University Asia Center, 2018.

Wei, Cheng-t'ung. "Chu Hsi on the Standard and the Expedient." In *Chu Hsi and Neo-Confucianism*, edited by Wing-tsit Chan, 255–72. Honolulu: University of Hawai'i Press, 1986.

Wu, Chi-hua, and Ray Huang. "Ch'iu Chün." In *Dictionary of Ming Biography, 1368–1644*, edited by L. Carrington Goodrich and Chaoying Fang, 249–52. New York: Columbia University Press, 1976.

Wu, Laura Hua. "From Xiaoshuo to Fiction: Hu Yinglin's Genre Study of Xiaoshuo." *Harvard Journal of Asiatic Studies* 55, no. 2 (1995): 339–71.

Wu, Yubi, and M. Theresa Kelleher. *The Journal of Wu Yubi: The Path to Sagehood*. Indianapolis: Hackett Publishing, 2013.

Yeh, Wen-hsin. *Provincial Passages: Culture, Space, and the Origins of Chinese Communism*. Berkeley: University of California Press, 1996.

Yu, Ying-shih. "Some Preliminary Reflections on the Rise of Ch'ing Intellectualism." *Tsing Hua Journal of Chinese Studies*, no. 11 (1975): 105–43.

Yuan, Yuying. "China Historical Geographic Information System Sample Layers." https://worldmap.maps.arcgis.com.

Zhang, Guowen. "On Su Dongpo's Creativity." *Contemporary Social Sciences (Sichuan Academy of Social Sciences)*, no. 2 (2016): 5–21.

Zhu Xi. Patricia Buckley Ebrey. *Chu Hsi's Family Rituals: A Twelfth-Century Chinese*

Manual for the Performance of Cappings, Weddings, Funerals, and Ancestral Rites. Princeton: Princeton University Press, 1991.

Zurndorfer, Harriet Thelma. *Change and Continuity in Chinese Local History: The Development of Hui-chou Prefecture 800 to 1800.* Leiden and New York: E. J. Brill, 1989.

중국어

賈貴榮, 杜澤遜. 『地方經籍志彙編』. 北京: 北京圖書館出版社, 2008.
『可投應氏宗譜』. 永康, 1687.
葛金芳. 「南宋義役研究」. In 『宋代經濟史講演錄』, edited by 葛金芳, 207-22. 桂林: 廣西師範大學出版社, 2008.
『江南第一家』之鄭義門: 孝義傳家九百年." Published on Sohu.com, 2020.11.02. https://www.sohu.com/a/429039941_160265.
高雲萍. 『宋元北山四先生研究』. 杭州: 浙江大學出版社, 2012.
『庫川胡氏宗譜』. 永康, 1890.
顧頡剛. 『胡應麟四部正譌』. 『辨僞叢刊』. 北平: 樸社, 1933.
龔劍峰, 徐新喜. 「金華古代藏書史初探」. 『社會科學論壇(金華)』, no. 2 (1992): 27-31.
孔東. 『宋代東萊呂氏之族望及其貢獻』. 台北: 臺灣商務印書館, 1988.
過庭訓. 『本朝分省人物考』. In 『續修四庫全書』. 上海: 上海古籍出版社, 1995.
郭鈇. 『石洞貽芳集』. JHCS.
郭佐唐. 『東陽市文史資料選輯』. vol. 13. 東陽市: 東陽市文物管理辦公室, 1997.
歐陽忞. 『輿地廣記』. 李勇先, 王小紅 校訂. 成都: 四川大學出版社, 2003.
歐陽詢. 『藝文類聚』. 上海: 中華書局, 1965.
歐陽玄. 『圭齋文集』. 『四庫全書』 수록.
金江. 『義烏人物記』. XJHCS.
金履祥. 『大學疏義』. 『叢書集成初編』. 上海: 商務印書館, 1935.
金履祥. 『濂洛風雅』. JHCS.
金履祥. 『濂洛風雅』. 長沙: 商務印書館, 1939.
金履祥. 『論孟集註考證』. SKQS.

金履祥.『尚書表注』.『叢書集成初編』. 上海: 商務印書館, 1939.

金履祥.『尚書表注』. 同治堂精解, 1673.

金履祥.『仁山集』.『叢書集成初編』. 上海: 商務印書館, 1935.

金履祥.『資治通鑑前編』. KQS.

『金華文史資料』. Edited by 金華市政協文史資料工作委員會. Vol. 2. 金華: 金華市政協文史資料委員會, 1986.

金華市印刷行業協會.『金華印刷史』. 北京: 繁知出版社, 2006.

『金華風俗叢書』. 杭州: 武林印刷廠, 1984–86.

金曉剛.「吳師道的師承及其《敬鄉錄》版本考述」.『金華職業技術學院學報』1 (2011): 88–92.

檀上寬.「元明交替の理念と現實－義門鄭氏を手掛りとして」.『史林』65, no. 2 (1982): 177–207.

檀上寬.「義門鄭氏と元末の社會」.『東洋學報』63 (1981): 299–335.

唐龍.『漁石集』. JHCS.

唐文基.『明代賦役制度史』. 北京: 中國社會科學出版社, 1991.

唐汝楫.『小漁先生遺稿』. 1635.『四庫全書存目叢書』. 濟南: 齊魯書社出版社, 1997.

唐仲友.『悅齋文鈔』. XJHCS.

唐仲友.『帝王經世圖譜』. SKQS.

戴良.『九靈山房集』.『叢書集成初編』. 上海: 商務印書館, 1935.

陶秋英.『宋金元文論選』. 北京: 人民文學出版社, 1984.

桐琴村志編纂委員會.『桐琴金氏宗譜』. 武義縣: 浙江大字基廠, 1995.

『東陽何氏宗譜』. 1859.

董遵.『滕王閣集』. In『四庫全書存目叢書』. 濟南: 齊魯書社出版社, 1997.

董平.「南宋婺學之演變及其明初的傳承」.『中國學術』3, no. 2 (2002): 193–244.

童品.『春秋經傳辨疑』.『續集古今逸史』에 수록.

杜海軍.『呂祖謙年譜』.『年譜叢刊』. 北京: 中華書局, 2007.

羅大紘.『紫原文集』.『四庫禁燬書叢刊』에 수록. 北京: 北京出版社, 1997.

羅欽順.『整菴存稿』.『四庫全書』에 수록.

呂柟.『涇野子內篇』. 1587.

黎小龍.「義門大家庭的分布與宗族文化的區域特徵」.『歷史研究』, no. 2 (1998): 54–63.

呂祖謙.『古易音訓』.『呂祖謙全集』 권2.

呂祖謙.『古周易』『呂祖謙全集』권2.
呂祖謙.『歐公本末』『呂祖謙全集』권9.
呂祖謙.『大事記』『呂祖謙全集』권8.
呂祖謙.『東萊呂太史文集』『呂祖謙全集』권1.
呂祖謙.『東萊呂太史文集』『續嘉興府志』에 수록.
呂祖謙.『東萊呂太史文集附錄』『呂祖謙全集』권1.
呂祖謙.『東萊呂太史別集』『呂祖謙全集』권1.
呂祖謙.『東萊書說二種』『呂祖謙全集』권3.
呂祖謙.『呂氏家塾讀詩記』『呂祖謙全集』권4.
呂祖謙.『呂祖謙全集』黃靈庚 편. 전 16책. 杭州: 浙江古籍出版社, 2008.
呂祖謙.『麗澤論說集錄』『呂祖謙全集』권2.
呂祖謙.『歷代制度詳說』『呂祖謙全集』권9.
呂祖謙.『左氏博議』『呂祖謙全集』권6.
呂祖謙.『春秋集解』『呂祖謙全集』권5.
呂浩.『雲谿稿』『續嘉興府志』에 수록.
『歷史文化名城－金華』. Edited by 金華縣政協文史資料工作委員會.『金華文史資料』.
　　　vol. 10. 金華: 金華市政協文史資料委員會, 1997.
盧格.『荷亭辯論』『四庫全書存目叢書』에 수록. 濟南: 齊魯書社出版社, 1997.
盧格.『荷亭文集』 1640.
盧宅修志委員會.『雅溪盧氏家乘』東陽: 雅溪盧氏, 2001.
盧夢凱, 盧江中.『宋盧村志』『浙江省名村志集成』東陽, 1999.
廖雲仙.「元代《四書》學的繼承與開創－以元儒許謙爲例」*Tunghai Journal of Chinese*
　　　Literature, no. 21 (2009): 67-87.
樓昉.『迂齋先生標註崇古文訣』北京: 北京圖書館出版社, 2005.
樓鑰.『攻媿集』叢書集成初編. 上海: 商務印書館, 1935.
樓鑰.『樓鑰集』杭州: 浙江古籍出版社, 2010.
柳貫.『柳貫詩文集』杭州: 浙江古籍出版社, 2004.
劉爚.『雲莊集』In SKQS.
劉毓崧, 劉承幹.『通義堂文集』『求樹齋叢書』南林劉氏求樹齋刊, 1920.
劉幸.『京口耆舊傳校證』鎮江: 江蘇大學出版社, 2016.
劉辰.『國初事蹟』 1402.『叢書集成初編』上海: 商務印書館, 1935.

陸可教.『陸學士先生遺稿』. 萬曆年間.『四庫禁燬書叢刊』에 수록. 北京: 北京出版社, 1997.
陸敏珍.「區域史研究的進路及其問題」.『學術界』, no. 2 (2007): 194–200.
陸敏珍.『胡則傳: 歷史, 傳說與敘述者』. 杭州: 浙江大學出版社, 2015.
李思涯.『胡應麟文學思想研究』. 北京: 中國社會科學出版社, 2012.
李心傳.『建炎以來系年要錄』. 北京: 中華書局, 1988.
李勇先.「《輿地紀勝》前言」. In『輿地紀勝』, by 王象之, 1–233. 成都市: 四川大學出版社, 2005.
李偉國.「《山堂考索》的作者和版本」.『文獻』22, no. 4 (1984): 9–18.
李存山.「朱子《學校貢舉私議》述評」.『中國社會科學院研究生院學報』, no. 2 (2011): 19–27.
李超.『元代江西文人群體研究』. 北京: 中國社會科學出版社, 2015.
李春青.『宋學與宋代文學觀念』.『文化與史學叢書』. 北京: 北京師範大學出版社, 2001.
林慶彰.『明代考據學研究』. 台北: 學生書局, 1983.
林季仲.『竹軒雜著』. In SKQS.
林光朝.『艾軒集』. In SKQS.
林俊.『見素集』. In SKQS.
馬端臨.『文獻通考』. 臺北: 羅天書局, 1963.
馬端臨.『文獻通考』. 北京: 中華書局, 1986.
馬端臨.『文獻通考經籍考』. 上海: 華東師範大學出版社, 1985.
梅新林, 王嘉良.『呂祖謙與浙東學術研究專輯』. 北京: 學苑出版社, 2006.
毛策.『孝義傳家:浦江鄭氏家族研究』. 杭州: 浙江大學出版社, 2009.
潘良貴.『潘默成公文集』. 北京: 線裝書局, 2004.
潘富恩, 徐余慶.『呂祖謙評傳』. 南京: 南京大學出版社, 1992.
潘自牧.『記纂淵海』. 北京: 中華書局, 1988.
潘希曾.『竹澗集』.『竹澗奏議』.『續金華叢書』.
方逢辰, 方逢振, 方中.『蛟峯文集』. In SKQS.
方師鐸.『傳統文學與類書之關係』. 臺中: 私立東海大學, 1971.
方孝孺.『遜志齋集』. 寧波: 寧波出版社, 1996.
白居易, 孔傳.『唐宋白孔六帖』. 1465. Harvard–Yenching Library.
白居易.『白氏六帖事類集』. 北京: 文物出版社, 1986.

范浚, 范國梁.『范浚集』. 杭州: 浙江古籍出版社, 2015.
范浚, 范端臣, 范端杲.『范香溪先生文集』. 北京: 咸莊書局, 2004.
步近智.「論呂祖謙的婺學特徵」『中國哲學史研究』2 (1983): 89-98.
『峰川胡氏宗譜』. 永康, 1876.
司馬光.『司馬文正公傳家集』『萬有文庫』. 上海: 商務印書館, 1937.
謝鶯興.『胡應麟及其圖書目錄學研究』. 臺北縣永和市: 花木蘭文化出版社, 2007.
史浩.『周官講義』. 1195.
徐堅.『初學記』. 北京: 中華書局, 1962.
徐階.『世經堂集』. 1681.
舒大剛.『三蘇後代研究』. 成都: 巴蜀書社, 1995.
徐松.『宋會要輯稿』. 北京: 中華書局, 1957.
徐揚杰.『宋明家族制度史論』. 北京: 中華書局, 1995.
徐永明.「宋濂與王禕的友誼與其兩人在思想性格上的差異」『浙江大學中文系』. n.d.
徐永明.「元代浙江集部考略」初稿. 杭州: 浙江圖書館古籍部, 1998.
徐永明.『文臣之首: 宋濂傳』『浙江名人研究大系』. 杭州: 浙江人民出版社, 2007.
徐永明.『元代至明初婺州作家群研究』. 北京: 中國社會科學出版社, 2005.
徐用檢.『三先生類要』. 1579.『四庫全書存目叢書』. 濟南: 齊魯書社出版社, 1997.
徐儒宗.「婺學的地方特色」『國際儒學研究』. 單純編, 308-24. 北京: 九州出版社, 2005.
徐儒宗.「婺學之開宗, 浙學之託始」『浙江社會科學』. no. 8 (2014): 119-26.
徐儒宗.『婺學之宗: 呂祖謙傳』『浙江名人研究大系』. 杭州: 浙江人民出版社, 2005.
徐兆安.「宋濂門人時期的方孝孺」『漢學研究』27, no. 4 (2009): 147-78.
徐袍.『事典考略』. 蘭谿: 蘭谿徐學聚, 1606.
徐袍.『誦餘稿徐白谷先生集』. 徐用檢編. 蘭谿: 蘭谿徐氏家, 1539.
徐袍.『宋仁山金先生年譜』『北京圖書館藏珍本年譜叢刊』. 1887.
徐鴻鈞, 唐燮军.「略論南宋浙東刻書業的地域特徵及其類型」『宁波大學學報』. no. 6 (2004): 59-63.
『聖宋文選全集』. 北京: 北京圖書館出版社, 2006.
稅安禮.『歷代地理指掌圖』. 上海: 上海古籍出版社, 1989.
蕭啟慶.「元代的儒戶: 儒士地位演進史上的一章」『元代史新探』. 蕭啟慶 編, 1-59. 臺北: 新文豐出版, 1983.

蕭啟慶.「九州四海風雅同: 元代多族士人圈的形成與發展」.「元史叢書」.臺北: 中央研究院; 聯經出版公司, 2012.

蘇伯衡.「蘇平仲文集」. SKQS.

蘇洵, 蘇軾, 蘇轍.「宋婺州本三蘇先生文粹」. 義烏: 青口吳宅桂堂, 12세기? 影印本: 上海: 上海古籍出版社, 2017.

蘇軾.「東坡易傳」. SKQS.

蘇軾.「蘇軾文集」. 孔凡禮 編. 北京: 中華書局, 1986.

束景南.「朱熹年譜長編」. 上海: 華東師範大學出版社, 2001.

「續金華叢書」. 胡宗楙 編. 永康: 永康胡氏夢選樓, 1924.

「續修四庫全書」. 上海: 上海古籍出版社, 2002.

孫克寬.「元代金華學術」. 臺中: 私立東海大學, 1975.

孫揚.「孫石臺先生遺集」1779.「四庫未收書輯刊」. 北京: 北京出版社, 1997.

孫應時.「燭湖集」. SKQS.

辛更儒.「有關《永嘉先生八面鋒》的幾個問題」.「宋史研究論文集」. 朱瑞熙 編, 563-78. 上海: 上海人民出版社, 2008.

申萬里.「理想, 尊嚴與生存掙扎: 元代江南士人與社會綜合研究」. 北京: 中華書局, 2012.

「新修南昌府志」. 1588. 北京: 北京愛如生數字化技術研究中心, 2013.

「深溪義門王氏宗譜」. 1871.

「雅溪盧氏家乘」. 東陽: 盧宅修志委員會, 2001.

「岳州府志」. 上海: 上海古籍書店影印, 1982.

顏虛心.「陳龍川年譜」. 長沙: 商務印書館, 1940.

楊家駱.「宋史藝文志廣編」. 臺北: 世界書局, 1963.

楊國楨, 陳支平.「明史新編」. 臺北: 雲龍出版社, 1995.

楊德周.「金華雜識」. 1630. Harvard-Yenching Library microfilm.

楊廉.「楊文恪公文集」. 明刊本. 北京: 北京愛如生數字化技術研究中心, 2009.

楊士奇.「東里集」. SKQS.

楊新勛.「論呂祖謙《詩經》學的主要思想」.「呂祖謙與浙東學術研究專輯」. 梅新林, 王嘉良 編, 84-91. 北京: 學苑出版社, 2006.

葉適.「葉適集」. 北京: 中華書局, 1961.

「永樂大典」. 臺北: 漢籍電子文獻資料庫.

『影印文淵閣四庫全書』. 臺北: 臺灣商務印書館, 1983–86.

倪樸. 『倪石陵集』. 『續嘉興府志』에 수록.

倪洋軍. 「將 '爲官一任, 造福一方' 根植於心」. http://theory.people.com.cn/BIG5/
n1/2017/0922/c409497-29553118.html.

倪仁吉. 『宮意圖詩』. 仰止堂, 1663.

倪仁吉. 『凝香閣詩稿』. 白雲壘, 1816.

吳桂生. 『金華風景名勝』. 金華: 金華市建設局, 1997.

吳師道. 『敬鄕錄』. 『續金華叢書』所收.

吳師道. 『吳試道集』. 『元朝別集珍本叢刊』. 長春: 吉林文史出版社, 2008.

吳錚强. 『科舉理學化: 均田制度崩潰以來的君民整合』. 上海: 上海辭書出版社, 2008.

吳曾. 『能改齋漫錄』. 上海: 上海古籍出版社, 1979.

吳之器. 『婺書』. 1641.

吳晗. 『胡應麟年譜』. 『清華學報』. 1934, 183–252.

温志拔. 「《群書考索》的'考索之功'及其學術史意義」. 『湖州師範大學學報』, no. 3 (2016): 52–57.

阮鶚. 『楓山章文懿公年譜』. JHCS.

阮元聲, 戴應鰲. 『金華詩粹』. 濟南: 齊魯書社出版社, 1997.

阮元聲. 『金華文徵』. 16卷, 1632.

王鋥. 「北山四先生理學化的文學觀述論」. 『浙江師範大學學報』3, 4 (2010): 40–48.

王鋥. 『朱學正傳: 北山四先生理學』. 上海: 上海三聯書店, 2010.

王德毅, 李榮村, 潘柏澄. 『元人傳記資料索引』. 臺北: 新文豐出版公司, 1979.

王德毅. 「南宋義役考」. 『宋史研究論文集』, 253–83. 臺北: 臺灣商務印書館, 1993(1968).

王德毅. 「宋元地方志的史料價值」. 『宋史研究集』. 453–74. 臺北: 國立編譯館, 1988.

王德毅. 『宋人傳記資料索引電子版』. 臺北: 中央研究院歷史語言研究所, 2005.

汪道昆. 『太函集』. 『徽學研究資料集刊』. [合肥]: 黃山書社, 2004.

王利偉. 「宋代類書在中國古代類書編纂史上的地位」. 『辭書研究』5 (2010): 142–51.

王明蓀. 『元代的士人與政治』. 臺北: 學生書局, 1992.

王懋德. 『金華府志』. 1578 ed. 臺北: 學生書局, 1965.

王懋竑. 『朱子年譜』. 『四庫全書』.

王柏. 『魯齋王文憲公文集』. 『續集古今逸史』에 수록.

王柏.「魯齋集:附錄補遺」.「叢書集成初編」.上海: 商務印書館, 1936.

王柏.「詩疑」.「叢書集成初編」, 1726. 上海: 商務印書館, 1936.

王柏.「研幾圖」.「嘉興藏書」에 수록.

王柏.「正學編」.「崇祖堂叢書」, 金履祥 편. 金華: 金華東歐堂金氏藏板, 1887.

王象之.「輿地紀勝」.北京: 中華書局, 1992.

王象之.「輿地紀勝」.成都: 四川大學出版社, 2005.

王善軍.「宋代宗族和宗族制度研究」.石家莊: 河北教育出版社, 2000.

王世貞.「弇州續稿」.「四庫全書」.

王小紅.「宋代〈禹貢〉學研究」.吉林: 吉林人民出版社, 2011.

王崇炳.「金華文略」.[金華]: 唐氏: 夏之正重修, 1709.

王崇炳.「金華徵獻略」.全20冊. 婺東藕塘賢祠, 1733.

「王氏一原世譜」. 1512. 上海圖書館.

王與之.「周禮訂義」.臺北: 臺灣商務印書館, 1983.

王宇.「北山學派'世嫡'說與元代'鄉里傳統'的排他性」. Paper delivered at the Second International Middle Period Conference, Leiden University, 2017.

王宇.「道行天地: 南宋浙東學派論」.北京: 中國社會科學出版社, 2012.

王宇.「師統與學統的調適: 宋元兩浙朱子學研究」.北京: 社會科學文獻出版社, 2019.

王宇.「永嘉學派與溫州區域文化」.北京: 社會科學文獻出版社, 2007.

王褘.「王忠文集」.「四庫全書」.

王恩注, 黨金衡.「東陽縣志」. 1832.

王益之.「西漢年紀」.「叢書集成初編」.上海: 商務印書館, 1936.

王益之.「職源」.「續金華叢書」.

王廷曾.「義烏縣志」. 1692.

王存.「元豐九域志」.「中國古代地理總志叢刊」.北京: 中華書局, 1984.

王倬, 章懋.「蘭溪縣志」. 1510; 重刊, 1614.

王菡.「唐仲友的刻書今存考略」.「鄧廣銘教授百年誕辰紀念論文集」, 819-26. 北京: 中華書局, 2007.

姚大力.「元朝科舉制度的興廢及其社會背景」.「元史及北民族研究集刊」, no. 6 (1982): 26-59.

饒魯.「饒雙峰講義」.石洞書院, 1791.

袁變.「謙齋集」. SKQS.

應廷育.『金華先民傳』. XJHCS.
義烏名人叢書編纂委員會.『義烏名人傳』. 北京: 中國文史出版社, 2001.
慈波.「呂祖謙《左氏博議》版本源流述考」『浙江社會科學』, no. 8 (2016): 133–37.
慈波.「政治,學術與文章:《宋文鑑》編刊之爭再審視」In『浙學新視野暨"東南三先生"國際學術研討會』, 129–53. 金華, 浙江: 浙江師範大學, 2019.
慈波.『黃溍評傳』. 上海: 上海人民出版社, 2015.
張劍, 呂肖奐, 周揚波.『宋代家族與文學研究』. 北京: 中國社會科學出版社, 2009.
張劍.『宋代范浚及其宗族考論』. 北京: 中國社會科學出版社, 2014.
張國維.『張忠敏公遺集』. 1857.
章懋.『楓山章先生集』. 叢書集成初編. 上海: 商務印書館, 1935.
章懋.『楓山集』.『金華從事』.
張栻.『張栻集』. 北京: 中華書局, 2015.
張蓋, 沈麟趾, 盧標.『金華府志』. 1683.
章如愚.『山堂考索』. 1521. 臺北: 臺灣古籍出版社, 1972.
章如愚.『山堂先生羣書考索』. 中華再造善本. 金元本, 66, 65, 56, 25卷. 北京: 北京圖書館出版社, 2006.
章如愚.『新刊山堂先生章講考索』. 甲集. 北京: 中國書店, 2008.
張元諭.『蓬底浮談』.『續修四庫全書』. 上海: 上海古籍出版社, 1995.
張圍東.『宋代類書之研究』. 永和市臺北: 華木蘭文化工作坊, 2005.
章一陽.「金華四先生四書正學淵源」.『四庫全書存目叢書』. 濟南: 齊魯書社出版社, 1997.
張迪.「南宋婺州圖書刊刻與社會互動初探」.『浙江萬里學院報』, no. 4 (2015): 80–84.
章接.『楓山章先生實紀』. JHCS.
張廷玉.『明史』. 北京: 中華書局, 1974.
張智華.「樓昉《崇古文訣》三種版本系統」.『文獻』3 (2001): 120–127.
錢建狀.「南宋進士分科考試制度的形成契機兼論宋代科學史上的'經義與詩賦'之爭」.『宋代文學的歷史文化考察』. 錢建狀 編, 82–94. 福州: 福建教育出版社, 2012.
錢穆.「讀明初開國諸臣詩文集」.『新亞學報』6, no. 1 (1964): 245–326.
『全宋文』. 曾棗莊, 劉琳 編. 360 vols. 上海: 上海辭書出版社; 合肥: 安徽教育出版社, 2006.
『全元文』. 李修生 編. 60 vols. 南京: 江蘇古籍出版社, 1998.

浙江省永康縣地名委員會.『永康縣地名志』. 永康: 浙江省永康縣地名委員會, 1986.
鄭嘉勵.「明招山出土的南宋呂祖謙家族墓誌」.『唐宋歷史評論』1 (2015): 186–215.
鄭嘉勵.『武義宋元墓誌集錄』. 杭州: 浙江古籍出版社, 2019.
『精騎』. 永康: 婺州永康淸渭陳宅, 12th c. Microfilm at Harvard-Yenching Library.
程文德.『程文恭公遺稿』. 1584. In『四庫全書存目叢書』. 濟南: 齊魯書社出版社, 1997.
程文德.『程文德集』. Edited by 鄭雲山 and 項瑞英. 永康: 河印出版社, 2005.
『程方京譜』. 永康: privately published, 1996.
鄭柏.『金華賢達傳』. 1708.
鄭伯謙.『太平經國之書』. 粵東書局, 1873.
程尙斐.『五峰書院志』. 1781.
程元敏.「宋元之際的學者金履祥及其遺著」. In『宋史研究集』, 63–94. 台北: 中華叢書委員會, 1969.
程元敏.『王柏之生平與學術』. 台北: 學海出版社, 1975.
程元敏.『王柏之詩經學』. 台北: 嘉新水泥公司文化基金會, 1968.
程正誼.『戻華堂集』. 1599. 永康: 程朱昌, 程育全, 2004.
鄭茜.「吳萊交遊考」.『金華職業技術學院學報』2 (2015): 86–92.
JHCS.『金華叢書』. Compiled by 胡鳳丹. 永康: 胡氏退補齋, 1862.
曹丕.『典論』. 上海: 商務印書館, 1936.
曹樹基.『中國人口史』, vol. 3:『明時期』. 葛劍雄 編. 上海: 復旦大學出版社, 2002.
趙汝騰.『庸齋集』.『四庫全書』.
趙志皐.『趙文懿公文集』.『四庫禁燬書叢刊』. 北京: 北京出版社, 1997.
趙鶴.『金華文統』.『四庫全書存目叢書』. 濟南: 齊魯書社出版社, 1997.
趙鶴.『金華正學編』.『四庫全書存目叢書』. 濟南: 齊魯書社出版社, 1997.
鍾翀.「浙江東陽市北江盆地宗族的形成與展開――東南中國宗族與宗族村發生之歷史地理學考察」.『走入歷史的深處: 中國東南地域文化國際學術研討會論文集』. 吳松弟・連曉鳴・洪振寧 編. 上海: 上海人民出版社, 2011.
鍾翀.『北江盆地: 宗族聚落的形態與發生史研究』. 北京: 商務印書館, 2011.
朱剛.「前言」.『宋婺州本三蘇先生文粹』. 上海: 上海古籍出版社, 2017.
朱開宇.『科舉社會, 地域秩序與宗族發展—宋明間的徽州, 1100–1644』. 臺北: 國立臺灣大學, 2004.
周夢江.『葉適與永嘉學派』. 杭州: 浙江古籍出版社, 2005.

周士英.『義烏縣志』. 1596; 影印本, 1640.
周宗智.『重修金華府志』. 1480.
周春健.「金履祥與《論孟集注考證》」.『中國典籍與文化』1 (2009): 61–66.
周春健.「許謙與《讀四書叢說》」.『中國典籍與文化』4 (2007): 50–55.
朱海濱.『近世浙江文化地理研究』. 上海: 復旦大學出版社, 2011.
朱熹.『四書章句集注』. 上海: 上海古籍出版社, 2001.
朱熹.『朱子語類』. 黎靖德 編. 北京: 中華書局, 1988.
朱熹.『朱熹集』. 成都: 四川教育出版社, 1996.
『中國古籍善本書目. 經部』. 上海: 上海古籍出版社, 1986.
『中國古籍善本書目. 史部』. 上海: 上海古籍出版社, 1993.
『中國浦江鄭義門江南第一家: 中國古代家族文化的輝煌遺產』. 浦江: 玄露山風景名勝區管委會, 1997.
陳建華.『中國江浙地區十四至十七世紀社會意識與文學』. 上海: 學林出版社, 1992.
陳昆忠.『金华历史名人传』. 杭州: 杭州大學出版社, 1998.
陳著卿.『筼窗集』. In SKQS.
陳来.『朱子書信编年考证』. 增订本. 北京: 生活讀書新知三聯書店, 2007.
陳亮.『陳亮集』. 增订本. 北京: 中华書局, 1987.
陳雯怡.「『承道』論述與『求道』傳記: 宋代『師友淵源』概念的兩個思想基礎」. In『近代中國之變與不變』. edited by 柳立言 [Lau Nap-yin], 221–86. 台北: 中央研究院歷史語言研究所, 2013.
陳雯怡.「『吾婺文獻之懿』: 元代一個鄉里傳統的建構及其意義」.『新史學』20, no. 2 (2009): 43–113.
陳雯怡.「元代書院與士人文化」. In『中國史新論·生活與文化分冊』. 邱仲麟 編, 199–266. 台北: 聯經出版事業公司, 2013.
陳雯怡.『由官學到書院: 從制度與理念的互動看宋代教育的演變』. 台北: 聯經出版事業公司, 2004.
陳寶良.「明代文人辨析」.『漢學研究』19, no. 1 (2001): 187–218.
陳寶良.『明代儒學生員與地方社會』. 社科学术文庫. 北京: 中國社會科學出版社, 2005.
陳傅良.『陳傅良文集』. 杭州: 浙江大學出版社, 1999.
陳先行.「影印說明」. In『山堂考索』, 1–4. 北京: 中華書局, 1992.
秦簧, 唐壬森.『光緒蘭谿縣志』. 臺北: 成文出版社, 1974.

倉修良.「方孝孺的生平和他的譜牒學理論」『史學月刊』no. 9 (2017): 105–12.

倉修良.「宋濂的譜牒學理論」『中國文獻研究(華東師範)』33 (2014): 133–45.

戚雄.『婺賢文軌』1538. 濟南: 齊魯書社出版社, 1997.

焦竑, 吳相湘.『國朝獻徵錄』台北: 臺灣學生書局, 1964.

鄒逸麟.「『輿地紀勝』的流傳及其價值」『輿地紀勝』vol. 1, 1–34. 北京: 中華書局, 1992.

祝穆, 祝洙.『宋本方輿勝覽』上海: 上海古籍出版社, 1986.

漆俠.「宋元時期浦陽鄭氏家族之研究」『知困集』漆俠 編, 196–210. 石家莊: 河北教育出版社, 1992.

沈伯咸.『楓山語錄』JHCS.

沈松勤.『南宋文人與黨爭』北京: 人民出版社, 2005.

脫脫.『宋史』北京: 中華書局, 1977.

『太平呂氏宗譜』永康, 1821–50.

彭龜年.『止堂集』SKQS.

『浦陽戴氏宗譜』浦江, 1919.

包偉民.「精英們"地方化"了嗎？——試論韓明士〈政治家紳士〉與"地方史"研究方法」『唐研究』11 (2005): 653–72.

馮爾康.「宗族制度譜牒學和家譜的學術價值」In『中國家譜綜合目錄』北京: 中華書局, 1997.

何基.『何北山遺集』In JHCS.

何炳松.『浙東學派溯源』北京: 中華書局, 1933.

夏斌.『張國維年譜』碩士論文, 暨南大學, 2017.

何汝明.『蘭溪姓氏紀略』蘭溪, 浙江: 蘭溪市誌協公司, 1993.

何忠禮, 鄭瑾.「略論宋代類書大盛的原因」『浙江大學學報』33, no. 1 (2003): 31–38.

郝維乾.「金履祥《廉洛風雅》研究」Ph.D. diss., 遼寧師範大學, 2013.

韓經太.『理學文化與文學思潮』北京: 中華書局, 1997.

韓元吉.『南澗甲乙稿』In SKQS.

韓愈.『東雅堂昌黎集集註』In SKQS.

項元勛.『台州經籍志』42卷, 1915.

許建業.「晚明胡應麟對金華地區詩文學術傳統的建構」Unpublished paper, 2019.

許建業.「援史學入詩學: 胡應麟《詩藪》的詩學歷史化」『文學遺產』no. 4 (2020): 153–65.

許謙.『讀四書叢說』『景印文淵閣四庫全書』

許謙.『讀四書叢說』.『四部叢刊』. 上海: 商務印書館, 1934.
許謙.『白雲集』.『景印文淵閣四庫全書』.
許守泯.「蒙元統治下士人的頓挫與轉折－以婺州爲中心」. Ph.D. diss., 國立清華大學, 2003.
許弘綱.『羣玉山房文集』.『四庫未收書輯刊』. 北京: 北京出版社, 1997.
胡啓申.『東陽縣志』. 1681.
胡國鈞.「胡公大帝信仰與方巖廟會」.『中國民間文化－民間文藝研究』, no. 4 (1991): 184–221.
胡森.『九峰先生文集』. In『重修金華叢書』. 上海: 上海古籍出版社, 2014.
胡應麟.『少室山房類稾』. In XJHCS.
胡應麟.『少室山房筆叢』. 北京: 中華書局, 1958.
胡應麟.『少室山房筆叢』. 上海: 上海書店出版社, 2009.
胡應麟.『詩藪』.『中國文學參考資料叢書』. 北京: 中華書局, 1958.
胡寅.『斐然集』. In SKQS.
胡助.『純白齋類稾』. In JHCS.
胡宗楙.『金華經籍志』. 永康: 胡氏夢軒樓, 1926.
胡翰.「胡仲子集校箋」. In『胡仲子集校箋及相關文獻研究』, by 李韋瑤. M.A. thesis, 浙江大學, 2010.
胡楷.『正德永康縣志』. 1522. 上海: 上海書店, 1990.
洪邁.『夷堅志』. 北京: 中華書局, 1981.
華東師範大學古籍研究所.『文獻通考經籍考』. 上海: 華東師範大學出版社, 1985.
黃綰.『石龍集』. 1522–66. Harvard-Yenching Library, microfilm.
黃寬重.「四明風騷－宋元時期四明士族的衰替」. In『政策,對策: 宋代政治史探索』, edited by 黃寬重, 139–72. 台北: 中央研究院; 聯經出版社, 2012.
黃寬重.『孫應時的學宦生涯: 道學追隨者對南宋中期政局變動的因應』. 台北: 國立臺灣大學出版中心, 2018.
黃靈庚, 陶誠華.『重修金華叢書提要』. 上海: 上海古籍出版社, 2014.
黃宗羲, 全祖望.『宋元學案』. 北京: 中華書局, 1986.
黃宗羲.『黃宗羲全集』. 杭州: 浙江古籍出版社, 2012.
侯美珍.「元代科舉三場考試偏重之探論」.『國文學報』63 (2018): 171–202.
姬秀珠.『明初大儒方孝儒研究』. 台北: 文史哲出版社, 1991.

일본어

宮崎市定.「宋代の士風」1953.『宮崎市定全集』339-75. 東京: 岩波書店, 1992.
宮澤知之.「宋代地主與農民的諸問題」『日本學者研究中國史論著選譯』2:424-52. 北京: 中華書局, 1993.
檀上寬.「【鄭氏規範】の世界－明朝權力と富民層」In『明清時代の政治と社會』edited by 小野和子. 京都: 京都大學人文科學研究所, 1983.
檀上寬.『明朝專制支配の史的構造』東京: 汲古書院, 1995.
飯山知保.『金元時代の華北社會と科擧制: もう一つの「士人層」』早稻田大學學術叢書. 東京: 早稻田大學出版部, 2011.
山口智哉.「宋代鄕飮酒禮考―儀禮空間としてみた人的結合の〈場〉」『史學研究』no. 24 (2003): 66-96.
森田憲司.「宋元時代における修譜」『東洋史研究』37, no. 4 (1979): 509-35.
森正夫.『明代江南土地制度の研究』京都: 同朋舍, 1988.
三浦秀一.『中國心學の稜線: 元朝の知識人と儒道佛三敎』東京: 硏文出版, 2003.
星斌夫.「中國社會福祉政策史の研究: 淸代の賑濟倉を中心に」Chap. 4 of『明代における預備倉と各種の賑濟倉』東京: 山川出版社, 1988.
小山正明.「明代の糧長について特に前半期の江南デルタを中心として」『東洋史研究』27, no. 4 (1969): 201-51.
丞阪俊廣.「婺學: 場所の物語」In『宋代人の認識―相互性と日常空間』197-226.『宋代史研究會報告』7. 東京: 汲古書院, 2001.
市來津由彥.「朱熹・呂祖謙講學試論」In『宋代社會のネットワーク』宋代史硏究會 편, 351-92. 東京: 汲古書院, 1998.
市來津由彥.『朱熹門人集團形成の硏究』東京: 叢文社, 2002.
阿部隆一.『中國訪書志』東京: 汲古書院, 1983.
吳金成.『明代社會經濟史研究―紳士層の形成とその社會經濟的役割』渡昌弘, 譯. 東京: 汲古書院, 1990.
依川強.「宋代の名族―河南呂氏の場合」『神戶商科大學人文論集』9, nos. 1-2 (1973): 134-66.
依川強.「朱熹と唐仲友」In『宋元代の社會と宗敎の綜合的研究』23-31. 京都, 1990.
伊藤正彦.「義役: 南宋期における社會的結合の一形態」『史林』75, no. 5 (1992).

伊原弘. 「中國知識人の基層社會―宋代溫州永嘉學派を例として」. 『思想』, no. 4 (1991): 82–103.

長澤規矩也. 『宋元版の研究』. 『長澤規矩也著作全集』 3. 東京: 汲古書院, 1983.

田中正樹. 「蘇氏蜀學考―出版から見た蘇學の流行について」. 『宋代人の認識―相互性と日常空間』. 東京: 汲古書院, 2001.

井上徹. 「元末明初における宗族形成の嗣潮」. 『文敬論叢』 27, no. 3 (1992): 272–321.

朱瑞熙. 「宋代理學家唐仲友」. 『劉子健博士頌壽紀念宋史研究論集』 43–53. 京都: 同朋社, 1989.

朱海濱. 「近世浙江の胡則信仰」. 『東洋學報』 86, no. 2 (2005): 67–96.

陳雯怡. 「大隱隱於士?《元史·隱逸傳》中的元代隱逸」. Published in Japanese as 大隱は「士」に隱る―「元史隱逸伝」に見る元代の隱逸. 『日本宋代史研究會研究報告』 (2015).

秦兆雄. 『中國湖北農村の家族宗族婚姻』. 東京: 風響社, 2005.

青山定雄. 「唐宋時代の總志及び地方志」. 『唐宋時代の交通と地誌地圖の研究』, 447–506.

青山定雄. 「唐宋地方誌目錄及び資料考證」. 『横浜市立大學紀要』 21 (1958): 1–97.

青山定雄. 『唐宋時代の交通と地誌地圖の研究』. 東京: 吉川弘文館, 1963.

土田健次郎. 「社會と思想―宋元思想研究覺書」. 佐竹靖彦 외 편, 『宋元時代史の基本問題』. 東京: 汲古書院, 1996.

| 옮긴이의 말 |

　피터 볼 교수는 당–송 변혁기 중국 지성사의 대전환을 주제로 한 연구로 프린스턴 대학교에서 박사학위를 받았으며, 이를 토대로 『"This Culture of Ours", Intellectual Transitions in T'ang and Sung China』(한국어판: 중국 지식인들과 정체성)를 출간하였다. 이후 그는 신유학을 기존의 철학사 중심의 접근이 아니라 지성사적 관점에서 역사적으로 조명한 『Neo-Confucianism in History』(한국어판: 역사 속의 성리학)를 내놓았다. 그 문제의식을 확장한 이 책은 남송에서 명 말에 이르는 대략 1100년에서 1600년까지의 시기의 절강성 무주 지역을 배경으로 그 지역의 '사들이 행하였던 학'을 다룬 연구이다. 이 세 권의 저서는 당 중기의 고문운동에서 시작된 당–송 변혁기의 사상의 전환에서 신유학 탄생과 그 전개, 나아가 신유학이 저물고 고증학으로 이행하는 시기에 이르기까지의 중국 지성사를 입체적으로 조명하고 있다.
　이 책의 특징은 여러 측면에서 논의할 수 있겠으나, 그중 두 가지에 초점을 맞추어 역자로서의 견해를 간략히 밝히고자 한다.
　첫째, 이 책이 다루는 1100년에서 1600년 사이의 중국 지성사는 통상 주자학에서 양명학, 그리고 고증학으로 이어지는 유학의 학파 중심 전개로 이해되어 왔다. 그러나 이 책이 조명하는 대상은 그러한 특정 학파의 사상적 계보를 넘어서는, 보다 넓고 포괄적인 '사의 학'이다. 특정 학파의 전개를 중심에 두지 않고, '사의 학'을 중심으로 접근함으로써, 각 시기의 단면 속에서 실제 현실에서 전개된 다채로운 지적·문화적 추구와 그 복합적 관계를, 살아 있는 주체로서의 '사'의 활동을 통해 한층 선명하게 드러낸다. 이러한 시각은 방법론적으로도 지성사와 사회사를 아우르며 조명할 수 있는 의미 있는 선택이라 할 수 있다.

둘째로, '지역'을 통한 접근법이라는 방법론에 대하여 논하고자 한다. 이 책은 절강성 무주라는 '지역'을 매개로 송·원·명 시기의 '사의 학'을 지성사와 사회사를 가로지르며 함께 조망한다. 이러한 지역적 접근은 단순히 연구 범위를 한정하는 것은 아니다. 이러한 지역적 접근이 지성사 연구에 어떤 새로운 통찰을 제공할 수 있는지를 생각해 보고자 하며, 아울러 디지털 인문학의 방법을 접목하고 현지 조사를 병행하는 등 이 책의 연구적 시도들에 대해서도 간략히 덧붙이겠다.

중국 지성사의 대상으로서의 '사의 학'

이 책은 남송 시기 여조겸에서 이야기를 시작하므로, 그를 예로 들어 보겠다. 여조겸은 주희의 조력자로서, 신유학의 기본 교재가 된 『근사록』을 주희와 함께 편찬하는 등 주희가 신유학의 체계를 세우는 데 중요한 역할을 한 인물로 알려져 있다. 그러나 이 책에서 보여 주듯, 주희는 여조겸과 무주 지역의 동료 사들이 추구한 학이 자신이 생각하는 올바른 학과는 어긋난다고 맹렬히 비판하기도 했다. 그렇다면 여조겸은 신유학자인가?

그렇다. 여조겸은 분명 신유학자이다. 그러나 여조겸이 행한 '학'의 모든 측면—지적, 문화적, 그리고 실천적 행위들—이 곧 신유학으로 환원될 수 있는가? 그렇지는 않다. 실제 여조겸의 '학'은 단순히 신유학으로 수렴될 수 없는 폭넓고 다채로운 스펙트럼을 보여 준다.

그는 과거 시험을 준비하는 공부를 제공함으로써 무주 지역의 사들을 결집시킬 수 있었으며, 동시에 전장제도典章制度를 연구하거나 문장을 잘 짓기 위한 수련에도 깊은 관심을 기울였다. 물론 이러한 전장제도 연구나 시문 수련 속에도 신유학적 경향이 반영될 수 있으며, 나아가 원대 이후에는 과거 시험의 주요 교재가 신유학 문헌들로 대체되면서 과거 공부와 신유학이 분리되기 어려워졌던 것도 사실이다. 그러나 엄밀히 말해, 이러한 것들이 동일한 학문적 지향을 갖는 것은 아니었다. 여조겸이 추구한 '학'도 신유학의 틀로 환원될 수 없는 보다 다양한 실천과 지적 관심을 포괄하고 있었다.

여기서 잠시 논의하고자 하는 것은 '유학'(또는 '유교')이라는 용어의 실제 사용에서 드러나는 모호함과 자의적 정의의 문제이다. 전공자를 제외한 많은 사람들은 동아시아 전근대의 사상·학술·문화 전반은 물론, 일상적 관습과 사고방식까지도 포괄적으로 '유학'이라 부르는 경향이 있다. 나아가 '유학의 영향'이라는 표현에 이르면, 그 범위는 사실상 무한대로 확장되곤 한다. 그러나 엄밀히 말해, 유학은 공자의 가르침을 근원으로 하여 경전이라는 문헌적 전통을 매개로 전승되어 온, 도덕적 인간 형성을 목표로 하는 사상·학문 체계이다. 그리고 이러한 인간 형성을 바탕으로 사회적 조화와 보편적 도덕 질서를 구현하려 한 지적·실천적 전통이라 할 수 있다.

　중국 전근대의 대부분 시기, 특히 이 책에서 다루는 송에서 명에 이르는 시기의 사는 본질적으로 유학자였다. 그러나 그들이 행한 모든 학이 곧 유학에 속한 것은 아니었다. 과거 시험 준비의 내용 가운데서 경전 이해가 아니라 문장을 잘 짓는 법을 익히는 공부, 시문 창작과 비평을 중심으로 한 문학, 또는 정치·행정·법제·경제 제도와 그 역사에 관한 탐구 등은 유학의 범주와는 다른 지적·문화적 추구로 볼 수 있다. 피터 볼 교수는 이미 자신의 첫 번째 저서에서부터 중국 지성사에서 유학적 지향과 문학적 지향의 상호 관련성과 긴장 관계를 주된 주제로 제시하였으며, 이 책에서는 그 시각이 보다 구체적이고 풍부한 사례를 통해 전개되고 있다. 문학으로 불리는 영역에서의 활동은 결코 주변부로 밀려난 적이 없었으며, 동아시아의 유학자인 사들은 지속적으로 문장을 짓는 수련에 전념해 왔다. 그러나 문학과 유학은 분명히 분리될 수 있는 영역이 있기도 하다. 여조겸의 예에서 보듯, 유학자인 사는 '사의 학' 속에서 유학보다 훨씬 폭넓고 다채로운 학문을 실천했다. 이들이 실제로 당대 사회에 미친 영향을 지성사의 관점에서 온전히 이해하기 위해서는, 그들의 학문을 단지 유학이나 유학의 한 학파인 신유학의 범주 안에서 설명할 수 없으며, 보다 넓은 범주의 '사의 학'을 대상으로 삼을 필요가 있다.

　주희가 새로운 학의 체계로서 신유학을 제시하고 난 이후, '사의 학'의 지형은 크게 변화하였다. 그러나 이 책이 보여 주듯, 신유학의 수용 양상은 지역에 따라, 또 개인에 따라 크게 달랐다. 무주와 같이 신유학의 영향력이 강했던 지역에서도, 전혀 다른 방식으로 세계와 지식을 이해하고 구성하려는 사들이 존재했으며, 그들 또한 결코 영향력이 미미한 존재만은 아니었다. 이 책은 당시 실질적으로 전개되었던 다양한 지향의 사의 학들과, 그들 사이의 상호 관계·긴장·타협의 양상을 세밀하게 보여 준다. 주자학의 적자를 자임했던 무주 지역의 경우에도, 주자의 학을 충실히 계승한 사들이 있는가 하면, 이 책에서 자세히 다루는 유서 전통으로 대표되는 백과전서적 박학(博學)을 지향한 사들, 그리고 문학적 수련과 표현을 가장 중시한 사들이 공존하였다. 또한 주자학의 정통을 자처한 금화사선생과 같은 인물들 사이에서도, 주자학·박학·문학의 관계를 어떻게 설정할 것인가에 대한 견해는 서로 달랐다. 이렇듯 무주라는 지역을 통해 드러나는 사의 학의 구체적 실상은, 유학의 여러 학파와 문학, 박학, 그리고 의학 등까지도 포함한 다양한 지적 전통들 사이의 복합적인 상호 관계, 긴장·갈등·타협, 그리고 이에 대한 정당화와 비판의 논리가 동아시아 지성사를 이해하는 데 필수적인 요소임을 잘 보여 준다.

유학의 여러 사조 가운데 주희에 의해 성립된 신유학의 가장 큰 특징은, 특정한 학의 내용과 방식이 사의 정체성과 강하게 결합되어 있다는 점이다. 모든 유학의 학파가 자신들의 학문만이 유일하게 올바른 학이며, 다른 학문 방식을 따르는 사람은 올바른 사가 될 수 없다고 주장한 것은 아니다. 그러나 신유학의 경우, 이러한 '유일하게 올바른 학의 방식'에 대한 배타적 주장이 그 학문의 내용과 원리 자체와 밀접하게 연결되어 있다는 점이 두드러진다. 이는 주희 이전의 유학에서는 찾아보기 어려운 특징이며, 이후 고증학과 같이 방법론적 탐구를 중심으로 한 학문에서도 드물게 나타나는 특성이다. 그럼에도 실제 신유학자들의 현실적 행위는 단선적이지 않았다. 그들은 신유학이 제시한 학의 방식 외에도 다양한 학문을 동시에 추구하였다. 다만 자신이 진정으로 신유학적 정체성을 가진 사라면, 문학, 전장제도 연구, 의학·천문학 등 어떤 학문을 하더라도 그것이 자신이 속한 신유학의 체계와 어떠한 방식으로든 통합될 수 있음을 정당화해야 했다. 그 정당화가 반드시 성공적이거나 논리적으로 완결되지 않았더라도 말이다.

신유학 내부에는 주자학과 양명학을 비롯해 여러 하위 학파와 개념·이론상의 논쟁이 존재했지만, 신유학이라는 체계는 그 근본 전제—형이상학적 세계관과 이에 기반한 학의 실천 방식—를 인정하지 않으면 더 이상 신유학이라 할 수 없는 명확한 경계를 가진 학문이었다. 이러한 전제란 곧, 우주의 모든 존재와 현상이 하나의 통합된 근본원리에 따라 질서화되어 있다는 믿음을 뜻하며, 따라서 신유학자의 모든 지적 활동과 추구는 그 질서를 인식하고 드러내려는 행위로 이해되었다. 이 책은 바로 그 '경계의 전제'가 학문을 규율할 필요가 없다고 생각한 인물, 즉 호응린에서 이야기를 마무리한다. 호응린의 관점은 이후의 고증학과 유사성을 지닌다. 다만, 모든 고증학자가 신유학의 전제를 부정했던 것은 아니다. 일부 학자들은 신유학의 형이상학적 전제를 유지한 채 고증학적 방법론을 수용하기도 했다. 그 전제를 근본적으로 부정한다면, 그가 어떤 학문을 행하든 더 이상 신유학자로 남을 수 없었으며, 고증학자들의 다수는 점차 이러한 방향으로 나아가게 되었다. 이러한 측면에서 이 책이 다루는 시기 이후의 중국 지성사를 바라볼 때는, 신유학과 고증학이 어떤 조건에서 병립하고 또 어떤 지점에서 단절되었는가를 함께 살피는 것이 중요하다고 본다.

'지역'이라는 방법론

이 책은 절강성 무주라는 한 지역을 중심으로, 약 500년에 걸친 사의 학의 전개 과정을 추적하고 있다. 피터 볼은 '지역을 통한 접근'이 지성사와 사회사를 통합적으로 조명할 수 있는 방법이 될 수 있다고 보고, 가장 풍부한 기록이 남아 있는 무주를 연구 대상으로 선택하였다.

그러나 한 지역을 대상으로 지성사를 서술한다고 해서, 그 자체로 지성사와 사회사가 저절로 통합되는 것은 아니다. 단지 한 지역의 지성사 기술에 머무를 수도 있기 때문이다.

'지역'이라는 렌즈를 통해 사의 학을 바라보는 데에는 여러 장점이 있다. 무엇보다 방대한 중국 사회에서 필연적으로 나타나는 지역별 다양성과 차이를 반영할 수 있다는 점, 그리고 한 지역에 국한하여 자료를 보다 정밀하게 읽고 분석할 수 있다는 점을 들 수 있다. 그러나 이 책이 다루는 남송·원·명의 시기에 사의 학을 '지역'의 시각에서 조명하는 접근은, 이러한 연구상의 편의나 분석적 효용을 위한 것만은 아니다. 이는 송대 이후, 특히 남송 이후에 사의 존재 양상과 정체성 자체가 '지역'이라는 단위와 밀접하게 결합되어 있었기 때문이다.

남송 이후 엘리트의 성격이 '지역화localization'되었다는 로버트 하임스의 연구 이래, 남송·원·명·청 시기의 엘리트, 즉 사들의 존재 양식·행동 방식·가문 전략이 모두 지역과 긴밀히 연관되어 전개되었음을 보여 주는 연구가 다수 축적되어 왔다. 이 시기의 중국에서 누군가가 '사'로 인정받는 일은 중앙정부의 제도적 자격에 의해서만이 아니라, 그가 속한 지역사회에서의 명망과 인정에 의해서 사실상 규정되는 측면이 컸다. 따라서 사의 정체성 자체가 '지역'이라는 장소적 단위와 밀접하게 결합되어 있었다고 할 수 있다.

이 책은 무주의 지역적 특성과 왕조 교체에 따른 변화를 따라, 한 지역의 사들이 '학'을 통해 형성하고 구현한 지향과 영향, 구조와 관계의 다층적 양상을 보여 준다. 인쇄와 출판, 중앙 정치와 외교, 전쟁과 경제 구조의 변동, 개혁의 시도와 좌절, 왕조의 교체와 이민족의 통치 등은 각 지역 엘리트인 사들의 삶과 그들이 수행한 '학'에 깊은 영향을 미쳤다. 그러나 동시에 이들은 '학'을 매개로 이러한 변화들에 적극적으로 대응하며, 다시 그 방향과 성격에 영향을 미치는 주체이기도 했다.

무주의 사들을 예로 들어, 이 책은 이 시기 중국에서 한 명의 사가 '학'을 실천하며 살아간다는 일이 그가 속한 지역사회와 제국의 질서 속에서 어떤 의미를 지니며, 또 어떠한 영향을 미치게 되는가를 보여 준다. 나아가 사들의 '학'을 매개로 한 지역이 어떻게 형성되고 변화했는가를 지성사·사회사·문화사를 가로지르며 입체적으로 드러낸다.

이렇듯 한 '지역'의 '사의 학'을 단순히 학술과 사상의 내용에 그치지 않고, '학'을 행하는 주체로서의 사가 지역 속에서 실제로 어떤 활동과 역할을 수행했는가를 보여 주는 방식으로 접근함으로써, 이 책은 사상사나 학술사를 넘어 사회사와 문화사를 아우르는 지성사를 구현해 낼 수 있었다. 물론 지성사 자체도 철학사나 사상사와 달리, 역사적 맥락 속에서 사상과 아이디어를 탐구한다는 점에서 일정한 사회사적 성격을 지닌다. 그러나 이 책이 드러내는 풍부한 사회사적·문화사적 통찰은, 지성사·사회사·문화사가 서로 분리되지 않은 채 유기적으로 맞물려 있음을 보여 주는 탁월한 사례라 할 수 있다.

　이 책은 그 외에도, 피터 볼 교수가 오랫동안 선도적으로 이끌어 온 디지털 인문학을 적절히 활용하여, 무주 지역의 성격과 그 안에서 형성된 관계망을 한층 선명하게 분석하고 조명하였다는 점에서도 주목할 만하다. 특히 중국 전기 자료 데이터베이스 분석과 GIS(지리정보시스템) 기법을 이용한 지리적 분석을 통해, 무주 지역의 사들이 활동한 공간적 범위와 상호관계, 그리고 지역과 제국을 잇는 지적 네트워크의 구조가 구체적이고 정밀하게 드러난다.

　그 밖에 몇몇 문장에서 드러나듯, 이 책은 절강성 무주, 현재의 금화 지역에서 이루어진 현장조사fieldwork에서 많은 도움을 얻었음을 알 수 있다. 이러한 현장 기반의 접근은 과거와 현재를 잇는 생생하고 밀도 높은 역사 서술의 토대를 이루고 있다.

　한국어로 번역된 책인 만큼, 이 책을 한국의 독자가 읽을 때 어떤 문제의식으로 접근하고 어떻게 활용할 수 있을지에 대해서도 역자로서 간략히 덧붙이고자 한다. 이 책이 다루는 '사의 학'의 문제와, 이를 지역의 맥락 속에서 바라보며 드러내는 통합적 역사의 시각은 중국의 절강성 무주뿐 아니라 한국의 여러 지역에도 적용 가능한 연구 방법이라 생각하며 이미 많은 비슷한 시도들이 축적되어 있다. 한국사와의 비교를 통해 드러나는 공통점과 차이점은, 비교사적 관점에서뿐 아니라 한국과 중국을 넘어선 광역 지역사 연구의 새로운 가능성을 제시한다는 점에서 큰 시사점을 지닌다고 생각한다.

　또한 이 책은 송·원·명 시기의 중국뿐 아니라 한국과 동아시아 전반에 영향을 미친 수많은 인물과 저서에 관한 풍부한 정보를 아우르고 있다. 따라서 한국어로 쓰인 개별 연구가 드문 인물, 저서 등에 대한 참고 자료로서도 읽힐 수 있다. 밀도 높은 서술과 방대한 정보량으로 이루어진 이 책은, 어디서도 쉽게 찾아보기 어려운 지식을 정밀하게 응축한 동아시아 지성사 연구의 귀중한 자료이자 유용한 참고서가 될 것이라 생각한다.

마지막으로, 개인적인 소회를 덧붙이며 역자의 말을 맺고자 한다. 주희의 '학'을 주제로 한 필자의 박사학위 논문에서 제기한 문제의식을, 이 책을 통해 무주라는 지역의 구체적인 역사적 전개 속에서 다시 확인할 수 있었던 것은 큰 도움이 되었다. 피터 볼 교수의 가르침에서 가장 인상 깊었던 점은, 늘 본질을 꿰뚫는 단순하면서도 근본적인 질문을 던지고, 그를 통해 스스로 배움의 방식을 찾아가게 하는 교수법이었다. 박사 논문의 감사의 글에서 밝힌 바와 같이, 그의 교육은 "배우는 법을 배우게 하는 것 learn how to learn"에 있었다. 성실함과 도전정신으로 일관된 그의 연구가 앞으로도 깊이 있고 활발하게 이어지기를 바란다.

2025년 11월
민병희

| 찾아보기 |

약어

CBDB: 중국인물데이터베이스China Biographical Database

CHGIS: 중국역사지리정보시스템China Historical Geographic Information System

GIS: 역사지리정보시스템Geographic Information System

인명

[ㄱ]

가사도賈似道 211, 584
갈홍葛洪 152, 339, 506
강왕康王 255
건문제建文帝 399, 400, 410
게혜사揭傒斯 399
경차景差 149
계덕칭桂德偁 524, 525
고계高啟 395
고승高承 172

고종高宗 209
고힐강顧頡剛 492, 504
공안국孔安國 99, 101
공전孔傳 171
공지엔펑Gong Jianfeng, 龔劍峰 69, 553
공평중孔平仲 171, 173
공풍鞏豊 153, 506
곽비郭畀 308
곽정郭程 116, 117
곽흠지郭欽止 69, 568
관중管仲 253, 316, 451
광무제光武帝 255, 256
광종光宗 126, 571
교행간喬行簡 153, 339, 507, 541, 569, 571, 576, 585
구양수歐陽修 32, 36, 48, 97, 99, 102, 112, 125, 137, 139, 142, 143, 165, 171, 173, 257, 306, 321, 353, 361, 363, 379, 400, 473, 478, 539, 573, 574, 611
구양순歐陽詢 171
구준邱濬 479, 628
굴원屈原 131, 149, 482, 484

금화 사선생金華四先生(사선생) 9, 62~65, 77, 219~221, 237, 273, 328, 333~337, 348, 394, 411, 412, 423, 424, 426~428, 430~442, 458, 459, 467, 475, 494, 500, 503, 603, 623
김강金江 413, 545, 546
김덕윤金德潤 291
김이상金履祥 77, 221~223, 226~228, 230, 231, 240~259, 263, 264, 271, 273, 277, 286, 293, 298, 302, 311, 312, 336, 337, 339, 348, 399, 411, 412, 423, 424, 428, 429, 467,

[ㄴ]

나흠순羅欽順 419, 424
낙빈왕駱賓王 474~476
노격盧格 414~417, 419, 423
노대경盧大經 88
노시중盧時中 358, 359
누방樓昉 132
누온樓蘊 90, 188
능한淩瀚 413, 430, 443, 545
니엔전지알라쓰Nianzhenjialasi, 輦真加剌思 291
니콜라스 태킷Nicolas Tackett 41

[ㄷ]

단조 히로시檀上寬 55
담약수湛若水 439, 479, 628
당륵唐勒 149
당봉의唐奉議 137
당사치唐士恥 166

당순지唐順之 479, 628
당여즙唐汝楫 432
딩용唐龍 416, 428, 431, 432, 474, 618, 622
당중우唐仲友 80, 84, 110, 127, 128, 135, 137, 153, 166, 172, 184, 202~204, 207, 342, 346, 348, 441, 541, 562, 627
당회덕唐懷德 299
대량戴良 285, 308, 376, 393, 395, 396, 402, 493, 540, 543
대표원戴表元 303, 374, 540, 543
데이비드 포어David Faure 463
동준童俊 412, 420, 423, 428~430, 545
동중서董仲舒 104, 321, 478
동품童品 412, 414, 417, 545
두본杜本 287, 288
두얼즈반朶爾直班 336

[ㄹ]

로버트 하임스Robert Hymes 11, 49~51, 330, 354, 554
로버트 하트웰Robert Hartwell 11, 519
리스야李思涯 476, 480, 481
리쫑환Lee Tsong-han 107
리처드 린Richard Lynn 302
린칭장林慶彰 476

[ㅁ]

마단임馬端臨 478
마이클 A. 풀러Michael A. Fuller 520
마이클 래크너Michael Lackner 267
마이클 소니Michael Szonyi 464, 554

마자르타이Majartai 294
마조상馬祖常 305, 540, 543
마지순馬之純 152~154, 211, 506, 576
마틴 하이드라Martin Heijdra 404
모공량毛公亮 88
무왕武王 234, 255
문왕文王 112, 234, 239, 255
문인몽길聞人夢吉 299, 397
문천상文天祥 286, 301
미야자키 이치사다宮崎市定 93

[ㅂ]
바얀Bayan 294, 304, 336, 352
반경규潘景珪 93
반경헌潘景憲 91, 117, 130, 182, 205, 570
반양귀潘良貴 75~77, 423~425
반자목潘自牧 168~182, 192, 213~215, 221, 230, 257, 496, 501, 578
반호고潘好古 75, 76, 91, 117, 561
방국진方國珍 339, 396
방봉方鳳 301~303, 308, 543
방원약方元若 78
방태고方太古 472~474
방회方回 303, 539, 541
방효유方孝孺 377~387, 395, 398, 399, 401, 402, 408, 422, 543
백거이白居易 171
범단신范端臣 76
범용范溶 76
범준范浚 76~78, 412
범중엄范仲淹 32, 71, 125, 356, 421
부박수傅伯壽 166

부인傅寅 202~204
비벌리 보슬러Beverly Bossler 52, 56, 525, 554

[ㅅ]
사고謝翱 286, 301, 543, 544
사량좌謝良佐 99, 100, 237
사마광司馬光 32~34, 43, 47, 79, 96, 97, 103, 107, 142, 154, 173, 251~255, 263
서견徐堅 137, 171, 174
서광계徐光啓 471
서교徐僑 153, 339, 442, 507, 541
서문헌徐文獻 90
서시예徐時乂 90
서용검徐用檢 444, 447~452, 495, 546
서차탁徐次鐸 153, 154, 166, 508, 512
서포徐袍 432, 442~444
서현徐鉉 478
석말의손石抹宜孫 396
설계선薛季宣 87, 88, 141, 207, 539
설선薛瑄 451
설직薛稷 306
섭근옹葉謹翁 293, 299
섭수발葉秀發 153, 507
섭유경葉由庚 222, 339, 342
섭적葉適 78, 109, 112, 115, 116, 128, 129, 130, 141, 152, 178, 205, 539, 541
소강邵康 198
소개蘇垲 374
소백형蘇伯衡 292, 368, 371~373, 395, 398, 402, 475, 543
소사단蘇師旦 127

소순蘇洵 137, 143~145, 148, 172, 353, 364, 478
소식蘇軾 9, 33, 34~39, 48, 61, 62, 94, 112, 132, 137~158, 165, 172, 257, 294, 305, 336, 374, 379, 389, 400, 435, 457, 468, 473, 486, 536
소연邵雍 153, 154, 506
소옹邵雍 103, 173, 251, 267, 269, 445
소우룡蘇友龍 292
소철蘇轍 99, 137, 144, 156, 172, 173, 292, 374
소호邵浩 138
손덕지孫德之 211, 509, 513
손약孫約 211
손양孫揚 444~447
손응시孫應時 155, 163, 539
송렴宋濂 9, 63, 224, 278~292, 298, 305, 308, 311~324, 333, 340, 343~351, 375~384, 393~405, 412, 422~424, 439, 442, 459, 467, 468, 475, 495, 503, 504, 524, 540, 543, 544
송옥宋玉 482
송유宋有 87
송천Song Chen 51
순열荀悅 210, 252
순자荀子 135, 478
순커콴孫克寬 55, 298
쉬쇼우민許守武 290
쉬융밍徐永明 298
시란時瀾 153, 154, 506
시철柴喆 78
신기질辛棄疾 109, 539

신불해申不害 252
심괄沈括 478, 486
쓰치다 겐지로上田健次郎 333

[ㅇ]
아니타 앤드루Anita Andrew 404
아리 레빈Ari Levine 33
아이무거Aimuge 291
안수晏殊 171~173
안회顔回 40, 242, 309
애덤 쇼어Adam Schorr 480
양대발楊大發 128
양만리楊萬里 109, 110~113, 141, 257, 539, 541
양사기楊士奇 399~402
양시楊時 75, 99
양신쉰楊新勛 102
양신楊愼 479~490
양여립楊輿立 231, 232, 339
양염楊廉 429, 430
양웅揚雄 35, 36, 135, 179
양유정楊維楨 340, 540, 543
양정화楊廷和 479, 480
엄숭嚴嵩 431, 432
에드워드 파머Edward Farmer 404
에리친 울루스Ericin Ulus 297
여공저呂公著 79
여교년呂喬年 98
여궐余闕 295, 296
여남呂柟 39, 40, 473
여대림呂大臨 99
여부呂溥 296, 300, 301, 334, 360, 362,

366
여봉중呂弸中 79
여수경呂壽卿 363
여수呂殊 154
여수呂洙 300
여언질呂彥質 363
여연년呂延年 232
여연呂淵 363
여조검呂祖儉 77, 98, 127~130, 539, 541
여조겸呂祖謙 7, 12, 60, 61, 66~119, 123,
　　126~158, 165, 166, 178, 182, 203,
　　215, 230, 231, 232, 253, 292, 301, 309,
　　330~333, 341, 342, 346, 348, 352,
　　369, 370, 393, 401, 409, 411, 412,
　　418~420, 423, 424, 428, 433, 435,
　　441, 442, 456, 457, 459, 461, 467, 475,
　　494, 496, 536, 539, 541
여중呂中 198
여혜경呂惠卿 209
여호呂浩 130, 360~365
여호余祜 428
예박倪樸 184~186, 510
예인길倪仁吉 472
오래吳萊 278
오리吳履 398
오사도吳師道 77, 221~224, 271~273,
　　293, 328, 335~352, 397, 412, 413,
　　423, 424, 430, 458, 459, 469, 470, 475,
　　540, 543, 544
오사제吳思齊 301, 302,
오야마 마사아키小山正明 406
오여필吳與弼 410, 422, 423, 427, 468

오유종吳儒宗 335
오직방吳直方 294, 335
오징吳澄 247, 338, 399, 540, 543
오침吳沉 397, 398
오통신五通神 190
왕간王偘 235
왕개王介 153, 154, 166
왕관汪灌 91, 92
왕기王畿 438
왕도곤王道昆 472, 549
왕도王稌 399
왕룡택王龍澤 285
왕망王莽 212
왕문王汶 413, 414
왕백王柏 77, 221~259, 268, 271, 273,
　　288, 299, 310, 312, 336, 338~342,
　　348, 370, 373, 401, 411, 412, 423, 424,
　　428, 437, 458, 467, 516~518, 539, 541
왕사고王師古 183, 211, 511, 515
왕사汪祀 322
왕사유王師愈 75, 230
왕상지王象之 168, 183, 184, 187~197,
　　211~215, 221, 230, 342, 464, 496, 501
왕세무王世懋 479
왕세정王世貞 472, 476, 479~482
왕안석王安石 31~39, 47, 70, 72, 118, 125,
　　132, 139, 142, 153, 156, 161, 162, 165,
　　173, 204, 205, 207~209, 219, 236,
　　405, 473, 478
왕안王安 89
왕야王埜 153, 166, 507
왕양명王陽明 24, 29, 65, 394, 415, 427,

430~451, 459, 466~474, 477, 480, 483, 493, 497, 498, 501, 502
왕여지王與之 204
왕응린王應麟 166, 167, 478
왕응진汪應辰 149
왕익지王益之 153, 154, 183, 511, 515
왕일취王日就 90
왕정상王廷相 479
왕초옹王肖翁 299
왕한王瀚 231
왕혜王蕙 281
왕회王淮 110, 127, 133, 342, 539
왕희선王希先 196
우석于石 335
우승유牛僧孺 210, 211
우집虞集 337, 338, 540, 543
원개袁凱 87
원신예Wen-hsin Yeh 56
원흥종員興宗 36, 37
위료옹魏了翁 153, 339, 539, 541
위소危素 365, 366, 540, 543
윌라드 피터슨Willard Peterson 226
유관柳貫 223, 243, 250, 252, 278, 302~314, 322, 323, 336, 348, 399, 423, 468, 475, 540
유근劉瑾 411, 412, 473
유기劉基 395~397
유삼걸劉三杰 128
유서劉恕 251, 256
유양의喻良倜 154
유염劉炎 232, 339
유왕幽王 255

유용劉埔 87
유우游虞 115
유육숭劉毓崧 191
유준劉峻 474~476
유창劉敞 478
유청지劉淸之 111, 166, 539, 541
유향劉向 170
육가교陸可教 432
육가陸賈 104
육구연陸九淵 108, 111, 129, 151, 152, 433, 435, 442, 456, 477, 539, 541
육심陸深 479
육유陸游 257, 541
육지陸贄 210
육진陸震 411, 419, 473
윤돈尹焞 429
응양應良 435
응용應鏞 166, 511, 515
응전應典 413, 434~438, 442
응정육應廷育 442, 546
이동양李東陽 419, 481
이몽양李夢陽 443, 480
이복달李福達 411
이사야 벌린Isaiah Berlin 237
이심전李心傳 231
이어李漁 471
이종理宗 118
이창李滄 413, 419
이치李廌 143
이치키 쓰유히코市來津由彦 51, 86
이통李侗 220, 272
임준林俊 424, 474

임지기林之奇 131

[ㅈ]

장국유張國維 471
장뢰張耒 142, 143
장무章懋 64, 65, 77, 393, 403, 411~444, 459, 467~475, 503
장사성張士誠 395, 396
장숙견張淑堅 86
장식張栻 95, 96, 109, 112, 133, 141, 150~152, 230, 249, 309, 349, 424, 428, 435, 442, 456, 539, 540, 541
장여우章如愚 169, 198~215, 221, 230, 253, 342, 496
장재張載 33, 51, 87, 96, 99, 105, 106, 108, 116, 155, 163, 219, 220, 224, 247, 262, 321, 445
장추張樞 223, 263, 272, 284, 286, 287, 299, 348, 540
장현蔣玄 299
장협張縕 89
전덕홍錢德洪 438
전목錢穆 394, 395
전전錢佃 166
정걸丁傑 416
정기鄭錡 282
정문덕程文德 413, 434, 437~440, 466, 503, 546
정백영鄭伯英 113
정백鄭柏 442
정심鄭深 294, 543
정이程頤 29, 33, 34, 36, 75, 87, 96, 99, 100, 105, 106, 126, 134, 148, 155, 173, 179, 220, 226, 235, 318, 321, 346, 414, 415, 421, 428, 445
정재程梓 434, 437, 438, 466
정정의程正誼 432, 466
정초鄭樵 478
정현鄭玄 99, 203, 316
정호程顥 33, 36, 96, 142, 165, 173, 445
정효鄭曉 479
정희량丁希亮 114
제니퍼 제이Jennifer Jay 286
제프리 모저Jeffrey Moser 197, 552
조대눌趙大訥 291
조보지晁補之 143
조비曹丕
조언거趙彦秬
조여등趙汝騰
조여우趙汝愚
조엽曹曄
조지고趙志皐
조지프 맥더못Joseph McDermott 368
존 다더스John Dardess 55, 295, 394, 395, 401
존 랭글로이스John D. Langlois 55, 313
존 랭글로이스 주니어John D. Langlois, Jr. 298
종로宗魯 364
종충鐘翀 386
종택宗澤 282, 284, 423, 424, 425
주밀周密 303
주진형朱震亨 9, 294, 299, 399
주천여朱天與 285

주필대周必大 109, 110, 112, 128, 539, 541
주해빈朱海濱 56
주희朱熹 8, 9, 24, 25, 29, 34~39, 60~65,
　　69~73, 76~80, 83~86, 91~101,
　　107~118, 127~134, 138~143,
　　148~155, 158, 163, 165, 166, 178,
　　182, 196, 205, 215, 219~225,
　　230~233, 238~250, 255~273,
　　278, 286, 292, 298~301, 309, 310,
　　313, 314, 328, 332~353, 360, 379,
　　389, 394, 401, 405, 413, 415, 421,
　　423~459, 467~471, 478~483, 493,
　　494, 497~503, 539, 541
증공曾鞏 139, 143, 473
증기曾幾 79
진관秦觀 143
진관陳瓘 142
진기경陳耆卿 165
진덕수眞德秀 138, 139, 153, 166, 335,
　　339, 539, 541
진량陳亮 69~74, 81, 87, 92, 93, 109, 127,
　　129, 130, 137, 138, 142, 151, 154, 184,
　　186, 203, 205, 332, 342, 346, 348, 435,
　　441, 475, 539, 541
진문울陳文蔚 339
진부량陳傅良 109, 113, 115, 141, 178, 539
진사도陳師道 143, 172, 173, 306
진상도陳祥道 207, 208,
진암초陳嚴肖 76
진우량陳友諒 395
진종眞宗 208
진지陳持 87, 88

진초陳樵 288, 358, 359, 524
진평陳萍 290
진핑왕Jinping Wang 461
진헌장陳獻章 65, 410, 413, 415, 427, 428,
　　439, 451, 468, 473
진회秦檜 37, 75, 93, 126, 127

[ㅊ]
참요자參廖子 172, 173
채침蔡沈 247
채형柴桐 358
척상조戚象祖 291
척숭승戚崇僧 299
척웅戚雄 411, 441, 442
천원이陳雯怡 287, 308, 334, 351
최식崔寔 210
축목祝穆 183, 196, 197
축수祝洙 196, 197

[ㅌ]
탈탈脫脫 294, 295, 304, 336, 396
탕湯 234, 309

[ㅍ]
팡루진Fang Rujin 69, 553
패경貝瓊 395
팽귀년彭龜年 165, 539
피터 딧만슨Peter Ditmanson 401
피터 비어만Peter Bearman 63

[ㅎ]
하기何基 77, 221~230, 258, 273, 288,

312, 336, 337, 339, 342, 401, 423, 424, 437, 467, 541
하담何淡 198
하맹춘何孟春 479
하야사카 도시히로永阪俊廣 333
한비韓非 252
한유韓愈 28, 35, 41, 112, 132, 139, 143, 179, 257, 258, 308, 321, 400, 467, 473
한탁주韓侂胄 126~128, 166
허겸許謙 77, 221~224, 243, 245, 252, 259~273, 278, 284~286, 292~300, 310, 312, 315, 322, 336~339, 348, 349, 365, 397, 399, 411, 412, 423, 424, 429, 436, 437, 467, 543
허원許元 397, 398
허형許衡 311, 340
현진루玄眞樓 474
호거인胡居仁 479
호굉胡宏 104, 251
호목胡穆 355~357
호신胡佹 357, 440
호안국胡安國 240, 414
호요문胡堯問 357
호유용胡惟庸 379, 398
호응린胡應麟 7, 65, 77, 455, 459, 472~504, 546, 549~551
호이트 틸만Hoyt C. Tillman 71
호장유胡長孺 286, 350, 543
호조胡助 167, 278, 295, 297, 308, 310, 314, 322, 323, 375, 399, 540, 543
호종무胡宗懋 152, 507
호지순胡志純 303

호칙胡則 71, 72, 327~329, 356, 357, 359
호한胡翰 308
홍매洪邁 135, 172, 190, 486
황간黃榦 221, 222, 228, 229, 259, 273, 312, 336~338, 348, 437, 539, 541
황관黃縉 435, 437
황부黃溥 412
황응화黃應龢 343, 544
황정견黃庭堅 141~143, 172, 173, 257, 308, 478
황종희黃宗羲 433, 502
황좌黃佐 479
황진黃溍 223, 224, 278, 281, 287, 292, 303~320, 322, 323, 336~338, 346~354, 369, 376, 385, 393, 399, 419, 423, 424, 442, 463, 468, 475, 540, 543
황풍원黃逢原 367, 368
힐더 드 위어트Hilde De Weerdt 138, 140, 162

지명

[ㄱ]
가암可庵 117
강도江都 252
개봉開封 59
곽씨 가문의 거주지郭宅 69
구주衢州 56, 285
금사암金笴庵 474
금화金華 7, 9, 10, 23, 55~57, 62~65, 69,

76, 79~81, 91, 95, 110, 127, 128, 135, 138, 142, 153, 166~169, 172, 183, 198, 199, 219, 221~224, 277, 278, 291, 293, 328, 373, 377, 383, 393, 394, 397~411, 417, 424, 425~427, 430~439, 441, 444, 452, 565, 507~515, 520, 526, 527

금화쌍계당서방金華雙桂堂書坊 136
금화조씨중은서원金華曹氏中隱書院 136
길안吉安 54, 401, 402
길주吉州 54

[ㄴ]

난계蘭溪 56, 57, 76~78, 85, 128, 223, 224, 290, 291, 302, 335, 336, 339, 341, 397, 411, 412, 416, 418, 431, 435, 440, 442, 447, 471~474, 511, 515, 526, 546, 547
난음蘭陰 448, 449
남경南京 379, 396~398, 402, 418
남송 7, 11, 31, 34, 38, 44, 49~60, 63, 64, 75, 93, 116, 123, 125, 136, 151, 152, 156, 162, 166, 171, 184, 187, 188, 190, 193~195, 204, 219, 257, 279, 287, 290, 298, 308, 320, 330~334, 341, 347, 348, 352, 384, 388, 405, 428, 456, 460, 467, 471, 475, 523, 524, 527, 529~539

[ㄷ]

동려桐廬 78, 80
동성桐城 30

동양東陽 70, 78, 85, 90, 115~117, 128, 135, 152, 168, 169, 171, 174, 196, 198, 202, 204, 211, 222, 308, 358, 375, 397, 406, 415, 419, 435, 465, 471, 506~508, 512

[ㅁ]

명주明州 50, 54, 131
명초산明招山 79, 80
몽골 38, 45, 62, 242, 259, 273, 277, 292, 294, 311, 457, 461
묘산昴山 474
무주婺州 49, 330
무주시문항당봉의택婺州市門巷唐奉議宅 136
무주영강청위진택婺州永康清渭陳宅 137

[ㅂ]

백록동서원 83
백운원白雲源 474
복주福州 168, 175
북산北山 56, 221, 222
북송 11, 12, 31~39, 42, 43, 49~52, 59, 62, 63, 75, 97~99, 108, 116, 125, 127, 131, 139, 142, 156, 158, 168, 184, 186, 188, 229, 425, 494, 530

[ㅅ]

사현서원四賢書院 339
상채서원上蔡書院 237
서원정사西園精舍 90, 116
석동서원石洞書院 69, 70, 78

찾아보기 681

소계蘇溪 137
소계장택숭지재酥溪蔣宅崇知齋(의오) 136
소무邵武 339
소주蘇州 131, 355, 395, 396, 465, 472, 473
송강松江 212
숭천여사십삼랑택崇川余四十三郎宅(동양) 137

[ㅇ]
안전의숙安田義塾 202
영강永康 56, 69, 71, 72, 85, 129, 137, 142, 296, 300~303, 327, 328, 355, 356, 360, 361, 411, 413, 434~436, 503, 509, 513
영강호씨퇴보재永康胡氏退補齋 137
온주溫州 54, 56, 109, 111, 129, 346, 456
요주饒州 338
월천서원月泉書院 293, 301
월천月泉 286, 458
의오義烏 48, 56, 84, 135, 153, 281, 293, 294, 296, 297, 303, 339, 343, 348, 373, 381, 382, 385, 397, 413, 506~514
이택사麗澤祠 435
이택서원麗澤書院 81, 99, 134, 232, 435, 441, 545
인산서원仁山書院 428

[ㅈ]
저주滁州 395, 396, 456
진강晉江 166
진강鎭江 308

[ㅊ]
청구오택계당青口吳宅桂堂(의오) 136
청하관青霞館 474

[ㅌ]
태주台州 84, 135, 237, 457
태화太和 401

[ㅍ]
팔화산八華山 435, 436
포강浦江 56, 84, 85, 184, 185, 223, 278, 280, 282, 283, 291, 293, 294, 301~304, 308, 348, 367, 372, 397, 404~406, 472

[ㅎ]
항주杭州 31, 42, 56, 72, 133, 136, 193, 242, 277, 287, 289, 294, 302~305, 308, 327, 356, 456, 458
해석산解石山 474
향계香溪 78
향현사鄕賢祠 411, 470, 475
호고상촌胡庫上村 327
호주湖州 212
호창왕택계당胡倉王宅桂堂(동양) 137
화석서원華石書院 78
횡성의숙橫城義塾 339
휘주徽州 54, 187, 188, 191, 196, 396

책/단편

[ㄱ]

『격물지格物志』 414
『경적회통經籍會通』 484, 491
『경향록敬鄕錄』 328, 341~346, 430, 469, 475, 544
『계고록稽古錄』 103
「계사전繫辭傳」 104, 179, 224, 239, 246
『고문관건古文關鍵』 132, 133, 143
『고문원古文苑』 138
『고주역古周易』 98
『관사유편觀史類編』 137
「관저關雎」 100
『광운廣韻』 137
「교민방문敎民榜文」 407, 408
『구공본말歐公本末』 97
『구류서론九流緒論』 485, 490
『구양문수歐陽文粹』 142
『구주도지九州圖志』 88
『군서고색群書考索』 137, 169, 197~216, 496
『군서백고群書百考』 202, 203
『근사록광집近思錄廣輯』 310
『근사록近思錄』 96, 174, 178, 224, 446, 660
『근사록발휘近思錄發揮』 243
『금화경적지金華經籍志』 152, 507, 508, 545, 548
『금화문통金華文統』 412, 425, 441, 545
『금화문헌록金華文獻錄』 412
『금화선민전金華先民傳』 442, 546
『금화연원록金華淵源錄』 413, 428
『금화정사록金華正祠錄』 412, 430
『금화정학편金華正學編』 412, 425
『금화현달전金華賢達傳』 442
『기찬연해記纂淵海』 168~182, 496

[ㄴ]

『노사魯史』 251
『논맹집주고증論孟集註考證』 243, 249

[ㄷ]

『농정전서農政全書』 472
『단연신록丹鉛新錄』 484, 489, 550
『당론唐論』 154
『대사기大事記』 97, 99, 102
『대원대일통지大元大一統志』 342
『대학문大學問』 502
『대학소의大學疏義』 243, 244
『대학의大學疑』 240
『대학지의大學脂義』 243
『독시기讀詩記』 97, 99
『독역관견讀易管見』 154
『동래집주류편관란문집東萊集類編觀瀾文集』 131
『동래표주삼소문집東萊標注三蘇文集』 132

[ㅁ]

「만언서萬言書」 142
『명대 인물사전』 278
『명유학안明儒學案』 502
『모시毛詩』 99, 101, 102, 104
『무헌婺獻』 476

『무헌문궤斆賢文軌』 441

「문원文原」 319

『문장정종文章正宗』 138, 139

「문훈文訓」 330

[ㅂ]

『방여승람方輿勝覽』 183, 196, 197, 342

『백가이원百家異苑』 486

『백씨육첩사류집白氏六帖事類集』 171, 172

「본론本論」 321

「봉건론封建論」 132

[ㅅ]

『사과유요詞科類要』 166

『사문유취文類聚』 196

『사물기원事物紀原』 172

『사부정와四部正譌』 485, 492

『사서대전四書大全』 409

『사서점필史書佔畢』 484, 491

『사서총설四書叢說』 262, 263, 337

『산당선생장궁강고색山堂先生章宮講考索』 197

『삼분보일三墳補逸』 485

『삼소선생문췌三蘇先生文萃』 135, 143~147

「서명西銘」 220, 224

『서의書疑』 240

『[서집전]총설[書集傳]叢說』 263

『서한율령西漢律令』 154

『설원說苑』 170

『성리대전性理大全』 409

『성송문선전집聖宋文選全集』 138, 142, 143

『소문육군자문췌蘇門六君子文萃』 138, 143

『속경향록續敬鄕錄』 413

『속세설續世說』 171, 173

『송문해宋文海』 133

『송사宋史』 286, 311, 312, 337, 458

『시수詩藪』 472, 483, 484, 496

『시율무고詩律武庫』 132

『시의詩疑』 240

『[시집전]명물초[詩集傳]名物鈔』 262

『신감申鑒』 252

「심잠心箴」 76

『쌍수환초雙樹幻鈔』 485, 490, 551

[ㅇ]

『여씨춘추呂氏春秋』 179

『여지광기輿地廣記』 184, 186, 188

『여지기승輿地紀勝』 168, 183~197, 343, 496

『여지회원지輿地會元志』 185

『역대제도상설歷代制度詳說』 98, 203, 253

『역대지리저장도歷代地理抵掌圖』 186

『역의易疑』 240

「역전서易傳序」 321

『역학계몽易學啓蒙』 224, 238

『염락풍아濂洛風雅』 243, 256

『영가선생팔면봉永嘉先生八面鋒』 140

『예림학산藝林學山』 485, 489

『예문유취藝文類聚』 171

『예서禮書』 207

『예의禮疑』 240

『오경대전五經大全』 409

『오중수리전서吳中水利全書』 471

684

『옥해玉海』 166, 167
『옥호하람玉壺遐覽』 485, 490
『온고관규溫故管窺』 263
「왕씨일원도王氏一原圖」 370, 371
『용재수필容齋隨筆』 135
『우재선생표주숭고문결迂齋先生標註崇古文訣』 132
「원도原道」 321
『원사元史』 278, 311, 314, 398, 399
「원사原士」 322, 344
『원풍구역지元豐(1078-1085)九域志』 184
『원화군현지元和郡縣志』 188
『유요류요』 172, 173
「육경론六經論」 317, 321
「육유六諭」 403~407
『이견지夷堅志』 135, 190
「이단설二端說」 344
『이락연원록伊洛淵源錄』
『이유철유二酉綴遺』
『이택논설집록麗澤論說集錄』
「이택서원 규약」 81
『이택집시麗澤集詩』
『인산난고仁山亂稿』
『인산억고仁山臆稿』

[ㅈ]

『자설字說』
『자성록自省編』
『자치통감강목資治通鑑綱目』 103
『자치통감목록資治通鑑目錄』 103
『자치통감외기資治通鑑外紀』 251
『자치통감전편資治通鑑前篇』 243, 250,

252, 256, 263, 399
『자치통감집의資治通鑒集義』 183
『작비존고昨非存稿』 243
『잡설雜說』 272
「잡학변雜學辨」 149
『장악위담莊嶽委談』 485, 487, 550
「재거감흥齋居感興」 258
『절운切韻』 137
『정기精騎』 138, 142~148
『제왕경세도보帝王經世圖譜』 172, 187, 203, 207
『제유강의諸儒講義』 429
『좌씨춘추강의左氏春秋講義』 154
『주례신의周禮新義』 161, 204
『주례정의周禮訂義』 204
『주역周易』 98, 104, 134, 146, 147, 179, 224, 238, 239, 246, 249, 269, 272, 414, 416, 426, 430, 443~446, 473
「주자 계사전 발휘」 225
『주자어류朱子語類』 232
『중용장구中庸章句』 249
『직원職源』 154
『집략緝略』 446

[ㅊ]

『책부원귀冊府元龜』 171
『초학기初學記』 137, 171, 174
『춘추경전변의春秋經傳辨疑』 414
『춘추편년도春秋編年圖』 154
『치홀기미治忽幾微』 263
「칠유해七儒解」 315, 320

[ㅌ]
「태극도설太極圖說」
『태평어람太平御覽』 171
『태평환우기太平寰宇記』 188, 191
『통서通書』 224

[ㅍ]
「팔화서원에서의 강의[八華講義]」
『포예선민전浦汭先民傳』 343
『풍산실기楓山實紀』 473
『필총筆叢』 472, 481, 483, 486

[ㅎ]
『하정변론荷亭辯論』 224, 321
『한기漢紀』 210, 252
『화양박의華陽博議』 485, 487, 488
『황극경세서皇極經世書』 103, 251, 267
『황왕대기皇王大紀』 251
『황조문감皇朝文鑑』 98, 133, 150
『황조방역지皇朝方域志』 196
『회남자淮南子』 107, 179
『회암선생문어晦菴先生文語』 443
『훈몽훈訓蒙』 446

주요 용어 및 사건 등

[ㄱ]
가규家規 360
강서시파江西詩派 141
강학講學 70, 98, 107, 232, 233, 293
견문지지見聞之知 62

경계법經界法 92, 209, 211
고문古文 27~32, 61, 112, 125, 138, 139, 142, 179, 231, 247, 257, 308, 320, 399, 466~468, 475, 478, 479, 494, 501
고증학 7, 8, 27, 30, 31, 415, 476, 494
공소公所 470
공전법公田法 211
관학 42, 71~74, 85, 235, 293, 413, 439, 460, 461
군호軍戶 44

[ㄷ]
대례의大禮議 논쟁 480
덕성지지德性之知 61
도통道統 62, 110, 220, 236, 237, 273, 300, 334, 335, 337, 340, 421, 458
도학道學 9, 10, 25~30, 37, 38, 45, 47, 54, 60~65, 70, 71, 77, 79, 81, 96, 102, 107~118, 125~133, 138~144, 150~158, 162~165, 179, 182, 187, 195, 203, 215, 217~273, 280, 298~301, 307~317, 323, 332~338, 342, 343, 346~351, 365, 379, 389, 395, 399, 401, 406, 409, 412, 422~429, 433~443, 452, 456~459, 466~473, 478, 482, 494, 495, 496, 501, 503

[ㄹ]
리理 9, 29, 113, 220, 253, 258, 315, 420, 497, 498
리터라티literati 39, 40, 42, 43, 460

[ㅁ]

무학畝學 332, 333, 346
문묘文廟 153, 219, 236, 412, 421, 427, 435
문화대혁명 55, 72, 327
문화사 24, 25, 192, 194, 215, 467, 496

[ㅂ]

박학굉사과 80, 166, 456
박학博學 61, 113, 165, 166, 200, 213, 214, 216, 220, 259, 287, 304, 456, 469, 471, 480, 487, 493, 501
방랍方臘의 난 33
방지方志 183
변려문駢儷文 231
부학생附學生 44, 409

[ㅅ]

사대부 51, 53, 355, 408
사문斯文 111, 112, 247,
사서四書 46, 113, 153, 162, 224, 228, 229, 236, 238, 240, 253, 259, 260, 263, 267, 271, 299, 300, 315, 323, 337, 414, 415, 430, 437, 445, 446, 447, 450, 467, 469
사족 40
사호士戶 43
사회문화사 25, 48
삼대三代 71, 73, 74, 104, 254, 255, 261, 282, 477
삼사제三舍制 88
삼소三蘇 137, 143
상수학 146

삼황오제三皇五帝 287
소서小序 104
수산회壽山會 413
신법 32, 33, 70, 72, 79, 80, 97, 126, 127, 142, 145, 147, 161, 162, 173, 204, 205, 209, 210, 405
신유학Neo-Confucianism 7, 8, 26~31, 46, 51, 61, 102, 131, 199, 214, 215, 229, 236, 243, 258, 267, 273, 284, 285, 293, 301, 310, 313, 314, 317, 319, 320, 322, 338, 340, 369, 393, 394, 409~417, 421, 429, 447, 464, 467, 476, 497
십익十翼 98

[ㅇ]

애시哀詩 109
역법 213, 243, 253, 263, 304, 394
영가학파永嘉學派 332
오경五經 145, 146, 153, 162, 238, 299, 415, 445~447
원우당 33, 37
위기지학爲己之學 35, 73, 130
위학僞學 9, 38, 128, 129, 166, 215
유서類書 62, 86, 134, 137, 159~216, 219, 230, 251, 333, 458, 469, 481, 494, 496, 501
유아론唯我論 30
유호儒戶 43, 46
의론議論 139, 140, 182, 200
의문義門 283, 367, 372, 406, 422
이갑里甲제
이일분수理一分殊 220, 370, 500

일향지사一鄕之士 52

[ㅈ]
자득自得 35, 427
절동학파浙東學派 332
정전井田 제도 203~212, 381, 422
정학正學 228, 411, 428
제도사 157, 253
족보 11, 53, 55, 64, 327~329, 352~389, 404, 405, 425, 463~466, 554
종족 집단 64
지방지地方志 10, 53~55, 115, 188, 191, 195, 280, 341~344, 410~412, 442, 462, 530
지성사 7~13, 24, 25, 55, 314, 315, 319, 328, 329, 333, 387, 413, 466~472, 476, 494
지역 엘리트 11, 27, 49, 56, 65, 212, 329, 354
진신縉紳 408

[ㅊ]
청묘법青苗法 118
친족 63, 72, 282, 329, 354~388, 399, 463, 519, 521~534, 542

[ㅋ]
coherence(理/통합성 또는 일관성) 29, 226, 497

[ㅍ]
필기筆記 172, 485, 486, 488, 489, 492, 506

[ㅎ]
한전제限田制 210
향음주례鄕飲酒禮 407
현량방정과賢良方正科 145
혼인 네트워크 64, 331, 333, 387, 542
황소의 난 41